五書五經讀本

懸 吐 完 譯

書經集傳 下

附〈書百篇序〉外

集傳 蔡沈 譯註 金東柱

전통문화연구회

目　次

書經集傳 總目次

刊行辭

經은 본래 책을 가리키는 말이다. 후대에 특별히 經을 높여 聖賢의 말씀을 담고 있는 책이라는 의미로 사용하였다. 儒學이 중국문화는 물론 동아시아 사상의 주류를 이루면서 經은 일반적으로 유학의 기본 典籍을 가리키는 용어가 되었다. 따라서 經을 읽지 않으면 유학을 이해할 수 없고, 유학을 이해하지 못하면 중국문화나 동아시아의 문화를 이해할 수 없다.

1960년대 民族文化振興과 民族中興이라는 기치를 내건 정부는 學·藝術界 指導者 50여 분을 모시고 가장 시급한 문화 사업으로 漢文古典翻譯事業에 착수하였다. 光復 후 20여 년이 지났지만 韓國學의 기본 資料이자 교과서인 四書五經의 우리말 註釋書 하나 없던 시절이었다. 그러나 한문고전번역사업에서 東洋古典(中國古典篇)은 우리 古典이 아니라 하여 번역대상에서 제외되었고, 2000년대에 들어와서야 정부에서 얼마간의 보조금을 주기 시작하였다.

본회에서는 1990년대에 이미 四書三經을 비롯한 유학의 기본 古典을 선별하여 번역하였다. 당시 逐字譯의 실력이 없이는 현대어로의 완전한 번역이 불가능하다는 생각을 바탕으로, 동양학 전공 여부를 막론하고 유학을 넘어 동양학의 기본서를 머리맡에 사전처럼 두고 볼 수 있는 번역서를 목표로 東洋古典國譯叢書를 기획·간행하였다. 우리나라 漢文讀法의 전통을 계승하고자 懸吐 방식으로 원문을 정리하고 주석까지 完譯하여, 학계에 기여함은 물론 교육과 일반교양의 필독서로도 널리 인정을 받았다.

당시 오역 없는 번역에 力點을 두었음에도 불구하고 시간이 지남에 따라 쌓인 국내외

연구 성과로 인하여 번역서의 수정도 불가피하게 되었다. 그리하여 2005년 改訂增補版 四書를 발간하기에 이르렀다. 그러나 개정증보판 사서를 발간하면서 과거 先賢들의 註釋書와 국내외의 연구 성과, 시대에 따라 변화하는 언어를 오롯이 담아내지 못한 점을 아쉬워하였다. 이후 사서 이외의 개정증보판 발간을 미루고 고민한 결과, 동양고전국역총서가 20세기 버전으로 그 생명력을 다하였으니 21세기 번역의 표준을 제시할 수 있는 고전번역서를 새롭게 만들어보자는 쪽으로 의견이 모아졌다.

본 '五書五經讀本'은 바로 그 고민을 해결하기 위해 기획하였으며, 傳統과 現代를 아우르면서 역대 국내외 연구 성과를 망라하고 연구자는 물론 동양학 열풍으로 수준이 높아진 일반 독자의 눈높이에 맞춰, 독자의 기호에 따라 연구의 기본자료 또는 교재, 입문서 등으로 다양하게 활용할 수 있는 21세기 標準飜譯書 제공을 목적으로 하였다. 따라서 국내외의 역대 註釋書를 비롯하여 동양고전국역총서 발간 이후 축적된 연구 성과를 종합하였다. 이를 위해 몇 분 안 되는 元老漢學者 또는 전공교수와 일정 수준의 소양을 갖춘 신진학자의 協同研究飜譯을 지향하였다.

본회에서 처음 추진한 협동연구번역은 후속연구자 양성이라는 측면에서도 큰 의미를 갖는다. 번역을 통해 徒弟式 교육을 받은 신진학자는 앞으로 학계를 이끌어나갈 주역으로서 단단히 자리매김하여 우리나라 학계의 큰 자산이 될 것이다.

또 번역뿐만 아니라 古典籍 정리사업에 따라 각종 校勘·潤文·校訂 등에도 번역수준의 전공자로 구성하는 등 기획부터 출간 단계까지 심혈을 기울였다. 이는 誤謬를 최소화한 표준번역서를 목표로 어느 곳에 내놔도 그 가치를 인정받을 수 있는 名品을 만들기 위한 하나의 노력이었다.

또한 과거에는 상상할 수 없던 모바일 器機의 등장과 대중화는 출판환경과 독서형태를 변화시켰다. 이러한 변화에 발 빠르게 對應하고 시대를 先導하기 위해 '오서오경독본'을 스마트 정보화하였다. 연구자, 교수자, 초학자, 原典을 통해 고전을 읽기 원하는 독자 등 누구나 쉽고 부담 없이 접근하여 동양고전의 참맛을 느낄 수 있을 것이다.

'오서오경독본'은 오류를 최소화하고 스마트화로 접근성을 높인 최상의 표준번역서로서 동양고전 교육의 훌륭한 밑거름이 되어 학계의 수준을 一新하리라 굳게 확신한다. 또한 지식의 국경을 허물고 있는 인터넷 환경은 그 어느 때보다도 동양고전 情報化의 필요성을 切感(例 : 八佾舞)하게 한다. 따라서 시대의 흐름에 맞춰 '오서오경독본'을 정보화하여 그 활용 가치를 극대화할 계획이다. 이는 본회를 넘어 대한민국이 동북아시아뿐만 아니라 전 세계 동양고전 情報와 敎育의 허브로서 중추적 역할을 담당할 것이다.

翻譯은 단순히 다른 言語를 옮기는 행위가 아닌, 한 언어를 사용하는 민족의 사상과 문화 전체를 옮기는 행위인 만큼 고전번역은 과거 聖賢의 사상은 물론 그 당시의 문화와 疏通하는 행위이며, 이는 현재 자신의 문화를 이해하는 尺度라 할 수 있다. '오서오경독본'은 21세기 번역의 표준으로서 우리 한국 고전번역의 수준을 가늠할 수 있는 척도가 되리라 스스로 자부해본다.

'오서오경독본' 시리즈의 첫 출간 시점이 우연히도 전통문화연구회 창립 30주년이 되는 해이다. 30년 동안 동양고전 번역에 무던히 매진하면서 고전의 중요성을 늘 강조하였다. 이제 다시금 내놓는 오서오경독본을 보면서 고전의 맛이 늘 새롭고 無窮함을 새삼 깨달았다. 고전과 씨름하며 지낸 30년 세월을 넘어 '오서오경독본'이 앞으로 30년, 50년을 이어갈 고전번역의 새로운 이정표가 되기를 기대하며, 정부에서도 21세기 東北亞 시대를 인식하여 東洋古典翻譯은 물론 東洋古典情報化에도 特段의 관심을 갖기를 고대한다.

나아가 2000여 년간 한자문화를 기반으로 찬란한 문화를 꽃피운 대한민국이 21세기 東北亞 漢字文化圈에서 다시 눈부신 문화의 융성을 목표로 본회와 관련단체에서 추진하는 先進文化韓國 VISION 2030-2050을 '五書五經讀本'과 '漢文讀解捷徑' 및 '東洋古典情報化'가 앞장서 이끌어 동북아 韓·中·日 三國鼎立과 世界平和에 기여하길 바란다.

2018年 10月 日

社團法人 傳統文化硏究會 會長 李啓晃

凡　例

1. 본서는 五書五經讀本의 한 책이다.

2. 본서의 底本은 庚辰新刊 內閣藏板 《書集傳大全》(大田 : 學民文化社 影印本)으로 하고, 明內府刊本 《書集傳大全》(日本國立國會圖書館 所藏), 《朱文公訂正門人蔡九峰書集傳》(宋淳祐十年 呂遇龍上饒郡學刻本), 《書集傳研究與校注》(王春林, 北京:人民出版社 2012) 등을 참고하였다. 書名은 四庫全書의 서지분류를 따라 《書經集傳》으로 하였다.

3. 原文에는 우리나라 전통 방식으로 懸吐하였다. 經文은 朝鮮 校正廳 諺解를 위주로 현토하고 栗谷 李珥의 諺解를 참고하였으며, 또한 蔡傳 등을 참고하여 필요에 따라 조정하였다. 조정할 때에는 참고를 위해 교정청 언해의 吐를 ( ) 안에 附記하였다. 蔡沈의 集傳은 譯註者가 현토하였다.

4. 原文의 分節은 저본을 따르되, 活字의 크기로 구분하고, 번역문도 이를 따랐다. 節마다 원문의 앞에 아라비아 숫자로 일련번호를 표시하여 독자의 이용 및 검색에 편리하도록 하였다.

5. 校勘은 원문의 誤字, 脫字, 衍字, 倒文 등을 대상으로 하였다.

6. 異音, 僻字의 경우는 원문의 해당 글자 뒤에 한글로 音을 달아주었으며, 難解字는 각 節의 아래에 字義를 실었다.

7. 飜譯은 原義에 충실하게 하고, 이해가 어려운 부분은 意譯 또는 補充譯을 하였다.

8. 飜譯文은 한글과 漢字를 混用하였으며, 맞춤법과 띄어쓰기는 한글 맞춤법과 표준어 규정을 따르는 것을 원칙으로 하였다.

9. 譯註는 校勘, 인용문의 出典, 故事, 역사사건, 전문용어, 難解語, 制度 등에 관한 사항을 밝혔다.

10. 孔安國의 傳(뒤에 梅賾(枚賾)이 지었다고 해서 '僞孔傳'이라고도 함)·孔穎達의 疏와 蔡沈의 集傳이 서로 뜻이 다른 경우, 譯註에서 이 점을 밝히고, 韓·中·日의 문헌 중에 孔安國의 傳이나 蔡沈의 集傳을 논란 또는 찬반을 펼치거나 개인의 의견을 제시한 것들을 망라하여 《書經》의 깊은 뜻을 알게 하였다.

11. 譯註에서는, 孔安國傳은 '孔傳', 孔穎達疏는 '孔疏', 蔡沈의 集傳은 '蔡傳'으로 略稱하였다.

12. 《書經》의 逆置(倒置) 또한 順置(正置)의 구문법이 특이한 것을, 같은 뜻을 표현하는 서경문체와 일반문체를 도표로 나란히 제시하여 번역에서 어순이 바뀌는 것과 바뀌지 않은 것을 참고하게 하였다.

　例 : 1. 어순이 바뀌는 경우

　　書經 敷奏以言 : 베풀어 아뢰되 말로써 하게 하셨으며

　　一般 以言敷奏 : 말로써 베풀어 아뢰게 하셨으며

　　2. 어순이 바뀌지 않은 경우

　　書經 無稽之言勿聽 : 상고함이 없는 말을 듣지 말며

　　一般 勿聽無稽之言 : 상고함이 없는 말을 듣지 말며

13. 器物, 事件, 地理 등 내용의 이해를 돕기 위한 圖版을 수록하였다.

14. 下冊에는 孔安國의 〈書序〉, 〈書百篇序〉, 《書集傳大全》〈書說綱領〉을 附錄하였다.

15. 본서에서 사용한 주요 符號는 다음과 같다.

　" " : 對話, 각종 引用

　' ' : " " 안에서 再引用, 强調

　「 」 : ' ' 안에서 再引用, 强調

　( ) : 원문에서는 讀音이 다른 글자나 僻字의 音

　　　　저본의 誤字 또는 衍字

　　　　번역문에서는 간단한 譯註

〔 〕: 번역문과 뜻은 같으나 音이 다른 漢字나 句節

　　　　譯註에서 인용한 原文

　　　　저본의 교감한 正字 또는 脫字 補充

《 》: 書名

〈 〉: 篇章名, 作品名, 補充譯

　○ : 저본에 사용된 단락 구분 표시 遵用

書經 : 서경문법 표시

一般 : 일반문법 표시

字義 : 字義 표시

書經集傳

書經集傳 卷八

召誥

左傳曰 武王克商하고 遷九鼎于洛邑이라하고 史記에 載武王言하되 我南望三途하고 北望嶽鄙하고 顧詹有河하고 粤詹洛伊하니 毋遠天室[1]이라하고 營周居于洛邑而後去라하니 則宅洛者는 武王之志를 周公成王이 成之요 召公이 實先經理之라 洛邑既成에 成王始政하니 召公이 因周公之歸하여 作書致告하여 達之於王하니라 其書拳拳於歷年之久近하고 反覆乎夏商之廢興하니 究其歸하면 則以諴小民으로 爲祈天命之本하고 以疾敬德으로 爲諴小民之本하여 一篇之中에 屢致意焉하니 古之大臣이 其爲國家長遠慮 蓋如此라 以召公之書라하여 因以召誥名篇이라 今文古文에 皆有하니라

《春秋左氏傳》桓公 2년 조에 "武王이 商나라를 쳐서 이기고 九鼎을 洛邑으로 옮겼다."라고 하였고, 《史記》〈周本紀〉에 武王의 말씀을 기재하되 "'내 남쪽으로 三途山을 바라보고 북쪽으로 嶽鄙(太行山에 가까운 고을)를 바라보며, 有河(黃河)를 돌아보고 洛水와 伊水를 자세히 살펴보건대, 여기를 멀리 떠나서 天室을 짓지 말라.'고 하고는 周나라의 거주지를 洛邑에 경영한 뒤에 떠났다."라고 하였으니, 洛邑에 거주지를 정한 것은 武王의 뜻을 周公과 成王이 이루고, 召公이 실로 먼저 경영하여 다스린 것이다. 洛邑이 이미 이루어지자 成王이 정무를 보기 시작하니, 召公이 周公이 돌아가는 편에 글을 지어 고하여 왕에게 전달하게 하였다.

이 글은 歷年의 長短을 진지하게 다루고 夏나라와 商나라의 興廢 관계를 반복하여 언급하였으니, 그 귀결점을 궁구해보면 小民을 화합하는 것으로 天命을 기원하는 근본을 삼고, 빨리 德을 공경히 닦는 것으로 小民을 화합하는 근본을 삼아, 한 篇 가운데서 누누이 뜻을 개진하였으니, 옛날의 大臣들이 국가를 위하여 장원한 생

---

1 毋遠天室:《史記正義》에는 "여기를 멀리 떠나서 天室을 짓지 말라.〔無遠離此爲天室〕"고 하였고, 陳師凱의 《書蔡氏傳旁通》에는 "雒水와 伊水 곁은 마치 天室이 있는 것 같아 王者의 도읍을 삼기에 알맞으니, 여기를 놓아두고 멀리 가지 말라. 天室은 天府와 같은 것이다.〔雒伊二水之傍 若天室之所在 宜爲王者之都 毋捨此而遠去也 天室猶天府也〕"라고 하였으며, 退溪(李滉) 《三經釋義》〈書釋義〉)는 '天室'을 天子의 궁실로 보아 "여기를 멀리 떠나서 천자의 궁실을 짓지 말라고 말한 것이다.〔言毋遠離於此而作天子之室〕"라고 하였다.

각을 짜내는 것이 이와 같았다. 召公의 글이기 때문에 따라서 〈召誥〉라고 편명을 하였다. 〈召誥〉는 《今文尙書》와 《古文尙書》에 모두 들어 있다.

字義 鼎 : 솥 정　載 : 기재할 재　鄙 : 고을 비　顧 : 돌아돌 고　粵 : 및 월　詹 : 볼 첨　毋 : 말 무
宅 : 거주할 택　拳 : 진지할 권, 정성 권　諴 : 화합할 함　祈 : 빌 기　疾 : 빠를 질
屢 : 여러 루　慮 : 생각 려

1. 惟二月旣望越六日乙未에 王이 朝步自周^①하사 則至于豐하시다

① 書經 朝步自周 : 아침에 周(鎬京)로부터 와서
一般 朝自周步 : 아침에 周(鎬京)로부터 와서

2월 旣望(16일)에서 엿새 지난 乙未日에 王이 아침에 周(鎬京)로부터 와서 豐邑에 이르셨다.

日月相望을 謂之望이니 旣望은 十六日也라 乙未는 二十一日也라 周는 鎬京也라 去豐二十五里니 文武廟在焉이라 成王至豐하여 以宅洛之事로 告廟也라

해와 달이 서로 바라보는 시점을 望(보름)이라 하니 旣望은 16일이다. 乙未日은 21일이다. 周는 바로 鎬京이다. 豐邑과 25리 떨어져 있는데, 文王과 武王의 祠堂이 여기에 있다. 成王이 豐邑에 이르러 洛邑에 거주하는 일을 祠堂에 告한 것이다.

字義 越 : 건널 월　宅 : 거주할 택

自周至豐圖

2. 惟太保先周公相宅이라(하여) 越若來三月惟丙午胐越三日戊申에 太保朝至于洛하여 卜宅하여(하니) 厥旣得卜하니(하여) 則經營하니라

太保가 周公에 앞서 도읍터를 살펴보았다. 그 다음 3월 초사흘 丙午日에서 사흘

지난 戊申日에 太保가 아침에 洛邑에 이르러 도읍터를 점쳐서 이미 吉한 점괘를 얻었으므로 곧 측량하여 설계하기 시작하였다.

成王在豐에 使召公으로 先周公行하여 相視洛邑이라 越若來는 古語辭니 言召公이 於豐에 逌邐(이리)而來[2]也라 朏는 孟康曰 月出也니 三日明生之名이라하니라 戊申은 三月五日也라 卜宅者는 用龜卜宅都之地니 旣得吉卜일새 則經營規度(탁)其城郭 宗廟郊社朝市之位라

成王이 豐邑에 있을 적에 召公으로 하여금 周公보다 앞서 가서 洛邑을 살펴보게 하였다. 越若來는 옛날의 語助辭니, 召公이 豐邑에서 멈추지 않고 계속 온 것을 말한다. 朏는 孟康이 말하기를 "달이 나오는 것이니, 초사흘에 초승달이 생기는 명 칭이다."라고 하였다. 戊申日은 3월 5일이다. 卜宅은 거북을 사용하여 도읍할 곳을

---

2 越若來……逌邐(이리)而來 : 孔傳은 '越若來'를 於順來로 보아 "〈2월에서〉 순차적으로 다가오는 3월 丙午(3일)의 초승달이니, 초승달이 나타난 사흘날은 바로 3월 닷새 날이다."라고 풀이하였는 데, 丁若鏞은 "'於順來'는 무슨 말인지 모르겠는데 너무도 괴이하다. '越若'이란 것은 語辭다. '來 三月'은 '來日'이니 '來年'이니 하는 말과 같다.〔於順來 何說也 可怪之甚 越若者 語辭也 來三月者 猶言 來日來年〕"라고 하였다.《尙書知遠錄》

元代 董鼎《書傳輯錄纂註》은 "林氏(林之奇)는 《後漢書》〈律曆志〉에 「3月 甲辰朔 3日 丙午」라 했다.'고 하였고, 元城 劉氏(宋代 劉安世)는 '越若은 發語聲이고, 來三月은 明三月이란 말과 같 다.'고 하였는데, 息齋 余氏(元代 余芑舒)는 '越若은 朱子가 이미 劉安世의 說을 채택해서 集解 가운데 나타냈으니, 마땅히 이것을 따라야 하고, 굳이 「召公이 멈추지 않고 계속 왔다.」라고 말할 필요가 없다.'고 했다.〔林氏曰 漢志曰 三月甲辰朔三日丙午 元城劉氏曰 越若發語聲 來三月 猶言明三月也 息齋余氏曰 越若 朱子旣采劉說 見集解中 宜從之 不必言召公逌邐而來也〕"라고 하였으며, 明代 馬明衡 《尙書疑義》은 "越若來'란 세 글자는 이해하기 어렵다. 蔡註(蔡傳)도 역시 옳지 못하다. 이미 이 런 사례를 가지고 〈堯典〉의 '曰若'은 '發語辭'로 풀이하고 여기서는 또 '逌邐而來'로 풀이하였으 니, 어찌 그리도 서로 모순이 되는가. 古註(孔傳)에서 '於順來三月'이라고 풀이하였으니, 이는 또 한 글자에 따라 풀이한 것이다. 예전 사람은 '越'자와 '若'자를 늘 사용했다.〔越若來三字 蓋有難曉 蔡註亦未是 旣以此例 堯典曰若 則是助語之辭 而又解云 逌邐而來 何其相矛盾耶 古註作於順來三月是亦隨 字而解 古人越字若字常用〕"라고 하였고, 退溪(李滉)《三經釋義》는 "〈'越若來'는〉 굳이 해석할 필요 가 없다. 지금 살펴보면, 蔡傳은 단지 '古語辭'라고만 말하고 어떠한 語辭라고는 분명하게 말하 지 않았으니, 지금 사람의 말을 가지고 해석해서는 안 된다.……그러나 아랫글에서 또 '逌邐而 來'라고 했으므로 '來'자를 해석하지 않을 수 없으니, 마땅히 '越若이 來한'이라 해야 한다.〔不必 釋 今按傳只云古語辭 而不明言何等語辭 則其不可以今人語釋之……然下文又逌邐而來 則來字不可 不釋 當云越若히來한〕"라고 하였으며, 元代 朱祖義《尙書句解》는 "'越若來'는 이에 成王의 命을 따라 온 것이다.〔越若來 於是順成王之命而來〕"라고 하였다. 그러나 宋代 夏僎《夏氏尙書詳解》만은 "召公이 이미 2월 21일에 豐邑을 떠나 이에 순서에 의해 왔음을 이른 것이고, '逌邐而來'라고 이 른 것은 중간에 다시 留滯함이 없음을 이른 것이다.〔謂召公旣以二月二十一日離豐 于是依順而來 謂逌 邐而來 中間更無留滯〕"라고 하였으니, 蔡傳이 아마 夏僎을 따랐는지도 모르겠다.

점치는 것이니, 이미 吉한 점괘를 얻었기 때문에 그 城郭과 宗廟와 郊社와 朝市의 위치를 측량해서 설계하기 시작한 것이다.

字義 相 : 볼 상　胐 : 초사흘달빛 비　迤 : 따라갈 이　邐 : 따라갈 리　朝 : 조정 조

3. 越三日庚戌에 太保乃以庶殷으로 攻位于洛汭[3]하니 越五日甲寅에 位成하니라

사흘이 지난 庚戌日에 太保가 여러 殷나라 백성들을 거느리고 洛汭에 위치를 닦으니, 닷새가 지난 甲寅日에 위치가 이루어졌다.

庶殷은 殷之衆庶也니 用庶殷者는 意是時에 殷民이 已遷于洛이라 故로 就役之也라 位成者는 左祖右社前朝後市之位成也라

庶殷은 여러 殷나라 백성들이니, 여러 은나라 백성들을 쓴 것은 생각건대 이때에 殷나라 백성들이 이미 洛邑으로 옮겨왔기 때문에 나아가 부역하게 하였을 것이다. "위치가 이루어졌다."는 것은 왼쪽에는 祖廟, 오른쪽에는 社稷, 앞에는 朝廷, 뒤에는 市場의 위치가 이루어진 것이다.

字義 汭 : 물가 예

4. 若翼日乙卯에 周公이 朝至于洛하사 則達觀于新邑營[4]하시다

이튿날인 乙卯日에 周公이 아침에 洛邑에 와서 새로운 도읍터를 닦은 위치를 두루 살펴보았다.

周公至하여 則徧觀新邑所經營之位라

周公이 와서 새로운 도읍터를 닦은 위치를 두루 살펴본 것이다.

字義 翼 : 다음날 익

3　洛汭 : 〈禹貢〉 '東過洛汭'의 蔡傳에 "洛汭는 洛水가 〈河水와〉 교류하는 지점 안이니, 지금의 河南府 鞏縣 동쪽에 있다."라고 하였다.

4　達觀于新邑營 : 孔傳에서 "周公이 새 도읍의 조성현장을 직접 다니며 살펴보았다는 것이니, 곧 두루 돌아보았음을 말한 것이다.〔周公通達觀新邑所營 言周徧〕"라고 풀이한 데 대하여 俞樾은 "'達觀'은 '周徧'을 이른 것이 아니다. '達'은 同의 뜻이니, 周公과 召公이 함께 살펴봄을 말한 것이다.〔達觀 非周徧之謂 達者同也 言周公與召公同觀也〕"라고 하였다.《群經平議》

5. 越三日丁巳에 用牲于郊하시니 牛二러라 越翼日戊午에 乃社于新邑하시니 牛一 羊一 豕一이러라

　사흘이 지난 丁巳日에 郊祭에 犧牲을 쓰시니, 소 두 마리였다. 이튿날인 戊午日에 새 도읍에서 社祭를 지내시니, 소 한 마리와 양 한 마리와 돼지 한 마리였다.

　　郊는 祭天地也라 故로 用二牛[5]하고 社祭는 用太牢하니 禮也라 皆告以營洛之事니라

　　郊는 하늘과 땅에 제사 지내는 것이다. 그러므로 소 두 마리를 쓴 것이고, 社祭에는 太牢를 썼으니, 禮를 따른 것이다. 모두 洛邑을 닦은 일을 告한 것이다.

郊社用牲圖

　字義　越 : 지날 월　牲 : 희생 생　郊 : 제사이름 교, 들 교　社 : 제사이름 사, 사직 사

6. 越七日甲子에 周公이 乃朝用書하사 命庶殷侯甸男邦伯하시다

　이레가 지난 甲子日에는 周公이 아침에 〈부역에 관한〉 글을 작성해서 여러 殷나라 백성들과 侯服과 甸服과 男服의 邦伯들에게 명하셨다.

　　書는 役書也라 春秋傳曰 士彌牟營成周에 計丈數 揣高低하고 度(탁)厚薄 仞溝洫하고 物[6]土方 議遠邇하고 量事期 計徒庸하고 慮材用 書餱糧하여 以令役於諸侯라하니 亦此意라 王氏曰 邦伯者는 侯甸男服之邦伯也라 庶邦冢君이 咸在로되 而獨命邦

5　郊祭天地也 故用二牛 : 金長生은 "蔡氏가 하늘과 땅에 제사 지낸 것으로 여긴 것은 잘못이다. 소 두 마리는 上帝에게 한 마리, 后稷에게 한 마리를 쓴 것이다.(蔡氏以爲祭天地非也 牛二 帝牛稷牛)"라고 하였다.(《經書辨疑》〈書傳〉)

6　物 : 相(살펴보다)의 뜻이다.

伯者는 公은 以書命邦伯하고 而邦伯은 以公命으로 命諸侯也라하니라

書는 부역에 관한 글이다. 《春秋左氏傳》昭公 32년 조에 "士彌牟가 成周의 城 쌓는 공사를 벌일 적에 성의 둘레의 길이를 계산하고, 고도를 헤아리며, 두께를 측량하며, 도랑의 깊이를 재고, 흙을 채취할 방면을 살펴보아 거리의 원근을 의논하며, 工期가 어느 때에 끝날 것인가를 헤아리고, 인부는 몇 사람을 쓸 것인가를 계산하며, 예산은 얼마를 쓸 것인가를 생각하고, 양식은 얼마가 들 것인가를 적어서 諸侯들에게 부역을 하도록 명령했다."라고 하였으니, 또한 이러한 뜻이다.

王氏가 말하였다. "邦伯은 侯服·甸服·男服의 邦伯이다. 여러 나라의 임금들이 모두 있었는데 유독 邦伯에게 명령한 것은, 周公은 글로써 邦伯에게 명령하고 邦伯은 周公의 명령으로 諸侯들에게 명령한 것이다."

字義 揣 : 헤아릴 췌   仞 : 길 인   溝 : 도랑 구   洫 : 도랑 혁   物 : 분변할 물   餱 : 밥 후
糧 : 양식 량

7. 厥旣命殷庶하시니 庶殷이 丕作[7]하니라

이미 여러 殷나라 백성들에게 명하시니, 여러 殷나라 백성들이 모두 일하러 달려 갔다.

丕作者는 言皆趨事赴功也라 殷之頑民은 若未易(이)役使者나 然召公이 率以攻位 而位成하고 周公이 用以書命而丕作이라 殷民之難化者도 猶且如此하니 則其悅以 使民을 可知也니라

丕作은 모두 일하러 달려감을 말한 것이다. 殷나라의 완악한 백성들은 역사를 시키기가 쉽지 않을 것 같지만, 召公이 그들을 거느리고 위치를 닦자 위치가 이루어졌고, 周公이 글로 명령하자 모두 일하러 달려갔다. 교화시키기 어려운 殷나라 백성들도 외려 이와 같았으니, 기쁜 마음으로 일할 수 있는 방법을 가지고 백성들을 부렸다는 것을 알 수 있다.

字義 丕 : 클 비   趨 : 나갈 추   赴 : 달릴 부   易 : 쉬울 이   率 : 거느릴 솔   攻 : 다스릴 공
使 : 부릴 사

---

7 丕作 : 孔傳은 "여러 殷나라의 백성들이 크게(모두) 일어났으니, 일을 권면함을 말한 것이다.〔衆殷
之民大作 言勸事〕"라고 풀이하였다.

8. 太保乃以庶邦冢君으로 出取幣하여 乃復入錫周公하고 曰 拜手稽首하여 旅王若公[8]하노니 誥告庶殷은(흩든) 越自乃御事[9]니이다

太保가 여러 나라 冢君(諸侯)들과 더불어 나가서 幣帛을 취하여 다시 들어와 周公에게 주고 말하기를 "손을 이마에 얹고 머리를 땅에 닿도록 조아리고서 王(成王)과 公(周公)에게 진달하노니, 여러 殷나라 백성들을 가르치는 일은 당신 御事(執事)로부터 시작하여야 합니다.

---

8 旅王若公 : 孔傳은 '旅'를 陳의 뜻으로, '若'을 順의 뜻으로 보아 "成王이 마땅히 周公의 일을 따라야 할 바를 진달한다.〔陳王所宜順周公之事〕"라고 풀이하였고, 蘇軾(《書傳》)은 '旅'는 陳의 뜻으로, '若'은 及의 뜻으로 보아 "'旅'는 곧 '庭實旅百'(《春秋左氏傳》莊公 22년 조에 있는 말로 '뜰 가운데 진열된 물품이 많다.'는 뜻)의 '旅'와 같이 읽어야 하니, 諸侯들의 폐백을 成王 앞에 진열하여 周公에게 미치게 한 것은 周公을 존중하기 위해서다.〔旅讀如庭實旅百之旅 諸侯之幣 旅王而及公者 尊周公〕"라고 하였는데, 楊簡(《五誥解》)은 孔安國과 蘇軾의 해석을 호의적으로 받아들였고, 林之奇(《尙書全解》)도 孔傳을 긍정적으로 수용하고, 蘇軾의 說에 대해서는 "이 말이 더 좋다.〔此說爲勝〕"라고 하기까지 하였으며, 吳澄(《書纂言》)도 蘇軾의 說을 따랐는데, 蔡傳은 '旅'를 陳達의 뜻으로 '若'을 及(및)의 뜻으로 보아 "王(成王)과 公(周公)에게 陳達한다."라고 풀이한 呂祖謙을 따랐다.

丁若鏞은 '朱子는 孔傳에서「成王과 周公이 함께 이르렀다.」고 하였는데, 아랫篇에서 거북점을 고한 일을 가지고 보면 그런 것 같지 않다.'고 하였고, 陳氏는 '成王은 鎬京에 있고 諸侯들은 洛邑에 있었는데, 폐백을 成王과 周公에게 베푼 것은 周公이 王의 일을 攝行했기 때문이다.'라고 하였으니, 이 말이 가장 양호하다. - 朱子의 召誥說에 보인다. 朱子가 여기에서 이처럼 분명하게 변별하였는데도 仲默은 친히 門徒로서 그 설을 버리고 사용하지 않았으니, 또한 무슨 뜻인지 모르겠다. -〔朱子曰 傳以爲王與公俱至 以下篇告卜事觀之 恐不然也 陳氏以爲成王在鎬 而諸侯在洛 以幣陳於王及周公者 周公攝王事故也 此說最善 - 見朱子召誥說 朱子於此若是明辨 而仲默親以門徒棄之不用 亦獨何矣 -〕라고 하였다.《尙書知遠錄》

9 誥告庶殷 越自乃御事 : 孔傳은 "召公이 成王을 지목해서 경계하면서 "여러 殷나라의 諸侯와 너희들 일을 맡아 다스리는 자들에게 〈고하노라.〉"고 말을 돌려서 한 것은 겸손한 태도를 보인 것이다. 諸侯가 그 자리에 있기 때문에 빗대서 말한 것이다.〔召公指戒成王 而以衆殷諸侯 於自乃御治事 爲辭 謙也 諸侯在 故托焉〕라고 풀이하였고, 吳澄(《書纂言》)은 "御事는 商나라의 舊臣으로 그들 백성의 우두머리가 되어 함께 洛邑으로 옮겨온 자들이다.……周公이 돌아가는 편에 成王에게 전달하고, 따라서 洛邑으로 옮겨온 殷나라 사람들도 참여하여 듣게 해야 할 문제이기 때문에 '여러 殷나라 백성들에게 고하는 것은 너희들 御事로부터 하라.'고 한 것이니, 곧 殷나라 백성들에게 고하고 또 우두머리를 통해서 백성들에게 고하도록 함을 이른 것이다.〔御事 商之舊臣 長其民而同遷於洛者……因公歸 以達於王 而俾遷洛之殷人與聞之 故曰 誥告庶殷 越自乃御事 謂告殷民 而又自其長以達於民〕라고 하였고, 袁仁(《尙書砭蔡編》)도 "蔡氏가 御事를 成王으로 지적한 것은 잘못이다. 御事는 여러 殷나라의 御事들이다. 아랫글에 '王께서는 먼저 殷나라의 일을 다스리던 신하들을 복종시키소서.'라고 하였으니, 그 뜻을 상상할 수 있을 것이다. 아마 백성은 반드시 먼저 殷나라의 일을 하던 백성들이기 때문에 '여러 殷나라의 백성들에게 고하는 것을 또한 너희들 御事로부터 하라.'고 한 것이리라.〔蔡以御事爲指成王非也 御事者 庶殷之御事也 觀下文云王先服殷御事 其意可想矣 蓋誠民必先服殷事 故告庶殷 亦自乃御事也〕고 하였다.

呂氏曰 洛邑事畢에 周公이 將歸宗周하니 召公이 因陳戒成王하되 乃取諸侯贄見(현)
幣物하여 以與周公하고 且言其拜手稽首하여 所以陳王及公之意라하니라 蓋召公이 雖
與周公言이나 乃欲周公이 聯諸侯之幣와 與召公之誥하여 倂達之王이라 謂洛邑已
定에 欲誥告殷民인댄 其根本은 乃自爾御事라 不敢指言成王하고 謂之御事는 猶今
稱人爲執事也[10]라하니라

呂氏가 말하였다. "洛邑을 건설하는 일이 끝나자, 周公이 장차 宗周로 돌아가려
고 하니, 召公이 그 편에 成王에게 경계하는 말을 올리되, 諸侯들이 왕을 뵐 때 바
치는 幣帛을 취해 周公에게 주고, 또 그 손을 이마에 얹고 머리를 땅에 닿도록 조아
리고서 王(成王)과 公(周公)에게 진달하는 뜻을 말하였다. 대개 召公이 비록 周公과
말하였지만, 곧 周公이 제후들의 幣帛과 召公의 誥文을 함께 가지고 가서 王에게
전달하게 하려고 한 것이다. 洛邑이 이미 정해짐에 殷나라 백성들을 가르치려고 할
진댄 그 근본은 바로 당신 御事로부터 해야 함을 이른 것이다. 감히 成王을 가리켜
말하지 않고 御事라고 이른 것은 지금 남을 執事라고 칭하는 것과 같다."

字義 幣 : 폐백 폐 錫 : 줄 석, 바칠 석 旅 : 진달할 려 若 : 및 약 越 : 및 월 贄 : 폐백 지
聯 : 연할 련 倂 : 아우를 병

9. 嗚呼라 皇天上帝가 改厥元子茲大國殷之命[11]하시니 惟王受命이 無疆惟休시나
亦無疆惟恤이시니 嗚呼曷其[12]오 奈何弗敬이리오

아! 皇天上帝가 그 元子(紂)와 이 大國인 殷나라의 天命을 갈아치워〈周나라에
주었으니,〉王이〈대신〉천명을 받으신 것이 무궁한 아름다운 복이시나, 〈오늘 받
은 것을 황천상제가 훗날 언제 갈아치우게 될지 모르므로〉이것이 또한 무궁한 걱
정거리인 셈이니, 아! 어찌합니까. 어찌 공경하지 않을 수 있겠습니까.

此下는 皆告成王之辭니 託周公하여 達之王也라 曷은 何也요 其는 語辭라 商受嗣
天位하여 爲元子矣니 元子는 不可改로되 而天改之하고 大國은 未易(이)亡이로되 而天

---

10 洛邑事畢……猶今稱人爲執事也 : 宋代 時瀾이 撰한《增修東萊書說》의 내용을 축약한 것이다.

11 改厥元子 茲大國殷之命 : 孔傳은 "그 큰아들을 갈아치운 것은 이 大國인 殷나라의 命을 갈아치
운 것이다.〔改其大子 此大國殷之命〕"라고 풀이하였다.

12 曷其 : 夏僎《夏氏尚書詳解》은 "'曷其'는 응당《禮記》에서 말한 '何居'나《詩》에서 말한 '子曰何
其'와 같이 보아야 할 것이니, 곧 '何'란 말과 같다.〔曷其 當如禮記言何居 詩言子曰何其 猶言何哉〕"라
고 하였다.

亡之하니 皇天上帝 其命之不可恃如此라 今王受命이 固有無窮之美나 然亦有無窮
之憂라 於是에 歎息言 王은 曷其오 奈何弗敬乎아하니 蓋深言不可以弗敬也라 又按
此篇은 專主敬言이니 敬則誠實無妄하여 視聽言動이 一循乎理하고 好惡(오)用捨가 不
違乎天하여 與天同德하니 固能受天明命也라 人君保有天命이 其有要於此哉리오 伊
尹도 亦言皇天無親하사 克敬惟親이라하니 敬則天與我一矣어늘 尙何疎之有리오

　이 이하는 모두 成王에게 고한 말이니, 周公에게 부탁해서 成王에게 전달한 것이
다. 曷은 何의 뜻이요, 其는 어조사이다. 商나라 受가 천자의 자리를 이어서 元子가
되었으니, 元子는 바꿀 수가 없는 것인데도 하늘이 갈아치웠고, 大國은 망하기가
쉽지 않은 것인데도 하늘이 망하게 하였으니, 皇天上帝는 그 命을 믿을 수 없음이
이와 같다. 지금 왕(成王)이 천명을 받은 것은 진실로 무궁한 아름다움이 있으나 또
한 무궁한 걱정이 있는 것이다. 이에 탄식하고 나서 말하기를 "王께서는 어찌합니
까. 어찌 공경하지 않을 수 있겠습니까."라고 하였으니, 공경하지 않으면 안 된다는
점을 깊이 말한 것이다.

　또 살펴보건대 이 篇은 오로지 敬을 위주로 말하였으니, 공경하면 성실하고 망령
됨이 없어서 보고 듣고 말하고 행동하는 것이 한결같이 이치를 따르고, 좋아하고
미워하고 쓰고 버리는 것이 하늘을 어기지 아니하여, 하늘과 德이 동일하여 진실로
하늘의 밝은 命을 받을 수 있는 것이다. 임금이 天命을 보유함이 이보다 중요한 것
이 있겠는가. 伊尹 또한 "皇天은 특별히 친애하는 사람이 없어 능히 공경하는 사람
을 친애한다."라고 말했으니, 공경하면 하늘과 내가 하나가 되는데, 어찌 소원하게
함이 있겠는가.

字義　疆 : 다할 강　休 : 아름다울 휴　恤 : 걱정할 휼　曷 : 어찌 갈　其 : 어조사 기　託 : 부탁할 탁
　　　達 : 전달할 달　易 : 쉬울 이　恃 : 믿을 시　循 : 따를 순　捨 : 놓을 사　疎 : 소원할 소

10. 天旣遐終大邦殷之命이라(하시며) 茲殷多先哲王도 在天[13]이어신마는 越厥後王後
民이 茲服厥命[14]하여 厥終에 智藏瘝在어늘 夫知[15]保抱携持厥婦子하고(하여) 以哀로

13　天旣遐終大邦殷之命……在天 : 孔傳은 "하늘이 이미 殷나라의 命을 영영 끊어버렸다. 이때에는
殷나라에 많은 先智王의 精神도 하늘에 계시건마는, 구제할 수 없는 것은 紂가 공경을 행하지
않았기 때문이다.〔天已遠終殷命 此殷多先智王 精神在天 不能救者 以紂不行敬故〕"라고 풀이하였다.

14　越厥後王後民 茲服厥命 : 孔傳은 "그 '後王'과 '後民'은 先智王의 후예로 세대를 계승한 임금과
신하를 이르고, '그 命을 服行했다.'는 것은 그 선조를 욕되지 않게 함을 말한 것이다.〔於其後王後
民 謂先智王之後繼世君臣 此服其命 言不忝〕"라고 풀이하였다.

籲天하여 徂厥亡出執¹⁶하니 嗚呼라 天亦哀于四方民이라 其眷命用懋^①하시니 王其疾敬德¹⁷하소서

① 書經 眷命用懋 : 돌보아 명하심이 〈德을〉 힘쓰는 자에게 하셨으니
一般 眷命用歸於勉德者 : 돌보아 명하심이 德을 힘쓰는 자에게 돌아갔으니

하늘이 이미 大邦인 殷나라의 천명을 영영 끊으려고 한지라 이때에 殷나라의 많은 先哲王의 영혼들도 하늘에 계시건만, 後王과 後民이 그 천명을 받아 〈잘 지키지 못하여〉 마지막에는 어질고 지혜로운 사람은 몸을 숨기고 백성을 괴롭히는 악한 자는 지위에 있게 만들자, 〈그 虐政을 견디지 못하여〉 匹夫들도 그 가정을 편안하게 지킬 줄을 알아 애들은 안고 부인은 이끌고서 슬픔으로 하늘을 부르짖으며 나가 도망다니다가 붙잡혔습니다. 아! 하늘 또한 사방의 백성들을 불쌍히 여긴지라 그 돌보아 명하심이 德을 힘쓰는 자에게 돌아갔으니, 王께서는 빨리 德을 공경히 닦으소서.

後王後民은 指受也라 此章은 語多難解로되 大意는 謂天旣欲遠絶大邦殷之命矣라 而此殷先哲王도 其精爽在天하니 宜若可恃者언마는 而商紂受命하여 卒致賢智者退藏하고 病民者在位하니 民困虐政하여 保抱携持其妻子하고 哀號呼天하여 往而逃亡이라가 出見拘執하여 無地自容이라 故로 天亦哀民하여 而眷命이 用歸於勉德者라 天命不常이 如此하니 今王은 其可不疾敬德乎아

後王과 後民은 受를 가리킨 것이다. 이 章은 말에 이해하기 어려운 것이 많은데, 대체적인 뜻은 하늘이 이미 大邦인 殷나라의 천명을 영영 끊으려고 한지라, 이때에 殷나라 先哲王의 영혼도 하늘에 계시니 의당 믿을 만한 것이었지만, 商나라 紂가

---

15 夫知 : 王肅은 '夫'를 匹夫로 보아 "匹夫도 그 가정을 편안히 지킬 줄을 알고〔匹夫知欲安其室〕"라고 풀이하였고, 孔疏는 '夫'를 人人으로 보아 "온 천하가 다 그러함을 말한 것이다."라고 하였으나 蔡傳은 풀이하지 않았는데, 諺解는 "匹夫도 그 婦子를 保抱하며 携持할 줄을 알아"로 풀이하였다.

16 夫知保抱携持厥婦子……徂厥亡出執 : 孔傳은 "虐政에 시달린 나머지 누구나 애를 안고 아내를 이끌 줄 알아서 슬픔으로 하늘을 부르짖어 원통함을 호소하고 나아가 도망다니다가 출현함에 붙잡혀서 죽음을 당하여 몸을 용납할 곳이 없으니, 궁하기 그지없었음을 말한 것이다.〔言困於虐政 夫知保抱其子 攜持其妻 以哀號呼天 告冤無辜 往其逃亡 出見執殺 無地自容 所以窮〕"라고 풀이하였다.

17 王其疾敬德 : 孔傳은 아랫글에 붙여서 풀이하였다.

천명을 받아 끝내 어질고 지혜로운 사람은 물러가 숨고 백성을 괴롭히는 자는 지위에 있게 만드니, 백성들이 虐政을 견디다 못하여 그 처자식들을 안고 끌고는 슬피 울부짖어 하늘을 부르면서 나가 도망다니다가 붙잡혀 스스로 용납할 데가 없었다. 그러므로 하늘 또한 백성들을 불쌍히 여겨 돌보아 명함이 德을 힘쓰는 자에게 돌아간 것이다. 天命의 無常함이 이와 같으니, 지금 王은 빨리 德을 공경히 닦지 않을 수 있겠는가라는 것이다.

字義 遐 : 멀 하 瘝 : 병들 환, 괴롭힐 환 携 : 이끌 휴 籲 : 부르짖을 유 徂 : 갈 조 眷 : 돌볼 권
懋 : 힘쓸 무 疾 : 빠를 질 爽 : 밝을 상 拘 : 잡을 구

11. 相古先民有夏컨대(혼댄) 天迪하시고 從子保¹⁸어시늘 面稽天若¹⁹이언만(하시니) 今時엔(에) 旣墜厥命하니이다 今相有殷컨대(혼댄) 天迪하시고 格保²⁰어시늘 面稽天若²¹이언만(하시니) 今時²²엔(에) 旣墜厥命²³하니이다

---

18 天迪 從子保 : 孔傳은 '天迪'을 天道로 보아 "天道가 따라서 자식처럼 편안하게 해주었으며〔天道從而子之〕"라고 풀이하였다.

19 面稽天若 : 孔傳에서 "禹임금 또한 天心을 향해 상고하여 순종하였거늘〔禹亦面考天心而順之〕"로 풀이한 데 대하여 兪樾은 "'若'은 順의 뜻이고, '順'은 곧 道의 뜻이다. 古人은 '順'을 道의 뜻으로 여겼으니, '天若'은 곧 天順이고, '天順'은 곧 天道인데, 枚氏는 단지 '若'이 順인 것만 알고, '順'이 道인 것은 알지 못하였으니, 옛 뜻이 湮滅되었다.〔若順也 順卽道也 古人謂順爲道 天若卽天順 天順卽天道也 枚但知若之爲順 不知順之爲道 而古義湮矣〕"라고 하였다.《群經平議》

20 天迪 格保 : 孔傳은 '格'을 至(이르다)의 뜻으로 보아 "天道가 湯임금을 보안함에 이르게 하기를〔天道所以至於保安湯者〕"이라고 풀이하였다. 孔傳에서 '若'을 順의 뜻으로 본 데 대하여 丁若鏞은 "枚氏의 解釋法은 매양 '若'자만 만나면 문득 順의 뜻으로 풀이하니, 이것이 큰 병통이다.〔枚法 每遇若字 輒訓爲順 是其大病也〕"라고 하였다.《尙書知遠錄》

21 天迪……面稽天若 : 孔疏는 "天道가 湯임금을 보안함에 이르게 한 것은 또한 湯임금이 天心을 향해 상고해서 순종하여 공경을 행했기 때문이다.〔天道所以至於保安湯者 亦以湯面考天心而順以行敬也〕"라고 풀이하였다.

22 時 : 孔傳은 是의 뜻으로 보아 是는 夏桀이라고 하였다.

23 相古先民有夏……今時旣墜厥命 : 朱子(《朱子語類》)는 "이 一節은 중간에 이해할 수 없는 부분이 있다.〔此一節 間有不可曉處〕"라고 하였는데, 陳師凱(《書蔡氏傳旁通》)는 "'그 아들까지 보호했다.'는 것은 곧 《孟子》에 '하늘이 〈王位를〉 아들에게 주면 아들에게 주었다.'라고 한 뜻이다. 만세토록 아들에게 전하는 단서를 연 것은 禹임금에서부터 시작되었다. 그러므로 夏나라에서는 '아들까지 보호했다.'라고 말하였고, 商나라에서는 단지 '格保'라고만 말하였으니, 윗글을 이어받은 것이다. 두 개의 '面稽天若'은 곧 '對越在天'이라는 뜻이다. 이 一節은 대개 하늘과 祖宗도 믿을 수 없음을 이른 것이다.〔從其子而保之 卽孟子天與子則與子之意 開萬世傳子之端 自禹始 故於夏言從子保 而於商只言格保 蒙上文也 兩面稽天若 卽對越在天之意 此一節 蓋謂天與祖宗 皆不可恃也〕"라고 풀이하였다.

옛날 先民인 夏나라를 살펴보건대, 하늘이 인도해주시고 그 아들까지 보호해주
시거늘 〈禹임금 또한〉 天心을 향해 상고해서 경건히 순종하셨건만, 지금에는 이미
그 天命을 실추하였습니다. 지금 殷나라를 살펴보건대, 하늘이 인도해주시고 〈夏
나라의 命을〉 바로잡도록 도와주시거늘 〈湯임금 또한〉 天心을 향해 상고해서 순종
하셨건만, 지금에는 이미 天命을 실추하였습니다.

從子保者는 從其子而保之니 謂禹傳之子也라 面은 鄉(向)也라 視古先民有夏컨대
天固啓迪之하고 又從其子而保佑之어늘 禹亦面考天心하여 敬順無違하니 宜若可
爲後世憑藉者언만 今時엔 已墜厥命矣라 今視有殷컨대 天固啓迪之하고 又使其格
正夏命而保佑之어늘 湯亦面考天心하여 敬順無違하니 宜亦可爲後世憑藉者언만
今時엔 已墜厥命矣라 以此로 知天命은 誠不可恃以爲安也라

從子保는 그 아들까지 보호한 것이니, 禹임금이 아들에게 왕위를 전해준 것을 말
한다. 面은 鄉(향하다)의 뜻이다. 옛날 先民인 夏나라를 살펴보건대, 하늘이 진실로
인도해주고 또 그 아들까지 보호해주거늘, 禹임금 또한 天心을 향해 상고해서 공경
히 순종하여 어김이 없었으니, 응당 후세의 憑藉(의지)가 될 만도 하였건만, 지금에
는 이미 天命을 실추하였다. 지금 殷나라를 살펴보건대, 하늘이 진실로 인도해주고
또 夏나라의 命을 바로잡도록 도와주거늘, 湯임금 또한 天心을 향해 상고해서 공경
히 순종하여 어김이 없었으니, 응당 후세의 憑藉가 될 만도 하였건만, 지금에는 이
미 天命을 실추하였다. 이를 가지고 天命은 진실로 믿어 안심할 수 없는 것임을 알
겠다는 것이다.

字義 相 : 볼 상   迪 : 인도할 적   稽 : 상고할 계   面 : 향할 면   若 : 순종할 약   墜 : 떨어뜨릴 추
格 : 바로잡을 격   鄉 : 향할 향   憑 : 의지할 빙   藉 : 깔 자

12. 今沖子嗣하시니 則無遺壽耉하소서 曰其稽我古人之德이어늘(이어늘사) 矧曰其有
能稽謀自天①24이온여

① 書經 稽謀自天 : 상고하여 계책을 세우는 것을 하늘로부터 하는 사람

---

24 曰其稽我古人之德 矧曰其有能稽謀自天 : 孔傳은 "沖子 成王이 그 옛사람의 德을 상고해서 행
한다면 善한 일이거늘, 하물며 능히 모책을 상고하여 天道를 따르는 일이 있기까지 하다면 더할
나위가 있겠는가. 지극히 善함을 말한 것이다.[沖子成王 其考行古人之德則善矣 況曰其有能考謀從天
道乎 言至善]"라고 풀이하였다.

一般 稽謀天理 : 하늘의 이치를 상고하여 계책을 세울 수 있는 사람

　지금 沖子(어린 임금)께서 왕위를 이으셨으니, 老成한 사람을 버리지 말고 〈존경하소서.〉 우리 古人의 德을 상고하는 사람이라고만 말해도 〈버릴 수 없거늘,〉 하물며 능히 하늘의 이치를 상고하여 계책을 세울 수 있는 사람이라고 말한다면 〈더욱 버릴 수 있겠습니까.〉

　稽는 考요 矧은 況也라 幼沖之主는 於老成之臣에 尤易(이)疎遠이라 故로 召公이 言今王이 以童子嗣位하시니 不可遺棄老成이라 言其能稽古人之德이라도 是固不可遺也어든 況言其能稽謀自天이면 是尤不可遺也라하니 稽古人之德이면 則於事에 有所證이요 稽謀自天이면 則於理에 無所遺라 無遺壽耉는 蓋君天下者之要務라 故로 召公이 特首言之니라

　稽는 考의 뜻이요, 矧은 況의 뜻이다. 어린 임금은 노성한 신하에 대하여 더욱 소원하기 쉽다. 그러므로 召公이 말하기를 "지금 王께서는 童子로서 왕위를 이으셨으니, 노성한 사람들을 버려서는 안 됩니다. 古人의 德을 상고하는 사람이라 말해도 진실로 버릴 수 없거늘, 하물며 하늘의 이치를 상고하여 계책을 세울 수 있는 사람이라고 말한다면 더욱 버려서는 안 됩니다."라고 하였으니, 古人의 德을 상고하면 일에 증빙하는 바가 있을 것이고, 하늘의 이치를 상고하여 계책을 세울 수 있는 사람이라고 하면 이치에 빠뜨릴 바가 없을 것이다. 노성한 사람을 버리지 않는 것은 대개 천하에 임금 노릇 하는 이의 가장 중요한 임무인 것이다. 그러므로 召公이 특별히 으뜸으로 말한 것이다.

字義 沖 : 어릴 충　遺 : 버릴 유　耉 : 늙을 구　稽 : 상고할 계　矧 : 하물며 신　易 : 쉬울 이
　　　證 : 증빙할 증　自 : 부터 자

13. 嗚呼라 有王^{25}은 雖小하시나 元子哉시니 其丕能誠于小民하여 今休하소서 王不敢後^{①}하사 用顧畏于民碞$^{26\ 27}$하소서

① 書經 王不敢後 : 왕께서는 감히 〈덕을 공경히 닦는 것을〉 뒷전으로 하지 마시어
　一般 王不敢緩於敬德 : 왕께서는 감히 덕을 공경히 닦는 것을 늦추지 마시어

25　有王 : 孔疏는 "지금 계신 王께서는〔今所有之王〕"으로 풀이하였다.

아. 王께서는 비록 나이는 어리시나 하늘의 元子이므로 〈책임이 막중하시니,〉백성들을 크게 화합시켜서 오늘날의 아름다운 세상을 만들도록 하소서. 王께서는 감히 德을 공경히 닦는 것을 뒷전으로 하지 마시어 백성들의 험악한 마음을 돌아보고 두려워하소서.

召公이 歎息言 王雖幼沖이나 乃天之元子哉라하니 謂其年雖小나 其任則大也라 其者는 期之辭也라 諴은 和요 嵒은 險也라 王其大能諴和小民하여 爲今之休美乎인저 小民雖至微나 而至爲可畏니 王當不敢緩於敬德하여 用顧畏于民之嵒險이 可也라

召公이 탄식하고 나서 말하기를 "王께서는 비록 나이는 어리나 하늘의 元子이십니다."라고 하였으니, 나이는 비록 어리나 임무는 큼을 말한 것이다. 其는 기대하는 말이다. 諴은 和의 뜻이요, 嵒은 險의 뜻이다. 王은 백성들을 크게 화합시켜 오늘날의 아름다운 세상을 만들도록 기해야 한다는 것이다. 백성들이 비록 지극히 미천하나 지극히 두려워할 만한 존재이니, 王은 응당 감히 德을 공경히 닦는 것을 늦추지 마시어 백성들의 험악한 마음을 돌아보고 두려워해야 한다는 것이다.

字義 其 : 기대할 기 丕 : 클 비 諴 : 화할 함 休 : 아름다울 휴 後 : 뒷전 후 嵒 : 험할 암
期 : 기대할 기 險 : 험할 험 緩 : 느슨할 완 顧 : 돌아볼 고

14. 王이 來紹上帝하사 自服于土中하소서 旦曰 其作大邑하여 其自時[28]로 配皇天하며 毖祀于上下하며 其自時로 中乂라하나니 王이 厥有成命하시면 治民이 今休하리이다

王께서는 이곳(洛邑)으로 오셔서 上帝의 뜻을 이어받아 천하의 중앙인 〈洛邑에서〉 정사를 행하소서. 旦(周公의 이름)도 〈洛邑을 건설할 당시에〉 '큰 도읍을 〈천하의 중앙에〉 만들어서 이로부터 皇天을 대하고 上下의 神에게 삼가 제사를 지내며, 이로부터 중앙에 거주하여 나라를 잘 다스릴 수 있을 것이다.'라고 말하였으니, 王

---

26 王不敢後 用顧畏于民嵒 : 孔傳은 '後'는 뒷전의 뜻으로, '嵒'은 僭의 뜻으로 보아 "王은 정사를 함에 있어서 감히 쓸 만한 인사를 뒷전에 두지 말고 반드시 우선 임용하여야 하고, 또 백성들이 禮義를 참월하는 것을 돌아보고 두려워해야 한다.〔王爲政 當不敢後能用之士 必任之爲先 又當顧畏於下民僭差禮義〕"라고 풀이하였다.

27 嵒 : 兪樾은 多言의 뜻을 나타낸 글자로 보았다.

28 其自時 : 孔傳은 自를 用, 時를 是의 뜻으로 보아 "이 〈큰 도읍을〉 이용해서"로 풀이하였다. 아래의 '其自時'도 같은 뜻으로 보는 동시에 '其自時中乂'를 1句로 해서 "이 土中(중앙)을 이용해 다스려서〔用是土中爲治〕"로 풀이하였다.

이 하늘의 이루어진 밝은 命을 굳게 가지면 백성을 다스리는 정사가 지금 곧 아름
답게 될 것입니다.

洛邑은 天地之中이라 故謂之土中이라 王來洛邑하여 繼天出治하니 當自服行於土
中이라 是時에 洛邑告成하여 成王始政이라 故로 召公이 以自服土中으로 爲言하고 又
擧周公嘗言作此大邑하여 自是로 可以對越上天하고 可以饗答神祇하며 自是로 可
以宅中圖治라 成命者는 天之成命也라 成王而能紹上帝服土中이면 則庶幾天有
成命하여 治民이 今卽休美矣리라

洛邑은 天地의 중앙이기 때문에 土中이라 이른 것이다. 왕이 洛邑에 와서 하늘의
뜻을 이어받아 정사를 하게 되었으니, 마땅히 土中에서 정사를 잘 행해야 한다는
것이다. 이때 洛邑이 완성되자 成王이 이곳에서 처음으로 정사를 시작하였다. 그러
므로 召公이 ‘천하의 중앙인 〈洛邑에서〉 정사를 행하소서.’라고 말하고, 또한 周公
이 일찍이 ‘大邑을 〈천하의 중앙에〉 만들어서 이로부터 皇天을 대하고 上下의 神祇
에게 삼가 제사를 지내며, 이로부터 중앙에 거주하여 나라를 잘 다스리기를 도모할
수 있을 것이다.’라고 한 말을 소개하였다.

成命은 하늘의 이루어진 밝은 命이다. 成王이 上帝의 뜻을 잘 이어받아 土中에서
정사를 행한다면 거의 하늘의 이루어진 밝은 命을 간직하여 백성을 다스리는 정사
가 지금 곧 아름답게 될 것이라는 말이다.

○王氏曰 成王이 欲宅洛邑者는 以天事言인댄 則日東이면 景夕多風하고 日西면 景
朝多陰하고 日南이면 景短多暑하고 日北이면 景長多寒이로되 洛은 天地之中이라 風雨
之所會요 陰陽之所和也[29]며 以人事言인댄 則四方朝聘貢賦에 道里均焉이라 故로

---

29 日東……陰陽之所和也:《周禮》〈地官 大司徒〉에 있는 말인데. 宋代 朱申의《周禮句解》에 의하
면, ‘日東則景夕多風’은 “그림자가 表(標木)의 동쪽에 있으면 이 땅은 해의 동쪽에 있는 것이다.
‘景(影)夕’은 해가 중천에 있을 때 그 그림자는 이미 저녁때와 같은 것이다. 이와 같으면 그 땅에
는 바람이 많다.〔景在表之東 是地在日東也 景夕 謂日中時 其景已如夕時也 如此則其地多風〕”라고 하였
고, ‘日西景朝多陰’은 “그림자가 表의 서쪽에 있으면 이 땅은 해의 서쪽에 있는 것이다. ‘景朝’는
해가 중천에 있을 때에도 그 그림자는 외려 아침때와 같은 것이다. 이와 같으면 이 땅에는 음지
가 많다.〔景在表之西 是地在日西也 景朝 謂日中時 其景尙如朝時也 如此則其地多陰〕”라고 하였고, ‘日南
則景短多暑’는 “夏至의 해가 한 중천에 있을 때에 여덟 자의 表를 세워 해의 그림자가 나타나기
를 기다려서 土圭法으로 헤아려 그 그림자가 土圭보다 짧으면 이 땅은 해의 남쪽에 있어서 더위
가 많다.〔夏至日正中時 立八尺之表 以候日景 以土圭量 之 其景短於土圭 則其地在日南而多暑〕”라고 하였
고, ‘日北則景長多寒’은 “그 그림자가 土圭보다 길면 이 땅은 해의 북쪽에 있어서 추위가 많
다.〔其景長於土圭 則其地在日北而多寒〕”라고 하였다.

謂之土中이라하니라

○王氏가 말하기를 "成王이 洛邑에 거주하려고 한 것은 하늘의 일을 가지고 말할진댄 〈해의 그림자를 바르게 해서 땅의 중앙을 구하는데〉 땅이 해의 동쪽에 있으면 그림자가 이미 저녁때와 같으니 그 땅에는 바람이 많고, 땅이 해의 서쪽에 있으면 해가 중천에 있을 때에도 그 그림자가 외려 아침때와 같으니 그 땅에는 음지가 많고, 땅이 해의 남쪽에 있으면 그림자가 짧으니 그 땅에는 더위가 많고, 땅이 해의 북쪽에 있으면 그림자가 기니 그 땅에는 추위가 많다. 그런데 洛邑은 하늘과 땅의 중앙이라서 바람과 비가 차서에 따라 모이는 곳이고, 陰과 陽이 조화를 이루는 곳이다. 그리고 사람의 일을 가지고 말할진댄 사방에서 朝聘을 하고 貢賦(貢物과 賦稅)를 바칠 때에 도로의 里數가 균등하다. 그러므로 土中이라 이른 것이다."라고 하였다.

字義 紹 : 이을 소   服 : 일할 복   時 : 이 시   毖 : 삼갈 비   乂 : 다스릴 예   休 : 아름다울 휴
宅 : 거주할 택   圖 : 도모할 도   景 : 그림자 영   朝 : 조회할 조   聘 : 맞을 빙   貢 : 공물 공
賦 : 부세 부

15. 王이 先服殷御事하사 比介于我有周御事하사 節性하시면 惟日其邁[30]하리이다

王께서는 먼저 殷나라의 御事들을 복종시켜 우리 周나라의 御事들을 가까이하고 도와 나쁜 성질을 절제하도록 하시면 날로 善에 매진할 것입니다.

言治人엔 當先服乎臣也라 王先服殷之御事하여 以親近副貳我周之御事하여 使其漸染陶成하여 相觀爲善하여 以節其驕淫之性이면 則日進於善而不已矣라

사람을 다스릴 때에는 마땅히 먼저 신하들을 복종시켜야 함을 말한 것이다. 왕은 먼저 殷나라의 어사들을 복종시켜 우리 周나라의 어사들을 가까이하고 도와 점점 물들고 교화하여 성취시켜 서로 보고 선을 하여 교만하고 음탕한 성질을 절제하게

---

30 節性惟日其邁 : 顧炎武는 《書經》〈湯誥〉에 '모든 사람들에게 衷을 내리어 有恒한 性을 따라〔降衷于下民 若有恒性〕'라고 했으니, 이는 性善說이 그로부터 나온 것이고, 〈召誥〉에 '나쁜 성질을 절제하도록 하시면 날로 善에 매진할 것입니다.〔節性惟日其邁〕'라고 했으니, 이는 性相近說이 그로부터 나온 것이다. 《詩經》〈大雅 卷阿〉에 '화평한 군자야 그대로 하여금 그대의 性命을 잘 마쳐서 先公의 마침과 같게 하리로다.〔豈弟君子 俾爾彌爾性 似先公酋矣〕'라 했고, 《孟子》〈盡心 下〉에 '명이지만 본성에 있다. 그러므로 군자는 명이라 이르지 않는다.〔命也有性焉 君子不謂命也〕'라 했다.〔降衷于下民 若有恒性 此性善之說 所自出也 節性惟日其邁 此性相近之說 所自出也 豈弟君子 俾爾彌爾性 似先公酋矣 命也有性焉 君子不謂命也〕"라고 하였다.(《日知錄》節性)

하면 날로 善에 진취해 마지않을 것이란 말이다.

字義 服 : 복종할 복   比 : 가까울 비   介 : 도울 개   節 : 절제할 절   邁 : 매진할 매   染 : 물들 염
陶 : 닦을 도   驕 : 교만할 교   淫 : 음탕할 음

16. 王敬作所①시니 不可不敬德³¹이니이다

① 書經 敬作所 : 공경을 처소로 삼아야 하시니
一般 以敬作所 : 공경을 처소로 삼아야 하시니

王께서는 공경을 처소로 삼아야 하시니, 德을 공경히 닦지 않으면 안 됩니다.

言化臣인댄 必謹乎身也라 所는 處所也니 猶所其無逸之所라 王能以敬爲所하면 則
動靜語默과 出入起居가 無往而不居敬矣라 不可不敬德者는 甚言德之不可不敬
也니라

신하를 교화할진댄 반드시 자신을 삼가야 함을 말한 것이다. 所는 바로 處所이니,
〈無逸〉의 "所其無逸(안일함이 없음을 처소로 삼다.)"의 所와 같은 것이다. 왕이 능히
敬을 處所로 삼으면 動靜과 語默, 出入과 起居가 어디를 가나 敬에 거하지 않음이

---

31 王敬作所 不可不敬德 : 孔傳은 1句로 보아 "王께서 공경하지 않을 수 없는 德을 공경히 하면 아
래에서 그 命을 공경히 받을 것입니다.〔敬爲所不可不敬之德 則下敬奉其命矣〕"라고 풀이하였고, 蘇
軾《書傳》은 '所'와 '德'에 句를 끊어서 "'作所'란 바로 '所作政事'이니, 이미 그 일을 공경하고 또
그 덕을 공경하면 지극하다.〔作所者 所作政事也 旣敬其事 又敬其德則至矣〕"라고 풀이하였는데, 林之
奇《尙書全解》는 蘇軾의 풀이에 대하여 "'所'자에 억지로 의미를 부여하여 말만 늘어놓은 것이
니, 마땅히 先儒(孔安國)의 說을 따라야 한다.〔於所字强生義理 其辭爲費 當從先儒之說〕"라고 하였다.
朱子《朱子語類》도 "'王敬作所不可不敬德'은 다만 한 구이다."라고 하여 孔安國을 따랐다. 呂祖
謙《增修東萊書說》은 "王이 德을 공경하는 공을 쓰려고 하신다면 마땅히 처소로 삼아야 하시니,
덕을 공경하지 아니 해서는 안 됩니다.〔王欲用敬德之功 當爲所 不可不敬之德〕"라고 풀이하였는데, 蔡
傳은 呂祖謙을 따랐다.
　　陳師凱《書蔡氏傳旁通》는 "'所其無逸'과 '王敬作所不可不敬德'을 朱子가 모두 '處所'와 '安居'
의 뜻으로 풀이하려고 하지 않은 것은 그 교묘한 천착이 古人의 本意가 아닐까 두려워한 것이
다. 그러나 呂氏의 說이 산뜻한 맛이 나기 때문에 朱子는 그를 비난하고 蔡氏는 그를 따르게 된
것이다.〔所其無逸與王敬作所不可不敬德 朱子皆不欲以處所安居之意釋之 懼其巧鑿 非古人之本意也 然呂
說可喜 所以朱子非之 而蔡氏仍本之〕"라고 밝혔고, 洪奭周《尙書補傳》도 "蔡傳에서 〈無逸〉을 해석
할 때에 이미 呂祖謙의 說을 썼고, 또 그 뜻을 취하여 〈召誥〉의 '王敬作所'를 해석하였으니, 그
說은 또한 볼 만하지만, 그 朱子의 뜻에 있어서 어떨지 모르겠다.〔蔡傳釋無逸 旣用呂說 又取其意 以
釋召誥之王敬作所 其說則亦可觀矣 未知其於朱子之意何如也〕"라고 하였다. 洪奭周는 《書經》의 目次
에서 〈召誥〉가 앞에 있고 〈無逸〉이 뒤에 있는 것을 모르고 한 말 같다.

없을 것이다. 不可不敬德은 德을 공경히 닦지 않으면 안 됨을 심하게 말한 것이다.

字義 所 : 처소 소 化 : 교화할 화

17. 我는 不可不監于有夏며 亦不可不監于有殷이니다(이니) 我不敢知는(하노니) 曰有夏服天命하여 惟有歷年[32]가 我不敢知는(하노니) 曰不其延가 惟不敬厥德이면(하여) 乃早墜厥命[33]이니다(하니이다) 我不敢知는(하노니) 曰有殷이 受天命하여 惟有歷年[34]가 我不敢知는(하노니) 曰不其延가 惟不敬厥德이면(하여) 乃早墜厥命[35]이니다(하니이다)

　저(召公)는 夏나라를 살펴보지 않을 수 없으며, 또한 殷나라를 살펴보지 않을 수 없습니다. 제가 감히 알 수 없는 것은 '夏나라가 天命을 服行해서 歷年을 많이 누리게 되었는가.' 하는 점이고, 제가 감히 알 수 없는 것은 '〈天命을 복행하지 못해서 역년이〉 연장되지 못했는가.' 하는 점입니다. 〈알 수 있는 것은〉 오직 德을 공경히 닦지 않으면 일찍 天命을 실추한다는 사실입니다. 제가 감히 알 수 없는 것은 '殷나라가 天命을 받아서 歷年을 많이 누리게 되었는가.' 하는 점입니다. 제가 감히 알 수 없는 것은 '〈天命을 받지 못해서 역년이〉 연장되지 못했는가.' 하는 점입니다. 〈알 수 있는 것은〉 오직 德을 공경히 닦지 않으면 일찍 天命을 실추했다는 사실입니다.

　夏商歷年長短은 所不敢知요 我所知者는 惟不敬厥德이면 卽墜其命也[36]라 與上

32　我不敢知……惟有歷年 : 孔傳은 "능히 德을 공경했기 때문에 歷年數가 많았으니, 그것은 저만 감히 알 것이 아니라, 또한 王께서도 아셔야 할 것입니다.〔以能敬德 故多歷年數 我不敢獨知 亦王所知〕"라고 풀이하였다.

33　我不敢知……乃早墜厥命 : 孔傳은 "桀의 〈歷年이〉 長久하지 못한 것은 그 德을 공경치 못했기 때문에 일찍이 그 王命을 실추한 것이니, 〈그 사실은〉 또한 王께서도 아셔야 할 바라고 말한 것이다.〔言桀不謀長久 惟以不敬其德 故乃早墜失其王命 亦王所知〕"라고 풀이하였다.

34　我不敢知……惟有歷年 : 孔傳은 "殷의 賢王은 夏의 賢王과 같으니, 歷年이 긴 것은 또한 王께서도 아셔야 할 바라고 한 것이다.〔殷之賢王 猶夏之賢王 所以歷年 亦王所知〕"라고 풀이하였다.

35　我不敢知……乃早墜厥命 : 孔傳은 "紂가 일찍이 그 命을 실추한 것은 桀이 그 德을 공경치 않은 것과 같으니, 〈그 사실은〉 또한 王이 아셔야 할 것이다.〔紂早墜其命 猶桀不敬其德 亦王所知〕"라고 풀이하였다.

36　夏商歷年長短……卽墜其命也 : 林之奇《尙書全解》는 "옛사람은 天命에 대하여 꼭 있는 것이라 여기지도 않고 꼭 없는 것이라 여기지도 않았다. 그러므로 召公은 역년의 길고 짧음에 대하여 모두 감히 알지 못할 것으로 의심하였다. 德을 공경히 닦으면 역년을 누리고 德을 공경히 닦지 않으면 그 命을 실추한다는 사실만은 의심할 나위가 없는 것이다.〔古人於天命 不以爲必有 不以爲必無

章相古先民之意로 相爲出入이로되 但上章은 主言天眷之不足恃요 此則直言不敬
德이면 則墜厥命爾니라

夏나라와 商나라의 歷年의 길고 짧음에 대해서는 감히 알 수 없고, 내가 알 수
있는 것은 오직 〈그 德을 공경히 닦으면 역년을 길게 누리고,〉 그 德을 공경히 닦
지 않으면 즉시 天命을 실추한다는 사실이다. 윗장의 "옛날 先民을 살펴본다."는
뜻과 서로 엇비슷하나, 다만 윗장에서는 하늘의 돌봄을 족히 믿을 수 없음을 위주
로 말한 것이고, 여기서는 德을 공경히 닦지 않으면 天命을 실추함을 곧바로 말한
것이다.

字義 監 : 볼 감   延 : 연장할 연   墜 : 떨어뜨릴 추

18. 今王이 嗣受厥命하시니 我亦惟兹二國命에 嗣若功이온데(이라하노니) 王乃初服[37]이온여

지금 王께서 이어서 天命을 부여받으셨으니, 저는 '또한 이 두 나라의 천명을 받
은 분 중에 공적이 있는 분을 이어야 한다.'고 여기는데, 하물며 王께서는 〈새로 세
운 도읍에서〉 처음으로 정무를 보기 시작하시는 때가 아닙니까.

今王이 繼受天命하시니 我謂亦惟此夏商之命에 當嗣其有功者는 謂繼其能敬德而
歷年者也이온데 況王乃新邑初政하여 服行敎化之始乎아

지금 王께서 이어서 天命을 받으셨으니, 저는 '또한 夏나라와 商나라의 천명을 받
은 분 중에 마땅히 그 공적이 있는 분을 이어야 한다고 여긴다.'는 것은 능히 德을
공경히 닦아 역년을 많이 누린 분을 이어야 함을 말한 것인데, 하물며 王께서는 새
로 세운 도읍에서 처음으로 정무를 보아 敎化를 服行하기 시작하시는 때가 아니냐
는 것이다.

字義 服 : 일할 복, 정무볼 복

19. 嗚呼라 若生子 罔不在厥初生에(하여) 自貽哲命[38]이니(하니) 今天은 其命哲가 命

故召公於歷年不其延 皆不敢知者疑之也 至於敬德則有歷年 不敬德則墜厥命 蓋無可疑者"라고 하였다.

37 王乃初服 : 孔傳은 아랫글에 붙여서 "王이 새로 집정하신지라[王新卽政]"라고 풀이하였다.

38 哲命 : 呂祖謙과 林之奇는 '性命'으로, 宋代 葉夢得은 '하늘이 命한 것'으로 보았는데, 陳師凱
《書蔡氏傳旁通》는 葉夢得이 바르게 본 것으로 여겼다.

吉凶가 命歷年가 知는 今我初服³⁹이니이다

아. 〈王께서 지금 정사를 시작함은〉 마치 자식을 낳음에 그 처음 막 태어났을 때에 있어서 스스로 哲命을 부여받지 않음이 없는 것과 같은 상황이니, 지금 하늘은 왕에게 哲을 명할 것인지, 吉을 명할 것인지, 凶을 명할 것인지, 〈오랜〉 歷年을 명할 것인지 〈그것은 모두 알 수 없고,〉 알 수 있는 것은 지금 우리가 처음 정사를 어떻게 하느냐 그것일 뿐입니다.

> 歎息言 王之初服은 若生子 無不在於初生에 習爲善則善矣라 自貽其哲命이니 爲政之道도 亦猶是也라 今天이 其命王以哲乎아 命以吉凶乎아 命以歷年乎아 皆不可知요 所可知者는 今我初服如何爾라 初服而敬德이면 則亦自貽哲命하여 而吉與歷年矣리라

> 탄식하고 나서 말하기를 "王이 처음 정사를 시작함은 마치 자식을 낳음에 처음 막 태어났을 때에 있어서 善을 익히면 선해진지라 스스로 哲命을 부여받지 않음이 없는 것과 같은 상황이니, 정사를 하는 방법 또한 이와 같다. 지금 하늘이 왕에게 哲을 명할 것인지, 吉을 명할 것인지, 凶을 명할 것인지, 〈오랜〉 歷年을 명할 것인지 그것은 모두 알 수 없고, 알 수 있는 것은 지금 우리가 처음 정사를 어떻게 하느냐 그것일 뿐이다."라고 하였다. 처음 정사를 시작함에 있어 德을 공경히 닦으면 또한 스스로 哲命을 부여받아 吉하고 〈오랜〉 歷年을 누리게 될 것이란 말이다.

[字義] 貽 : 부여받을 이

20. 宅新邑이시니(하사) 肆惟王은(이) 其疾敬德하소서 王其德之用^①이 祈天永命이니이다

> ① [書經] 王其德之用 : 王께서 그 德을 쓰시는 것이
> [一般] 王用其德 : 王께서 그 德을 쓰시는 것이

새 都邑에 거주하시니 그러므로 王께서는 빨리 德을 공경히 닦으소서. 王께서 그

---

39 知今我初服 : 孔傳은 아랫글에 붙여서 "하늘은 이미 우리 王이 지금 처음 즉위하여 새 도읍인 洛都에 거주한 것을 알고 있다.〔天已知我王今初服政 居新邑洛都〕"라고 풀이하였는데, 이에 대하여 兪樾은 "枚氏가 '知'자의 뜻을 해석한 것은 자못 迂曲하다. 孫氏 星衍이 '知는 혹 語詞일 것이다.'라고 하였으니, 이 말이 옳다.〔枚解知字之義 殊爲迂曲 孫氏星衍曰 知或語詞 此說是也〕"라고 하였다.《群經平議》

德을 쓰시는 것이 하늘에 영구한 命을 비는 것입니다.

宅新邑이 所謂初服也라 王其疾敬德을 容可緩乎아 王其德之用이 而祈天以歷年
也라

　새 도읍에 거주하는 것이 이른바 '初服'이다. 왕은 빨리 德을 공경히 닦는 것을 어
떻게 늦출 수 있겠는가. 왕이 그 德을 쓰는 것이 하늘에 歷年을 비는 것이다.

21. 其惟王은 勿以小民의 淫用非彝[40]로 亦敢殄戮用乂하소서 民[41]若하여사 有
功①[42]하리이다

> ① 書經 民若有功 : 백성은 순하게 인도하여야 공이 있을 것입니다.
> 一般 若民有功 : 백성을 순하게 인도하여야 공이 있을 것입니다.

　王께서는 小民이 불법을 자행한다고 하여 또한 刑戮을 감행해서 다스리지 마소
서. 백성을 순하게 인도하여야 공이 있을 것입니다.

刑者는 德之反이니 疾於敬德이면 則當緩於用刑이라 勿以小民過用非法之故로 亦
敢於殄戮하여 用治之也라 惟順導民하면 則可有功이니라 民은 猶水也니 水泛濫橫
流는 失其性矣라 然이나 壅而遏之면 則害愈甚이니 惟順而導之면 則可以成功이니라

　刑은 德의 반대이니, 德을 공경히 닦는 일에 빠르면 응당 刑을 쓰는 일에 느릴 것
이다. 백성들이 불법을 자행한다는 이유로 또한 형륙을 감행해서 다스리지 말 것이
다. 오직 백성들을 순하게 인도하면 공이 있을 것이다. 백성은 물과 같으니, 물이 범
람하고 잘못 흐르는 것은 물의 본성을 잃은 것이다. 그러나 막아서 흐르지 못하게 한
다면 폐해가 더욱 심해지니, 오직 물을 순리로 인도하면 공을 이룰 수 있는 것이다.

40　勿以小民 淫用非彝 : 孔傳은 "백성들을 부리되 비정상적인 勞役을 지나치게 시키지 말라는 것은
백성들이 가진 常道를 중히 여기고자 하기 때문이었다.〔勿用小民過用非常 欲其重民秉常〕"라고 풀이
하였다.

41　用乂 民 : 孔傳은 '用治民'으로 보고, 蔡傳은 '民'을 아랫句에 붙여서 읽었는데, 丁若鏞은 "응당
梅氏의 句讀를 따라야 한다.〔當從梅讀〕"라고 하였다.《尙書知遠錄》

42　亦敢殄戮用乂民若有功 : 孔傳은 아랫글의 '其惟王位在德元'까지 포함하여 民, 功, 位, 元에 句
를 끊어서 "또한 刑戮을 과감하게 끊어 백성들을 다스리소서.〈禹임금과 湯임금이 소유한〉 성공
을 따라 행하신다면 王이 거하신 자리가 德의 정상에 놓일 것입니다."라고 풀이하였다.

字義 反 : 반대될 반 　導 : 인도할 도 　猶 : 같을 유 　泛 : 뜰 범 　濫 : 넘칠 람 　壅 : 막을 옹
遏 : 막을 알 　愈 : 더욱 유

22. 其惟王位 在德元하면 小民이 乃惟刑하여 用于天下하리니(라) 越王에 顯하리이다

〈位와 德은 걸맞아야 하니〉 왕의 자리가 德의 정상에 놓이면 백성들이 그것을 본받아 〈德을〉 천하에 쓸 것이니 왕의 德에 더욱 빛이 날 것입니다.

元은 首也라 居天下之上이면 必有首天下之德이니 王位在德元이면 則小民이 皆儀刑하여 用德于下하리니 於王之德에 益以顯矣리라

元은 首(으뜸)의 뜻이다. 천하의 제일 높은 곳에 거하면 반드시 천하에 으뜸가는 德을 가져야 하니, 왕의 자리가 德의 정상에 놓이면 백성들이 모두 그것을 본받아 아래에서 德을 쓸 것이니, 왕의 德에 더욱 빛이 날 것이란 말이다.

字義 元 : 정상 원 　越 : 전치사 월 　儀 : 본보기 의 　刑 : 본보기 형 　顯 : 빛날 현

23. 上下勤恤하여 其曰하되 我受天命이 丕若[43]有夏歷年하며 式勿替有殷歷年이라하나니 欲王은 以小民으로 受天永命하노이다

윗사람과 아랫사람이 근로하여 기대하기를 '우리가 天命을 받는 것이 크게 夏나라의 歷年과 같으며, 殷나라의 歷年도 폐기하지 말 것이다.'라고 하니, 王께서는 백성들을 거느리고 하늘의 영원한 命을 받으시기를 바라옵니다."

其는 亦期之辭也라 君臣勤勞하여 期曰 我受天命이 大如有夏歷年하며 用勿替有殷歷年이라하니 欲兼夏殷歷年之永也라 召公이 又繼以欲王以小民으로 受天永命은 蓋以小民者는 勤恤之實이요 受天永命者는 歷年之實也일새라 蘇氏曰 君臣一心하여 以勤恤民하니 庶幾王受命歷年이 如夏商이요 且以民心爲天命也라하니라

其 또한 기대하는 말이다. 임금과 신하가 勤勞하여 기대하기를 "우리가 天命을 받는 것이 크게 夏나라의 歷年과 같고, 殷나라의 歷年도 폐기하지 말 것이다."라고 하니, 夏나라와 殷나라의 歷年이 긴 것을 겸하고자 한 것이다. 召公이 또 이어서 왕이 백성들을 거느리고 하늘의 영원한 命을 받기를 바란 것은 아마 "백성들을 거느리고"란 근로의 실제적인 것이고, "하늘의 영원한 命을 받기를"이란 歷年의 실제적

---

43 若 : 孔傳은 順(따르다)의 뜻으로 보았다.

인 것이기 때문이었으리라.

蘇氏가 말하였다. "임금과 신하가 한 마음으로 백성들을 부지런히 구제하고 있으니, 거의 왕이 天命을 받아 歷年을 누림이 夏나라나 商나라와 같을 것이고, 또 民心을 天命으로 삼을 것이다."

24. 拜手稽首曰 予小臣[44]은 敢以王之讐民[45]과 百君子와 越友民[46]으로 保受王威命明德하노니 王이 末有成命하시면 王亦顯하시리이다 我非敢勤[47]이라 惟恭奉幣하여 用供王의 能祈天永命하노이다

〈召公이〉 손을 이마에 얹고 머리를 땅에 대어 큰절을 하면서 아뢰었다. "저 小臣은 감히 왕의 讐民과 여러 君子와 友民들을 데리고 왕의 威命과 明德을 보호해 잃지 않고 받아들여 거역하지 않도록 하려고 하오니, 王께서 〈지금부터〉 끝까지 成命을 간직하여 〈실추시키지 않으시면〉 왕의 〈명성〉 또한 후세에 드러나실 것입니다. 〈이것은 왕이 하실 일이니,〉 제가 감히 수고할 것이 아닙니다. 저는 오직 폐백을 공손히 받들어 王께서 하늘의 영원한 命을 비시는 일에 바칠 뿐입니다."

讐民은 殷之頑民으로 與三監叛者요 百君子는 殷之御事庶士也요 友民은 周之友順民也라 保者는 保而不失이요 受者는 受而無拒라 威命明德者는 德威德明也라 末은 終也라 召公이 於篇終에 致敬言 予小臣은 敢以殷周臣民으로 保受王威命明德이니 王은 當終有天之成命면 以顯于後世하리라 我非敢以此爲勤이라 惟恭奉幣帛하여 用供王能祈天永命而已라하니라 蓋奉幣之禮는 臣職之所當恭이요 而祈天之實은 則在王之所自盡也라 又按 恭奉幣는 意卽上文取幣以錫周公而旅王者니 蓋

---

44 拜手稽首曰 予小臣 : 孔疏에서는 召公이 절을 한 것으로 여겼고, 蔡傳은 "召公이 篇의 끄트머리에서 공경을 다해서"라고 풀이하였는데, 이에 대하여 丁若鏞은 "'拜手稽首'를 한 분은 周公이고, '曰予小臣'은 신하의 분수를 엄하게 한 것이다. 召公이 앞에서 이미 拜手稽首를 한 다음, 폐백을 드리고 誥語를 드렸는데, 또 무슨 절을 하였겠는가. '予小臣' 이하 46자를 자세히 살펴보면 바로 周公의 말이고 召公의 말이 아님을 알 수 있다.〔拜手稽首者 周公也 曰予小臣者 嚴臣分也 召公前旣拜手稽首 獻幣進誥 又何拜矣 予小臣以下四十六字 詳味細玩 是周公語 不是召公語〕"라고 하였다.《尙書知遠錄》

45 讐民 : 孔傳은 匹民으로, 蔡傳은 三監과 함께 반란을 일으킨 殷나라의 頑民으로 보았다.

46 友民 : 孔疏는 '백성들을 友愛하는 자(관리)〔友愛民者〕'로 풀이하였다.

47 我非敢勤 : 孔傳은 "나만 감히 근로할 뿐 아니라 〈여러 군자들이 모두 근로한다.〉"라고 풀이하였고, 蔡傳은 "〈이것은 왕이 하실 일이니〉 제가 감히 근로할 것이 아닙니다."라고 풀이하였다.

當時에 成王이 將擧新邑之祀라 故로 召公이 奉以助祭云이라

讐民은 殷나라의 頑民으로서 三監과 함께 반란을 일으킨 자들이고, 百君子는 殷나라의 御事와 庶士들이고, 友民은 周나라의 순종하는 백성들이다. 保는 보호하여 잃지 않는 것이고, 受는 받아들여 거역하지 않는 것이다. 威命과 明德은 德의 위엄과 德의 밝음이다. 末은 終의 뜻이다.

召公이 篇의 끄트머리에서 공경을 다해 아뢰기를 "저 小臣은 감히 殷나라와 周나라의 臣民들을 데리고 왕의 威命과 明德을 보호해 잃지 않고 받아들여 거역하지 않도록 하려고 하오니, 王께서 〈지금부터〉 끝까지 하늘의 成命을 간직하여 실추시키지 않으시면 〈왕의 명성 또한〉 후세에 드러나실 것입니다. 〈이것은 王이 하실 일이니,〉 제가 감히 수고할 것이 아닙니다. 저는 오직 폐백을 공손히 받들어 王께서 하늘의 영원한 命을 비시는 일에 바칠 뿐입니다."라고 한 것이다.

대개 폐백을 받드는 禮는 신하의 직분에 마땅히 공손하게 해야 할 일이고, 하늘의 영원한 命을 비는 실제는 왕이 스스로 다하는 데에 달려 있는 것이다. 또 살펴보건대, "폐백을 공손히 받든다."는 것은 짐작컨대 곧 윗글의 '폐백을 취하여 周公에게 주어서 王(成王) 앞에 진달한다.'는 것일 터이니, 아마 당시에 成王이 새로 세운 도읍에 제사를 지내려고 했기 때문에 召公이 이를 받들어 그 제사를 도왔던 것 같다.

字義 叛 : 반란 반   拒 : 거역할 거

洛誥[48]

洛邑旣定에 周公이 遣使告卜하니 史氏錄之하여 以爲洛誥하고 又幷記其君臣答問과 及成王命周公留治洛之事라 今文古文에 皆有하니라

---

48 洛誥 : 朱子(《朱子語類》)는 "〈洛誥〉의 글에 이해하지 못할 것이 있다.〔洛誥之文 有不可曉者〕"라고 하고, 葉夢得(《書傳大全》 小註)은 "이 篇은 응당 〈召誥〉와 함께 참고해서 보아야 하니 아마 일시에 한 말이 아닐 것이다.〔此篇當與召誥參看 蓋非一時之言〕"라고 하고, 王安石(《書傳大全》 小註)은 "이 〈洛誥〉에 알 수 없는 것이 있으니 빼놓고 알 수 있는 것만 풀이해야 한다.〔此誥有不可知者當缺之 而釋其可知者〕"라고 하고, 陳師凱(《書蔡氏傳旁通》)는 "또 '孺子其朋' 및 '汝有沖子惟終' 등과 같은 대문은 난삽하여 통하기 어렵고, 또 '王曰公功棐迪篤'의 아래에 周公의 答辭가 없고, 곧바로 또 '王曰'로 이었으니, 어찌 이와 같은 곳에는 脫簡과 錯簡이 있는 것이 아니겠는가.〔且孺子其朋及 汝有沖子惟終等處 聱牙難通 又王曰公功棐迪篤之下 無周公答辭 而卽又繼以王曰 豈非此等處 有脫簡錯簡耶〕"라고 하였다.

洛邑이 이미 정해지자 周公이 심부름꾼을 보내어 점괘를 알리니, 史官이 이를 기록하여 〈洛誥〉라 하고, 또한 그 군신간의 문답 및 成王이 周公에게 명하여 洛邑에 머물면서 다스리게 한 일을 아울러 기록하였다. 〈洛誥〉는 《今文尙書》와 《古文尙書》에 모두 들어 있다.

○按周公拜手稽首以下는 周公授使者告卜之辭也요 王拜手稽首以下는 成王授使者復公之辭也요 王肇稱殷禮以下는 周公敎成王宅洛之事也요 公明保予沖子以下는 成王命公留後治洛之事也요 王命予來以下는 周公許成王留洛하여 君臣各盡其責難之辭也요 伻來以下는 成王錫命하여 毖殷命寧之事也요 戊辰以下는 史又記其祭祀冊誥等事와 及周公居洛歲月久近하여 以附之하여 以見(현)周公作洛之始終이어니와 而成王은 擧祀發政之後에 卽歸于周하고 而未嘗都洛也니라

○살펴보면, '周公拜手稽首' 이하는 周公이 심부름꾼에게 주어 점괘를 알리는 말이고, '王拜手稽首' 이하는 成王이 심부름꾼에게 주어 公(周公)에게 답한 말이고, '王肇稱殷禮' 이하는 周公이 成王에게 洛邑에 거주하는 일을 가르친 것이고, '公明保予沖子' 이하는 成王이 公(周公)에게 뒤에 머물러서 洛邑을 다스리는 일을 명한 것이고, '王命予來' 이하는 周公이 成王에게 洛邑에 머물도록 허락하는 등 임금과 신하가 각각 어려운 일을 가지고 책임 지우는 뜻을 다한 말들이고, '伻來' 이하는 成王이 命을 내려 殷나라를 경계하고 편안히 하도록 명한 일이고, '戊辰' 이하는 史官이 또 제사 지내고 冊誥한 등의 일 및 周公이 洛邑에 거주한 기간의 길고 짧음을 기록해 붙여서 周公이 洛邑을 만든 전말을 나타낸 것인데, 成王은 제사를 거행하여 정사를 처음 편 뒤에 즉시 周(鎬京)로 돌아왔고, 한 번도 洛邑을 도읍으로 사용한 적은 없었다.

字義 使 : 심부름꾼 시 伻 : 심부름꾼 팽 毖 : 삼갈 비 附 : 붙을 부

1. 周公이 拜手稽首曰 朕은 復[49]子明辟[50]하노이다

---

49 復 : 孔安國·孔穎達·蘇軾·胡士行·朱祖義·朱鶴齡 등은 復歸(돌려주다)의 뜻으로, 王安石·葉夢得·林之奇·蔡沈·吳澄·劉三五 등은 復命의 뜻으로 보았다.

50 朕復子明辟 : 孔傳은 "'나는 밝은 임금의 정사를 그대에게 돌려준다.'라고 말한 것이니, 그대는 바로 成王이다.〔言我復還明君之政於子 子成王〕"라고 풀이하였고, 王安石(《書傳大全》小註)은 "復은 '復逆(復命하고 上奏하는 일)'의 復과 같으니, 成王이 周公에게 명하여 가서 成周를 경영하게 하자, 周公이 거북점을 쳐서 吉卦를 얻어 成王에게 復命하였다. '子'는 친근히 하는 것이고, '明辟'

周公이 손을 이마에 얹고 머리를 땅에 대어 큰절을 하고 나서 말씀하였다. "朕은 그대 明辟(밝은 임금)께 復命하노이다.

此下는 周公이 授使者告卜之辭也라 拜手稽首者는 史記周公遣使之禮也라 復은 如逆復[51]之復이라 成王이 命周公往營成周하니 周公得卜하여 復命于王也라 謂成王爲子者는 親之也요 謂成王爲明辟者는 尊之也라 周公이 相成王하니 尊則君이요 親則兄之子也라 明辟者는 明君之謂라 先儒謂 成王幼하여 周公이 代王爲辟이라가 至是에 反政成王이라 故로 曰復子明辟[52]이라하나 夫有失然後에야 有復이니 武王崩에

은 높이는 것이다. 先儒(孔安國)는 周公이 成王을 대신해서 임금 노릇을 하다가 이때에 와서 정사를 돌려준 것으로 보았으나, 《書經》을 가지고 상고하면 周公은 冢宰가 되어 百官을 통솔했을 뿐 일찍이 성왕을 대신해서 임금 노릇을 한 적이 없는데 무슨 돌려줄 것이 있었겠는가.〔復如復逆之復 成王命公往營成周 公得卜 復命于王 曰子親之也 曰明辟 尊之也 先儒以周公代王爲辟 至是反政 以書攷之 周公爲冢宰正百工而已 未嘗代王爲辟 何復之有〕라고 하였다.

　葉夢得(《書傳大全》 小註)은 "'復'은 《孟子》에 있는 '王에게 사뢰다.〔復于王〕'라고 한 復과 같다. 孔氏(孔安國)가 '復子明辟'을 周公이 攝政하다가 정사를 돌려준 것이라고 말한 뒤로부터 고금의 儒者들이 그 말을 따르고 감히 바꾸지 못하였는데, 유독 王氏(王安石)만이 그것이 아니라고 하였다. 세상에서 더러 그 말을 믿지 못하였는데, 나는 상고하건대 周公이 天子의 자리에 앉아 천하를 다스렸다는 사실이 애당초 經에 보인 적이 없었다. 다만 《禮記》〈明堂位〉에서 그런 말을 했으나 〈明堂位〉는 우리 夫子(孔子)에게서 나온 것이 아니다. 대개 武王이 승하했을 때에 周公이 冢宰로서 攝政을 하였는데, 이것은 禮에 있어서의 상례적 攝政이니, 그 일을 攝行한 것이지 王位를 섭행한 것은 아니었다. 그런데 세상에서는 周公이 상중에 섭정한 것을 보고 그것이 成王이 어리기 때문에 섭정한 것이 아니라는 것을 알지 못했기 때문에 洛邑에 대한 거북점을 칠 때에 가서 외려 정사를 돌려주었다는 말이 있게 된 것이니, 王氏의 말이 신빙성이 있다.〔復如孟子有復于王之復 自孔氏以復子明辟 謂周公攝而歸政之辭 古今儒者從之 不敢易 獨王氏以爲不然 世或未之信焉 以予考之 周公踐天子位 以治天下 初無經見 獨明堂位云爾 明堂位非出吾夫子也 蓋武王崩 周公以冢宰攝政 此禮之常攝者 攝其事非攝其位 世見周公在喪之攝 不知其非以成王幼而攝 故至卜洛 猶有歸政之言 則王氏之言爲有證〕라고 하였다.

　蘇軾(《書傳》)은 "周公이 비록 王位에 앉아 王이라 칭하지는 않았지만, 실은 王의 일을 행하다가 이때에 와서 정사를 돌려주었다. 成王의 德이 비로소 天下에 밝아졌기 때문에 '그대에게 明辟(明君)의 정사를 돌려준다.'라고 했다. '子'라고 한 것은 叔父의 집안 사람이란 말이다.〔周公雖不居位稱王 然實行王事 至此歸政 則成王之德 始明於天下 故曰復子明辟 曰子者 叔父家人之辭〕라고 하였다.

51　逆復 : '逆'은 上奏, '復'은 復命을 가리킨다. 《周禮》〈天官 宰夫〉의 "諸臣之復 萬民之逆"에 대하여 鄭司農(鄭衆)은 "'復'은 請의 뜻이고, '逆'은 王命을 맞이해 받는 것이다.〔復 請也 逆 迎受王命者〕"라고 풀이한 반면, 鄭玄은 "'復'이란 말은 報와 反의 뜻을 다 아우르므로 왕에게 그 결과를 보고하는 것이니, 곧 조정에서 일을 아뢰는 것을 이른다. 아래에서 위로 올리는 것을 '逆'이라 하니, '逆'은 上書를 이른다.〔復之言 報也反也 反報於王 謂於朝廷奏事 自下而上曰逆 逆謂上書〕"라고 풀이하였다.

52　先儒謂……曰復子明辟 : 林之奇(《尙書全解》)는 "漢나라 孔氏(孔安國)가 '내가 밝은 임금의 정사를 그대에게 돌려준다는 것을 말한다.'라고 하였는데, 王氏(王安石)가 그 說을 깨뜨리기를 '先儒

成王立하여 未嘗一日不居君位어늘 何復之有哉⁵³리오 蔡仲之命에 言 周公位冢宰하여 正百工이라하니 則周公以冢宰로 總百工而已가 豈不彰彰明甚矣乎아 王莽居攝에 幾傾漢鼎은 皆儒者有以啓之⁵⁴니 是不可以不辨이니라

이 이하는 周公이 〈점친 地圖 등을〉 심부름꾼에게 주어서 점괘를 〈成王에게〉 알린 말이다. 拜手稽首는 史官이 周公이 심부름꾼을 보낼 때에 행한 예식을 기록한 것이다. 復은 逆復의 復과 같은 것이다. 成王이 周公에게 가서 成周를 조성하도록 명하니, 周公이 좋은 점괘를 얻어 成王에게 復命한 것이다. 成王을 일러 '子'라 한 것은 친근하게 여긴 것이고, 成王을 일러 '明辟'이라 한 것은 높인 것이다. 周公이 成王을 도왔으니, 尊으로 말하면 임금이고, 親으로 말하면 兄의 아들인 것이다. 明辟은 밝은 임금을 이른다.

先儒가 "成王이 어려서 周公이 成王을 대신하여 임금 노릇을 하다가 이때에 와서 정사를 成王에게 돌려주었기 때문에 '復子明辟(그대에게 임금의 자리를 돌려주겠다.)'이라 한 것이다."라고 하였으나, 잃은 것이 있은 연후에야 회복할 일이 있는 법인데, 武王이 승하하자 成王이 즉위하여 하루도 임금의 자리에 있지 않은 적이 없었거늘, 무슨 회복할 일이 있겠는가. 〈蔡仲之命〉에 "周公이 冢宰의 자리에 올라 百工(百官)을 바로잡았다."라고 하였으니, 周公은 총재로서 백관을 총괄하기만 한 것이

가 「成王이 어려서 周公이 王을 대신하여 임금 노릇을 하다가 이때에 와서 그 정사를 成王에게 돌려주었기 때문에 밝은 임금의 〈정사를〉 그대에게 돌려준다고 한 것이다.」 했다.'라고 하였다." 〔漢孔氏曰 言我復還明君之政於子 而王氏破其說曰 先儒謂成王幼 周公代王爲辟 至是乃反政于成王 故曰復子明辟〕란 말이 보인다.

53 復如逆復之復……何復之有哉 : 俞樾(《群經平議》)은 "王應麟의 《困學紀聞》에 '〈洛誥〉의 「復子明辟」에 대하여 荊公(王安石)이 「周公이 점괘를 얻어 成王에게 복명했다.」고 하자, 漢儒가 주장한 「居攝還政」의 說이 이에 一掃되었다.'라고 하였다. 이 蔡傳의 說은 荊公에 의거했으면서 그 출처를 말하지 않은 것은 그 說을 답습한 것이 부끄러워서였다. 그러나 荊公의 說이 실은 또한 漢儒의 舊說이다.〔王氏應麟困學紀聞曰 洛誥復子明辟 荊公謂 周公得卜 復命於成王也 漢儒居攝還政之說 於是一洗矣 是蔡傳之說 本於荊公 而不言者 恥襲其說也 然荊公之說 實亦漢儒之舊說〕"라고 하였다.

54 王莽居攝……皆儒者有以啓之 : 王莽이 周公의 고사를 따른답시고 攝政하다가 帝位를 찬탈한 것은, 先儒가 周公이 총재로서 백관을 총괄한 것을 천자의 일을 攝行한 것으로 잘못 풀이한 데서 발생했다고 지적한 것이다. '復子明辟'을 孔安國이 周公이 成王에게 정사를 돌려준 것으로 풀이함으로부터 고금의 儒者들은 거의 그를 따랐는데, 王安石만은 부정하였다. "周公이 攝位했다."는 말은 戰國時代부터 전해왔다. 《禮記》〈明堂位〉는 아마 魯나라의 고루한 선비의 작품일 터이니 믿을 것이 못되지만, 漢代 伏生의 《尙書大傳》과 司馬遷의 《史記》에서 모두 그 일을 자세히 다루고 있으니, '復子明辟'을 정사를 돌려준 것으로 풀이한 것은 孔傳에서 끝나지 않았다. 王莽은 漢 平帝를 시해하고 겨우 두 살 된 孺子 嬰을 세운 다음, 이 글을 끌어 구실로 삼아 攝政하다가 帝位를 찬탈하여 국호를 '新'으로 고치기까지 하였다.

너무도 분명하지 아니한가. 王莽이 攝政하여 하마터면 漢室을 전복시킬 뻔한 것은 모두 儒者들이 啓導한 점이 있으니, 이것을 변별하지 않을 수 없다.

○蘇氏曰 此上에 有脫簡이 在康誥하니 自惟三月哉生魄으로 至洪大誥治四十八字라하니라

　○蘇氏가 말하였다. "이 위에 있는 脫簡이 〈康誥〉로 가 있으니, 곧 '惟三月哉生魄'으로부터 '洪大誥治'까지의 48자이다."

字義　復 : 복명할 복　辟 : 임금 벽　授 : 줄 수　相 : 도울 상　彰 : 밝을 창　鼎 : 솥 정

2. 王이 如弗敢及天의 基命定命[55]이실새 予乃胤保[56]하여 大相東土하니 其基作民明辟이로소이다

　王께서 〈아직 어리시므로〉 감히 하늘의 基命과 定命을 미처 알지 못하는 듯이 하시기에 제가 太保(召公)를 이어 가서 東土를 두루 살펴보았더니, 백성의 명철한 임금이 될 수 있는 도읍터였습니다.

　凡有造에 基之而後成하고 成之而後定하니 基命은 所以成始也요 定命은 所以成終也[57]라 言成王이 幼沖退託하여 如不敢及知天之基命定命일새 予乃繼太保而往하여 大相洛邑하니 其庶幾爲王始作民明辟之地也라 洛邑이 在鎬京東이라 故로 曰東土라하니라

　무릇 집을 지을 적에는 터를 닦은 뒤에 집을 이룰 수 있고, 집을 이룬 뒤에 안정된

55　王 如弗敢及天基命定命 : 孔傳은 '如'를 往의 뜻으로 보아 "王이 지난날 어려서 하늘이 비로소 周나라에게 명하여 천하를 안정시키도록 한 명을 미처(더불어) 알지 못했기 때문에 자기가 攝政하게 되었다.〔王往日幼少 不敢及知天始命周家安定天下之命 故己攝〕"라고 풀이하였다. '及'은 《春秋左氏傳》宣公 7년 조에 "더불어 모의한 것을 '及'이라 한다.〔與謀曰及〕"란 '及'과 같은 뜻으로 볼 수도 있었을 것 같다.

56　予乃胤保 : 孔傳은 "우리는 문왕과 무왕이 천하를 안정시킨 도리를 계승해야 한다.〔我乃繼文王武王安定天下之道〕"로, 蔡傳은 "제가 太保를 이어 가서〔予乃繼太保而往〕"로 풀이하였는데, 丁若鏞《尙書知遠錄》은 "〈君奭〉의 書序에 '召公이 保가 되었다.'고 하였으니, 太保 또한 保라 칭할 수 있으므로 蔡氏의 풀이가 옳다.〔君奭序曰 召公爲保 太保亦可稱保 蔡訓是也〕"라고 하였다.

57　基命……所以成終也 : 宋代 王炎《書傳大全》小註)은 "하늘의 명을 이어받아 새 도읍을 이루는 이것을 '基命'이라 이르고, 도읍이 이미 이루어져 오래 안정되고 길이 다스려지는 이것을 '定命'이라 이른다.〔承天命以作新邑 是謂基命 都邑旣成 久安長治 是謂定命〕"로 풀이하였으니, 蔡傳보다 나은 것 같다.

생활을 할 수 있으니, '基命'은 처음을 이루는 것이고, '定命'은 끄트머리를 이루는 것이다. 成王이 어리므로 결단을 내리지 못하여 감히 하늘의 基命과 定命을 미처 알지 못하는 듯이 하시기에 제가 太保를 이어 가서 洛邑을 두루 살펴보았더니, 거의 王이 처음으로 백성의 명철한 임금이 될 만한 땅이었다는 것이다. 洛邑이 鎬京의 동쪽에 있기 때문에 '東土'라고 한 것이다.

字義 及 : 미처 급 胤 : 이을 윤 保 : 태보 보 相 : 볼 상 辟 : 임금 벽 退 : 물러설 퇴
託 : 의탁할 탁

3. 予惟乙卯에 朝至于洛師하여 我卜河朔黎水하며 我乃卜澗水東과 瀍(전)水西하니 惟洛을 食하며 我又卜瀍水東하니 亦惟洛을 食[58]할새 伻來하여 以圖及獻卜[①][59]하노이다

① 書經 以圖及獻卜 : 地圖와 占卦를 올렸나이다.
一般 以圖及卜獻 : 地圖와 占卦를 올렸나이다.

저는 乙卯日 아침 일찍이 洛師에 이르러서, 저는 黃河 북쪽의 黎水가 교차해 흐르는 안쪽을 점쳐보고, 저는 澗水의 동쪽과 瀍水의 서쪽을 점쳐보았더니 오직 洛水만 먹어 들어갔고, 저는 또 瀍水의 동쪽을 점쳐보았더니 또한 오직 洛水만 먹어 들어갔기 때문에 심부름꾼을 〈王께 보내〉와서 地圖와 占卦를 올렸나이다."

乙卯는 卽召誥之乙卯也라 洛師는 猶言京師也라 河朔黎水는 河北黎水交流之內也요 澗水東瀍水西는 王城也니 朝會之地요 瀍水東은 下都也니 處商民之地라 王城은 在澗瀍之間하고 下都는 在瀍水之外하니 其地皆近洛水라 故로 兩云惟洛食也라 食者는 史先定墨而灼하여 龜之兆가 正食其墨也라 伻은 使也요 圖는 洛之地圖也요 獻卜은 獻其卜之兆辭[60]也라

---

58 惟洛食……亦惟洛食 : 宋代 陳經(《陳氏尙書詳解》)은 "먼저 말한 '惟洛食'의 洛은 지금의 河南이고, 뒤에 말한 '惟洛食'의 洛은 지금의 洛陽이다."라고 하였다.

59 伻來 以圖及獻卜 : 諺解는 "伻하야 來하여 써 圖와 및 卜과로 獻하노이다."라고 풀이하였다. 孔傳은 "심부름꾼을 보내와서(보내가서) 거북점을 쳐본 地圖와 거북점을 쳐본 吉兆를 成王에게 올려 고하였다.〔遣使 以所卜地圖及獻所卜吉兆 來告成王〕"라고 하고, 孔疏는 "사람을 시켜 와서(가서) 거북점을 쳐본 地圖와 거북점을 쳐본 吉兆를 王에게 올렸다.〔使人來 以所卜地圖及獻所卜吉兆於王〕"라고 하여 "伻來以圖及獻卜"을 모두 經文의 문체에 맞추어 풀이하였으나, 본 번역에서는 일반문법에 맞추어 "伻來以圖及卜獻"으로 어순을 바꾸어서 번역하였다.

乙卯는 곧 〈召誥〉의 乙卯日이다. 洛師는 京師라는 말과 같다. 河朔黎水는 황하
북쪽의 黎水가 교차해 흐르는 안쪽이고, 澗水의 동쪽과 瀍水의 서쪽은 바로 王城
이니 朝會하는 곳이고, 瀍水의 동쪽은 바로 下都이니 商나라 백성들을 거처시킨
곳이다. 王城은 澗水와 瀍水의 사이에 있고, 下都는 瀍水의 밖에 있으니, 이 지역
이 모두 洛水에서 가깝기 때문에 두 번 "오직 洛水만 먹어 들어갔다."라고 말한 것
이다. 食(먹어 들어가다)은 太史가 먼저 거북의 등딱지에 먹으로 금을 긋고 불로 지
지는데 거북 등딱지의 갈라져 터진 조짐이 바로 그 먹으로 그어놓은 금을 먹어 들
어간 것이다. 伻은 심부름꾼이요, 圖는 洛水의 지도요, 獻卜은 점괘의 兆辭를 올
린 것이다.

字義 師 : 대중 사   伻 : 심부름꾼 팽   墨 : 먹 묵   灼 : 밝을 작   兆 : 조짐 조   使 : 심부름꾼 시

4. 王이 拜手稽首曰 公이 不敢不敬天之休하사 來相宅하시니 其作周에 匹休[61]삿다
公旣定宅하시고 伻來하여 來[62]視予卜休恒吉[63]하시니 我二人이 共貞[64]이로다 公其以
予로 萬億年을 敬天之休하실새 拜手稽首誨言[65]하노이다

王께서도 손을 이마에 얹고 머리를 땅에 대어 큰 절을 하고 나서 말씀하였다. "公

---

60 兆辭 : 거북점을 칠 때에는 거북의 등딱지를 불로 지져서 거북 등딱지가 갈라져 나타난 형태를
보게 되는데, 그 형태에는 비가 내린 듯 젖은 흔적, 비가 그친 듯 건조한 흔적 등 여러 가지 형태
가 있다. '兆辭'는 바로 그런 형태에 대한 말이다.

61 匹休 : 呂祖謙은 "洛邑을 튼튼하게 하는 것은 실은 宗周를 짝하려는 것이니, '匹'은 宗周를 대하
는 말이다.〔鞏洛實配宗周 匹者對宗周之辭〕"라고 하였고, 王十朋은 "鎬京은 周나라 王室을 일으킨
땅이니, 이미 아름답다. 洛邑을 세워 중앙에 거주해서 정사를 함은 그 아름다움을 짝하기 위한
것이다.〔鎬京興王之地 旣休矣 作洛以宅中圖治 爲匹其休〕"라고 하였는데, 淸代 朱鶴齡(《尙書埤傳》)은
"이 해석들이 蔡傳보다 낫다.〔此解勝蔡〕"라고 하였다.

62 伻來來 : 孔疏는 "'來來'는 중복된 글인데, 위의 '來'는 심부름꾼이 온 것을 말하고, 아래의 '來'는
나(成王)에게 점괘를 보이기 위한 것이다.〔來來重文者 上來言使來 下來爲視我卜也〕"라고 풀이하였
고, 鄭玄은 "'伻來來'는 두 사람을 심부름시킨 것이다.〔伻來來者 使二人也〕"라고 풀이하였다.

63 卜休恒吉 : 孔傳은 "거북점의 아름다움과 항상 吉할 거주지〔所卜之美 常吉之居〕"로 보았다.

64 貞 : 明代 袁仁(《尙書砭蔡編》)은 "貞'은 곧 '厥賦貞'의 貞이니, 卜을 이른다. 만일 正의 뜻으로 여
긴다면 아무 의의가 없다.〔貞卽厥賦貞之貞 謂卜也 若以爲正 殊無意義〕"라고 하였고, 朱鶴齡(《尙書埤
傳》)은 "貞'은 바르고 굳은 것으로 풀된다. 馬融이 「貞'은 「當'의 뜻이다.'라고 하였는데, 蔡傳
에서 이것을 따른 것은 합당하지 못하다.〔貞訓正而固也 馬融云 貞當也 蔡傳從之 未合〕"라고 하였다.

65 拜手稽首誨言 : 孔傳은 "成王이 周公에게 예의와 경의를 표하여 敎誨의 말씀을 구하였다.〔成王
盡禮致敬於周公 求敎誨之言〕"라고 풀이하였다.

(周公)께서는 감히 하늘의 아름다운 命을 공경하지 않을 수 없으시어 〈洛邑으로〉
와서(가서) 〈臣民이 편안히〉 거주할 데를 살펴보셨으니, 周나라에 아름다운 명에
배합할 만한 땅을 만들려고 하셨기 때문입니다. 公께서 이미 거주할 곳을 정하시고
심부름꾼을 보내 와서 나에게 점괘가 아름다워 항상 吉祥이 있을 것을 보여주시니,
우리 두 사람이 그 아름다움을 함께 누릴 것입니다. 또한 公께서 나로 하여금 억만
년토록 하늘의 아름다운 命을 공경히 받들도록 하시므로 손을 이마에 얹고 머리를
땅에 대어 큰절을 하여 가르쳐주신 말씀에 경의를 표합니다.”

此는 王이 授使者復公之辭也라 王拜手稽首者는 成王이 尊異周公而重其禮也라
匹은 配也라 公不敢不敬天之休命하여 來相宅하여 爲周匹休之地는 言卜洛하여 以
配周命於無窮也라 視는 示也니 示我以卜之休美而常吉者也라 二人은 成王周公
也라 貞은 猶當也라 十萬曰億이라 言周公宅洛에 規模宏遠하니 以我萬億年敬天休
命이라 故로 又拜手稽首하여 以謝周公告卜之誨言이라

이는 成王이 심부름꾼에게 글을 주어서 周公에게 답한 말이다. 王拜手稽首란 成
王이 周公을 특별히 존경하여 그 禮를 중엄하게 쓴 것이다. 匹은 配의 뜻이다. “公
(周公)이 감히 하늘의 아름다운 命을 공경하지 않을 수 없어, 와서 거주할 곳을 살펴
보았으니, 周나라의 아름다운 命에 배합할 만한 땅을 만들려고 했기 때문이다.”라
고 한 것은 洛邑을 정하여 周나라의 命을 무궁히 이어지게 하려 함을 말한 것이다.
視는 示의 뜻이니, 나에게 점괘가 아름다워 항상 吉祥할 것을 보여준다는 말이다.
두 사람은 成王과 周公이다. 貞은 當(당하다)과 같다. 10萬을 億이라 한다. 周公이
洛邑에 거주할 곳을 정함에 規模가 宏遠하니, 이것은 나로 하여금 억만년토록 하늘
의 아름다운 命을 공경히 받들도록 한 것이다. 그러므로 또 손을 이마에 얹고 머리
를 땅에 대어 큰절을 하여 周公이 점괘를 알리고 가르쳐 준 말에 사례한 것이다.

字義 匹 : 배합할 필, 짝 필   休 : 아름다울 휴   相 : 볼 상   貞 : 누릴 정, 당할 정   誨 : 가르칠 회
授 : 줄 수   復 : 답할 복   配 : 짝 배   謝 : 사례할 사

5. 周公曰 王이 肇稱殷[66]禮하사 祀于新邑하사되 咸秩無文[67]하소서

---

66 殷 : 孔傳은 나라 이름으로 보고, 王安石·蘇軾·呂祖謙·林之奇·史浩·蔡沈 등은 '盛'의 뜻으로
보았다.
67 周公曰……咸秩無文 : 朱子(《朱子語類》)는 “여기서부터는 점점 뜻을 이해할 수가 없다. 대개 어

周公이 말씀하였다. "王께서는 맨 처음 성대한 禮를 거행하여 새 都邑에서 제사를 지내시되, 祀典에 실려 있지 않은 것까지도 모두 차례로 제사를 지내소서.

此下는 周公이 告成王宅洛之事也라 殷은 盛也니 與五年再殷祭之殷으로 同[68]이라 秩은 序也라 無文은 祀典不載也라 言王始擧盛禮하여 祀于洛邑하시되 皆序其所當祭者하고 雖祀典不載라도 而義當祀者는 亦序而祭之也라

이 이하는 周公이 成王에게 洛邑에 거주할 일을 알리는 것이다. 殷은 성대한 것이니, "五年再殷祭(5년에 두 번 성대한 제사를 지낸다.)"의 殷과 같다. 秩은 序의 뜻이다. 無文은 祀典에 실려 있지 않은 것이다. 王이 맨 처음 성대한 禮를 거행하여 洛邑에서 제사를 지내되, 모두 마땅히 지내야 할 제사는 질서에 따라 지내고, 비록 祀典에 실려 있지 않은 것이라도 의리상 마땅히 지내야 할 제사는 역시 차례로 지내는 것이다.

呂氏曰 定都之初에 肇擧盛禮하여 大饗群祀하되 雖祀典不載者라도 咸秩序而祭之하여 有告焉하고 有報焉하고 有祈焉하니 始建新都하여 昭假(格)上下[69]는 告成事也요 雨暘時若하여 大役以成은 報神賜也요 自今以始하여 永奠中土는 祈鴻休也라 後世엔 不知祭祀之義와 鬼神之德하여 觀周公首以祀于新邑하고 爲言若闊於事情者는 抑不知人主臨鎭新都之始에 齊祓一心하여 對越天地하고 達此精明之

느 때에 한 말인지 모르겠다. 孔傳과 孔疏에서는 '成王과 周公이 모두 洛邑에 있을 때 문답한 말이다.'라고 하였고, 葉氏는 '成王이 점괘를 얻고 洛邑에 갔다가 이미 제사를 지내고는 다시 鎬京으로 돌아왔고, 따라서 周公을 머물러 지키게 했다.'고 하였는데, 周公이 이 말을 한 것은 모두 상고할 수 없다. 그러나 葉氏의 說이 뒤의 몇 章을 관통하니, 지금 그를 따르겠다.〔自此以下 漸不可曉 蓋不知何時所言 傳疏以爲王與公 俱在洛對問之言 葉氏以爲王得卜而至洛 旣祭復歸鎬 因留周公居守 而周公有此言 皆不可考 然葉氏說後數章貫穿 今從之〕라고 하였다.

68 與五年再殷祭之殷同 :《尙書全解》에 "孔氏는 '王은 응당 비로소 殷나라의 祭祀를 거행하여 禮典으로써 새 도읍에 제사를 지내되'라고 하고, 王氏는 「殷은 「5년에 두 번 성대한 제사를 지낸다.〔殷祭〕」라는 殷과 같고 「夏·殷」이란 殷이 아니다.'라고 하였으니, 마땅히 왕씨의 說을 따라야 한다.〔孔氏曰 王當始擧殷家祭祀 以禮典祀于新邑 王氏曰 殷者 與五年再殷祭之殷同 非夏殷之殷也 當從王氏之說〕라고 보이고, '五年再殷祭'는 《春秋公羊傳》에서 인용한 것인데, 《春秋公羊傳》의 注에 "殷은 성대한 것이다."라고 하였다.

69 昭假(格)上下 :《詩經》〈大雅 烝民〉편의 "昭假于下"를 인용한 것인데, 鄭箋에는 '假'를 至의 뜻으로 보아 "하늘이 周나라 王의 政敎를 보니, 그 光明이 아래에 이르렀는지라 - 백성들에게 미쳤음을 이른다. -〔天視周王之政敎 其光明乃至于下 - 謂及衆民 -〕"로, 朱子의 集傳에는 '假'를 格의 뜻으로 보아 "하늘이 주나라를 보니, 능히 昭明한 德으로 아래(백성)를 感格시켰다.〔天之監視有周 能以昭明之德 感格于下〕"로 풀이하였다.

德하여 放諸四海하되 無所不準하고 而助祭諸侯로 下逮胞(庖)翟[70]之賤히 亦皆有孚 顒若[71]하여 收其放而合其離라 蓋格君心萃天下之道가 莫要於此하니 宜周公이 以 爲首務也라하니라

呂氏가 말하였다. "都邑을 갓 정함에 맨 처음 성대한 禮를 거행하여 여러 神들에게 크게 제사를 지내되 비록 祀典에 실려 있지 않은 것이라도 모두 질서에 따라 제사 지내어, 고유를 하기도 하고 보답을 하기도 하고 기도를 하기도 하는 것이니, 처음 새 도읍을 세워 밝은 德으로 위아래를 감격시킨 것에 대해서는 일이 잘 이루어진 점을 고유하는 것이고, 비 오고 볕 나는 기후가 제때에 알맞아 큰 역사가 잘 이루어진 점에 대해서는 神이 준 은혜에 보답하는 것이고, 지금부터 시작하여 길이 中土에 살게 된 것에 대해서는 큰 아름다운 복을 기원하는 것이다. 후세에는 祭祀의 의미와 鬼神의 德을 알지 못하여, 周公이 맨 먼저 새 도읍에서 제사를 지내는 것을 보고서는 마치 사정에 오활한 것처럼 말을 하는 것은 임금이 새 도읍에 임하여 鎭撫하는 일을 시작할 때에는 마음을 깨끗이 해서 하늘과 땅을 대하고, 精明한 德을 펼쳐 四海에 이르게 하되 기준이 되지 않는 바가 없게 하고, 제사를 돕는 제후로부터 아래로 제사 지낼 고기를 맡은 낮은 관리와 꿩의 깃을 가지고 춤추는 것을 가르치는 천한 樂官에 이르기까지도 모두 정성을 가지고 우러러보아 방종한 마음을 거두고 흐트러진 정신을 수합하게 하는 것이라는 점을 알지 못한 것이다. 대개 임금의 마음을 바로잡고 천하의 민심을 모으는 방도가 이보다 더 중요한 것이 없으니, 周公이 맨 먼저 힘쓸 일로 삼은 것은 당연한 것이라 하겠다."

字義 肇:비로소 조 稱:거행할 칭 殷:성할 은 秩:차례 질 文:조문 문 宅:거주할 택 載:실을 재 饗:제사지낼 향 報:갚을 보 祈:빌 기 假(格):감격할 격 暘:볕날 양 奠:살 전 鴻:클 홍 休:아름다울 휴 闊:오활할 활 臨:임할 림 鎭:진무할 진 放:펴질 방, 방종할 방 準:기준 준 逮:미칠 체 胞(庖):푸줏간 포 翟:꿩 적 孚:정성 부 顒:우러를 옹 格:바로잡을 격 萃:모을 췌

6. 予齊百工하여 伻從王于周하고 予惟曰庶有事[72]라하이다

---

70 胞(庖)翟:'胞'는 가축의 도살을 맡아보는 아전으로 '肉吏'라고도 한다. '翟'은 음악을 맡아보는 아전으로 '樂吏'라고도 한다.《禮記》〈祭統〉

71 有孚顒若:《周易》觀卦 卦辭에 "손만 씻고 아직 제물을 올리지 않았을 때처럼 하면 백성들이 정성을 다하여 우러러볼 것이다.〔盥而不薦 有孚 顒若〕"라고 보인다.

72 庶有事:孔傳은 "거의 善政의 일이 있을 것이다.〔庶幾有善政事〕"라고 풀이하였다.

저는 백관들을 정렬시켜 왕을 周邑에서 따라 〈洛邑에 가도록 하고서〉 제가 말하기를 '〈이번 걸음은 우리 王께서 처음으로 정사를 시작하시는 것이니,〉 아마 〈王께서 직접〉 하시는 일이 있을 것이다.'라고 하였습니다.

周公言 予整齊百官하여 使從成王于周는 謂將適洛時也요 予惟謂之曰 庶幾其有所事乎는 公이 但微示其意하여 以待成王自敎詔之也니라

周公이 말씀하기를 "저는 백관들을 정렬시켜 成王을 周邑에서 따라가도록 하고서"라고 한 것은 장차 洛邑으로 가려고 할 때를 이른 것이다. 내가 말하기를 "〈이번 걸음에〉 아마도 王이 직접 하시는 일이 있을 것이다."라고 한 것은 周公이 단지 그 뜻만을 은미하게 보여서 成王이 스스로 敎詔(가르치고 깨우침)하기를 기대한 것이다.

字義 齊 : 정렬할 제 伻 : 좇을 팽 適 : 갈 적 詔 : 가르칠 조

7. 今王이 卽命曰 記功宗하여 以功으로 作元祀[73]하라하시고 惟命曰 汝受命인댄(하란대) 篤弼[74]하라하소서

이제 王께서는 곧 〈百官들에게〉 명하시기를 '공로가 높은 사람은 반드시 기록해 〈두었다가 뒷날 제사 지낼 때에는 반드시〉 공로에 따라 큰 제사로 제사 지낼 것이다.'라고 하시고, 또 거듭 명하시기를 '너희들이 〈이미 이와 같은 포상의〉 명을 받았을진댄 〈더욱 특별한 은혜에 감격하여 王室을〉 돈독히 보필하도록 하라.'고 하소서.

功宗은 功之尊顯者라 祭法曰 聖王之制祭祀也에 法施於民則祀之하고 以死勤事則祀之하고 以勞定國則祀之하고 能禦大災則祀之하고 能捍大患則祀之라하니 蓋功臣은 皆祭於大烝[75]이로되 以勳勞之最尊顯者로 則爲之冠이라 故로 謂之元祀라 周

---

73 今王……作元祀 : 孔傳은 功, 功, 祀에 句를 끊어서 "'이제 王은 洛邑에 가서 왕명을 행하되 응당 사람의 공을 기록할 것이고, 사람을 높이는 것도 응당 공의 크고 작음을 가지고 차서해서 큰 공이 있으면 큰 제사를 지내도록 하겠다.'고 하라는 것이니, 백성에게 공이 베풀어진 것을 이른다.〔今王就行王命於洛邑 曰當記人之功 尊人亦當用功大小爲序 有大功則列大祀 謂功施於民者〕"라고 풀이하였다.

74 惟命曰……篤弼 : 孔傳은 '惟命'의 命을 天命으로 보고, 命과 弼에 句를 끊어서 "하늘이 우리 周나라에 명했는지라 당신이 天命을 후하게 받은 것이니, 마땅히 天命을 도와 키워야 합니다.〔惟天命我周邦 汝受天命厚矣 當輔大天命〕"라고 풀이하였다.

75 大烝 : 겨울에 功臣의 신주를 모셔 선왕에게 지내는 제사 이름이다.

公이 教成王卽命曰 記功之尊顯者하여 以功으로 作元祀矣라하시고 又惟命之曰 汝
功臣이 受此褒賞之命인댄 當益厚輔王室하라하소서하니 蓋作元祀하여 旣以慰答功
臣하고 而又勉其左右王室하여 益圖久大之業也라

功宗은 공로가 높이 드러난 사람이다. 《禮記》〈祭法〉에 이르기를 "聖王이 제사
지내는 법을 제정함에 法이 백성에게 시행되었으면 제사 지내고, 사력을 다하여 일
을 부지런히 하였으면 제사 지내고, 노력하여 나라를 안정시켰으면 제사 지내고,
능히 큰 재앙을 막았으면 제사 지내고, 능히 큰 환난을 막았으면 제사 지낸다."라
고 하였으니, 대개 功臣은 모두 大烝에 제사를 지내되 勳勞가 가장 높이 드러난 사
람을 으뜸으로 제사 지낸다. 그러므로 元祀라 이른 것이다. 周公이 成王을 가르쳐
"王은 곧 명하시기를 '공이 높이 드러난 사람을 기록해 〈두었다가〉 공로에 따라 큰
제사로 제사 지낼 것이다.'라고 하시고, 또 명하시기를 '너희들 공신이 이 포상의 명
을 받았을진댄 마땅히 더욱 王室을 후하게 보필해야 한다.' 하소서."라고 하였다.
대개 큰 제사를 지낼 것이라고 하여 이미 공신들을 위로하였고, 또 王室을 도와 더
욱 원대한 功業을 도모하라고 권면한 것이다.

字義 篤 : 돈독할 독 弼 : 보필할 필 烝 : 겨울제사 증 冠 : 으뜸 관 褒 : 포장할 포 賞 : 상줄 상

8. 丕視功載니 乃汝其悉自敎工[76]이니이다

功을 문적에 기록한 것이 〈공정했는가, 사심을 따랐는가를 조정 신하들에게 숨김
없이〉 모두 다 보여줄 것이니, 당신께서 모두 스스로 백관들을 가르치는 것입니다.

丕는 大요 視는 示也라 功載者는 記功之載籍也라 大視功載하여 而無不公이면 則百
工效之하여 亦皆公也요 大視功載하여 而或出於私면 則百工效之하여 亦皆私也라
其公其私가 悉自汝敎之하니 所謂乃汝其悉自敎工也라 上章에 告以褒賞功臣이라
故로 戒其大視功載者 如此하니라

丕는 大(모두)의 뜻이요, 視는 示(보여주다)의 뜻이다. 功載는 功을 기록한 문적이

---

76 惟命曰……乃汝其悉自敎工 : 孔傳은 命, 篤, 丕, 載, 工에 句를 끊어서 "하늘이 우리 周나라에
명하였는지라 당신이 天命을 후하게 받은 것이니, 마땅히 天命을 도와 키워야 하고, 신하들 중에
공이 있는 자를 살펴보아서 기재해야 할 것이니, 당신이 새로 즉위하였으므로 마땅히 모두 스스
로 여러 관리들을 가르쳐야 한다.〔惟天命我周邦 汝受天命厚矣 當輔大天命 視群臣有功者 記載之 乃汝
新卽政 其當盡自敎衆官〕"라고 풀이하였다.

다. 공을 기록한 문적을 숨김없이 다 보여주어 공정하지 않음이 없다면 백관들이 이것을 본받아 또한 모두 공정할 것이고, 공을 기록한 문적을 숨김없이 다 보여주어 혹 사심을 따랐다면 백관들이 이것을 본받아 또한 모두 사심을 따를 것이다. 그 公과 私가 모두 당신으로부터 가르치는 것이니, 이른바 "당신이 모두 스스로 백관들을 가르친다."라는 것이다. 윗장에서 공신들을 포상한 것을 말하였기 때문에 그 공을 기록한 문적을 숨김없이 다 보여주도록 경계함이 이와 같은 것이다.

字義 조 : 클 비 載 : 문적 재 汝 : 당신 여 悉 : 모두 실

9. 孺子는 其朋가 孺子其朋이면 其往[77]은(이) 無若火始燄燄이나(이라) 厥攸灼이 敍하면 弗其絶[78]가

孺子께서는 朋黨을 하시겠습니까. 孺子께서 붕당을 하시면 이후로는 마치 불이 타기 시작하여 처음에는 미미하게 타지만 그 활활 타는 것이 차례로 번져나가면 끌 수 없는 것과 같지 않겠습니까.

孺子는 稚子也라 朋은 比也라 上文百工之視傚 如此하니 則論功行賞에 孺子其可少徇比黨之私乎아 孺子其少徇比黨之私하면 則自是而往은 有[79]若火然하여 始雖燄燄尙微나 而其灼爍이 將次第延熱이면 不可得而撲滅矣라 言論功行賞에 徇私之害가 其初甚微나 其終은 至於不可遏絶하니 所以嚴其辭하여 而禁之於未然也라

孺子는 어린 아들이다. 朋은 比(편들다, 결탁하다)이다. 윗글에 백관들이 보고 본받음이 이와 같은데, 論功行賞에서 孺子가 조금이라도 比黨(붕당)의 私心을 따를 수 있겠는가. 孺子가 조금이라도 比黨의 私心을 따른다면 이로부터 이후로는 마치 불이 타기 시작하여 처음에는 비록 불꽃이 피어오르는 것이 미미하나 활활 타오르는

---

77 孺子……其往 : 孔傳은 "少子는 그 朋黨을 삼가야 하니, 少子는 朋黨을 삼가는 것을 지금부터 앞으로 경계해야 한다.〔少子愼其朋黨 少子愼朋黨 戒其自今已往〕"라고 풀이하였다.

78 無若火始燄燄……弗其絶 : 孔傳은 "朋黨은 풍속을 망치는 것이니 마땅히 禁絶하여 불이 처음 타는 것처럼 하지 못하게 해야 한다. 불이 붙기 시작할 때에는 외려 미미하지만 번져감에 활활 타나가는 것이 차례를 이루고 있으면 禁絶하지 못한다.〔言朋黨敗俗 所宜禁絶 無令若火始然 焰焰尙微 其所及 灼然有次序 不其絶〕"라고 풀이하였다. 諺解는 經文의 '無'를 그대로 풀이하고, 蔡傳은 有로 바꾸어서 풀이하였다. 여기서는 우선 諺解를 따라 번역하였다.

79 有 : 經文의 無를 有로 바꾸어 풀이하고 있다. 이런 경우의 '有'는 거의 虛字에 가깝지만, 원래의 '無'자일 경우는 "불이 타기 시작할 때에는 불꽃이 피어오르는 것이 미미하나, 활활 타는 것이 장차 차례로 번져나가면 끌 수 없는 것과 같지 않겠는가."라는 말이 된다.

것이 장차 차례로 번져나가면 박멸할 수 없는 경우와 같을 것이다. 論功行賞에 私心을 따르는 폐해가, 처음에는 매우 미미하나 종말에는 막아 끊을 수 없는 지경에 이름을 말한 것이니, 그러므로 그 말을 엄하게 해서 미연에 금지시키는 것이다.

字義 孺：어릴 유　朋：붕당 붕　往：이후 왕　燄：불탈 염　攸：바 유　灼：불탈 작
　　　敍：차례로 번질 서　比：무리 비　傚：본받을 효　徇：따를 순　然(燃)：불탈 연
　　　爍：불탈 삭　延：번질 연　爇：불탈 설　撲：칠 박　滅：멸할 멸　遏：막을 알

10. 厥若彝及撫事⁸⁰를 如予하여 惟以在周工으로 往新邑하여 伻嚮卽有僚⁸¹하여(하며) 明作有功하며 惇大成裕하면 汝永有辭하리이다

〈지금 洛邑에서 새로 정사를 시작하실 때에는 반드시〉그 常道를 따르는 것과 國事를 어루만지는 것을 제가 〈왕을 대신해서〉정사를 할 때처럼 하시어, 오직 현재의 周邑 관리들만 데리고 새 도읍에 가시어 그들로 하여금 〈지시가 없어도〉왕의 의향을 알아차리고 각각 職所로 가서, 政法을 밝히고 마음을 진작하여 공을 세우며, 돈후하고 관대한 德政으로 풍속을 넉넉하게 이루도록 하시면 당신에게는 영원히 칭찬하는 말이 있을 것입니다."

其順常道와 及撫國事를 常如我爲政之時하여 惟用見(현)在周官하고 勿參以私人하여 往新邑하여 使百工으로 知上意嚮하고 各就有僚하여 明白奮揚而赴功하고 惇厚博大以裕俗하면 則王之休聞이 亦永有辭于後世矣라

常道를 따르는 것과 國事를 어루만지는 것을 항상 내가 〈대신〉정사를 할 때처럼 하여 오직 현재의 周邑 관리만 쓰고 사적인 사람을 참여시키지 말아서, 새 도읍에 가서 백관들로 하여금 윗분의 의향을 알아차리고 각각 직소로 가서, 政法을 밝히고 마음을 진작하여 공을 세우며, 돈후하고 관대한 德政으로 풍속을 넉넉하게 이루도록 한다면 王의 아름다운 명성이 또한 길이 후세에 칭찬하는 말이 있을 것이란 것이다.

80　若彝及撫事：'若彝'는 常道인 綱常과 倫理를 모두 順布하는 것이고, '撫事'는 國事인 禮樂과 刑政을 모두 修明하는 것이다.

81　惟以在周工……伻嚮卽有僚：孔傳은 '嚮'을 향해가는 것으로 보아 "오직 周나라에 있는 百官만을 써야 새 도읍에 가서 정치교화를 행하되, 마땅히 신하들로 하여금 각각 職所로 향해가서〔惟用在周之百官 往行政化於新邑 當使臣下各鄕就有官〕"라고 풀이하였다.

字義 彝 : 떳떳할 이　撫 : 어루만질 부　嚮 : 의향 향　僚 : 직소 료　明 : 밝힐 명　作 : 진작할 작
　　　惇 : 도타울 돈　大 : 관대할 대　裕 : 넉넉할 유　參 : 참여할 참　奮 : 분발할 분

11. 公曰 已[82]아 汝惟沖子 惟終[83]이어다

公(周公)이 말씀하였다. "그만둘 수 있겠습니까. 당신 沖子께서는 마무리를 잘 하
셔야 할 것입니다.

　周之王業을 文武始之하니 成王이 當終之也라 此上은 詳於記功敎工內治之事요
此下는 則統御諸侯敎養萬民之道也라

　　周나라의 王業을 文王과 武王이 시작하였으니, 成王이 마땅히 마무리를 잘 해야
한다는 것이다. 이 이상은 功을 기록하고 백관들을 가르치는 內治의 일을 자세히 말
한 것이고, 이 이하는 제후들을 통어하고 만백성을 교양하는 방도를 말한 것이다.

　　字義 已 : 말 이　終 : 마무리 종

12. 汝其敬하여사 識百辟의 享[84]하며 亦識其有不享이니다(이니) 享은 多儀하니 儀不
及物하면 惟曰不享[85]이니 惟不役志于享하면 凡民이 惟曰不享이라하여 惟事 其爽

82　已 : 孔疏는 嗚呼의 뜻으로 보았다.

83　汝惟沖子 惟終 : 孔傳에서 "당신 童子는 父祖의 자리를 이었으니, 마땅히 그 아름다운 業을 마
　　무리해야 한다는 것이다.〔汝惟童子 嗣父祖之位 惟當終其美業〕"라고 풀이하였는데, 兪樾《群經平議》
　　은 '終'을 崇尊의 뜻으로 보아 "당신은 비록 어리지만 당신의 지위가 매우 높기 때문에 마땅히 경
　　건한 마음으로 제후들이 공물을 바치는 것을 알아야 함을 말한 것이다. 枚傳처럼 풀이한다면 아
　　랫글의 뜻과 관통하지 않는다.〔言汝雖沖幼 然汝位甚尊 故宜敬識百辟享也 如枚傳 則與下意不貫矣〕"라
　　고 하였다.

84　汝其敬 識百辟享 : 孔傳은 敬에 구두를 떼지 않고 "당신은 王이 되었으니 응당 경건하게 百君
　　(百官)과 諸侯들이 윗사람을 받드는 것을 알아야 하고〔汝爲王 其當敬識百君諸侯之奉上者〕"로 풀이
　　하였다. 따라서 '享'을 孔安國은 범연하게 윗사람을 받드는 것〔奉上〕으로 풀이하고, 鄭玄은 '朝聘'
　　으로 보았는데, 孔疏에서는 "모든 공손히 받드는 것이 모두 윗사람을 받드는 것이지, 朝覲과 貢
　　獻만이 윗사람을 받드는 것이 아닌데, 鄭玄이 전적으로 朝聘만을 말한 것은 이치가 미진하다.〔凡
　　所恭承皆是奉上 非獨朝覲貢獻乃爲奉上 鄭玄專以朝聘說之 理未盡也〕"라고 하였다. 그러나 蔡傳은 鄭
　　玄을 따랐다.

85　享多儀……惟曰不享 : 朱子는 "'享'은 조회하고 나서 폐백을 王에게 드리는 것이니 성심으로 윗
　　사람을 받드는 말이다. 폐백은 유여하고 예의는 부족한 자가 이따금 윗사람을 경멸하는 마음을
　　가지고 '폐백으로 교제하면 된다.'고 여기면서 '나의 폐백이 풍족한데 무슨 예의를 갖출 필요 있
　　는가.'라고 하는 경우가 있는데, 이와 같이 하면 공물을 드리지 않는 것이나 마찬가지다.〔享 朝而
　　以幣享王 誠以奉上之辭 幣有餘而禮不及者 往往有輕上之心 以爲可以幣交也 曰吾幣足矣 何以禮爲 如是者

侮하리이다

당신께서 마음을 경건히 가지셔야 〈마음이 자연 청명해서〉 諸侯들이 朝享하는 것이 성의로 하는 것인지 알 수 있고, 朝享을 하는 것이 성의로 하지 않는 것인지도 알 수 있습니다. 朝享을 하는 데에는 禮儀가 많아야 하는 법이니, 禮儀가 폐백에 미치지 못하면 '朝享을 하지 않은 것이나 마찬가지다.'라고 이릅니다. 〈제후들이〉 朝享을 하는 데에 마음을 쓰지 않으면 모든 백성들이 '朝享을 할 것이 없다.'라고 말하게 되어, 政事가 어그러지고 남을 업신여기게 될 것입니다.

此는 御諸侯之道也라 百辟은 諸侯也라 享은 朝享也라 儀는 禮요 物은 幣也라 諸侯享上에 有誠有僞하니 惟人君克敬者라야 能識之하여 識其誠於享者하고 亦識其不誠於享者니라 享은 不在幣而在於禮하니 幣有餘而禮不足이면 亦所謂不享也라 諸侯惟不用志於享이면 則國人化之하여 亦皆謂上不必享矣라하여 擧國이 無享上之誠하리니 則政事安得不至於差爽僭侮하여 墮王度而爲叛亂哉아 人君이 可不以敬存心하여 辨之於早하고 察之於微乎아

이것은 제후들을 통어하는 방도이다. 百辟은 제후이다. 享은 조회하고 나서 폐백을 바치는 것이다. 儀는 禮의 뜻이요, 物은 폐백이다. 제후가 위에 폐백을 바칠 때에는 성의로 바치는 경우가 있고 거짓으로 바치는 경우가 있으니, 오직 임금이 능히 경건한 마음을 가진 이여야 이것을 알아서 폐백을 바치는 것이 성의로 바치는 것인가를 알 수 있고, 폐백을 바친 것이 성의로 바치지 않는 것인가도 알 수 있는 것이다. 폐백을 바치는 의의는 폐백에 있지 않고 예의에 있으니, 폐백은 남아돌고 예의는 부족하면 또한 이른바 '폐백을 바치지 않은 것이나 마찬가지다.'라는 것이다. 제후들이 폐백을 바치는 데에 마음을 쓰지 않으면 나라 사람들이 그에 물들어서 또한 모두 '위에 굳이 폐백을 바칠 것이 없다.'고 할 것이다. 그리하여 온 나라가 위에 폐백을 바치는 성의가 없을 것이니, 이렇게 되면 정사가 어찌 어그러지고 남을 업신여겨, 王의 법도를 실추시켜 반란을 일으키는 지경에 이르지 않겠는가. 임금이 경건하게 마음을 간직하여 조기에 분변하고 미미할 때에 살피지 않을 수 있겠는가.

字義 辟 : 제후 벽　享 : 조향 향　役 : 쓸 역　爽 : 어그러질 상　侮 : 얕볼 모　誠 : 성실할 성

猶不享也)"라고 하였다.

僞：거짓 위 化：물들 화 僭：간교할 참 隳：무너질 휴

13. 乃惟孺子는 頒朕의 不暇[86]하고 (하여) 聽朕의 敎汝于棐民彝어다 汝乃是不蘉(망)하면 乃時惟不永哉인저 篤敍乃正父(보)[87]하되 罔不若予하면 不敢廢乃命하리니 汝往敬哉[88]어다 茲予는 其明農哉[89]로니 彼裕我民하면 無遠用戾[90]하리이다

---

86 頒朕不暇 : 孔傳은 "나는 정사를 할 때에 항상 겨를을 내지 못한 것처럼 하였으니, 당신은 小子로서 마땅히 내가 겨를 없이 하던 일들을 나누어 취해서 행해야 한다.〔我爲政常若不暇 汝爲小子當分取我之不暇而行之〕"라고 풀이하였다. 蔡傳에서 '未詳'이라 했기에 孔傳의 해석으로 대신하였다.

87 正父(보) : 孔疏에서는 "武王의 德正을 말하기 때문에 '正父'라 칭했다."라고 하고, 어떤 이는 "武王이 撥亂反正(난을 평정하고 질서를 회복)했기 때문에 '正父'라 칭했다."라고 하였으며, 蔡傳에서도 "武王이다."라고 하였는데, 이에 대하여 丁若鏞(《尙書知遠錄》)은 "'正父'란 것은 〈酒誥〉에서 말한 '圻父'·'農父'·'宏父'와 같은 따위인데, '正父'를 武王으로 여기면 되겠는가. 만일 '正父'가 바로 武王이라고 한다면 묻겠는데, '罔不若予'의 予는 누구겠는가. 〈周誥〉가 비록 어려워 뜻을 통달하기 어렵다 하더라도 또한 모름지기 조리가 있게 말해야 하니, 앞뒤가 단절하기를 註에서 말한 것처럼 해서는 안 된다.〔正父者 若酒誥所云 圻父農父宏父之類也 以正父爲武可乎 若云正父是武王 請問罔不若予者 爲誰 周誥雖聱牙難通 亦須言有條理 不當首尾橫決 如註所言也〕"라고 하였다.

88 汝往敬哉 : 孔安國은 "당신은 새로 세운 도읍에 가서 거주하며 敎化를 경건하게 행할진저.〔汝往居新邑 敬行敎化哉〕"로, 朱子는 "당신은 宗周로 돌아가십시오. 저는 여기에 머물겠습니다.〔汝往歸宗周 我留於此〕"로, 蔡沈은 "王께서는 〈洛邑에〉 가서 경건하게 하소서.〔王往洛邑 其敬之哉〕"로 풀이하였는데, 이에 대하여 丁若鏞(《尙書知遠錄》)은 "〈召誥〉와 〈洛誥〉는 모두 成王더러 洛邑에 거주하도록 권면하는 내용인데, 周公이 어찌 '당신은 宗周로 돌아가시오. 저는 成周에 머물겠소.'라고 말하려 하였겠는가. '往敬哉'는 〈堯典〉의 '往欽哉'와 같은 것이다. 成王과 周公이 비록 함께 洛邑에 있다 하더라도 '往'이라 말하는 것은 문제되지 않는다.〔召誥洛誥 皆是勸成王宅洛之戒 周公豈肯曰汝歸宗周 我留成周乎 往敬哉 如堯典之往欽哉 王與公 雖同在洛邑 不害其言往也〕"라고 하였다.

89 茲予 其明農哉 : 孔安國은 "저는 退老하여 농민들을 의리로써 밝게 가르칠 것입니다.〔我其退老 明敎農人以義哉〕"로, 蔡沈은 "저는 물러가 田野에서 쉬면서 오직 농사만을 밝힐 것이다.〔我其退休田野 惟明農事〕"로, 朱子는 "저는 여기에 머물러 后稷 先公의 業을 닦아 농사일을 밝혀서 백성을 가르칠 것입니다.〔我留於此 修后稷先公之業 明農事以敎民〕"로 풀이하였는데, 이에 대하여 丁若鏞은 "'明農'의 뜻은 종래에 잘못 풀이하였다. 이때에 周公이 어떻게 田野로 물러가 쉴 수 있었겠는가. 정말 成王이 周公과 召公의 말을 잘 들어서 洛邑에 거주하며 親政을 펼친다면 周公은 응당 輔相이 되었을 것이고, 그렇지 않으면 豐鎬에 가서 지켰을 것이다. 周公의 지극한 소원은 다만 노고를 분담하는 데 있을 뿐이고, 退老는 그의 본뜻이 아니었을 것이니, 〈君奭〉 1篇을 살펴보아 周公의 마음을 알 수 있다.〔明農之義 從來誤解 此時 周公安得退休田野 誠使成王能聽二公之言 宅洛親政 周公當輔相 不然 往守豐鎬 公之至願 只在分勞 退老非其志也 觀於君奭一篇 可知公心〕"라고 하였다.《尙書知遠錄》

90 乃惟孺子……無遠用戾 : 陳師凱는 "이 1節은 '汝往敬哉 茲予其明農哉' 두 句를 제외한 그 밖의 것들은 다 이해할 수 없으니 모두 빼놓아야 한다. 이 두 句를 음미하면 周公이 이때 鎬京에 있으면서 成王이 새로 세운 도읍에 가도록 하고 자기는 장차 退老하고자 한 것을 볼 수 있다. 이 章의 아래에 응당 반드시 周公이 成王을 따라 새로 세운 도읍에 가서 제사를 거행하고 명령을 발

당신 孺子께서는 제가 〈전일에〉 겨를 없이 하던 일들을 나누어 취해서 행하셔야 하고, 제가 당신에게 가르쳐준 백성의 常性을 돕는 방도를 새겨들어야 합니다. 당신께서 만일 이것을 힘쓰지 않으신다면 나라를 영원히 누리지 못할 것입니다. 〈옛날에 당신의 正父(武王)께서도 백성의 常性을 돕고 저는 보조역할을 하였으니, 반드시〉 당신 正父의 道를 돈독히 생각하고 차서에 따라 행하되 제가 정사를 할 때처럼 하신다면 〈백성들 또한〉 감히 당신의 命을 폐기하지 않을 것이니, 王께서는 〈洛邑에〉 가서 경건하게 하소서. 저는 장차 〈田野로〉 물러가서 농사만을 강구해 밝힐 것이니, 〈당신이 만일〉 저 洛邑에서 우리 백성들을 편안히 살 수 있게 다스린다면 백성들이 멀다고 여기지 않고 모두 몰려 올 것입니다."

此는 教養萬民之道也라 頒朕不暇는 未詳이라 或曰 成王은 當頒布我汲汲不暇者[91]라하니라 聽我教汝所以輔民常性之道니 汝於是而不勉焉이면 則民彝泯亂하여 而非所以長久之道矣라 正父는 武王也니 猶今稱先正云者라 篤者는 篤厚而不忘이요 敍者는 先後之不紊이니 言篤敍武王之道하여 無不如我하면 則人不敢廢汝之命矣라 呂氏曰 武王沒에 周公이 如武王이라 故로 天下不廢周公之命하니 周公去에 成王이 如周公하면 則天下不廢成王之命하리라하니라 戾는 至也라 王往洛邑하여 其敬之哉어다 我其退休田野하여 惟明農事라하니 蓋公有歸老之志矣라 彼는 謂洛邑也라 王於洛邑에 和裕其民하면 則民將無遠而至焉하리라

이것은 만백성을 教養하는 방도이다. 頒朕不暇는 未詳이다. 어떤 이는 "成王은 마땅히 내가 바빠서 할 겨를이 없었던 것을 널리 퍼뜨려야 한다."라고 한다. 내가 당신에게 가르쳐 준 백성의 常性을 돕는 방도를 새겨들어야 하는데, 당신께서 이것을 힘쓰지 않으신다면 백성의 常性이 문란해져서 장구히 나라를 유지하는 방도가 아니라는 것이다. 正父는 武王이니, 지금 先正이라고 칭하는 것과 같다. 篤은 돈독히 하여 잊지 않는 것이고, 敍는 先後가 문란하지 않은 것이니, 武王의 道를 돈독히 생각하고 차례를 따라 행하되 저처럼 하지 않음이 없으면 사람들이 감히 당신의 命

표한 일이 있어야 할 것인데 지금 빠졌다.〔此一節 除汝往敬哉 茲予其明農哉二句外 皆不可曉 皆當缺之 味此二句 可見公時在鎬 欲王往新邑 而己將退老也 此章之下 當必有公從王至新邑 舉祀發命之事 而今缺矣〕"라고 하였다.《書蔡氏傳旁通》

91 頒朕不暇……當頒布我汲汲不暇者：丁若鏞(《尙書知遠錄》)은 "梅說이 정확하여 조금도 의심할 게 없는데, 仲默은 까닭없이 이를 위배하고 별도로 괴벽한 論을 만들어 '或說'이라 이르니, 망령되다.〔梅說的確 毫無可疑 仲默無故違之 別作乖曲之論 謂之或說 妄矣〕"라고 하였다.

을 폐기하지 않을 게란 것이다.

呂氏가 말하기를 "武王이 작고함에 周公이 武王과 똑같이 하였다. 그러므로 천하
사람들이 周公의 命을 폐기하지 않았으니, 周公이 떠남에 成王이 周公과 똑같이
하면 천하 사람들이 成王의 명을 폐기하지 않을 것이다."라고 하였다.

戾는 이르는 것이다. "王께서는 洛邑에 가시어 경건하소서. 저는 물러가 田野에
서 쉬면서 오직 농사만을 밝힐 것입니다."라고 하였으니, 아마 周公이 歸老할 뜻을
가졌던 것이다. 彼는 洛邑을 이른다. 성왕이 낙읍에서 백성들을 화평하고 넉넉하게
살 수 있도록 다스린다면 백성들이 장차 멀다고 여기지 않고 몰려 올 것이라는 말
이다.

字義　頒：나눌 반　暇：겨를 가　棐：도울 비　蘉：힘쓸 망　戾：어그러질 려　汲：급할 급
紊：문란할 문

14. 王若曰하사대 公이 明保予沖子하시며(하사) 公稱丕顯德하사 以予小子로 揚文武
烈하여(하며) 奉答天命[92]하며 和恒四方民하여 居師[93]하시다

王이 이렇게 말씀하였다. "公께서는 나 沖子를 밝게 깨우치고 힘써 도와주셨으
며, 公께서는 크게 밝은 德을 들어 나 小子로 하여금 文王과 武王의 功烈을 드날
려서 하늘의 命을 받들어 딱 맞게 하고, 사방의 백성들을 화평하게 다스리고 항구
히 도와서, 그 大衆을 〈洛邑에서〉 편안히 살 수 있게 하셨습니다.

此下는 成王이 答周公及留公也니 大抵與上章參錯相應이라 明은 顯明之也요 保는
保佑之也라 稱은 擧也라 和者는 使不乖也요 恒者는 使可久也라 居師者는 宅其衆
也라 言周公이 明保成王하여 擧大明德하여 使其上之不忝於文武하여 仰不愧天하고
俯不怍人也라

이 이하는 成王이 周公에게 답하고 周公을 만류한 말이니, 대개 윗장에서 〈周公
이 한 말과〉 교차하여(서로 주고받아) 서로 호응하게 한 것이다. 明은 드러내어 밝히
는 것이고, 保는 도와주는 것이다. 稱은 드는 것이다. 和는 어그러지지 않게 하는

92　奉答天命：孔傳은 "하늘의 命을 받들어 딱 맞게 하는 것이다.〔奉當天命〕"라고 풀이하였는데, 孔
疏는 "'奉當'이란 하늘의 뜻을 존중하여 天心에 딱 맞게 하는 것이다.〔奉當者 尊天意 使允當天心〕"
라고 부연 설명하였다.

93　居師：朱子는 "'居師'는 洛邑을 경영하여 백성들의 주거를 정하였다.〔居師 營洛邑 定居〕"라고 하였
다.《書傳大全》小註)

것이고, 恒은 오래갈 수 있게 하는 것이다. 居師는 그 대중을 편히 살 수 있게 하는 것이다. 周公이 成王을 밝게 깨우치고 힘써 도와주어 크게 밝은 德을 들어 위로 文王과 武王에게 욕되지 않게 해서, 위로 하늘에 부끄럽지 않고 아래로 사람에게 부끄럽지 않게 하였음을 말한 것이다.

> 字義 稱 : 들 칭　丕 : 클 비　師 : 대중 사　錯 : 섞을 착　乖 : 어그러질 괴　忝 : 욕될 첨
> 愧 : 부끄러울 괴　怍 : 부끄러울 작

15. 惇宗將禮[94]하여 稱秩元祀하되 咸秩無文하시다(케하시다)

〈功이 높이 나타난 이에 대해서는〉 큰 禮를 돈독히 해서 큰 제사를 거행하여 차례로 제사를 지내되, 모두 祀典에 없는 것까지도 차례로 제사를 지내도록 하셨습니다.

　宗은 功宗之宗也니 下文宗禮同이라 將은 大也라

　　宗은 "功宗(공이 높이 드러난 사람)"의 宗이니, 아랫글의 "宗禮(공이 높이 드러난 사람을 표창하는 예)"와 같다. 將은 크다는 뜻이다.

> 字義 惇 : 돈독할 돈　宗 : 높을 종　將 : 클 장　稱 : 거행할 칭

16. 惟公德이 明光于上下하며 勤施于四方[95]하여 旁作穆穆迓衡[96]하여 不迷文武勤敎[97]하시니 予沖子는 夙夜에 毖祀로다

　公의 德이 上下에 밝게 빛나고 四方에 부지런히 베풀어져서 〈상하와 사방 모두

94　惇宗將禮 : 孔傳은 "큰 禮를 돈독히 높여서〔厚尊大禮〕"라고 풀이하였다.

95　惟公德……勤施于四方 : 孔傳은 明, 下, 方에 句를 끊어서 "公의 밝은 德이 天地에 밝게 빛나고 부지런히 하는 정사가 四海에 베풀어지니, 萬邦과 四夷가 公의 德에 감복하여 교화되었다고 말한 것이다.〔言公明德 光於天地 勤政 施於四海 萬邦四夷 服仰公德而化之〕"라고 풀이하였다.

96　旁作穆穆迓衡 : 孔傳은 作을 來의 뜻으로 보아 "사방의 〈백성들이〉 널리 와서 공경하고 공경하는 도리를 행하여 태평의 정치를 맞이해서〔四方旁來爲敬敬之道 以迎太平之政〕"라고 풀이하였다.

97　惟公德……不迷文武勤敎 : 孔疏는 "'公은 밝은 덕을 천지에 빛내고 부지런히 하는 정사를 사방에 베풀어, 사방의 〈백성들로〉 하여금 널리 와서 공경하고 공경하는 도리를 행하여 태평의 정치를 맞이하게 하니, 下民이 모두 다시는 文王과 武王의 부지런한 교훈에 미혹하지 않았다.'란 것이니, 公의 정치교화의 흡족함이 이와 같은 결과를 가져왔음을 말한 것이다.〔惟公明德光於天地 勤政施於四方 使四方旁來爲敬敬之道 以迎太平之政 下民皆不復迷惑於文武所勤之敎 言公化洽使如此也〕"라고 부연 설명하였다. 孔傳과 孔疏는 周公의 정치교화가 가져온 결과로 보았고, 蔡傳은 周公의 덕에 의해 태평성세가 이루어진 것으로 보았다.

그 德이 흘러 넘쳐〉 널리 穆穆함을 행하여 和敬의 상태를 지어 오늘날의 治平을 맞이해서, 文王과 武王이 〈옛날에〉 애써 베푼 敎化를 천하에 잃지 않게 하고 계시니, 나 冲子는 〈무슨 할 일이 있겠습니까.〉 아침부터 밤까지 제사 지내는 일을 삼가 행할 뿐입니다.”

旁은 無方所也니 因上下四方爲言이라 穆穆은 和敬也라 迓는 迎也라 言周公之德이 昭著於上下하고 勤施于四方하여 旁作穆穆하여 以迎治平하여 不迷失文武所勤之敎於天下하니 公之德敎 加於時者如此라 予冲子 夫何爲哉리오 惟早夜에 以謹祭祀而已라 蓋成王이 知周公有退休之志라 故로 示其所以留之之意也니라

旁은 일정한 方所가 없는 것이니, 上下와 四方을 인해서 말한 것이다. 穆穆은 화목하고 공경함이다. 迓는 迎의 뜻이다. 周公의 德이 上下에 밝게 드러나고 四方에 부지런히 베풀어져서 널리 穆穆(和敬)함을 지어 治平함을 맞이해서, 文王과 武王이 애써 베풀던 敎化를 천하에 迷失하지 않게 하셨으니, 公의 德敎가 당시에 가해짐이 이와 같거늘, 나 冲子는 무슨 할 일이 있겠는가. 오직 아침부터 밤까지 제사 지내는 일을 삼가 행할 뿐이라고 말한 것이다.

대개 成王은 周公이 물러가 쉬려는 뜻을 가지고 있음을 알았기 때문에 만류하려는 뜻을 보인 것이다.

字義　旁：사방 방　穆：화경할 목　迓：맞을 아　衡：치평할 형　毖：삼갈 비　迷：미혹할 미
迎：맞을 영　昭：밝을 소　著：드러날 저

17. 王曰 公功은 棐迪이 篤하니 罔不若時[98]어다

王이 말씀하였다. “公의 功이 나를 보필하고 나를 啓導함이 篤厚하니, 언제나 이와 같이 해주소서.”

言周公之功이 所以輔我啓我者厚矣니 當常如是요 未可以言去也라

周公의 功은 나를 보필하고 나를 啓導한 것이 篤厚하니, 응당 언제나 이와 같이 해주시고 떠나겠다는 말씀은 해서는 안 된다는 점을 말한 것이다.

字義　棐：도울 비　迪：인도할 적　篤：돈독할 독　輔：보필할 보　啓：계도할 계　去：떠날 거

98　罔不若時：孔傳은 若, 時에 句를 끊어서 “天下가 순종하지 않음이 없는 것은 바로 公의 功 때문이다.(天下無不順 而是公之功)”라고 풀이하였다.

18. 王曰 公아 予小子는 其退하여 卽辟(벽)于周하고 命公後⁹⁹하리니다(하리라)

　王이 말씀하였다. “公아. 나 小子는 물러가 곧 周(鎬京)에서 임금 노릇 하고 公에게 명하여 뒤에 남아있게 하겠소이다.

　　此下는 成王이 留周公治洛也라 成王言 我退하여 卽居于周하고 命公留後治洛이라하니라 蓋洛邑之作은 周公이 本欲成王遷都하여 以宅天下之中이언만 而成王之意는 則未欲捨鎬京而廢祖宗之舊라 故로 於洛邑擧祀發政之後에 卽欲歸居于周하고 而留周公治洛이라 謂之後者는 先成王之辭니 猶後世留守留後之義라 先儒謂封伯禽하여 以爲魯後者는 非是라 攷之費誓컨대 東郊不開는 乃在周公東征之時하니 則伯禽就國이 蓋已久矣라 下文에 惟告周公其後라하니 其字之義에 益可見其爲周公이요 不爲伯禽也니라

　　이 이하는 成王이 周公은 남아서 洛邑을 다스리게 한 것이다. 成王이 말씀하기를 “나는 물러가서 곧 周(鎬京)에 거주하고 公에게 명하여 뒤에 남아서 洛邑을 다스리게 하겠소이다.”라고 하였다. 洛邑을 만든 목적은 周公이 본래 成王으로 하여금 도읍을 옮겨 천하의 중앙에 거하게 하고자 한 것이었는데, 成王의 뜻은 鎬京을 버려 祖宗의 옛 터전을 폐기하려고 하지 않았다. 그러므로 洛邑에서 제사를 거행하여 정사를 처음 펴고 나서 즉시 宗周로 돌아가 거하고 周公은 남아서 洛邑을 다스리게 하고자 한 것이다.

　　‘後’라고 이른 것은 成王이 먼저 떠나온 데 대한 말이니, 후세에 칭하는 留守·留

99 予小子……命公後：孔傳은 “〈나 小子는 물러나 앉은 뒤에〉 곧 宗周(鎬京)에 가서 임금 노릇을 하고 公의 후사(伯禽)를 세워 〈國君을 삼을 것이니,〉 公은 응당 머물러 나를 도와주셔야 하오.〔便就君於周 命立公後 公當留佑我〕”로, 孔疏는 “周公이 장차 退老하려고 하기 때문에 명하여 公의 후사를 세우려 한 것이니, 곧 公의 아들 伯禽으로 하여금 國君이 되게 하려는 것이다.〔周公將欲退老 故命立公後 使公子伯禽爲國君〕”라고 하였는데 이에 대하여 丁若鏞은 “이는 큰 송사거리이다. 古經을 읽을 적에는 먼저 字例를 밝혀야 한다. 後人은 글만 배우기 때문에 글자를 잘못 씀이 많고, 古人은 글자까지 —곧 小學— 배우기 때문에 글자에 定例가 있으니, 어지럽히는 일이 없다. 죽은 뒤에 ‘先’이라 칭하니, 이를테면 先祖·先考·先人·先大夫 따위가 이것이다. 죽은 뒤에 ‘後’라 칭하니, 이를테면 立後·置後·予有後 따위가 이것이다. 살아서 ‘後’라 칭할 수 없음은 살아서 ‘先’이라 칭할 수 없음과 같으니 이치상 그러하다. 周公이 뚜렷이 생존하였는데, 成王이 어떻게 後를 세울 수 있겠는가. 이는 無學人이 하는 말이니, 재론할 거리가 못된다.〔此大訟也 讀古經 先明字例 後人學書 故字多誤用 古人學字 —卽小學— 故字有定例 未嘗亂也 死而後稱先 若先祖先考先人先大夫之類是也 死而後稱後 若立後置後予有後之類是也 生而不得稱後 猶生而不得稱先 理則然也 周公赫然生存 成王胡爲立後 此無學人之所言 不容再說〕”라고 하였다.(《尙書知遠錄》)

後의 뜻과 같은 것이다. 先儒가 "伯禽을 봉하여 魯나라의 후사를 삼게 했다."고 말한 것은 옳지 않다. 〈費誓〉를 상고해보면, 東郊가 개통되지 않은 것은 바로 周公이 東征할 때에 있었던 일이니, 伯禽이 魯나라로 떠나간 지는 이미 오래였을 것이다. 아랫글에 "惟告周公其後(주공이 그 뒤에 남아서 洛邑을 지키게 한 일을 고하였다.)"라고 하였으니, '其'자의 뜻에서 더욱 周公이었지, 伯禽이 아니었다는 것을 볼 수 있다.

[字義] 辟 : 임금 벽　宅 : 거주할 택　捨 : 놓을 사　攷 : 상고할 고

19. 四方이 迪亂이어늘 未定于宗禮라 亦未克敉公功이로라

사방이 순탄하게 다스려진 것은 〈公의 공로 덕분이건만〉 아직 공로를 높이 드러낼 禮制를 정하지 못했기 때문에 또한 公의 공로를 편안하게 정하지 못하고 있는 것입니다.

宗禮는 卽功宗之禮也라 亂은 治也라 四方開治는 公之功也로되 未定功宗之禮라 故로 未能敉公功也라 敉功者는 安定其功之謂니 卽下文命寧者也라

宗禮는 곧 공로가 높이 드러난 이를 표창하는 禮制이다. 亂은 治의 뜻이다. 사방이 순탄하게 다스려진 것은 公의 공로 덕분이건만, 아직 공로가 높이 드러난 이를 표창하는 예제를 정하지 못했기 때문에 公의 공로를 편안하게 정하지 못하고 있다는 것이다. 敉功은 그 공로를 편안하게 정하는 것을 이르니, 곧 아랫글에 "命하여 〈나를〉 편안하게 한다."라는 것이다.

[字義] 迪 : 순할 적　亂 : 다스릴 란　敉 : 정할 미, 어루만질 미

20. 迪將其後하되(하여) 監我士師工[100]하여 誕保文武受民하여 亂爲四輔[101]어다

그 뒤의 功業을 넓혀서 크게 하시되, 우리 士·師와 百官들로 하여금 본받을 바가 있게 하시면서 文王과 武王이 하늘로부터 받으신 백성들을 크게 보호해 다스려 〈宗周의〉 四輔가 되도록 할지어다."

---

100 迪將其後 監我士師工 : 孔傳은 迪을 助의 뜻으로 보아 "公은 머물러서 道를 가지고 가르치시어 장차 나의 지금 이후의 정사를 도우시고 나의 정사하는 여러 관리들을 감독하란 것이니, 위임시킨다는 말이다.〔公留教道 將助我其今已後之政 監篤我政事衆官 委任之言〕"라고 풀이하였다.

101 四輔 : 孔傳은 四維의 輔 곧 四方의 輔助로 보고, 朱子는 四隣(近畿의 州郡)과 같은 것이라 하였다.《書傳大全》小註)

將은 大也라 周公居洛하여 啓大其後하되 使我士師工으로 有所監視하여 大保文武
所受於天之民하여 而治爲宗周之四輔也라 漢三輔[102]는 蓋本諸此[103]라 今按先言
啓大其後하고 而繼以亂爲四輔하니 則命周公留後於洛이 明矣라

　將은 크다는 뜻이다. 周公이 洛邑에 거주하여 그 뒤의 공업을 넓혀서 크게 하되
우리 士·師와 百官들로 하여금 본받을 바가 있게 하면서, 文王과 武王이 하늘로부
터 받은 백성들을 크게 보호해 다스려 宗周의 四輔가 되게 하라는 것이다. 漢나라
의 三輔는 아마 여기에 근거한 것인 듯하다. 지금 살펴보건대 “먼저 그 뒤의 功業을
넓혀서 크게 하라.”고 하고, 뒤이어서 “다스려 四輔가 되게 하라.”고 하였으니, 周
公에게 명하여 뒤에 남아서 洛邑을 지키도록 한 것이 분명하다.

字義　迪 : 개척할 적　將 : 클 장　監 : 감시할 감　誕 : 클 탄　亂 : 다스릴 란

21. 王曰 公定[104]이어든 予往已이니다(니) 公功을 肅將祗歡[105]하나니 公無困(哉)
〔我〕[106]어다 我惟無斁(역)其康事[107]하노니 公勿替刑하면 四方이 其世享[108]하리다(하리라)

---

102 漢三輔 : 漢代에 都城 부근에 있는 京兆·馮翊·扶風 등 세 고을을 ‘三輔’라고 하였다.

103 宗周之四輔……蓋本諸此 : 袁仁은 “잘못 해석한 것이다. 살펴보면 漢나라의 三輔는 바로 땅을
가리켜 말하였으니 京兆·馮翊·扶風 등 세 郡을 이르고, 周나라의 四輔는 바로 《禮記》〈文王世
子〉에 이른바 ‘四輔와 三公을 설치한다.’란 것이니 ‘四輔’는 左輔·右弼·前疑·後丞을 이른다.〔非
也 按漢三輔 乃指地言 謂京兆馮翊扶風三郡也 周之四輔 文王世子所謂設四輔及三公 四輔 謂左輔右弼前疑
後丞耳〕”라고 하였다.《尙書砭蔡編》

104 公定 : 孔傳은 定을 안정의 뜻으로 보아 “公이 머물러 나를 안정시키시거든〔公留以安定我〕”으로
풀이하였다.

105 公功 肅將祗歡 : 孔傳은 肅을 進, 將을 大의 뜻으로 보고 將, 歡에 句를 끊어서 “公의 功이 확대
하니 천하 사람들이 모두 公의 功을 공경하고 즐거워하였다.〔公功以進大 天下咸敬樂公功〕”라고 풀
이하였다.

106 公無困(哉)〔我〕 : 孔傳은 “公은 꼭 여기에 머물고 떠남으로써 나를 곤란하게 말지어다.〔公必留 無
去以困我哉〕”로, 蘇軾《書傳》은 “나를 버리고 가면 나를 곤란하게 한다.〔去我則困我也〕”로, 林之奇
《尙書全解》는 “公은 마땅히 여기에서 게으름을 부리지 말아야 한다.〔公當無倦于此也〕”로, 朱子
《朱子語類》는 “公은 일을 가지고 스스로 곤란하게 하지 말라.〔公無以事自困〕”로 풀이하였는데,
蔡傳은 孔傳을 따르고 있다.

107 公無困哉我惟無斁(역)其康事 : 兪樾《群經平議》은 ‘哉’와 ‘我’가 倒置된 것으로 보아 ‘我’에 句를
끊어서 “公은 나를 곤란하게 말고, 백성들을 편안하게 하는 일을 게을리하지 말라.〔公無困我哉 無
斁其康事〕”고 당부하는 것으로 풀이하였다.

108 公定……其世享 : 孔傳은 “公이 머물러 나를 안정시키거든 나는 公의 말씀에 따라 洛邑으로 가
서 이를 따를 뿐입니다. 公의 功이 확대하니 천하 사람들이 모두 公의 功을 공경하고 즐거워하
였다. 公은 꼭 여기에 머물고 떠남으로써 나를 곤란하게 하지 말지어다. 나는 〈지금 洛邑으로 가

王이 말씀하였다. "公이 이곳에 머물거든 나는 宗周로 갈 것입니다. 公의 事功을 백성들이 엄숙히 받들어 공경하고 기뻐하니,〈인심이 이처럼 쏠려있는데, 만일 여기를 버리고 떠난다면 백성들을 크게 보호할 사람이 없습니다.〉公은〈신중하여〉나를 곤란하게 하지 말지어다. 나는〈지금 鎬京으로 돌아가서〉백성들을 편안하게 하는 일을 싫어하지(싫증내지) 않을 것이니, 公이〈반드시 여기에 머물러서 우리 관리들의〉본보기가 되는 것을 폐기하지 않으시면〈모든 공적이 이루어져서〉사방의 백성들이 대대로 公의 德을 누릴 것입니다."

定은 爾雅曰 止也라하니라 成王이 欲周公止洛而自歸往宗周라 言周公之功을 人皆 肅而將之하여 欽而悅之하니 宜鎭撫洛邑하여 以慰懌人心이요 毋求去以困我也라 我惟無厭其安民之事하리니 公勿替所以監我士師工者[109]하면 四方이 得以世世 享公之德也라 吳氏曰 前漢書에 兩引公無困哉[110]에 皆以哉作我하니 當以我爲 正이라하니라

定은《爾雅》에 "止(머물다)의 뜻이다."라고 하였다. 成王이 周公은 洛邑에 머물게 하고 자기는 宗周로 돌아가고자 한 것이다. 그래서 "周公의 事功을 사람들이 모두 엄숙히 받들어 공경하고 기뻐하니, 마땅히 洛邑을 鎭撫하여 사람들의 마음을 위로 하고 기쁘게 할 것이요, 떠나가기를 구하여 나를 곤란하게 하지 말지어다. 나는 백성들을 편안하게 하는 일을 싫어하지 않을 것이니, 公이 우리 士·師와 百官들에게 본보기가 되는 것을 폐기하지 않으면 사방의 백성들이 대대로 公의 德을 누리게 될 것이다."라고 말한 것이다.

吳氏가 말하였다. "《前漢書》에서 두 번 '公無困哉'를 인용하였는데, 모두 '哉'자를 '我'자로 적었으니, 마땅히 我를 바른 것으로 삼아야 할 것이다."

字義 定 : 머무를 정 將 : 받들 장 祗 : 공경 지 斁 : 싫어할 역 替 : 폐기할 체 刑 : 본보기 형

서〉천하를 편안하게 하는 일을 게을리하지 않을 것이니, 公이 떠나감으로써 법(나라를 다스리는 법)을 폐기하지 마신다면 사방의 백성들이 대대로 公의 德을 누릴 것이다.〔公留以安定我 我從公言 往至洛邑已矣 公功以進大 天下咸敬樂公功公必留 無去以困我哉 我惟無厭其安天下事 公勿去以廢法 則四 方 其世世享公之德〕"라고 풀이하였다.

109 公勿替所以監我士師工者 : 孔疏는 "公은 떠나감으로써 나라를 다스리는 법을 폐기하지 마신다 면〔公勿去以廢治國之法〕"으로 풀이하였다.

110 前漢書 兩引公無困哉 :《漢書》권60〈杜周傳〉과《漢書》권98〈元后傳〉에 각각 '公毋困我'라고 보인다.

享 : 누릴 향   撫 : 어루만질 무   懌 : 기쁠 역

22. 周公이 拜手稽首曰 王命予來하사 承保乃文祖受命民과 越乃光烈考武王하시니 弘朕恭[111]이샷다

周公이 손을 이마에 얹고 머리를 땅에 대어 큰절을 하고 나서 말씀하였다. "王이 저를 洛邑으로 오도록 명하시어 당신의 文祖(文王)께서 하늘로부터 命을 받은 백성 및 당신의 光烈考이신 武王께서 〈하늘로부터 命을 받은 백성을〉 이어받아 보호하게 하시니, 저의 〈임금 섬기는〉 공손한 태도를 대단하게 여기신 것입니다.

此下는 周公이 許成王留等事也라 來者는 來洛邑也라 承保乃文祖受命民及光烈考武王者는 答誕保文武受民之言也라 責難於君을 謂之恭이니 弘朕恭者는 大其責難之義也라

이 이하는 周公이 成王에게 자신을 洛邑에 머물게 하는 등의 일을 허락한 것이다. 來는 洛邑에 온 것이다. "당신의 文祖께서 하늘로부터 命을 받은 백성 및 光烈考이신 武王께서 〈하늘로부터 命을 받은 백성을〉 이어받아 보호하게 하였다."는 것은 "文王과 武王이 하늘로부터 받은 백성을 크게 보호하라."는 말씀에 답한 것이다. 임금에게 어려운 일을 하도록 책임지우는 것을 공손함이라 이르니, "저의 공손한 태도를 대단하게 여긴다."는 것은 어려운 일을 책임지우는 의리를 대단하게 여긴다는 것이다.

字義 乃 : 너 내   越 : 및 월   誕 : 클 탄   責 : 책임지울 책

23. 孺子來相宅하시니 其大惇典殷獻民[112]하사 亂爲四方新辟하사 作周恭先[113]하소서

---

111 弘朕恭 : 孔傳은 "크게 저로 하여금 그 道를 공손히 받들게 하신 것이다.〔大使我恭奉其道〕"로, 蔡傳은 "이 이하는 周公이 成王에게 자신을 洛邑에 머물게 하는 등의 일을 허락한 것이다.〔此下 周公 許成王留等事也〕"로 풀이하였는데, 이에 대하여 丁若鏞은 "周公이 아직 머물기를 허락하지 않았으니, 蔡說이 잘못된 것이다.〔周公尙未許留 蔡說非也〕"라고 하였다.《尙書知遠錄》

112 孺子來相宅 其大惇典殷獻民 : 孔傳은 "少子가 지금 洛邑에 와서 집터를 살펴본 것은 殷나라의 어진 백성들에게 常道를 크게 행하기 위한 것이다.〔少子今所以來相宅於洛邑 其大厚行典常於殷賢人〕"로 풀이하였다.

113 作周恭先 : 孔傳은 "周나라 후세 자손 중에 〈덕이 있어〉 사람들로부터 공경을 받은 왕의 선왕을 존숭하는 대상이 되소서.〔爲周家後世見恭敬之王所推先〕"라고 풀이하였다.

曰¹¹⁴ 其自時로 中乂하여 萬邦이 咸休하면 惟王이 有成績하시리이다

孺子께서 이곳에 오셔서 집터를 살펴보시니, 옛 典章과 殷나라의 어진 백성들을 크게 존중하여 〈새 도읍에서〉 잘 다스려 사방의 새 임금님이 되셔서 周나라에 공손한 王의 솔선이 되소서."

또 말씀하였다. "이로부터 중앙에서 다스려 萬邦이 모두 아름답게 되면 王께서는 훌륭한 공적을 이룸이 있을 것입니다.

典은 典章也요 殷獻民은 殷之賢者也라 言當大厚其典章及殷之獻民이니라 蓋文獻者는 爲治之大要也라 亂은 治也라 言成王이 於新邑致治하여 爲四方新主也라 作周恭先者는 人君이 恭以接下하고 以恭而倡後王也라 公又言 其自是로 宅中圖治하여 萬邦이 咸底(지)休美하면 則王其有成績矣라하니 此는 周公이 以治洛之效로 望之成王也라

典은 典章이고, 殷獻民은 殷나라의 어진 사람이다. 마땅히 그 典章과 殷나라의 어진 백성들을 크게 존중해야 함을 말한 것이니, 대개 文籍과 賢者는 정치를 함에 있어서 가장 중요한 역할을 하기 때문이다. 亂은 治의 뜻이니, 成王이 새 도읍에서 훌륭한 정사를 하여 사방의 새 임금이 되라는 것이다. "周나라에 공손한 王의 솔선이 되소서."라는 것은 임금이 공손함으로 아랫사람들을 접하고 공손함으로 後王을 倡導하라는 것이다.

公은 또 말씀하기를 "이로부터 중앙에 머물며 정사를 도모해서 萬邦이 모두 아름답게 되면 王께서는 훌륭한 공적을 이룸이 있을 것입니다."라고 하였으니, 이는 周公이 洛邑을 다스린 효과로써 成王에게 바란 것이다.

字義 相：볼 상 惇：돈독할 돈 獻：어질 헌 亂：다스릴 란 辟：임금 벽 時：이 시
乂：다스릴 예 休：아름다울 휴 倡：창도할 창 底：이를 지 效：효과 효

24. 予旦은 以多子와 越御事로 篤前人成烈하여 答其師하고 作周孚先¹¹⁵하여 考朕昭子刑하여 乃單文祖德¹¹⁶하리이다

---

114 曰：陳師凱(《書蔡氏傳旁通》)는 周公이 成王에게 期望(기대)하는 말로 보았다.

115 作周孚先：孔傳은 "周나라 〈후세에〉 믿음을 세우는 어진 신하가 선왕을 존숭하게 하도록 하라.〔爲周家立信者之所推先〕"로 풀이하였다.

116 考朕昭子刑 乃單文祖德：孔傳은 "내가 이룬 明子의 法은 바로 文祖(文王)의 德을 다했다는 것

나 旦은 여러 卿大夫 및 일을 다스리는 신하들과 함께 前人(文王과 武王)께서 이룩하신 功烈을 존중하여 〈洛邑의〉 민중에게 보답하고(그들의 우러러 바라는 마음을 위로하고) 周나라에 신실한 신하의 솔선이 되어서 우리 昭子의 儀刑(본보기)을 이루어 文祖의 德을 다할 것입니다.

多子者는 衆卿大夫也라 唐孔氏曰 子者는 有德之稱이니 大夫皆稱子라하니라 師는 衆也라 周公言 我以衆卿大夫及治事之臣으로 篤厚文武成功하여 以答天下之衆也라 孚는 信也니 作周孚先者는 人臣이 信以事上하고 以信而倡後人也라 考는 成也라 昭子는 猶所謂明辟也라 親之故로 曰子라하니라 刑은 儀刑也요 單은 殫也니 言成我明子儀刑하여 而殫盡文王之德이라 蓋周公이 與群臣으로 篤前人成烈者는 所以成成王之刑하여 乃殫文祖德也라 此는 周公이 以治洛之事로 自效也라

多子는 여러 卿大夫이다. 唐나라 孔氏(孔穎達)는 말하기를 "子는 德을 가진 자의 칭호이니, 大夫를 모두 '子'라고 칭한다."라고 하였다. 師는 衆의 뜻이다. 周公이 말씀하기를 "내 여러 卿大夫와 일을 다스리는 신하들과 함께 文王과 武王이 이룩하신 功을 존중하여 천하의 백성들에게 보답한다."라고 한 것이다. 孚는 信의 뜻이니, "周나라에 신실한 신하의 솔선이 된다."라는 것은 신하가 믿음으로 윗사람을 섬기고 믿음으로 뒷사람을 창도하는 것이다. 考는 成의 뜻이다. 昭子는 이른바 "明辟(밝은 임금)"이란 말과 같다. 친근히 하려고 하기 때문에 '子'라고 말한 것이다. 刑은 儀刑(본보기)이고, 單은 殫(다하다)의 뜻이니, 우리 昭子의 儀刑을 이루어 文王의 德을 다한다는 것이다. 周公이 여러 신하들과 함께 前人이 이룩한 功烈을 존중하는 것은 成王의 儀刑을 이루어 文祖의 德을 다하려 하는 것이다. 이는 周公이 洛邑을 다스린 일로써 스스로 힘을 다하는 것이다.

字義 答 : 보답할 답   師 : 민중 사   孚 : 신실할 부   單 : 다할 단   考 : 이룰 고   倡 : 창도할 창   殫 : 다할 단(탄)   效 : 바칠 효, 힘쓸 효

25. 伻來毖殷하시고 乃命寧予[117]하시되 以秬鬯二卣①하시고 曰 明禋[118]하노니 拜手稽首하여 休享[119]하노라하시다

───────────────

이니, 곧 典禮를 이른다.〔我所成明子法 乃盡文祖之德 謂典禮也〕"라고 풀이하였다. 考胅昭子刑을 蔡傳은 "우리 昭子의 儀刑을 이루어"로, 孔傳은 "내가 이룬 明子의 法은"으로 풀이하였으니, 蔡傳은 일반문법으로 풀이하고, 孔傳은 서경문법으로 풀이한 셈이다.

① 書經 乃命寧予 以秬鬯二卣 : 命하여 저를 편안하게 하시되 검은 기장과 鬱金으로 빚은 술 두 동이를 가지고 하시고

一般 乃命以秬鬯二卣寧予 : 命하여 검은 기장과 鬱金으로 빚은 술 두 동이를 가지고 저를 편안하게 하시고

〈王께서는〉심부름꾼을 보내와 殷나라 사람들을 경계하시고, 命하여 검은 기장과 鬱金으로 빚은 술 두 동이를 가지고 저를 편안하게 하시고, 말씀하기를 '이것은 明潔하므로 경건하게 제사 지내는 술이니, 손을 이마에 얹고 머리를 땅에 대어 큰 절을 하고 나서 〈이와 같은 아름다운 술로 公에게〉享禮를 올리노라.'라고 하였습니다.

此는 謹毖殷民而命寧周公也라 秬는 黑黍也라 一稃二米니 和氣所生이요 鬯은 鬱金이니 香草也라 卣는 中尊(樽)也라 明은 潔也요 禋는 敬也니 以事神之禮로 事公也라 蘇氏曰 以黑黍爲酒하고 合以鬱鬯은 所以祼也니 宗廟之禮는 莫盛於祼이라 王使

---

117 乃命寧予 : 孔傳은 寧에 句를 끊어 '乃命寧'을 "周公이 文王과 武王의 명을 받아서 殷나라 백성들을 편안하게 해준 것〔乃見命而安之〕"으로 풀이하고, '予'는 아래에 붙여서 "周公 자신이 7년 동안 섭정하여 태평시대를 이루고 鬱鬯酒를 가지고 文王과 武王에게 제사를 올리는 것"으로 풀이하였으며, 蔡傳은 "이는 殷나라 백성들을 삼가 경계하고 명하여 周公을 편안하게 한 것이다.〔此 謹毖殷民 而命寧周公也〕"로 풀이하였는데, 이에 대하여 丁若鏞은 "蔡氏의 왜곡된 해석은 우선 그만두고라도 먼저 梅氏에게 물어보겠는데, 단지 '乃命寧'이라고만 한 것은 무슨 말인가. 또한 周公이 어떻게 평소에 秬鬯酒를 가질 수 있겠는가. 祖考를 받드는 諸侯에게는 天子가 혹시 秬鬯酒를 하사할 수도 있지만, 周公은 魯나라의 始祖이므로 제사 지낼 데가 없는데, 어찌 秬鬯酒를 하사했겠는가. 만일 天子가 하사하지 않았는데 周公이 스스로 간직했다면 周公이 크게 무례한 짓을 한 것이다. 秬鬯酒를 비축해두고 쓰지 않는 것도 외려 큰 罪가 되는데, 하물며 감히 이것을 가지고 文王과 武王에게 禋祭를 지낼 수 있겠는가. 支子가 제사를 지내지 못하는 것은 禮로 정해 놓은 것이다. 成王이 명한 바가 없는데도 周公이 스스로 文王과 武王에게 제사를 지냈다면 周公이 직접 鬱鬯酒를 주관한 셈이다. 成王이 뚜렷이 在位 중인데, 周公이 감히 이런 일을 했겠는가. '乃命寧'으로 句를 끊으면 하늘과 땅이 뒤집히는 것이다.〔蔡曲姑捨 先問梅直乃命寧 何說也 且周公安得素有秬鬯 諸侯之承事祖考者 天子或賜秬鬯 周公魯邦之始祖也 無所爲祭 何賜秬鬯 若云天子不賜 而周公自有之 則周公大無禮矣 蓄而不用 猶爲大罪 況敢以此禋于二王乎 支子不祭禮也 成王無所命 而周公自祭文武 則周公主鬯矣 成王赫然在位 周公敢爲是乎 乃命寧絶句 則天地翻覆矣〕"라고 하였다.《尙書知遠錄》

118 明禋 : 孔傳은 '명결(정결)한 마음으로 공경을 다하는 것〔明潔致敬〕'으로 보았다.

119 休享 : 孔疏는 〈周公이〉태평의 아름다운 일을 가지고 제향을 올리는 것〔以太平之美事享祭〕'으로 보았다.

人來하여 戒勑庶殷하고 且以秬鬯二卣로 綏寧周公[120]하고 曰明禋이라하니라 曰休享者는 何也오 事周公을 如事神明也라 古者엔 有大賓客이면 以享禮로 禮之니라 酒淸하나 人渴而不飮하고 肉乾하나 人飢而不食也라 故로 享有體薦하니 豈非敬之至者면 則其禮如祭也歟아하니라

이는 殷나라 백성들을 삼가 경계하고 周公을 명하여 편안하게 한 것이다. 秬는 검은 기장인데 껍질 하나에 낱알이 두 개가 들었으니 和氣에서 생긴 것이고, 鬯은 鬱金으로 香草이다. 卣는 중간 크기의 술동이다. 明은 潔의 뜻이요, 禋은 敬의 뜻이니, 神을 섬기는 禮로 公을 섬긴 것이다.

蘇氏가 말하였다. "검은 기장으로 술을 빚고 鬱鬯을 합한 것은 降神을 하기 위한 것인데, 宗廟의 禮는 降神보다 더 성대한 것이 없다. 王이 사람을 시켜 와서 여러 殷나라 사람들을 경계하고, 또 검은 기장과 鬱金으로 빚은 술 두 동이를 가지고 周公을 편안하게 하고, '이것은 明潔하므로 경건하게 제사 지내는 술이다.'라고 하고, 〈손을 이마에 얹고

秬鬯二卣圖

머리를 땅에 대어 큰절을 하고 나서 이와 같은 아름다운 술로 公에게〉'享禮를 올리노라.'라고 한 것은 어째서인가. 周公을 섬기기를 神明을 섬기듯이 한 것이다. 옛날에는 큰 손님이 있을 경우, 享禮를 가지고 예우하였다. 《禮記》〈聘義〉에 의하면 '〈禮를 행하는 시간이 길기 때문에〉 술은 말갛게 괴어가나 사람들이 목말라도 마시지 못하고, 고기는 말라가나 사람들이 굶주려도 먹지 못한다.'고 하였다. 그러므로 享祀에 통째로 올리는 禮가 있었으니, 지극히 공경할 대상이 아니면 그 禮를 제사 지낼 때와 같이 할 수 있겠는가."

---

120 綏寧周公 : 蘇軾의 《書傳》에는 이 뒤에 '拜手稽首 而致之公' 8자가 있다.

字義 伻 : 심부름꾼 팽 毖 : 경계할 비 秬 : 검은기장 거 鬯 : 술이름 창 卣 : 술동이 유
禋 : 경건할 인 休 : 아름다울 휴 享 : 향례 향 稃 : 껍질 부 尊(樽) : 동이 준
祼 : 강신할 관 綏 : 편안할 수(유) 渴 : 목마를 갈 乾 : 마를 간

26. **予不敢宿**[121]하여 **則禋于文王武王**하오이다

나는 감히 그 享禮를 받을 수가 없어서 文王과 武王께 禋祭를 올렸습니다.

宿은 與顧命三宿之宿으로 同이라 禋은 祭名이니 周公이 不敢受此禮하사 而祭於文武也라

宿은 〈顧命〉에 있는 三宿의 宿과 같다. 禋은 제사의 이름이니, 周公이 감히 이런 享禮를 받을 수가 없어서 文王과 武王에게 〈禋이란〉 제사를 올린 것이다.

字義 宿 : 향례 숙 禋 : 제사이름 인

27. **惠篤敍**[122]하여 **無有遘自疾**[123]하고(하여) **萬年**에 **厭于乃德**하며 **殷乃引考**[124]케하소서

〈文王과 武王의 道를〉 따라 돈독히 생각하여 잊지 않고 차서에 따라 행하여 〈임금님은〉 스스로 병에 걸리는 일을 만나지 않고, 〈자손들은〉 만년토록 조상의 德을 포식하며, 殷나라 사람들도 〈모두 그 德을 따라〉 壽命을 연장하게 하소서.

此는 祭之祝辭니 周公이 爲成王禱也라 惠는 順也라 篤敍는 與篤敍乃正父로 同이라 順篤敍文武之道하여 身其康强하여 無有遘遇自罹疾害者하고 子孫萬年에 厭飽乃

---

121 不敢宿 : 孔傳은 "감히 밤을 경과하지 않고 〈서둘러서 즉일로 고하는 것〉〔不經宿〕"으로, 蔡傳은 "宿은 〈顧命〉에 있는 '三宿'의 宿과 같다."로 보았는데, 丁若鏞은 "〈顧命〉에 있는 '三宿'의 뜻을 仲默은 자세하게 알았을까. 馬融, 鄭玄, 王肅, 梅賾의 異說이 어지럽게 일어났으나 결국 무슨 법인지 알 수 없다.〔顧命三宿之義 仲默詳知之乎 馬鄭王梅異說紛興 不知何法〕"라고 하였다.《尙書知遠錄》〈顧命〉의 '宿'은 孔疏에 의하면, '神에게 술잔을 올린다.'는 뜻으로 풀이되는 것이지, '받는다'는 뜻으로 풀이되는 것이 아니니, 곧 周公은 '三宿'의 宿과 같은 享禮를 감히 받들 수 없다는 것이다.

122 惠篤敍 : 孔傳은 "당신은 정사를 함에 있어서 응당 典常을 따라 질서있게 돈독히 행하면"으로, 蔡傳은 "文王과 武王의 道를 따라 돈독히 생각하여 잊지 않고 차서에 따라 행하는 것"으로 풀이하였는데, 丁若鏞은 "蔡氏의 說이 극히 옳다.〔蔡說極是〕"라고 하였다.《尙書知遠錄》

123 遘自疾 : 孔疏는 "虐政이 사람들로 하여금 患疾을 앓게 하는 것이다.〔虐政 使人患疾之〕"라고 풀이하였다.

124 殷乃引考 : 孔傳은 "殷나라 사람들이 장성해서 周나라 사람이 될 것이다.〔殷乃長成爲周〕"라고 풀이하였다.

德하며 殷人도 亦永壽考也라

　이는 제사 지낼 때의 祝辭이니, 周公이 成王을 위하여 기도한 것이다. 惠는 順(따르다)의 뜻이다. 篤敍는 "篤敍乃正父(당신 正父의 道를 돈독히 생각하고 차서에 따라 행하되)"와 같은 뜻이다. 文王과 武王의 道를 따라 돈독히 생각하여 잊지 않고 차서에 따라 행하여 〈임금은〉 몸이 康强해서 스스로 질병과 재해에 걸리는 일을 만나지 않고, 자손들은 만년토록 조상의 德을 포식하며, 殷나라 사람들도 〈모두 그 德을 따라〉 壽命을 연장하게 해주라는 것이다.

字義　惠 : 따를 혜　遘 : 만날 구　厭 : 포식할 염　引 : 연장할 인　考 : 오래살 고　遇 : 만날 우
　　　罹 : 걸릴 리　飽 : 포식할 포, 배부를 포

28. 王이 伻殷으로 乃承敍萬年하여 其永觀朕子[125]하여 懷德①[126][127]케하소서

　① 書經 其永觀朕子 懷德 : 길이 우리 孺子의 〈몸소 실천함을〉 보고 그 德敎를 사모하게 하소서.
　　 一般 其觀朕子 永懷德 : 우리 孺子의 〈몸소 실천함을〉 보고 그 德敎를 길이 사모하게

---

125 朕子 : 孔安國은 '우리 자손(我子孫)', 蘇軾(《書傳》)과 蔡沈은 '우리 孺子(我孺子)'로, 楊簡(《五誥解》)은 '伯禽'으로 보았다.

126 王伻殷……懷德 : 孔傳은 殷, 敍, 年, 子, 德에 句를 끊어서 "王이 殷나라 백성들 上下로 하여금 서로 이어받아 차서가 있게 하면, 만년의 道를 백성들이 길이 우리 자손에게서 보고 그 德으로 돌아올 게란 것이니, 마무리를 잘 하도록 권면한 것이다.〔王使殷民上下 相承有次序 則萬年之道 民其長觀我子孫而歸其德矣 勉使終之〕"라고 풀이하였다.

127 惠篤敍……懷德 : 蔡傳은 '惠篤敍'章에 대해서는 "이는 제사의 축문이다.〔此祭之祝辭〕"라고 밝혔지만, '王伻殷'章에 대해서는 밝힌 것이 없었는데, 林之奇(《尙書全解》)가 "惠篤敍" 이하는 先儒(孔安國)와 王氏(王安石)가 모두 周公이 成王을 경계한 말로 여겼으니, 이를 成王을 경계한 말로 삼는다면 윗글과 서로 관통되지 않는다. 오직 蘇氏(蘇軾)만은 周公이 文王과 武王에게 비는 말로 여겼으니, 이것이 맞다. 다만 蘇氏는 '其永觀朕子懷德'으로부터 이상을 모두 祝辭로 여겼으니, 그 뜻이 또 연결되지 않는다. 나는 생각하건대 '殷乃引考' 이상은 周公의 祝辭요, '王伻殷' 이하는 成王을 경계한 말로 여긴다.〔惠篤敍以下 先儒王氏 皆以爲 周公戒成王之言 以此爲戒成王之言 則與上文不相貫 惟蘇氏以爲 周公祝文武之辭 此得之矣 但蘇氏 自其永觀朕子懷德以上 皆以爲祝辭 則其義又不結 竊謂殷乃引考以上 則周公之祝辭 王伻殷以下 則戒王之言也〕"라고 하였으니, 蔡傳이 《尙書全解》를 바탕으로 한 것을 감안하면 당연히 林之奇와 같이 구분했을 것으로 본다. 王夫之(《尙書稗疏》)는 '伻來毖殷'에서 '懷德'까지에 대하여 "상고하건대 이는 윗글과 서로 이어지지 않는데, 孔氏는 '사관이 말한 것이다.'라고 하였고, 蔡氏는 전혀 이해하지 못하였는데, 그 文詞가 간략하고 질박한 것을 자세히 음미하면 별도로 한 文體가 된 것이다.〔按此與上文不相屬 孔氏曰 史說之 蔡氏殊未分曉 詳其文詞簡質 別爲一體〕"라고 하였다.

하소서.

王께서는 殷나라 사람들로 하여금 만년토록 敎條의 次第를 경청해 받아들여 〈교화되게 하시되〉 우리 孺子의 〈몸소 실천함을〉 보고 그 德敎를 길이 사모하게 하소서."

承은 聽受也요 敍는 敎條次第也라 王使殷人으로 承敍萬年하여 其永觀法我孺子하고 而懷其德也라 蓋周公이 雖許成王留洛이나 然且謂王俾殷者는 若曰 遷洛之民은 我固任之어니와 至於使其承敍萬年하여는 則實繫于王也라 亦責難之意니 與召誥 末의 用供王能祈天永命으로 語脈相類라

承은 〈말을〉 듣고 받아들이는 것이고, 敍는 敎條의 次第이다. 王은 殷나라 사람들로 하여금 만년토록 敎條의 次第를 경청해 받아들여 우리 孺子의 〈몸소 실천함을〉 보고 그 德敎를 길이 사모하게 하라는 것이다. 周公이 비록 成王에게 洛邑에 머물 것을 허락하였으나, 또 "王이 殷나라 사람들로 하여금"이라고 이른 것은 이를 테면 "洛邑으로 옮긴 백성들은 제가 진실로 책임지겠거니와, 殷나라 사람들로 하여금 만년토록 교조의 차제를 경청해 받아들여 〈교화되게 하는 것만은〉 실로 王에게 달려 있다."라고 말한 것이다. 이 또한 어려운 일을 임금에게 책임지우는 뜻이니, 〈召誥〉의 끝에서 "王이 하늘에 영원한 命을 비는 일에 바칠 뿐입니다."라고 한 것과 語脈이 서로 유사하다.

字義 俾 : 하여금 팽   承 : 듣고받을 승   懷 : 사모할 회   許 : 허락 허   繫 : 맬 계
責 : 책임지울 책   脈 : 맥락 맥   類 : 같을 류

29. 戊辰에 王이 在新邑하사 烝祭[128]하시니 歲러니 文王에 騂(성)牛一이며 武王에 騂 牛一이러라 王命作冊하신대 逸이 祝冊하니 惟告周公其後[129]러라 王賓이 殺禋이라 咸 格[130]이어늘 王이 入太室하여 祼하시다

---

128 王在新邑 烝祭 : 馬融과 孔安國은 '邑'에 句를 끊고, 鄭玄은 '烝'에 句를 끊었는데, 蔡傳은 馬融 과 孔安國을 따랐다.

129 惟告周公其後 : 孔傳은 "周公을 높이고 그 뒤(아들)를 세워서 魯侯를 삼는다.'는 것만을 고백했 을 뿐이다.〔告白尊周公立其後爲魯侯〕"라고 풀이하였다.

130 王賓……咸格 : 孔傳은 "王이 周公을 손님으로 삼아 다른 신하들과 다르게 대하고 희생을 잡아 정성어린 뜻을 담아서 文王과 武王에게 제향을 올리되 모두 그 사당에 이르러서 친히 고하였

戊辰日에 王이 새 도읍에 계시면서 烝祭를 올리시니, 해마다 한 번씩 거행하는 제사였는데, 文王에게는 붉은 소 한 마리이고, 武王에게도 붉은 소 한 마리였다. 王이 命하여 冊에 쓰라 하시니, 史官인 逸이 祝文을 冊에 적었는데, 오직 周公이 그 뒤에 남아서 〈洛邑을 지키게 한 일을 고한 것이었다.〉 王의 손님들이 王이 犧牲을 잡아 禋 제사를 지내기 때문에 모두 이르니, 王이 太室에 들어가서 降神禮를 행하셨다.

此下는 史官이 記祭祀冊誥等事하여 以附篇末也라 戊辰은 十二月之戊辰日也라 是日에 成王在洛하여 擧烝祭之禮라 曰歲云者는 歲擧之祭也라 周尙赤이라 故로 用騂이니라 宗廟에 禮太牢[131]어늘 此用特牛[132]者는 命周公留後於洛이라 故로 擧盛禮也라 逸은 史佚也라 作冊者는 冊書也요 逸祝冊者는 史逸이 爲祝冊以告神也라 惟告周公其後者는 祝冊所載 更不他及이요 惟告周公留守其後之意니 重其事也라 王賓은 猶虞賓[133]이니 杞宋之屬 助祭諸侯也라 諸侯以王殺牲禋祭祖廟라 故로 咸至也라 太室은 淸廟中央室也라 祼은 灌也니 以圭瓚으로 酌秬鬯하여 灌地以降神也라

이 이하는 史官이 제사 지내고 冊誥(축문을 책에 적어 神에게 고함)하는 등의 일을 기록하여 篇의 끄트머리에 붙인 것이다. 戊辰은 12월의 戊辰日이다. 이 날 成王이 洛邑에 있으면서 烝祭(겨울에 지내는 제사)의 禮를 거행하였다. 歲라 이른 것은 1년에 한 번씩 거행하는 제사이다. 周나라는 붉은 색을 숭상하였기 때문에 붉은 소를 쓴 것이다. 宗廟의 祭禮에는 太牢를 쓰는데, 여기에서 特牛를 쓴 것은 周公에게 명하여 洛邑에서 뒤에 남아주도록 하였기 때문에 성대한 禮를 거행한 것이다. 逸은 史官인 佚(이름)이고 作冊이란 책에 적는 것이고, 逸祝冊이란 사관인 逸이 축문을 책에 적어서 神에게 告한 것이다. 惟告周公其後란 祝冊에 기재한 내용이 다른 것은 언급하지 않고 오직 周公을 뒤에 남아 지키게 한 뜻만을 고한 것이니, 그 일을 중히 여기기 때문이다. 王賓은 虞賓과 같은 것이니, 杞나라와 宋나라 등속의 제사를 돕는 제후들이다. 제후들은 왕이 犧牲을 잡아 조상의 사당에 禋 제사를 지내기 때문에 모두 온 것이다. 太室은 淸廟(文王의 사당)의 중앙에 있는 방이다. 祼은 술을 땅

다.〔王賓異周公 殺牲精意以享文武 皆至其廟親告也〕"라고 풀이하였다.

131 太牢 : 소 한 마리, 양 한 마리, 돼지 한 마리를 가지고 合設하는 것이다.

132 特牛 : 한 마리의 소를 가리킨다.

133 虞賓 : 虞舜(순임금)의 손님이라는 뜻으로 堯임금의 아들인 丹朱를 가리킨다.

에 붓는 것이니, 圭瓚을 가지고 검은 기장으로 빚은 鬱鬯酒를 떠서 땅에 부어 降神
하는 것이다.

字義 烝 : 겨울제사이름 증   騂 : 붉을 성   禋 : 제사이름 인   格 : 이를 격   祼 : 강신할 관
附 : 붙일 부   灌 : 부을 관   瓚 : 옥술잔 찬   酌 : 뜰 작, 잔 작

30. 王이 命周公後하사 作冊이어시늘 逸이 誥하니 在十有二月이러라

王이 周公에게 명하여 뒤에 남아 冊文을 짓게 하시거늘 史官인 逸이 誥하니, 12월
에 있은 일이었다.

逸誥者는 史逸이 誥周公治洛留後也라 在十有二月者는 明戊辰爲十二月日也라

逸誥는 史官인 逸이 〈王이〉 周公에게 뒤에 남아 洛邑을 다스리게 한 일을 誥한
것이다. 在十有二月이란 戊辰日이 12월의 날임을 밝힌 것이다.

31. 惟周公이 誕保文武受命을 惟七年하시다

周公이 文王과 武王이 하늘로부터 받은 명을 크게 보존하기를 7년 동안 하셨다.

吳氏曰 周公이 自留洛之後로 凡七年而薨也[134]라 成王之留公也에 言誕保文武
受民이라하고 公之復成王也에 亦言承保乃文祖受命民과 越乃光烈考武王이라 故로
史臣이 於其終에 計其年하여 曰 惟周公이 誕保文武受命을 惟七年이라하니 蓋終始
公之辭云이라하니라

吳氏가 말하였다. "周公이 洛邑에 남은 뒤로부터 합하여 7년 만에 서거한 것이다.
成王이 公을 만류할 때에 '文王과 武王이 하늘로부터 받은 백성을 크게 보호하라.'
하였고, 公이 成王에게 답할 때에도 역시 '당신의 文祖께서 하늘로부터 命을 받은
백성 및 당신의 光烈考이신 武王이 〈하늘로부터 명을 받은 백성을〉 이어받아 보호

---

134 凡七年而薨也 : 李樗는 "周公이 洛邑을 이룬 것은 7년에 있었던 일이지, 5년에 있었던 일이 아
니다. 상고해보면 《書》〈康誥〉와 〈召誥〉의 孔氏傳에 '洛邑을 이룬 것은 周公이 攝政한 7년에 있
었다.'라고 하였으니, 이는 〈洛誥〉의 '誕保文武受命惟七年'이란 말에 근거한 것이다. 九峰蔡氏
(蔡沈)는 이를 변별하여 '周公이 洛邑에서 뒤에 남은 지 7년 만에 서거했다.'고 한 말이 극히 옳은
말인데, 〈康誥〉의 傳에서 또 '攝政한 7년'이라고 하였으니, 이는 모순을 면하지 못한다.〔周公成洛
邑 在於七年 非在於五年 按書康誥召誥孔氏傳 謂成洛邑 在周公攝政之七年 此據洛誥誕保文武受命惟七年
之說也 九峰蔡氏辨之 謂周公留後洛邑七年而薨者 極是 而於康誥傳又謂 攝政之七年 是未免矛盾也〕"라고
하였다.(《毛詩注疏考證》)

하라.'고 하였다. 그러므로 史臣이 맨 마지막에 그 年數를 계산해서 말하기를 '周公이 文王과 武王이 하늘로부터 받은 命을 크게 보존하기를 7년 동안 하셨다.'고 하였으니, 아마 公을 처음부터 끝까지 부각시키기 위해 한 말일 것이다."

字義 誕 : 클 탄　薨 : 죽을 훙　復 : 답할 복

多士

商民遷洛者에도 亦有有位之士라 故로 周公이 洛邑初政에 以王命으로 總呼多士而告之어늘 編書者 因以名篇하니 亦誥體也라 今文古文에 皆有하니라

洛邑으로 옮긴 商나라 백성 중에도 역시 官位를 가진 인사들이 있었다. 그러므로 周公이 洛邑에서 처음 정사를 펼칠 때에 王命으로 多士(여러 인사)들을 모두 불러서 고하였는데, 책을 엮는 자가 따라서 '多士'로 편명을 하였으니, 또한 誥體이다. 〈多士〉는 《今文尙書》와 《古文尙書》에 모두 들어 있다.

○吳氏曰 方遷商民于洛之時엔 成周未作이러니 其後에 王與周公이 患四方之遠하고 鑑三監之叛하여 於是에 始作洛邑하여 欲徙周而居之하니 其曰 昔朕來自奄할새 大降爾四國民命[135]하여 我乃明致天罰하여 移爾遐逖하여 比事臣我宗多遜者는 述遷民之初也요 曰 今朕作大邑于茲洛은 予惟四方罔攸賓이며 亦惟爾多士攸服하여 奔走臣我多遜者는 言遷民而後作洛也라 故로 洛誥一篇은 終始皆無欲遷商民之意요 惟周公이 旣誥成王留治于洛之後에 乃曰 伻來毖殷이라하고 又曰 王伻殷乃承敍라하니 當時에 商民이 已遷于洛이라 故로 其言如此라하니라

○吳氏가 말하였다. "바야흐로 商나라 백성들을 洛邑으로 옮길 때에는 成周가 아직 作興하지 못하였는데, 그 뒤에 成王과 周公이 〈鎬京이〉 사방과의 거리가 먼 점을 걱정하고 三監이 반란을 일으킨 점을 거울삼아 이에 비로소 洛邑을 조성하여 宗周(鎬京)를 옮겨 洛邑에 거주하고자 하였으니, '옛날 朕이 奄나라로부터 올 적에 너희 네 나라(殷·管·蔡·霍)의 백성들에 대한 형벌을 크게 낮추어 〈목숨을 살려주었고,〉 내 단지 天罰만을 밝히기 위하여 너희들을 먼 곳으로 옮겨서 우리 宗周에 가까이 있으면서 신하 노릇을 하여 항상 순종하는 아름다움이 있게 하였노라.'고 한 것

---

135 民命 : 孔傳은 '民'을 君(임금)의 뜻으로 풀이하였는데, 蔡傳은 '백성'으로 풀이하고 있다.

은 백성들을 옮기는 초기를 서술한 것이고. '지금 朕이 큰 도읍을 이 洛 땅에 만든
것은 내가 사방에서 온 제후들이 賓禮를 행할 곳이 없고, 또한 너희 많은 인사들이
일에 분주하게 움직여 우리 周나라에 신하 노릇을 하며 항상 순종하면서 처할 곳이
없는 점을 생각했기 때문이다.'라고 한 것은 백성들을 옮긴 뒤에 洛邑을 만든 목적
을 말한 것이다. 그러므로 〈洛誥〉1篇은 처음부터 끝까지 모두 商나라 백성들을 옮
기려는 뜻은 없고, 오직 周公이 이미 成王에게 洛邑에 머물면서 다스릴 것을 아뢴
뒤에 비로소 말하기를 '심부름꾼을 보내와서 殷나라를 징계하였다.'고 하였고, 또
말하기를 '王께서는 殷나라 사람들로 하여금 만년토록 〈敎條의〉 차제를 경청해 받
아들이게 하라.'라고 하였으니, 당시에 商나라 백성들이 이미 洛邑으로 옮겼기 때
문에 그 말이 이와 같은 것이다."

愚謂 武王이 已有都洛之志라 故로 周公黜殷之後에 以殷民反覆難制라하여 卽遷
于洛이러니 至是에 建成周하고 造廬舍하고 定疆場하여 乃告命與之更始焉爾니 此多
士之所以作也라 由是而推하면 則召誥攻位之庶殷은 其已遷洛之民歟아 不然이면
則受都는 今衛州也요 洛邑은 今西京也니 相去四百餘里라 召公이 安得捨近之友
民하고 而役遠之讐民哉아 書序에 以爲成周旣成에 遷殷頑民者는 謬矣니 吾固以
爲非孔子所作也[136]라하노라

　내가 생각하건대, 武王이 이미 洛 땅에 도읍을 세우려는 뜻을 가졌다. 그러므로
周公이 殷나라를 퇴출시킨 뒤에 殷나라 백성들이 반복무상하여 통제하기 어렵다

---

136 書序……吾固以爲非孔子所作也 : 丁若鏞은 "자신이 글을 정밀하게 읽지 못하고서 매번 '書序는
孔子가 지은 것이 아니다.'라고 한 것은 또한 난처한 일이 아니겠는가. 洛邑이 둘이 있으니, 하나
는 '王城'이고 다른 하나는 '下都'인데, '成周'란 것이 바로 '下都'이다.……그 王城이 이미 다스려
진 뒤에 가서 또 下都를 다스리고, 下都가 이미 완성되자, 이에 室家를 옮겼기 때문에 孔子께서
'成周가 이미 완성됨에 殷나라의 頑民들을 옮겼다.'라고 하셨는데, 孔子에게 무슨 잘못이 있는
가. 孔子의 서문은 조금도 잘못된 바가 없는데, 마음대로 찍고 쪼아서 가짜로 돌렸으니, 또한 망
령된 짓이 아닌가. 書序는 詩序와 같은 것이 아니어서, 이미 伏生의 집 벽에서 나오고 또 孔子의
舊宅의 벽에서 나오자 둘을 서로 비교하였고, 傳授에 계통이 있었는데 어떻게 가짜라 할 수 있
겠는가. 仲默은 가짜를 잘 변별하는 분인데, 梅仲眞의 25篇과 姚方興의 28字에 대하여 머리를
숙이고 몸을 굽히고서 註를 달 때에 오직 그 好惡와 取舍에 신중을 기하여, 어찌 이처럼 常道를
뒤집었을까.〔我讀書不精 每云書序非孔子所作 不亦難乎 洛邑有二 一是王城 一是下都 成周者 下都也……
及其王城旣治 又治下都 下都旣成 乃以室遷 故孔子曰 成周旣成 遷殷頑民 孔子其有誤乎 孔子之序 毫無所
誤 而恣所斲啄 歸之贗物 不亦妄乎 書序非如詩序 旣出伏壁 又出孔壁 兩相比勘 傳授有統 何以謂贗 仲默善
辨贗物 而梅仲眞二十五篇 姚方興二十八字 俯首屈躬註之 惟謹其好惡取舍 何若是反常也〕"라고 하였
다.《尙書知遠錄》

하여 곧 洛 땅으로 옮겼는데, 이때에 와서 成周를 세워 廬舍를 조성하고 疆場을 정돈해서 告命하여 이들과 더불어 새 출발을 하였으니, 이것이 〈多士〉가 지어지게 된 동기이다. 이로 말미암아 미루어보면 〈召誥〉에 "위치를 닦은 여러 殷나라 백성들"이란 이미 洛 땅으로 옮긴 백성들인가 보다. 그렇지 않다면 受의 도읍은 지금의 衛州이고 洛邑은 지금의 西京이니, 서로의 거리가 400여 리이다. 그런데 召公이 어찌 가까이 있는 友民(주나라의 순종하는 백성)을 놓아두고 멀리 있는 讐民(은나라의 頑民)을 부릴 리가 있었겠는가. 書序에 "成周가 이미 이루어지자 殷나라의 頑民을 옮겼다."라고 한 것은 잘못이니, 그래서 나는 본디 書序는 孔子께서 지으신 것이 아니라고 여겼다.

字義 鑑: 거울 감 徙: 옮길 사 遐: 멀 하 逖: 멀 적 遜: 공손할 손 攸: 바 유 毖: 징계할 비
黜: 퇴출할 출 造: 지을 조 廬: 집 려 疆: 지경 강 場: 지경 역 更: 고칠 경
推: 미룰 추 攻: 닦을 공 捨: 놓을 사 讐: 원수 수 頑: 완악할 완 謬: 잘못 류

1. 惟三月에 周公이 初于新邑洛에서 用告商王士[137][138]하시다

3월에 周公이 처음으로 새 도읍인 洛에서 商王의 인사들에게 고하셨다.

此는 多士之本序也라 三月은 成王祀洛次年之三月也라 周公至洛이 久矣어늘 此言初者는 成王이 既不果遷하고 留公治洛이러니 至是에 公이 始行治洛之事라 故로 謂之初也라 曰商王士者는 貴之也라

이것은 〈多士〉의 本序이다. 三月은 成王이 洛邑에서 제사 지낸 다음해의 3월이다. 周公이 洛邑에 온 지 오래인데, 여기에서 '처음'이라 말한 것은 成王이 이미 遷都를 결행하지 않고 周公이 남아 洛邑을 다스리게 하였는데 이때 와서 周公이 처음으로 洛邑을 다스리는 일을 행하였기 때문에 '처음'이라 이른 것이다. '商王의 인사'라 이른 것은 그들을 소중하게 여긴 것이다.

2. 王若曰하사대 爾殷遺多士아 弗弔[139]라 旻天이 大降喪于殷이어시늘 我有周佑命하여

---

137 用告商王士 : 王安石은 "殷나라 백성들이 成周로 옮겨간 것은 예전 장관이 다스린 곳을 따랐기 때문에 먼저 그들에게 고한 것이다.〔殷民遷于成周 從舊長所治 故先告之〕"라고 하였다.《書傳集註》小註)

138 王士 : 俞樾(《群經平議》)은 '王臣'·'王人'·'王官'처럼 連文으로 보았다.

139 弗弔 : 孔傳은 '弔'을 至(이르다)의 뜻으로 보아 "殷나라의 道가 이르지 못하였다.〔殷道不至〕"라고

將天明威하여 致王罰[140]하여 勅殷命하여 終于帝[141]하노라

王이 이렇게 말씀하였다. "너희 殷나라의 남은 여러 인사들아. 아! 하늘이 크게 殷나라에 〈災害를〉 내려 망하게 하시거늘, 우리 周나라가 〈하늘의〉 도와주시는 명을 받아서 하늘의 밝은 위엄을 받들어 왕자의 誅罰을 행하여 殷나라 명을 바로잡아 上帝의 일을 마무리하였노라.

弗弔는 未詳이나 意其爲歎憫之辭니 當時方言爾也라 旻天은 秋天也니 主肅殺而言이라 歎憫言 旻天이 大降災害而喪殷이어시늘 我周受眷佑之命하여 奉將天之明威하여 致王罰之公하여 勅正殷命而革之하여 以終上帝之事라하니 蓋推革命之公하여 以開諭之也니라

弗弔는 미상이나 짐작컨대 탄식하고 민망히 여기는 말인 듯하니, 당시 方言일 것이다. 旻天은 가을 하늘이니, 肅殺을 위주로 해서 말한 것이다. 탄식하고 민망히 여겨 말하기를 "아! 旻天이 크게 災害를 내려 殷나라를 망하게 하시거늘, 우리 周나라가 하늘의 도와주시는 명을 받아 하늘의 밝은 위엄을 받들어 王者의 誅罰을 공정하게 행하여 殷나라 명을 바로잡아 개혁하여 上帝의 일을 마무리하였다."라고 하였으니, 이는 대개 혁명의 공정함을 미루어서(혁명의 정당성을 주장하기 위하여) 깨우쳐 타이른 것이다.

字義 弔 : 가엾을 조   旻 : 가을하늘 민   佑 : 도울 우   勅 : 바로잡을 칙   憫 : 민망할 민
眷 : 돌볼 권   革 : 고칠 혁

3. 肆爾多士아 非我小國이 敢弋殷命이라 惟天不畀는 允罔固亂[142]이라 弼我시니 我其敢求位아

풀이하였다.

140 明威·王罰 : 呂祖謙은 "하늘을 가지고 말하여 '明威'라 하고, 사람을 가지고 말하여 '王罰'이라 했다.〔以天言之曰明威 以人言之曰王罰〕"라고 구분하였다.《增修東萊書說》

141 致王罰……終于帝 : 孔傳은 '勅'을 黜(퇴출)의 뜻으로 보아 "하늘이 周나라에 명하여 王者의 誅罰을 행하게 하니, 王이 殷나라 命을 퇴출시켜 周나라가 帝王의 일을 마무리하였다.〔天命周致王者之誅罰 王黜殷命 終周於帝王〕"라고 풀이하고, 孔疏는 〈終于帝는〉 '우리 周나라가 帝王의 일을 마무리하게 했다.'는 것이니, 곧 '우리 周나라로 하여금 殷나라를 대신하여 天子가 되게 함'을 이른 것이다.〔終我周家於帝王之事 謂使我周家代殷爲天子〕"라고 풀이하였다.

142 惟天不畀 允罔固亂 : 孔傳은 '亂'을 治의 뜻으로 보아 "하늘은 정말 굳게 다스릴 능력이 없는 자에게 주지 않았다.〔惟天不與信無堅固治者〕"라고 풀이하였다.

그러므로 너희 여러 인사들아. 우리 작은 周나라가 감히 殷나라의 명을 취하려고 한 것이 아니다. 하늘이 殷나라에게 명을 주지 않으신 것은 진실로 〈殷나라의〉 혼란함을 굳히지 않기 위한 것이다. 그래서 우리를 도우신 것이니, 우리가 감히 〈천자의〉 자리를 구하였겠는가.

肆는 與康誥肆汝小子封同[143]이라 弋은 取也라 弋鳥之弋이니 言有心於取之也라 呼多士誥之하여 謂以勢而言하면 我小國이 亦豈敢弋取殷命이리오 蓋栽者培之하고 傾者覆之하니 固其治而不固其亂者는 天之道也라 惟天不與殷은 信其不固殷之亂矣라 惟天이 不固殷之亂이라 故로 輔我周之治하여 而天位自有所不容辭者니 我其敢有求位之心哉아

肆는 〈康誥〉에 '肆汝小子封'이란 肆와 같다. 弋은 取의 뜻이다. 弋鳥(새를 쏘아 잡는다.)의 弋이니, 취함에 마음을 둠을 말한 것이다. 成王이 여러 인사들을 불러서 고하여 이르기를 "형세로써 말하면 우리 작은 周나라가 또한 어떻게 감히 殷나라의 명을 취하려고 하였겠는가. 대개 심어진 것은 북돋아주고, 기울어진 것은 전복시키는 법이니, 그 다스려짐을 굳혀주고 혼란함을 굳혀주지 않는 것이 바로 하늘의 도리이다. 하늘이 殷나라에게 명을 주지 않은 것은 진실로 殷나라의 혼란함을 굳히지 않기 위한 것이다. 하늘이 殷나라의 혼란함을 굳히려 하지 않았다. 그러므로 우리 周나라의 다스림을 도와서 천자의 자리를 사양할 수 없게 만든 것이지, 우리가 감히 천자의 자리를 구할(넘볼) 마음을 가졌겠는가."라고 한 것이다.

字義 弋 : 취할 익, 주살 익   罪 : 줄 비   亂 : 어지러울 란   栽 : 심을 재   培 : 북돋을 배
傾 : 기울어질 경   覆 : 전복시킬 복   容 : 조사 용   辭 : 사양할 사

4. 惟帝不畀는 惟我下民의 秉爲 惟天明畏[144][145]일새니라

---

143 肆 與康誥肆汝小子封同 : 蔡傳은 〈康誥〉에 "肆는 未詳이다."라고 하였고, 孔傳은 아무 말도 없다.

144 惟天明畏 : 〈皐陶謨〉·〈大誥〉·〈多士〉의 天明畏를 孔傳은 다 같이 "하늘의 밝은 德은 두려운 것〔天明德可畏〕"으로 풀이한 반면, 蔡傳은 〈皐陶謨〉에서는 "明은 선한 자를 드러내는 것이고, 畏는 악한 자를 위협하는 것이다.〔明者顯其善 畏者威其惡〕"로, 〈大誥〉에서는 "하늘의 밝은 命이 두렵다.〔天之明命可畏〕"로, 〈多士〉에서는 "하늘의 위엄의 밝고 두려운 것〔天威之所明畏者〕"으로 각각 다르게 풀이하였다.

145 惟帝不畀……惟天明畏 : 孔傳은 "하늘이 紂에게 주지 않음은 우리 周나라 백성들의 마음을 굳게 가져 우리를 위하는 것이 모두 바로 하늘의 밝은 德의 두려운 효험이다.〔惟天不與紂 惟我周家下民 秉心爲我 皆是天明德可畏之效〕"라고 풀이하였다.

상제께서 〈殷나라에게 命을〉 주지 않으심은 우리 백성들의 굳게 가져 하는 바가
곧 하늘의 위엄의 밝고 두려움이기 때문이다.

秉은 持也라 言天命之所不與는 卽民心之所秉爲요 民心之所秉爲는 卽天威之所
明畏者也라 反覆天民相因之理하여 以見(현)天之果不外乎民하고 民之果不外乎
天也라 詩言秉彝[146]하고 此言秉爲者는 彝는 以理言이요 爲는 以用言也라

秉은 持(가지다)의 뜻이다. '天命이 〈殷나라에〉 주어지지 않음은 곧 民心의 굳게
가져 하는 바 때문이고, 민심의 굳게 가져 하는 바는 곧 하늘의 위엄의 밝고 두려
움이기 때문'임을 말한 것이다. 하늘과 백성의 상호 관련된 이치를 반복해서, 천심
은 결코 민심에서 벗어나지 않고 민심은 결코 천심에서 벗어나지 않음을 나타낸 것
이다. 《詩經》에서는 '秉彝'라고 말하고, 여기서는 '秉爲'라고 말하였는데, 彝는 理를
가지고 말한 것이고 爲는 用을 가지고 말한 것이다.

字義 畀 : 줄 비   秉 : 가질 병   彝 : 떳떳할 이

5. 我聞하니 曰上帝引逸이언만(이어시늘) 有夏不適逸[147]한대 則惟帝降格하사 嚮[148]于
時夏어시늘 弗克庸帝하고 大淫泆(일)有辭[149][150]한대 惟時天이 罔念聞[151]하사 厥惟廢
元命하사 降致罰[152]이라하니라(하시니라)

나는 들건대 '上帝가 〈임금에게 항상〉 편안한 쪽으로 인도하였건만, 夏桀이 편
안한 쪽으로 가지 않자, 上帝가 〈災異를〉 내려서 夏桀에게 의향을 보였는데도
〈夏桀이〉 능히 上帝의 命을 따르지 않고 크게 淫泆하여 거짓으로 속이는 말을 늘
어놓거늘, 이에 하늘은 유념해서 듣지 않고 그 大命을 폐기하여 벌을 내렸다.' 하

---

146 詩言秉彝 : 秉彝는 사람이 가진 常性으로 《詩經》〈大雅 蒸民〉에 "하늘이 모든 사람을 내시니,
사물이 있음에 법칙이 있도다. 사람의 가진 본성인지라 이 아름다운 德을 좋아한다.〔天生蒸民 有
物有則 民之秉彝 好是懿德〕"라고 보인다.

147 上帝引逸 有夏不適逸 : 孔傳은 "'하늘로서는 백성들이 길이 안락을 누리게 하고자 한다.' 하였건
만, 夏桀은 정사를 함에 있어서 안락을 누리지 못하게 하였다.〔上天欲民長逸樂 有夏桀爲政不之逸
樂〕"라고 하여 안일을 누릴 대상을 백성으로 보았고, 兪樾(《群經平議》)은 '引'은 收斂, '適'은 節制
의 뜻으로 보아 "'上帝引逸'은 上帝가 사람의 逸樂을 놓아두지 않으므로 逸樂이 있으면 수렴해
서 너무 지나치지 못하게 함을 말한 것이고, '有夏不適逸'은 '適'이 節의 뜻이기 때문에 夏桀이
그 逸樂을 스스로 절제하지 않음을 말한 것이다.〔上帝引逸者 言上帝不縱人逸樂 有逸樂 則收引之 勿
使大過也 有夏不適逸者 適之言節也 言夏桀不自節其逸樂也〕"라고 풀이하였다.

148 嚮 : 孔疏는 歸嚮으로, 蔡傳은 意嚮으로 풀이하였다.

니라.

引은 導요 逸은 安也라 降格은 與呂刑降格同[153]이라 呂氏曰 上帝引逸者는 非有形
聲之接也라 人心得其安이면 則亹亹而不能已하니 斯則上帝引之也라 是理坦然하니
亦何間於桀이리오 第桀喪其良心하여 自不適於安耳라 帝實引之어늘 桀實避之로대
帝猶不遽絶也라 乃降格災異하여 以示意嚮於桀이언만 桀猶不知警懼하여 不能敬
用帝命하고 乃大肆淫逸하니 雖有矯誣之辭나 而天罔念聞之하니 仲虺(훼)所謂帝用
不臧이 是也라 廢其大命하사 降致其罰하니 而夏祚終矣[154]라하니라

---

149 有辭 : 呂祖謙(《增修東萊書說》)은 "惡이 사람들의 입에 전파되어 수군거리는 말이 있기까지 하였
다.〔惡播人口 至於有辭〕"라고 풀이하였다.

150 則惟帝降格……大淫泆有辭 : 孔傳은 格을 至(지극하다)의 뜻으로, 嚮을 의향의 뜻으로 보아 "하
늘이 지극한 경계를 내렸으니, 이는 夏나라에 의향을 보이고 背棄하지 않은 것이건만, 桀은 능히
하늘의 경계를 받아들이지 않고 크게 過逸한 행동을 하여 惡한 말이 세상에 들렸다.〔天下至戒 是
嚮於時夏 不背棄 桀不能用天戒 大爲過逸之行 有惡辭聞於世〕"라고 풀이하였는데, 洪奭周(《尙書補傳》)
는 "蔡傳은 '大淫泆有辭'를 조작한 말을 늘어놓은 것으로 여기고, 孔傳은 惡한 말이 세상에 들리
는 것으로 여겼는데, 가만히 생각하건대, '矯誣之辭(하늘의 뜻이라 거짓으로 속여서 말하다.)'는 淫泆
과 너무도 서로 이어지지 않고, 또 아랫글에 이른바 '有辭于罰(그 처벌에 말할 만한 죄목이 없지 않
다.)'이란 것이 정말 이와 서로 호응하니, 응당 孔傳을 따르는 것이 옳다.〔蔡傳以大淫泆有辭 爲有矯
誣之辭 孔傳以爲有惡辭聞於世 竊謂矯誣之辭 與淫泆不甚相屬 且下文所謂有辭于罰者 正與此相應 當從孔
傳爲是〕"라고 하였다.

151 念聞 : 孔疏에서는 孔傳의 '念聞'을 "愛念聽聞"으로 표현하고 있다.

152 厥惟廢元命 降致罰 : 孔傳은 元命을 天命으로 보아 "그가 天命을 폐기하니 天罰을 내렸다.〔其惟
廢其天命 下致天罰〕라고 풀이하였다.

153 降格 與呂刑降格同 : 〈多士〉의 '降格'과 〈多方〉의 '降格'은 재해 같은 것을 '내린다'는 뜻으로 쓰
이고, 〈呂刑〉의 降格은 땅과 하늘의 통함을 끊어서 땅에 있는 사람은 요술을 부려 하늘에 있는
神을 내려오지 못하게 하고 하늘에 있는 神은 땅에 있는 사람에게 내려오지 못하게 하는 수단으
로 쓰였으니, "降格은 〈呂刑〉의 降格과 같다."라는 것은 아마 〈多方〉을 〈呂刑〉으로 착각한 것
같다. 朴文鎬도 "〈呂刑〉의 傳에서는 귀신에게 제사를 지내 福을 내리게 했다는 뜻을 가지고 말
했으니, 여기의 글에서 말한 格과 그 뜻이 약간 다르다. 여기의 降格은 대개 〈多方〉의 降格과 같
다.〔呂刑傳以祭格言 與此文格其意微異 此蓋與多方降格同〕"라고 하였다.(《壺山集》)

154 上帝引逸者……而夏祚終矣 : 다른 곳에 인용한 例와 같이 문장이 잘 연결되어 있어서 전체를 呂
祖謙의 말로 보지 않을 수 없다. 그러나 《增修東萊書說》에 의하면 '桀實避之'까지만 呂祖謙의
말이다. '桀實避之'의 아래에는 "則其惡升聞 而惟帝降格矣 天人之際 惟極乃通 治極則通 格于
皇天是也 亂極亦通 惟帝降格是也 治亂雖殊 極乎下而通於上 則一而已 帝旣降格譴告災異 以
示所嚮 於是夏邦可以深警矣 尙猶弗能敬用帝命 大肆淫泆 惡播人口 至於有辭 自絶於天而天亦
絶之"로 이어져 있는데, 이 文節은 《書傳大全》 小註에서 글귀를 바꾸고 글자를 바꾸어 "天人之
際 惟極乃通 治極則通 格于皇天是也 亂極亦通 惟帝降格是也 桀惡升聞 故帝降格譴告災異 以
示所嚮 於是覆邦"으로 인용하고 있다. 그러나 '有辭'를 呂祖謙은 "惡播人口 至於有辭"로, 蔡傳

引은 導의 뜻이요, 逸은 安의 뜻이다. 降格은 〈呂刑〉의 降格과 같다.

呂氏가 말하였다. "'上帝가 편안한 쪽으로 인도했다.'는 것은 形聲(자취와 음성)으로 접하는 것이 아니다. 인심이 편안함을 얻으면 꾸준히 진전해가니, 이것이 곧 상제가 인도하는 것이다. 이 이치는 평탄한 것인데, 또한 어찌 夏桀에게만 차별을 두었겠는가. 다만 夏桀이 그 양심을 상실하여 스스로 그 편안한 쪽으로 가지 않았을 뿐이다. 상제는 인도하였으나 夏桀은 피하였는데도 상제는 외려 단번에 끊지 않고 곧 災異를 내려 夏桀에게 의향을 보이셨지만, 夏桀은 외려 경계하고 두려워할 줄을 알지 못하여 상제의 명을 공경히 따르지 않고 크게 淫逸한 짓을 다하였으니, 비록 거짓으로 속이는 말을 늘어놓았으나 하늘은 유념해서 듣지 않았다. 이는 仲虺가 말한 '上帝께서 이를 좋지 않게 여기셨다.'는 것이 이것이다. 그 큰 명을 폐기하여 벌을 내려서 夏나라의 국운이 끝난 것이다."

字義 引 : 인도할 인   逸 : 안일할 일   適 : 갈 적   格 : 내릴 격   嚮 : 의향 향   庸 : 따를 용
洗 : 방탕할 일   時 : 이 시   導 : 인도할 도   接 : 접할 접   亹 : 힘쓸 미   喪 : 상실할 상
肆 : 다할 사   臧 : 좋을 장, 착할 장   祚 : 국운 조, 복 조

6. 乃命爾先祖成湯하사 革夏하사 俊民으로 甸四方①하시니라

① 書經 俊民甸四方 : 준수한 사람들로 사방을 다스리게 하셨다.
一般 以俊民甸四方 : 준수한 사람들로 사방을 다스리게 하셨다.

〈그래서 하늘은〉 이에 너희들 선조인 成湯에게 명하여 夏나라를 바꾸어 준수한 사람들로 사방을 다스리게 하셨다.

甸은 治也라 伊尹이 稱湯旁求俊彦이라하고 孟子稱湯立賢無方[155]이라하시니 蓋明揚

───────────────

은 '矯誣之辭'로 해석하고 있다. 〈多方〉의 "屑有辭"에 대해서도 蔡傳에서는 "〈多士〉에서 말한 '桀大淫洗有辭'와 뜻이 같다.(與多士言桀大淫洗有辭義同)"라고 하고, 呂祖謙은 "惡이 사람들 입에 전파된 것을 '辭'라 이른다.(惡之播於人口者 謂之辭)"라고 하고 있다. 그런데 여기서는 呂祖謙이 '有辭'를 풀이한 "惡播人口 至於有辭"가 있어야 할 자리에 蔡沈이 '有辭'를 풀이한 '矯誣之辭'가 들어가 있다. 이와 같이 呂祖謙과 蔡沈의 의견이 다른데도 문장이 잘 연결되어 있어 전체를 呂祖謙의 말로 보지 않으면 안 되겠기에 부득이 본 번역에 있어서는 다른 곳의 인용한 例와 같이 전체를 呂祖謙의 말로 보았다.

155 立賢無方:《孟子》〈離婁 下〉에 보이는데, 集註에서 "'方'은 類와 같으니, '立賢無方'은 오직 어진 이만을 官位에 세우되 그 類를 묻지(출신을 따지지) 않은 것이다.(方猶類也 立賢無方 惟賢則立之

俊民하여 分布遠邇하여 甸治區畫은 成湯立政之大經也라 周公이 反復以夏商爲言
者는 蓋夏之亡은 卽殷之亡이요 湯之興은 卽武王之興也니 商民觀是면 亦可以自
反矣리라

　甸은 治의 뜻이다. 伊尹은 "湯임금은 준걸하고 어진 선비들을 사방으로 찾았다."
라고 칭하고, 孟子는 "湯임금은 어진 이만을 官位에 세우되 類를 가리지 않았다."
라고 칭하였으니, 아마 준수한 사람들을 밝게 드날려(기용하여) 원근에 분포해서 나
라를 다스린 것이 成湯의 立政한 大經이었던 모양이다. 周公이 반복해서 夏나라와
商나라를 가지고 말씀한 것은 夏나라의 망함이 곧 殷나라의 망함이요, 湯임금의 흥
함이 곧 武王의 흥함이니, 商나라 백성들이 이것을 보면 또한 스스로 반성할 수 있
을 것이란 기대에서였을 것이다.

字義 甸 : 다스릴 전　邇 : 가까울 이　彦 : 어진선비 언　揚 : 드날릴 양　反 : 반성할 반

7. 自成湯으로 至于帝乙히 罔不明德恤祀하시니라

　成湯으로부터 帝乙에 이르기까지 德을 밝히고 제사를 공경히 받들지 않음이 없
으셨다.

明德者는 所以修其身이요 恤祀者는 所以敬乎神也라

　德을 밝힘은 몸을 닦기 위한 것이고, 제사를 공경히 받듦은 神을 공경하기 위한
것이다.

字義 恤 : 공경할 휼

8. 亦惟天이 丕建保乂有殷이어시늘 殷王도 亦罔敢失帝하여 罔不配天其澤①하시니라

　① 書經 罔不配天其澤 : 하늘에 배합해서 백성들에게 은택을 내리지 않음이 없으셨다.
　　 一般 無不配天以澤民 : 하늘에 배합해서 백성들에게 은택을 입히지 않음이 없으셨다.

　또한 하늘이 크게 殷나라를 세워 보호해 다스리거늘, 殷나라의 先王들 또한 감히
上帝의 법을 잃지 아니하여 하늘에 배합해서 백성들에게 은택을 입히지 않음이 없

於位 不問其類也)"라고 풀이하였다.

으셨다.

亦惟天이 大建立保治有殷이어시늘 殷之先王이 亦皆操存此心하여 無敢失帝之則(칙)하여 無不配天以澤民也라

　또한 하늘이 크게 殷나라를 세워 보호해 다스리거늘, 殷나라의 先王들 또한 모두 이 마음을 잡아 간직하여 감히 상제의 법을 잃지 아니하여 하늘에 배합해서 백성들에게 은택을 입히지 않음이 없었다.

字義 操 : 잡을 조　存 : 간직할 존

9. 在今後嗣王하여 誕罔顯于天이온 矧曰其有聽念于先王勤家아 誕淫厥泆하여 罔顧于天顯民祗[156]하니라

　지금 後嗣王(紂)에 있어서는 크게 天道에 밝지 못하거늘, 하물며 〈殷나라〉先王들이 國家에 勤勞한 것을 경청하여 유념함이 있다고 하겠는가. 크게 음탕하고 방일해서 하늘의 道를 밝힐 것과 백성을 敬畏할 것을 顧念하지 않았다.

後嗣王은 紂也라 紂大不明於天道어늘 況曰能聽念商先王之勤勞於邦家者乎아 大肆淫泆하여 無復顧念天之顯道와 民之敬畏者也라

　後嗣王은 바로 紂다. 紂는 크게 天道에 밝지 못하거늘, 하물며 商나라 先王들이 邦家에 근로한 것을 경청하여 유념한다 하겠는가. 크게 淫泆을 자행하여 다시는 하늘의 道를 밝힐 것과 백성을 경외할 것을 顧念하지 않았다.

字義 誕 : 클 탄　顧 : 고념할 고　祗 : 경외할 지

10. 惟時上帝不保하사 降若玆大喪하시니라

　이에 上帝께서 보호하지 않으시어 이와 같은 큰 喪亡을 내리신 것이다.

---

156 誕淫厥泆 罔顧于天顯民祗 : 孔傳은 泆, 天, 祗에 句를 끊어서 "紂는 그 愆過를 크게 지나치게 해서 하늘을 돌아보지(두려워하지) 않고 인민을 공경할 일을 분명하게 하지 않았다.〔紂大過其愆過 無顧於天 無能明人爲敬〕"라고 풀이하였는데, 孔疏는 "'紂大過其愆過 無顧於天'이란 것은 마음대로 惡을 행하여 하늘을 두려워하지 않음을 말한 것이고, '無能明民爲敬'이란 것은 포학한 정사를 많이 행하여 백성을 걱정하지 않음을 말한 것이다.〔紂大過其愆過 無顧於天 言其縱心爲惡 不畏天也 無能明民爲敬 言其多行虐政不憂民也〕"라고 부연 설명하였다.

大喪者는 國亡而身戮也라

大喪이란 나라가 망하고 몸이 죽는 것이다.

字義 時 : 이 시   戮 : 죽을 륙

11. 惟天不畀는 不明厥德[157]일새니라

하늘이 殷나라에 命을 주지 않으신 것은 그 德을 밝히지 않았기 때문이다.

商先王은 以明德而天丕建이러니 則商後王은 不明德而天不畀矣니라

商나라의 先王들은 德을 밝혔기 때문에 하늘이 크게 세워주었는데, 商나라의 後 王은 德을 밝히지 않아서 하늘이 〈命을〉 주지 않았다.

字義 畀 : 줄 비   丕 : 클 비   建 : 세울 건

12. 凡四方小大邦이 喪은(하논든) 罔非有辭[158]于罰[159]이니라

사방의 작고 큰 나라들이 喪亡함은 그 처벌에 말할 만한 죄목이 있지 않음이 없었다.

凡四方小大邦國이 喪亡은 其致罰이 皆有可言者어늘 況商罪貫盈하여 而周奉辭以 伐之者乎아

사방의 크고 작은 나라들이 喪亡함은 그 처벌함이 모두 말할 만한 〈죄목이〉 있었 거늘, 하물며 商나라 〈紂는〉 죄가 꽉 차서 周나라가 죄목을 가지고 친 것임에랴.

字義 貫 : 꿸 관   盈 : 찰 영

13. 王若曰하사대 爾殷多士아 今惟[160]我周王[161]이 丕靈承帝事[162]하시니라

王이 이렇게 말씀하였다. "너희 殷나라의 여러 인사들아. 지금 우리 周王(文王과

---

157 惟天不畀 不明厥德 : 孔傳은 天, 德에 句를 끊어서 "하늘이 그 덕을 밝히지 않는 이에게는 〈천명 을〉 주지 않는다."라고 풀이하였다.

158 辭 : 蘇軾(《書傳》)은 '主張'으로, 林之奇(《尙書全解》)·夏僎(《夏氏尙書詳解》)·呂祖謙(《增修東萊書 說》)·金履祥(《資治通鑑前編》)·蔡傳과 元代 朱祖義(《尙書句解》)·明末淸初 岳虞巒(《周易感義》· 《春秋平義》)은 '구실(죄목)'로 보았다.

159 罔非有辭于罰 : 孔疏는 "그 喪滅한 자는 모두 악하다는 소문 아닌 것이 없으니 이 때문에 하늘의 주벌을 받는 데 이른 것이다.〔其喪滅者 無非皆有惡辭 是以致至於天罰〕"라고 풀이하였다.

武王)께서 上帝의 일을 크게 잘 받들었기 때문에 〈우리가 하늘의 命을 받아 殷나라를 멸하였다.〉

靈은 善也니 大善承天之所爲也라 武成에 言祗承上帝하여 以遏亂略이 是也라

　靈은 善(잘하다)의 뜻이니, 하늘의 하는 일을 크게 잘 받드는 것이다. 〈武成〉에 "上帝를 경건히 받들어 어지럽히는 謀略을 못하게 막았다."라는 것이 이것이다.

字義　조 : 클 비　靈 : 잘할 령

14. 有命曰 割殷이실새 告勅于帝[163]하시니라

〈上帝께서〉 명을 내리시기를 '殷나라를 베어버리라.' 하시므로 신칙해서 바로잡을 일을 상제께 고하셨던 것이다.

割殷告帝圖

帝有命曰 割殷이실새 則不得不戡定翦除하여 告其勅正之事于帝也라 武成에 言告于皇天后土하여 將有大正于商者 是也라

　上帝께서 명을 내리시기를 "殷나라를 베어버리라." 하시므로 난을 평정하고 악습을 제거하기 위하여 〈商나라를〉 신칙해서 바로잡을 일을 상제에게 고유하지 않을 수 없었다는 것이다. 〈武成〉에서 "皇天과 后土에 고하시기를 '〈道를 가진

---

160 惟 : 諺解에서 "惟컨대"로 풀이하였는데, '惟'는 조사로 보는 것이 좋을 것 같다.

161 周王 : 孔安國과 蘇軾 등은 文王과 武王으로 보았다.

162 丕靈承帝事 : 孔傳은 '靈'을 神의 뜻으로 보아 "크게 하늘(上帝)을 神으로 여겨서 열심히 받들어 섬기었다는 것이니, '덕을 밝히고 제사를 공경히 받드는 것'을 말한다.[大神奉天事 言明德恤祀]"라고 풀이하였다.

163 告勅于帝 : 孔傳은 "하늘(上帝)에 신칙해서 바로잡았음을 고하였다.[告勅正於天]"라고 풀이하고는 이미 紂를 쳐서 승리하고 牧野에서 나무를 태워 望 제사를 지내어 군사를 고생시키거나 군사를 상하게 하지 않은 일을 하늘에 고했던 것을 예로 들었으니, 孔傳은 이미 紂를 치고 나서 고유한 것으로 보고, 蔡傳은 앞으로 紂를 칠 일을 고유한 것으로 본 점이 다를 뿐이다.

분의 曾孫인 發은〉 장차 商나라를 크게 바로잡으려고 합니다.'라고 했다."는 것이
이것이다.

字義 割 : 벨 할   勅 : 닦달할 칙   戡 : 평정할 감, 이길 감   翦 : 제거할 전   除 : 제거할 제

15. 惟我事 不貳適이라 惟爾王家 我適①164이니라

① 書經 惟爾王家 我適 : 너희 王家(殷)는 우리를 따라야 할 것이다.
　　 一般 惟爾王家 適我 : 너희 王家(殷)는 우리를 따라야 할 것이다.

우리가 〈殷나라를 꺾는〉 일은 〈한결같이 上帝의 명을 따르고〉 다른 것을 따르지
않는다. 그러니 너희 王家(殷)는 우리를 따라야 할 것이다.

上帝臨汝하시니 毋貳爾心은 惟我事不貳適之謂요 上帝旣命이라 侯于周服은 惟爾

---

164 惟我事……我適 : 孔傳은 "천하의 일이 이미 우리 周나라로 돌아왔으니 다시 다른 데로 가지 않는
다. 너희 殷나라 王家가 이미 우리에게 돌아왔으니 다시 變改해서는 안 된다.〔天下事已之我周矣
不貳之他 惟汝殷王家已之我 不復有變〕"로, 蘇軾(《書傳》)은 "우리가 사방에 일을 거행함이 있으면
〈단번에 평정했지〉 어찌 일찍이 두 번 거행한 뒤에 평정된 적이 있었던가. 그러므로 '우리 일은
두 번 가지 않는다.'라고 한 것이니, '貳適'은 再往의 뜻이다.〔我有事于四方 曷嘗有再擧而後定者乎
故曰惟我事不貳適 貳適再往也〕"로 풀이하였다. 이에 대하여 林之奇(《尙書全解》)는 孔傳의 說은 분
명치 못한 것으로 보고, 蘇軾의 說에 대해서는 "대개 王者의 用兵은 상대에게 반드시 패할 이치
가 있고 나에게 반드시 이길 방도가 있는 것을 세심히 살피고 나서 일을 거행하면 〈단번에 평정
되는 것이지,〉 어찌 재차 가야만 평정되겠는가. 그러니 蘇氏의 말이 옳다. '惟爾王家我適'은 응
당 아랫글의 말과 연결해서 보아야 한다. '爾王家'는 殷나라를 가리킨다. '우리의 거사는 재차 가
서 평정한 적이 없었다. 지금 너희들 王家에 가서 정벌을 하는 것은 대개 내가 말한 것처럼 「너
희 殷紂가 크게 法度를 무너뜨려서 하늘과 사람이 함께 버렸기 때문이니, 우리가 商나라를 이길
것은 어찌 재차까지 가야 될 일이겠는가.」라는 점'을 말한 것이다.〔蓋王者之用兵 彼有必敗之理 己有
必勝之道 計之審而後 有事焉 則豈有再往而定乎 蘇氏之言是也 惟爾王家我適 當連下文說 爾王家 指殷也
言凡我之事 未嘗再往而後定 今於爾王家 所以往而伐之者 蓋我之言曰 惟爾殷紂大無法度 天人之所共棄 則
我之勝商 豈至於再乎〕"라고 하였고, 呂祖謙(《增修東萊書說》)은 "'우리가 殷나라를 꺾는 일은 조금
도 私意를 가지지 않고 한결같이 上帝의 명만 따르지, 다른 것을 따르지 않으니, 너희 殷나라 王
家는 자연 우리를 따르지 않을 수 없을 것이다. 周나라는 上帝에게 의심을 품지 않았는데, 殷나
라가 周나라에 의심을 품을 수 있겠는가.'라는 것이다. 《詩經》〈大雅 大明〉에 '上帝께서 너희
들에게 임하시니, 너희들의 마음에 의심을 품지 말지어다.'는 '惟我事不貳適'을 이른 것이고,
〈大雅 文王〉에 '上帝께서 이미 〈周나라에〉 명하신지라 周나라에 복종하도다.'는 '惟爾王家我
適'을 이른 것이다.〔惟我割殷之事 未嘗容少私意 一於從帝 而無貳適 惟爾有殷王家 自不得不惟我之適矣
周不貳於帝 殷其可貳於周乎 上帝臨汝 無貳爾心 惟我事不貳適之謂也 上帝旣命 侯于周服 惟爾王家我適之
謂也〕"라고 풀이하였는데, 蔡傳은 呂祖謙의 說을 따르고 있다.

王家我適之謂라 言割殷之事 非有私心하고 一於從帝而無貳適하니 則爾殷王家
自不容不我適矣라 周不貳于帝하니 殷其能貳於周乎아 蓋示以確然不可動搖之
意하여 而潛消頑民反側之情爾라 然이나 聖賢은 事不貳適이니 日用飮食도 莫不皆
然은 蓋所以事天也라 豈特割殷之事而已哉아

《詩經》〈大雅 大明〉의 "上帝께서 너희들에게 임하시니, 너희들의 마음에 의심을
품지 말지어다."는 '惟我事不貳適'을 이른 것이고, 〈大雅 文王〉의 "上帝께서 이미
〈周나라에〉 명하신지라 周나라에 복종하도다."는 '惟爾王家我適'을 이른 것이다.

"우리가 殷나라를 꺾는 일은 조금도 私意를 가지지 않고 한결같이 上帝의 명만
따르지 다른 것을 따르지 않으니, 너희 殷나라 王家는 자연 우리를 따르지 않을 수
없을 것이다. 周나라는 上帝에게 의심을 품지 않으니 殷나라는 周나라에 의심을 품
을 수 있겠는가."라고 한 것은 아마 확연하여 동요할 수 없는 뜻을 보여서 완악한
백성들의 불안해하는 마음을 몰래 잠재우려고 한 것일 게다. 그러나 성현들이 일을
함에 있어서 〈한결같이 上帝의 명을 따르고〉 다른 것을 따르지 않았으니, 일상생활
에서의 먹고 마시는 일도 모두 그렇게 하지 않음이 없는 것은 대개 하늘을 섬기기
위한 것이다. 어찌 단지 殷나라를 꺾는 일만 그렇게 했을 뿐이겠는가.

字義 適 : 따를 적 確 : 확실할 확 搖 : 흔들 요 潛 : 몰래 잠 消 : 잠재울 소, 사라질 소

16. 予其曰 惟爾洪無度하니 我不爾動①이라 自乃邑이니라

① 書經 我不爾動 : 내가 너희들을 움직여서 〈誅伐한 것이〉 아니라
  一般 非我動爾 : 내가 너희들을 움직여서 〈誅伐한 것이〉 아니라

내 말하기를 '너희들이 크게 불법을 자행하였으니, 내가 너희들을 움직여서 〈誅
伐한 것이〉 아니라, 〈변란이〉 너희들 邑으로부터 〈일어나서 너희 紂가 화를 자초
한 것이다.〉'라고 하였다.

三監倡亂일새 予其曰 乃汝大爲非法하니 非我爾動이라 變自爾邑이라하니 猶伊訓所
謂造攻自鳴條也라

三監이 난을 창도하였기 때문에 내가 말하기를 "너희들이 크게 불법을 자행하였
으니, 내가 너희들을 움직여서 〈주벌한 것이〉 아니라, 변란이 너희들 邑으로부터
〈일어나서 너희 紂가 화를 자초한 것이다.〉"라고 하였으니, 이는 〈伊訓〉에 이른바

"공격을 시작한 것은 鳴條로부터 하였다."라는 것과 같은 것이다.

字義 度 : 법도 도 倡 : 창도할 창 造 : 시작할 조, 비로소 조 攻 : 공격할 공, 칠 공

17. 予亦念컨대 天[165]이 卽于殷하사 大戾하시니 肆不正[166]이로다

내가 또한 생각하건대, 하늘이 殷나라에 나아가 〈妹土의 땅에다가〉 큰 재앙을 내리시니, 그러므로 〈그 땅이〉 사특하여 바르지 못하게 되었도다."

予亦念天이 就殷邦하여 屢降大戾하니 紂旣死하고 武庚又死라 故로 邪慝不正[167]하니 言當遷徙也라

내가 또한 생각하건대, 하늘이 殷나라에 나아가 〈妹土의 땅에다가〉 누차 큰 재앙을 내리니, 紂는 이미 죽고 武庚이 또 죽었다. 그러므로 〈妹土의 땅이〉 사특하여 바르지 못하니(오염되었으니), 응당 옮겨야 함을 말한 것이다.

字義 戾 : 재앙 려 肆 : 그러므로 사 屢 : 여러 루 徙 : 옮길 사

---

165 予亦念 天 : 官吐는 '予亦念天이'로 달았으나 林之奇의 《尙書全解》와 蔡傳에 의거하여 수정하였다.

166 予亦念天……肆不正 : 孔傳은 '肆'를 故(그러므로)의 뜻으로 보아 "나 또한 하늘이 〈紂를 치기 위하여 나를 殷나라에 보낸 의향을〉 생각해서 殷나라 〈紂의〉 큰 죄에 입각하여 주벌을 가하였으니, 그 까닭은 무엇인가 하면 紂가 능히 몸을 바르게 하고 법을 생각하지 않았기 때문이다.〔我亦念天 就於殷大罪而加誅者 故以紂不能正身念法〕"라고 풀이하였는데, 孔疏에서 "나 또한 하늘이 〈紂를 치기 위하여 나를 殷나라에 보낸 의향을〉 생각해서 殷나라 〈紂의〉 큰 죄를 진 것에 입각하여 주벌을 가하였으니, 그 까닭은 무엇인가 하면 紂가 능히 몸을 바르게 하고 법을 생각하지 않았기 때문이다.〔我亦念天所遣 我就殷加大罪者 何故 以紂不能正身念法也〕"라고 부연 설명하였다.
　蘇軾《書傳》은 "'나 또한 天命을 생각함에 정벌하지 않을 수 없어서 그 으뜸으로 반란하여 죄가 큰 자만을 주살하였다.'는 것은 武庚과 管叔을 죽인 일을 이르고, '肆不正'은 그 나머지는 다 치죄하지 않음을 말한 것이다.〔予亦念天命 不可不征 卽於其首亂罪大者而誅之 謂殺武庚管叔也 肆不正者 言其餘不盡繩治也〕"로 풀이하였는데 林之奇는 蘇軾을 따랐고, 呂祖謙《增修東萊書說》은 "나 또한 생각하건대, 하늘이 殷나라 妹土의 땅에다가 누차 큰 재앙을 내리니 紂가 이미 죽었다. 그러므로 지금 邪慝하여 바르지 못하니, 요컨대 응당 옮겨가야 한다.〔予亦念天就殷邦妹土之地 屢降大戾 紂旣死焉 故今邪慝不正 要當遷徙〕"로 풀이하였는데, 蔡傳은 呂祖謙을 따르고 있다.

167 故邪慝不正 : 林之奇의 《尙書全解》를 인용한 것을 감안하면 '邪慝不正'은 殷紂가 도읍을 세운 妹土 땅이 오염된 것으로 보아야 하는데, 조선시대 李瀷《星湖疾書》은 "蔡傳의 '故邪慝不正'이란 '故'자 아래에 아마 '曰'자가 빠진 듯하다. 이것은 紂와 武庚을 가리킨 것이다.〔蔡傳故邪慝不正 故字下 恐闕曰字 此指紂庚也〕"라는 의견을 제시하였다.

18. 王曰 猷라 告爾多士하노라 予惟時로 其遷居西爾①168는 非我一人이 奉德不康
寧169이라 時惟天命이시니 無違하라 朕은 不敢有後하리니 無我怨②170171하라

① 書經 其遷居西爾 : 너희들을 서쪽으로 옮겨 〈洛邑에〉 거주시킨 것은
  一般 其遷爾居西 : 너희들을 서쪽으로 옮겨 〈洛邑에〉 거주시킨 것은
② 書經 無我怨 : 나를 원망하지 말라.
  一般 無怨我 : 나를 원망하지 말라.

王이 말씀하였다. "아. 너희 여러 인사들에게 고하노라. 〈하늘이 殷나라에 큰 재
앙을 내린지라〉 내 이 때문에 너희들을 서쪽으로 옮겨 〈洛邑에〉 거주시킨 것은, 나
한 사람이 德을 봉행하기 위하여 〈너희들을〉 편안하지 못하게 하는 것이 아니다.

---

168 遷居西爾 : 孔疏는 "殷으로 좇아 洛邑 남쪽으로 가서 서쪽으로 향했기 때문에 서쪽이라 한 것이
다.〔從殷適洛南行而西向 故爲西〕"라고 풀이하였다.

169 猷……奉德不康寧 : 孔傳은 '猷'를 道의 뜻을 보아 "道를 가지고 너희 여러 인사들에게 고하노
라. 나는 너희들이 德義에 달통하지 못함을 생각해서이니, 이러므로 너희들을 서쪽으로 옮겨 洛
邑에 거주시킨 것은 너희들을 가르치려는 뜻에서다. 내가 너희들을 이사시킨 것은 나 天子가 德
을 받들기 위하여 능히 백성들로 하여금 편안하지 못하도록 하는 것이 아니라, 이는 天命이 의당
그러한 것이다.〔以道告汝衆士 我惟 汝未達德義 是以徙居西汝於洛邑 教誨汝 我徙汝 非我天子奉德 不能使
民安之 是惟天命宜然〕"라고 풀이하였다.

170 不敢有後 無我怨 : 孔傳은 "나 또한 감히 뒤에 誅罰하는 일이 있지 않을 것이니, 너희는 나를 원
망하지 말도록 하라는 것이다.〔我亦不敢有後誅 汝無怨我〕"라고 풀이하였는데, 孔疏는 "周나라가 이
미 紂를 친데다 또 武庚을 주벌하니, 殷나라 인사들이 다시 주벌하는 일이 있을까 두려워하므로
그들이 행여 上命을 어기려고 할까 의심되기 때문에 이런 말을 베풀어서 경계한 것이다. '無違'
가 바로 경계하여 '너희는 命을 어기지 말도록 하라.'고 이른 것임을 〈공안국이〉 알았던 것이다.
너희들이 명을 따르면 나 또한 감히 다시 뒤에 誅罰하는 일이 있지 않을 것이니, - 반드시 뒤에 주
벌하는 일이 없을 것이니, - 너희는 나를 원망하는 일이 없도록 하라는 것이다.〔周旣伐紂, 又誅武庚, 殷
士懼更有誅, 疑其欲違上命, 故設此言以戒之. 知'無違'者, 謂戒之使汝無違命也. 汝能用命, 我亦不敢有後誅,
- 必無後誅, - 汝無怨我也.〕"라고 부연 설명하였다.
    林之奇《尙書全解》는 "이 篇과 〈盤庚〉은 모두 옮겨 살 뜻을 가지고 고한 것이다. 그러므로 그
말뜻이 대부분 서로 같다.〔此篇與盤庚 皆是告以遷居之意 故其辭意多相類〕"라고 하여 이 篇은 錯簡으
로 인해 문의가 통하지 않는 부분이 많이 있는 것으로 보았는데, 蔡傳은 아무 문제가 없는 것으
로 풀이하고 있으니, 이해가 안 되는 부분이 더러 있다.

171 非我一人……無我怨 : 蘇軾《書傳》은 "이미 너희들을 洛邑으로 옮겨 편안히 살게 하였으니, 뒤
에 딴 명령을 내리는 일이 없을 것이다.〔旣遷爾于洛 乃安居 無後命矣〕"라고 풀이하였다. '後'를 孔安
國은 '뒤에 주벌〔後誅〕', 蘇軾은 '뒤에 딴 명령〔後命〕', 呂祖謙과 金履祥은 '歇後(늦추다)'로 풀이하
였는데, 蔡傳은 蘇軾을 따르고 있다.

이는 하늘의 명령이시니 어기지 말도록 하라. 짐은 감히 뒤에 딴 명령을 내리는 일이 없을 것이니, 나를 원망하지 말도록 하라.

時는 是也라 指上文殷大戻而言이니 謂惟是之故로 所以遷居西爾요 非我一人이 樂如是之遷徙震動也¹⁷²라 是惟天命如此니 汝毋違越하라 我不敢有後命이라하니 謂有他罰이라도 爾無我怨也라

時는 是의 뜻이다. 윗글의 "殷나라에 큰 재앙을 내렸다."를 가리켜 말한 것이니, "이 때문에 너희들을 서쪽으로 옮겨 〈洛邑에〉 거주시킨 것은 나 한 사람이 이와 같이 도읍을 옮겨 너희들을 진동시키는 것을 좋아해서가 아니다."라는 점을 이른 것이다. "이는 하늘의 명령이 이와 같기 때문이니, 너희들은 어기지 말도록 하라. 나는 감히 뒤에 딴 명령을 내리지 않을 것이다."라고 하였으니, 이는 딴 罰이 있더라도 너희들은 나를 원망하지 말라는 점을 이른 것이다.

字義　時 : 이 시

19. 惟爾知惟殷先人에(의) 有冊有典하나니 殷革夏命하니라

너희는 殷나라 先人들에게 서책이 있고 典籍이 있었음을 알 테니, 殷나라도 夏나라의 命을 개혁하였다.

卽其舊聞하여 以開諭之也라 殷之先世에 有冊書典籍하여 載殷改夏命之事하니 正如是耳라 爾何獨疑於今乎아

옛날에 들은 것을 가지고 깨우친 것이다. 殷나라의 先世에 서책과 전적이 있어 殷나라가 夏나라의 命을 고친 일을 기재하였으니, 바로 이와 똑같을 뿐이다. 그런데 너희는 어찌하여 유독 지금 일에만 의심을 갖느냐라는 것이다.

字義　革 : 개혁할 혁　載 : 기재할 재

20. 今爾其曰 夏를(는) 迪簡在王庭¹⁷³하니(하며) 有服이 在百僚라하나(라하나니) 予一人은

---

172 非我一人 樂如是之遷徙震動也 : 經文의 "非我一人 奉德不康寧"에 대한 풀이인데, 孔傳과 영 다르게 풀이하였다. 본 번역에서는 우선 孔傳의 풀이를 따랐다.

173 夏 迪簡在王庭 : 孔傳은 '迪'을 蹈(이행하다), '簡'을 大의 뜻으로 보고 迪, 庭에 句를 끊어서 "夏나라의 여러 인사로서 道를 이행하는 자들을 크게(몽땅) 殷나라 王의 조정에 두니〔夏之衆士蹈道者 大

惟聽用德이니라 肆予敢求爾于天邑商¹⁷⁴은 予惟率肆矜爾¹⁷⁵니 非予罪라 時惟天
命이시니라

　지금 너희들은 ‘〈商나라가 혁명할 때에는〉夏나라의 인사들을 모두 계도하여 선
발해서 商나라 임금의 조정에 두니, 일을 맡은 이가 여러 관직에 있었다.’고 말하
나, 나 한 사람은 오직 德 있는 사람만을 들어 쓸 뿐이다. 그러므로 내 감히 너희들
을 天邑인 商나라에서 찾아서 〈이 洛邑으로 오게 한 것은〉내가 商나라의 故事에
따라 너희들을 애처롭게 여긴 때문이니, 이는 나의 죄가 아니고, 이는 하늘의 명령
이시다.”

　周公이 旣擧商革夏事하여 以諭頑民한대 頑民이 復以商革夏事로 責周하여 謂商革
夏命之初엔 凡夏之士 皆啓迪簡拔하여 在商王之庭하니 有服이 列于百僚之間이언만
今周於商士에 未聞有所簡拔也라하니 周公이 擧其言하여 以大義折之하사 言爾頑
民이 雖有是言이나 然予一人所聽用者는 惟以德而已라 故로 予敢求爾於天邑商
而遷之於洛者는 以冀率德改行焉이라 予惟循商故事하여 矜恤於爾而已니 其不爾
用者는 非我之罪也라 是惟天命如此라하니라 蓋章德者는 天之命이어늘 今頑民은 滅
德而欲求用하니 得乎아

　周公이 이미 商나라가 夏나라의 천명을 고친 일을 들어 완악한 백성들을 깨우치
니, 완악한 백성들이 다시 商나라가 夏나라의 천명을 고친 일을 가지고 周나라를

在殷王庭”라고 풀이하였다.
　蘇軾은 ‘迪’은 道, ‘簡’은 選用의 뜻으로, 林之奇와 呂祖謙은 ‘迪’은 啓迪, ‘簡’은 選擇의 뜻으로
보았는데, 蔡傳은 林之奇와 呂祖謙을 따랐다.
174 肆予敢求爾于天邑商 : 鄭玄은 “‘天邑商’이란 또한 본래 하늘이 세웠다는 것이다.〔天邑商者 亦本天
之所建〕로, 王肅은 “商이 지금 우리 天邑이 된 점을 나타낸 것이다.〔商今爲我之天邑〕로 풀이하였
고, 呂祖謙은 “‘商’을 아직도 ‘天邑’이라 이른 것은 대개 그 땅이 옛날 천자의 도읍지였으므로 응
당 賢德한 이가 많았을 터이고, ‘감히 구한다.’는 것 또한 어진 이를 공경하는 뜻이니, 그 일을 중
히 여겨서 그 말을 경건하게 한 것이다.〔商猶謂之天邑者 蓋言其地舊爲天子之都 理當富於賢德 敢求亦
敬賢之意 重其事而敬其辭〕라고 풀이하였다.
175 予惟率肆矜爾 : 肆를 孔傳은 故事로, 兪樾은 어조사로 보았다. 孔傳은 “내가 殷나라의 故事에
따라 너희들을 애처롭게 여기기 때문이다.〔惟我循殷故事 憐愍汝〕라고 풀이하였고, 蔡傳에서도 孔
傳을 따랐는데, 兪樾《群經平議》은 ‘率’은 用의 뜻으로, ‘肆’는 어조사로 보아 “‘予惟率肆矜爾’는
내가 너희들을 애처롭게 여기기 때문이라는 뜻인데, 枚傳에서 ‘率肆’를 ‘殷나라의 故事에 따라서’
라고 풀이하였으니, 그 〈經의〉뜻을 잃은 것이다.〔予惟率肆矜爾者 予惟率矜爾也 枚傳解率肆 爲循殷
故事 失其義矣〕라고 하였다.

나무라기를 "商나라가 夏나라의 천명을 고친 초기에는 모든 夏나라의 인사들을 계도하고 선발하여 商나라 임금의 조정에 두니, 그들은 일을 맡아 百僚의 사이에 나열되어 있었는데, 지금 周나라는 商나라의 인사들 중에서 선발한 바가 있다는 말을 듣지 못하였다."고 하였다. 그러자 周公이 그 말을 들어서 大義를 가지고 그 말을 꺾고서 말씀하기를 "너희 완악한 백성들은 비록 이런 말을 하지만, 나 한 사람이 들어 쓰는 것은 오직 德 있는 사람일 뿐이다. 그러므로 내 감히 너희들을 天邑인 商나라에서 찾아서 洛邑으로 옮겨온 것은 德을 따라 행실을 고치기를 바라서이다. 내 商나라의 故事에 따라 너희들을 애처롭게 여길 뿐이니, 너희들을 등용하지 않은 것은 나의 죄가 아니고, 이는 하늘의 命이 이와 같은 것이다."라고 하였다. 德이 있는 사람을 표창하는 것은 하늘의 명인데, 지금 완악한 백성들은 德도 없으면서 등용되기를 구하려 하니, 되겠는가.

字義 迪 : 계도할 적 簡 : 선발할 간 服 : 일 복 求 : 찾을 구 肆 : 그러므로 사 率 : 따를 솔
肆 : 옛일 사 矜 : 애처로울 긍 時 : 이 시 拔 : 뽑을 발 折 : 꺾을 절 冀 : 바랄 기

21. 王曰 多士아 昔朕이 來自奄할새 予大降爾四國民命[176]하여 我乃明致天罰하여 移爾遐逖하여 比事臣我宗多遜[177]케하니라

---

176 大降爾四國民命 : 孔傳은 "'大下汝民命'은 네 나라(殷·管·蔡·霍)의 임금을 주벌한 것을 이른다." 라고 하였는데, 洪奭周(《尙書補傳》)는 "'大降爾四國民命'은 네 나라 백성들에게 크게 명령을 내린 것을 말한다. '民命'은 下令이나 降詔와 같은 것이다. 그런데 孔傳은 '民命'을 君으로 보아 '大降民命'을 네 나라의 임금을 誅戮하는 것으로 여겼으니, 본디 文理를 이루지 못하였고, 蔡傳은 '降'을 降等의 뜻으로 보고 '降命'을 차마 誅戮하지 못하는 것으로 여겼으니, 아마 죽을죄를 한 등급 내리는 것으로 생각한 모양인데, 그 뜻에 있어서는 또한 견강부회해서 통하지 않는다.〔大降爾四國民命 言大降命于四國民也 降命猶言下令降詔也 孔傳以民命爲君 大降民命 爲誅四國之君 固不成文理 蔡傳以降爲降等 降命爲不忍誅戮 蓋謂降死罪一等也 其於義 亦牽强而不通矣〕"라고 하였다.

177 比事臣我宗多遜 : 孔傳은 "〈京師에〉 가까이 있으면서 우리 宗周에 신하 노릇을 하여 항상 순종하는 도리를 하는 것이다.〔比近臣我宗周 多爲順道〕"라고 풀이하였고, 孔疏는 거기에 더 보태서 "京師에 가까이 있으면서 우리 周家에 신하 노릇을 하여 너희로 하여금 우리를 따라 잘 교화되어 항상 순종한 도리를 하게 하는 것은 너희들의 性命을 구하기 위한 것이다.〔比近京師 臣我周家 使汝從我善化 多爲順道 所以救汝之性命也〕"라고 하였다.
　또한 蘇軾(《書傳》)은 "너희들은 화협한 마음으로 친근히 하여 우리 宗臣을 섬기되 항상 순종한 태도를 지어 어기지 않도록 하라.〔爾協比以事我宗臣 多遜不違也〕"로, 林之奇(《尙書全解》)는 "王室을 가까이함으로써 우리 周家를 신하의 도리로 섬겨서 항상 순종한 태도를 지어 그 불선한 버릇을 고치게 한 것이다.〔以密邇王室 使之親比 以臣事於我家 以多爲遜順 革其不善之習也〕"로, 陳經(《陳氏尙書詳解》)은 "우리에게 친근히 하고 우리에게 열심히 복역하고 우리 周나라의 순한 풍속과 周나라 백성들이 서로 공손히 대하는 태도를 높이 본받아야 할 것이니, 너희들을 이곳으로 옮긴 것은 너

王이 말씀하였다. "많은 인사들아. 옛날 朕이 奄나라로부터 올 적에 너희들 네 나라(殷·管·蔡·霍)의 백성들에 대한 형벌을 크게 낮추어 목숨을 〈살려주었고,〉 내 단지 天罰을 밝히기 위하여 너희들을 먼 곳으로 옮겨서 〈京師에〉 가까이 있으면서 우리 宗周에 신하 노릇을 하여 항상 순종한 아름다운 태도를 갖게 하였노라."

降은 猶今法降等云者라 言昔我來自商奄之時에 汝四國之民이 罪皆應死로되 我大降爾命하여 不忍誅戮하고 乃止明致天罰하여 移爾遠居于洛하여 以親比臣我宗周有多遜之美하니 其罰이 蓋亦甚輕이요 其恩이 固已甚厚어늘 今乃猶有所怨望乎아 詳此章하면 則商民之遷이 固已久矣니라

降은 지금 법에 '降等'이란 말과 같다. 말하기를 "옛날 내가 商나라의 奄으로부터 올 적에 너희들 네 나라 백성들은 죄가 모두 응당 죽어야 하나 나는 너희들의 죄에 대한 형벌을 크게 낮추어, 차마 誅戮하지 못하고 단지 天罰만을 밝히기 위하여 너희들을 먼 곳으로 옮겨서 〈京師에〉 가까이 있으면서 우리 宗周에 신하 노릇을 하며 항상 순종한 아름다운 태도를 갖게 하였으니, 그 벌이 또한 매우 가볍고 그 은혜가 매우 후하였거늘, 지금 외려 원망하는 바가 있는가."라고 한 것이다. 이 章을 자세히 살펴보면 商나라의 백성들을 옮긴 지가 진실로 이미 오래였던 것이다.

字義 降 : 낮출 강 遐 : 멀 하 逖 : 멀 적 遜 : 공손할 손

22. 王曰 告爾殷多士하노라 今予惟不爾殺[1]이라 予惟時命을 有申하노라 今朕이 作

희들로 하여금 점점 물들어서 또한 항상 순종한 태도를 갖도록 하기 위함이다.〔親比于我 服事于我宗師于我周家多遜之風 周之民濟濟相遜 遷汝于此 使爾漸染 亦爲多遜也〕로, 呂祖謙《增修東萊書說》은 "내가 天罰을 밝혀 너희들을 먼 곳으로 옮겨 황량한 변방으로 귀양을 보내야 옳을 일이나 지금 너희들을 洛邑으로 옮겨 王室을 가까이하게 한 것은 바로 너희들을 가까이 있으면서 복역하게 하여 우리 宗周에 신하 노릇을 하고 成周의 항상 순종한 태도를 갖는 성대한 풍속을 본받아 점점 훈화되어 그 덕을 이루게 하려는 것이다.〔我乃明致天罰 移爾遐逖 流竄荒裔可也 今遷爾洛邑 密邇王室 是以親比爲事 俾臣于我宗 法成周濟濟多遜之盛 漸染薰陶 以成其德〕로 풀이하였다.

그리고 吳澄《書纂言》은 "너희들을 옮긴 목적은 너희들로 하여금 가까이 있으면서 복역하여 우리 周나라의 항상 순종한 태도를 갖는 宗을 신하의 도리로 손순히 섬기어 거기에 물들어서 습성을 이루게 하려고 한 것이다. '宗'은 士大夫의 집에 각각 宗이 있어 서로 통솔하는 것을 이른다.〔遷爾者 欲俾爾親比服事 臣順于我周多遜之宗 薰染以成習也 宗謂士大夫之家 各有宗以相統〕로 풀이하였다. 이는 '未詳'이라 해야 할 문구를 모두 억지로 풀이한 것이다. 더구나 孔傳은 '比事'의 事는 해석하지도 않았는데, 蔡傳은 孔傳을 따르고 있다.

大邑于玆洛은 予惟四方罔攸賓¹⁷⁸이며 亦惟爾多士攸服하여 奔走臣我多遜이니라

> ① 書經 今予惟不爾殺 : 지금 내가 너희들을 죽일 수 없는지라
> 一般 今予惟不忍殺爾 : 지금 내가 차마 너희들을 죽일 수 없는지라

王이 말씀하였다. "너희 殷나라의 많은 인사들에게 고하노라. 지금 내가 차마 너희들을 죽일 수 없는지라 내가 이 명을 거듭 밝히노라. 지금 朕이 큰 도읍을 이 洛땅에 만든 이유는 바로 내가 사방에서 온 제후들이 賓禮를 행할 곳이 없는 것을 고려하고, 또한 너희 많은 인사들이 일에 종사하여 분주하게 움직여서 우리 周나라에 신하 노릇을 하며 항상 순종한 아름다운 태도를 갖게 할 곳이 없는 점을 고려했기 때문이었느니라.

以自奄之命으로 爲初命이면 則此命은 爲申命也라 言我惟不忍爾殺이라 故로 申明此命이라 且我所以營洛者는 以四方諸侯無所賓禮之地며 亦惟爾等이 服事奔走臣我多遜而無所處故也라 詳此章하면 則遷民이 在營洛之先矣라 吳氏曰 來自奄을 稱昔者는 遠日之辭也요 作大邑을 稱今者는 近日之辭也요 移爾遐逖하여 比事臣我宗多遜者는 期之之辭也요 攸服奔走臣我多遜者는 果能之辭也니 以此로 又知遷民在前하고 而作洛在後也니라

奄나라로부터 와서 한 명령을 처음 명령이라고 한다면 이 명령은 거듭 명령함이 되는 것이다. 내가 차마 너희들을 죽일 수 없기 때문에 거듭 이 명령을 밝히는 것이다. 또 내가 洛邑을 경영한 이유는 사방에서 온 제후들이 賓禮를 행할 곳이 없는 것을 고려하고, 또한 너희들이 일에 종사하여 분주하게 움직여서 우리 周나라에 신하

---

178 四方罔攸賓 : 孔傳은 "지금 내가 이 洛邑을 만든 이유는 四方을 대우함에 먼 곳 가까운 곳 할 것 없이 賓禮를 할 外朝가 없음을 고려한 것이다.〔今我作此洛邑 以待四方 無有遠近 無所賓外〕"라고 풀이하였다. '賓外'에 대하여 宋代 胡士行의 《尙書詳解》에 "'賓外'는 일설에 '賓禮를 행할 外朝란 것이다.' 하였다.〔賓外 一云賓禮外朝者〕"라고 하였다.
  蘇軾은 "사방 제후가 이르러서 수용될 바가 없기 때문이다.〔以四方諸侯至而無所容〕"로, 林之奇는 "사방 제후가 朝覲과 貢賦를 하면서 賓禮를 행할 바가 없기 때문이다.〔蓋以四方諸侯朝覲貢賦而無以賓之〕"로, 夏僎은 "사방 제후가 王을 賓見할 곳이 없기 때문이다.〔以四方諸侯無所賓見于王〕"로, 呂祖謙은 "사방 제후가 賓禮를 할 곳이 없기 때문이다.〔蓋爲四方諸侯罔有所賓禮之地〕"로, 吳澄은 "사방 제후가 賓貢할 곳이 없음을 위한 것이다.〔爲四方諸侯無所賓貢之地〕"로 풀이하였는데, 蔡傳은 呂祖謙을 따랐다.

노릇을 하며 항상 순종한 아름다운 태도를 갖게 할 곳이 없는 점을 고려했기 때문이란 것이다. 이 章을 자세히 살펴보면 백성을 옮긴 것이 洛邑을 경영하기 이전에 있었던 것이다.

吳氏가 말하였다. "奄나라로부터 온 것을 '옛날'이라고 칭한 것은 먼 날을 나타낸 말이고, 큰 도읍을 만든 것을 '지금'이라고 칭한 것은 가까운 날을 나타낸 말이며, '너희들을 먼 곳으로 옮겨서 우리 宗周에 가까이 있으면서 신하 노릇을 하며 항상 순종한 아름다운 태도를 갖게 하겠다.'는 것은 기약함을 나타낸 말이고, '일에 종사하여 분주하게 움직여서 우리 周나라에 신하 노릇을 하며 항상 순종한 아름다운 태도를 갖게 할 곳이 없는 점을 고려했다.'는 것은 과연 그렇게 했음을 나타낸 말이니, 이로써 또한 백성들을 옮긴 것이 앞에 있었고 洛邑을 만든 것이 뒤에 있었음을 알 수 있다."

字義　時 : 이 시　申 : 거듭 신　惟 : 생각 유　服 : 일 복　攸 : 바 유　遐 : 멀 하　逖 : 멀 적

23. 爾乃尙有爾土하며 爾乃尙寧幹止[179]니라

너희들은 거의 너희들의 토지를 소유하게 된 것이며, 너희들은 거의 일할 바를 편안히 가지게 되고, 거처할 곳을 편안히 정하게 된 것이다.

幹은 事요 止는 居也라 爾乃庶幾有爾田業하고 庶幾安爾所事하고 安爾所居也라 詳此章所言하면 皆仍舊有土田居止之辭니 信商民之遷이 舊矣라 孔氏不得其說일새 而以得反所生釋之하니 於文義에 似矣로되 而事則非也라

幹은 事의 뜻이요, 止는 居의 뜻이다. 너희들은 거의 너희들의 田業을 소유하게 된 것이며, 거의 너희들은 일할 바를 편안히 가지고 너희들은 거처할 바를 편안히 정하게 된 것이란 말이다. 이 章의 말한 바를 살펴보면 모두 옛날 그대로 土田과 居止를 소유했다는 말이니, 진실로 商나라 백성들이 옮겨온 지 오래인 것이다. 孔氏(孔安國)는 그에 대해 설명할 말을 얻지 못하였기 때문에 "살던 고향으로 돌아가게 해준다."고 풀이하였으니, 글 뜻은 그럴 듯하지만 사실은 아니다.

179　爾乃尙有爾土 爾乃尙寧幹止 : 孔傳은 "너희들은 공손한 마음으로 일을 많이 하여야 거의 너희들의 本土를 도로 소유하게 될 것이며, 거의 너희들이 예전에 일하던 것과 거처하던 곳을 편안히 가지게 될 것이란 말이다. 곧 '살던 고향으로 돌아가게 해준다.'는 조건을 가지고 달랜 것이다.(汝多爲順事 乃庶幾還有汝本土 乃庶幾安故事止居 以反所生 誘之)"라고 풀이하였다.

字義 幹 : 일 간 止 : 거처할 지 釋 : 풀이할 석

24. 爾克敬하면 天惟畀矜爾어시니와 爾不克敬하면 爾不啻不有爾土라 予亦致天之 罰于爾躬하리라

너희들이 능히 공경한다면 하늘이 너희들에게 복을 주어 가엾이 여기시겠지만, 너희들이 능히 공경하지 않는다면 너희들은 너희들의 땅을 소유하지 못할 뿐만 아니라, 내가 또한 하늘의 벌을 너희들의 몸에 내릴 것이다.

敬則言動이 無不循理하니 天之所福에 吉祥所集也요 不敬則言動이 莫不違悖하니 天之所禍에 刑戮所加也라 豈特竄徙하여 不有爾土而已哉아 身亦有所不能保矣리라

공경하면 말과 행동이 이치를 따르지 않음이 없으니, 하늘이 복을 내리는 바에 吉祥이 모일 것이고, 공경하지 않으면 말과 행동이 이치에 어긋나지 않음이 없으니, 하늘이 화를 내리는 바에 刑戮이 가해질 것이다. 어찌 다만 귀양을 가서 너희들의 토지를 소유하지 못할 뿐이겠는가. 몸 또한 능히 보전하지 못할 바가 있을 것이다.

字義 畀 : 줄 비 矜 : 가엾을 긍 啻 : 뿐 시 循 : 따를 순 特 : 다만 특 竄 : 귀양갈 찬
徙 : 옮길 사

25. 今爾惟時宅爾邑하며 繼爾居[180]하여 爾厥有幹有年[181]을(이) 于茲洛이니(하니) 爾 小子의 乃興이 從爾遷[182]이리라(이니라)

---

180 繼爾居 : 孔傳은 "너희들이 옛날에 하던 사업을 계속 이어간다면〔繼汝所當居爲〕"으로, 蔡傳은 "'繼'는 이어서 편안히 거주함을 이른다.〔繼者 承續安居之謂〕"로 풀이하였는데, 兪樾《群經平議》은 "枚傳의 뜻은 몹시 말이 안 되니, 經의 뜻이 아니다."라고 지적하고는《淮南子》에 의거하여 '繼'를 綏의 뜻으로 보아 "'綏爾居'는 너희들 거처를 편안케 한다는 뜻이다.〔綏爾居者 安爾居也〕"로 풀이하였다.

181 年 : 孔傳은 '豐年'으로 보았다.

182 爾小子乃興 從爾遷 : 孔傳은 "너희들이 능히 공경한다면 자손의 일어남이 너희들이 변화하여 개과천선함으로부터 시작될 것이란 말이다.〔汝能敬 則子孫乃起 從汝化而遷善〕"로, 蘇軾《書傳》은 "'너희들이 능히 하늘을 공경하여 거처를 편안하게 여긴다면 너희 자손들의 일어남은 그 유래하는 바가 모두 洛邑으로 옮긴 그 시점으로부터 시작될 것이다.'라고 한 것은 殷나라 사람들이 王庭의 百僚에 끼지 못한 것을 원망하기 때문에 成王이 이것을 가지고 그들의 의사에 답한 것이다.〔汝能敬天安居 汝子孫其有興者 其所由來 皆自於遷洛 殷人怨不在王庭百僚 故成王以此答其意也〕"라고 풀이하였는데, 林之奇《尙書全解》는 "先儒(孔安國)는 '遷'을 遷善으로 여겨 그 說이 왜곡되었으니, 蘇氏의 풀이만 못하다.〔先儒以遷爲遷善 其說爲曲 不如蘇氏〕"라고 하였다.

이제 너희들이 이에 너희들의 邑에 거주하며, 계속 이어서 너희들이 편안히 거주하여, 너희들이 일을 경영할 기반을 두고 壽考를 누릴 터전을 두는 것을 모두 이 洛邑에서 해야 할 것이니, 너희 자손들의 일어남이 너희들이 〈洛邑으로〉 옮긴 그 시점으로부터 시작될 것이다."

邑은 四井爲邑[183]之邑이라 繼者는 承續安居之謂라 有營爲하고 有壽考를 皆于玆洛焉하니 爾之子孫乃興이 自爾遷始也라 夫自亡國之末裔로 爲起家之始祖하니 頑民雖愚나 亦知所擇矣리라

邑은 "四井이 邑이 된다."는 바로 그 邑이다. 繼는 이어서 편안히 거주함을 이른다. 일을 경영할 기반을 두고 壽考를 누릴 터전을 두는 것을 모두 이 洛邑에서 해야 할 것이니, 너희 자손들의 일어남이 너희들이 〈낙읍으로〉 옮긴 그 시점으로부터 시작될 것이란 말이다. 亡國의 후예로부터 집안을 일으키는 始祖가 되는 중요한 기회이니, 완악한 백성이 아무리 어리석다 하더라도 또한 선택할 바를 알 것이다.

字義　時 : 이 시　裔 : 후손 예

26. 王曰 又曰 時予乃或[184]言은 爾攸居[185]니라

王이 말씀하고, 또 말씀하였다. "이에 내가 혹 말하는 것은 너희들의 거처할 바를 염려해서이다."

王曰之下에 當有缺文이니 以多方篇末王曰又曰로 推之하면 可見이라 時我或有所言은 皆以爾之所居止爲念也라하니 申結上文爾居之意니라

'王曰'의 아래에 응당 缺文이 있을 것이니, 〈多方〉의 끝에 있는 王曰과 又曰로 미루어보면 알 수 있을 것이다. "이에 내가 혹 말하는 바가 있는 것은 모두 너희들의

---

183 四井爲邑 : 井田法에서 田地를 '井'자로 구획하면 아홉 구간이 각각 100畝씩 되는데, 가운데 100畝는 公田이고, 나머지 800畝는 8家가 나누어 경작하였다. 1井은 8家이고 4井은 32家이므로 32家가 사는 규모의 邑이란 말이다.

184 或 : 孔疏는 鄭玄의 《論語》注에 "'或'이란 말은 有의 뜻이다.〔或之言有〕"란 것을 인용하여, 여기의 '或'자도 有의 뜻으로 보아야 한다고 하였다.

185 時予乃或言 爾攸居 : 孔傳은 "너희 여러 인사들은 응당 나를 옳게 여겨야 하고 나를 그르게 여기지 말아야 한다. 내가 교훈의 말을 함이 있거든 너희들은 응당 마음에 간직하여 행해야 한다고 말한 것이다.〔言汝衆士 當是我 勿非我也 我乃有敎誨之言 則汝所當居行〕"라고 풀이하였고, 孔疏는 '居'를 "마음에 간직하여 행하는 것〔居於心而行用之〕"으로 풀이하였다.

居止를 염려해서이다."라고 하였으니, 이는 윗글에 있는 "爾居(너희들은 편안히 거주하여)"의 뜻을 거듭 맺은 것이다.

字義 時 : 이 시

無逸

逸者는 人君之大戒니 自古有國家者 未有不以勤而興하고 以逸而廢也라 益이 戒舜曰 罔遊于逸하며 罔淫于樂이라하니 舜은 大聖也로되 益이 猶以是戒之하니 則時君世主 其可忽哉아 成王初政에 周公이 懼其知逸而不知無逸也라 故로 作是書以訓之하니라 言則古昔하고 必稱商王者는 時之近也요 必稱先王者는 王之親也요 擧三宗者는 繼世之君也요 詳文祖者는 耳目之所逮也라 上自天命精微로 下至畎畝艱難과 閭里怨詛히 無不具載하니 豈獨成王之所當知哉리오 實天下萬世人主之龜鑑也라 是篇은 凡七更端에 周公이 皆以嗚呼發之하사 深嗟永歎하니 其意深遠矣라 亦訓體也라 今文古文에 皆有하니라

逸(安逸)은 임금이 크게 경계해야 할 것이니, 예로부터 국가를 소유한 이는 勤勞로써 일어나고 安逸로써 폐망하지 않은 이가 없었다. 益이 舜임금을 경계하기를 "마냥 편안하게 놀지 마시고 즐거운 일에 지나치게 빠지지 마소서."라고 하였으니, 舜임금은 큰 성인인데도 益이 외려 이 안일을 가지고 경계하였으니, 時君과 世主가 이 안일을 소홀히 할 수 있겠는가. 成王이 처음 정사를 시작하자, 周公은 成王이 그 안일함만 알고 안일하지 말아야 함은 알지 못할까 염려했기 때문에 이 글을 지어 훈계한 것이다.

말만 했다 하면 옛일을 말하고, 반드시 商나라 王을 칭한 것은 시대가 가깝기 때문이고, 반드시 先王을 칭한 것은 왕의 어버이이기 때문이며, 三宗(殷나라의 中宗·高宗·祖甲)을 든 것은 대를 이은 임금이기 때문이고, 文祖(文王)를 자세히 말한 것은 耳目이 미친 바이기 때문이다. 위로는 天命의 정미함으로부터 아래로는 농사의 어려움과 閭里의 원망하고 꾸짖음에 이르기까지 모두 기재하지 않은 것이 없으니, 이 어찌 유독 成王만이 알아야 할 바이겠는가. 실로 천하 만세 임금들의 귀감인 것이다.

이 篇은 모두 일곱 번 문단을 바꿨는데, 周公이 모두 嗚呼로 말을 꺼내어 깊이 슬퍼하고 길이 탄식하였으니, 그 뜻이 심원하다. 이 또한 訓體이다. 〈無逸〉은《今文

尙書》와 《古文尙書》에 모두 들어 있다.

字義 逮 : 미칠 체   畎 : 밭두둑 견   閭 : 마을 려   詛 : 꾸짖을 저, 저주할 저   載 : 기재할 재
更 : 고칠 경

1. 周公曰 嗚呼라 君子는 所其無逸①186이니다(이니라)

① 書經 所其無逸 : 그 無逸을 처소로 삼습니다.
一般 以其無逸爲所 : 그 無逸을 처소로 삼습니다.

周公이 말씀하였다. "아, 군자는 無逸(안일함이 없음)을 처소로 삼습니다.

所는 猶處所也187니 君子以無逸爲所하여 動靜食息이 無不在是焉이라 作輟則非
所謂所矣라

所는 처소와 같은 것이니, 군자는 無逸을 처소로 삼아 움직일 때나 고요할 때나
먹을 때나 쉴 때나 모두 여기에 있지 않음이 없는 것이다. 하다가 말다가 하면 이른
바 '처소로 삼는 것'이 아니다.

字義 所 : 처소 소   逸 : 편안할 일   輟 : 그칠 철

---

186 嗚呼 君子所其無逸 : 孔傳은 "군자의 道는 어디에서나 德을 유념하여 안일함이 없음을 嘆美한
것이다.〔嘆美君子之道 所在念德 其無逸豫〕"로, 蘇軾《書傳》은 '所'를 處의 뜻으로 보아 "군자는 직위
에 처하여 정사를 하니 거기에는 스스로 안일함이 없다.〔君子處位爲政 其無自逸豫也〕"로 풀이하였
는데, 林之奇《尙書全解》는 蘇軾의 풀이에 대하여 "'所'자에 억지로 의미를 부여하여 말만 늘어
놓은 것이니, 마땅히 先儒(孔安國)의 說을 따라야 한다.〔於所字强生義理 其辭爲費 當從先儒之說〕"라
고 하였다. 呂祖謙《增修東萊書說》은 "君子가 無逸을 처소로 삼는 것은 이를테면 물고기가 물에
서, 짐승이 숲에서 떠날 수 없는 경우와 같은 것이다.〔惟君子以無逸爲所 如魚之於水 獸之於林 有不可
得而離者焉〕"라고 하였는데, 蔡傳은 呂祖謙을 따랐다.
　明代 王夫之《尙書引義》는 "《書》에서 말한 所其無逸은 안일해서는 안 될 바를 안일하지 말라
고 말한 것인데, 東萊呂氏는 이를 해석하기를 '임금은 無逸을 처소로 삼는다.'고 하니, 蔡氏는 그
말의 교묘함을 기뻐하고 따라서 〈召誥〉의 '作所不可不敬德'이란 글을 뒤섞어놓고 글귀를 쪼개
부회하기를 '왕은 공경을 처소로 삼는다.'고 했다.〔書云所其無逸 言勿逸其所不可逸者也 而東萊呂氏爲
之釋曰 君以無逸爲所 蔡氏喜其說之巧 因屈召誥作所不可不敬德之文 破句以附會之曰 王敬作所〕"라고 하
였다.
187 所猶處所也 : 袁仁《尙書砭蔡編》은 "蔡註에서 '所'를 處의 뜻으로 풀이한 것은 呂東萊(呂祖謙)의
說에 근거한 것인데, 당시 朱晦翁(朱熹)도 그 풀이가 지나치게 교묘한 점을 비난하였다.〔註訓所爲
處 本呂東萊之說 當時朱晦翁亦譏其太巧〕"라고 하였다.

2. 先知稼穡之艱難이오사 乃逸하면 則知小人之依하리이다

먼저 농사짓는 어려움을 알고 나서야 안일에 처한다면 小人(小民)들이 〈농사에〉
의지해 살아가는 고생을 알 수 있을 것입니다.

先知稼穡之艱難乃逸者는 以勤居逸也라 依者는 指稼穡而言이니 小民이 所恃以
爲生者也라 農之依田은 猶魚之依水하고 木之依土하니 魚無水則死하고 木無土則
枯하고 民非稼穡則無以生也라 故로 舜은 自耕稼로 以至爲帝하고 禹稷은 躬稼以有
天下하고 文武之基는 起於后稷하며 四民之事는 莫勞於稼穡이요 生民之功은 莫盛
於稼穡이라 周公發無逸之訓에 而首及乎此는 有以哉인저

"먼저 농사짓는 어려움을 알고 나서
야 안일에 처한다."는 것은 勤勞함으로
써 안일함에 거하는 것이다. 依는 농사
를 가리켜 말하니, 小民(농민)이 농사를
믿고 살아가는 것이다. 농민이 전답을
의지해 살아가는 것은 마치 물고기가 물
을 의지하고 나무가 흙을 의지해서 살아
가는 것과 같으니, 물고기는 물이 없으
면 죽게 되고 나무는 흙이 없으면 마르
게 되며, 소민은 농사가 아니면 살 수 없
다. 그러므로 舜은 밭을 갈고 씨를 뿌리
는 일을 하는 데서부터 황제가 되는 데
에 이르렀고, 禹와 稷은 몸소 농사를 짓
다가 천하를 소유하였고, 文王과 武王
의 기반은 后稷에게서 시작되었으며, 四
民(士·農·工·商)의 일은 농사짓는 것보
다 더 고된 것이 없고, 生民의 공력은 농

稼穡艱難圖

사짓는 것보다 더 성대한 것이 없다. 周公이 〈無逸〉의 교훈을 꺼냄에 있어서 먼저
농사짓는 일을 언급한 것은 그럴만한 까닭이 있을 것이다.

字義 稼 : 심을 가   穡 : 거둘 색   艱 : 어려울 간   依 : 의지할 의   枯 : 마를 고   以 : 까닭 이

3. 相小人한대 厥父母勤勞稼穡이어든 厥子乃不知稼穡之艱難하고 乃逸하며 乃諺하며

既誕^{하나니} 否¹⁸⁸則侮厥父母曰 昔之人^이 無聞知^{라하나니이다}

　소민들을 살펴보면 그 부모가 농사짓는 일에 근로하거든 그 자식은 농사짓는 어려움을 알지 못하고 안일하고 상말을 하며 허탄한 짓을 합니다. 그렇지 않으면 그 부모를 업신여겨 '옛날 사람은 문견도 없고 아는 것도 없다.'고 말합니다."

　　不知稼穡之艱難乃逸者^는 以逸爲逸也^라 俚語曰諺^{이라} 言視小民^{컨대} 其父母勤勞稼穡^{이어든} 其子乃生於豢養^{하여} 不知稼穡之艱難^{하고} 乃縱逸自恣^{하며} 乃習俚巷鄙語^{하며} 旣又誕妄^{하여} 無所不至^라 不然^{이면} 則又訕侮其父母曰 古老之人^은 無聞無知^{하여} 徒自勞苦^{하고} 而不知所以自逸也^라 昔^에 劉裕奮農畝而取江左^{러니} 一再傳後^에 子孫^이 見其服用^{하고} 反笑曰 田舍翁^은 得此亦過矣¹⁸⁹^{라하니} 此正所謂昔之人無聞知也^라 使成王非周公之訓^{이면} 安知其不以公劉后稷爲田舍翁乎^아

　"농사짓는 어려움을 알지 못하고 안일하다."는 것은 안일한 마음으로써 안일함을 삼는 것이다. 상말을 諺이라 한다. 소민들을 살펴보면 부모가 농사짓는 일에 근로하거든 그 자식은 호강 속에서 생장하여 농사의 어려움을 알지 못하고, 곧 거리낌 없이 제멋대로 행동하여 촌구석의 비루한 말을 익히고, 또 誕妄하여 못하는 짓이 없다. 그렇지 않으면 또 그 부모를 꾸짖고 업신여기어 "옛날 노인네들은 문견도 없고 아는 것도 없어서 한갓 스스로 노고만 하고 스스로 안일할 줄을 모른다."라고 말한다.

　옛날 劉裕는 농가에서 분연히 일어나 江左(江東)를 취하였는데, 한두 세대 전해 내려간 뒤에는 자손들이 그의 의복과 사용하던 물건들을 보고는 도리어 비웃으면

---

188 旣誕 否 : 孔傳은 '誕'은 欺, '否'는 不의 뜻으로 보아 "이미 부모를 속인다. 속이지 않으면[已欺誕父母 不欺則]"이라고 풀하였는데, 俞樾《群經平議》은 "'誕'자는 漢代《石經》에 '延'자로 되어 있고, '否'자는 漢代《石經》에 '不'자로 되어 있으니, 모두 그를 따라야 한다. 《爾雅》〈釋詁〉에 「延」은 「長」의 뜻이다.'라고 하였으니, '長'과 '久'는 같은 뜻이다. 이는 '乃逸乃諺'을 이어서 말한 것으로, 처음에는 안일하고 遊戲하며 반항을 하고 상말을 하는 등 불공스러운 짓만 할 뿐이었으나 오랜 뒤에 가서는 또 부모를 경멸하고 업신여긴다는 것이다. '不'자는 바로 어조사인데 枚傳에서는 '속이지 않는 것[不欺]'으로 해석하였으니, 그 본뜻을 터득하지 못한 것이다.[誕字 漢石經作延 否字 漢石經作不 俱當從之 爾雅釋詁 延長也 長與久同義 此承乃逸乃諺而言 其始逸豫遊戲 叛諺不恭而已 及旣長久 則且輕侮其父母也 不刀語詞 枚傳以不欺解之 未得其旨]"라고 하였다.

189 劉裕……得此亦過矣 : 劉裕는 곧 南朝의 宋나라를 일으킨 武帝이고, 江左는 江東을 가리킨다. 劉裕는 농부출신으로 황제가 된 뒤에도 검소한 생활을 하여 궁궐을 키우거나 아름답게 꾸미지 않았다. 그러나 손자인 文帝는 궁궐을 크게 지었는데, 신하들이 武帝의 검소한 고사를 들어 간언을 하면 "농가의 노인네가 그 정도만 얻은 것도 역시 과하다."라고 비웃었다 한다.

서 "농가의 노인네가 이 정도만 누려도 역시 과하다."라고 하였으니, 이는 바로 이른바 "옛사람은 문견도 없고 아는 것도 없다."라는 것이다. 가사 成王이 周公의 가르침이 아니었더라면 公劉와 后稷을 '농가의 노인네'라고 말하지 않을 줄을 어찌 장담하겠는가.

字義 諺 : 상말 언   誕 : 허탄할 탄   侮 : 업신여길 모   俚 : 상말 이   豢 : 돼지 환   縱 : 방종할 종
巷 : 시골 항   訕 : 꾸짖을 산   徒 : 한갓 도   奮 : 분기할 분   畝 : 밭이랑 무(묘)

4. 周公曰 嗚呼라 我聞하니 曰昔在殷王中宗하여는(하사) 嚴恭寅畏하사 天命自度[190]하시며 治民祗懼하사 不敢荒寧하시니 肆中宗之享國이 七十有五年이시니이다

周公이 말씀하였다. "아! 내가 듣자오니, 옛날 殷나라 王 中宗에 있어서는 엄숙하고 공손하고 공경하고 두려워하여 天命으로써 스스로 자신을 단속하고 다스렸으며, 백성을 다스릴 때에도 공경하고 두려워하여 감히 게으르고 안일하지 않으셨으니, 그러므로 중종의 享國(在位한 年數)이 75년이나 되었습니다.

中宗은 太戊也라 嚴則莊重하고 恭則謙抑하고 寅則欽肅하고 畏則戒懼라 天命은 卽天理也라 中宗이 嚴恭寅畏하사 以天理而自檢律其身하시며 至於治民之際에도 亦祗敬恐懼而不敢怠荒安寧하시니 中宗無逸之實이 如此라 故로 能有享國永年之效也라 按書序에 太戊有原命, 咸乂等篇하니 意述其當時敬天治民之事나 今無所攷矣니라

中宗은 太戊이다. 엄숙하면 莊重하고 공손하면 謙抑하고 공경하면 欽肅하고 두려워하면 戒懼한다. 天命은 곧 天理이다. 中宗은 엄숙하고 공손하고 공경하고 두려워하여 천리를 가지고 스스로 그 몸을 단속하고 다스렸으며, 백성을 다스리는 일에 있어서도 또한 공경하고 두려워하여 감히 게으르고 안일하지 않았으니, 中宗의 無逸의 실체가 이와 같았다. 그러므로 오랜 기간 향국하는 효험이 있었던 것이다. 살펴보건대, 書序에 "太戊에게 〈原命〉·〈咸乂〉 등의 편이 있었다."라고 하였으니, 아마 그 당시에 하늘을 공경하고 백성을 다스린 일을 기술한 것 같은데, 지금은 상고할 수가 없다.

字義 寅 : 공경 인   度 법도 도   祗 : 공경 지   肆 : 그러므로 사   檢 : 단속할 검   律 : 다스릴 률

---

190 嚴恭寅畏 天命自度 : 孔傳은 "嚴恪하고 恭敬하사 天命을 두려워하고 法度를 썼다."로 풀이하였다.

5. 其在高宗하여는(하산) 時¹⁹¹舊勞于外하사 爰暨小人이러시니 作其卽位하사 乃或亮陰(암)¹⁹²三年을 不言하시니 其惟不言하시나 言乃雍하시며 不敢荒寧하사 嘉靖殷邦하사 至于小大히 無時或怨하니 肆高宗之享國이 五十有九年이시니이다

高宗에 있어서는 〈아직 즉위하지 못했을〉 때에 오랜 기간 밖에서 근로하여 소민들과 함께 지냈습니다. 그러다가 일어나서 즉위하자마자 곧 〈아버지 상을 당하시어〉 亮陰(王의 居喪室)에서 〈상주 노릇 하는〉 3년 동안은 말씀을 하지 않으셨는데, 말씀 없이 조용히 지내셨으나 말씀을 했다 하면 말씀이 화순하여 〈이치에 맞았으며,〉 감히 게으르고 안일하지 아니하시어 殷나라를 아름답고 편안하게 다스려서 높고 낮은 사람을 막론하고 이 분을 아무도 원망하는 이가 없었습니다. 그러므로 高宗의 享國이 59년이나 되었습니다.

高宗은 武丁也니 未卽位之時에 其父小乙이 使久居民間하여 與小民出入同事라 故로 於小民稼穡艱難에 備嘗知之也라 雍은 和也니 發言和順하여 當於理也라 嘉는 美요 靖은 安也니 嘉靖者는 禮樂敎化 蔚然於安居樂業之中也라 漢文帝與民休息하니 謂之靖則可커니와 謂之嘉則不可니라 小大無時或怨者는 萬民咸和也라 乃雍者는 和之發於身이요 嘉靖者는 和之發於政이요 無怨者는 和之著於民也라 餘見(현)說命하니라 高宗無逸之實이 如此라 故로 亦有享國永年之效也라

高宗은 武丁이니, 아직 즉위하지 못했을 때에 아버지 小乙이 오랜 기간 그를 민간에 거주시켜 소민들과 함께 드나들며 일을 같이 하게 하였다. 그러므로 소민들의 농사짓는 어려움을 두루 알게 되었다. 雍은 和의 뜻이니, 말을 꺼내면 화순하여 이치에 맞았다. 嘉는 美의 뜻이요, 靖은 安의 뜻이니, 嘉靖은 禮樂과 敎化가 편안히 살며 생업을 즐기는 가운데 성대하게 펼쳐진 것이다. 漢 文帝는 백성들과 함께 휴식을 취했으니, 靖이라 말하는 것은 가하거니와 嘉라 말하는 것은 불가하다. '높고 낮은 사람을 막론하고 이 분을 아무도 원망하는 이가 없다.'는 것은 만백성이 모두 화합한 것이다. 乃雍이란 화한 기운이 몸에 발현한 것이고, 嘉靖이란 화한 기운이 정사에 발현한 것이고, 無怨이란 화한 기운이 백성들에게 드러난 것이다. 나머지는 〈說命〉에 보인다. 高宗은 無逸의 실상이 이와 같았기 때문에 또한 오랜 기간 향국

---

191 時 : 孔疏는 아버지가 살아계실 때〔父在之時〕로 보았다.

192 亮陰(암) : 孔傳은 〈居喪 중에 冢宰를〉 믿어 정무를 일임하고서 침묵을 지키는 것으로 보았다.

하는 효험이 있었던 것이다.

字義 舊：오랠 구　爰：이에 원　曁：더불 기　作：일어날 작　雍：화할 옹　靖：편안할 정
肆：그러므로 사　蔚：성할 울　著：나타날 저　效：효험 효

6. 其在祖甲하여는(하샨) 不義惟王이라하사 舊爲小人[193]이러시니 作其卽位하사 爰知小
人之依[194]하사 能保惠于庶民하시며 不敢侮鰥寡하시니 肆祖甲之享國이 三十有三
年이시니이다

　祖甲에 있어서는 자기가 왕이 되는 것이 옳지 않다 하여 오랜 기간 小人(小民)으
로 있었는데, 일어나 즉위하시자 이에 소민들의 의지함을 알아 서민들을 保養하고
은혜를 베풀었으며, 감히 鰥寡들을 업신여기지 않았습니다. 그러므로 祖甲의 享國
이 33년이나 되었습니다.

　史記에 高宗崩에 子祖庚立하고 祖庚崩에 弟祖甲立이라하니 則祖甲은 高宗之子요
祖庚之弟也라 鄭玄曰 高宗이 欲廢祖庚하고 立祖甲한대 祖甲이 以爲不義라하여 逃
於民間이라 故로 云不義惟王이라하니라 按漢孔氏는 以祖甲爲太甲하니 蓋以國語稱
帝甲亂之하여 七世而殞[195]이라하니 孔氏見此等記載하고 意爲帝甲은 必非周公
所稱者요 又以不義惟王이 與太甲玆乃不義文似라하여 遂以此稱祖甲者로 爲
太甲이라 然이나 詳此章舊爲小人作其卽位와 與上章爰曁小人作其卽位하면 文
勢正類하니 所謂小人者는 皆指微賤而言이요 非謂憸小之人也며 作其卽位도 亦
不見太甲復政思庸[196]之意라 又按邵子經世書에 高宗五十九年이요 祖庚七年이요
祖甲三十三年이라하여 世次歷年이 皆與書合이로되 亦不以太甲爲祖甲이라 況殷世
二十有九에 以甲名者五帝로되 以太, 以小, 以沃, 以陽, 以祖別之하니 不應二人

---

193 其在祖甲……舊爲小人：孔傳은 祖甲을 湯의 손자인 太甲으로 보고 "〈太甲이〉 王이 되어 의롭
지 못해서 오랜 기간 小人의 행동을 하자, 伊尹이 그를 桐宮으로 내쳤다.〔爲王不義 久爲小人之行
伊尹 放之桐〕"라고 풀이하였다.

194 依：孔傳은 "仁政을 의지한다.〔依仁政〕"로 풀이하였다.

195 帝甲亂之 七代而殞：韋昭의 注에 "帝甲은 湯임금의 25세손인데, 湯임금의 法을 어지럽혀서 紂
7세에 이르러 망했다.〔帝甲 湯後二十五世也 亂湯之法 至紂七世而亡〕"라고 풀이하였다.

196 復政思庸：'復政'은 〈咸有一德〉에 "伊尹旣復政厥辟"이라고 보이고, '思庸'은 書序에 "太甲旣立
不明 伊尹放諸桐三年 復歸于亳 思庸"이라고 보이는데, '復政'은 정사를 돌려주거나 돌려받는 것
이고, '思庸'은 孔安國은 "常道를 생각한다.〔念常道〕"로, 蘇軾은 "伊尹의 말을 쓸 것을 생각한
다.〔思用伊尹之言〕"로 풀이하였다.

俱稱祖甲이라 國語는 傳訛承謬요 旁記曲說이라 不足盡信이니 要以周公之言爲正이라 又下文에 周公言 自殷王中宗으로 及高宗, 及祖甲, 及我周文王이라하니 及云者는 因其先後次第而枚擧之辭也니 則祖甲之爲祖甲而非太甲이 明矣라

《史記》〈殷本紀〉에 "高宗이 승하하자 아들 祖庚이 즉위하고, 祖庚이 승하하자 아우 祖甲이 즉위했다."라고 하였으니, 祖甲은 高宗의 아들이자 祖庚의 아우인 것이다. 鄭玄은 말하기를 "高宗이 祖庚을 폐위하고 祖甲을 세우려고 하니, 祖甲은 의롭지 않다 하여 민간으로 도망하였다. 그러므로 '王이 되는 것이 의롭지 않다.'고 한 것이다."라고 하였다.

살펴보건대 漢나라 孔氏(孔安國)는 祖甲을 太甲으로 여겼다. 이는 《國語》〈周語〉에 "帝甲(湯임금의 25世孫)이 湯임금의 법을 어지럽혀서 그 후 7世만인 紂에 이르러 〈殷나라가〉 망했다."라고 하였는데, 孔氏는 이와 같은 기록을 보고서 아마 "帝甲은 반드시 周公이 칭한 이가 아닐 것이고, 또 '不義惟王'이 〈太甲〉의 '玆乃不義'라는 글과 유사하다."라고 생각하여, 드디어 여기에 칭한 祖甲을 太甲이라고 하였을 것이다. 그러나 이 章의 '舊爲小人 作其卽位'란 말과 윗章의 '爰曁小人 作其卽位'란 말을 살펴보면 文勢가 정히 유사하니, 이른바 '小人'이란 모두 신분이 미천한 사람을 가리켜 말한 것이고 마음이 간사한 사람을 말한 것이 아니며, '作其卽位' 또한 太甲이 정사를 돌려받아 常道를 생각한 뜻을 볼 수 없다.

또 살펴보건대, 邵子(邵雍)의 《皇極經世書》에 "高宗은 59년, 祖庚은 7년, 祖甲은 33년이다."라고 하여, 世次와 歷年이 모두 《書經》과 부합하는데, 또한 太甲을 祖甲으로 삼지 않았다. 더구나 殷나라 王 29世 중에 甲으로 이름한 이가 다섯 임금인데, 太·小·沃·陽·祖로 구별하였으니, 응당 두 사람을 함께 祖甲으로 칭하지 않았을 것이다. 《國語》는 잘못된 말을 전승하고 그릇된 말을 널리 기록한 것이라서 다 믿을 수 없으니, 요컨대 周公의 말씀을 정당한 것으로 삼아야 할 것이다. 또 아랫글에 周公이 말씀하기를 "殷나라 왕으로는 中宗으로부터 高宗과 祖甲과 우리 周나라 文王에 이르기까지"라고 하였으니, '及'이라 이른 것은 그 선후의 차례에 따라 낱낱이 열거하는 말이니, 祖甲은 어디까지나 祖甲이고 太甲이 아님이 분명하다.

字義 惟 : 할 유   憸 : 간사할 혐, 아첨할 섬   訛 : 잘못될 와   謬 : 그릇될 류   枚 : 낱 매

7. 自時厥後로 立王이 生則逸하니 生則逸이라 不知稼穡之艱難하며 不聞小人之勞하고 惟耽樂之從하니 自時厥後로 亦罔或克壽하여 或十年하며 或七八年하며 或

五六年하며 或四三年하니이다

　이 뒤로 왕위에 오른 임금들은 태어나면 안일하였으니, 태어나면 안일하였는지라 농사짓는 어려움을 알지 못하며, 소민들의 노고를 듣지 못하고 오직 지나친 享樂만을 추구하였으니, 이 뒤로는 아무도 장수한 이가 없어 在位 기간이 혹은 10년, 혹은 7~8년, 혹은 5~6년, 혹은 3~4년이었습니다.”

　　過樂을 謂之耽이라 泛言自三宗之後로 卽君位者는 生則逸豫이라 不知稼穡之艱 難하며 不聞小人之勞하고 惟耽樂之從하여 伐性喪生이라 故로 自三宗之後로 亦無 能壽考하여 遠者는 不過十年七八年이요 近者는 五六年三四年爾니 耽樂愈甚이면 則享年愈促也라 凡人이 莫不欲壽而惡(오)夭라 此篇은 專以享年永不永爲言하니 所以開其所欲而禁其所當戒也니라

　　지나치게 享樂을 추구하는 것을 耽이라 한다. 범연히 말하기를 “三宗(中宗·高宗·祖甲) 이후로 왕위에 오른 임금들은 태어나면 안일하였는지라 농사짓는 어려움을 알지 못하며, 소민들의 노고를 듣지 못하고 오직 지나친 享樂만을 추구하여 생명을 해쳤다. 그러므로 이 三宗 이후로는 또한 장수한 이가 없어 재위 기간이 긴 경우는 10년이나 7~8년, 짧은 경우는 5~6년이나 3~4년에 불과했을 뿐이니, 享樂을 추구함이 심하면 심할수록 享年이 더욱 촉박한 것이다. 무릇 사람들은 누구나 장수를 바라고 요절을 싫어하지 않는 이가 없다. 이 篇은 오로지 享年의 길고 짧음만을 가지고 말하였으니, 이는 그 바라는 바를 열어주고 마땅히 경계하여야 할 바를 금하기 위해서이다.

　　字義　時 : 이 시　艱 : 어려울 간　耽 : 즐길 탐　樂 : 즐길 락　泛 : 범연할 범　豫 : 즐거울 예
　　　　　促 : 단축될 촉　惡 : 싫어할 오, 미워할 오　夭 : 요절할 요

8. 周公曰 嗚呼라 厥亦惟我周에 太王王季도 克自抑畏[197]하시니이다

　周公이 말씀하였다. “아. 또한 우리 周나라에 太王과 王季께서도 능히 스스로 謙

---

197 抑畏 : 孔傳은 “능히 스스로 謙抑하고 길이 天命을 공경하였다.〔能以義自抑長敬天命〕”라고만 풀이하였는데, 宋代 陳大猷(《書傳大全》小註)는 “‘抑’은 忿欲을 억제하고 奢侈를 제거하는 것이 모두 그것이다. ‘畏’는 바로 敬畏다. 사람이 두려움 없이 멋대로 행동하는 것은 스스로 억제하지 않기 때문이다. 그 私欲을 억제하고 오직 의리만을 따른다면 반드시 天命을 두려워하고 祖宗을 두려워하고 小民을 두려워할 것이다.〔抑者 制忿欲去奢侈 皆是也 畏敬畏也 人所以肆行無畏 不能自抑故也 抑其私欲 惟義是從 則必畏天命 畏祖宗 畏小民矣〕”라고 알기 쉽게 풀이하였다.

抑하고 謹畏하셨습니다.

商은 猶異世也라 故로 又卽我周先王告之하니라 言太王王季 能自謙抑謹畏者는 蓋將論文王之無逸이라 故로 先述其源流之深長也라 大抵抑畏者는 無逸之本이요 縱肆怠荒은 皆矜誇無忌憚者之爲라 故로 下文言文王에 曰柔, 曰恭, 曰不敢은 皆原太王王季抑畏之心하여 發之耳니라

商나라는 외려 딴 세대이기 때문에 또 우리 周나라의 先王을 가지고 고한 것이다. "太王과 王季가 능히 스스로 謙抑하고 謹畏했다."라고 말한 것은 장차 文王의 無逸을 논하려고 하기 때문에 먼저 그 源流의 深長한 줄기를 서술한 것이다. 대개 謙抑과 謹畏는 無逸의 근본〈역할을 하는〉 것이고, 縱肆와 怠荒은 모두 기탄없이 뽐내고 과시하는 자의 행위이다. 그러므로 아랫글에서 文王을 말할 때에 '柔'라 말하고, '恭'이라 말하고, '不敢'이라 말한 것은 모두 太王과 王季의 謙抑하고 謹畏한 마음에 바탕을 두어서 말했을 뿐이다.

字義 抑 : 겸억할 억   矜 : 뽐낼 긍   誇 : 과시할 과   忌 : 꺼릴 기   憚 : 꺼릴 탄

9. 文王이 卑服[198]으로 卽康功田功[199]하시니이다

文王께서는 허름한 옷을 입고서 오직 백성을 편하게 하는 일과 농사짓는 일에만 전념하였습니다.

卑服은 猶禹所謂惡衣服也라 康功은 安民之功이요 田功은 養民之功이라 言文王이 於衣服之奉에 所性不存하고 而專意於安養斯民也라 卑服은 蓋擧一端而言이니 宮室飮食自奉之薄을 皆可類推니라

卑服은 禹임금이 말씀한 '하찮은 의복'과 같은 것이다. 康功은 백성을 편하게 하

---

198 文王卑服 : 孔傳은 "文王은 근검절약하여 허름한 옷을 입고서〔文王節儉 卑其衣服〕"라고 풀이하였는데, 俞樾《群經平議》은 "衣服은 宮室이 아니므로 '卑'라고 말할 수 없으니, 枚傳의 뜻은 잘못된 것이다.〔衣服非宮室 不可言卑 枚義非也〕"라고 비판하고는 《詩經》·《論衡》·《周禮》 등에 의거하여 '卑'는 比의 뜻으로, '服'은 事의 뜻으로 보아 "文王이 그 일을 질서 있게 행함을 말한 것이다.〔言文王比敍其事也〕"라고 하였다.

199 田功 : 孔傳은 "농사짓는 일에 전념한 것은 稼穡의 어려운 점을 알았기 때문이다.〔以就田功 以知稼穡之艱難〕"라고 풀이하였는데, 元代 陳師凱《書蔡氏傳旁通》는 '매우 좋은 해석'이라고 크게 칭찬하면서 "농사짓는 어려움을 아는 것이 바로 '無逸'의 근본이요 이 한 篇의 강령이다.〔知稼穡艱難 乃無逸之根本 一篇之綱領也〕"라고 하였다.

는 일이고, 田功은 백성을 기르는(먹이는) 일(농사)이다. 文王이 의복을 챙기는 일에는 신경을 쓰지 않고, 오직 백성을 편하게 하고 백성을 기르는 일에만 전념하였다는 말이다. '허름한 옷'은 한 가지만 들어 말한 것이니, 궁실과 음식 등 자신을 챙기는 일을 박하게 하였다는 것을 모두 유추할 수 있다.

字義 卑 : 허름할 비   功 : 일 공

10. 徽柔懿恭하사 懷保小民하시며 惠鮮鰥寡²⁰⁰하사 自朝로 至于日中昃히 不遑暇食하사 用咸和萬民²⁰¹하시니이다

아름답고 부드러운 성격에 아름답고 공손한 태도를 가져 소민은 품어 보호해주시며 鰥寡는 은혜를 입혀 생기가 나게 하

文王卑服圖

---

200 惠鮮鰥寡 : 孔傳에서 鮮을 乏의 뜻으로 보아 "또 궁핍한 鰥寡는 은혜를 입혔다.〔又加惠鮮乏鰥寡之人〕"라고 풀이한 데 대하여 兪樾《群經平議》은 "'惠鮮鰥寡'는 윗句의 '懷保小民'과 語法이 본래 서로 對인데, 만일 '鮮鰥寡' 3字를 連文으로 한다면 윗句와 一律이 되지 않는다. 蔡傳이 '소민은 품어 보호해주고 鰥寡는 은혜를 입혀 생기가 나게 하였다.'고 한 것은 經의 뜻에 딱 맞는다. 그러나 그 '惠鮮'이라 말한 것은 홀아비와 과부의 신세가 된 사람들이 머리를 떨어뜨려 기운을 잃고 있을 때에 구호품 등을 지급해서 살 마음을 가지게 한 것이다.'라고 한 풀이는 대충 글만 보고 풀이해낸 것이니, 매우 말이 되지 않는다. '鮮'과 '賜'는 발음이 서로 가깝다. '惠鮮鰥寡'는 '鰥寡에게 은혜를 베풀어주었다.'란 말과 같으니, '懷保小民'과 똑같이 一律이 된다. 枚傳에서 '궁핍한 鰥寡는 은혜를 입혔다.'고 한 풀이는 도저히 따를 수가 없다.〔惠鮮鰥寡 與上句懷保小民語本相對 若以鮮鰥寡三字連文 則與上句不一律矣 蔡傳曰 於小民則懷保之 於鰥寡則惠鮮之 甚得經旨 然其解惠鮮云 鰥寡之人 垂首喪氣 賚予賙給之 使之有生意 則望文生訓 大不詞矣 鮮與賜聲相近 惠鮮鰥寡 猶云惠賜鰥寡 正如懷保小民 一律 枚傳鮮乏之訓 不可從也〕"라고 하였다.

201 用咸和萬民 : 孔傳에서 "만백성을 모두 화평하게 하였다.〔用皆和萬民〕"라고 풀이하였고, 蔡傳에서도 그를 따랐는데, 兪樾《群經平議》은 "'咸' 또한 和의 뜻이다. '咸'은 곧 '諴'字의 생략인데,《說文解字》言部에 '諴은 和의 뜻이다.'라고 하였으니, '用咸和萬民'은 바로 '用諴和萬民'이다. 傳에서 '만백성을 모두 화합하게 하였다는 것이다.'라고 풀이한 것은 말이 되지 않는다.〔咸亦和也 咸卽諴字之省 說文言部 諴和也 用咸和萬民者 用諴和萬民也 傳以爲皆和萬民 則不辭矣〕"라고 하였다.

시어, 아침부터 해가 중천에 솟을 때까지 또는 중천에서 서쪽으로 기울 때까지 밥 먹을 겨를도 없이 만백성을 모두 화평하게 하셨습니다.

徽懿는 皆美也라 昃은 日昳也라 柔謂之徽면 則非柔懦之柔요 恭謂之懿면 則非足(주)恭之恭이라 文王이 有柔恭之德而極其徽懿之盛하여 和易(이)近民하여 於小民則懷保之하고 於鰥寡則惠鮮之하니라 惠鮮云者는 鰥寡之人이 垂首喪氣에 賚予賙給之하여 使之有生意也라 自朝至于日之中하고 自中至于日之昃히 一食之頃을 有不遑暇은 欲咸和萬民하여 使無一不得其所也라 文王이 心在乎民하여 自不知其勤勞如此하니 豈秦始皇衡石程書와 隋文帝衛士傳餐[202]하여 代有司之任者之爲哉아 立政에 言罔攸兼于庶言庶獄庶愼이라하니 則文王은 又若無所事事者라 不讀無逸이면 則無以知文王之勤이요 不讀立政이면 則無以知文王之逸이니 合二書觀之면 則文王之所從事를 可知矣라

徽와 懿는 모두 美의 뜻이다. 昃은 해가 기우는 것이다. 柔를 '아름답다'고 일렀으면 柔懦의 柔가 아니고, 恭을 '아름답다'고 일렀으면 足恭(지나친 공손)의 恭이 아니다. 文王은 부드럽고 공손한 德을 지녔는데 극도로 아름답게 발휘하여 화순하고 평이하게 백성들에게 접근해서 소민은 품어 보호해주고 鰥寡는 은혜를 입혀 생기가 나게 하였다. 惠鮮이라 말한 것은 홀아비와 과부 신세가 된 사람들이 머리를 숙이고서 기운을 잃고 있을 때에 구호품 등을 지급해서 살 마음을 가지게 하는 것이다. 아침부터 해가 중천에 솟을 때까지, 중천에서 해가 기울 때까지 밥 한 번 먹을 시간도 한가할 겨를이 없는 것은 만백성을 모두 화합하여 한 사람이라도 제 살 곳을 얻지 못하는 이가 없게 하려고 한 것이다. 文王은 오직 백성들을 보살피는 데 마음을 두어 스스로 그 勤勞한 줄도 모르는 것이 이와 같았으니, 그것은 어찌 秦 始皇이 저울로 결재할 문서를 달고, 隋 文帝가 衛士들로 하여금 밥을 날라 오게 하면서까지 有司들의 임무를 대신한 그러한 자들의 행위였겠는가.

〈立政〉에 "庶言(호령)과 庶獄(獄訟)과 庶愼(나라의 禁戒와 대비)을 겸한 바가 없다."라고 하였으니, 文王은 또 모든 일을 하지 않은 것 같다. 〈無逸〉을 읽지 않으면 文王의 勤勞를 알 수 없고, 〈立政〉을 읽지 않으면 文王의 안일을 알 수 없으니, 이 두 편의 글을 합해서 보면 文王이 종사한 것을 알 수 있을 것이다.

---

202 秦始皇衡石程書 隋文帝衛士傳餐 : 秦 始皇은 결재할 문서를 매일 일정한 분량을 저울로 달아서 처리하였고, 隋 文帝는 신하들과 정사를 논할 때에 衛士(호위병)를 시켜서 밥을 날라다 먹었다고 한다.

字義 徽 : 아름다울 휘   柔 : 부드러울 유   懿 : 아름다울 의   懷 : 품을 회   保 : 보호할 보
惠 : 은혜 혜   鮮 : 생기날 선   昃 : 기울 측   遑 : 겨를 황   暇 : 겨를 가   賚 : 줄 뢰
予 : 줄 여   賙 : 구원할 주   給 : 줄 급   衡 : 저울대 형   餐 : 저녁밥 찬

11. 文王은(이) 不敢盤于遊田하사 以庶邦惟正之供[203]하시고(하시니) 文王受命이 惟中身이러시니 厥享國이 五十年이시니이다

　　文王께서는 감히 유람과 사냥을 즐기지 아니하여 〈재정을 절약하므로〉 여러 나라에서 正額으로 바치는 賦稅만을 받으셨으며, 文王이 天命을 받은 시기가 중년이었는데, 享國이 50년이나 되었습니다."

　　遊田은 國有常制하니 文王이 不敢盤遊無度하여 上不濫費라 故로 下無過取하여 而能以庶邦惟正之供하니 於常貢正數之外에 無橫斂也라 言庶邦이면 則民可知라 文王爲西伯하니 所統庶邦이 皆有常供이라 春秋에 貢於霸主者를 班班可見[204]이요 至唐에 猶有送使[205]之制하니 則諸侯之供方伯이 舊矣라 受命은 言爲諸侯也라 中身者는 漢孔氏曰 文王은 九十七而終하고 卽位時年이 四十七이니 言中身은 擧全數也라 하니라 上文의 崇素儉, 恤孤獨, 勤政事, 戒遊佚이 皆文王無逸之實이라 故로 其享國이 有歷年之永이라

　　유람과 사냥은 나라에 일정한 제도가 있으니, 文王은 감히 편히 노는 일을 법도

---

203 以庶邦惟正之供 : 孔傳은 邦, 供에 句를 끊어서 "文王이 감히 遊逸과 田獵을 즐기지 않으신 것은, 여러 나라가 법칙을 취할 것을 마땅히 바른 도리로써 供待해야 하였기 때문이다.〔文王不敢樂於遊逸田獵 以衆國所取法則 當以正道供待之故〕"라고 풀이하였는데, 王夫之《尙書稗疏》는 孔傳을 취한 반면 蔡傳에서 '供'을 '供賦'의 供으로 본 것을 부정하면서 "蔡傳이 '위에서 함부로 낭비하지 않았기 때문에 아래에서 지나치게 취하는 일이 없었다.'라고 하였는데, 한 차례 유람하고 한 차례 즐거워하는 것이 도대체 무슨 큰 비용이 난다고 과다하게 취하였겠는가. 몰라도 너무 모르고 한 말이다. 또 〈多方〉에서 말한 '惟進之恭'은 그 문체가 여기의 문체와 서로 같으니, '惟進之恭(恭德을 진행하여)'은 대개 '惟恭之進'이라 한 것이고, '惟正之供' 또한 待(供待)하기를 바른 도리로써 할 뿐임을 이른 것이다. 당시에 스스로 이런 문체가 있어서 한 글자를 逆으로 놓아 문장을 이룬 것이다.〔蔡云上不濫費 故下無過取 不知一遊一逸 何所費而須過取耶 且多方云 惟進之恭 文與此相類 惟進之恭 蓋云惟恭之進 惟正之供 亦謂惟待之以正而已 當時自有此文體 逆一字以成章〕'라고 하였다.

204 貢於霸主者 班班可見 : 《春秋左氏傳》 襄公 25년 조에 "趙文子(趙武)가 執政이 되어, 諸侯가 進貢하는 禮幣를 輕減하고 禮儀를 重視하도록 명령했다."라는 내용이 보인다.

205 送使 : 唐나라 때 諸道에 속한 고을에서 節度使에게 보내던 부세 제도이다. 《唐書》〈食貨志〉에 의하면 憲宗 때에 전국의 부세를 셋으로 나누어 하나는 임금에게 바치는 '上供', 하나는 節度使에게 보내는 '送使', 하나는 해당 고을에 머물러두는 '留州' 등이 있었다.

없이 하지 않아, 위에서 함부로 낭비하지 않았기 때문에 아래에서 지나치게 취하는
일이 없어, 여러 나라에서 정액으로 바치는 공물만을 받았으니, 일정한 공물의 正
數 외에 함부로 거두는 일이 없었던 것이다. 여러 나라라고 말했으면 〈周나라〉 백
성들에게서 〈박하게 거두었을 것임은〉 알 수 있는 일이다. 文王은 西伯이 되었으
니, 통솔한 여러 나라가 모두 일정한 공물을 바쳤을 것이다. 《春秋》에서 霸主에게
공물을 바쳤던 것을 뚜렷하게 볼 수 있으며, 唐나라에 와서도 외려 '送使'의 제도가
있었으니, 제후들이 方伯에게 공물을 바친 것은 오래된 관례였다.

'천명을 받았다.'는 것은 제후가 됨을 말한 것이다. '中身'에 대하여 漢나라 孔氏는
말하기를 "文王은 97세에 별세하였고, 즉위할 때의 나이가 47세였으니, '中身'이라
말함은 재위 기간 전체를 든 것이다."라고 하였다. 윗글에 보인 검소함을 숭상하고,
고아와 외로운 자들을 구휼하고, 정무를 부지런히 보고, 遊佚을 경계한 것은 모두
文王의 無逸의 실증이다. 그러므로 그 享國의 歷年이 길 수 있었던 것이다.

字義 盤 : 즐길 반   田 : 사냥할 전   正 : 정액 정   供 : 바칠 공   度 : 법도 도   濫 : 넘칠 람
     費 : 낭비할 비   班 : 뚜렷할 반   崇 : 숭상할 숭   佚 : 편안할 일

12. 周公曰 嗚呼라 繼自今으로 嗣王은 則(칙)其無淫于觀于逸于遊于田하사 以萬民惟正之供[206]하소서

周公이 말씀하였다. "아. 오늘부터 계속해서 嗣王께서는 文王께서 관찰과 안일
과 유람과 사냥을 지나치게 하지 않으신 것을 본받으시어 만백성이 正賦로 바친 것
만을 받으소서.

則은 法也라 其는 指文王而言이라 淫은 過也라 言自今日以往으로 嗣王은 其法文王의
無過于觀逸遊田하여 以萬民惟正賦之供이라 上文에 言遊田而不言觀逸은 以大而
包小也요 言庶邦而不言萬民은 以遠而見(현)近也라

則은 法(본받음)의 뜻이다. 其는 文王을 가리켜 말한 것이다. 淫은 過(지나치다)의
뜻이다. 오늘부터 이후로 嗣王은 文王이 관찰과 안일과 유람과 사냥을 지나치게 하
지 않으신 것을 본받아 만백성이 正賦로 바친 것만을 받으라고 한 것이다. 윗글에
서 유람과 사냥만을 말하고 관찰과 안일을 말하지 않은 것은 큰 것으로 작은 것을

---

206 以萬民惟正之供 : 孔傳은 "만백성이 〈王의 敎命을 들으므로〉 마땅히 자신을 바르게 해서 그들을
    供待해야 하기 때문이다.〔用萬民 當惟正身以供待之故〕"라고 풀이하였다.

포괄한 것이고, 여러 나라만을 말하고 만백성을 말하지 않은 것은 먼 것으로 가까운 것을 나타낸 것이다.

字義 則 : 법 칙 淫 : 지나칠 음 包 : 포괄할 포

13. 無皇(遑)曰今日에 耽樂이라하소서 乃非民의 攸訓이며 非天의 攸若이라 時人이 丕則(칙)有愆[207]하리니 無若殷王受之迷亂하사 酗于酒德[208]哉[209]하소서

느긋하고 여유 있게 말씀하기를 '오늘만 즐기겠노라.'고 하지 마소서. 이는 백성들이 본받을 바가 아니며, 하늘이 따라줄 바가 아닙니다. 시속 사람들이 임금님의 잘못을 크게 본받을 것이니, 殷나라 왕 受처럼 迷亂하여 酒德에 빠지지 마소서."

無는 與毋通이요 皇은 與遑通이라 訓은 法이요 若은 順이요 則은 法也라 毋自寬暇하여 曰今日에 姑爲是耽樂也라 一日耽樂이 固若未害나 然下非民之所法이요 上非天之所順이라 時人이 大法其過逸[210]之行을 猶商人化受而崇飮之類라 故로 繼之曰 毋若商王受之沈迷하여 酗于酒[211]德哉라하니라 酗酒를 謂之德者는 德有凶有吉하니

---

207 乃非民……丕則(칙)有愆 : 孔傳은 訓을 敎의 뜻으로, 若을 順의 뜻으로, 時를 是의 뜻으로 보아 "백성을 가르치는 바가 아니며, 하늘을 순종하는 바가 아니다. 이런 사람에게는 크게 허물이 있을 것이다.〔乃非所以敎民 非所以順天 是人則大有過矣〕"라고 풀이하였는데, 俞樾《群經平議》은 "'若'은 順의 뜻이요, '訓' 또한 順의 뜻이다.《廣雅》〈釋詁〉에 「訓은 順의 뜻이다.」라고 하였다. '非民攸訓'은 백성들이 순종할 바가 아님을 말한 것이고, '非天攸若'은 하늘이 따라줄 바가 아님을 말한 것이다. 글은 달라도 뜻은 실제로 다르지 않다. 枚氏는 〈洪範〉편의 여러 '訓'자에 대해서 모두 '順'자로 풀이했는데, 이 '訓'자를 敎로 풀이한 것은 무엇 때문인가. 아랫글에서 말한 '此厥不聽 人乃訓之 乃變亂先王之正刑'은 '사람들이 그 뜻을 순종하여 옛 법을 變亂할 것'이라고 말한 것이다. 그런데 枚傳에서는 '사람들이 법답지 못한 것을 가르쳐서'라고 하였으니, 또한 잘못 풀이한 것이다.〔若順也 訓亦順也 廣雅釋詁曰 訓順也 非民攸訓 言非民所順也 非天攸若 言非天所順也 文異而義實不異也 枚氏於洪範篇諸訓字 皆以順字釋之 此訓字 乃以爲敎何也 下文曰此厥不聽 人乃訓之 乃變亂先王之正刑 言人乃順從其意 以變亂舊法也 枚傳曰 人乃敎之以非法 亦失之矣〕"라고 하였다.

208 酗于酒德 : 孔傳은 "술에 빠져 주정을 부리는 것을 德으로 삼았다.〔以酗酒爲德〕"라고 풀이하였는데, 宋代 袁燮《絜齋家塾書鈔》은 孔傳을 따랐고, 蘇軾·林之奇·呂祖謙은 풀이하지 않았으며, 元代 朱祖義는《尙書句解》에서 "成王이 이것을 보면 德에 힘쓰지 않을 수 있겠는가.〔成王觀此 可不務於德哉〕"라고 하여 德자에 의미를 부여하였다.

209 無若殷王受之迷亂 酗于酒德哉 : 諺解는 "殷王受의 迷亂홈 굴타샤 酒德애 酗티 마루쇼셔"라고 풀었는데, 이렇게 하면 迷亂만 紂의 행위가 되고, 이하는 成王에게 당부하는 말이 되니, 차라리 "殷나라 왕 受(紂)처럼 迷亂하여 酒德에 빠지지 마소서."라고 하는 편이 나을 것 같다.

210 逸 : 無逸의 逸이다.

211 沈迷酗于酒 : 〈微子〉편에 '沈酗于酒'가 두 군데 나온다. 여기의 '沈迷酗于酒'도 '迷'자만 빼면 같

韓子所謂道與德爲虛位 是也라

無는 毋와 통하고 皇은 遑과 통한다. 訓은 則(본받다)의 뜻이요, 若은 順의 뜻이요, 則은 法(본받다)의 뜻이다. 스스로 느긋하고 여유있게 말하기를 '오늘만 우선 즐기겠노라.'고 하지 말라. 하루만 즐기는 것이 진실로 해롭지 않을 것 같지만, 아래로는 백성들이 본받을 바가 아니고, 위로는 하늘이 따라줄 바가 아니다. 시속 사람들이 그 지나친 안일의 행동을 크게 본받기를 마치 商나라 사람들이 受에게 물들어 술 마시는 것을 숭상하는 따위와 같이 할 것이다. 그러므로 뒤이어서 "商나라 왕 受처럼 沈迷하여 酒德에 빠지지 말라."고 말한 것이다. 술주정하는 걸 德이라 이른 것은 德에는 凶도 있고 吉도 있기 때문이니, 韓子(韓愈)의 〈原道〉에 이른바 "道와 德은 虛位가 된다."라는 것이 이것이다.

字義 皇(遑) : 틈낼 황 攸 : 바 유 訓 : 본받을 훈 若 : 따를 약 丕 : 클 비 則 : 본받을 칙
     愆 : 허물 건 酗 : 주정부릴 후 姑 : 우선 고, 아직 고 化 : 물들 화 崇 : 높을 숭

14. 周公曰 嗚呼라 我聞하니 曰古之人이 猶胥訓告[212]하며 胥保惠하며 胥敎誨일새(훈들로) 民이 無或胥譸張[213]爲幻이라하니이다(하니이다)

周公이 말씀하였다. "아! 제가 듣자오니, 옛날 사람들은 외려 서로 훈계하고 타일러주며 서로 保養하고 따라서 도와주며 서로 가르쳤기 때문에 백성들이 아무도 서로 속이거나 과장하여 미혹시키는 일이 없었다고 합니다.

胥는 相이요 訓은 誠이요 惠는 順이요 譸는 誑이요 張은 誕也라 變名易實하여 以眩觀者曰

아져서 뜻풀이가 쉽게 되겠지만, 우선 '沈迷'를 經文의 迷亂에 맞추어 번역해두겠다.

212 古之人 猶胥訓告 : 孔傳은 "옛날의 임금과 신하는 비록 임금은 명철하고 신하는 현량하더라도 외려 서로들 도리로써 고해주었다.〔古之君臣 雖君明臣良 猶相道告〕"로, 呂祖謙《增修東萊書說》은 "옛날 사람(임금)은 그 德業이 이미 우뚝 솟았으나 신하가 외려 서로 교훈으로 고했다.〔古之人 其德業已巍巍乎其大矣 臣猶相與訓告〕"로 풀이하였다. '古之人'의 人을 孔安國은 '君臣'으로 풀고, 呂祖謙은 단순히 '사람'으로 풀었다.

213 譸張 : 孔傳은 '譸張'을 誑의 뜻으로 보고, 蔡傳은 '譸'는 誑, '張'은 誕의 뜻으로 보았는데, 洪奭周《尙書補傳》는 "《爾雅》에 '譸張'은 誑의 뜻을 나타낸다.'고 하였다. 나의 생각에는 무릇 사물이 본래 작은 것을 과장해서 크게 하는 것을 '張'이라 이른 것으로 여긴다. 《詩經》〈小雅 巷伯〉에 이른바 '조금 벌어지고 벌어진 것으로 남쪽 箕星을 이루도다.〔哆兮侈兮 成是南箕〕'라고 한 것이 곧 그 뜻이다. 蔡傳에서 곧장 '張'을 誕의 뜻으로 풀이한 것은 어디에 근거한 것인지 모르겠다.〔爾雅曰 譸張誑也 愚謂凡物之本小而侈之使大者 謂之張 詩所謂哆兮侈兮 成是南箕者 卽其義也 蔡傳直訓張爲誕 未知何據〕"라고 하였다.

幻이라 歎息言 古人은 德業已盛이로되 其臣이 猶且相與誡告之하고 相與保惠之하고 相與敎誨之하니 保惠者는 保養而將順之니 非特誡告而已也며 敎誨則有規正成就之意하니 又非特保惠而已也라 惟其若是라 是以로 視聽思慮가 無所蔽塞하고 好惡(오)取予가 明而不悖라 故로 當時之民이 無或敢譸誕爲幻也라

胥는 相(서로)의 뜻이요, 訓은 誡의 뜻이요, 惠는 順의 뜻이요, 譸는 誑(속이다)의 뜻이요, 張은 誕(허탄하다)의 뜻이다. 이름을 변경하고 실체를 바꾸어서 보는 사람을 속이는 것을 幻이라 한다. 탄식하고 나서 말하기를 "옛날 사람은 德業이 이미 성대하였으나 그 신하가 외려 서로 더불어 誡告하고 서로 더불어 保惠하고 서로 더불어 敎誨했다."고 하였다. 保惠란 保養하고 따라서 도와준 것이니 단지 誡告할 뿐만이 아니며, 敎誨는 바로잡아 성취시키는 뜻이 있으니 또 단지 保惠할 뿐만이 아니었다. 오직 이와 같기 때문에 視聽과 思慮가 가려진 바가 없고, 好惡와 取予(與)가 분명하여 어그러지지 않았다. 그러므로 당시의 백성들이 아무도 감히 속이거나 과장하여 미혹시키는 일이 없었던 것이다.

字義 胥 : 서로 서   譸 : 속일 주   張 : 허풍칠 장, 과장할 장   幻 : 미혹할 환   眩 : 현혹할 현
誡 : 경계할 계   蔽 : 가릴 폐   塞 : 막을 색   惡 : 미워할 오   予 : 줄 여   悖 : 어그러질 패

15. 此厥不聽[214]하시면 人乃訓之[215]하여 乃變亂先王之正刑하여 至于小大하리니다(하리니) 民이 否則厥心違怨하며 否則厥口詛祝(주)[216]하리이다

〈윗글에서 드린〉 이런 말씀을 듣지 않으시면 사람들이 이것을 본받아 先王의 正刑(正法)을 變亂(바꾸어 어지럽힘)시켜 작고 큰일에 이르기까지 〈모두 어지럽힐 것입니다.〉 백성들이 그렇지 않으면 그 마음으로 어기고 원망할 것이며, 그렇지 않으면 그 입으로 저주할 것입니다."

正刑은 正法也라 言成王이 於上文古人胥訓告保惠敎誨之事에 而不聽信이면 則人乃法則之하여 君臣上下 師師非度하여 必變亂先王之正法하여 無小無大히 莫不

---

214 不聽 : 孔疏는 이 章의 두 가지 일을 善과 惡이 상반된 것으로 보아 윗句의 '古之人'은 賢明한 임금, 아랫句의 '不聽〈人〉'은 昏闇한 임금이라고 주장하였다.

215 此厥不聽 人乃訓之 : 孔傳은 訓을 敎의 뜻으로 보아 "그 中正의 〈도리를〉 듣지 않는 임금은 사람이 법답지 못한 것을 가르치면(此其不聽中正之君 人乃敎之以非法)"이라고 풀이하였다.

216 詛祝(주) : 孔疏는 "神에게 재앙을 가하기를 청하는 것을 '詛呪'라 이르고, 말로 神에게 고하는 것을 '祝'라 이른다.(請神加殃謂之詛呪 以言告神謂之祝)"로 풀이하였다.

盡取而紛更之라 蓋先王之法이 甚便於民이나 甚不便於縱侈之君이니 如省(생)刑
罰以重民命은 民之所便也로되 而君之殘酷者는 則必變亂之하며 如薄賦斂以厚民
生은 民之所便也로되 而君之貪侈者는 則必變亂之니라 厥心違怨者는 怨之蓄于中
也요 厥口詛祝者는 怨之形於外也니 爲人上而使民心口交怨이요 其國不危者 未
之有也라 此는 蓋治亂存亡之機라 故로 周公이 懇懇言之하니라

正刑은 바로 正法이다. "成王이 만일 윗글에서 말한 '옛날 사람이 서로 訓告하고
保惠하고 敎誨한 일'에 대하여 새겨듣지 않는다면 사람들이 이것을 본받게 되고 군
신과 상하가 서로 불법을 자행해서 반드시 先王의 正法을 變亂시켜 대소사를 막론
하고 모두 어지럽힐 것이다."란 점을 말한 것이다. 先王의 법은 백성들에게는 몹시
편리한 것이나 방종하고 사치하는 임금에게는 몹시 불편한 것이다. 이를테면 형벌
을 줄여서 백성들의 목숨을 소중하게 하는 것이 백성들은 편리하게 여기는 바이나
잔혹한 임금은 반드시 이를 변란시키며, 賦斂을 박하게 해서 민생을 후하게 하는
것이 백성들은 편리하게 여기는 바이나 탐욕하고 사치하는 임금은 반드시 이를 변
란시킨다는 것이다.

厥心違怨은 원망이 마음속에 쌓이는 것이고, 厥口詛祝는 원망이 밖에 나타나는
것이니, 백성의 윗사람이 되어가지고 백성들이 마음과 입으로 서로 원망하게 하고
서 그 나라가 위태롭지 않은 경우는 있지 못하다. 이것은 대개 治亂과 存亡을 좌우
하는 중요한 핵심이기 때문에 周公이 간곡히 말씀드린 것이다.

字義 訓:본받을 훈   詛:저주할 저   祝(呪):저주할 주   度:법도   更:고칠 경   縱:방종할 경
ㅤㅤ侈:사치할 치   酷:혹독할 독   蓄:쌓을 축   機:기틀 기   懇:간곡할 간

16. 周公曰 嗚呼라 自殷王中宗으로(하여) 及高宗과 及祖甲과 及我周文王玆四人이
迪哲하시니이다

周公이 말씀하였다. "아, 殷나라 왕 中宗으로부터 高宗과 祖甲과 우리 周나라
文王에 이르기까지 이 네 분이 명철한 지혜를 이행하였습니다.

迪은 蹈요 哲은 智也라 孟子以知而弗去로 爲智之實[217]하니 迪云者는 所謂弗去 是

---

217 孟子以知而弗去 爲智之實:《孟子》〈離婁 上〉에 "仁의 精實은 어버이를 섬기는 그것이고, 義의
ㅤㅤ精實은 형을 따르는 그것이고, 智의 精實은 이 두 가지(事親과 從兄)를 알아서 〈굳게 지키고〉 떠
ㅤㅤ나가지 않는 그것이다.〔仁之實 事親是也 義之實 從兄是也 智之實 知斯二者弗去是也〕"라고 보인다.

也라 人主知小人之依로되 而或忿戾之者는 是不能蹈其知者也어늘 惟中宗, 高宗, 祖甲, 文王이 允蹈其知라 故로 周公이 以迪哲稱之하니라

迪은 蹈(이행하다)의 뜻이요, 哲은 智의 뜻이다. 孟子는 '알아서 굳게 지키고 떠나가지 않는 것'을 智의 精實로 여겼으니, 迪이란 이른바 '떠나가지 않는' 그것이다. 임금이 백성들의 농사짓는 어려움을 아나 더러 忿戾(화를 내고 원망함)하는 것은 그 지혜를 이행하지 못하기 때문인데, 오직 中宗, 高宗, 祖甲, 文王만은 참으로 그 지혜를 이행하였던 것이다. 그러므로 周公이 '迪哲'을 가지고 일컬은 것이다.

字義 迪 : 이행할 적, 밟을 적　戾 : 어그러질 려

17. 厥或告之日 小人이 怨汝詈汝라커든 則皇自敬德하사 厥愆을 日朕之愆이라하소서 允若時[218]하시면 不啻不敢含怒리이다

혹 밀고하는 자가 말하기를 '소민이 당신을 원망하고 당신을 꾸짖는다.'고 하거든 크게 스스로 德을 공경히 닦아 그 허물을 朕의 허물이라 하소서. 진실로 이와 같으시면 감히 노여움을 머금지 않을 뿐만이 아닐 것입니다.

詈는 罵言也라 其或有告之日 小人이 怨汝詈汝어든 汝則皇自敬德하여 反諸其身하여 不尤其人하고 其所誣毁之愆을 安而受之하여 日是我之愆이라하라 允若時者는 誠實若是니 非止隱忍不敢藏怒也라 蓋三宗文王은 於小民之依에 心誠知之라 故로 不暇責小人之過言하고 且因以察吾身之未至하여 怨詈之語를 乃所樂聞하니 是豈特止於隱忍含怒不發而已哉[219]아

詈는 꾸짖는 말이다. 혹 밀고하는 자가 있어 말하기를 "小民이 당신을 원망하고

---

218 允若時 : 孔疏는 "백성이 진실로 이와 같이 원망하고 꾸짖은 적이 있었다면(民信有如是怨詈)"으로, "林之奇는 "임금이 진실로 능히 이와 같이 하면(人君信能如是)"으로 풀이하였는데, 蔡傳은 林之奇를 따랐다.

219 小人……而已哉 : 이와 같은 蔡傳의 미비한 점에 대해서는 宋代 朱方大의 "비방하는 말을 듣고 스스로 반성하여 德을 공경히 닦는다면 원망하고 꾸짖는 말이 올 때에 모두 따끔한 箴砭 역할을 하는 이점이 있으니, 내가 그것을 받아들여 스스로 반성한다면 어찌 감히 노여움을 마음속에 간직하지 않는 정도에 그칠 뿐이겠는가. 만일 마음속에서 발현하는 眞誠이 아니고 오직 감히 노여움을 머금지 않는 정도에 그친다면 이것은 겨우 남의 비방하는 말을 용서하는 정도이고 자기를 반성하는 공은 다하지 못한 것이다.(聞謗而自反以敬德 則凡怨詈之來 皆箴砭之益 吾方資之以自反 何止不敢含怒於心而已 苟非發於中心之誠 惟不敢含怒而止 則是僅能怨人之言 而未盡反己之功也)"란 풀이가 잘 보완해주었다고 할 수 있겠다.(《書傳集註》小註)

당신을 꾸짖는다."고 하거든 당신은 크게 스스로 德을 공경히 닦아 자신에게 돌이
켜 반성해서 남을 탓하지 않고, 무함하고 헐뜯는 허물을 편안히 받아들여 "이것은
나의 허물이다."라고 하라는 것이다. 允若時란 것은 성실이 이와 같은 것이니, 〈성
실이 이와 같다면〉꾹 참아 감히 노여움을 간직하지 않는 정도에 그치지 않는다.

아마 三宗과 文王은 小民의 농사짓는 어려움에 대해서 진심으로 알고 있었기 때
문에 소민의 잘못된 말을 꾸짖을 겨를이 없고, 외려 그로 인하여 자신의 지극하지
못한 점을 살펴서 원망하고 꾸짖는 말을 즐겁게 들었을 것인데, 이 어찌 다만 꾹 참
아 노여움을 머금고 드러내지 않는 정도에 그쳤을 뿐이겠는가.

字義 告 : 말할 고   詈 : 꾸짖을 리   皇 : 클 황   愆 : 허물 건   時 : 이 시   啻 : 뿐 시
含 : 머금을 함   罵 : 꾸짖을 매   尤 : 허물 우   誣 : 무함할 무   毀 : 헐뜯을 훼   暇 : 겨를 가

18. 此厥不聽하시면 人乃或譸張爲幻하여 曰小人이 怨汝詈汝라커든 則信之하리니 則
若時하면 不永念厥辟이며 不寬綽厥心하여 亂罰無罪하며 殺無辜하리니 怨有同하여
是叢于厥身하리이다

이러한 말씀을 새겨듣지 않으시면 혹 속이거나 과장해서 미혹시키는 사람이 있어
말하기를 '소민이 당신을 원망하고 당신을 꾸짖는다.'고 하거든 그 말을 그대로 믿
을 것이니, 이와 같이 하면 임금된 도리를 길이 생각하지 않고 마음을 관대하게 가
지지 아니하여, 죄 없는 사람을 어지럽게 형벌에 처하고 무고한 사람을 죽일 것이
니, 〈이렇게 되면 온 천하가〉원망을 함께하여 〈그 원망이 임금의〉한 몸에 집중될
것입니다."

綽은 大요 叢은 聚也라 言成王이 於上文三宗文王迪哲之事에 不肯聽信이면 則小
人이 乃或譸誕하여 變置虛實하여 曰小民이 怨汝詈汝라커든 汝則聽信之하리니 則如
是면 不能永念其爲君之道하며 不能寬大其心하여 以譸誕無實之言으로 羅織疑
似하여 亂罰無罪하고 殺戮無辜하리니 天下之人이 受禍不同이나 而同於怨하여 皆叢
於人君之一身하리니 亦何便於此哉아 大抵無逸之書는 以知小人之依로 爲一篇綱
領이요 而此章은 則申言旣知小人之依면 則當蹈其知也니라 三宗文王은 能蹈其知라
故로 其胸次寬平하여 人之怨詈가 不足以芥蒂其心이라 如天地之於萬物에 一於長
育而已니 其悍疾憤戾를 天豈私怒於其間哉아 天地는 以萬物爲心하고 人君은 以萬
民爲心이라 故로 君人者는 要當以民之怨詈로 爲己責이요 不當以民之怨詈로 爲己
怒라 以爲己責이면 則民安而君亦安이요 以爲己怒면 則民危而君亦危矣리니 吁라

可不戒哉아

綽은 大의 뜻이요, 叢은 聚의 뜻이다. "成王이 만일 윗글에서 말한 '三宗과 文王이 명철한 지혜를 이행한 일'에 대하여 새겨듣지 않는다면 소인이 혹 속이거나 과장하여 허실을 바꿔서 말하기를 '소민이 당신을 원망하고 당신을 꾸짖는다.'고 하거든 당신은 그 말을 듣고 믿을 것이니, 이와 같으면 임금된 도리를 길이 생각하지 않고 마음을 관대하게 가지지 아니하여, 속이거나 과장해서 실상이 없는 말로 근거 없는 일을 꾸며서 죄 없는 사람을 어지럽게 형벌에 처하고 죄 없는 사람을 죽일 것이니, 온 천하 사람들이 화를 받는 것은 같지 않으나 함께 원망하여 〈그 원망이〉 모두 임금의 한 몸에 집중될 것인데, 또한 어찌 이것을 편하게 여기겠는가."라고 한 것이다.

대개 〈無逸〉의 글은 소민의 농사짓는 어려움을 아는 것으로 한 편의 강령을 삼았고, 이 章은 '소민의 농사짓는 어려움을 이미 알았으면 마땅히 그 앎을 이행해야 한다.'는 점을 거듭 말한 것이다. 三宗과 文王은 그 앎을 잘 이행하였다. 그러므로 마음이 관대하고 화평하여, 사람들의 원망과 꾸짖음이 족히 그 마음을 불쾌하게 하지 못하였다. 이는 마치 천지가 만물에 대하여 한결같이 長育하기만 하는 것과 같으니, 행패와 분노를 하늘이 어찌 그 사이에 사적으로 하겠는가. 천지는 만물로 마음을 삼고 임금은 만백성으로 마음을 삼는다. 그러므로 임금된 이는 요컨대 마땅히 백성들의 원망과 꾸짖음을 자기의 책임으로 삼을 것이요, 백성들의 원망과 꾸짖음을 자기의 노여움으로 삼아서는 안 된다. 임금이 자기의 책임으로 삼으면 백성들이 편안하고 임금 또한 편안하며, 임금이 자기의 노여움으로 삼으면 백성들이 위태롭고 임금 또한 위태로울 것이니, 아! 경계하지 않을 수 있겠는가.

字義 辟 : 임금 벽 綽 : 클 작, 넉넉할 작 叢 : 모일 총 織 : 짤 직 戮 : 죽일 륙 辜 : 죄 고
芥 : 불쾌할 개 蔕 : 불쾌할 대 悍 : 모질 한 疾 : 사나울 질 戾 : 사나울 려

19. 周公曰 嗚呼라 嗣王은 其監于玆[220]하소서

周公이 말씀하였다. "아, 嗣王은 이것을 잘 살펴보소서."

玆者는 指上文而言也라 無逸一篇은 七章이니 章首에 皆先致其咨嗟詠歎之意하고 然後에 及其所言之事하며 至此章하여는 則於嗟歎之外에 更無他語하고 惟以嗣王

---

220 其監于玆 : 孔傳은 "이 亂罰의 禍를 살펴보아 경계를 삼으라는 것이다.〔視此亂罰之禍 以爲戒〕"라고 풀이하였다.

其監于玆로 結之하니 所謂言有盡而意則無窮커늘 成王이 得無深警於此哉아

玆는 윗글을 가리켜 말한 것이다. 〈無逸〉 1편은 7章인데, 章 첫머리에는 모두 먼저 〈嗚呼'로〉 탄식하는 뜻을 표시하고 그런 뒤에 말하려는 일을 언급하였으며, 이 章에 이르러서는 탄식을 표하는 〈嗚呼〉 외에는 달리 딴 말이 없고 오직 "嗣王은 이 것을 살펴보소서."라는 말로만 끝을 맺었으니, 이른바 "말은 다함이 있으나 뜻은 다함이 없다."란 것이거늘, 成王이 여기에 깊은 깨우침이 없었겠는가.

字義 監 : 살필 감   怎 : 슬플 자   警 : 깨우칠 경

君奭

召公이 告老而去한대 周公留之커늘 史氏錄其告語爲篇하니 亦誥體也라 以周公首呼君奭일새 因以君奭名篇이라 篇中에 語多未詳이라 今文古文에 皆有하니라

召公이 연로함을 내세워 벼슬을 그만두고 떠나기를 청하자 周公이 만류하거늘, 史官이 그 告諭한 말을 기록하여 篇을 만들었으니, 또한 誥體이다. 周公이 맨 먼저 君奭을 불렀기 때문에 그로 인하여 '君奭'으로 편명을 한 것인데, 편 가운데 未詳한 말이 많다. 〈君奭〉은 《今文尙書》와 《古文尙書》에 모두 들어 있다.

○按此篇之作을 史記엔 謂召公이 疑周公當國踐祚(阼)[221]라하고 唐孔氏는 謂召公以周公嘗攝王政이라가 今復在臣位[222]라하고 葛氏는 謂召公未免常人之情하여 以爵位先後介意라 故로 周公이 作是篇以諭之라하니 陋哉라 斯言이여 要皆爲序文所

---

221 當國踐祚(阼) : 《史記》〈燕召公世家〉에 "成王이 어리기 때문에 周公이 攝政으로 나라를 맡아 즉위하자 召公이 그를 의심하여 〈君奭〉을 지었다.〔成王旣幼 周公攝政 當國踐阼 召公疑之 作君奭〕"라고 보인다.

222 史記……今復在臣位 : 李瀷《書經疾書》은 "正義에 '召公은 周公이 일찍이 王의 정사를 대행하다가 이제 신하의 직위로 돌아오게 되자, 그 심지가 좋지 않았다.'고 하였는데, 正義는 鄭玄이 지은 것이고 孔氏가 인용한 것이니, 孔氏의 말이 아니다. 孔氏는 '召公은 大賢인데 어찌 周公이 머무른 뜻을 몰라서 심지가 좋지 않았겠는가. 周公이 신하의 직위에 머물러 있는 것을 당시 사람들이 모두 괴이하게 여겼기 때문에 周公의 말을 꺼내게 해서 세상 사람들의 의혹을 풀려고 했던 것이다.'라고 하였다. 또 司馬遷이 의심한 論을 망령된 말로 여겼는데, 蔡傳은 무엇을 상고해서 그렇게 말했을까.〔正義曰 召公以周公嘗攝王之政 而復在臣位 其意不悅 正義者 鄭玄所著 而孔氏引之 非孔氏說也 孔氏則曰 召公大賢 豈不知而不悅者 以周公留在臣職 當時人皆怪之 故欲開道周公之言 以解世人之惑 又以馬遷疑之之論爲妄說 蔡傳何考而云然〕"라고 하였다.

誤²²³라 獨蘇氏는 謂召公之意 欲周公告老而歸²²⁴라하니 爲近之라 然이나 詳本篇旨意하면 迺召公이 自以盛滿難居라하여 欲避權位하고 退老厥邑한대 周公이 反復告諭以留之爾니 熟復而詳味之하면 其義를 固可見也니라

○살펴보건대, 이 篇을 짓게 된 동기에 대하여《史記》〈燕召公世家〉에서는 "召公은 周公이 나라를 맡아 즉위할까 의심하였다."라고 하였고, 唐나라 孔氏(孔穎達)는 "召公은 周公이 일찍이 왕의 정사를 대행하다가 지금 신하의 직위로 돌아와 있게 된 것을 〈좋아하지 않았다.〉"라고 하였으며, 葛氏는 "召公이 보통 사람의 생각을 면치 못하여 爵位의 선후를 가지고 마음에 두었기 때문에 周公이 이 篇을 지어 깨우친 것이다."라고 하였으니, 비루한 말이다. 요컨대 모두 序文의 잘못된 것 때문이었다. 유독 蘇氏(蘇軾)만은 "召公의 뜻은 周公이 연로함을 내세워 벼슬을 그만두고 돌아가게 하려고 했다."라고 하였으니, 이 말이 근사하다. 그러나 本篇의 뜻을 살펴보면, 이는 바로 召公 자신이 벼슬이 높을 대로 높아져서 더 있기 어렵다고 생각하여 權位를 피해 그의 고을로 물러가서 늙고자 하니, 周公이 반복해 고유하여 만류한 것이다. 반복해서 읽어보고 자세히 완미해보면 그러한 뜻을 볼 수 있다.

字義 祚(阼) : 보위 조 介 : 개의할 개

君奭圖

1. 周公이 若曰 君奭아

223 序文所誤 : 書序의 "召公은 太保가 되고 周公은 太師가 되어 成王을 좌우에서 도왔는데, 召公이 그것을 좋아하지 않으므로 周公이 〈君奭〉을 지었다.〔召公爲保 周公爲師 相成王爲左右 召公不說 周公作君奭〕"라고 한 것을 말한다.

224 告老而歸 : 蘇軾《書傳》이 "召公이 어찌 周公만 돌아가게 하려 했겠는가. 아마 그도 역시 임금의 자리를 되돌려 줄 초기에 연로함을 내세워 그의 고을로 물러가려고 했었는데 다만 周公이 돌아가지 않고 있기 때문에 물러가지 못했을 뿐이다.〔召公豈獨欲周公之歸哉 蓋亦欲因復辟之初 而退老於厥邑 特以周公未歸 故不敢也〕"라고 한 말을 가리킨 것이다.

周公이 이렇게 말씀하였다. "君奭아.

君者는 尊之之稱이요 奭은 召公名也라 古人은 尙質하니 相與語에 多名之하니라

君은 높이는 칭호이고, 奭은 召公의 이름이다. 옛날 사람들은 질박함을 숭상하였으니, 서로 말할 때에 대부분 이름을 불렀다.

2. 弗弔[225]라 天이 降喪于殷하사 殷이 旣墜厥命이어늘 我有周旣受하소라(하소니) 我不敢知하노니 曰厥基는 永孚于休아 若天이 棐忱가 我亦不敢知하노니 曰其終에 出于不祥[226]가

가엾다! 하늘이 殷나라에 喪亡을 내려서 殷나라가 이미 天命을 실추하였거늘, 우리 周나라가 벌써 天命을 이어받았노라. 그러나 내 감히 알 수 없노니, 그 基業이 길이 아름다울 것이라고 믿어도 될 것인지. 과연 하늘이 우리의 誠信을 도와줄 것인지. 내가 또한 감히 알 수 없노니, 〈또 천명을 실추시켜〉 상서롭지 못한 쪽으로 나갈 것인지.

不祥者는 休之反也라 天旣下喪亡于殷하여 殷旣失天命이어늘 我有周旣受之矣라 我不敢知하노니 曰其基業이 長信於休美乎아 如天果輔我之誠耶아 我亦不敢知하노니 曰其終에 果出於不祥乎아

不祥은 休(아름다움)의 반대다. 하늘이 殷나라에 喪亡을 내려서 殷나라가 이미 天命을 잃었거늘, 우리 周나라가 벌써 天命을 이어받았다. 그러나 내 감히 알 수 없노니, 그 基業은 길이 아름다울 것이라고 믿어도 될 것인지. 과연 하늘이 우리의 성신을 도와줄 것인지. 내 또한 감히 알 수 없노니, 〈또 天命을 잃어〉 종말에 상서롭지

---

225 弗弔 : 孔傳은 '道不至(道가 이르지 않다.)'로 보아 〈大誥〉에서는 '周道不至'로, 〈多士〉에서는 '殷道不至'로, 〈君奭〉에서도 '殷道不至'로 일관되게 풀이한 반면, 蔡傳은 〈大誥〉에서는 "'弔'는 恤(가엾다)의 뜻이니, 우리는 하늘에게 가엾게 여김을 받지 못함을 말한 것이다."라고 하고, 〈多士〉에서는 "'弗弔'는 未詳하나 아마 歎憫의 말인가 본데 당시 방언일 것이다."라고 하였을 뿐, 그 밖에는 설명이 없으니, 그냥 歎辭로 보면 될 것 같다. 臨川吳氏는 不幸의 뜻으로 보았다.

226 我不敢知……出于不祥 : 孔傳은 "廢하고 興한 자취 또한 그대(君奭)의 아는 바다. 殷나라가 시초에는 아름다운 도리를 길이 믿고 하늘의 道를 순종하니 〈하늘이 그 誠信을 도와서 나라를 가지게 된 것이다. 紂가 종말에 그 天命을 떨어뜨린 것이 不善한 연고에서 생긴 때문임은 또한 그대가 아는 바이다.〔廢興之跡 亦君所知 殷家其始長信於美道 順天輔誠 所以國也 殷紂其終墜厥命 以出於不善之故 亦君所知〕"라고 풀이하였다.

못한 쪽으로 나갈 것인지.

○按此篇은 周公이 留召公而作이니 此其言天命吉凶을 雖曰我不敢知나 然其懇惻危懼之意는 天命吉凶之決이 實主於召公留不留如何也라

○살펴보건대, 이 篇은 周公이 召公을 만류하기 위해 지은 것이니, 여기서 '天命의 吉凶'을 비록 "내 감히 알 수 없다."고 말하였으나 그 간절하고 애처로운 마음과 위태롭고 두려워하는 뜻은 天命의 吉凶이 결정되는 것이 실은 召公이 머물러주느냐 머물러주지 않느냐에 달려 있음을 암시하고 있는 것이다.

字義 基 : 기업 기 休 : 아름다울 휴 棐 : 도울 비 忱 : 정성 침 反 : 반대 반 輔 : 도울 보
決 : 결정 결

3. 嗚呼라 君이 已曰 時我라하거늘(라하더니) 我亦不敢寧于上帝命하여 弗永遠念天威越我民에 罔尤違²²⁷²²⁸하노니 惟人이니라하노라 在我後嗣子孫하여 大弗克恭上下하여 遏佚前人光하면 在家不知²²⁹아

아! 君(召公)이 전에 이미 '〈백성을 공경하여 天命을 기원하는〉 이 일은 우리들에게 달려 있을 뿐이다.'라고 하거늘, 〈내(周公)가〉 '우리들 또한 〈천명은 무상한 것인데,〉 감히 〈구차하게〉 천명을 안정한 것으로 여겨서, 하늘의 위엄이 무서운 것과 백성들에게 원망하고 위배하는 때가 없도록 할 것을 영원히 생각하지 않을 수 없다.

---

227 越我民 罔尤違 : 孔疏는 "응당 우리 백성들을 부지런히 가르쳐서 과오로 법을 어기는 잘못이 없게 해야 할 것이다.〔當勤教於我下民 使無尤過違法之闕〕"라고 풀이하였다.

228 我亦不敢寧于上帝命……罔尤違 : 諺解는 "나 또한 敢히 上帝의 命을 寧치 못하여 길이 遠히 天의 威 우리 民에게 尤하며 違함이 없으리라 念치 아니하나니"로 풀이하였으나, 이해가 잘 안 되니, 蔡傳처럼 '罔尤'의 罔을 첫 번째, '不永'의 不을 두 번째, '不敢'의 不을 세 번째로 새기어야 할 듯하다. 宋代 黃度《尙書說》와 우리나라 李滉《三經釋義》도 이미 그렇게 본 것 같다.

229 君……在家不知 : 孔傳은 '君'은 君奭, '已'는 助詞, '時'는 是(옳다)의 뜻으로 보고 '惟人'은 아랫 句에 붙여서 "君아! 응당 나의 머뭄을 옳게 여기도록 하라. 나 또한 감히 上天의 命을 안정한 것으로 여기지 않기 때문에 감히 머물지 않을 수 없다. 君은 어찌하여 하늘의 威罰을 영원히 생각하지 않는가. 우리 백성들을 부지런히 교화하여 과오로 법을 어기는 잘못이 없도록 해야 한다. 여러 사람들은 모두 우리 後嗣의 자손에게 관심을 가지는데, 〈嗣王께서〉 만일 크게 天地를 공손히 받들지 않아, 先王의 光大한 道를 실추시킬 경우, 우리가 늙어서 집에 있게 되면 그것을 알 수 없을 것이다.〔君已 當是我之留 我亦不敢安於上天之命 故不敢不留 君不長遠念天之威 而勤化於我民 使無過違之闕 惟衆人 共存在我後嗣子孫 若大不能恭承天地 絶失先王光大之道 我老在家 則不得知〕"라고 풀이하였다. 丁若鏞《尙書知遠錄》은 "'惟人'은 마땅히 아랫 句에 붙여야 한다.〔惟人 當屬下句〕"라고 하였다.

〈그래서 천명과 인심은 거취가 일정하지 아니하여 실로 지도하는〉 사람에게 달려 있을 뿐이다.'라고 하였노라. 〈그런데〉 우리 後嗣의 자손에 있어서 크게 하늘과 백성을 공경하지 않고 前人(文王과 武王)의 光明한 德을 끊어 실추시킨다면 집에 물러가 있다고 하여 모른 체 할 수 있겠는가.

尤는 怨이요 違는 背也라 周公이 歎息言 召公已嘗曰 是在我而已라하거늘 周公謂我亦不敢苟安天命하여 而不永遠念天之威와 於我民에 無尤怨背違之時也라 天命과 民心은 去就無常하여 實惟在人而已라하노라 今召公이 乃忘前日之言하고 翻然求去하니 使在我後嗣子孫하여 大不能敬天敬民하고 驕慢肆侈하여 遏絶佚墜文武光顯하면 可得謂在家而不知乎아

尤는 怨의 뜻이요, 違는 背(위배하다)의 뜻이다. 周公이 탄식하고 나서 말씀하였다. 召公이 일찍이 이미 말하기를 "〈백성을 공경하여 천명을 기원하는〉 이 일은 우리들에게 달려 있을 뿐이다."라고 하거늘 周公이 이르기를 "우리들 또한 〈천명은 무상한 것인데,〉 감히 구차하게 천명을 안정한 것으로 여겨서, 하늘의 위엄이 무서운 것과 백성들에게 원망하고 위배하는 때가 없도록 할 것을 영원히 생각하지 않을 수 없다. 〈그래서〉 천명과 인심은 거취가 일정하지 아니하여 실로 지도하는 사람에게 달려 있을 뿐이다."라고 하였노라. 그런데 지금 召公이 전에 한 말을 잊고 훌쩍 떠나가기를 구하니, 가사 우리 後嗣의 자손에 있어서 크게 하늘과 백성을 공경하지 않고 교만하고 사치하여 文王과 武王의 光明한 德을 끊어 실추시킨다면 집에 물러가 있다고 하여 모른 체 할 수 있겠는가.

字義 越 : 및 월, 전치사(於) 월 遏 : 막을 알 佚 : 잃을 일 翻 : 훌쩍 번 肆 : 방사할 사

4. 天命이 不易(이)라 天難諶이니 乃其墜命은 弗克經歷嗣前人의 恭明德이니라

天命은 보전하기가 쉽지 않은지라, 하늘은 믿기 어려운 것이니, 天命을 실추하는 것은 〈보필하는 어진 신하가 없어〉 前人(先王)이 〈하늘과 백성을〉 공경한 밝은 德을 經歷(遵行)하여 계승하지 못하기 때문이다. 〈이런데도 그대는 꼭 떠나야 하겠는가.〉

天命不易는 猶詩曰命不易哉[230]니라 命不易保라 天難諶信이니 乃其墜失天命者는

---

230 詩曰命不易哉 : 《詩經》〈周頌 敬之〉에 "天道가 매우 밝아 그 命을 보전하기 쉽지 않다.(天維顯思 命不易哉)"라고 보인다. 元代 王充耘의 《書義矜式》에는 "天難忱斯 命不易哉"로 인용하고 있다.

以不能經歷繼嗣前人之恭明德也라 吳氏曰 弗克恭이라 故로 不能嗣前人之恭德이요 遏佚前人光이라 故로 不能嗣前人之明德이라하니라

'天命不易'는 《詩經》〈周頌 敬之〉의 "命不易哉"와 같은 것이다. 天命은 보전하기 쉽지 않은지라, 하늘은 믿기 어려운 것이니, 天命을 실추하는 것은 前人(先王)이 〈하늘과 백성을〉 공경한 밝은 德을 經歷하여 계승하지 못하기 때문이다.

吳氏가 말하였다. "능히 공경하지 못하기 때문에 前人의 공손한 德을 계승하지 못하고, 전인의 빛난 업적을 실추하기 때문에 전인의 밝은 德을 계승하지 못하는 것이다."

字義 易 : 쉬울 이   諶 : 믿을 심

5. 在今予小子旦하여 非克有正이라 迪은 惟前人光으로 施于我沖子[231]니라

〈旦 또한 嗣君은 반드시 노성한 사람의 바로잡음이 있어야 한다는 것은 알지만〉 지금 나 小子 旦에 있어서 〈우리 임금을〉 바로잡을 만한 자격을 갖추지 못하였다. 啓導하는 방법은 오직 前人(文王과 武王)의 光大한 德을 더욱 빛나게 해서 우리 沖子에게 부여하는 일 뿐이다. 〈나의 마음은 이와 같은데, 그대는 어찌 이 점을 생각하지 않는가.〉"

吳氏曰 小子는 自謙之辭也요 非克有正은 亦自謙之辭也라 言在今我小子旦하여 非能有所正也요 凡所開導는 惟以前人光大之德으로 使益焜燿而付于沖子而已라하니 以前言後嗣子孫佚前人光而言也라하니라

吳氏가 말하였다. "小子는 스스로 겸양하는 말이고, 非克有正 또한 스스로 겸양하는 말이다. '지금 나 小子 旦에 있어서 능히 바로잡을만 한 자격을 갖추지 못하였다. 啓導하는 방법은 오직 前人의 光大한 德을 더욱 빛나게 해서 우리 沖子에게 부여하는 일뿐이다.'라는 것이니, 앞에서 말한 '後嗣한 자손이 前人의 光明한 德을 실

---

231 天難諶……施于我沖子 : 孔傳은 "하늘은 믿기 어려운 것이니, 德이 없는 자가 〈만일 하늘의 뜻을 맞추지 않는다면〉 王命을 실추하여 장구한 역년을 누릴 수 없으니, 삼가지 않을 수 없는 것이다. 先王의 大業을 계승하여 그 밝은 德을 공손히 받드는 것은 진정 지금 나 小子 旦에게 달려있다. 내가 머문 까닭은 능히 개정하려는 일이 있는 것이 아니라, 다만 先王의 光大한 도덕을 이행하여 우리 童子(成王)에게 政法을 베풀려 할 뿐이다.〔天難信 無德者 乃其墜失王命 不能經久歷遠 不可不愼 繼先王之大業 恭奉其明德 正在今我小子旦 我留 非能有改正 但欲蹈行先王光大之道 施正(政)於我童子〕"라고 풀이하였다.

추할 것이다.'를 가지고 말한 것이다."

字義 迪 : 계도할 적   施 : 부여할 시, 베풀 시   導 : 인도할 도   焜 : 빛날 곤   燿 : 빛날 요
付 : 부여할 부   沖 : 어릴 충   佚 : 잃을 일

6. 又曰 天不可信이나 我道는 惟寧王德을 延^①하여 天不庸釋于文王受命²³²이니라

① 書經 惟寧王德延 : 오직 寧王의 德을 연장시켜서
一般 惟以延長武王之德 : 오직 武王의 德을 연장시켜서

또 말씀하였다. "하늘은 믿을 수 없으나 우리가 마땅히 해야 할 도리는 오직 寧王
(武王)의 德을 연장시켜서, 하늘로 하여금 文王이 받으신 천명을 놓아버리지 않도
록 노력하여야 할 뿐이다."

又曰者는 以上文에 言天命不易라 天難諶하고 此又申言天不可信이라 故로 曰又
曰이라하여 天固不可信이나 然在我之道는 惟以延長武王之德하여 使天不容捨文王
所受之命也하니라

又曰은 윗글에서 "天命은 보전하기가 쉽지 않은지라, 하늘은 믿기 어렵다."라고
말하고, 여기에서 또 "하늘은 믿을 수 없다."라고 거듭 말하였기 때문에 又曰이라고
해서 "하늘은 진실로 믿을 수 없으나 우리가 해야 할 도리는 오직 武王의 德을 연장
시켜서, 하늘로 하여금 文王이 받으신 천명을 놓아버리지 않도록 노력하여야 할 뿐

---

232 天命不易(이)……天不庸釋于文王受命 : 孔傳은 易, 諶, 命, 歷, 人, 德, 旦, 正, 光, 子, 曰, 信,
道, 延, 命에 句를 끊어서 "天命은 보전하기 쉽지 않은지라, 하늘은 믿기 어려운 것이니, 德이 없
는 자가 〈만일 하늘의 뜻을 맞추지 않는다면〉 王命을 실추하여 능히 오래갈 수 없으니, 先王의
大業을 계승하여 그 밝은 德을 공손히 받드는 것은 진정 지금 나 小子 旦에게 달려있는 것이다.
내가 머문 까닭은 능히 개정하는 일이 있으려는 것이 아니라, 다만 先王의 光大한 도덕을 이행
하여 우리 童子에게 政法을 베풀려 할 뿐이다. 德이 없으면 떠나가니, 이래서 하늘은 믿을 수 없
는 것이다. 그러므로 우리는 도리를 가지고 寧王(文王)의 德을 편안히 행하여 연장시키기를 도모
할 뿐이다. 하늘은 文王이 받으신 천명을 놓아버리지 않으려고 한다. 그러므로 나는 머물러서 成
王을 보좌하려는 것이다.〔天命不易 天難信 無德者 乃其墜失王命 不能經久歷遠 繼先王之大業 恭奉其明
德 正在今我小子旦 我留 非能有改正 但欲蹈行先王光大之道 施正於我童子 無德去之 是天不可信 故我以道
惟安寧王之德 謀欲延久 天不用令釋廢於文王所受命 故我留佐成王〕"라고 풀이하였는데, 丁若鏞《尙書
知遠錄》은 "이 몇 節은 한결같이 梅氏의 句讀와 梅氏의 풀이를 따라야 마땅하고, 오직 '寧王'만
은 蔡說을 따라 武王으로 보는 것이 마땅하다.〔此數節 宜一從梅句梅訓 惟寧王 宜從蔡說作武王看〕"라
고 하였다.

이다."라고 한 것이다.

字義 延 : 연장할 연   庸 : 어조사 용   釋 : 놓을 석   容 : 어조사 용   捨 : 놓을 사

7. 公曰 君奭아 我聞하니 在昔成湯하여는(이) 旣受命이어시늘 時則有若[233]伊尹이 格于皇天하며 在太甲하여는(하여) 時則有若保衡하며 在太戊하여는(하여) 時則有若伊陟臣扈 格于上帝하며 巫咸[234]이 乂王家하며 在祖乙하여는(하여) 時則有若巫賢하며 在武丁하여는(하여) 時則有若甘盤[235]이라하니라(하니라)

公은 말씀하였다. "君奭아. 〈그대는 지금 급급히 떠날 생각만 하니, 또한 商나라의 여러 신하들에 대해서는 들어보지 못했는가.〉 나는 듣건대, 옛날 成湯에 있어서는 이미 하늘의 命을 받으셨거늘, 그때에 伊尹 같은 이가 있어 〈成湯을 보필하여 그 治績이〉 皇天을 감격시켰고, 太甲에 있어서는 그때에 保衡 같은 이가 있었으며, 太戊에 있어서는 그때에 伊陟과 臣扈 같은 이가 있어 〈德業을 닦은 功이〉 上帝를 감격시켰고, 또 巫咸이 王家를 다스렸으며, 祖乙에 있어서는 그때에 巫賢 같은 이가 있었으며, 武丁에 있어서는 그때에 甘盤 같은 이가 있었다고 한다.

時則有若者는 言當其時에 有如此人也라 保衡은 卽伊尹也니 見(현)說命하니라 太戊는 太甲之孫이요 伊陟은 伊尹之子라 臣扈는 與湯時臣扈로 二人而同名者也라 巫는 氏요 咸은 名이라 祖乙은 太戊之孫이요 巫賢은 巫咸之子也라 武丁은 高宗也라

---

233 時則有若 : 孔傳은 '時'자 위에 句를 끊었는데, 蔡傳은 이를 따랐고, 呂祖謙과 夏僎 등은 '時'자 아래에 句를 끊었다.

234 巫咸 : 王夫之《尙書稗疏》는 "孔安國과 蔡沈은 모두 '巫'를 '氏'로 여겼는데, 상고하건대, 大夫에게 氏를 준 것은 周나라 때에 시작되었고, 黃帝에서 殷나라에 이르기까지는 오직 族姓만을 나누고 氏를 드러내지 않았으니, '巫'는 벼슬이었다.〔孔蔡皆以巫爲氏 按大夫賜氏 始於周 黃帝至殷 唯分族姓 而不以氏顯 巫官也〕"라고 하였다.

235 在武丁 時則有若甘盤 : 呂祖謙《增修東萊書說》은 "周公이 召公을 만류하면서 유독 武丁 때에 甘盤 같은 이가 있는 것만 말하고, 傅說을 말하지 않은 것은 아마 發源과 開端을 모두 甘盤이 했기 때문이었을 것이다.〔周公留召公 獨曰在武丁時 則有若甘盤 不曰傅說者 蓋發源開端 皆甘盤也〕"라고 하였고, 袁仁《尙書砭蔡編》은 "蔡傳은 蘇氏(蘇軾)가 '武丁 때에 있어서 傅說을 말하지 않은 것은 아마 하늘에 배향된 군주에게 配食되지 않았기 때문인가.'라고 한 말을 인용했는데, 이 말은 잘못된 것이다. 이곳에서는 모두 舊臣을 말하였기 때문에 오직 甘盤만을 든 것이니, 文王이 太公을 말하지 않고 高宗이 傅說을 말하지 않은 것이 모두 동일한 뜻이다.〔蔡引蘇氏謂在武丁時不言傅說 豈傅說不配食於配天之主乎 此說非也 此處皆說舊臣 故惟擧甘盤 文王不言太公 高宗不言傅說 皆一意也〕"라고 하였다.

甘盤은 見(현)說命하니라 呂氏曰 此章은 序商六臣之烈이니 蓋勉召公匹休於前人也라 伊尹佐湯은 以聖輔聖하여 其治化 與天無間이요 伊陟臣扈之佐太戊는 以賢輔賢하여 其治化 克厭天心이라 自其徧覆言之면 謂之天이요 自其主宰言之면 謂之帝[236]니 書或稱天하고 或稱帝는 各隨所指요 非有重輕이나 至此章對言之하니 則聖賢之分而深淺見(현)矣라 巫咸에 止言其乂王家者는 咸之爲治 功在王室하여 精微之蘊이 猶有愧於二臣也라 亡書에 有咸乂四篇하니 其乂王家之實歟아 巫賢甘盤而無指言者는 意必又次於巫咸也라

時則有若은 그 당시에 이와 같은 사람이 있었음을 말한 것이다. 保衡은 곧 伊尹이니, 〈說命〉에 보인다. 太戊는 太甲의 손자요, 伊陟은 伊尹의 아들이다. 臣扈는 成湯 때의 臣扈와 동명이인인 사람이다. 巫는 氏요, 咸은 이름이다. 祖乙은 太戊의 손자요, 巫賢은 巫咸의 아들이다. 武丁은 바로 高宗이다. 甘盤은 〈說命〉에 보인다.

呂氏가 말하였다. "이 章에서 商나라 여섯 신하들의 功烈을 차례로 서술한 것은 아마 召公에게 前人처럼 아름다운 업적을 이룰 수 있도록 권면하기 위해서일 것이다. 伊尹이 成湯을 보좌한 것은 聖臣으로 聖君을 보좌하여 그 治化가 하늘과 간격이 없게 한 것이고, 伊陟과 臣扈가 太戊를 보좌한 것은 賢臣으로 賢君을 보좌하여 그 治化가 능히 天心을 만족시킨 것이다. 두루 덮어주는 것으로 말하면 '天'이라 이르고, 그 主宰하는 것으로 말하면 '帝'라 이르니, 《書經》에서 혹은 '天'이라 칭하기도 하고 혹은 '帝'라 칭하기도 한 것은 각각 가리킨 바에 따른 것이고, 輕重의 차이가 있는 것은 아니나 이 章에 와서 상대해서 말하였으니, 聖과 賢이 나누어져서 깊고 얕음이 나타났다. 巫咸에 있어서 단지 '王家를 다스렸다.'고만 말한 것은 巫咸의 다스림은 功이 王室에만 있어서 그 정미한 蘊蓄이 외려 두 신하(伊陟과 臣扈)에게 부끄러움이 있었다. 亡書(佚書)에 〈咸乂〉 4편이 있으니, 〈그 내용이〉 아마 王家를 다스린 實事였던가 보다. 巫賢과 甘盤에 있어서 지적해 말한 업적이 없는 것은, 생각건대 〈이들의 업적이〉 반드시 또 巫咸 다음에 놓였기 때문일 것이다."

○蘇氏曰 殷有聖賢之君이 七이어늘 此獨言五하고 下文云 殷禮陟配天이라하니 豈

自其覆言之……謂之帝 : 孔穎達이 "皇天과 上帝가 다 하늘인데, 그 문법을 변경했을 뿐이다."라고 풀이한 것이 呂祖謙의 해석보다 나은 것 같다.

配祀于天者 止此五王이요 而其臣이 偕配食于廟乎아 在(戊)〔武〕²³⁷丁時에 不言傳說(열)하니 豈傳說不配食於配天之王乎²³⁸아 其詳을 不得而聞矣라하니라

○蘇氏가 말하였다. "殷나라에 聖君과 賢君이 7명이 있었는데 여기서는 단지 5명만을 말하였고, 아랫글에서 '殷나라의 〈다섯 임금이 모두〉 禮(明德)로써 올라가 하늘에 배향되었다.'고 말하였으니, 아마 하늘에 배향된 임금은 단지 이 다섯 임금뿐이고, 그 신하들은 모두 사당에 配食(配享)되었는가 보다. 武丁 때에 있어서 傳說을 말하지 않았으니, 아마 傳說은 하늘에 배향된 임금에게 배식되지 못했던 것인가. 그 자세한 것을 들을 수 없다."

字義 格 : 감격할 격   乂 : 다스릴 예   厭 : 만족할 염   覆 : 덮을 부   蘊 : 쌓을 온   愧 : 부끄러울 괴
陟 : 오를 척   偕 : 다 해

8. 率惟玆有陳하여 保乂有殷하니라(하니) 故로 殷이 禮陟²³⁹配天^{①240}하여 多歷年所²⁴¹하니라

> ① 書經 殷禮陟配天 : 殷나라 〈先王이〉 禮(明德)로써 〈승하하여〉 하늘에 짝이 되어서
> 一般 殷先王終以德配天 : 殷나라 先王이 승하하여 德으로써 하늘에 짝이 되어서

〈신하로서 지켜야 할〉 이 도리를 따라 진열한 공이 있어 殷나라를 보존해 다스

---

237 (戊)〔武〕: 저본에는 '戊'로 되어 있으나, 《朱文公訂正門人蔡九峯書集傳》南宋刻本에 의거하여 '武'로 바로잡았다.

238 蘇氏曰……王乎 : 이에 대하여 袁仁(《尙書砭蔡編》)은 "蔡沈이 인용한 蘇氏의 이 말은 잘못된 것이다. 이 부분에서는 모두 舊臣을 말했기 때문에 甘盤만을 든 것이니, 文王의 경우 太公을 말하지 않고 高宗의 경우 傳說을 말하지 않은 것은 모두 같은 뜻이다.〔蔡引蘇氏此說非也 此處皆說舊臣 故惟擧甘盤 文王不言太公 高宗不言傳說 皆一意也〕"라고 하였다.

239 陟 : 林之奇(《尙書全解》)는 "승하한 것을 '陟'이라 하니, 〈康王之誥〉에 이른바 '新陟王'이란 것이 이것이다. '禮陟'은 '정상적으로 죽었다.'고 말한 것과 같다.〔登遐曰陟 所謂惟新陟王是也 禮陟猶言得正而斃〕"로 풀이하였다.

240 殷禮陟配天 : 孔疏는 "殷나라 王으로 하여금 백성들을 편안히 다스리게 하였으므로 殷나라에 윗분을 편안히 하고 백성을 다스리는 데 따른 禮가 있어 하늘에 올라가 짝이 되었다. 하늘이 사람 위에 있기 때문에 '升'이라 이르며, 〈天子는 곧〉 하늘의 아들이니, 이것이 바로 하늘에 짝이 된 것이다.〔使殷王得安治民 殷有安上治民之禮 能升配上天 天在人上 故謂之升 爲天之子 是配天〕"라고 풀이하였다.

241 多歷年所 : 諺解는 "年을 歷한 바 多하니라"고 하였으나, 본 번역에서는 이해하기 쉬운 孔疏를 따랐다. 孔疏는 "나라를 누린 歷年의 次所(연도)가 많았다.〔享國多歷年之次所〕"로 풀이하였다.

렸다. 그러므로 殷나라 先王들이 승하하여 德으로 하늘에 짝이 되어서 〈나라를 누린〉次所(연도)가 장구하였다.

> 陟은 升遐也라 言六臣이 循惟此道하여 有陳列之功하여 以保乂有殷이라 故로 殷先王이 終以德配天하여 而享國長久也니라
>
> 陟은 升遐의 뜻이다. 여섯 명의 신하들이 이 도리를 따라 진열한 공이 있어, 殷나라를 보존해 다스렸다. 이 때문에 殷나라 先王들이 승하하여 德으로써 하늘에 짝이 되어서 享國의 역년이 장구할 수 있었다는 것이다.

> 字義 率 : 따를 솔   陟 : 승하할 척   循 : 따를 순   乂 : 다스릴 예   終 : 승하할 종

9. 天惟純佑命이라 則商이 實하여 百姓[242]王人[243]이 罔不秉德明恤하며 小臣屛侯甸이 矧咸奔走온여(따녀) 惟茲惟德을 稱하여 用乂厥辟[244]이라 故로 一人이 有事于四方이어든 若卜筮하여 罔不是孚하니라

하늘이 〈商나라를〉도와준 命이 純一하였다. 그러므로 商나라가 〈훌륭한 인재로〉꽉 차서 〈안으로는〉著姓한 百官과 미미한 王人들이 德을 가지고 나라를 걱정하는 마음을 밝게 드러내지 않은 이가 없었고, 〈밖으로는〉미미한 小臣과 藩屛의 侯甸들이 하물며 모두 분주하게 일을 하였음에랴. 이와 같았기 때문에 오직 德을 가진 賢能한 사람들만이 擧用되어 임금이 〈일을〉다스렸을 뿐이다. 그러므로 한 사람(임금)이 사방에서 〈征伐이나 會同 같은〉일을 하면, 마치 거북점이나 시초점

---

242 百姓 : 孔安國과 呂祖謙은 단순히 백성으로, 蘇軾은 '百族大姓'으로, 林之奇는 '百官族姓'으로, 夏僎과 蔡沈은 '百官著姓'으로 보았다.

243 王人 : 孔安國과 王肅은 임금으로 보고, 蔡沈은 지위가 낮은 왕의 신하로 보았다.

244 天惟純佑命……用乂厥辟 : 孔傳은 '純'은 大, '實'은 豐實의 뜻으로 보고 命, 姓, 德, 臣, 甸, 走, 稱, 辟에 句를 끊어서 "하늘이 크게 그 王命을 도와 商나라 백성들을 豐實하게 만드니, 모두 禮節을 알았다. 湯임금으로부터 武丁에 이르기까지 그 王人들이 德을 가지고 業을 세우지 않는 이가 없었으며, 그 지위가 낮은 신하들에 대해서까지 행여 어질지 못할까 현저하게 걱정하여 올바른 사람을 얻어서 藩屛侯甸의 服을 삼게 하였다. 지위가 낮은 신하도 올바른 사람을 얻기를 걱정하였거늘, 大臣이야 알 수 있는 일이었다. 王도 외려 德을 가지고 신하에 대해 걱정하였거늘, 하물며 신하들은 모두 분주하지 않을 수 있었겠는가. 王의 이 일은 오직 德이 있는 이를 등용하여 그 임금의 일을 다스리게 할 뿐이었다.〔惟天大佑助其王命 使商家百姓 豐實 皆知禮節 自湯至武丁 其王人 無不持德立業 明憂其小臣 使得其人 以爲藩屛侯甸之服 小臣且憂得人 則大臣可知 王猶秉德憂臣 況臣下得不皆奔走 惟王此事 惟有德者擧 用治其君事〕"라고 풀이하였다.

과 같이 여겨서 〈온 천하에 한 사람도〉 이를 믿지 않는 이가 없었다.”

佑는 助也라 實은 虛實之實이라 國有人則實이니 孟子言不信仁賢이면 則國空虛[245] 是也라 稱은 舉也니 亦秉持之義라 事는 征伐會同之類라 承上章六臣輔君格天致 治하여 遂言天佑命有商이 純一而不雜이라 故로 商國이 有人而實하여 內之百官著 姓과 與夫王臣之微者 無不秉持其德하여 明致其憂하고 外之小臣과 與夫藩屛侯 甸이 矧皆奔走服役이라 惟此之故로 惟德是舉하여 用乂其君이라 故로 君有事于四 方이어든 如龜之卜하고 如蓍之筮하여 天下無不敬信之也니라

佑는 助의 뜻이다. 實은 虛實의 實이다. 나라에 훌륭한 사람이 있으면 나라가 꽉 차게 되니, 孟子가 말씀한 “仁賢한 사람을 믿지 않으면 나라가 텅 비게 된다.”라고 한 것이 이것이다. 稱은 舉(들다)의 뜻이다. 또한 秉持(잡아 가지다)의 뜻이기도 하다. 事는 征伐과 會同 따위이다. 윗장에서 말한 “여섯 신하들이 임금을 보필하여 하늘 을 감격시킬 정도로 훌륭한 정사를 했다.”는 것을 이어서 드디어 말하기를 “하늘이 商나라를 도와주는 命이 純一하여 잡되지 않았다. 그러므로 商나라가 훌륭한 인재 로 꽉 차서 안으로는 著姓한 百官과 미미한 王臣들이 德을 가지고 나라를 걱정하는 마음을 밝게 드러내지 않은 이가 없었고, 밖으로는 미미한 小臣과 藩屛의 侯甸들이 하물며 모두 분주하게 일을 하였음에랴. 이와 같았기 때문에 오직 德을 가진 賢能 한 사람들만이 舉用되어 임금의 〈일을〉 다스렸을 뿐이다. 그러므로 임금이 사방에 서 일을 하면, 마치 거북점이나 시초점 같이 여겨서 온 천하에 〈한 사람도〉 이를 공 경하고 믿지 않는 이가 없었다.”라고 하였다.

字義 實 : 꽉찰 실 恤 : 걱정할 휼 屛 : 병풍 병 稱 : 거용할 칭 辟 : 임금 벽 卜 : 거북점 복
筮 : 시초점 시 孚 : 믿을 부 秉 : 잡을 병 格 : 감격할 격

10. 公曰 君奭아 天壽平格[246]이라 保乂有殷하더시니 有殷이 嗣天滅威[247]하니 今汝

---

245 不信仁賢 則國空虛 :《孟子》〈盡心 下〉에 보인다.

246 平格 : 孔傳은 '平至'로, 鄭玄은 “'格'은 하늘에 이르는 것[格者 格於天]”으로, 孔疏는 “'平'은 政敎 가 均平함을 이르고, '至(格)'는 道가 이르는 바가 있음을 이른다.[平 謂政敎均平 至 謂道有所至]”로 풀이하였는데, 宋代 黃倫《尙書精義》은 孔疏를 따랐으며, 蘇軾《書傳》은 '和平至道'로, 錢時《融 堂書解》는 '格'을 '感格'의 格으로 풀이하였고, 呂祖謙은 이와 달리 풀이하였는데, 蔡傳은 呂祖 謙을 따랐다. 또한 臨川吳氏《書傳大全》小註)는 “'平格'은 한 가지 일도 하늘과 통하지 않음이 없음을 이른다.[平格 謂無一事不與天通者]”로, 元代 朱祖義《尙書句解》는 “능히 그 백성들을 화평 하게 해서 善에 이르도록 한다.[能和平其民 使至於善]”로 풀이하였다.

永念하면 則有固命하여 厥亂이 明我新造邦하리라

公은 말씀하였다. "君奭아. 하늘은 〈반드시 大臣이〉 공평무사하여 하늘과 소통하는 자만이 壽를 누릴 수 있게 한다. 〈하늘과 소통했기 때문에〉 殷나라를 보존해 다스려 오랫동안 治安의 수명을 누리게 하였는데, 殷紂가 天位를 이어 〈노성한 신하들을 버렸기 때문에〉 하늘이 벌을 내려서 멸망시키는 위엄에 걸렸다. 그러니 이제 그대가 〈떠날 생각만 하지 말고 국가가 장구히 보존될 수 있는 방도를〉 생각한다면 반드시 하늘의 견고한 명을 소유하여 그 治績이 우리 새로 조성한 나라에 밝게 드러날 것이다."

呂氏曰 坦然無私之謂平이요 格者는 通徹三極[248]而無間者也라 天無私壽하고 惟至平通格于天者면 則壽之라 伊尹而下六臣이 能盡平格之實이라 故로 能保乂有殷하여 多歷年所러니 至于殷紂하여는 亦嗣天位하여 乃驟罹滅亡之威하니 天曾不私壽之也라 固命者는 不墜之天命也라 今召公이 勉爲周家久永之念이면 則有天之固命하여 其治效 亦赫然明著於我新造之邦하여 而身與國이 俱顯矣[249]라하니라

呂氏가 말하였다. "평탄하여 私가 없는 것을 平이라 이르고, 格은 三極을 통하여 간격이 없는 것이다. 하늘은 사적으로 壽를 누리게 하는 일이 없고 오직 지극히 공평하여 하늘과 소통하는 사람만이 壽를 누릴 수 있게 하니, 伊尹 이하 여섯 신하들이 능히 '平格'의 실상을 다하였다. 그러므로 殷나라를 보존해 다스려서 나라를 누

---

247 天壽平格……殷嗣天滅威 : 孔傳은 "하늘이 平至한 德을 가진 임금을 장수하게 하기 때문에 殷나라를 안보해 다스렸었는데, 殷나라 嗣子인 紂가 능히 平至하지 못하므로 하늘이 멸망시키고 게다가 위엄을 가하였다.〔天壽有平至之君 故安治有殷 有殷嗣子紂 不能平至 天滅亡 加之以威〕"라고 풀이하였다.

248 通徹三極 : 陳師凱(《書蔡氏傳旁通》)는 "天·地·人의 이치를 관통한 것이다.〔貫通天地人之理〕"라고 풀이하였다.

249 坦然無私之謂平……俱顯矣 : 呂祖謙(《增修東萊書說》)의 說을 간추린 것이다. 明代 羅欽順(《困知記》)은 "간격 없이 통철한 것도 '至'자의 뜻이다. 그러나 '至'자에 비하면 그 의미가 더욱 명백하고 심장하다.〔通徹無間 亦至字之義 然比之至字 其意味尤爲明白而深長〕"라고 하여 呂祖謙을 높이 평가한 반면, 明代 王樵(《尙書日記》)는 "呂氏가 '平格'을 여섯 신하에게 돌리고 임금을 참여시키지 않은 것은 옳지 못하다.〔呂氏以平格 歸諸六臣 而君不與 非是〕"라고 하였다. 그러나 《增修東萊書說》의 "伊尹 이하는 임금과 신하가 각각 그 직책을 다하여 일그러지지 않고 치우치지 않은 것이 대개 '平格'의 실상이다.〔伊尹而下 君臣各盡其職 不虧不偏 蓋平格之實〕"란 것을 蔡傳에서 간추려 인용하면서 "伊尹 이하 여섯 신하가 능히 '平格'의 실상을 다했다.〔伊尹而下六臣 能盡平格之實〕"라고 만든 것을 王樵는 몰랐던 것 같다.

린 次所(연도)가 많았다. 그런데 殷紂에 와서 또한 天位를 이어 갑자기 멸망하는 위엄에 걸렸으니, 하늘은 일찍이 사적으로 壽를 누리게 하지 않았다. 固命이란 것은 天命을 실추시키지 않는 것이다. 이제 召公이 국가가 장구히 보존될 길을 힘써 생각한다면 하늘의 견고한 命을 소유하여 그 治績의 효험이 또한 우리 새로 조성한 나라에 밝게 드러나서 몸과 나라가 모두 나타날 것이다."

字義 平 : 공평할 평 格 : 통할 격 亂 : 치적 란 坦 : 평탄할 탄 驟 : 갑자기 취, 빠를 취
罹 : 걸릴 리 墜 : 떨어질 추

11. 公曰 君奭아 在昔上帝割[250]하고(하사) 申勸寧王之德하사 其集大命于厥躬하시니라

公은 말씀하였다. "君奭아. 옛날 상제께서 〈紂를 싫어하셨기 때문에 殷나라에〉 災害를 내리고, 〈백성에게 임금이 없어서는 안 되므로〉 거듭 寧王(武王)의 德을 권면해서 大命을 그 몸에 모으게 하셨다.

申은 重이요 勸은 勉也라 在昔上帝 降割于殷하고 申勸武王[251]之德하여 而集大命於其身하여 使有天下也라

申은 重(거듭)의 뜻이요, 勸은 勉의 뜻이다. 옛날 上帝가 殷나라에 災害를 내리고, 武王의 德을 거듭 권면하여 大命을 그 몸에 모아 天下를 소유하게 하였다는 것이다.

字義 割 : 재해 할

12. 惟文王이 尙克修和我有夏는(하샨든) 亦惟有若虢叔과 有若閎夭와 有若散宜生과 有若泰顚과 有若南宮括이니라

---

250 割 : 孔傳은 '그 義를 割制하는 것[割制其義]'으로, 蘇軾(《書傳》)은 '하늘이 割喪을 내리는 것[天降割喪]'으로, 林之奇(《尙書全解》)는 蘇軾처럼 〈大誥〉의 "하늘이 우리 周나라 王家에 재앙을 내려 〈결국 武王의 승하에〉 조금도 기다려주지 않으셨다.[天降割于我家 不少延]"의 '割'로, 呂祖謙은 '그 치우침을 裁割한 것[裁割其偏]'으로 보았는데, 蔡傳은 蘇軾을 따르고 있다.

251 武王 : 蔡傳에서 '寧王'을 武王으로 본 것에 대하여 陳師凱(《書蔡氏傳旁通》)는 "'寧王'을 孔注(孔傳)는 文王으로 여겼는데, 蔡傳은 武王으로 여겼으니, 과연 '武王'이라면 아래에 '惟文王尙克修和我有夏'란 말을 접하였으니, 반드시 缺文이 있을 것이다.[寧王 孔注以爲文王 蔡傳以爲武王 果武王也則 下接惟文王尙克修和我有夏 必有缺文]"라고 지적하였다. 그러나 周나라가 天下를 얻은 것은 비록 武王이 한 일이지만, 그 기반은 실로 文王이 닦은 것을 감안하면 '寧王'을 '文王'으로 볼 수도 있을 것 같다. 夏僎(《尙書詳解》)은 '寧王'을 文王과 武王을 竝稱한 것으로 보았다.

文王이 거의 우리가 소유한 夏(中華)를 잘 다스리고 회합하게 한 것은 〈어찌 文王이 혼자 했겠는가.〉 또한 虢叔과 閎夭와 散宜生과 泰顚과 南宮括 같은 어진 신하들이 〈보필하였기〉 때문이다."

虢叔은 文王弟라 閎, 散, 泰, 南宮은 皆氏요 夭, 宜生, 顚, 括은 皆名이라 言文王이 庶幾能修治變和我所有諸夏者는 亦惟有虢叔等五臣이 爲之輔也라 康誥에 言一二邦以修와 無逸에 言用咸和萬民이 卽文王修和之實也니라

虢叔은 文王의 아우이다. 閎·散·泰·南宮은 모두 氏요, 夭·宜生·顚·括은 모두 이름이다. 文王이 거의 우리가 소유한 諸夏를 잘 다스리고 화합하게 할 수 있었던 것은 또한 虢叔 등 다섯 신하가 있어 보필하였기 때문임을 말한 것이다. 〈康誥〉의 "우리 한두 나라의 友邦이 〈점점〉 다스려지게 되었다."라고 말한 것과 〈無逸〉의 "만백성을 모두 화합하게 하셨다."라고 말한 것이 곧 文王이 다스리고 화합하게 한 실증이다.

字義 尙 : 거의 상

13. 又曰 無能往來玆하여 迪彛敎인댄(하던든) 文王도 蔑德이 降于國人[252]이시리라

---

252 又曰……降于國人 : 孔傳은 '迪'을 道의 뜻으로, '彛'를 法의 뜻으로, '蔑'을 小의 뜻으로 보고, 來, 彛, 德, 人에 句를 끊어서 "다섯 어진 신하를 소유하였으나 외려 〈인원수가〉 적어서 〈임금과 백성들 사이를〉 능히 왕래하면서 〈일을 잘 다스릴〉 수 없을 것으로 여겼으니, 다섯 사람들은 이 道法을 가지고 文王을 精微한 德으로써 가르쳐서 政令이 國人에게 내려가도록 하였으니, 비록 성인이라 할지라도 또한 어진 보좌를 필요로 했음을 말한 것이다.〔有五賢臣 猶曰其少 無所能往來 而五人 以此道法 敎文王以精微之德 下政令於國人 言雖聖人 亦須良佐〕"라고 풀이하였는데, 이에 대하여 夏僎《尙書詳解》은 "先儒(孔安國)는 여기의 '又曰'을 文王이 스스로 한 말로 여겼고, 唐나라 孔氏는 확대 해석하기를 '文王은 이미 어진 신하 다섯 명을 소유하였으나 다시 말하기를 「나의 어진 신하가 외려 적어서 왕래할 수 없을 것으로 알았다.」고 하였으니, 다섯 사람은 이 道法을 가지고 文王을 精微한 德으로써 가르쳐서 政令이 國人에게 내려가도록 하였다.'고 하였으니, 그 뜻대로라면 '玆迪彛'를 1句로, '敎文王蔑德'을 1句로 삼아야 하는데, '玆迪彛'를 '此道法'으로 삼으면 文理가 이미 雅順하지 못한데, 하물며 '無能往來'를 文王이 스스로 한 말로 여겨 '어진 신하가 적어서 왕래할 수가 없다.'고 한다면 文王이 이 다섯 사람을 경시한 꼴이 된다. 그러므로 감히 그 해석을 따르지 못하겠다.〔先儒於此又曰 乃以爲此文王所自言 唐孔氏廣之謂 文王旣有賢人五人 又復言曰 我知得賢臣猶少 無所能往來 五人以此道法 敎文王以精微妙蔑之德 下政于國人 此其意 則以玆迪彛爲一句 以敎文王蔑德爲一句 夫以玆迪彛 爲此道法 文理旣不雅順 況以無能往來 爲文王自言 爲賢臣少 無所能往來 則文王若輕此五人者 故不敢從〕"라고 반박한 반면, 呂祖謙《增修東萊書說》은 孔傳처럼 "인재가 적어서 임금과 백성들 사이를 왕래할 수가 없었다.〔人材之少 無能往來君民之間〕"로 풀이하였는데, 蔡傳은 이와 다르게 보고 있다. 淸代 毛奇齡《尙書廣聽錄》은 '無能往來'를 1句로, '玆迪彛'를

또 말씀하였다. "〈만일 다섯 신하가〉여기에 분주히 오가며 〈文王을〉常敎로 계도함이 없었더라면 文王의 德 또한 國人에게 내려가지 못했을 것이다.

蔑은 無也라 夏氏曰 周公이 前旣言文王之興이 本此五臣이라 故로 又反前意而言曰 若此五臣者 不能爲文王하여 往來奔走於此하여 導迪其常敎인댄 則文王亦無德降及於國人矣라하니라 周公이 反覆以明其意라 故로 以又曰로 更端發之시니라

蔑은 無의 뜻이다. 夏氏(夏僎)는 말하기를 "周公이 앞에서 이미 文王의 興起는 이 다섯 신하에게 근거를 두었다고 말했기 때문에 다시 앞의 뜻을 뒤집어서 말하기를 '만약 이 다섯 신하가 文王을 위해 여기에 분주히 오가며 常敎로 계도하지 않았더라면 文王 또한 德이 國人에게 내려가지 못했을 것이다.'라고 했다." 하였다. 周公께서 반복하여 그 뜻을 밝혔기 때문에 '又曰'로 말끝을 바꿔서 말씀하신 것이다.

字義 迪 : 계도할 적   彝 : 떳떳할 이   蔑 : 없을 멸

14. 亦惟純佑는 秉德이 迪知天威하여 乃惟時昭文王하여 迪見(현)冒하여 聞于上帝라 惟時受有殷命哉[253]하시니라

또한 〈하늘이 文王을〉도와주신 命이 純一한 것은 德을 가진 〈다섯 신하가〉덕을 지극히 행하고 하늘의 위엄을 적실히 알아서 이에 文王을 밝게 드러내어 그 常敎로 계도하여 〈文王의 덕화가〉위에 드러나고 아래에 덮여 그것이 올라가 上帝에게 알려지게 하였다. 그래서 殷나라의 天命을 받으신 것이다.

言文王有此五臣者라 故로 亦如殷爲天純佑命하여 百姓王人이 罔不秉德也라 上旣反言 文王若無此五臣이 爲迪彝敎면 則亦無德下及國人이라 故로 此又正言 亦惟天乃純佑文王은 蓋以如是秉德之臣이 蹈履至到하여 實知天威라 以是로 昭明文王하여 啓迪其德하여 使著見(현)於上하고 覆冒於下하여 而升聞于上帝라 惟是之

─────────────

1句로, '敎文王蔑德'을 1句로, '降于國人'을 1句로 삼고서 '蔑德'은 隱微한 德이라고 풀이하기도 하였다.

253 亦惟純佑……惟時受有殷命哉 : 孔傳은 迪을 蹈의 뜻으로 보아 "文王이 또한 殷나라가 하늘의 큰 도움을 받듯이 하고, 文王이 또한 德을 가지고 하늘의 위엄을 적실히 알게 된 것은 바로 이 다섯 사람이 文王의 德을 밝혔기 때문이고, 능히 文王의 德을 밝히어 지극히 행하여 드러내서 아래로는 백성에게 덮이고 위로는 하늘에 알려지게 하였다. 이 때문에 殷나라의 王命을 받게 된 것이다.〔文王亦如殷家 惟天所大佑 文王 亦秉德 蹈知天威 乃惟是五人 明文王之德 能明文王德 蹈行顯見 覆冒下民 彰聞上天 惟是故 受有殷之王命〕"라고 풀이하였다.

故로 遂能受有殷之天命也라

文王은 이와 같은 다섯 신하를 소유했기 때문에 또한 殷나라를 하늘이 도와준 명이 순일하여 著姓한 百官과 王人들이 德을 가지지 않은 이가 없었던 성세를 만났을 때와 같았음을 말한 것이다. 위에서 이미 뒤집어 말하기를 "文王이 만일 이와 같은 다섯 신하가 常敎로 계도함이 없었더라면 또한 德이 아래로 國人에게 내려가지 못했을 것이다."라고 하였다. 그러므로 여기에서는 또 바로 말하기를 "하늘이 곧 文王을 도운 명이 순일한 것은 이와 같이 德을 가진 신하들이 덕을 지극히 행하여 하늘의 위엄을 적실히 알았다. 이러므로 文王을 밝게 드러내어 그 德을 계도해서 위에 나타나고 아래에 덮여 그것이 올라가 上帝에게 알려지게 했다."라고 한 것이다. 이 때문에 드디어 殷나라의 天命을 받게 된 것이다.

[字義] 迪 : 행할 적, 계적할 적 時 : 이 시 冒 : 덮을 모 時 : 이 시

15. 武王은 惟玆四人이 尙迪有祿[254]하고(하니) 後暨武王으로 誕將天威하여 咸劉厥敵하니 惟玆四人이 昭武王惟冒하여 丕單(殫)稱德[255]하니라

武王에 와서는 〈죽은 虢叔을 제외한 閎夭 등〉 네 사람이 거의 〈武王을〉 啓導해서 天祿을 소유하게 하였고, 뒤에 武王과 함께 크게 하늘의 위엄을 받들어 그 적들을 모두 죽였으니, 이 네 사람이 武王의 德을 밝혀 天下에 두루 덮여져서 크게 〈천하 사람으로 하여금〉 모두 그 德을 칭송하게 하였다.

虢叔先死라 故로 曰四人이라 劉는 殺也요 單은 盡也라 武王은 惟此四人이 庶幾迪有天祿하고 其後暨武王으로 盡殺其敵이라 惟此四人이 能昭武王遂覆冒天下하여 天下大盡稱武王之德하니 謂其達聲敎于四海也라 文王은 冒西土而已요 丕單稱德은 惟武王爲然이라 於文王에 言命하고 於武王에 言祿者는 文王은 但受天命이요 至武王하여 方富有天下也일새라 呂氏曰 師尙父(보)之事文武는 烈莫盛焉이언만 不與五臣之列은 蓋一時議論이 或詳或略하여 隨意而言하여 主於留召公이요 而非欲爲人物評也니라

---

254 惟玆四人 尙迪有祿 : 孔傳은 "文王이 죽고 武王이 즉위하니, 이 네 사람이 거의 武王을 보필하여 天祿을 소유하였다. 虢叔이 먼저 죽었기 때문에 '네 사람'이라고 말한 것이다.〔文王沒 武王立 惟此四人 庶幾輔相武王 蹈有天祿 虢叔先死 故曰四人〕"라고 풀이하였다.

255 丕單(殫)稱德 : 孔傳은 "크게 모두 그 덕을 거행하게 하였다.〔大盡擧行其德〕"로 풀이하였다.

虢叔이 먼저 죽었기 때문에 '네 사람'이라 말한 것이다. 劉는 殺의 뜻이요, 單은 盡(모두)의 뜻이다. 武王에 와서는 이 네 사람이 거의 〈무왕을〉 계도하여 天祿을 소유하였고, 그 뒤에 武王과 함께 적들을 모두 죽였다. 이 네 사람이 능히 武王의 德을 밝혀 〈武王의 德이〉 드디어 天下에 덮여져서 천하 사람들이 크게 모두 武王의 德을 칭송하게 되었으니, 이는 그 聲教를 四海에 도달하게 함을 이른 것이다. 文王의 德은 西土에만 덮였을 뿐이고, 크게 모두 德을 칭송한 것은 오직 武王만이 그럴 수 있었던 것이다. 文王에 대해서는 命을 말하고 武王에 대해서는 祿을 말한 것은 文王은 단지 天命만을 받았을 뿐이고, 武王에 이르러서야 비로소 富로 天下를 소유하였기 때문이다.

呂氏가 말하였다. "師傅인 尙父(姜太公)가 文王과 武王을 섬긴 것은 功烈이 그보다 성대할 수 없건만, 이 다섯 신하의 반열에 참여되지 않은 것은 아마 한 때의 의론이 혹은 상세하게, 혹은 소략하게 뜻에 따라 말하여 召公을 만류함에 주안점을 둔 것이고, 인물평을 하려고 한 것이 아니기 때문일 것이다."

字義 迪 : 계도할 적   曁 : 더불어 기, 미칠 기   誕 : 클 탄   將 : 받들 장   劉 : 죽일 유   冒 : 덮일 모
單(殫) : 모두 탄   稱 : 칭송할 칭   覆 : 덮일 부   列 : 반열 열

16. 今在予小子旦하여는(하여) 若游大川하니 予往에 曁汝奭으로 其濟하리라 小子同未在位하시니 誕無我責가 收罔勖不及[256]이면(하여) 耇造德이 不降하여(하면) 我則鳴鳥를

---

256 誕無我責 收罔勖不及 : 孔傳에서 "지금 그대와 함께 머물러서 成王을 보필하고자 하는 것은 〈朝臣 중에서〉 스스로 힘쓰지 않아 道義에 미치지 못하는 자를 거두어 가르치려는 것이다.〔今與汝留輔成王 欲收教無自勉不及道義者〕"라고 풀이한 데 대하여 兪樾(《群經平議》)은 "枚傳에서는 '責'자에 句를 끊고 '收'자를 아래에 붙여서 읽었으니, '收罔勖不及'은 너무도 이해할 수가 없고, 傳의 뜻대로라면 또한 너무 한만스럽다. '收'는 응당 위에 붙여서 읽어야 하니, '收'는 成의 뜻이다. 《周易》 井卦 上六의 '井收勿幕'에 대한 王弼의 注에 '井功이 크게 이루어진 것은 이 爻에 달려 있다. 그러므로 「井收」라 했다.'는 것이 이것이다. '收'에는 成의 뜻이 들어 있다. 이는 '小子同未在位'를 이어받아 '成王은 어려서 이미 즉위하였지만 아직 在位하지 못한 것과 마찬가지니, 만일 내가 그 收成을 요구함이 없다면 미치지 못하는 바를 권면할 수 없다.'고 말한 것이다. 그러므로 '誕無我責罔勖不及'이라 한 것이다. '誕'은 어조사이니, 꼭 '大'로 풀이할 필요가 없다. '責'의 본뜻은 求이니, 《說文解字》 貝部에 「責」은 '求의 뜻이다.'라고 하였다. 그런데 '非責'으로 해석하였으니, 뜻이 또한 딱 들어맞지 않는다.〔枚傳於責字絶句 而以收字屬下讀 收罔勖不及 甚不可解 如傳義 亦太迂廻矣 收當屬上讀 收者成也 周易井上六 井收勿幕 王弼注曰 井功大成 在此爻矣 故曰井收是也 收有成義也 此承小子同未在位 而言 成王沖幼 雖已卽政 與未在位同 若無我責求其收成 則無能勖勉其所不及也 故曰誕無我責罔勖不及 誕者 語辭 不必訓爲大 責之本義爲求 說文貝部 責求也 以非責釋之 義亦未協〕"라고 하였다.

不聞이온 矧曰其有能格[257]가

---

257 今在予小子旦……曰其有能格 : 孔傳은 "나는 이미 〈成王에게〉 정사를 돌려주었지만, 지금도 여전히 무거운 짐이 나 小子 旦에게 있으니, 나는 네 사람이 文王과 武王을 보필하여 큰 공적을 세운 것처럼 할 수는 없다. 비유하자면 大川에서 헤엄치는 것과 같으니, 내가 대천을 향해 감에 그대 奭과 함께 成王을 도와서 잘 건네줄 뿐이다. 〈마음을 써서 보필하기를 成王이 아직〉 왕위에 앉아 집무하지 못했을 때와 마찬가지로 해야 할 것이니, 그대는 내가 머물러있는 것을 크게 나무라지 말라는 것이다. 지금 그대와 함께 머물러서 成王을 보필하고자 하는 것은 〈朝臣 중에〉 스스로 힘쓰지 않아 道義에 미치지 못하는 자를 거두어 가르치려는 것이다. 나는 지금 이런 교화를 성립하려는 것인데, 노성한 덕을 가진 사람이 뜻을 굽혀 하려들지 않으니, 〈德政이 이루어지지 않아 상서가 이르지 않을 것인 바,〉 우리 周나라는 봉황의 울음소리도 들을 수 없을 터인데, 하물며 공적이 하늘에 이르러 감격시킬 수 있겠느냐는 것이다.〔我新還政 今任重在我小子旦 不能同於四人 若游大川 我往與汝奭其共濟渡成王 同於未在位卽政時 汝大無非責我留 今與汝留輔成王 欲收敎無自勉不及道義者 立卽化 而老成德不降意爲之 我周則鳴鳳不得聞 況曰其有能格于皇天乎〕"로 풀이하였다.

'往'의 경우 孔安國은 '從此向川'으로, 林之奇는 '自今以往'으로 보았고, '誕無我責'의 경우 夏僎은 "이는 周公이 召公과 함께 成王을 구제하기를 마치 成王이 아직 즉위하지 못했을 때와 마찬가지로 하고 나 한 사람에게 다 책임지우는 일이 없게 하려는 것이다.〔此周公所以欲召公同濟成王 與成王未卽位之時無異 大無盡責于我一人也〕"라고 위아래가 연결되게 풀이하였는데, 蔡傳은 "'誕無我責' 위에 아마 缺文이 있는 듯하다."라고 하였고, '收罔勖不及'의 경우 林之奇는 "아마 成王이 盛滿하게 이루어놓은 王業만을 믿고 교만하고 태만하여 스스로 힘쓰지 않아 治道에 미치지 못할 바가 있을까 염려하였기 때문에 거두어 가르치고자 한 것이리라.〔收罔勖不及 蓋恐成王 恃其盈成之業 驕怠懈弛 不能自勉 而於治道有所不及 是以欲收之〕"라고 풀이하였는데, 蔡傳은 '未詳'으로 처리하고 있다.

'收罔勖不及耆造德不降'의 경우 蘇軾은 "나와 그대는 함께 孺子를 보필하고 있으니, 王業이 크게 이루어짐을 기다리지 않고 떠나감을 말할 수 있겠는가. 나는 마땅히 成王의 힘쓰지 않아 미치지 못하는 점을 거두어 보완해야 하고, 또 마땅히 그대 奭 같은 노성한 사람을 머물면서 스스로 돕게 해야 하는데, 그대가 만일 뜻을 굽혀 조금 머물러주지 않는다면 하늘이 우리의 王業을 잘 마무리하여 천명을 정해주려고 하지 않을 것이다.〔我與汝同輔孺子 其可以不俟王業之大成而言去乎 我當收蓄成王不勉不及之心 又當留汝奭耆老成人以自助 汝若不降意小留 則是天不欲我終王業定天命也〕"로 풀었고, 呂祖謙(《增修東萊書說》)은 "'小子同未在位 誕無我責'에서의 이 '小子'는 곧 成王을 가리킨 것이니, 成王이 비록 이미 親政하게 되었지만, 어린 小子라서 艱難한 줄을 몰라 在位하지 못할 때와 똑같으므로 힘을 다해 보필해야 할 판이니, 成王이 이미 在位했다 해서 나더러 마땅히 떠나야 된다고 크게 책망해서는 안 된다는 점을 말한 것이고, '收罔勖不及耆造德不降'은 召公이 만일 자취를 거두어 물러가버려 成王의 미급한 점을 힘써 보필하지 않고 耆老로 德을 삼는 이가 멀리 떠나감으로써 마음을 굽혀 머무르지 않는다면 周家의 정사는 우려의 국면에 놓이게 된다는 점을 말한 것이다.〔小子同未在位 誕無我責者 此小子 乃指成王 言成王雖已親政 然幼沖小子 未知艱難 政當同未在位之時 而盡瘁扶持之 不可以成王旣在位 而大責我以當去也 收罔勖不及 耆造德不降者 言召公若收斂退藏 罔勖勉成王之所不逮 以耆老爲德 高視遠引 不降心而屈留 則周家之治可憂矣〕"라고 풀었는데, 蔡傳은 이들과 견해를 달리한 점이 많다. 또한 '耆造德'에 대하여 夏僎은 "'耆造'란 곧 成王이 幼沖한 자질로 마땅히 老成한 德을 가져야 함을 이른 것이다.〔耆造者 乃謂成王以幼沖之資 當有老成之德〕"로 보기도 하였다.

이 문단은 '收罔勖不及'을 蔡傳에서 未詳으로 처리하는 등 난해한 부분이 많기 때문에, 본 번역에서는 蘇軾‧林之奇‧呂祖謙 등 여러 사람의 해석을 참고해서 번역하였다.

지금처럼 〈王業이 어려운 때 어린 임금이 왕위에 있어,〉 나 小子 旦에 있어서는 〈걱정되고 두렵기가〉 마치 큰 냇물을 헤엄쳐감과 같으니, 나는 지금부터 냇물을 향해 감에 있어서 오직 그대 奭과 함께 〈협심해서 어려운 정국을〉 구제하고자 할 뿐이다. 小子(成王)는 〈어리기 때문에 비록 이미 즉위했지만〉 아직 즉위하지 않은 것이나 마찬가지니, 크게 우리의 책임이 없겠는가. 〈정말 賢臣의 보필을 힘입어야 할 때이니, 그대는 이것을 나에게 전적으로 책임지우고 떠나가서는 안 된다. 그런데 그대가 만일〉 자취를 거두어 물러가서 불급한 점을 힘써 도우려 하지 않는다면 老成한 사람의 德이 〈백성들에게〉 내려지지 않아 〈장차 백성들이 원망하여 더욱이 상서를 이르게 할 길이 없기 때문에〉 우리는 우는 봉황새 소리도 듣지 못할 것인데, 하물며 〈옛사람처럼 하늘을〉 감격시킬 수 있겠는가.”

小子旦은 自謙之稱也라 浮水曰游라 周公言 承文武之業하여 懼不克濟 若浮大川에 罔知津涯니 豈能獨濟哉아 予往에 與汝召公으로 其共濟可也라 小子는 成王也니 成王幼沖하여 雖已卽位나 與未卽位同이라 誕은 大也라 大無我責上에 疑有缺文이라 收罔勖不及은 未詳이라 耇造德不降은 言召公去면 則耇老成人之德이 不下於民이니 在郊之鳳을 將不復得聞其鳴矣어늘 況敢言進此而有感格乎아 是時에 周方隆盛하여 鳴鳳在郊하니 卷阿에 鳴于高岡[258]者는 乃詠其實이라 故로 周公云爾也라

小子旦은 스스로 겸양한 칭호이다. 물을 헤엄쳐가는 것을 游라 한다. 周公이 말씀하기를 “文王과 武王의 基業을 계승하여 능히 이루지 못할까 두렵기가 마치 큰 냇물을 헤엄쳐감에 나루터와 물가를 알지 못함과 같으니, 내 어찌 홀로 건너겠는가. 내가 지금부터 냇물을 향해감에 너 召公과 함께 〈협심해서 어려운 정국을〉 구제하게 될 것이다.”라고 한 것이다. 小子는 바로 成王이니, 成王이 어리기 때문에 비록 이미 즉위하였지만 아직 즉위하지 않은 것이나 마찬가지다. 誕은 大의 뜻이다. ‘大無我責’의 위에 아마 빠진 글이 있는 듯하다. 收罔勖不及은 미상이다. 耇造德不降은 召公이 떠나가면 老成한 사람들의 德이 백성에게 내려지지 않음을 말한 것이니, 교외에 있는 봉황새의 우는 소리를 장차 다시 얻어듣지 못할 것인데, 하물며 감히 이보다 나아가 하늘을 감격시킬 수 있다고 말하겠는가라는 것이다. 이때에 周나라가 막 융성하여 우는 봉황새가 교외에 있었으니, 《詩經》〈大雅 卷阿〉에 “높

---

258 鳴于高岡:《詩經》〈大雅 卷阿〉에 “봉황이 울기를 저 높은 산에서 하도다.〔鳳凰鳴矣 于彼高岡〕”라고 보인다.

은 산에서 울었다."는 것은 바로 그 실상을 읊은 것이다. 그러므로 周公이 이렇게 말씀한 것이다.

字義 曁 : 더불어 기　游 : 헤엄칠 유　勖 : 힘쓸 욱　耇 : 늙을 구　造 : 이룰 조
格 : 감격시킬 격, 이를 격　津 : 나루 진　涯 : 물가 애　下 : 내려갈 하　隆 : 높을 융

17. 公曰 嗚呼라 君아 肆其監于茲어다 我受命이 無疆惟休나 亦大惟艱이니 告君乃猷裕하노니 我[259]는 不以後人迷하노라

公이 말씀하였다. "아, 君아. 〈나는 君에게 함께 건너자고 말했으니,〉이 말을 크게(깊이) 살펴볼지어다. 우리가 天命을 받은 것은 무궁한 아름다움이나 〈문왕 때는 다섯 신하가, 무왕 때는 네 신하가 보필하지 않았던가.〉이는 또한 큰 어려움이었으니, 〈보필할 책임을 우리 두 사람이 져야 하기에〉君에게 마음을 너그럽게 하여 〈해결할〉방법을 모색하고 〈떠나가지 말 것을〉당부하노니, 나는 〈前人의 基業을 계승한〉後人(成王)이 혼미해서 길을 잃지 않게 하고자 하노라."

肆는 大요 猷는 謀也라 茲는 指上文所言이니 周公歎息하여 欲召公이 大監視上文所陳也라 我文武受命이 固有無疆之美矣나 然迹其積累締造면 蓋亦艱難之大者니 不可不相與竭力保守之也라 告君謀所以寬裕之道하고 勿狹隘求去하노니 我不欲後人迷惑而失道也하노라

肆는 大의 뜻이요, 猷는 謀의 뜻이다. 茲는 윗글에 말한 것을 가리키니, 周公이 탄식하고 나서 召公이 윗글에서 말한 것을 깊이 살펴보게 하려고 한 것이다. 그리고 이어서 "우리 文王과 武王이 天命을 받은 것은 진실로 무궁한 아름다움이었다. 그러나 또한 그 쌓고 쌓아 王業을 조성한 과정을 더듬어보면 대개 또한 어려움이 큰 것이니, 서로 함께 힘을 다해 保守하지 않으면 안 될 일이다. 그래서 君에게 마음을 너그럽게 하여 해결할 방법을 모색하고 마음을 좁게 써서 떠나기를 청하지 말 것을 당부하노니, 나는 후인이 혼미해서 길을 잃지 않게 하고자 하노라."라고 하였다.

○呂氏曰 大臣之位는 百責所萃니 震撼擊撞은 欲其鎭定이요 辛甘燥濕은 欲其調齊요 盤錯棼結은 欲其解紓요 黯闇汚濁은 欲其茹納이니 自非曠度洪量과 與夫患

---

259 我 : 孔傳은 "나는 머물러서 그대와 함께 왕을 보필하여〔我留與汝輔王〕"로 풀이하였다.

失乾沒者면 未嘗無翻然捨去之意라 況召公이 親遭大變하여 破斧缺斨[260]之時에 屈折調護하니 心勞力瘁가 又非平時大臣之比로되 顧以成王未親政하여 不敢乞身爾러니 一旦에 政柄有歸하니 浩然去志는 固人情之所必至라 然이나 思文武王業之艱難하고 念成王守成之無助하면 則召公이 義未可去也어늘 今乃汲汲然求去之不暇하니 其迫切已甚矣라 盍謀所以寬裕之道하여 圖功攸終하고 展布四體하여 爲久大規模하여 使君德開明이리오 未可捨去而聽後人之迷惑也니라

○呂氏가 말하였다. "大臣의 자리는 온갖 책임이 집중된 곳이니, 요동치거나 소란을 일으키는 과격한 민심은 진정시키려고 노력해야 하고, 맵고 달고 건조하고 습한 까다로운 민심은 조화시키려고 노력해야 하고, 얽히고 서려 어지럽게 뒤얽힌 복잡한 일은 풀려고 애써야 하고, 애매하고 불순한 말도 받아들이려고 애써야 하니, 넓고 큰 도량을 가진 사람이거나 행여 벼슬을 잃을까 전전긍긍하는 사람이 아니고서야 일찌감치 팽개치고 훌쩍 떠나가려는 생각을 가져보지 않은 적이 없을 것이다. 더구나 召公은 도끼가 부서지고 망가지는 큰 변란이 일어났을 때를 직접 만나서 온갖 곡절을 겪으며 수습하였으니, 마음이 고달프고 힘이 지친 것이 또한 평상시의 大臣에 비할 바가 아니었으나, 다만 成王이 아직 親政하지 못한 점을 고려해서 감히 몸을 빼어 떠나가지 못했을 뿐이었는데, 하루아침에 정사가 成王에게 돌아왔으니, 浩然히 떠나갈 뜻을 품는 것은 인지상정으로 볼 때 필연적일 것이다. 그러나 文王과 武王의 王業이 어려웠던 점을 생각하고 成王의 守成에 보필할 이가 없는 것을 생각한다면 召公은 의리상 떠나갈 수가 없는 처지이다. 그런데도 지금 급급히 떠나가기를 서두르고 있으니, 그 박절한 사정은 이미 심한 것이다. 그렇지만 어찌 마음을 너그럽게 쓸 방도를 모색하여 功業의 마무리할 바를 도모하고, 四體를 펴서 장원한 규모를 구상하여 임금의 德을 밝히게 하지 않을 수 있겠는가. 버리고 떠나가서 후인이 미혹되도록 내버려두어서는 절대 안 된다."

字義 肆 : 클 사   監 : 살펴볼 감   彊 : 다할 강   休 : 아름다울 휴   艱 : 어려울 간   猷 : 꾀할 유
裕 : 넉넉할 유   迷 : 혼미할 미   締 : 맺을 체   狹 : 좁을 협   隘 : 좁을 애   萃 : 모일 췌
震 : 진동할 진   撼 : 흔들 감   擊 : 칠 격   撞 : 칠 당   鎭 : 진압할 진   燥 : 마를 조
濕 : 젖을 습   調 : 고를 조   盤 : 서릴 반   錯 : 얽힐 착   棼 : 어지러울 분   紓 : 펼 서
黯 : 어두울 암   闇 : 어두울 암   汚 : 더러울 오   濁 : 흐릴 탁   茹 : 삼킬 여   納 : 들일 납

---

260 破斧缺斨 : 유언비어를 퍼뜨려 周나라를 위태롭게 만든 管叔과 蔡叔 등을 周公이 친 일을 읊은 《詩經》〈豳風 破斧〉에 "이미 내 도끼를 부수고, 또 내 도끼를 망가뜨렸네.〔旣破我斧 又缺我斨〕"라고 보인다.

曠:넓을 광　乾:마를 간　沒:빠질 몰　翻:홀쩍 번　捨:놓을 사　遭:만날 조
破:쪼갤 파　斧:도끼 부　缺:망가뜨릴 결　斨:도끼 장　屈:굽을 굴　折:꺾일 절
乞:빌 걸　汲:급급할 급　盍:어찌아니할 합　展:펼 전

18. 公曰 前人²⁶¹이 敷乃心하사 乃悉命汝하사 作汝民極하시고 曰汝明勖偶王하고(하여) 在亶乘玆大命²⁶²²⁶³이니(하여) 惟文王德하여 丕承無疆之恤하라하시다

公이 말씀하였다. "〈옛날 나랑 그대랑 함께 顧命을 받을 당시〉 前人(武王)이 마음을 열어 〈부탁의 말씀을 가지고〉 모든 것을 〈맡긴다는 심정으로〉 그대를 임명하여 〈三公의 자리에 앉혀〉 그대를 백성의 표준으로 삼으시고, 말씀하기를 '〈嗣王이 아직 어리므로〉 너는 응당 분명하게 힘써서 왕을 보필하고, 피차간에 있어서 서로 신뢰하며 〈마음과 힘을 합하여〉 이 大命(天命)을 수레에 싣듯 안전하게 간직해야 할 것이니, 〈오늘의 天命은 바로 文王이 德을 가지고 받은 것이니만큼〉 文王의 德을 추념하여 무궁한 걱정을 크게 이어받도록 하라' 하셨다."

偶는 配也라 蘇氏曰 周公與召公이 同受武王顧命하여 輔成王이라 故로 周公言 前人이 敷乃心腹하여 以命汝召公하여 位三公하여 以爲民極하시고 且曰 汝當明勉輔孺子를 如耕之有偶也하고 在於相信을 如車之有馭也하여 幷力一心하여 以載天命이니 念文考之舊德하여 以丕承無疆之憂하라하니라 武王之言이 如此어늘 而可以〔求〕²⁶⁴去乎아하니라

偶는 配의 뜻이다. 蘇氏가 말하였다. "周公과 召公이 함께 武王의 顧命을 받아 成王을 보필하였다. 그러므로 周公이 말하기를 '前人(武王)이 마음을 열어 그대 召公을 명하여 三公의 자리에 앉혀 백성의 표준을 삼고, 또 말씀하기를 「너는 응당 분명하게 힘써 孺子를 보필하기를 마치 밭가는 자에게 짝이 있는 것처럼 하고, 피차에 있어서 서로 신뢰하기를 마치 수레에 마부가 있는 것처럼 하여, 힘을 합하고 마

---

261 前人 : 孔傳은 文王과 武王으로 보았다.

262 乘玆大命 : 孔傳은 '乘'을 行의 뜻으로, 蘇軾·林之奇·夏僎은 乘載의 뜻으로 보았고, '大命'을 蘇軾과 林之奇는 天命으로, 夏僎은 '文王과 武王의 막대한 命'으로 보았는데, 蔡傳은 蘇軾을 따르고 있다.

263 在亶乘玆大命 : 孔傳은 "誠信에 있어서는 이 大命을 행할 뿐이다.〔在於誠信 行此大命而已〕"라고 풀이하였다.

264 〔求〕: 저본에는 없으나, 蘇軾의 《書傳》에 의거하여 보충하였다.

음을 같이하여 天命을 실어야 할 것이니, 文考의 옛 德을 추념하여 無疆한 걱정을 크게 이어받도록 하라.」 하셨다. 武王의 말씀이 이와 같은데도 떠나감을 구할 수 있겠는가.' 했다."

字義 敷:열부, 펼부   汝:너 여   極:표준 극   勖:힘쓸 욱   偶:짝 우   亶:믿을 단
乘:실을 승   惟:추념할 유   丕:클 비   承:이어받을 승   恤:걱정 휼   配:짝 배
腹:배 복   馭:어거할 어   并:아우를 병   載:실을 재

19. 公曰 君아 告汝朕允하노라 保奭아 其汝克敬以予①하고(하여) 監于殷喪大否(비)하여 肆念我天威하라

> ① 書經 其汝克敬以予 : 그대는 능히 내가 한 말을 신중히 듣고
> 一般 汝能敬以我所言 : 그대는 능히 내가 한 말을 신중히 듣고

公은 말씀하였다. "君아. 그대에게 나의 진심을 고하노라. 太保인 奭아. 그대는 내가 한 말을 신중하게 듣고 殷나라가 喪亡한 大亂을 살펴보아, 우리가 하늘의 위엄을 두려워해야 함을 크게 생각하라.

大否는 大亂也라 告汝以我之誠이라하고 呼其官而名之하사 言汝能敬以我所言하고 監視殷之喪亡大亂하여 可不大念我天威之可畏乎아하니라

大否는 大亂이다. "그대에게 나의 진심을 고한다."고 하고, 그 관직을 부르고 이름을 불러서 말하기를 "그대는 내가 한 말을 신중히 듣고 殷나라가 喪亡한 大亂을 살펴보아, 우리가 하늘의 위엄을 두려워해야 함을 크게 생각하지 않을 수 있겠는가."라고 한 것이다.

字義 允:진실로 윤   否:막힐 비   肆:클 사

20. 予不允이요 惟若玆誥아 予惟曰 襄我二人[265]이라하노니 汝有合哉[266]아 言曰[267]

---

265 監于殷喪大否……襄我二人 : 孔傳은 '襄'을 因의 뜻으로 보아 "殷나라의 喪亡이 크기 때문에 응당 우리가 天德을 두려워해야 함을 유념해야 한다는 것이니, 곧 천명은 무상한 것임을 말한 것이다. 내가 믿지 않고서 이와 같이 고유하겠는가. 내가 오직 말하자고 한 것은 '응당 우리 文王과 武王의 道를 인하여 행해야 한다.'란 것이다.〔以殷喪大故 當念我天德可畏 言命無常 我不信 惟若此誥 我惟曰 當因我文武之道而行之〕"라고 풀이하였다.

在時二人이나(하여) 天休滋至어든 惟時二人이 弗戡²⁶⁸이로소니 其汝克敬德하여 明我
俊民이요(이니) 在讓後人于丕時²⁶⁹니라

내가 믿지 않고서 이와 같이 고유하겠는가. 내가 오직 말하자고 한 것은 '王業을
이룰 사람은 오직 우리 두 사람뿐이다.'란 것이니, 그대는 〈내 말을 듣고〉 수긍하
는가. 또한 〈그대는 필시〉 '〈왕업을 이룰 책임이 참으로〉 이 두 사람에게 있기는 하
나, 다만 하늘의 아름다운 징후가 불어나 〈功業이 날로 성하고 福祿이 날로 증가하
거든〉 우리 두 사람이 장차 감당하지 못할 것이니, 〈어찌 함께 盛滿한 자리를 피하
지 않을 수 있겠는가.〉'라고 말할 터인데, 그대는 응당 德을 공경하여 〈더욱 근신하
고,〉 우리 준걸한 백성들을 드러내어 여러 관직에 포진시키고, 뒷날 크게 융성할 때
에 後人들에게 양보하고 〈초연히 떠나가야 할 것이다.〉

戡은 勝也니 戡堪은 古通用이라 周公言 我不信於人而若此告語乎아 予惟曰 王業
之成이 在我與汝而已라하노니 汝聞我言而有合哉아 亦曰在是二人이나 但天休滋
至어든 惟是我二人이 將不堪勝이라하리로되 汝若以盈滿爲懼어든 則當能自敬德하여
益加寅畏하고 明揚俊民하여 布列庶位하여 以盡大臣之職業하여 以答滋至之天休하고
毋徒惴惴而欲去爲也라 他日在汝에 推遜後人于大盛之時하고 超然肥遯이면 誰復
汝禁이리오 今豈汝辭位之時乎아

---

266 汝有合哉 : 孔傳은 "그대는 일을 행함에 툭하면 응당 〈文王과 武王의 道와〉 합하는 바가 있어야
한다고 말한 것이다.〔言汝行事 動當有所合哉〕"로, 蘇軾은 "그대는 내 말을 들으면 마음에 합함이
있을 것이다.〔汝聞我言而心有合也〕"로, 林之奇는 "그대는 나와 합함이 있어서 머물러 成王을 보필
하도록 하라.〔汝其有以合於我 以留輔成王也〕"로, 夏僎은 "그대는 응당 나의 뜻과 합함이 있어야 한
다는 것이니, 아마 협력해서 함께 돕게 하고자 해서였을 것이다.〔汝當與我意有合 蓋欲協力而共贊
也〕"로, 呂祖謙은 "그대에게 묻건대, 그대의 의견은 이에 합하는가, 이에 합하지 않는가.〔蓋嘗問汝
汝之見合於此哉 其不合於此哉〕"로 풀이하였는데, 蔡傳은 蘇軾을 따르고 있다.

267 言曰 : 孔疏는 "그대가 발언하는 바〔汝所發言〕"로, 呂祖謙은 "그대는 말하기를〔汝則言曰〕"이라고 하
여 '言曰'을 분명하게 召公의 말로 밝혔는데, 蔡傳은 단지 '亦曰'로만 풀이해서 周公의 말인지 召
公의 말인지 헷갈리게 한다. 그러나 召公이 그렇게 말할 것이라고 周公이 짐작해서 한 말이다.

268 言曰……弗戡 : 孔傳은 "발언함이 항상 이 문왕과 무왕의 도에 있다면 하늘이 周나라를 아름답
게 함이 날로 더욱 늘어날 것이니, 이 문왕과 무왕이 다 받아낼 수 없을 게란 것이다. 곧 많은 복
을 말한 것이다.〔發言常在是文武 則天美周家 日益至矣 惟是文武不勝受 言多福〕"라고 풀이하였다.

269 其汝克敬德……在讓後人于丕時 : 孔傳은 人을 代의 뜻으로 보아 "그대는 능히 공경하여 덕을
행하고 우리 어진 사람들을 禮讓에 있어서 밝게 드러낸다면 후대에 장차 이 道가 크고 옳은 길이
될 것이다.〔其汝能敬行德 明我賢人在禮讓 則後代將於此道大且是〕"라고 풀이하였다.

戡은 勝의 뜻이니, 戡과 堪은 옛날에 통용하였다. 周公이 말씀하기를 "내가 남을 믿지 않고서 이와 같이 고유하겠는가. 내 이르건대 '왕업의 이루어짐이 나와 그대에게 달려 있을 뿐이다.'라고 하노니, 그대는 내 말을 듣고 수긍하는가. 또한 '이 우리 두 사람에게 달려 있으나, 다만 하늘의 아름다운 징후가 불어나거든 우리 두 사람이 장차 감당할 수 없을 것이다.'라고 말할 터인데, 그대가 만일 盈滿을 두려워하거든 마땅히 스스로 德을 공경히 닦아 더욱 근신하고, 준걸한 백성을 밝게 드러내어 여러 관직에 포진시켜 大臣의 직책을 다함으로써 하늘의 아름다운 징후에 보답할 것이요, 한갓 두려워하여 떠나가고자 하지 말라. 후일 그대의 입장에 있어 크게 융성할 때에 후인들에게 양보하고 초연히 떠나간다면 그 누가 다시 그대를 붙잡겠는가. 지금이 어찌 그대가 지위를 사양할 때이겠는가."라고 하였다.

字義 襄 : 도울 양   滋 : 불어날 자   戡 : 이길 감   조 : 클 비   勝 : 이길 승   堪 : 견딜 감
寅 : 공경 인   毋 : 말 무   徒 : 한갓 도   惴 : 두려울 췌   肥 : 살찔 비   遯 : 숨을 둔(돈)

21. 嗚呼라 篤棐는 時二人이니 我式克至于今日休하나 我咸成文王功于不怠하여 丕冒하여 海隅出日이 罔不率俾[270]니라

아. 임금의 보필을 도탑게 하는 사람은 우리 두 사람뿐이니, 우리가 능히 〈협력해서 임금님을 잘 보필했기 때문에 周나라 王室이〉 오늘의 아름답고 성대함에 이를 수 있었지만, 〈이것으로 만족해하지 않고〉 나는 〈召公과 더불어 협력해서〉 文王의 功業을 게을리하지 않는 데에서 함께 이루어 〈그 혜택이 백성들에게〉 크게 입혀져 해가 솟아오르는 바다 귀퉁이의 땅까지 臣服하지 않는 자가 없도록 만들어 놓고자 한다."

周公이 復歎息言 篤於輔君者는 是我二人이니 我用能至于今日休盛이나 然我欲與召公으로 共成文王功業于不怠하여 大覆冒斯民하여 使海隅日出之地로 無不臣服然後可也라 周都西土하여 去東爲遠이라 故로 以日出言하니라 吳氏曰 周公이 未

---

270 篤棐……罔不率俾 : 孔傳은 '二人'을 文王과 武王으로 보아 "우리는 이 문왕과 무왕의 道를 도탑게 보필해 행하여 오늘에 이르기까지 그 政敎가 아름다울 수 있었으니, 우리 周나라 사람들이 모두 문왕의 功業을 게으름을 부리지 않는 데에서 이룬다면 德敎가 해가 솟아오르는 바다 귀퉁이까지 크게 입혀져서, 우리를 따라 교화되어 신하로 부리지 못할 자가 없을 것이란 말이다.〔言我厚輔是文武之道而行之 我用能至於今日其政美 今我周家皆成文王功於不懈息 則德敎大覆冒海隅日所出之地 無不循化而使之〕"라고 풀이하였다.

嘗有其功이로되 以其留召公이라 故로 言之하니 蓋敍其所已然하여 而勉其所未至는 亦人所說(열)而從者也라하니라

周公이 다시 탄식하며 말씀하였다. "임금의 보필을 도탑게 하는 사람은 우리 두 사람뿐이니, 우리가 능히 〈임금님을 잘 보필해서〉 오늘의 아름답고 성대함에 이를 수 있었다. 그러나 나는 召公과 더불어 文王의 功業을 게을리하지 않는 데에서 함께 이루어 〈그 혜택이〉 이 백성들에게 크게 입혀져 해가 솟아오르는 바다 귀퉁이의 땅까지 臣服하지 않는 자가 없도록 만들어 놓고자 한다."라고 한 것이다. 周나라는 서쪽 땅에 도읍을 세워서 동쪽과 거리가 멀기 때문에 '日出'을 가지고 말한 것이다.

吳氏가 말하였다. "周公은 한 번도 功을 가져본 적이 없었는데, 召公을 만류하기 위하여 부득이 말씀한 것이니, 대개 이왕에 이룬 공로를 거론해서 아직 못한 일을 권면하는 것은 또한 사람들이 기뻐하여 따를 수 있는 방법이다."

字義 篤 : 도타울 독   毖 : 도울 비   時 : 이 시   式 : 쓸 식   咸 : 함께 함   丕 : 클 비   冒 : 입힐 모
隅 : 귀퉁이 우   率 : 신복 솔   俾 : 신복 비   覆 : 덮을 부   說(悅) : 기쁠 열

22. 公曰 君아 予不惠[271]요 若玆多誥아 予惟用閔于天越民[272]이니라

公은 말씀하였다. "君아. 내가 이치를 따르지 않고서 이와 같이 많은 고유를 하겠는가. 나는 오직 하늘과 백성을 걱정하기 때문이다."

周公言 我不順於理하고 而若玆諄複之多誥耶아 予惟用憂天命之不終과 及斯民之無賴也라 韓子言畏天命而悲[273]人窮도 亦此意라 前言若玆誥라 故로 此言若玆多誥하니 周公之告召公은 其言語之際亦可悲矣로다

周公이 말씀하기를 "내가 이치를 따르지 않고서 이와 같이 거듭 타이르는 많은 고유를 하겠는가. 나는 오직 天命이 잘 마쳐지지 못할까 그리고 이 백성들이 혜택을

---

271 予不惠 : 丁若鏞은 "召公이 官位에 있기를 즐겨하지 않는데, 周公이 그 뜻을 따라주지 않고 이처럼 힘써 만류하기 때문에 '내가 은혜롭지 못하다.'고 한 것이다.〔召公不樂在位 周公不順其意 若是勉留 故曰予不惠〕"라고 풀이하였다.《尙書知遠錄》

272 予不惠……予惟用閔于天越民 : 孔傳은 "나는 한갓 이와 같은 일에 따라 고유를 많이 할 뿐만 아니라, 그대로 하여금 몸소 행하게 하고자 해서란 것이다. '閔'은 勉의 뜻이니, 나는 天道에 꾸준히 힘을 써서 교화가 백성들에게 가해지게 하려는 것이란 말이다.〔我不順若此多誥而已 欲使汝念躬行之 閔勉也 我惟用勉於天道 加於民〕"라고 풀이하였다.

273 悲 : '閔'자로 된 데도 있다.

제대로 입지 못할까 걱정하기 때문이다.”라고 한 것이다. 韓子(韓愈)의 〈爭臣論〉에
“하늘의 命을 두려워하고 백성들의 곤궁함을 슬퍼한다.”라고 한 것도 이와 같은 뜻
이다. 앞에서 “이와 같이 고유하겠는가.”라고 말하였기 때문에 여기에서 “이와 같이
많은 고유를 하겠는가.”라고 한 것이니, 周公이 召公에게 고유한 것은 말하는 어조
가 또한 가슴이 찡함을 느끼겠다.

字義 惠 : 따를 혜   越 : 및 월   諄 : 두터울 순   複 : 중복 복   賴 : 힘입을 뢰

23. 公曰 嗚呼라 君아 惟乃知民德하나니 亦罔不能厥初나 惟其終이니 祗若玆하여
往²⁷⁴敬用治하라

公이 말씀하였다. “아, 君아. 〈천명의 去留는 민심의 向背에 매인 것이다.〉그대
는 〈오랜 경험을 쌓아 반드시〉백성들의 심리를 잘 알 것이니, 또한 〈오늘날은 백성
들의 원망이 없어,〉처음에는 잘하지 않는 이가 없지만, 끝에 가서 〈민심의 보존하
기 어려울 점을〉생각하여야 할 것이니, 나의 이 고유를 신중히 듣고 職所로 가서
경건히 직무를 보도록 하라.”

上章에 言天命民心하고 而民心은 又天命之本也라 故로 卒章에 專言民德以終
之하니라 周公이 歎息謂 召公은 踐歷諳練之久라 惟汝知民之德이니 - 民德은 謂民
心之嚮順이라 - 亦罔不能其初하여 今日은 固罔尤違矣나 當思其終이니 則民之難保
者는 尤可畏也라 其祗順此誥하여 往敬用治요 不可忽也라 此는 召公已留에 周公
飭遣就職之辭라 厥後에 召公이 旣相成王하고 又相康王하여 再世에 猶未釋其政하니
有味於周公之言也夫인저

윗장에서 天命과 民心을 말하였고, 民心은 또 天命의 근본이기 때문에 마지막 章
에서 오로지 民德을 말해서 마무리한 것이다. 周公이 탄식하고 이르기를 “召公은
오랜 경험을 쌓았다. 그래서 오직 그대만이 民德을 아니, -民德은 民心이 따르는 것
을 이른다. - 또한 그 처음은 잘하지 않음이 없어 오늘날은 진실로 민심의 거역이 없
으나 응당 그 종말을 생각해야 하니, 보전하기 어려운 백성들은 더욱 두려운 것이
다. 나의 이 고유를 신중히 듣고 職所로 가서 경건히 직무를 보고 소홀히 하지 말도

---

274 往 : 孔傳은 ‘自今以往’으로 풀이하였고, 林之奇는 孔傳을 따랐는데, 蔡傳은 ‘就職’으로 풀이하고
  있다.

록 하라.”고 한 것이다. 이는 召公이 이미 머무르자, 周公이 경계해 보내어 職所로 나아가게 한 말씀이다. 그 뒤에 召公은 이미 成王을 돕고 또 康王을 도와서 두 대에 이르기까지 오히려 그 정무 보는 일을 그만두지 않았으니, 周公의 말씀에 진미가 있었기 때문일 것이다.

字義 踐 : 밟을 천   歷 : 지낼 력   諳 : 알 암   練 : 익힐 련   嚮 : 향할 향   尤 : 허물 우, 더욱 우
勑 : 경계할 칙   遣 : 보낼 견   相 : 도울 상   釋 : 놓을 석

蔡仲之命

蔡는 國名이요 仲은 字니 蔡叔之子也라 叔沒에 周公以仲賢으로 命諸成王하여 復封之蔡하니 此其誥命之詞也라 今文無하고 古文有하니라

蔡는 나라 이름이고 仲은 字이니, 蔡叔의 아들이다. 蔡叔이 죽자 周公은 蔡仲이 어질기 때문에 成王에게 여쭈어서 다시 蔡나라에 봉하였으니, 이것이 그 誥命한 말이다. 〈蔡仲之命〉은 《今文尙書》에는 들어 있지 않고 《古文尙書》에는 들어 있다.

○按此篇次敍는 當在洛誥之前이니라

○살펴보건대, 이 편의 차서는 응당 〈洛誥〉의 앞에 있어야 할 것이다.

1. 惟周公이 位冢宰하사 正百工이어시늘 群叔이 流言한대 乃致辟管叔于商하시고 囚蔡叔于郭隣하되 以車七乘하시고 降霍叔于庶人하여 三年不齒[275]러시니 蔡仲이 克庸祗德이어늘 周公이 以爲卿士러시니 叔이 卒커늘 乃命諸王하사 邦之蔡하시다

周公이 冢宰의 자리에 있으면서 百工(百官)을 바로잡으시거늘 여러 叔(형제)들이 유언비어를 퍼뜨리자 곧 管叔은 商 땅에서 誅殺하고, 蔡叔은 郭隣에 가두되 외려 수레 7량을 딸려주셨고, 霍叔은 庶人으로 강등시켜 3년 동안은 장부에 수록하지 않으셨다. 蔡仲이 경건하게 덕을 닦거늘 周公이 그를 卿士로 삼았는데, 뒤에 蔡叔

---

275 三年不齒 : 孔傳은 齒를 齒錄으로 보아 “3년 동안 장부에 기록하지 않았다.”라고 풀이하였고, 林之奇(《尙書全解》)는 “3년 안에는 諸侯의 班列에 참여하지 못하게 하였다. '不齒'는 《禮記》〈王制〉의 '終身不齒'와 같으니, 당시 '三年不齒'라 말한 것으로 볼 때 3년 후에 또 그 죄를 씻어서 반드시 봉했을 것이다.[三年之內 不得與諸侯齒列 不齒與王制終身不齒同 時言三年不齒 則是三年之外 又澌拭其罪而封之也必矣]”라고 풀이하였는데, 蔡傳은 林之奇를 따랐다.

이 죽자 王(成王)에게 여쭈어서 蔡 땅에 나라를 세우게 하셨다.

周公이 位冢宰하여 正百工은 武王崩時也라 郭隣은 孔氏曰 中國之外地名이라하고
蘇氏曰 郭은 號也니 周禮(六遂)〔遂人〕[276]에 五家爲隣[277]이라하니라 管霍은 國名이라
武王崩하고 成王幼에 周公이 居冢宰하니 百官이 總己以聽者는 古今之通道也라 當是
時에 三叔이 以主少國疑로 乘商人之不靖하여 謂可惑以非義라하고 遂相與流言하여 倡
亂以搖之하니 是豈周公一身之利害리오 乃欲傾覆社稷하고 塗炭生靈하니 天討所
加에 非周公所得已也라 故로 致辟管叔于商하니 致辟云者는 誅戮之也라 囚蔡叔
于郭隣하되 以車七乘하니 囚云者는 制其出入하되 而猶從以七乘之車也라 降霍叔
于庶人하여 三年不齒하고 三年之後에 方齒錄[278]以復其國也라 三叔刑罰之輕重은 因
其罪之大小而已라 仲은 叔之子니 克常敬德이어늘 周公以爲卿士라가 叔卒커늘 乃
命之成王하여 而封之蔡也라 周公이 留佐成王하여 食邑於圻內하니 圻內諸侯는 孟
仲二卿이라 故로 周公이 用仲爲卿하니 非魯之卿也라 蔡는 左傳에 在淮汝之間이라하니
仲不別封而命邦之蔡者는 所以不絶叔於蔡也라 封仲以他國이면 則絶叔於蔡
矣니라

周公이 冢宰의 자리에 있으면서 백관을 바로잡은 것은 武王이 승하하였을 때의
일이었다. 郭隣을 孔氏(孔安國)는 "중국 밖의 지명이다."라고 하였고, 蘇氏(蘇軾)는
"郭은 바로 號이니, 《周禮》〈地官 遂人〉에 '다섯 집을 隣이라 한다.' 했다."고 하였
다. 管과 霍은 나라 이름이다.

武王이 승하하고 成王이 아직 어리기 때문에 周公이 冢宰로 있자 백관들이 자기
의 직무를 총괄해서 총재의 지시를 따른 것은 古今에 통행되는 도리이다. 그런데
이때에 三叔은, 임금은 어리고 백성들이 국가의 안위에 대해 의심하였기 때문에 商
나라 사람들이 안정되지 못한 것을 틈타 옳지 못한 일을 가지고 유혹할 수 있다 생

---

276 (六遂)〔遂人〕: 蘇軾의 《書傳》에는 '六遂'로 되어 있으나, 《周禮》〈地官〉에 의거하여 '遂人'으로 바
로잡았다.

277 蘇氏曰……五家爲隣: 蘇軾이 《周禮》의 "五家爲隣"으로 '隣'을 풀이한 데 대하여 林之奇(《尙書
全解》)는 《春秋左氏傳》 定公 4년 조에 "管叔과 蔡叔이 商나라 유민을 인도하여 周나라 왕실을
어지럽히니 成王이 이에 관숙은 죽이고 채숙은 귀양 보내되 채숙에게 수레 7량과 70명의 무리를
딸려 보냈다.〔管蔡啓商 基間王室 王於是乎殺管叔而蔡蔡叔 以車七乘徒七十人〕"라는 말을 인용하여 "이
미 70명의 무리가 있었으니, 단지 다섯 집만을 말하지는 않았을 것이다.〔旣有徒七十人 不得但云五
家〕"라고 하였다.

278 齒錄 : 장부에 수록하는 일이다.

각하고 드디어 서로 더불어 유언비어를
퍼뜨려 亂을 창도해서 동요하였으니, 이
것이 어찌 周公 한 몸의 이해에만 관계
되는 일이겠는가. 이것은 바로 社稷을
전복시키고 生靈(生民)을 도탄에 빠뜨리
려는 행위이니, 하늘의 討罪가 가해진
마당에 周公이 그냥 넘어갈 문제가 아
니었다. 그러므로 管叔은 商 땅에서 致
辟하였으니, 致辟이란 誅戮하는 것이
다. 蔡叔은 郭隣에 가두되 수레 7량을
딸려주었으니, 囚란 출입을 제한하되 외
려 7량의 수레를 딸려주었던 것이고, 霍
叔은 강등시켜 庶人으로 삼고 3년 동안
장부에 수록하지 않았다가 3년 뒤에 비
로소 장부에 수록해서 다시 그 나라에
봉해준 것이다.

蔡仲圖

三叔에 대한 형벌의 경중은 그 죄의
대소에 따랐을 뿐이다. 蔡仲은 蔡叔의 아들인데 경건하게 德을 닦았기 때문에 周公
이 卿士로 삼았다가, 뒤에 蔡叔이 죽자 成王에게 여쭈어 蔡 땅에 봉하였던 것이다.
周公은 〈魯나라에 봉해졌으나 魯나라로 가지 않고,〉 周나라에 머물러 成王을 보좌
하고 圻內에 食邑을 가졌으니, 圻內의 諸侯는 孟과 仲 두 卿이다. 그러므로 周公
이 蔡仲을 등용하여 卿으로 삼았으니, 〈圻內의 卿이고,〉 魯나라의 卿이 아니었다.
蔡는 《春秋左氏傳》哀公 원년 조에 "淮水와 汝水 사이에 있다."라고 하였으니, 蔡
仲을 별도로 봉하지 않고 蔡 땅에 나라를 세우게 한 것은 蔡叔을 蔡 땅에서 끊지 않
으려고 한 것이다. 蔡仲을 다른 나라에 봉한다면 蔡叔을 蔡 땅에서 영영 끊은 꼴이
되고 만다.

呂氏曰 象欲殺舜은 舜在側微하니 其害止於一身이라 故로 舜得遂其友愛之心이어니와
周公之位는 則繫于天下國家하니 雖欲遂友愛於三叔이나 不可得也라 舜與周公이 易
地하면 皆然이리라 史臣이 先書惟周公이 位冢宰하여 正百工하고 而繼以群叔流言은 所
以結正三叔之罪也요 後言蔡仲이 克庸祗德이어늘 周公以爲卿士라가 叔卒커늘 卽

命之王하여 以爲諸侯는 以見(현)周公이 蹙然於三叔之刑이러니 幸仲이 克庸祗德이어늘 則亟擢用分封之也라 吳氏曰 此所謂冢宰正百工과 與詩所謂攝政은 皆在成王 諒闇之時니 非以幼沖而攝이요 而其攝也는 不過位冢宰之位而已니 亦非如荀卿 所謂攝天子位之事也라 三年之喪은 二十五月而畢하니 方其畢時에 周公이 固未 嘗攝이니 亦非有七年而後還政之事也라 百官總己하여 以聽冢宰는 未知其所從始나 如殷之高宗已然이요 不特周公行之니 此皆論周公者 所當先知也라하니라

呂氏가 말하였다. "象이 舜을 죽이려고 한 것은 舜이 미천할 때여서 그 해가 舜의 한 몸에 국한되었기 때문에 舜이 우애하는 마음을 이룰 수 있었던 것이고, 周公의 지위는 天下와 國家에 관계되므로 비록 三叔에게 우애하는 마음을 이루려고 하였으나 할 수 없었으니, 舜과 周公이 처지를 바꾼다면 다 그렇게 하였을 것이다."

史臣이 먼저 '周公이 冢宰로 있으면서 백관을 바로잡은 것'을 적고, 이어서 '여러 叔들이 유언비어를 퍼뜨린 것'을 적은 것은 三叔의 죄를 바로잡은 것을 끝맺기 위한 것이고, 뒤에다 '蔡仲이 경건하게 德을 닦거늘 周公이 卿士로 삼았다가, 뒤에 蔡叔이 죽자 成王에게 여쭈어 諸侯로 삼은 것'을 말한 것은 周公이 三叔을 처벌한 일에 대하여 무척 상심하였다가 다행히 蔡仲이 경건하게 德을 닦거늘 서둘러 발탁해서 분봉해주었음을 나타낸 것이다.

吳氏가 말하였다. "여기에서 말한 '冢宰로서 백관을 바로잡았다.'는 것과 《詩經》 〈豳風 狼跋〉의 毛序에서 말한 攝政은 모두 成王이 喪中에 있었을 때의 일이니, 成王이 어렸기 때문에 섭정한 것이 아니고, 그 섭정은 총재의 지위에 있는 것에 지나지 않을 뿐이었으니, 또한 荀卿이 말한 '天子의 지위를 攝行하는 일'과 같은 것이 아니다. 三年喪은 25개월 만에 마치니, 상을 마쳤을 때에 周公은 본디 섭정한 적이 없었으니, 또한 7년 후에 정사를 돌려준 일이 있지 않았다. 백관이 자기들의 직무를 총괄해서 총재에게 지시를 듣는 것은 어느 때부터 시작되었는지는 알 수 없으나 殷나라의 高宗과 같은 이가 이미 그러하였고, 단지 周公만이 행한 것이 아니니, 이는 모두 周公을 논하는 자들이 마땅히 먼저 알아두어야 할 일이다."

字義 辟 : 죽일 벽   囚 : 가둘 수   乘 : 수량 승   降 : 강등할 강   齒 : 낄 치   祗 : 공경 지
乘 : 탈 승   靖 : 편안할 정   倡 : 창도할 창   搖 : 흔들 요   傾 : 기울어질 경   覆 : 뒤집힐 복
塗 : 진흙 도   炭 : 숯 탄   繫 : 관계될 계   蹙 : 찌푸릴 축   擢 : 발탁할 탁   攝 : 대신할 섭
諒 : 믿을 량   闇 : 어둘 암

2. 王若曰하사대 小子胡아 惟爾率德改行하여 克愼厥猷할새 肆予命爾하여 侯于東土하노니 往卽乃封하여 敬哉어다

王이 이렇게 말씀하였다. "小子인 胡아. 너는 할아버지의 德을 따르고 네 아버지의 행실을 고쳐서 바른 도리를 신중하게 잘 지키거늘, 그래서 나는 너에게 명하여 東土에 諸侯가 되게 하노니, 가서 너의 봉해진 나라에 취임하여 경건하게 〈政務를 보도록〉 할지어다.

胡는 仲名이라 言仲이 循祖文王之德하고 改父蔡叔之行하여 能謹其道라 故로 我命汝爲侯於東土하노니 往就汝所封之國하여 其敬之哉어다 呂氏曰 敬哉者는 欲其無失此心也라 命書之辭는 雖稱成王이나 實周公之意라하니라

胡는 蔡仲의 이름이다. 蔡仲이 할아버지인 文王의 德을 따르고 아버지인 蔡叔의 행실을 고쳐서 올바른 도리를 신중하게 잘 지켰다. 그러므로 내 너를 명하여 東土에 제후로 삼노니, 가서 너의 봉해진 나라에 취임하여 경건하게 〈정무를 보도록 하라고〉 한 것이다.

呂氏가 말하였다. "敬哉는 이 마음을 잃지 않으려고 한 것이다. 命書(誥書)의 말은 비록 成王을 일컬었지만 실제로는 周公의 뜻을 말한 것이다."

字義 率 : 따를 솔　肆 : 그러므로 사　侯 : 제후 후　循 : 따를 순

3. 爾尙蓋前人之愆은 惟忠惟孝니 爾乃邁迹自身하여 克勤無怠하여 以垂憲乃後하며(하여) 率乃祖文王之彛訓하고 無若爾考之違王命하라

네가 前人의 허물을 덮는 길은 오직 忠과 孝를 다함에 있을 뿐이니, 너는 네 자신으로부터 〈忠과 孝를 이행하는〉 길을 새로 걷기 시작하여 부지런하고 게을리하지 말아서 네 후손에게 법을 전할 것이며, 네 할아버지인 文王의 올바른 교훈을 따르고 네 아버지처럼 왕명을 어기지 말도록 하라.

蔡叔之罪는 在於不忠不孝라 故로 仲能掩前人之愆者는 惟在於忠孝而已라 叔違王命하니 仲無所因이라 故로 曰邁迹自身이라 克勤無怠는 所謂自身也요 垂憲乃後는 所謂邁迹也요 率乃祖文王之彛訓하고 無若爾考之違王命은 上文所謂率德改行也라

蔡叔의 죄는 不忠하고 不孝한 데 있었다. 그러므로 蔡仲이 전인의 허물을 덮을 수 있는 길은 오직 忠과 孝를 행함에 있을 뿐이다. 蔡叔이 왕명을 어겼으니, 蔡仲이

인습할 바가 없기 때문에 "자신으로부터 새 길을 걷기 시작하라."고 한 것이다. 부지런하고 게을리하지 않는 것은 이른바 "자신으로부터 하라."는 것이고, 너의 후손에게 법을 전하는 것은 이른바 "새 길을 걸으라."는 것이고, 네 할아버지인 文王의 바른 교훈을 따르고 네 아버지처럼 왕명을 어기지 말라는 것은 윗글에 이른바 "德을 따르고 행실을 고치라."는 것이다.

字義　蓋 : 덮을 개　愆 : 허물 건　邁 : 갈 매　迹 : 발자국 적　彝 : 떳떳할 이　掩 : 가릴 엄
　　　　因 : 인습할 인

4. 皇天은 無親하사 惟德을 是輔하시며 民心은 無常이라 惟惠之懷①하나니 爲善이 不同하나 同歸于治하고 爲惡이 不同하나 同歸于亂하나니 爾其戒哉어다

> ① 書經 惟惠之懷 : 오직 은혜를 베푸는 이를 그리워하나니
> 一般 惟懷之惠 : 오직 은혜를 베푸는 이를 그리워하나니

　皇天은 〈특별히〉 친한 사람이 없어 오직 德 있는 사람을 도와주시며, 民心은 일정하게 〈좋아하는 대상이〉 없어 오직 은혜를 베푸는 이를 그리워하나니, 善을 하는 길은 동일하지 않으나 다 같이 善治의 영역으로 歸着되고, 惡을 하는 길은 동일하지 않으나 다 같이 혼란의 영역으로 귀착되나니, 너는 경계할지어다.

　此章은 與伊尹申誥太甲之言相類로되 而有深淺不同者는 太甲蔡仲之有間也일새라 善固不一端이나 而無不可行之善이요 惡亦不一端이나 而無可爲之惡이니 爾其可不戒之哉아

　이 章은 伊尹이 太甲에게 거듭 고유한 말과 서로 유사한데, 淺深에 차이가 있는 것은 太甲과 蔡仲에 차이가 있기 때문이다. 善은 본디 한 가지가 아니나 행할 수 없는 善이 없고, 惡 또한 한 가지가 아니나 해도 되는 악이 없으니, 너는 경계하지 않을 수 있겠느냐는 것이다.

5. 愼厥初호되 惟厥終이라사 終以不困하리니 不惟厥終하면 終以困窮하리라

　〈나라를 세움에 있어서는[279]〉 반드시 그 시초를 신중하게 살피되 그 종말까지 세

---

[279] 나라를……있어서는 : 呂祖謙《增修東萊書說》의 "나라를 세우는 시초에는 반드시 그 시초를 신

심하게 생각하여야 마침내 곤궁하지 않을 것이니, 종말을 생각하지 않으면 마침내 곤궁할 것이다.

惟는 思也라 窮은 困之極也라 思其終者는 所以謹其初也라

惟는 思의 뜻이다. 窮은 곤궁함이 지극한 것이다. 그 종말을 생각하는 것은 그 시초를 신중하게 하기 위함이다.

6. 懋乃攸績하며 睦乃四隣하며 以蕃王室하며 以和兄弟하며 康濟小民하라

너의 세워야 할 공적을 힘쓰며 너의 사방 이웃들과 화목하며 왕실의 울타리가 되며 형제들과 화합하며 백성들을 편안히 구제하라.

勉汝所立之功하고 親汝四隣之國하고 蕃屛王家하고 和協同姓하고 康濟小民이니 五者는 諸侯職之所當盡也라

너의 세워야 할 공을 힘쓰고, 너의 사방 이웃 나라들과 친하고 왕실의 울타리가 되고, 同姓들과 화합하고, 백성들을 편안히 구제하여야 하니, 이 다섯 가지는 제후의 직책에 있어서의 마땅히 다해야 할 바이다.

字義 懋 : 힘쓸 무   乃 : 너 내   攸 : 바 유   績 : 공적   蕃 : 울타리 번   濟 : 구제할 제
屛 : 병풍 병   協 : 화할 협

7. 率自中[280]이요 無作聰明하여 亂舊章하며 詳乃視聽하여 罔以側言으로 改厥度하면 則予一人이 汝嘉[①]호리라

① 書經 則予一人汝嘉 : 나 한 사람이 너를 가상히 여길 것이다.
   一般 則予一人嘉汝矣 : 나 한 사람이 너를 가상히 여길 것이다.

따르는 것은 中으로부터 하고, 총명을 일으켜 옛 법도를 어지럽히지 말며, 너의 보고 들음을 자상하게 해서 한쪽 편의 말로 법도를 고치지 않으면 나 한 사람이 너를 가상히 여길 것이다."

중하고 그 종말을 생각해야 한다.〔建國之始 必愼其始而思其終〕"는 말을 참작해서 보충한 것이다.
280 率自中 : 孔傳은 '中'을 大中의 道로 보아 "大中의 道를 따르라."로 풀이하였다.

率은 循也라 無는 毋로 同이라 詳은 審也라 中者는 心之理而無過不及之差者也라
舊章者는 先王之成法이요 厥度者는 吾身之法度니 皆中之所出者라 作聰明하면 則
喜怒好惡 皆出於私而非中矣리니 其能不亂先王之舊章乎아 戒其本於己者然也라
側言은 一偏之言也니 視聽을 不審하여 惑於一偏之說이면 則非中矣리니 其能不改
吾身之法度乎아 戒其徇於人者然也라 仲能戒是면 則我一人이 汝嘉矣리라 呂氏
曰 作聰明者는 非天之聰明이요 特沾沾小智耳니 作與不作에 而天人判焉이니라

　率은 循의 뜻이다. 無는 毋와 같다. 詳은 審(살피다)의 뜻이다. 中은 마음의 이치
로서 過와 不及의 차이가 없는 것이다. 舊章은 先王이 이루어놓은 법이고, 厥度는
내 몸의 법도이니, 모두 中이 나오는 곳이다. 총명을 일으키면 기뻐하고 노여워하
고 좋아하고 싫어함이 모두 사적인 데서 나와서 中이 아닐 것이니, 先王의 옛 법을
어지럽히지 않을 수 있겠는가. 이는 자기에게 근본을 두는 것을 경계함이 그러는
것이다. 側言은 한쪽 편의 말이니, 보고 들음을 자상하게 살피지 아니하여 한쪽 편
의 말에 현혹되면 中이 아닐 것이니, 내 몸의 법도를 고치지 않을 수 있겠는가. 이
는 남을 따르는 것을 경계함이 그러한 것이다. 蔡仲이 이것을 경계하면 나 한 사람
이 너를 가상히 여길 것이란 말이다.

　呂氏가 말하였다. "총명을 일으킨다.'는 것은 하늘의 총명이 아니고, 다만 좀스러
운 작은 지혜일 뿐이니, 일으키느냐 일으키지 않느냐에서 천연적인 것과 인위적인
것이 판가름 난다."

字義　中:중정할 중　無:말 무　乃:너 내　側:한쪽 측, 기울 측　度:법도 도　循:따를 순
　　　毋:말 무　審:살필 심　差:차이날 차　惡:싫어할 오　特:다만 특　沾:좀스러울 첨
　　　判:판연할 판

8. 王曰 嗚呼라 小子胡아 汝往哉하여 無荒棄朕命하라

　王이 말씀하였다. "아, 소자인 胡아. 너는 가서 朕의 명령을 폐기하지 말도록 하라."

　飭往就國하여 戒其毋廢棄我命汝所言也라

　　삼가 가서 네 나라에 취임하여 내가 너에게 명하여 말한 바를 폐기하지 말라고 경
계한 것이다.

字義　荒:묵힐 황　棄:폐기할 기, 버릴 기　飭:삼갈 칙　就:나아갈 취

書經集傳 卷九

多方[1]

成王卽政에 奄與淮夷又叛이어늘 成王滅奄歸하여 作此篇하니라 按費誓에 言徂茲淮夷徐戎竝興이 卽其事也라 疑當時扇亂이 不特殷人이요 如徐戎淮夷四方에 容或有之라 故로 及多方하니 亦誥體也라 今文古文에 皆有하니라

成王이 親政하자, 奄나라와 淮夷가 다시 반란을 일으키므로 成王이 奄나라를 멸망시키고 돌아와서 이 篇을 지었다. 〈費誓〉를 살펴보면 "지난번에 淮夷와 徐戎이 함께 일어났다."라고 한 것이 바로 이 일이다. 의심컨대 당시에 난을 선동한 것이 비단 殷나라 사람뿐만이 아니고, 徐戎과 淮夷 등 사방에 혹 있었던 것 같다. 그러므로 多方(많은 나라)을 언급한 것이니, 또한 誥體이다. 〈多方〉은 《今文尙書》와 《古文尙書》에 모두 들어 있다.

○蘇氏曰 大誥, 康誥, 酒誥, 梓材, 召誥, 洛誥, 多士, 多方八篇은 雖所誥不一이나 然大略은 以殷人心不服周而作也라 予讀泰誓, 武成하고 常怪周取殷之易러니 及讀此八篇하고는 又怪周安殷之難也로라 多方所誥는 不止殷人하고 乃及四方之士하니 是紛紛焉不心服者 非獨殷人也라 予乃今에 知湯已下七王之德이 深矣로라 方殷之虐엔 人如在膏火中하고 歸周如流하여 不暇念先王之德이러니 及天下粗定하여 人自膏火中出하여는 卽念殷先七王을 如父母하여 雖以武王周公之聖이 相繼撫之로되 而莫能禦也라 夫以西漢道德을 比之殷하면 猶碔砆之與美玉이나 然王莽, 公孫述, 隗囂(외효)之流 終不能使人忘漢하여 光武成功이 若建瓴然하니 使周無周公이면 則亦殆矣리니 此周公之所以畏而不敢去也니라

○蘇氏가 말하였다. "〈大誥〉·〈康誥〉·〈酒誥〉·〈梓材〉·〈召誥〉·〈洛誥〉·〈多士〉·〈多方〉의 8편은 비록 고유한 내용이 동일하지 않으나 대략은 殷나라 사람들이

---

1 多方 : 朱子는 "〈大誥〉·〈梓材〉·〈多士〉·〈多方〉 등 편은 당시에 임금이 백성들에게 고한 말을 편집한 것인데, 대부분 方言이기 때문에 諸誥 등 편은 당시 士民은 이해했지만 지금 士人은 이해하지 못한다.〔大誥梓材多士多方等篇 乃當時編人君告其民之辭 多是方言 故諸誥等篇 當時士民曉得 而今士人不曉得〕"라고 하였다.

周나라에 심복하지 않기 때문에 지은 것이다. 나는 〈泰誓〉와 〈武成〉을 읽고는 항상 周나라가 殷나라를 쉽게 취한 것을 괴이하게 여겼는데, 이 8편을 읽고는 또 周나라가 殷나라를 안정시키기 어려움을 괴이하게 여겼다. 〈多方〉에서 고유한 것은 殷나라 사람에 그치지 않고 곧 사방의 인사들에까지 미쳤으니, 분분하게 심복하지 않은 자가 비단 殷나라 사람뿐만이 아니었다. 나는 지금에야 湯임금 이하 일곱 王의 德이 깊은 것을 알았다. 殷나라가 虐政을 할 때에는 사람들이 기름불 속에 있는 것처럼 여기고 周나라로 돌아오기를 마치 물이 아래로 흘러가듯이 하여 先王의 德을 생각할 겨를이 없었는데, 천하가 다소 안정되어 사람들이 기름불 속에서 나오자, 殷나라의 일곱 분 先王을 생각하기를 부모와 같이 하여 비록 武王과 周公 같은 聖人이 서로 이어 백성들을 어루만졌으나 능히 막지 못하였다. 西漢의 도덕을 殷나라에 비교하면 옥돌이 아름다운 옥을 상대하는 것과 같은데도 王莽과 公孫·隗囂의 무리가 끝내 사람들로 하여금 漢나라를 잊게 하지 못하여, 光武帝가 성공한 것이 마치 물병을 거꾸로 세워 〈물을 쏟아 붓듯이〉 쉬웠으니, 가사 周나라에 周公이 없었다면 또한 위태로웠을 것이다. 이것이 바로 周公이 두려워하여 감히 떠나가지 못한 이유였다.”

字義 扇 : 선동할 선   特 : 다만 특   容 : 어조사 용   服 : 심복할 복   怪 : 괴이할 괴   易 : 쉬울 이
膏 : 기름 고   粗 : 약간 조(추)   繼 : 이을 계   撫 : 어루만질 무   禦 : 막을 어   珷 : 옥돌 무
玞 : 옥돌 부   瓴 : 병 령

1. 惟五月丁亥에 王이 來自奄①²하사 至于宗周하시다

① 書經 來自奄 : 오기를 奄나라로부터 하며
一般 自奄來 : 奄나라로부터 와서

5월 丁亥日에 成王이 奄나라로부터 와서 宗周(鎬京)에 이르시었다.

成王卽政之明年에 商奄又叛이어늘 成王征滅之³하니라 杜預云 奄은 不知所在라 宗

─────────

2   王來自奄 : 顧炎武는 “孔傳에서 ‘奄나라가 재차 배반했다.’고 한 것은 篇의 先後에 얽매어 억지로 그런 말을 한 것이다. ‘至于再 至于三’에 대한 풀이는 마땅히 蔡氏의 說을 따라야 한다.〔孔傳以爲奄再叛者 拘於篇之先後 而强爲之說 至于再至于三 當從蔡氏說〕”라고 하였다.《日知錄》王來自奄)

3   成王卽政之明年……成王征滅之 : 袁仁(《尙書砭蔡編》)은 “蔡傳의 풀이가 잘못되었다. 武王 때에

周는 鎬京也라

成王이 친정한 다음해에 商나라와 奄나라가 다시 반란을 일으키므로 成王이 정벌하여 멸망시킨 것이다. 杜預는 이르기를 "奄나라는 어느 곳에 있었는지 알지 못한다."라고 하였다. 宗周는 鎬京이다.

呂氏曰 王者之定都면 天下之所宗也라 東遷之後에 定都于洛하니 則洛亦謂之宗周라 衛孔悝(회)之鼎銘曰 隨難于漢陽하고 卽宮于宗周[4]라하니 是時에 鎬已封秦하니 宗周는 蓋指洛也라 然則宗周는 初無定名이요 隨王者所都而名耳라하니라

呂氏가 말하였다. "王者가 도읍을 정하면 천하가 宗主로 삼는다. 東遷한 뒤에 洛陽에 도읍을 정하니, 낙양을 또한 宗周라 일렀다. 衛나라 孔悝의 〈鼎銘〉에 '漢陽에서 피난길을 호종하게 했는가 하면, 宗周의 거처에도 수행하였다.'고 하였는데, 이때에 鎬京이 이미 秦나라에 봉해졌으니, 宗周는 洛陽을 가리킨 것이다. 그렇다면 宗周는 당초에 정해진 이름이 없고, 王者의 도읍을 세운 곳에 따라 이름하였을 뿐이다."

2. 周公曰 王若曰하사대 猷라 告爾四國多方하노라 惟爾殷侯尹民[5]아 我惟大降爾

周公이 紂를 誅伐하고 奄나라를 정벌하여 3년 만에 그 임금을 토벌하고 그 땅에 곧 伯禽을 봉하여 魯나라를 삼았다. 成王 初年에 奄나라에 이르게 된 까닭은 武庚이 반란을 일으켰기 때문이다. 周公은 殷나라의 遺民이 淮夷·徐戎과 합세할까 두려웠기 때문에 成王을 받들고 奄나라에 가서 전략을 편 지 3년 만에 東方이 비로소 평정되었으니, 곧 周公이 東征한 일이고, 《詩經》〈東山〉詩에서 '3년을 돌아가지 못했다.'는 것이 이것이다. 〈多士〉에서 칭한 "옛날 朕이 奄나라로부터 올 적에 너희 네 나라의 백성들 목숨에 대한 형벌을 크게 낮추어 〈살려주었다.〉"는 것은 대개 管·蔡·霍 및 殷나라만을 가리켰을 뿐 奄나라는 포함시키지 않았으니, 당시 奄나라가 이미 魯나라가 되었는데, 어떻게 다시 반란을 일으킬 수 있겠는가.〔非也 武王時 周公誅紂伐奄 三年討其君 而其地卽封伯禽爲魯國矣 成王初年 所以至奄者 爲武庚叛也 周公懼殷遺民與淮夷徐戎合勢 故奉成王至奄 經略三年而東方始定 卽周公東征事 而東山詩稱三年不歸者是也 多士所稱昔朕來自奄 大降爾四國民命者 蓋指管蔡霍及殷耳 非兼奄也 當時奄已爲魯 安得復叛乎〕라고 하였다.

4 隨難于漢陽 卽宮于宗周 : 《禮記》〈祭統〉에 보인다.

5 惟爾殷侯尹民 : 王夫之는 "蔡氏는 '殷侯로서 백성을 다스리는 자들을 제기하여 고유함을 이른 것이다.'라고 하였는데, 이 '殷侯'는 무엇을 가리킨 것인지 모르겠다. 殷나라의 諸侯로 여긴 것인가. 그렇다면 祿父는 벌써 멸망하였다. 따라서 殷나라의 諸侯로 여긴 것이라면 殷나라가 아직도 諸侯를 소유하였는가. 이미 周나라에 歸依하였는데, 또 어떻게 도외시할 수 있겠는가. 여기서 말한 殷侯는 모두 추후에 武庚을 이른 것이다. '尹'은 君과 같은 것이다.〔蔡氏謂提殷侯之正民者告之 此殷侯 不知何指 以爲殷國之侯耶 則祿父已滅矣 以爲殷之諸侯耶 則殷尚得有諸侯哉 且業已歸周 而又何外之耶 此言殷侯者 皆追謂武庚也 尹猶君也〕"라고 하였다.

命하니 爾罔不知⁶니라

周公이 말씀하였다. "王이 이렇게 말씀하였다. '아. 너희 四國과 多方에게 고유하노라. 너희 殷侯(殷나라 諸侯)로서 백성을 바로잡아 다스리는 자들아. 내가 크게 죄를 낮추어서 너희들 목숨을 살려주었으니, 너희들은 이것을 알지 않음이 없어야 할 것이다.

> 呂氏曰 先曰周公曰而復曰王若曰은 何也오 明周公傳王命이요 而非周公之命也라 周公之命誥가 終於此篇이라 故로 發例於此하여 以見(현)大誥諸篇의 凡稱王曰者는 無非周公傳成王之命也라하니라 成王滅奄之後에 告諭四國殷民하고 而因以曉天下也니 所主殷民이라 故로 又專提殷侯之正民者告之라 言殷民은 罪應誅戮이나 我大降宥爾命하니 爾宜無不知也라

呂氏가 말하였다. "먼저 '周公曰'이라 하고 다시 '王若曰'이라 한 것은 무엇 때문인가. 周公이 왕명을 전한 것이고 周公의 명이 아님을 밝힌 것이다. 周公의 命誥가 이 편에서 끝나기 때문에 여기에서 例를 말하여 〈大誥〉 등 여러 편에서 무릇 王曰이라고 칭한 것은 모두 周公이 成王의 명을 전한 것임을 나타낸 것이다."

成王이 奄나라를 멸망시킨 뒤에 四國의 殷나라 백성들에게 告諭하고 따라서 천하 사람을 깨우친 것이니, 주장한 바가 殷나라 백성들이기 때문에 또 오로지 殷侯로서 백성을 바로잡아 다스리는 자들을 제기하여 고유한 것이다. 殷나라 백성들은 죄가 응당 誅戮에 해당하나 내가 크게 죄를 낮추어서 너희들 목숨을 용서하였으니, 너희들은 의당 이를 알지 않음이 없어야 한다고 말한 것이다.

字義 猷 : 감탄할 유   尹 : 다스릴 윤

3. 洪惟圖天之命하여 弗永寅念于祀⁷하니라

---

6   我惟大降爾命 爾罔不知 : 孔傳은 "내가 너희 백성들의 목숨을 좌지우지하는 임금을 크게 박살냈으니, ―紂를 誅殺함을 이른다.― 천하에서는 紂의 暴虐이 스스로 멸망을 취한 것임을 모르는 이가 없어야 한다는 점을 말한 것이다.〔我大降汝命 ―謂誅紂也― 言天下無不知紂暴虐以取亡〕"라고 풀이하였다.

7   洪惟圖天之命 弗永寅念于祀 : 孔傳은 "크게 왕이 되어 하늘의 명을 〈사적으로〉 도모하여 제사에 대한 것을 길이 경건하게 생각하지 않으니, ―夏桀을 이른다.― 하늘이 지극한 경계를 夏나라에 내려 譴告하였다. ―災異를 이른다.―〔大惟爲王謀天之命 不長敬念於祭祀 ―謂夏桀― 惟天下至戒於夏 以譴告之 ―謂災異―〕"라고 풀이하였다.

크게 하늘의 命을 〈사적으로〉 도모하여 길이 경건하게 생각해서 제사를 보존하지 못하였다.

圖는 謀也라 言商奄이 大惟私意로 圖謀天命하여 自底(지)滅亡하여 不深長敬念하여 以保其祭祀라 呂氏曰 天命은 可受而不可圖니 圖則人謀之私요 而非天命之公矣[8]라 此蓋深示以天命不可妄干이니 乃多方一篇之綱領也라하니라 下文에 引夏商所以失天命과 受天命者하여 以明示之하니라

圖는 謀의 뜻이다. 商나라와 奄나라가 크게 私意로 天命을 도모하여 스스로 멸망에 이르러 매우 깊고 경건히 생각해서 그 제사를 보존하지 못한 점을 말한 것이다.

呂氏가 말하기를 "천명은 받을 수는 있으나 도모할 수는 없는 것이니, 도모하면 人謀의 사적인 것이고, 天命의 공적인 것이 아니다. 이는 천명은 함부로 구할 수 없음을 깊이 보여준 것이니, 바로 〈多方〉한 편의 綱領이다."라고 하였다. 아랫글에서 夏나라와 商나라가 천명을 잃은 것과 천명을 받은 것을 이끌어서 분명히 보여주었다.

字義 洪 : 클 홍   寅 : 공경 인   底 : 이를 지

4. 惟帝降格于夏[9]어시늘 有夏誕厥逸하여 不肯慼言于民하고 乃大淫[10]昏하여 不克終日勸于帝之迪은 乃爾攸聞이니라

上帝가 夏나라에 〈災異를〉 내려서 夏桀에게 경고하였건만, 夏桀은 〈두려워하기는커녕 도리어〉 크게 안일을 추구하여 백성을 근심하는 말을 입에서 내려 하지 않고, 이에 음탕하고 혼매한 짓만 크게 일삼아, 종일토록 上帝가 啓導한 것에는 조금도 힘쓰지 않았다는 사실은 너희들이 들어서 아는 바이다.

言帝降災異하여 以譴告桀이언만 桀不知戒懼하고 乃大肆逸豫하여 憂民之言도 尙不肯出諸口어늘 況望其有憂民之實乎아 勸은 勉也라 迪은 啓迪也니 視聽動息日用

---

8   圖則人謀之私 而非天命之公矣 : 呂祖謙의 《增修東萊書說》에는 "도모하면 인위적인 사심이고 천명이 아니다.〔圖則人爲之私而非天命矣〕"라고 되어 있다.

9   惟帝降格于夏 : 王安石《書傳大全》小註은 〈多士〉의 "則惟帝降格 嚮于時夏(上帝가 災異를 내려서 夏桀에게 의향을 보였다.)"와 같은 뜻으로 보았다.

10   淫 : 孔傳은 '過'(지나치다)의 뜻으로 보았다.

之間은 洋洋乎皆上帝所以啓迪開導斯人者라 桀乃大肆淫昏하여 終日之間에 不能少勉於是하니 天理或幾乎息矣어늘 況望有惠迪而不違乎아 此乃爾之所聞이니 欲其因桀而知紂也라 厥逸이 與多士引逸不同者는 猶亂之爲亂爲治耳라 逸豫는 以民言이요 淫昏은 以帝言이니 各以其義也라 此章上에 疑有缺文이라

上帝가 災異를 내려서 桀에게 꾸짖어 경고하였건만, 桀은 경계하고 두려워할 줄을 모르고 이에 크게 안일만 추구하여 백성을 근심하는 말도 외려 입에서 내려 하지 않았는데, 하물며 백성을 근심하는 실상이 있기를 바라겠는가. 勸은 勉의 뜻이다. 迪은 啓迪(啓導)하는 것이니, 보고 듣고 움직이고 멈추는 등의 일상생활은 바로 충만하게 모두 上帝가 이 사람들을 계도할 수 있는 것이다. 桀은 이에 크게 음탕하고 혼매한 일만 일삼아 종일토록 조금도 이에 힘쓰지 않았으니, 天理가 거의 종식된 상태이거늘, 하물며 상제의 계도에 순종하여 어기지 않음이 있기를 바라겠는가. 이것은 바로 너희들이 들은 바이니, 그 夏桀을 통하여 殷紂를 알게 하려는 것이다. 厥逸이 〈多士〉의 引逸과 같지 않은 것은 亂자가 亂의 뜻이기도 하고, 治의 뜻이기도 한 경우와 같다. 逸豫는 백성의 입장에서 말하고, 淫昏은 상제의 입장에서 말한 것이니, 각기 그 뜻에 따른 것이다. 이 章의 위에 아마도 缺文이 있는 듯하다.

字義 格 : 이를 격 誕 : 클 탄 肯 : 즐겨할 긍 慼 : 근심할 척 勸 : 힘쓸 권 迪 : 계도할 적
    肆 : 클 사 洋 : 충만할 양 息 : 종식할 식

5. 厥圖帝之命하여 不克開于民之麗(리)[11]하고 乃大降罰하여 崇亂有夏하니 因甲于內亂[12]하여 不克靈承于旅하며 罔丕惟進之恭하여 洪舒于民[13]이요 亦惟有夏之民의

---

11 不克開于民之麗(리) : 孔疏는 '麗'를 施의 뜻으로 보아, "능히 백성들에게 베풀 政敎는 개발하지 못했다.〔不能開發於民所施政敎〕"로, 蘇軾은 '麗'를 著(착)의 뜻으로 보아, "백성들이 토착하지 못했다.〔民不土著〕"로 풀이하였고, 林之奇는 '麗'를 '離麗'란 麗의 뜻으로, 陳少南은 附의 뜻으로, 呂祖謙은 依의 뜻으로 보았는데, 蔡傳은 林之奇와 呂祖謙을 따르고 있다.

12 因甲于內亂 : 孔疏는 '甲'을 夾(끼다)의 뜻으로 보아 "밖으로는 백성들을 걱정하지 않고 안으로는 德을 勤愼하지 않아 이내 두 가지 亂 속에 끼었다."로 풀이하였다. 鄭玄과 王肅은 '甲'을 狎의 뜻으로 보았다. 蘇軾과 林之奇는 '甲'을 始의 뜻으로 보아 "亂이 안으로부터 일어났다.〔亂自內起〕"로, "桀의 亂이 안으로부터 시작되었다.〔桀之亂 自內而始〕"로 각각 풀이하였고, 呂祖謙은 '因'은 原因의 뜻으로, '甲'은 始의 뜻으로 보아 "그 亂의 원인을 규명하면 대개 內亂에서 시작된 것이니, 妹喜의 총애가 이것이다.〔原其亂因 蓋始于內亂 妹喜之嬖是也〕"로 풀이하였는데, 蔡傳은 呂祖謙을 따르고 있다.

13 罔丕惟進之恭 洪舒于民 : 孔傳은 '舒'를 舒惰의 뜻으로 보아 "크게 恭德을 진행하지 못하고 크게 백성들을 다스리는 일에 게을렀다.〔無大惟進恭德 而大舒惰於治民〕"라고 풀이하였다.

叨懫(치)를 日欽하여 劓割夏邑[14]하나라

　上帝의 명을 도모하느라 능히 백성들의 생명이 걸려있는 생활터전을 열어주지 못하고, 게다가 〈백성들에게〉 크게 威虐을 내려 夏나라에 혼란을 가중시켰으니, 그 원인을 규명하면 內嬖(妹喜)에서 비롯되어 능히 민중을 잘 받들지 못하며, 크게 공손함에 나아가 크게 백성들을 너그러이 대해주지 못하며, 또한 夏나라의 백성 중에 탐욕스럽고 분해하는 자들을 날로 공경하여 夏나라를 망쳤던 것이다.

　此章은 文多未詳[15]이라 麗는 猶日月麗乎天之麗니 謂民之所依以生者也라 依於士와 依於衣食之類니라 甲은 始也라 言桀이 矯誣上天하고 圖度(탁)帝命하여 不能開民衣食之原하여 於民依恃以生者에 一皆抑塞遏絶之하고 猶乃大降威虐于民하여 以增亂其國하니 其所因은 則始于內嬖하여 蠱其心하고 敗其家하여 不能善承其衆하고 不能大進於恭하여 而大寬裕其民이요 亦惟夏邑之民의 貪叨忿懫者를 則日欽崇而尊用之하여 以戕害於其國也니라

　이 章은 글이 未詳한 것이 많다. 麗는 "해와 달이 하늘에 걸려있다."는 麗와 같으니, 백성들이 의지하여 사는 것을 말한 바, 곧 땅에 의지하고 衣食에 의지하는 따위다. 甲은 始의 뜻이다. 夏桀이 上天을 조작하고 上帝의 명을 도모하느라 능히 백성들의 생명이 걸린 衣食의 근원을 열어주지 못하여, 백성들이 의지하여 믿고 사는 것에 대하여 일체 억제하여 막아 끊고, 외려 백성들에게 크게 威虐을 내려서 그 나라에 혼란을 가중시켰으니, 규명하면 그 원인은 內嬖에서 비롯되어 마음을 고혹하고 집안을 망쳐 능히 민중을 잘 받들지 못하고, 크게 공손함에 나아가 크게 백성들을 너그러이 대해주지 못하며, 또한 夏邑의 백성 중에 탐욕스럽고 분해하는 자들을 날마다 공경하고 높이 등용해서 그 나라를 망친 점을 말한 것이다.

字義　麗 : 걸릴 리　崇 : 가중시킬 숭, 더할 숭　甲 : 비로소 갑　䜩 : 잘할 령, 착할 령　旅 : 민중 려　洪 : 클 홍　　 : 탐욕 도　懫 : 분노할 치　欽 : 공경 흠　劓 : 망칠 의　割 : 망칠 할

14　亦惟有夏之民……劓割夏邑 : 孔傳은 民, 懫, 邑에 句를 끊어서 "桀이 백성들을 다스리는 일에 크게 게을렀기 때문에 또한 夏나라의 백성들이 탐욕하고 분노하여 명을 거역하였건만, 이에 桀은 날마다 그 邑을 망치는 자들을 존경하였다. 〈존경의 대상은〉 곧 殘賊하는 신하들을 이른다.〔桀洪舒於民 故亦惟有夏之民 貪叨忿懫而逆命 於是 桀日尊敬其能劓割夏邑者 謂殘賊臣〕"라고 풀이하였다.

15　此章 文多未詳 : 蔡沈은 "이 章은 글이 미상한 것이 많다."고 했는데, 해석에 있어서는 미상한 부분이 하나도 없는 것은 아마 呂祖謙의 해석을 원용했기 때문인 듯하다.

依 : 의지할 의　矯 : 조작할 교, 거짓 교　誣 : 조작할 무, 속일 무　度 : 헤아릴 탁
抑 : 억제할 억　塞 : 막을 색　增 : 더할 증　嬖 : 총애할 폐, 사랑할 폐　蠱 : 혹할 고
貪 : 탐할 탐　忿 : 분할 분　戕 : 해칠 장

6. 天이 惟時求民主라(하사) 乃大降顯休
命于成湯하사 刑殄有夏[16]하시니라

　하늘이 이에 백성의 주인을 구한지라,
드러나고 아름다운 명을 成湯에게 크게
내리시어 夏나라를 쳐서 멸망시키신 것
이다.

天降休命圖

　　言天惟是爲民求主耳라 桀旣不能爲
民之主일새 天乃大降顯休命於成湯하사
使爲民主하여 而伐夏殄滅之也라

　　하늘은 오직 이 백성들을 위하여 훌륭
한 주인만을 구할 뿐이라, 桀이 이미 백
성의 주인이 될 수 없으므로 하늘이 이
에 드러나고 아름다운 명을 成湯에게 크
게 내려서 백성의 주인이 되어 夏나라를
쳐서 멸망시킨 점을 말한 것이다.

○呂氏曰 曰求曰降은 豈眞有求之降之者哉아 天下無統이면 渙散漫流하여 勢不
得不歸其所聚어늘 而湯之一德은 乃所謂顯休命之實이니 一[17]衆離而聚之者也라
民不得不聚於湯이요 湯不得不受斯民之聚니 是豈人爲之私哉리오 故로 曰天求之
天降之也라하니라

　　○呂氏가 말하였다. "'구한다' 하고 '내린다' 함은 어찌 참으로 구하고 내리는 일이
있겠는가. 천하에 통솔자가 없으면 渙散(분산)하고 漫流(제멋대로 흘러감)하여 형세
상 모이는 곳으로 귀착되지 않을 수 없는데, 湯임금의 순일한 德이 이른바 '드러나
고 아름다운 명'의 실상이니, 여러 흩어진 것들을 하나로 통합시켜 모을 수 있다. 백

16　刑殄有夏 : 孔疏는 "夏나라에 형벌을 베풀어 滅絶하였다.〔施刑罰絶有夏〕"라고 풀이하였다.
17　一 : 《增修東萊書說》에는 '合'으로 되어 있다.

성들은 湯임금에게 모이지 않을 수 없고, 湯임금은 이 모인 백성들을 받지 않을 수 없었으니, 이 어찌 사람이 사적으로 한 것이겠는가. 그러므로 하늘이 '구했다'고 하고, 하늘이 '내렸다'고 한 것이다."

字義 時 : 이 시   殄 : 멸망할 진   渙 : 풀릴 환   漫 : 흩어질 만

7. 惟天이 不畀純은 乃惟以爾多方之義民으로 不克永于多享이요 惟夏之恭[18]多士는 大不克明保享于民이요 乃胥惟虐于民하여 至于百爲히 大不克開[19]하니라

하늘이 〈桀을〉 크게 도와주지 않아 〈망하게 한 것은〉 바로 〈桀이〉 너희 多方의 義民(賢者)들과 함께 능히 길이 많은 복록을 누리지 않고, 夏桀이 존경하는 많은 인사들은 크게 능히 백성들을 밝게 보존하여 복록을 누리지 않고, 서로 백성들을 학대하여 온갖 일에 이르기까지 크게 능히 열어주지 못했기 때문이다.

純은 大也[20]요 義民은 賢者也라 言天이 不與桀者大는 乃以爾多方賢者로 不克永于多享하여 以至于亡也라 言桀於義民엔 不能用하고 其所敬之多士는 率皆不義之民이니 上文所謂叨懫日欽者라 同惡相濟하여 大不能明保享于民하고 乃相與播虐于民하니 民無所措其手足하여 凡百所爲가 無一能達하니 上文所謂不克開于民之麗者라 政暴民窮이 所以速其亡也라 此는 雖指桀多士나 爾殷侯尹民도 嘗逮事紂者니 寧不惕然內愧乎아

純은 大의 뜻이요, 義民은 바로 賢者이다. 하늘이 夏桀을 도와주지 않음이 큰 것은 바로 너희들 多方의 현자들과 함께 능히 길이 많은 복록을 누리지 않아 멸망에 이르렀기 때문임을 말한 것이다. 桀이 義民에 대해서는 능히 등용하지 않고, 桀이 존경하는 많은 인사들은 대체로 모두 의롭지 않은 백성들이었으니, 윗글에서 이른바 "탐욕스럽고 분해하는 자들을 날로 공경했다."는 그들이다. 서로 악한 짓을 일

---

18   恭 : 孔傳은 '恭人' 곧 '善人'으로 보았다.

19   至于百爲 大不克開 : 呂祖謙은 "농사를 지으려고 하면 농사짓는 일을 방해하고 장사를 하려고 하면 장사하는 일을 방해해서 사방으로 〈무슨 일이든〉 모두 궁하여 하나도 잘되는 일이 없었다.〔欲耕害其耕 欲賈害其賈 四向皆窮 無一能達〕"라고 풀이하였다.

20   純 大也 : 孔傳은 〈君奭〉에 있는 "天惟純佑命"의 純이나 〈多方〉에 있는 "惟天不畀純"의 純을 모두 大의 뜻으로 보았는데, 蔡傳은 〈君奭〉의 純은 純一로, 〈多方〉의 純은 大의 뜻으로 풀이하였다. 葉夢得(《書傳大全》 小註)은 "하늘이 도울 경우는 '純佑命'이라 하고 돕지 않을 경우는 '不畀純'이라 했다.〔天佑之則曰純佑命 不畀則曰不畀純〕"라고 하였다.

삼아 크게 능히 백성들을 밝게 보존하여 복록을 누리지 않고, 서로 더불어 백성들에게 포학함을 가하므로 백성들이 수족을 둘 곳이 없어 온갖 하는 일이 하나도 잘되는 일이 없었으니, 윗글에서 이른바 "능히 백성들의 생명이 걸려있는 생활터전을 열어주지 못했다."는 그것이다. 정치가 포악하고 백성들이 곤궁한 것이 그 망함을 부르게 된 원인이었다. 이는 비록 桀의 많은 인사들을 가리킨 것이나, 너희 殷侯로서 백성을 맡아 다스리는 자들도 일찍이 殷紂를 섬긴 자들이니, 어찌 惕然히 속으로 부끄러워하지 않을 수 있겠느냐라고 말한 것이다.

字義 畀 : 줄 비 純 : 클 순 享 : 누릴 향 胥 : 서로 서 播 : 뿌릴 파 措 : 둘 조 速 : 부를 속
寧 : 어찌 녕 惕 : 두려울 척 愧 : 부끄러울 괴

8. 乃惟成湯이 克以爾多方簡으로 代夏하사 作民主²¹하시니라

이에 成湯이 능히 너희 多方의 간택으로써 夏나라를 대신해서 백성의 주인이 되셨다.

簡은 擇也니 民擇湯而歸之라

簡은 擇의 뜻이니, 백성들이 湯임금을 간택해서 귀의한 것이다.

字義 簡 : 간택할 간 迭 : 갈마들 질

9. 愼厥麗하여 乃勸하신대 厥民이 刑하여 用勸²²하니라

〈成湯이〉 의지하는 바(仁)를 신중하게 실천하여 〈백성들을〉 권면하시니, 백성들

---

21 乃惟成湯……作民主 : 孔傳은 '簡'을 大의 뜻으로 보고, 湯, 方, 夏, 主에 句를 끊어서 "이에 成湯이 능히 너희 衆方의 어진 이를 써서 크게 夏나라의 정사를 대신하여 천하 백성들의 임금이 되었다.〔乃惟成湯 能用汝衆方之賢 大代夏政 爲天下民主〕"라고 풀이하였는데, 兪樾(《群經平議》)은 "'簡'은 본시 大의 뜻으로 풀이하지만 '크게 夏나라를 대신하여 백성의 임금이 되었다.'고 한 것은 매우 의미가 없다. 〈皐陶謨〉의 '笙鏞以間'에 대한 枚傳에 '間'은 '迭'의 뜻이다.'라고 하였다. '簡'과 '間'은 古字에 通用되었으니, '簡代夏作民主'는 번갈아 夏나라를 대신해서 백성의 임금이 되었음을 이른 것이다.〔簡固訓大 然大代夏作民主 殊爲無義 皐陶謨笙鏞以間 枚傳曰 間迭也 簡與間 古字通用 簡代夏作民主 謂迭代夏作民主也〕"라고 하였다.

22 愼厥麗……用勸 : 孔傳은 '麗'를 施의 뜻으로, '刑'을 형벌의 뜻으로 보아 "그 백성들에게 政敎를 베푸는 것을 신중히 하니, 백성들이 이에 善을 권면하고, 그 사람이 비록 형벌을 받더라도 또한 善을 권면하였다는 것이다. 곧 政敎와 刑罰이 모두 깨끗했음을 말한 것이다.〔湯愼其施於民 民乃勸善 其人雖刑 亦用勸善 言政刑淸〕"라고 풀이하였다.

이 그를 본받아서 권면하였다.

湯深謹其所依하여 以勸勉其民이라 故로 民皆儀刑而用勸勉也라 人君之於天下에 仁而已矣니 仁者는 君之所依也라 君仁이면 則莫不仁矣니라

湯임금이 그 의지하는 바(仁)를 깊이 신중하게 행하여 〈백성들을〉 권면하였다. 그러므로 백성들이 모두 그를 본받아서 권면한 것이다. 임금은 천하에 있어서 仁을 행할 뿐이니, 仁은 임금이 의지하는 바이다. 임금이 仁을 행하면 백성들이 仁을 행하지 않을 자가 없는 것이다.

字義 刑 : 본받을 형

10. 以至于帝乙히 罔不明德愼罰하사 亦克用勸하시니라

〈成湯으로부터〉 帝乙에 이르기까지 덕을 밝히고 형벌을 신중히 하지 않는 이가 없어 또한 능히 〈善을 하도록〉 백성들을 권면하셨다.

明德則民愛慕之하고 謹罰則民畏服之하나니 自成湯으로 至于帝乙히 雖歷世不同이나 而皆知明其德謹其罰이라 故로 亦能用以勸勉其民也라 明德謹罰이 所以謹厥麗(리)也라 明德은 仁之本也요 謹罰은 仁之政也라

德을 밝히면 백성들이 사랑하여 사모하고, 형벌을 신중히 하면 백성들이 두려워하여 복종하기 마련인데, 成湯으로부터 帝乙에 이르기까지 비록 歷世(歷年)는 동일하지 않으나 모두 덕을 밝히고 형벌을 신중히 할 줄을 알았다. 그러므로 또한 능히 그 백성들을 권면할 수 있었던 것이다. 덕을 밝히고 형벌을 신중히 하는 것이 바로 의지하는 바를 삼가는 것이다. '덕을 밝히는 것'은 仁의 근본이고, '형벌을 신중히 하는 것'은 仁의 정사이다.

11. 要囚[23]를 殄戮多罪[24]도 亦克用勸이며 開釋無辜도 亦克用勸이니라

23　要囚 : 여기의 '要囚'를 諺解는 '요긴한 죄수'로, 孔傳은 '죄수의 정상을 요긴하게 살펴서(要察囚情)'로, 孔疏는 "장차 죄를 단정하려면 반드시 그 요긴한 말을 받아서 그 虛實을 살피기 때문에 '要囚'라 말했다.(將欲斷罪 必受其要辭 察其虛實 故言要囚)"라고 풀이하였다. 〈康誥〉의 12章 譯註 134) 참조. 李瀷《書經疾書》은 "'要囚'는 〈康誥〉에 보인다. 가벼운 죄수는 즉시 단정하여 獄에 오랫동안 갇혀있지 않게 하고, 생사의 기로에 놓인 긴요한 죄수 같은 경우는 반드시 시간을 두고 자세히 심사해서 살릴 길을 찾아야 할 것이다. 蘇氏는 '求'를 가지고 要의 뜻을 풀어, 文義가 딱 맞지 않고, 蔡傳은 舊注를 인용했는데 역시 딱 맞는지 알 수 없다. 여기서 말한 것은 사형하든

요긴한 죄수를 〈판결할 때,〉 죄를 많이 지은 사람을 사형에 처하는 일 또한 능히 〈백성들이 善을 하도록〉 권면하는 것이고, 죄가 없는 사람을 석방하는 일 또한 능히 〈백성들이 善을 하도록〉 권면하는 것이다.

德은 明之而已요 罰은 有辟焉하고 有宥焉이라 故로 再言辟而當罪도 亦能用以勸勉이요 宥而赦過도 亦能用以勸勉이라하니 言辟與宥 皆足以使人勉於善也라

德은 밝힐 따름이요, 형벌에는 죽임도 있고 용서함도 있다. 그러므로 다시 말하기를 "죽여서 죄에 합당하게 함도 능히 권면하는 일이며, 용서해서 罪過를 사면함도 능히 권면하는 일이다."라고 하였으니, 죽이고 용서함이 모두 사람으로 하여금 善을 하도록 권면하는 일임을 말한 것이다.

字義 要 : 요긴할 요   殄 : 죽일 진   戮 : 죽일 륙   釋 : 석방할 석   辜 : 죄 고

12. 今至于爾辟하여 弗克以爾多方으로 享天之命하니라

〈湯임금은 너희 多方을 가지고 백성의 임금이 되었는데,〉 지금 너희 임금(紂)에 이르러서는 능히 너희 多方을 가지고도 하늘의 命을 누리지 못하였다.

呂氏曰 爾辟은 謂紂也라 商先哲王이 世傳家法하여 積累維持如此어늘 今一朝至于汝君하여 乃以爾全盛之多方으로 不克坐享天命而亡之하니 是誠可悶也라 天命至公하여 操則存하고 舍則亡이라 以商先王之多와 基圖之大로도 紂曾不得席其餘蔭하여 其亡忽焉이라 危微操舍[25]之幾를 周公所以示天下深矣니 豈徒曰慰解之而

석방하든 모두 권면하는 것이니, 긴요하지 않은 가벼운 죄수에 비할 것이 아니다.〔要囚見康誥 輕囚可以卽斷 無使滯獄 若其緊囚在生死之間者 必也留時詳審 求其生路也 蘇氏以求解要 文義不帖 蔡傳用舊注 亦未知允愜 此云者 其戮其釋 皆足以勸 不比輕囚之無緊要也〕"라고 하였다. 蘇軾《書傳》은 〈康誥〉의 '要囚'에 대하여 "'要'는 獄辭다. 깊이 생각하는 기간이 열흘까지 걸리는 것은 죄수를 위하여 살릴 길을 찾는 것이다. 열흘 동안 찾아도 끝내 살릴 길이 없으면 그때는 죽여도 된다.〔要獄辭也 服念至旬日 爲囚求生道也 求之旬日 而終無生道 乃可殺〕"라고 풀이한 바 있다.

24 要囚殄戮多罪 : 林之奇《尙書全解》는 "형벌의 행함은 요긴한 말을 살펴 그 죄의 정도를 가지고 刑戮에 처한다.〔其刑罰之行 察其要辭 以其罪而殄戮之〕"로, 夏僎《尙書詳解》은 "비록 죄수를 자세히 살피되 죄 있는 자를 취하여 刑戮에 처한다.〔雖要察囚辭 取有罪者 殄絶而刑戮〕"로, 吳澄《書纂言》은 "중요한 죄수 중에서 또 그 죄를 많이 지은 자를 분별해서 형륙에 처한다.〔要囚之中 又有分別其多罪者 殄戮之〕"로 각각 풀이하였다.

25 危微操舍 : '危微'는 〈大禹謨〉에 "人心은 위태로운 것이고 道心은 은미한 것이다.〔人心惟危 道心惟微〕"라고 보이고, '操舍'는 《孟子》〈告子 上〉에 "잡으면 존재하고 놓으면 망실한다.〔操則存 舍則

已哉아하니라

呂氏가 말하였다. "爾辟은 紂를 이른다. 商나라의 先哲王들이 대대로 家法을 전하여 〈仁德을〉 쌓아 유지함이 이와 같았는데, 지금 하루아침에 너희 임금에 이르러서 곧 너희 全盛한 多方을 가지고도 능히 앉아서 천명을 누리지 못하고 망하였으니, 이는 진실로 민망해할 일이다. 천명은 지극히 공정한 것이어서, 잡으면 존재하고 놓으면 망실한다. 商나라의 많은 先哲王들과 큰 기반을 가지고서도 殷紂는 일찍이 그 餘陰(선조의 蔭德)을 의존하지 못하여 그 멸망함이 빨랐다. 危微와 操舍의 기미를 周公이 천하에 깊이 보여준 것이니, 어찌 한갓 〈多方 인사들의 근심만〉 위로해 풀어줄 뿐이겠는가."

字義 辟 : 임금 벽 累 : 쌓을 루 舍 : 놓을 사 席 : 의존할 석 陰 : 음덕 음 幾 : 기미 기
徒 : 한갓 도

13. 嗚呼라 王若曰하사대 誥告²⁶爾多方하노라 非天이 庸釋有夏며 非天이 庸釋有殷이시니라

아, 王이 이렇게 말씀하였다. '誥辭로 너희 多方에 고하노라. 하늘이 夏나라를 버리려고 마음먹었던 것이 아니며, 하늘이 殷나라를 버리려고 마음먹었던 것도 아니었다.

先言嗚呼而後 言王若曰者는 唐孔氏曰 周公이 先自歎息而後에 稱王命以誥之也라하니라 庸은 用也니 有心之謂요 釋은 去之也라 上文에 言夏殷之亡하고 因言非天有心於去夏요 亦非天有心於去殷이라하고 下文에 遂言乃惟桀紂自取亡滅也하니라

먼저 '嗚呼'를 말하고 나서 '王若曰'을 말한 것에 대하여 唐나라 孔氏(孔穎達)는 "周公이 먼저 스스로 탄식한 뒤에 왕명을 일컬어 고유한 것이다."라고 하였다. 庸은 用의 뜻이니, '마음먹음'을 이르고, 釋은 去(버리다)의 뜻이다. 윗글에서 夏나라와 殷나라의 망함을 말하고, 따라서 "하늘이 夏나라를 버리려고 마음먹었던 것이 아니며, 또한 하늘이 殷나라를 버리려고 마음먹었던 것도 아니다."라고 말하고, 아랫글에서 드디어 곧 桀과 紂가 멸망을 자초한 것임을 말하였다.

亡"라고 보인다.

26 誥告 : 夏僎《尙書詳解》은 "'誥告'는 誥辭를 가지고 告한 것이다.〔誥告 以誥辭告之〕"라고 하였다.

○呂氏曰 周公이 先自歎息하고 而始宣布成王之誥告하여 以見(현)周公未嘗稱王也라 入此篇之始하여 周公曰과 王若曰이 複語相承하니 書無此體也요 至於此章하여 先嗚呼而後王若曰하니 書亦無此體也라 周公이 居聖人之變하니 史官이 豫憂來世傳疑襲誤하여 蓋有竊之爲口實矣라 故로 於周公誥命終篇에 發新例二하여 著周公實未嘗稱王하니 所以別嫌明微而謹萬世之防也라하니라

○呂氏가 말하였다. "周公이 먼저 스스로 탄식하고 나서 비로소 成王이 誥辭로 고한 것을 선포하여, 周公이 일찍이 王을 일컫지 않았음을 보인 것이다. 이 篇의 첫머리에 들어와서 '周公曰'과 '王若曰'의 중복된 말이 서로 이어졌는데, 《書經》에는 이러한 체재가 없고, 이 章에 이르러 '嗚呼'를 먼저 말하고 '王若曰'을 뒤에 말하였는데, 《書經》에 또한 이러한 체재도 없다. 周公이 聖人의 변고에 처하였으니, 史官이 미리 후세 사람들이 의심나는 것을 전하고 오류를 인습하여 그것을 슬그머니 구실로 삼음이 있을까 염려하였다. 그러므로 周公의 誥命 마지막 편에 새로운 例 두 가지를 드러내어(말하여), 周公이 일찍이 王을 일컫지 않았음을 보였으니, 혐의를 분별하고 은미함을 밝혀서 萬世의 잡음을 막는 일에 신중을 기하기 위한 것이었다."

字義 庸 : 쓸 용, 마음먹을 용 釋 : 놓을 석 去 : 버릴 거 複 : 중복 복 襲 : 인습할 습
竊 : 슬그머니 절 發 : 개발할 발 嫌 : 혐의 혐

14. 乃惟爾辟이 以爾多方으로 大淫圖天之命하여 屑有辭[27]하니라

너희 임금이 너희 多方을 가지고도 크게 음탕하여 하늘의 命을 도모해서 자질구레하게 거짓으로 속이는 말을 늘어놓았다.

紂以多方之富로 大肆淫泆하여 圖度(탁)天命하여 瑣屑有辭하니 與多士言桀大淫泆有辭로 義同이라 殷之亡이 非自取乎아 以下二章推之컨대 此章之上에 當有缺文이라

紂가 多方의 부성한 기반을 가지고도 크게 음탕하여 천명을 도모해서 잔다랗고 자질구레하게 〈거짓으로 속이는〉 말을 늘어놓았으니, 〈多士〉에 "桀이 크게 淫泆하여 속이는 말을 늘어놓았다."라는 것과 뜻이 같다. 殷나라의 멸망은 자초한 것이 아니겠

---

27 乃惟爾辟……屑有辭 : 孔傳은 辟, 淫, 命, 辭에 句를 끊어서 "너희 임금 紂가 너희 衆方의 크게 過惡한 자들을 써서 함께 하늘의 명을 도모하여 악한 일에 모두 말이 있어 천하에 퍼져 있었다.〔乃惟汝君紂 用汝衆方大爲過惡者 共謀天之命 惡事盡有辭說 布在天下〕"라고 풀이하였다.

는가. 아래 두 章을 가지고 미루어보면 이 章의 앞에 응당 빠진 글이 있을 것이다.

字義 辟 : 임금 벽　屑 : 자질구레할 설　肆 : 클 사　度 : 헤아릴 탁　瑣 : 잘다랄 쇄

15. 乃惟有夏 圖厥政하되 不集于享²⁸한대 天降時喪하사 有邦²⁹으로 間³⁰之하시니라

　　夏나라가 정사를 도모하되 나라를 享有할 일을 集積하지 않자, 하늘이 이 멸망을 내리어 有邦으로 대신하게 하신 것이다.

　　集은 萃也라 享은 享有之享이라 桀圖其政하되 不集于享하고 而集于亡이라 故로 天降是喪亂하여 而俾有殷代之하니 夏之亡이 非自取乎아

　　集은 萃의 뜻이다. 享은 '享有'의 享이다. 夏桀이 정사를 도모하되 나라를 향유할 일을 集積하지 않고 멸망할 일을 집적하였다. 그러므로 하늘이 喪亂을 내려서 殷나라로 하여금 대신하게 한 것이니, 夏나라의 멸망은 자초한 것이 아니겠는가.

　　字義 時 : 이 시　萃 : 모일 췌　俾 : 하여금 비

16. 乃惟爾商後王이 逸厥逸①하여 圖厥政이(하되) 不蠲烝②³¹한대 天惟降時喪하시니라

---

28 不集于享 : 孔安國과 宋代 胡士行《尙書詳解》은 '集'을 成의 뜻으로 보았고, 呂祖謙《增修東萊書說》은 "'集'은 바로 '積集'의 集이고, '享'은 바로 '享國'의 享이니, 治世의 정사는 그 흥성할 바를 集積하므로 이른바 '享有에 集積한다.'는 것이고, 亂世의 정사는 그 멸망할 바를 集積하므로 이른바 '享有에 集積하지 않는다.'는 것이다.〔集乃積集之集 享乃享國之享 治世之政 聚其所以興 所謂集于享也 亂世之政 積其所以滅 所謂不集于享也〕"로, 吳澄《書纂言》은 "'不集于享'은 諸侯들이 마음이 離反했기 때문에 취합해 와서 朝享하게 할 수 없음을 이른다.〔不集于享 謂諸侯離心 不能合聚之使來朝享也〕"로, 朱祖義《尙書句解》는 "천명을 누릴 뜻을 이루지 못했다.〔不成于享天命之意〕"로 각각 풀이하였다.

29 有邦 : 孔穎達은 "湯이 바로 夏나라의 諸侯였기 때문에 '有邦'이라 했다.〔湯是夏之諸侯 故曰有邦〕"라고 孔傳을 부연해서 단순히 '諸侯'로 보았고, 蔡傳도 孔穎達의 말을 인용하여 '有殷'으로 보았으나, 孔傳의 "'有國'이라 말함은 하늘이 일정하게 친함이 없고 덕을 가진 이를 돕는다는 점을 밝힌 것이다.〔言有國 明皇天無親 佑有德〕"라고 한 말을 감안하면 '나라를 가질(향유할) 사람'으로 보아야 할 것 같은데, '나라를 가진'으로 새기면 湯임금이 諸侯 때 이미 나라를 가진 殷나라가 되고, '나라를 가질'로 새기면 앞으로 나라를 가질 자격이 있는 湯임금과 같은 분이 된다. 蔡傳은 이미 有殷으로 풀이하였다.

30 間 : 孔疏는 '間廁'의 間으로 보았고, 吳澄과 朱祖義는 伐의 뜻으로서 湯이 夏나라를 친 것으로 보았다.

31 圖厥政 不蠲烝 : 孔傳은 "紂가 그 정사를 도모한 것이 善에 깨끗하게 진취하지 못했다.〔紂謀其政 不絜進於善〕"로 풀이하였다.

① 書經 逸厥逸 : 그 안일만을 안일삼아

　　一般 以逸居逸 : 안일로써 안일을 일삼아

② 書經 不蠲烝 : 깨끗하고 진전하지 못하며

　　一般 不蠲而穢不烝而怠 : 깨끗하지 못하고 더러우며, 진전하지 못하고 게으르며

　너희 商나라의 後王이 순전히 안일만을 일삼아, 정사를 도모하는 것이 깨끗하지 못하고 더러우며, 진전하지 못하고 게으르자, 하늘이 이 喪亡을 내리셨다.

　蠲은 潔이요 烝은 進也라 紂以逸居逸하여 淫湎無度라 故로 其爲政이 不蠲潔而穢惡하고 不烝進而怠惰한대 天以是降喪亡于殷하니 殷之亡이 非自取乎아 此上三節은 皆應 上文非天庸釋之語라

　蠲은 潔의 뜻이요, 烝은 進의 뜻이다. 殷紂는 순전히 안일만을 일삼아 음탕함에 빠져 전연 법도를 지키는 일이 없었다. 그러므로 그 정사하는 것이 깨끗하지 못하고 더러우며, 진전하지 못하고 게으르자, 하늘이 이 때문에 喪亡을 殷나라에 내린 것이니, 殷나라의 멸망은 자초한 것이 아니겠는가. 이 위의 세 節은 다 윗글의 "하늘이 버리려고 마음먹었던 것이 아니다."라는 말을 응대한 것이다.

　字義 蠲 : 깨끗할 견　烝 : 나아갈 증　時 : 이 시　潔 : 깨끗할 결　湎 : 빠질 면　度 : 법도 도
　穢 : 더러울 예

17. 惟聖이라도 罔念하면 作狂하고 惟狂이라도 克念하면 作聖하나니 天惟五年[32]을 須暇 之子孫[①][33]하사 誕作民主어시늘 罔可念聽하니라

――――――――――――

32　五年 : 孔傳은 武王의 服喪 3년과 回軍 2년을 합한 숫자로 보았는데, 蘇軾은 이를 따랐고, 林之 奇는 武王이 아직 殷紂를 정벌하기 전 5년으로 보았으며, 呂祖謙은 "'5년'은 武王과 周公만이 알 일이니, 說者가 억지로 세월을 끌어다 대어 그 숫자를 맞춘 것은 또한 천착한 짓이다."라고 일축 하였고, 蔡傳도 孔安國의 說을 부정하고 있다.

33　天惟五年 須暇之子孫 : 袁仁《尙書砭蔡編》은 "蔡註에서 5년을 紂에게 해당시킨 것은 잘못이다. 5년은 武庚에 입각해서 말한 것이기 때문에 '자손에게 기다려주고 여가를 주어서 개과천선하기 를 기다렸.'고 하였으니, 위로 6년이라 하지도 않고 아래로 4년이라 하지도 않고서 오직 5년이 라고만 한 데에는 정확한 근거가 있을 것이다. 살펴보면 武王 13년에 殷나라를 쳐서 승리하였고, 殷나라를 쳐서 승리한 지 2년 만에 王이 질병에 걸렸다. 《逸周書》에 '武王이 殷나라를 쳐서 승리 하고 나서 紂의 아들 祿父를 세워 商나라의 제사를 지키게 하고는 三監을 두어 殷나라를 감시하 게 하였으니, 이때에는 殷나라의 제사가 외려 끊어지지 않았다. 武王이 승하하자, 三監이 殷나 라의 세력을 끼고 배반하였다. 成王 원년 6월에 武王을 畢 땅에 장사 지내고, 2년 후에 군사를 일으켜 東征하여 三叔을 주살하였고, 紂의 아들 祿父가 패배하여 도망갔으므로 殷나라의 제사

① 書經 須暇之子孫 : 자손에게 기다려주고 여가를 주어서
一般 須暇於子孫 : 자손에게 기다려주고 여가를 주어서

聖人이라도 생각하지 않으면 狂人이 되고, 狂人이라도 능히 생각하면 聖人이 되나니, 하늘이 5년 동안 〈湯임금의〉 자손에게 기다려주고 여가를 주어서 크게 백성의 임금이 되기를 바랐지만, 〈桀의 언행에 조금도〉 생각하거나 들을 만한 것이 없었다.

聖은 通明之稱이라 言聖而罔念則爲狂矣요 愚而能念則爲聖矣라 紂雖昏愚나 亦有可改過遷善之理라 故로 天又未忍遽絶之하고 猶五年之久를 須待暇寬於紂하여 覬其克念하여 大爲民主언만 而紂無可念可聽者라 五年은 必有指實而言이니 孔氏牽合歲月者는 非是라 或曰 狂而克念하면 果可爲聖乎아 曰聖은 固未易(이)爲也나 狂而克念하면 則作聖之功이 知所向方이니 太甲이 其庶幾矣니라 聖而罔念하면 果至於狂乎아 曰聖은 固無所謂罔念也나 禹戒舜曰 無若丹朱傲하소서 惟慢遊是好라하니 一念之差가 雖未至於狂이나 而狂之理는 亦在是矣라 此人心惟危니 聖人拳拳告戒가 豈無意哉아

聖은 通明함을 일컫는다. 聖人이라도 생각하지 않으면 狂人이 되고 愚人이라도 능히 생각하면 聖人이 됨을 말한 것이다. 紂가 비록 昏愚하나 또한 개과천선할 이치를 가지고 있었다. 그러므로 하늘이 또 차마 대번에 끊지 못하고 외려 5년이란 오랜 기간을 紂에게 기다려주고 여가를 주어서 능히 생각하여 크게 백성의 임금이 되기를 바랐건만, 紂의 언행에 조금도 생각하거나 들을 만한 것이 없었다. 5년은 반드시 실제의 햇수를 가리켜 말한 것일 터이니, 孔氏(孔安國)가 세월을 억지로 끌어대어 부합시킨 것은 옳지 않다.

어떤 이가 "狂人이라도 능히 생각하면 과연 聖人이 될 수 있겠는가?"라고 묻기에 "聖人은 진실로 쉽게 될 수 없지만, 狂人이라도 능히 생각하면 聖人이 되는 공부를

___

가 비로소 끊어졌다. 商나라를 쳐서 승리한 해부터 이에 이르기까지가 무릇 5년이었는데, 아마 이 당시에는 외려 殷나라의 國號를 고치지 않고 있다가 微子를 봉함에 이르러 비로소 宋나라로 고쳐 칭했다.'고 한다.〔註以五年爲紂 非也 五年就武庚說 故曰須暇之子孫 夫上不曰六 下不曰四 而惟曰五年 有的據矣 按武王十有三年克殷 克殷二年王有疾 逸周書云 武王克殷 乃立王子祿父 俾守商祀 設三監俾監殷 是殷祀猶未絶也 武王崩 三監挾殷以畔 成王元年六月 葬武王于畢 二年作師東征 降辟三叔 王子祿父北奔 殷祀始絶 自克商至此 凡五年 蓋當時猶未改殷號 至封微子 始改稱宋云〕"라고 하였다.

통하여 향해갈 바를 알 것이니, 太甲이 이에 가까울 것이다."라고 답하였고, 또 "聖人이라도 생각하지 않으면 과연 狂人까지 되는가?"라고 묻기에 "聖人은 본디 이른바 '생각하지 않는 일'이 없으나 禹가 舜임금을 경계하기를 '丹朱처럼 오만하지 마소서. 丹朱는 태만하게 노는 것을 좋아하였습니다.'라고 하였으니, 한 생각의 잘못이 비록 狂人까지 되지는 않지만, 광인이 되는 이치는 또한 여기에 있는 것이다. 사람의 마음은 위태로운 것이니, 聖人이 힘주어 경계한 데에는 어찌 뜻이 없겠는가."라고 답하였다.

字義 須 : 기다릴 수 暇 : 여가 가, 겨를 가 誕 : 클 탄 遽 : 문득 거 覬 : 엿볼 기 牽 : 끌 견
易 : 쉬울 이 傲 : 오만할 오 拳 : 정성 권

18. 天惟求爾多方하사 大動以威하여 開厥顧天①이어시늘 惟爾多方이 罔堪顧之³⁴하니라

① 書經 開厥顧天 : 그 하늘의 돌봐주는 〈명을 받을 자를〉 개발(발굴)하였건만
一般 開發其能受天顧之命 : 그 하늘의 돌봐주는 명을 받을 수 있는 자를 개발(발굴)하였건만

하늘이 〈백성의 임금을〉 너희들 多方에서 구하시어 크게 위엄으로 〈殷紂를〉 警動하여 하늘의 돌보아주는 명을 받을 자를 개발(발굴)하였건만, 너희 多方의 대중은 모두 족히 하늘의 돌보아주는 명을 감당하지 못하였다.

紂旣罔可念聽이라 天於是에 求民主於爾多方하여 大警動以祆祥譴告之威하여 以開發其能受眷顧之命者어시늘 而爾多方之衆이 皆不足以堪眷顧之命也라

殷紂의 언행에 이미 생각하고 들을 만한 것이 없었다. 그래서 하늘이 이에 백성의 임금을 너희들 多方에서 구하여 크게 妖怪로 경고하는 위엄을 가지고 〈紂를〉 警動해서 그 하늘의 돌보아주는 명을 받을 수 있는 자를 개발(발굴)하였건만, 너희 多方의 민중이 모두 족히 하늘의 돌보아주는 명을 감당하지 못하였다.

字義 堪 : 감당할 감 祆 : 요괴로울 침 祥 : 요괴로울 상

19. 惟我周王이 靈承于旅하사 克堪用德하시니(하사) 惟典³⁵神天이실새 天惟式教我

───────────

34 顧天·顧之 : 孔疏에서는 '顧天'은 사람이 하늘을 돌아보는 것으로, '顧之'는 하늘이 사람을 돌보아주는 것으로 보았다.

用休하시고(하사) 簡³⁶界殷命하사 尹爾多方하시니라

> 오직 우리 周나라 王만이 民衆을 잘 받들어 능히 德을 감당하여 쓰시니 神과 上天을 주관할 수 있기 때문에 하늘이 우리 〈文王과 武王을〉 아름다운 道로써 가르쳐서 간택하여 殷나라의 命을 〈대신〉 주시어 너희 多方을 바로잡게 하셨다.

典은 主요 式은 用也라 克堪者는 能勝之謂也라 德輶如毛나 民鮮克舉之³⁷니 言德³⁸은 舉者 莫能勝也라 文武善承其衆하여 克堪用德하니 是誠可以爲神天之主矣라 故로 天式敎文武 用以休美하고 簡擇界付殷命하여 以正爾多方也라 呂氏曰 式敎用休者는 如之何而敎之也오 文武旣得乎天하니 天德³⁹日新하여 左右逢原⁴⁰하여 其思也若或起之하고 其行也若或翼之하니 乃天之所以敎而用以昌大休明者也요 非諄諄然而敎之也라 此章은 深(論)〔諭〕⁴¹天下向者⁴²天命未定하여 眷求民主之時에 能者則得之하니 孰有逼汝者리오 乃無一能當天之眷⁴³하여 今天이 旣命我周而定于一矣어늘 爾猶洶洶不靖은 欲何爲耶아 明指天命하여 而讋(섭)服四海姦雄之心者 莫切於是라하니라

> 典은 主(주관하다)의 뜻이요, 式은 用의 뜻이다. 克堪은 능히 감당함을 이른다. '德은 가볍기가 털과 같지만 백성들 중에 능히 들어서 행하는 이가 적다.'고 하였으니, 德은 〈무거운 것이어서 들어서〉 행하는 이가 능히 〈그 무게를〉 감당하지 못함을 말한 것이다. 그런데 文王과 武王은 그 민중을 잘 받들어 능히 德을 감당하여 쓰셨으니, 이것이 진실로 神과 上天의 주관자가 될 수 있었다. 그러므로 하늘이 아름다운

---

35 典: 孔傳은 '神天의 제사를 주관하는 것〔主神天之祀〕'으로 풀이하였다.

36 簡: 孔疏는 大의 뜻으로 보았다.

37 德輶如毛 民鮮克舉之:《詩經》〈大雅 蒸民〉에 보인다.

38 德:《增修東萊書說》에는 '德之爲重'으로 되어 있다.

39 天德:《增修東萊書說》에는 '天理'로 되어 있다.

40 左右逢原:《孟子》〈離婁 下〉에 "군자가 학문에 조예가 깊기를 힘쓰되 반드시 道로써 하는 것은 스스로 터득하고자 해서이니, 스스로 터득하면……좌우에서 취하여 활용하는 근원을 만나게 된다.〔君子深造之以道 欲其自得之也 自得之則……取之左右逢其原〕"라고 보인다.

41 (論)〔諭〕: 저본에는 '論'으로 되어 있으나, 문의상 '諭'여야 하기 때문에《增修東來書說》에 의거하여 '諭'로 바로잡았다.

42 深論天下向者:《增修東萊書說》에는 '蓋深諭天下以向者'로 되어 있다.

43 天之眷:《增修東萊書說》에는 '顧者' 2자가 더 있다.

道로 文王과 武王을 가르쳐서, 간택하여 殷나라의 命을 〈대신〉 부여해주어 너희 多方을 바로잡게 했다는 것이다.

呂氏가 말하였다. "'아름다운 道로써 가르쳤다.'는 것은 어떻게 가르친 것인가. 文王과 武王이 이미 하늘에 명을 얻으니, 天德이 날로 새로워져 좌우에서 근원을 만나 사색하면 혹 떠올려주는 듯하고, 행동하면 혹 도와주는 듯하였으니, 이것이 바로 하늘이 가르쳐 昌大하고 休明하게 한 것이지, 말을 통하여 자상하게 가르쳐 준 것이 아니었다. 이 章은 '지난 번 천명이 아직 정해지지 않아 백성의 임금을 애타게 구할 때에 유능한 자면 누구나 선택될 수 있었는데, 누가 너희들을 막을 자가 있었겠는가. 이때 하늘의 선택에 맞는 사람이 하나도 없어서 지금 하늘이 이미 우리 周나라에게 명하여 周나라에 통일시켰는데, 너희들이 외려 흉흉하여 안정하지 못하고 있는 것은 무엇을 하고자 해서인가.'라는 말을 가지고 천하를 깊이 개유한 것이니, 天命을 명확히 가리켜서 四海 姦雄들의 마음을 두렵게 만들어 복종시키는 수단이 이보다 핍절한 것은 없을 것이다."

字義 靈 : 잘할 령   旅 : 민중 려   式 : 써 식   休 : 아름다울 휴   簡 : 간택할 간   畀 : 줄 비
尹 : 바로잡을 윤   輶 : 가벼울 유   付 : 부여할 부   原 : 근원 원   翼 : 도울 익
諄 : 자상할 순, 지극할 순   遏 : 막을 알   洶 : 물결칠 흉   讋 : 두려울 섭

20. 今我는 曷敢多誥리오 我惟大降爾四國民命[44]하나라

지금 나는 어찌 감히 많은 고유를 하겠는가. 나는 크게 죄를 낮추어서 너희들 네 나라〔四國〕 백성들의 〈죽을〉 목숨을 〈사면했다.〉

言今我何敢如此多誥리오 我惟大降宥爾四國民命은 擧其宥過之恩하여 而責其遷善之實也니라

"지금 내가 어찌 감히 이와 같이 많은 고유를 하겠는가. 나는 오직 크게 죄를 낮추어서 너희 네 나라 백성들의 〈죽을〉 목숨을 사면했다."라고 말한 것은, 그 죄과를 용서한 은혜를 들어서 개과천선의 실상을 보이도록 책망한 것이다.

---

44 今我……我惟大降爾四國民命 : 孔傳은 '民命'을 임금으로 보아 "지금 내가 어찌 감히 너에게만 많은 고유를 할 뿐인가. 나는 너희들 네 나라 民命을 크게 박살냈다고 말한 것이니, 곧 管·蔡·商·奄의 임금들을 주벌한 것을 이른다.〔今我何敢多誥汝而已 我惟大下汝四國民命 謂誅管蔡商奄之君〕"로 풀이하였다. '民命'에 대해서는 孔疏에서 "백성들이 임금을 命으로 삼는 것을 이른다.〔謂民以君爲命〕"라고 부연 설명하였다.

21. 爾는 曷不忱裕之于爾多方고 爾는 曷不夾介乂我周王享天之命[45]고 今爾尙宅爾는 宅하며 畎爾田이언만(하나니) 爾는 曷不惠王하여 熙天之命고

　너희들은 어째서 너희 多方에게 誠信과 寬裕로 대하지 않는가. 너희들은 어째서 우리 周王이 천명을 누리는 일을 협조하여 다스리지 않는가. 지금 너희들은 아직도 너희 집에 거주하고 너희 토지를 경작하고 있건만, 너희들은 어째서 왕실에 순종하여 천명을 넓히지 않는가.

　　夾은 夾輔之夾이요 介는 賓介之介라 爾何不誠信寬裕於爾之多方乎아 爾何不夾輔介助我周王享天之命乎아 爾之叛亂을 據法定罪하면 則瀦其宅하고 收其田이 可也어늘 今爾猶得居爾宅하고 耕爾田이언만 爾何不順我王室하여 各守爾典하여 以廣天命乎아 此三節은 責其何不如此也라

　　夾은 '夾輔(보좌하다)'의 夾이고, 介는 '賓介(主賓과 그 보좌역)'의 介다. 너희들은 어째서 너희 多方에게 誠信과 寬裕로 대하지 않는가. 너희들은 어째서 우리 周王이 천명을 누리는 일을 협조하지 않는가. 너희들의 반란을 법에 의거하여 죄를 단정하면 너희 집에 못을 파고 너희 토지를 환수하는 것이 옳은데, 지금 너희들은 아직도 너희 집에 거주하고 너희 토지를 경작하고 있건만, 너희들은 어째서 우리 왕실에 순종하여 각각 너희 법을 지켜서 천명을 넓히지 않는가. 이 세 節은 어째서 이와 같이 하지 않느냐고 책망한 것이다.

　字義　忱 : 정성 침　裕 : 너그러울 유　夾 : 협조할 협　介 : 도울 개　乂 : 다스릴 예　宅 : 거주할 택
　　　　畎 : 경작할 견　輔 : 도울 보　瀦 : 못 저　收 : 거둘 수　耕 : 갈 경　順 : 순종할 순

---

45 爾曷不夾介乂我周王享天之命 : 孔傳은 '夾'을 近의 뜻으로, '介'를 大의 뜻으로 보아 "너희들은 어째서 친근히 하여 크게 우리 周王에게서 다스림의 혜택을 받아 하늘의 命을 누리지 않고 불안해하는가.〔汝何不近大見治於我周王 以享天之命 而爲不安乎〕"라고 풀이하였는데, 이에 대하여 兪樾《群經平議》은 "《爾雅》〈釋詁〉에 '介는 助의 뜻이다.'라고 하였으니, 그렇다면 '夾介'는 輔助란 말과 같다. 《春秋左氏傳》哀公 16년 조의 '是得艾也'에 대한 杜注에 '艾는 安의 뜻이다.'라고 하였다. '乂'와 '艾'는 예전에 통용하였으니, 그렇다면 '乂我周王'은 '安我周王'이란 말과 같다. 枚氏는 '夾介'를 近大로 여겼으니, 너무도 말이 안 된다. '乂'를 治의 뜻으로 풀이하고 '見'자를 보태서 그 뜻을 이루었으니, 또한 經의 말이 아니다.〔爾雅釋詁曰 介助也 然則夾介猶言輔助也 哀十六左傳是得艾也 杜注曰 艾安也 乂艾古通用 然則乂我周王 猶言安我周王也 枚以夾介爲近大 不辭殊甚 又訓乂爲治 而加見字以成其義 亦非經言〕"라고 하였다. 宋代 陳大猷《尙書集傳會通》는 '乂'를 임금의 일을 다스리는 것〔治君之事〕으로 보았다.

22. 爾乃迪屢不靜^①하나니 爾心未愛⁴⁶아 爾乃不大宅天命가 爾乃屑播天命가 爾乃自作不典하여 圖忱于正^{47 48}가

① 書經 爾乃迪屢不靜 : 너희들은 자주 안정하지 못한 일을 행하여
一般 爾乃屢迪不靜 : 너희들은 자주 안정하지 못한 일을 행하여

너희들은 자주 안정하지 못한 일을 행하니, 너희들 마음은 어째서 自愛하지 못하는가. 너희들은 어째서 천명을 크게 편안히 여기지 않는가. 너희들은 어째서 천명을 하찮게 버리는가. 너희들은 어째서 스스로 떳떳하지 못한 짓을 하여 정법으로 인정받기를 도모하는가.

爾乃屢蹈不靜하여 自取亡滅하니 爾心은 其未知所以自愛耶아 爾乃大不安天命耶아 爾乃輕棄天命耶아 爾乃自爲不法하여 欲圖見信于正者를 以爲當然耶아 此四節은 責其不可如此也라

너희들은 자주 안정하지 못한 일을 행하여 스스로 멸망을 취하니, 너희들 마음은

---

46 爾乃迪屢不靜 爾心未愛 : 蘇軾은 "너희들을 유도하나 자주 불안한 것은 너희 마음이 어질지 못하기 때문이다.〔道爾而數不靜者 以爾心未仁也〕"로, 林之奇는 "우리가 너희들을 순하게 계도한 적이 여러 번이건만, 외려 능히 안정해서 위의 命을 순종하지 못한 것은 너희 마음이 어질지 못하기 때문이다.〔我所以順迪汝者屢矣 而猶未能安靜以順上之命 則以爾心未仁故也〕"로, 呂祖謙은 "너희들은 어째서 우리 周나라가 크게 살려준 공을 생각하여 우리 王室에 순종하지 않고서 서로 啓迪하고 敎誘하여 자주 불안을 조성하느냐. 반복해서 은혜를 등지니, 만일 다른 사람이 논죄했다면 분노를 견디지 못했을 것인데, 周公이 조용히 말씀하기를 '너희 마음이 自愛치 못하는 것은 아마 완악한 백성이 滅亡의 禍를 당한 것에 상심되어 반드시 그 마음이 自愛할 줄 몰라 그런 것일 터다.'라고 했다.〔爾曷不思我周家之大造 順我王室 乃相啓迪敎誘 而屢爲不靜乎 反覆背恩 使他人論之 不勝其怒矣 周公乃從容而曰 爾心未愛 蓋傷頑民累于滅亡之禍 必其心未知自愛而然〕"로 해석하였는데, 蔡傳은 呂祖謙을 따른 경향이 있는 것 같다.

47 爾乃自作不典 圖忱于正 : 宋代 陳大猷는 "아마 네 나라가 殷나라를 따라 興復을 구하는 것을 스스로 正義로 여겼는가 보다.〔蓋四國從殷以求興復 自以爲正義也〕"라고 의심해보기도 하였다.《尙書集傳會通》

48 爾乃迪屢不靜……圖忱于正 : 孔傳은 "너희들이 행하는 바가 자주 불안을 조성하는 것은 너희들 마음이 우리 周나라를 사랑하지 못하기 때문이다. 그러므로 너희들은 天命을 크게 편안히 여기지 않으니, 이는 너희들이 천명을 모두 버리려는 것이다. 너희들이 우리 周나라를 사랑하지 못하고 天命을 버리니, 이는 너희들이 스스로 항상 正道를 믿기를 도모하지 않는 것이다.〔汝所蹈行 數爲不安 汝心未愛我周 故汝乃不大居安天命 是汝乃盡播棄天命 汝未愛我周 播棄天命 是汝乃自爲不常謀信於正道〕"라고 풀이하였다.

어째서 自愛할 바를 모르는가. 너희들은 어째서 크게 천명을 편안하게 여기지 않는가. 너희들은 어째서 천명을 가볍게 버리는가. 너희들은 어째서 스스로 떳떳하지 못한 짓을 하여 정법으로 인정받기를 도모하는 것을 당연한 일이라 여기는가. 이 네 節은 이와 같이 해서는 안 된다는 점을 책망한 것이다.

[字義] 迪 : 조성할 적   屑 : 하찮게 여길 설   播 : 버릴 파   正 : 정법 정, 정의 정

23. 我惟時其教告之하며 我惟時其戰要囚[49]之[50]가(하되) 至于再하며 至于三[51]하니 乃有不用我의 降爾命하면 我乃其大罰殛之[52]하리니 非我有周 秉德不康寧[53]이라

---

49 教告·戰要囚 : 孔傳은 "'教告'는 신문할 때 글로 誥하는 것〔其教告之 謂訊以文語〕으로, '戰要囚'는 앞장서서 난을 일으킨 사람을 치고 잔당을 잡아가두는 것〔其戰要囚之謂討其倡亂 執其明黨〕으로 보았고, 孔疏는 '教告'는 文辭를 가지고 고하여 그 죄를 세어 들추어내는 것이고, '戰要囚'는 그 군사를 戰敗시키고 그 사람들을 잡아서 요긴한 말을 자백 받아서 가둠을 이른 것이다.〔教告 告以文辭 數其罪也 戰要囚 謂戰敗其師 執取其人 受其要辭而囚之〕라고 부연 설명하였다. 要囚는 〈康誥〉의 12章 譯註 134) 참조.

50 我惟時其教告之 我惟時其戰要囚 : 蘇軾은 '戰'을 恐의 뜻으로 보아, "나는 너희들이 정의에 믿음을 갖게 하기 위하여 教告하니 개선하지 않으면 벌벌 떨게 要囚할 것이다.〔我欲汝信于正 故教告之 不改則戰恐要囚之〕로, 林之奇도 '戰'을 恐의 뜻으로 보아 "教告하되 따르지 않는다면 나는 너희들을 要囚하여 떨게 하고, 너희들로 하여금 두려워하는 마음을 가지게 한 뒤에 개과천선하도록 할 것이다.〔教告之而不從 則我惟要囚於汝以戰恐之 使汝有畏而後 遷善遠罪也〕로 풀이하였는데, 蔡傳은 林之奇를 따르고 있다.

51 至于再 至于三 : 孔傳은 '再'는 三監과 淮夷가 일으킨 반란으로, '三'은 成王이 執政하자 또 일으킨 반란으로 보았고, 呂祖謙은 "나는 이처럼 教告하고 나는 이처럼 戰伐하여 要囚를 하되 〈大誥〉·〈多士〉 같은 훈시와 淮夷를 東征하고 奄나라를 踐滅한 行軍과 같은 것이 이미 두 번에 이르고 세 번에 이르렀다.〔我惟時其教告之 我惟時其戰要囚之 如大誥多士之訓 如東征踐奄之師 既至于再至于三矣〕로 풀이하였는데, 蔡傳은 呂祖謙을 따른다. 다만 '既'자와 '今'자가 다를 뿐이다.

52 我惟時其教告之……我乃其大罰殛之 : 孔傳은 "나는 너희들을 教告하고 戰伐하여 패전시킨 뒤에 진술한 말을 살펴서 가둔 횟수가 이미 두 번 또는 세 번에 이르렀으니, 너희들이 나의 명을 따르지 않는다면 나는 너희 임금에게 크게 주벌을 내렸으니 너희에게도 크게 주벌할 것이란 말이다.〔我教告戰要囚汝已至再三 汝其不用我命 我乃大下誅汝君 乃其大罰誅之〕로 풀이하였다.

53 非我有周 秉德不康寧 : 孔傳은 "우리 周나라가 德을 가지는 것이 불안해서 너희들을 주벌한 것이 아니라〔非我有周執德不安寧 自誅汝〕로 풀이하였고, 呂祖謙은 "秉德不康寧'은 〈多士〉와 〈多方〉에서 모두 말하였다. 대개 완악한 백성은 자기들이 자주 반란을 일으킨 것이 바로 불안정하게 만드는 것 중에 큰 불안정이란 것을 스스로 반성하지 않고 도리어 周나라의 遷徙와 討伐이 불안정하게 만든 것이라고 나무라니, 자신을 책망하지 않고 남을 책망하는 것이 바로 惡을 하는 행위이다.〔秉德不康寧 多士多方皆言之 蓋頑民不自省己之屢叛屢起 乃不康寧之大者 反咎周之遷徙討伐 爲不康寧 不自責而責人 此其所以爲惡也〕로, 史浩《尙書講義》는 "非我有周秉德不康寧'은 우리가 너희들을 사랑하지 않는 것이 아니라 모두 너희들이 자초한 것이란 뜻인데, 이는 〈多士〉에 이른바

乃惟爾自速辜니라

내가 이처럼 敎告하고, 내가 이처럼 떨게 하여 要囚한 것이 두 번에 이르고 세 번에 이르렀으니, 〈너희들이 만일〉 내가 죄를 낮추어서 너희 목숨을 살려준 은혜를 생각하지 않는다면 나는 크게 벌을 내려 죽일 것이니, 우리 周나라가 德을 가짐이 안정하지 않은 것이 아니라, 바로 너희들이 스스로 죄를 부르는 것이다."

我惟是敎告而誨諭之하고 我惟是戒懼而要囚之가 今至于再하고 至于三矣로니 爾不用我降宥爾命하고 而猶狃於叛亂反覆이면 我乃其大罰殛殺之하리니 非我有周持德不安靜이라 乃惟爾自爲凶逆하여 以速其罪耳니라

"내가 이처럼 敎告하여 誨諭하고, 내가 이처럼 떨게 하여 要囚한 것이 두 번에 이르고 세 번에 이르렀으니, 〈너희들이 만일〉 내가 죄를 낮추어서 너희 목숨을 살려준 은혜를 생각하지 않고 외려 반란 반복에 이골이 난다면 나는 크게 벌을 내려 죽일 것이니, 우리 周나라가 德을 가짐이 안정하지 않은 것이 아니라, 바로 너희들이 스스로 凶逆한 짓을 하여 죄를 부른 것이다."라고 한 것이다.

字義 時:이 시 殛:죽일 극 秉:잡을 병 速:부를 속 辜:죄 고 誨:가르칠 회 諭:가르칠 유
狃:익힐 뉴 宥:용서할 유 持:가질 지

24. 王曰 嗚呼라 猷라 告爾有方多士와 曁殷多士하노라 今爾奔走臣我監이 五祀[54]니라(어니라)

'나 한 사람이 德을 받들기 위하여 〈이처럼 옮겨 진동시키는 것을 좋아해서가 아니다.〉 이는 하늘의 명령이다.'라는 것이 바로 이것이다.〔非我有周秉德不康寧 非我不愛爾 皆爾自召也 此則多士所謂 非我一人奉德不康寧 時惟天命是也〕로 알기 쉽게 풀이하였다. 그러나 蔡傳는 〈多士〉의 "非我一人奉德不康寧"에 대해서는 "나 한사람이 이와 같이 도읍을 옮겨 너희들을 진동시키는 것을 좋아해서가 아니다.〔非我一人 樂如是之遷徙震動也〕"라고 풀이하고, 〈多方〉의 "非我有周 秉德不康寧"에 대해서는 "우리 周나라가 德을 가짐이 안정하지 않은 것이 아니다.〔非我有周 持德不安靜〕"라고 풀이하였으니, 이해하기 힘든 대문이다.

54 猷……五祀:孔傳은 '猷'를 道의 뜻으로 보아 "王이 탄식하고 나서 道를 가지고 너희 衆方과 殷나라 많은 인사들에게 고하노라. 지금 너희들이 분주하게 옮겨와서 우리 監에게 臣服을 하고 있으니, 5년 동안 죄과를 짓는 일이 없으면 본토로 돌아갈 수 있게 된다.〔王嘆而以道 告汝衆方與殷多士 今汝奔走來徙臣服我監 五年無過 則得還本土〕"라고 풀이하였다. 袁仁《尙書砭蔡編》은 "먼저는 三叔에게 신하 노릇을 하고, 뒤에는 康叔에게 신하 노릇을 한 지 지금 무릇 5년이 되었는데도, 殷나라 백성들이 반란을 일으키기 때문에 洛邑을 조성하여 그들을 옮겼으니, 이것이 최초로 옮긴 것이다.〔先臣三叔 後臣康叔 至今凡五年 而殷民又叛 故作洛遷之 此始遷也〕"라고 하였다.

王이 말씀하였다. "嗚呼라. 아, 너희 有方의 많은 인사와 殷나라의 많은 인사에게 고하노라. 지금 너희들이 분주하게 움직여 우리 監에게 신하 노릇을 한 지가 지금 5祀(5년)이다.

監은 監洛邑之遷民者也라 猶諸侯之分民하여 有君道焉하니 所以謂之臣我監也라 言商士遷洛하여 奔走臣服我監이 於今五年矣라 不曰年而曰祀者는 因商俗而言也라 又按成周既成에 而成王卽政하고 成王卽政에 而商奄繼叛하니 事皆相因이 纔一二年耳어늘 今言五祀하니 則商民之遷이 固在作洛之前矣는 尤爲明驗이라

監은 洛邑의 遷民을 감독하는 사람이다. 監은 諸侯가 백성을 나누어 다스리는 것처럼 임금의 도리를 가졌으니, 이래서 이를 일러 "우리 監에게 신하 노릇을 하였다."라고 한 것이다. 商나라 인사가 洛邑으로 옮겨와서 분주하게 움직여 우리 監에게 臣服한 지가 지금 5년이 되었음을 말한 것이다. '年'이라 말하지 않고 '祀'라 말한 것은 商나라의 풍속을 따라 말한 것이다. 또 살펴보건대, 成周가 이미 이루어지자 成王이 親政하였고, 成王이 친정하자 商나라와 奄나라가 계속해서 반란을 일으켰으니, 일이 모두 서로 이어진 기간이 겨우 1, 2년일 뿐이다. 그런데 지금 '5祀'라고 말하였으니, 그렇다면 商나라 백성들의 옮겨진 것이 본디 洛邑을 만들기 이전에 있었음이 더욱 분명한 증험이 된다.

字義 歟 : 감탄할 유　暨 : 및 기　祀 : 해 사　繼 : 이를 계　纔 : 겨우 재

25. 越惟有胥伯小大多正아 爾罔不克枲[55]이어다

그리고 胥와 伯과 크고 작은 많은 正들아. 너희들은 일(枲)을 열심히 잘하지 않음이 없도록 할지어다.

枲는 事也라 周官은 多以胥以伯以正爲名하니 胥伯小大衆多之正은 蓋殷多士授職於洛하여 共長治遷民者也라 其奔走臣我監이 亦久矣니 宜相體悉하여 竭力其職이요 無或反側偷惰而不能事也라

枲는 事(일)의 뜻이다. 周나라 관직에는 胥와 伯과 正으로 이름을 삼은 것이 많으

55　胥伯小大多正 爾罔不克枲 : 孔傳은 胥伯은 相長事('相'과 '長'으로 섬기다.)의 뜻으로, '枲'은 法의 뜻으로 보았고, 顧氏(顧彪)는 '相'과 '長'으로 섬기는 것은 곧 크고 작은 많은 正官의 사람들인 것으로 여겼다.

니, 胥와 伯과 大小의 많은 正은 아마 殷나라의 많은 인사로서 洛邑에서 직책을 주어서 옮겨온 백성들을 함께 길이 다스리게 한 자들일 것이다. 분주하게 움직여 우리 監에게 신하 노릇을 한 지가 또한 오래이니, 의당 서로 체득하고 알아서 그 직책에 힘을 다할 것이요, 혹시라도 반측을 하거나 게을리하여 일을 열심히 잘하지 않음이 없어야 할 것이다.

字義 越:및 월 臬:일 얼 悉:알 실 偸:나태할 투

26. 自作不和하니 爾惟和哉어다 爾室이 不睦하니 爾惟和哉어다 爾邑克明이라사 爾惟克勤乃事니라

스스로 불화를 조작하니, 너희들은 몸을 화순하게 가질지어다. 너희 집안이 화목하지 못하니, 너희들이 화목하게 할지어다. 너희 고을이 능히 밝아져야 너희들이 능히 너희의 일을 부지런히 할 것이다.

心不安靜이면 則身不和順矣요 身不安靜이면 則家不和順矣라 言爾惟和哉者는 所以勸勉之也라 和其身하고 睦其家而後에 能協于其邑이요 驩然有恩以相愛하고 粲然有文以相接하여 爾邑克明이라야 始爲不負其職而可謂克勤乃事矣라 前旣戒以罔不克臬이라 故로 以克勤乃事로 期之也니라

마음이 안정되지 못하면 몸이 화순하지 못하고, 몸이 안정되지 못하면 집안이 화순하지 못한다. '爾惟和哉'라고 말한 것은 권면한 것이다. 그 몸을 화순하게 하고 그 집안을 화목하게 한 뒤에야 그 고을을 화합하게 할 수 있으며, 즐거이 은혜로써 서로 사랑하고 찬란히 문명으로써 서로 접하여 너희 고을이 능히 밝아져야 비로소 그 직책을 저버리지 아니하여 능히 너희 일을 부지런히 한다고 이를 수 있을 것이다. 앞에서 이미 "일을 열심히 잘하지 않음이 없도록 할지어다."라고 경계하였기 때문에 "능히 너희의 일을 부지런히 할 것이다."라는 것을 가지고 기대를 한 것이다.

字義 睦:화목할 목 乃:너희 내 協:화합할 협 驩:즐거울 환 粲:찬란할 찬 期:기대할 기

27. 爾尙不忌于凶德하고(하여) 亦則以穆穆으로 在乃位하며 克閱于乃邑하여 謀介[56]하라

---

56 克閱于乃邑 謀介 : 孔傳은 "너희가 능히 나로 하여금 너희 邑에서 〈하는 일들을〉 점검해보게 해서 너희가 도모하는 바가 훌륭하다면〔汝能使我閱具于汝邑 而以汝所謀爲大〕"으로 풀이하였다.

너희들은 부디 〈완악한 백성의〉凶德을 두려워하지 말고 또한 온화하고 공경하는 태도로 너희 지위에 거하며, 능히 너희 고을에서 어진 이들을 선발하여 그들의 도움을 받기를 도모하라.

忌는 畏也라 穆穆은 和敬貌라 頑民이 誠可畏矣라 然이나 如上文所言爾多士는 庶幾不至畏忌頑民凶德하고 亦則以穆穆和敬으로 端處爾位하여 以潛消其悍逆悖戾之氣하고 又能簡閱爾邑之賢者하여 以謀其助하면 則民之頑者 且革而化矣리니 尙何可畏之有哉아 成王이 誘掖商士之善하여 以化服商民之惡하니 其轉移感動之機가 微矣哉인저

忌는 畏의 뜻이다. 穆穆은 온화하고 공경하는 모양이다. 완악한 백성은 진실로 두려운 존재지만, 윗글에 말한 바와 같은 너희의 많은 인사들은 부디 완악한 백성의 凶德을 두려워하지 말고, 또한 온화하고 공경하는 태도로 너희 지위에 단정히 처해서 悍逆하고 悖戾한 기풍을 잠잠히 사라지게 하고, 또 너희 고을의 어진 이들을 선발하여 그들의 도움을 받기를 도모하면 백성 중에 완악한 자들이 장차 고쳐서 변화될 것인데, 그래도 무엇이 두려워할 게 있겠는가. 成王이 商나라 인사 중에서 善한 사람들을 이끌고 부축하여 商나라 백성의 惡한 자들을 교화시키니, 그 轉移시키고 感動시키는 수단이 은미하였다.

字義 忌 : 두려울 기　穆 : 화경할 목　乃 : 너희 내　閱 : 선발할 열　介 : 도울 개　潛 : 잠잠할 잠
消 : 사라질 소　悍 : 사나울 한　悖 : 거스를 패　戾 : 어그러질 려　革 : 고칠 혁　誘 : 끌 유
掖 : 안을 액　機 : 수단 기

28. 爾乃自時洛邑으로 尙永力畋爾田하면 天惟畀矜爾하시며 我有周도 惟其大介賚爾하여 迪簡[57]在王庭하리니 尙爾事어다 有服이 在大僚[58]니라

너희들이 이 洛邑으로부터 부디 길이 힘써 너희 田地를 경작하면 하늘이 너희들

---

57 迪簡 : 孔傳은 '迪'을 蹈, '簡'을 大의 뜻으로 보아 "大道를 따라[蹈大道]"로 풀이하였다.
58 迪簡在王庭……在大僚 : 呂祖謙은 "〈多士〉에서는 商나라 백성들이 周나라를 원망하기를 〈商나라가 혁명할 때에는〉夏나라의 인사들을 모두 계도하여 선발해서 商나라 임금의 조정에 두니, 일을 맡은 이가 여러 관직에 있었다.'고 하자, 周公은 '나 한 사람은 오직 德 있는 사람만을 쓰고 있을 뿐이다.……'라고 大義를 가지고 제재하였고, 여기서는 '계도하여 선발해서 王의 조정에 둘 것이니……'라고 권면한 것은 무엇 때문인가. 爵位는 윗사람이 임명하는 것이고, 아랫사람이 구하는 것이 아님을 보인 것이다."라고 하였다.

을 도와주시고 가엾게 여기실 것이며, 우리 周나라도 너희들을 크게 도와주어 계도하고 선발해서 王의 조정에 둘 것이니, 부디 너희들의 일을 힘쓸지어다. 일을 맡는 이들이 大僚(높은 관직)에 있게 될 것이다."

爾乃自時洛邑으로 庶幾可以保有其業하여 力畋爾田하면 天亦將畀予矜憐於爾요 我有周도 亦將大介助賚錫於爾하여 啓迪簡拔하여 置之王朝矣리니 其庶幾勉爾之事어다 有服在大僚가 不難至也라 多士篇에 商民이 嘗以夏迪簡在王庭하니 有服在百僚로 爲言이라 故로 此因以勸屬之也니라

너희들이 이 洛邑으로부터 부디 生業을 보유하여 힘써 너희 田地를 경작하면 하늘이 또한 장차 너희들을 도와주고 가엾게 여길 것이고, 우리 周나라 또한 장차 너희들을 크게 도와주어 계도하고 선발해서 王의 조정에 둘 것이니, 부디 너희들의 일을 힘쓸지어다. 일을 맡는 이들이 大僚에 있는 일이 이르기 어렵지 않을 것이다. 〈多士〉에서 商나라 백성들이 일찍이 "夏나라의 인사들을 계도하고 선발해서 商나라 임금의 조정에 두니, 일을 맡는 이가 百僚에 있었다."라고 말하였기 때문에 여기에서는 그를 인하여 권면한 것이다.

字義 時:이 시 尚:부디 상 畀:도울 비 矜:가엾을 긍 介:클 개 賚:도와줄 뢰
迪:계도할 적 簡:선발할 간 服:일 복 僚:벼슬 료 予:줄 여 憐:가엾을 련
助:도울 조 錫:줄 석 啓:열 계 拔:뽑을 발 置:둘 치 屬:권면할 려

29. 王曰嗚呼라 多士아 爾不克勸忱我命하면 爾亦則惟不克享이라 凡民惟曰不享이라하리니 爾乃惟逸惟頗하여 大遠王命하면 則惟爾多(方)〔士〕探天之威라 我則致天之罰하여 離逖爾土하리라

王이 말씀하였다. "아, 많은 인사들아. 너희들이 능히 나의 誥命을 권면하여 믿지 않으면 너희 또한 능히 윗사람을 잘 받들지 못하는 것이라, 모든 백성들이 '〈윗사람을 굳이〉 받들 것이 없다.'고 할 것이니, 너희들이 곧 내키는 대로 행동하고 편벽되어 크게 왕명을 멀리하면(어기면) 너희 많은 인사들이 스스로 하늘의 위엄을 취하는 것이다. 나 또한 하늘의 벌을 시행하여 너희들이 살던 땅을 떠나 멀리 가게 할 것이다."

誥告將終일새 乃歎息言 爾多士如不能相勸信我之誥命하면 爾亦則惟不能享上이라 凡爾之民이 亦惟曰上不必享矣라하리니 俾爾乃放逸頗僻하여 大違我命하면

則惟爾多士 自取天威라 我亦致天之罰하여 播流蕩析하여 俾爾離遠爾土矣리니 爾
雖欲宅爾宅하고 畋爾田이나 尙可得哉아 多方은 疑當作多士라 上章엔 旣勸之以
休하고 此章則董之以威하니 商民이 不惟有所慕而不敢違越이라 且有所畏而不敢
違越矣리라

誥告가 장차 끝나 가므로 이에 탄식하고 말씀하기를 "너희 많은 인사들이 만일 나
의 誥命을 서로 권면하여 믿지 않으면 너희 또한 윗사람을 잘 받들지 못하는 것이
라, 모든 너희 백성들 또한 말하기를 '윗사람을 굳이 받들 것이 없다.'고 할 것이니,
너희들이 곧 내키는 대로 행동하고 편벽되어 크게 나의 명령을 어기면 너희 많은
인사들이 스스로 하늘의 위엄을 취하는 것이다. 나 또한 하늘의 벌을 시행하여 이
리저리 떠돌아다니게 하고 뿔뿔이 흩어지게 하여 너희로 하여금 너희들이 살던 땅
을 떠나 멀리 가게 할 것이니, 너희들이 비록 너희 집에 거주하고 너희 토지를 경작
하고자 하나 외려 될 수 있겠는가."라고 하였다. 多方은 아마도 '多士'여야 할 것 같
다. 윗장에서는 이미 아름다운 일을 가지고 권면하였고, 이 章에서는 위엄을 가지
고 책망하였으니, 商나라 백성들은 오직 사모하는 바가 있어 감히 어기지 못할 뿐
만 아니라, 또한 두려워하는 바가 있어 감히 어기지 못할 것이다.

字義 忱 : 믿을 침 享 : 받들 향 逸 : 방일할 일 頗 : 편벽할 파 探 : 취할 탐 逖 : 멀 적
播 : 분산시킬 파 析 : 쪼갤 석 宅 : 거주할 택 畋 : 경작할 견 休 : 아름다울 휴
董 : 책망할 동 越 : 어길 월

30. 王曰 我不惟多誥라 我惟祗告爾命①59이니라

① 書經 祗告爾命 : 너희들에게 誥命을 경건히 고할 뿐이다.
一般 敬告爾以命 : 너희들에게 誥命을 경건히 고할 뿐이다.

王이 말씀하였다. "내가 많은 고유를 하려는 것이 아니라, 나는 너희들에게 誥命
을 경건히 고할 뿐이다."

我豈若是多言哉아 我惟敬告爾以上文勸勉之命而已라
내가 어찌 이와 같이 많은 말을 하려는 것이겠는가. 나는 너희들에게 윗글에 권면

---

59 我不惟多誥 我惟祗告爾命 : 孔傳은 "나는 너희들에게 많은 고유를 하려는 것이 아니라, 나는 너희
들에게 吉凶의 命을 경건히 고할 뿐이다.〔我不惟多誥汝而已 我惟敬告汝吉凶之命〕"라고 풀이하였다.

하는 誥命을 경건히 고할 뿐이란 것이다.

字義 祗 : 경건할 지

31. 又曰 時惟爾初니 不克敬于和하면 則無我怨①60하리라

> ① 書經 無我怨 : 나를 원망하지 못할 것이다.
> 一般 無怨我 : 나를 원망하지 못할 것이다.

또 말씀하였다. "이는 너희가 更始(새롭게 시작)하는 것이니, 능히 화순하는 도리에 경건하지 않으면 나를 원망하지 못할 것이다."

與之更始라 故로 曰時惟爾初也라하니라 爾民至此에도 苟又不能敬于和하여 猶復乖亂하면 則自厎(지)誅戮이니 毋我怨尤矣라 開其爲善하고 禁其爲惡하니 周家忠厚之意를 於是篇에 尤爲可見이라

더불어 更始하기 때문에 '時惟爾初'라고 말한 것이다. 너희 백성들이 이때에 와서도 만일 또 능히 화순하는 도리에 경건하지 아니하여 아직도 다시 乖亂한 일을 한다면 이는 스스로 誅戮을 범하는 것이니, 나를 원망하지 못할 것이다. 善을 하도록 열어주고 惡을 못하도록 금하였으니, 周나라의 忠厚한 뜻을 이 篇에서 더욱 볼 수 있다.

○呂氏曰 又曰二字는 所以形容周公之惓惓斯民하여 會已畢而猶有餘情하고 誥已終而猶有餘語하니 顧眄之光이 猶曄然溢於簡冊也라하니라

○呂氏가 말하였다. "'又曰' 두 글자는 周公이 이 백성들에 대해 연연한 마음을 잊지 못하여 모임이 이미 끝났는데도 외려 남은 정이 있고 誥命이 이미 끝났는데도 외려 남은 말이 있음을 형용한 것이니, 돌아다보는 광채가 아직도 簡冊에 선명하게 넘쳐 흐른다."

字義 時 : 이 시   乖 : 괴려할 려, 어그러질 괴   尤 : 원망 우   厎 : 범할 지, 이를 지
惓 : 연연할 권, 생각할 권   眄 : 돌아볼 면   曄 : 선명할 엽   溢 : 넘칠 일

---

60 時惟爾初……則無我怨 : 孔傳은 "'이는 너희들이 처음에 능히 화순하는 도리에 경건하지 않았기 때문에 너희들을 주벌한 것이니, 나를 원망하지 못할 것이다.'라고 하였다. 곧 두세 번 주벌을 가하게 된 뜻을 해명한 것이다.〔是惟汝初不能敬於和道 故 誅汝 汝無我怨 解所以再三加誅之意〕"라고 풀이하였다.

立政

吳氏曰 此書는 戒成王以任用賢才之道니 而其旨意는 則又上戒成王專擇百官有司之長이니 如所謂常伯, 常任, 準人等云者라 蓋古者에 外之諸侯는 一卿을 已命於君하고 內之卿大夫[61]는 則亦自擇其屬하니 如周公以蔡仲爲卿士하고 伯冏(경)謹簡乃僚之類라 其長旣賢이면 則其所擧用이 無不賢者矣라하니라 葛氏曰 誥體也라하니라 今文古文에 皆有하니라

吳氏가 말하였다. "이 글은 成王에게 어진 인재를 임용하는 도리를 가지고 경계한 것인데, 그 뜻은 또 위로 成王에게 百官과 有司의 長을 오로지 선택할 것을 경계한 것이니, 이른바 常伯·常任·準人 등과 같은 것이다. 옛날에 밖의 諸侯는 한 명의 卿을 이미 임금(천자)에게서 임명받고, 안(천자의 조정)의 卿大夫는 또한 스스로 그 官屬을 가려 뽑았으니, 周公이 蔡仲을 卿士로 삼고 伯冏이 관료를 삼가 선발한 것과 같은 따위이다. 그 長이 이미 어질면 그들이 들어 쓰는 사람은 어진 이 아님이 없을 것이다."

葛氏는 "誥體다."라고 하였다. 〈立政〉은 《今文尙書》와 《古文尙書》에 모두 들어 있다.

1. 周公若曰 拜手稽首하여 告嗣天子王矣로이다하니(로이다) 用咸戒于王曰[62] 王左右는 常伯과 常任[63]과 準人과 綴(추)衣와 虎賁[64]이다하니라(이니이다) 周公曰 嗚呼라 休

---

61 外之諸侯·內之卿大夫：《周禮集說》에 인용한 雜說에 의하면, "옛날에는 사람을 씀에 있어서 외직과 내직을 서로 드나들게 했기 때문에 당초 내직과 외직이 구분되어 있지 않았다. 그러므로 王朝(천자의 조정)의 公卿을 바로 밖의 諸侯가 하였으니, 밖의 諸侯는 바로 안의 公卿大夫였다.〔古之用人 更出迭入 初無內外之事 故王朝之公卿 卽外之諸侯爲之 外之諸侯 卽內之公卿大夫也〕"라고 하였다.

62 周公若曰……用咸戒于王曰：孔傳은 "周公이 王이 政法을 세울 일을 가지고 모두 王에게 경계하기를〔周公用王所立政之事 皆戒於王曰〕로 풀이하였다.

63 常伯 常任：孔傳은 "항상 長으로 섬길 대상과 항상 委任할 대상을 '三公'과 '六卿'이라 이른다."라고 하고, 蔡傳은 "牧民의 長을 '常伯'이라 하고, 公卿을 '常任'이라 한다."라고 하였는데, 丁若鏞(《尙書知遠錄》)은 "〈立政〉1篇은 모두 三宅의 경계인데, '常伯'은 혹 '牧夫'로 칭하기도 하고, '常任'은 혹 '立事'로 칭하기도 하여 모두 條理가 있으니 변별하기 어렵지 않은데, 梅氏의 풀이는 왜 이렇게 혼잡한지 모르겠다. 이 篇은 응당 한결같이 蔡氏의 풀이를 따라야 한다.〔立政一篇 都是三宅之戒 而常伯或稱牧夫 常任或稱立事 總有條理 辨之不難 梅訓何若是混雜 此篇當一從蔡訓〕"라고 하였다.

64 周公若曰……虎賁：孔傳에서 "周公이 王이 立政할 일을 가지고 모두 王에게 경계하기를 '항상

茲나 知恤이 鮮哉니이다

〈史官이 기록하기를〉周公이 이렇게 말씀하였다. "손을 이마에 얹고 머리를 땅에 대어 큰절을 하옵고 嗣天子인 王께 아뢰옵니다." 〈여러 신하들이〉 함께 왕께 경계하기를 "임금님의 좌우에 있는 신하는 常伯과 常任과 準人과 綴衣와 虎賁입니다." 라고 하였다. 周公이 말씀하기를 "아. 이 관직이야 무척 아름다운 것이나 〈그 관직에 적임자를 구하는 일을〉 걱정할 줄 아는 이가 적습니다.

此篇은 周公所作而記之者 周史也라 故로 稱若曰이라하니라 言周公이 帥(솔)群臣하고 進戒于王에 贊[65]之曰 拜手稽首하여 告嗣天子王矣라하니 群臣이 用皆進戒曰 王左右之臣은 有牧民之長曰常伯이요 有任事之公卿曰常任이요 有守法之有司曰準人이며 三事之外에 掌服器者曰綴衣요 執射御者曰虎賁[66]이니 皆任用之所當謹

長으로 섬길 대상과 항상 委任할 대상을 「三公」과 「六卿」이라 이르고, 「準人」은 法을 균평하게 적용하는 사람이니 士官(獄官)을 이르고, 「綴衣」는 衣服을 관장하고, 「虎賁」은 武力을 가지고 王을 섬기니, 모두 王의 좌우에서 가까이 모시는 신하들이므로, 이러한 관직에 적임자를 앉혀야 한다.' 하였다.〔周公用王所立政之事 皆戒於王曰 常所長事 常所委任 謂三公六卿 準人平法 謂士官 綴衣掌衣服 虎賁以武力事王 皆左右近臣 宜得其人〕"라고 풀이한 데 대하여, 兪樾《群經平議》은 "나는 살펴보건대, 윗글에 '周公若曰 拜手稽首 告嗣天子王矣'라 하였는데, 正義에서 王肅이 '이에 周公이 신하들을 모아 함께 成王을 경계한 것이니, 그 「拜手稽首」란 바로 周公이 신하들을 찬양한 말이었다.'고 한 것을 인용하였다. 그렇다면 周公이 신하들을 모아 함께 成王을 경계했기 때문에 '함께 王을 경계했다.'고 한 것이니, 枚傳의 뜻은 잘못된 것이다. '王左右 常伯常任 準人綴衣虎賁'은 아마 감히 尊者를 斥言할 수 없기 때문에 王의 좌우에 있는 신하들을 내리 불러서 고하였을 것이니, 마치 後世의 人臣이 進言할 때에 감히 天子를 斥言하지 못하고 '陛下'라고 함과 같은 것이다. 枚傳은 이 뜻을 모르고 이에 '王의 좌우에서 가까이 모시는 신하들이므로 이러한 관직에 적임자를 앉혀야 한다.'고 풀이한 것이다. 經文에 아울러 '宜得其人'의 뜻이 없는데, 뜻을 보태서 경문을 해석한 것은 그 옳은 뜻이 아니다. 아랫글에 또 '周公曰'이라 적은 것은 아마 비록 신하들을 모아 成王을 경계했지만, 그 말이 실은 周公 한 사람의 입에서 나왔기 때문에 아랫글에 '나 旦이 이미 사람들의 아름다운 말을 받아서 모두 孺子인 王께 고합니다.'라고 한 것이다.〔樾謹按上文周公若曰 拜手稽首 告嗣天子王矣 正義引王肅曰 於是周公會群臣 共戒成王 其言曰 拜手稽首者 是周公贊群臣之辭 然則周公會群臣 共戒成王故云 用咸戒于王 枚傳之義非也 王左右 常伯常任 準人綴衣虎賁 蓋不敢斥尊者 故歷呼王左右者而告之 猶後世人臣進言 不敢斥言天子 而曰陛下也 枚傳不知此義 乃曰 皆左右近臣 宜得其人 經文竝無宜得其人之意 增義釋經 非其旨矣 下文又書周公曰者 蓋雖會戒成王 而其辭實出周公一人之口 故下文曰 予旦已受人之徽言 咸告孺子王也〕"라고 하였다.

65 贊 : 明代 陳雅言은 "장차 王에게 진언하려고 하면서 먼저 깍듯이 拜手稽首로써 그 임금을 섬기는 禮를 다했다.〔將有言於王 而先贊之以拜手稽首 竭其事君之禮〕"라고 풀이하였다.《書傳集註》小註)

66 執射御者曰虎賁 : 袁仁《尙書砭蔡編》은 "지금 《周禮》〈夏官 司馬〉를 살펴보면 '虎賁氏는 王이 出兵할 때에는 앞뒤에서 종종걸음으로 호위하는 일을 관장하되, 왕이 막사에 있으면 막사를 지키고, 국내에 있으면 왕의 궁전을 지키고, 큰 변고가 있으면 궁전의 문을 지킨다.'고 하였고, 아

者라하고 周公이 於是에 歎息言曰 美矣此官이나 然知憂恤者 鮮矣라하니 言五等官職之美나 而知憂其得人者 少也니라 吳氏曰 綴衣虎賁은 近臣之長也라하고 葛氏曰 綴衣는 周禮司服之類요 虎賁은 周禮之虎賁氏也라하니라

이 篇은 周公이 지은 것인데, 기록한 이가 周나라 史官이었기 때문에 '若曰'이라고 칭한 것이다. 周公이 여러 신하들을 거느리고 왕에게 경계를 올릴 때에 깍듯이 禮를 갖추어 말씀하기를 "손을 이마에 얹고 머리를 땅에 대어 큰절을 하옵고 嗣天子인 임금님께 고합니다."라고 하니, 여러 신하들이 모두 경계를 올려 "왕의 좌우에 있는 신하들은 곧 牧民의 長으로 常伯이 있고, 일을 맡은 公卿으로 常任이 있고, 법을 지키는 有司로 準人이 있으며, 세 관원 외에 의복과 기물을 관장하는 벼슬은 '綴衣'이고, 활 쏘고 말 모는 일을 관장하는 벼슬은 虎賁이니, 모두 임용함에 있어서 마땅히 삼가야 할 벼슬입니다."라고 하였다. 周公이 이에 탄식하고 말씀하기를 "이 벼슬들이 무척 아름다운 것이나 그 관직에 적합한 인물을 얻는 일을 걱정할 줄 아는 이가 적습니다."라고 하였으니, 5等(다섯 가지)의 관직이 〈아름답기야 무척〉 아름다운 것이나 그 관직에 적합한 인물을 얻는 일을 걱정할 줄 아는 이가 적다고 한 것이다.

吳氏는 말하기를 "綴衣와 虎賁은 近臣의 長이다."라고 하였고, 葛氏는 말하기를 "綴衣는 《周禮》〈春官〉의 司服 따위이고, 虎賁은 《周禮》〈春官〉의 虎賁氏이다."라고 하였다.

字義　恤 : 걱정할 휼　贊 : 도울 찬

2. 古之人이 迪하니 惟有夏가 乃有室大競하여 籲俊尊上帝[67]하니 迪知忱恂于九德之行하여 乃敢告敎厥后曰 拜手稽首后矣[68]로이다 曰宅乃事하며 宅乃牧하며 宅乃

울러 활 쏘고 말 모는 일을 관장한 것은 없었다.〔今按夏官 虎賁氏 掌先後王而趨 舍則守王閑 在國則守王宮 有大故則守王門 並無執射御之事〕라고 하였다.

67　古之人……籲俊尊上帝 : 孔傳은 "옛날 어진 사람을 구하는 방도는 夏나라 禹임금 때에 卿大夫의 室家가 크게 강성했는데도 외려 賢俊한 인재들을 불러서 함께 上天을 높이 섬겼다.〔古之人道 惟有夏禹之時 乃有卿大夫室家大强 猶乃招呼賢俊 與共尊事上天〕"라고 풀이하였는데, 孔疏는 '古之人迪'에 대해 다시 "옛날 사람 중에 능히 이 어진 이를 구하는 방도를 쓴 자는〔古之人能用此求賢之道者〕"이라고 보완설명하였다.

68　拜手稽首后矣 : 孔疏는 "나는 감히 손을 이마에 얹고 머리를 땅에 대어 큰절을 하며 〈말씀드리건대〉 임금님께서는 지금 임금님이 되셨으니 삼가지 않을 수가 없습니다.〔我敢拜手稽首 君今已爲君矣 不可不愼也〕"라고 풀이하였다.

準이라사 茲惟后矣니이다 謀面[69]하고(하여) 用丕訓德[70]이라하여 則乃宅人하면 茲乃三宅[71]에 無義民[72][73]하리이다

옛날 사람 중에 〈적임자를 구하는 일을 걱정할 줄 아는〉 방도를 실행한 이가 있었으니, 夏나라의 〈禹임금이〉 王室이 크게 강성할 때를 당하여 준걸한 인재들을 불러 모아 〈함께 天職을 다스려〉 上帝를 높이 섬겼으니, 〈당시 대신들 또한 여러 신하들 중에〉 九德의 행실이 있는 이를 깊이 알고 독실히 믿어서 이에 감히 그 임금에게 고유하기를 '임금님께 손을 이마에 얹고 머리를 땅에 대어 큰절을 하며 말씀드리옵니다. 〈九德을 가진 인사들을 등용하시어〉 常任의 자리에 앉혀서 일을 맡게 하고, 常伯의 자리에 앉혀서 牧民을 맡게 하고, 準人의 자리에 앉혀서 法을 지키게 하여야 임금 된 도리를 다할 것입니다. 〈만일 깊이 알고 독실히 믿지 않고서〉 얼굴만 살펴보고 크게 德에 순종한다 하여 그런 사람을 임용하면 이 三宅에 義民(賢人)이 없을 것입니다.'라고 했습니다.

古之人에 有行此道者하니 惟有夏之君이 當王室[74]大强之時하여 而求賢以爲事天

---

69 謀面 : 蘇軾은 이목이 미치는 곳으로 풀이하였다.

70 用丕訓德 : 孔疏는 "크게 明順한 德을 써서〔用大明順之德〕"로, 蔡傳은 "크게 德에 순종한다고 하여〔用以爲大順於德〕"로 풀이하였다.

71 三宅 : 蘇軾은 "五流의 지정된 장소로 유배시켰다.〔可以宅五流〕"라고 하여 孔傳처럼 〈舜典〉의 '五宅三居'의 宅으로 풀이하였고, 王安石은 '三宅'은 常任·常伯·準人의 자리로, 三俊(4章의 三俊)은 常任·常伯·準人의 재주로 풀이하였는데, 林之奇는 王安石의 풀이를 보다 우수한 해석으로 평가하였고, 呂祖謙도 王安石의 견해와 같았으며, 蔡傳 또한 왕안석을 따르고 있다.

72 茲乃三宅 無義民 : 孔傳은 "의리가 없는 사람을 세 곳으로 귀양 보낼 수 있어〔乃能三居無義民〕"로, 蔡傳은 "세 관직에 앉은 사람들이 어찌 다시 어진 사람일 수 있겠는가.〔三宅之人 豈復有賢者乎〕"로 풀이하였다.

73 謀面……無義民 : 孔傳은 "면전에 보이는 일을 가지고 실험해보아 의혹이 없다면 크게 明順한 德을 써서 어진 사람을 여러 관직에 앉혔을 것이니, 이와 같이 하였다면 의리가 없는 사람을 세 곳으로 귀양 보낼 수 있어서, 큰 죄인은 사해의 밖으로 귀양 보내고, 다음은 九州의 밖으로, 그 다음은 中國의 밖으로 귀양 보낼 수 있었을 것이다.〔謀所見之事 無疑則能用大順德 乃能居賢人於衆官 若此則乃能三居無義民 大罪宥之四裔 次九州之外 次中國之外〕"라고 풀이하였다.

74 王室 : 袁仁《尙書砭蔡編》은 "蔡傳은 〈乃有室'의〉 室을 王室로 풀이하였는데, 아래에 있는 '迪知忱恂'과 서로 접속이 되지 않는 듯하니, 마땅히 孔氏(孔安國)가 '夏나라 시대에는 卿大夫들의 室家가 크게 강성하였는데도 외려 賢俊한 인재들을 불러서 함께 上天을 높이 섬겼다.'라고 한 풀이를 따라야 할 것이다. 이와 같이 하면 위아래의 文勢가 모두 순하다.〔蔡訓室爲王室 恐與下迪知忱恂 不相接 當依孔氏謂夏時卿大夫家大强 猶招呼俊賢 以尊事上帝 如此則上下文勢皆順〕"라고 하였다.

之實也라 迪知者는 蹈知而非苟知也요 忱恂者는 誠信而非輕信也니 言夏之臣이 蹈知誠信于九德之行하고 乃敢告敎其君이라 曰拜手稽首后矣云者는 致敬以尊其爲君之名也요 曰宅乃事宅乃牧宅乃準玆惟后矣云者는 致告以敍其爲君之實也라 玆者는 此也니 言如此而後에 可以爲君也니 卽皐陶與禹言九德之事라 謀面者는 謀人之面貌也니 言非迪知忱恂于九德之行이요 而徒謀之面貌하여 用以爲大順於德이라하여 乃宅而任之니 如此則三宅之人이 豈復有賢者乎아 蘇氏曰 事則向所謂常任也요 牧則向所謂常伯也요 準則向所謂準人也라 一篇之中에 所論宅俊者 參差(참치)不齊나 然大要는 不出是三者요 其餘則皆小臣百執事也라하고 吳氏曰 古者에 凡以善言語人을 皆謂之敎요 不必自上敎下而後에 謂之敎也라하니라

옛날 사람 중에 이 〈적임자를 구할 것을 걱정하는〉 방도를 행한 이가 있었으니, 夏나라의 〈禹임금이〉 王室이 크게 강성할 때를 당하여 어진 인재들을 구해서 하늘을 섬기는 실상으로 삼았다. 迪知는 깊이 아는 것이고 구차하게 아는 것이 아니며, 忱恂은 독실히 믿는 것이고 가벼이 믿는 것이 아니니, 夏나라의 대신들이 九德의 행실을 깊이 알고 독실히 믿고서 감히 그 임금에게 고유했던 점을 말한 것이다. '曰拜手稽首后矣'는 공경한 태도를 극진히 함으로써 그 임금이 된 명분을 높이는 것이고, '曰宅乃事 宅乃牧 宅乃準 玆惟后矣'는 고하는 성의를 지극히 함으로써 임금이 된 실제를 서술한 것이다. 玆는 此의 뜻으로, 이와 같이 한 뒤에야 임금이 될 수 있음을 말한 것이니, 바로 皐陶·禹와 더불어 말한 九德의 일이다. 謀面은 사람의 면모만 보는 것이니, 곧 九德의 행실을 깊이 알고 독실히 믿지 않고서 한갓 얼굴만 살펴보고 크게 德에 순종한다 하여 관직에 앉혀 일을 맡긴다면, 이와 같이 할 경우, 세 관직에 앉은 사람들이 어찌 다시 어진 사람일 수 있겠는가라고 말한 것이다.

蘇氏는 말하기를 "事는 위에서 말한 常任이고, 牧은 위에서 말한 常伯이고, 準은 위에서 말한 準人이다. 한 편의 가운데서 논한 宅과 俊이 들쭉날쭉 같지 않으나 大要는 이 세 가지에서 벗어나지 않고 그 나머지는 모두 小臣과 百執事인 것이다."라고 하였고, 吳氏는 말하기를 "옛날에는 범연하게 좋은 말로 남에게 말하는 것은 모두 '敎'라고 하였지, 꼭 위에서 아래를 가르친 것만을 '敎'라고 못 박지 않았다."라고 하였다.

字義 迪 : 방도 적 競 : 강성할 경 籲 : 부를 유 迪 : 깊을 적 忱 : 독실할 침 恂 : 믿을 순

3. 桀德은 惟乃弗作往任하고 是惟暴德이라 罔後하니이다

夏桀의 惡德은 옛날에 〈先王께서〉 임용하던 규례를 따르지 않고 포악한 덕을 가진 자들만 임용하였기 때문에 〈喪亡해서〉 뒤가 없게 된 것입니다.

夏桀惡德은 弗作往昔先王任用三宅하고 而所任者는 乃惟暴德之人이라 故로 桀以喪亡無後니라

夏桀의 惡德은 옛날에 先王이 三宅을 임용하던 규례를 따르지 않고, 임명된 자는 바로 포악한 덕을 가진 사람들이었다. 그러므로 桀은 喪亡으로 인해 뒤가 없게 된 것이란 말이다.

4. 亦越成湯이 陟[75]하여 丕釐上帝之耿命이시나〈하산든〉 乃用三有宅이 克卽宅하며 曰三有俊이 克卽俊[76]하여 嚴惟丕式하여 克用三宅三俊[77]하심으로〈하산들로〉 其在商邑하여는 用協于厥邑하며 其在四方하여는 用丕式見德①[78]하니이다

---

75 陟 : 孔傳은 成湯의 道가 하늘로 올라가 알려지게 한 것으로 보았다.

76 乃用三有宅……克卽俊 : 朱祖義《尙書句解》는 '乃用三有宅'에 대해서는 "임용함에 있어서 이미 임용된 三宅人은 乃事·乃牧·乃準이었다.〔乃在於用 已用之三宅人 乃事乃牧乃準也〕"로, '克卽宅'에 대해서는 "각각 그 직위에 취임하여 乃事를 이바지한 것이다.〔各就其職 以供乃事〕"로, '曰三有俊'에 대해서는 "또 아직 임용되지 못한 三俊은 이 三者의 임용에 대비할 수 있음을 논한 것이다.〔又論未用之三俊 可待此三者之用者〕"로, '克卽俊'에 대해서는 "과연 능히 그 俊才를 성취하였으니, 그 재주가 칭찬하는 말에 부합됨을 이른 것이다.〔果能就其俊 謂其才副所稱說〕"로 풀이하였다.

77 三宅三俊 : 呂祖謙《尙書全解》은 '三宅'과 '三俊'을 동일시하려는 경향이 있었고, 金履祥《資治通鑑前編》은 "'三宅'은 직위를 가지고 말하고, '三俊'은 德을 가지고 말하니, 그 재주가 三宅의 쓰임에 대비하여 비축할 만한 대상자를 이른다.〔三宅以職言 三俊以德言 謂其才可以儲三宅之用者〕"라고 하여 '三俊'을 '三宅'의 예비후보로 보았다. 孔傳은 '三俊'을 〈洪範〉의 三德(剛·柔·正直)으로 보았고, 呂祖謙은 또한 "'三俊'에 대해 說者는 '후일 三宅에 보임할 자를 이른다.'라고 하였으니, '宅'은 位를 가지고 말하고 '俊'은 德을 가지고 말한 것으로 볼 때 아마 그 예비로 양성해서 임용에 대비한 것이 혹 說者가 이른 바와 같은 것이었을까.〔三俊 說者謂它日次補三宅者 觀夫宅以位言 俊以德言 意其儲養待用 或如說者之所謂歟〕"라고 하여 '三俊'을 三宅의 예비후보로 보려고 노력하였고, 蔡傳도 呂祖謙을 따르고 있는데, 전후 사정을 고려할 때 '三俊'은 三宅의 예비후보로 보는 편이 타당할 것 같다.

78 亦越成湯……用丕式見德 : 孔傳은 '釐'를 賜(孔疏는 受의 뜻으로 봄)의 뜻으로, '三有宅'을 〈舜典〉의 "五宅三居"의 뜻으로 보아 "桀의 昏亂이 또한 成湯의 道가 하늘로 올라가 알려져서 하늘의 光命을 크게 받아 천하에 왕 노릇을 하게 하였으니, 湯임금이 이에 惡人을 세 居所로 보내는 法을 써서 그 거소로 가게 하였고, -服罪를 말함. - 또 剛·柔·正直의 三德을 가진 준수한 사람을 써서 그 준수한 일을 성취하게 하였으며, -明德을 말함.- 湯임금이 능히 위엄을 부려 큰 法象을 세울 수 있었던 것은 三居三德의 法을 잘 썼기 때문이었고, 湯임금이 商나라 도읍에 있어서는 三宅三俊의 道를 써서 그 도읍을 화평하게 만들고, 사방에 있어서는 이 大法을 써서 그 聖德을 보였던 것이다. -遠近이 교화됨을 말함.-〔桀之昏亂 亦於成湯之道得升 大賜上天之光命 王天下 湯乃用三有

① 書經 用丕式見德 : 임금을 크게 본받아 덕을 드러내게 되었다.
　 一般 用見德丕式 : 임금의 덕을 보고 크게 본받았다.(이것은 李滉을 따랐으며, 蔡傳의 것
　　　도 같다.)
　*李滉《三經釋義》〈書釋義》)은 '用丕式見德'은 '用見德丕式'의 倒置로 보았다.

　　또한 成湯이 〈亳邑으로부터 天子의 지위에〉 올라 上帝의 밝은 명을 크게 다스려
〈천하에〉 환하게 나타내셨지만 〈그 德을 자신하지 않고 賢哲한 사람을 널리 구하
여 함께 다스리시니〉 이에 등용된 三有宅이 능히 각각 부임하여〔克卽宅〕〈그 직위
를 비우지 않고,〉 이른바 '三有俊'이 능히 德이 뛰어나 이름에 걸맞았으므로〔克卽
俊〕〈成湯이 그들을〉 엄숙히 생각하고 크게 본받아 三宅과 三俊을 적극 믿어 활용
하였기 때문에 商나라 도읍에 있어서는 그 도읍이 화합하였고, 사방에 있어서는 사
방 사람들이 〈임금을〉 크게 본받아 덕을 드러내게 되었습니다.

　　亦越者는 繼前之辭也라 耿은 光也라 湯이 自七十里로 升爲天子하여 典禮命討가 昭
著於天下하니 所謂陟丕釐上帝之光命也라 三宅은 謂居常伯常任準人之位者요 三
俊은 謂有常伯常任準人之才者라 克卽者는 言湯所用三宅이 實能就是位而不曠
其職이요 所稱三俊이 實能就是德而不浮其名也라 三俊을 說者謂 他日次補三宅
者라하니 詳宅은 以位言이요 俊은 以德言이니 意其儲養待用이 或如說者所云也라 惟는
思요 式은 法也라 湯於三宅三俊에 嚴思而丕法之라 故로 能盡其宅俊之用하여 而宅
者得以效其職하고 俊者得以著其才하여 賢智奮庸하여 登于至治라 其在商邑하여는
用協于厥邑하니 近者는 察之詳하여 其情이 未易(이)齊어늘 幾旬之協이면 則純之至
也요 其在四方하여는 用丕式見德하니 遠者는 及之難하여 其德이 未易徧이어늘 觀法
之同하면 則大之至也라 至純至大면 治道無餘蘊矣라 曰邑曰四方者는 各極其遠
近而言耳라

　　亦越은 앞 문장을 잇는 말이다. 耿은 光의 뜻이다. 湯임금은 長廣 70리의 〈작은
亳邑으로부터〉 올라가 천자가 되어서 典禮와 命討가 천하에 밝게 드러났으니, 이
것이 이른바 "올라가 상제의 빛나는 명을 크게 다스렸다."라는 것이다. 三宅은 常

────────────

居惡人之法 能使就其居 －言服罪－ 又曰 能用剛柔正直三德之俊 能就其俊事 －言明德－ 湯所以能嚴威 惟可
大法象者 以能用三居三德之法 湯在商邑 用三宅三俊之道 和其邑 其在四方 用是大法 見其聖德 －言遠近
化－〕"라고 풀이하였는데, 孔疏는 '用丕式見德'에 대하여 "이 斷罪任賢의 大法을 써서 그 聖德을
백성들에게 드러낸 것이다.〔用是斷罪任賢之大法 見其聖德於民〕"라고 보완 설명하였다.

伯·常任·準人의 지위에 있는 자를 이르고, 三俊은 常伯·常任·準人의 재주를 가진 자를 이른다. 克卽은 湯임금이 등용한 三宅이 실제로 능히 이 자리에 부임하여 그 직위를 비우지 않고, 일컬은 三俊이 실제로 능히 덕이 뛰어나 그 이름과 걸맞은 것이다. 三俊을 說者는 "후일에 다음으로 三宅에 보임될 자"라고 하였는데, 살펴보면 宅은 位를 가지고 말하고 俊은 德을 가지고 말하였으니, 생각건대 儲養하여 등용에 대비하는 것이 혹 說者가 말한 바와 같을 듯하다. 惟는 思의 뜻이요, 式은 法(본받다)의 뜻이다.

湯임금이 三宅과 三俊에 대하여 엄숙히 생각하고 크게 본받았다. 그러므로 그 宅과 俊을 깊이 믿어 적극적으로 활용하였다. 그리하여 지위 면에서는 그 직책에 공헌할 수 있고, 준재 면에서는 그 재주를 드러낼 수 있어서 어질고 지혜 있는 자가 분발하여 至治의 영역에 오른 것이다. 商나라 도읍에 있어서는 그 도읍에 화합하였으니, 가까운 곳은 살피는 정도가 너무도 상세해서 그 情感이 고르기가 쉽지 않은데 畿甸이 화합하였다면 至純한 효과가 드러난 것이고, 사방에 있어서는 임금의 덕을 보고 크게 본받았으니, 먼 곳은 미치기가 어려워서 덕이 두루 미치기가 쉽지 않은데 觀感하여 본받은 것이 동일하였다면 至大한 효과를 거둔 것이다. 지순하고 지대한 효과가 드러났으니, 治道가 남김없이 발휘된 것이다. 邑이라고 말하고 四方이라 말한 것은 그 멀고 가까움을 각각 극대화해서 말했을 뿐이다.

字義 越 : 및 월   陟 : 오를 척   丕 : 클 비   釐 : 다스릴 리   耿 : 밝을 경   惟 : 생각 유   式 : 법 식
儲 : 저축할 저   效 : 공헌할 효   易 : 쉬울 이   徧 : 두루 변   蘊 : 쌓을 온

5. 嗚呼라 其在受德暋하여 惟羞刑暴德之人으로 同于厥邦[79]하며 乃惟庶習逸德之人으로

---

79 惟羞刑暴德之人 同于厥邦 : 孔傳에서 '刑'에 句를 끊어서 '惟羞刑'을 "오직 형벌만을 쓰고[惟進用刑]"로, '暴德之人 同于厥邦'을 "暴德(포악한 마음)을 가진 사람들과 나라를 함께 다스리며[與暴德之人 同於其國]"로 풀이한 데 대하여, 俞樾(《群經平議》)은 "枚氏가 '刑'을 '刑罰'의 刑으로 여긴 것은 잘못이다. '刑'과 '庸'은 뜻이 같기 때문에 《爾雅》에서 '刑'과 '庸'을 아울러 常의 뜻으로 풀이하였다. '刑'이 '庸'과 어울리는 것은 '形'이 '庸'과 어울리는 것과 같다. '刑'과 '形', '庸'과 '容'은 소리[聲]와 뜻[義]이 아울러 같으니, '惟羞刑暴德之人'이란 '暴德한 사람만을 등용한다.'는 말이다. '庸'은 用의 뜻이기 때문에 《尙書》에서는 매번 '刑'과 '用'을 連文하였다. 〈召誥〉편의 '小民乃惟刑用于天下'와 〈多方〉편의 '厥民刑用勸'은 '刑'이 곧 用의 뜻이다. 오직 〈無逸〉편의 '不皇暇食'은 '皇'이 곧 暇의 뜻이고, 〈多方〉편의 '克堪用德'은 '克'이 곧 堪의 뜻이다. 옛사람은 스스로 複語를 쓰는 습관이 있었을 뿐이다. 枚氏는 '刑'과 '庸'이 같은 뜻임을 알지 못했기 때문에 '刑'과 '用'에 대해서는 모두 그 해석을 잘못하였다. 《春秋左氏傳》昭公 12년 조 '形民之力'의 '形' 또한 '庸'과 뜻이 같으니, 백성의 힘을 씀을 말한 것이다.[枚氏以刑爲刑罰之刑非也 刑與庸同義 故爾雅刑庸竝訓常 刑

同于厥政한대 帝欽罰之[80]하사 乃伻我有夏하여 式商受命하여 奄甸萬姓[81]하시니이다

아. 受(殷紂)에 있어서는 마음이 혼암하여 刑戮만을 숭상하는 곧 포악한 덕을 지닌 사람들과 나라를 함께 다스리며, 온갖 醜惡을 갖춘 곧 放逸한 덕을 지닌 사람들과 정사를 함께하니, 上帝께서 신중하게 罰을 내리시어 곧 우리로 하여금 中夏를 소유하여 商나라가 받았던 천명을 사용해서 문득 만백성을 다스리게 하셨습니다.

羞刑은 進任刑戮者也요 庶習은 備諸衆醜者也라 言紂德强暴하고 又所與共國者는 惟羞刑暴德之諸侯요 所與共政者는 惟庶習逸德之臣下라 上帝敬致其罰하사 乃使我周로 有此諸夏하여 用商所受之命하여 而奄甸萬姓焉하니 甸者는 井牧其地하고 什伍其民也[82]라

羞刑은 刑戮을 숭상하는 것이고, 庶習은 온갖 醜惡을 갖춘 것이다. 殷紂는 마음이 强暴하였고, 또한 더불어 나라를 함께 다스린 자들도 오직 刑戮만을 숭상하는 곧 포악한 덕(마음)을 지닌 諸侯들이었으며, 더불어 정사를 함께 한 자들도 오직 온갖 醜惡만을 갖춘 곧 放逸한 덕(마음)을 지닌 신하들이었다. 그러므로 上帝가 신중하게 벌을 내려서 곧 우리 周나라로 하여금 이 諸夏를 소유하여 商나라가 받았던 천명을 사용해서 문득 만백성을 다스리게 한 것이니, 甸(다스리다)은 그 땅을 井과 牧으로 구획하고 그 백성을 什과 伍로 편성하는 일이다.

字義 惛 : 어둘 민(혼)　羞 : 나아갈 수　習 : 갖출 습　伻 : 하여금 팽　奄 : 문득 엄　甸 : 다스릴 전
醜 : 추악할 추

之與庸 猶形之與庸 刑形庸容 聲義竝同 惟羞刑暴德之人者 惟進用暴德之人也 庸者用也 故尙書每以刑用連文 召誥篇 小民乃惟刑用于天下 多方篇 厥民刑用勸刑卽用也 惟無逸篇 不皇暇食 皇卽暇也 多方篇 克堪用德 克卽堪也 古人自有複語耳 枚不知刑與庸同義 故於刑用 皆失其解 昭十二年左傳 形民之力 形亦與庸同 言用民之力也"라고 하였다.

80　帝欽罰之 : 王肅은 "형벌을 신중하게 가한 것은 5년 동안 〈湯임금의〉 자손을 기다려주고 여가를 주어서 크게 백성의 임금이 되기를 바랐던 것을 말한다."라고 하였다.

81　奄甸萬姓 : 孔傳에서 '奄'을 同의 뜻으로, '甸'을 治의 뜻으로 보고, 孔疏에서 "함께 天子가 되어 만백성을 다스리는 것이 商나라와 같았다는 것이다."라고 부연 설명하였다.

82　甸者……什伍其民也 : 《周禮》의 〈地官 司徒〉와 〈秋官 司寇〉에 의하면 土地를 경영해서 田野를 井과 牧으로 구획하니, 9夫로 井을 만들고 4井으로 邑을 만들고 4邑으로 丘를 만들고 4丘로 甸을 만들고 4甸으로 縣을 만들고 4縣으로 都를 만든다. 5家를 比로 삼고 10家를 聯으로 삼으며, 5人을 伍로 삼고 10人을 聯으로 삼으며, 4閭를 族으로 삼고 8閭로 聯을 삼으며, 모든 鄕과 州와 黨과 族과 閭와 比를 연대하게 하고, 그 백성을 10人이나 5人을 함께 부려서 서로 편안하게 하고 서로 주고받게 하며 도적을 잡는 일을 돕게 하는 식으로 되어 있다.

6. 亦越文王武王이 克知三有宅心하시며 灼見三有俊心[83]하사 以敬事上帝하시며 立民長伯하시니이다

또한 文王과 武王께서는 三有宅들의 마음을 능히 잘 아시었고, 三有俊들의 마음을 밝게 꿰뚫어보시어, 上帝를 경건히 섬기며 백성들의 長과 伯을 세우셨습니다.

三宅, 三俊을 文武克知灼見하되 皆曰心者는 即所謂迪知忱恂而非謀面也라 三宅은 已授之位라 故曰克知요 三俊은 未任以事라 故曰灼見이라 以是敬事上帝하면 則天職修而上有所承이요 以是立民長伯하면 則體統立而下有所寄하니 人君이 位天人之兩間하여 而俯仰無怍者는 以是也라 夏之尊帝와 商之조釐와 周之敬事는 其義一也니라 長은 如王制所謂五國以爲屬하여 屬有長이요 伯은 如王制所謂二百一十國以爲州하여 州有伯이 是也라

三宅과 三俊에 대해 文王과 武王이 능히 잘 알고 밝게 꿰뚫어보되 그 대상을 모두 마음[心]이라 말한 것은 이른바 "깊이 알고 독실히 믿은 것이고 얼굴만 살펴보지 않은 것"임을 부각시킨 것이다. 三宅의 경우는 이미 자리를 주었기 때문에 "능히 잘 알았다."라고 말한 것이고, 三俊의 경우는 아직 일을 맡기지 않았기 때문에 "밝게 꿰뚫어보았다."라고 말한 것이다. 이로써 경건히 상제를 섬기면 天職이 닦여져서 위로 받들 바가 있고, 이로써 백성들의 長과 伯을 세우면 체통이 서서 아래로 맡길 바가 있으니, 임금은 하늘과 인간 둘 사이에 자리 잡고 앉아서 아래를 굽어보고 위를 우러러보아도 한 점 부끄러움 없는 정사를 할 수 있는 것은 이 때문이다. 夏나라의 '上帝를 높임'과 商나라의 '크게 다스림'과 周나라의 '경건히 섬김'은 그 의의가 같은 것이다. 長은 《禮記》〈王制〉에 이른바 "5國을 屬으로 삼아 屬에 長을 둔다."라는 것과 같고, 伯은 〈王制〉에 이른바 "210國을 州로 삼아 州에 伯을 둔다."라는 것과 같은 것이다.

字義 越 : 및 월 灼 : 밝을 작 授 : 줄 수 怍 : 부끄러울 작

---

83 克知三有宅心 灼見三有俊心 : 林之奇(《尚書全解》)는 "王氏는 '三宅'은 이미 직위도 주고 이미 직사도 맡겼기 때문에 그들의 마음을 알지 않을 수 없고, '三有俊'의 경우는 밝게 보는 것만으로 족하다.'고 하였으니, 그 생각은 '三俊'은 이미 직위에 있는 '三宅'의 경지에 아직 이르지 못했고, '灼見'은 '克知'의 상세함에 이르지 못한 것으로 여긴 것인데, 先儒가 '三宅'과 '三俊'을 나눈 것은 王氏와 다르다.〔王氏以三宅已授之以位 已任之以事 故不可以不知其心 若三有俊 則灼見之足矣 其意謂三俊未至於三宅之已在位 灼見未至於克知之爲詳 先儒之分三宅三俊 異於王氏〕"라고 하였다.

7. 立政에 任人과 準夫와 牧으로 作三事[84]하시니이다

　정치체제를 세움에 있어서 任人과 準夫와 牧으로 3事(세 가지 職事)를 만들었습니다.

　　言文武立政三宅之官也라 任人은 常任也요 準夫는 準人也요 牧은 常伯也니 以職言이라 故曰事라

　　　文王과 武王이 세운 정치체제에 있어서의 三宅의 관원을 말한 것이다. 任人은 常任이고, 準夫는 準人이고, 牧은 常伯이니, 職事를 말했기 때문에 事라고 한 것이다.

8. 虎賁과 綴(추)衣와 趣馬와 小尹과 左右攜僕과 百司와 庶府와

　虎賁과 綴衣와 趣馬와 小尹과 左右의 攜僕과 百司와 庶府와

　　此는 侍御之官也라 趣馬는 掌馬之官이요 小尹은 小官之長이요 攜僕은 攜持僕御之人이요 百司는 若司裘司服이요 庶府는 若內府大府之屬也라

　　　이것은 侍御하는 관원이다. 趣馬는 말을 관장하는 관직이고, 小尹은 小官의 長이고, 攜僕은 기물을 휴대하고 僕御하는 사람이고, 百司는 司裘·司服 같은 것이고, 庶府는 內府·大府 같은 등속이다.

　　字義 攜 : 휴대할 휴　裘 : 갖옷 구

9. 大都와 小伯과 藝人과 表臣[85]百司와 太史와 尹伯이(패) 庶常吉士니이다(러라)

　大都의 伯과 小都의 伯과 藝人과 表臣인 百司와 太史와 尹伯이 모두 常德의 吉士였습니다.

　　此는 都邑之官也라 呂氏曰 大都小伯者는 謂大都之伯과 小都之伯也니 大都에 言都不言伯하고 小伯에 言伯不言都는 互見(현)之也라 藝人者는 卜祝巫匠이니 執技以

---

84 三事 : 孔傳은 "天·地·人의 3事"로, 蘇軾은 "여기의 3事는 모두 大臣이다.〔此三事皆大臣也〕"로 풀이하였다.

85 藝人 表臣 : 孔傳에서 "道藝를 가진 사람으로서 백성의 表的과 楨幹이 되는 신하〔以道藝爲表幹之臣〕"로 풀이한 데 대하여, 兪樾(《群經平議》)은 "'藝人'은 贊御하는 사람인데, 枚氏가 道藝를 가진 사람으로 풀이하였으니, 자못 古義가 아니다.〔藝人者 贊御之人 枚氏以道藝釋之 殆非古義〕"라고 하였다.

事上者라 表臣百司[86]는 表는 外也니 表는 對裏之詞라 上文百司는 蓋內百司로 若內府, 內司服之屬이니 所謂裏臣也요 此百司는 蓋外百司로 若外府, 外司服之屬이니 所謂表臣也라 太史者는 史官也라 尹伯者는 有司之長이니 如庖人, 內饔, 膳夫는 則是數尹之伯也요 鐘師尹鐘, 磬師尹磬, 大(太)師司樂은 則是數尹之伯也라 凡所謂官吏는 莫不在內外百司之中이어늘 至於特見(현)其名者는 則皆有意焉이라 虎賁, 綴衣, 趣馬, 小尹, 左右攜僕은 以扈衛親近而見이요 庶府는 以冗賤으로 人所易忽而見이요 藝人은 恐其或興淫巧機詐하여 以蕩上心而見이요 太史는 以奉諱惡(오)[87]하여 公天下後世之是非而見이요 尹伯은 以大小相維하여 體統所係而見이요 若大都小伯은 則分治郊畿하니 不預百司之數者라 旣條陳歷數文武之衆職하고 而總結之曰庶常吉士라하니 庶는 衆也라 言在文武之廷이 無非常德吉士也[88]라하니라

이것은 都邑의 관원이다. 呂氏가 말하기를 "大都小伯은 大都의 伯과 小都의 伯을 이르니, 大都에서는 都만 말하고 伯은 말하지 않고, 小伯에서는 伯만 말하고 都는 말하지 않은 것은 상호적으로 나타낸 것이다. 藝人은 바로 卜祝과 巫匠이니, 技藝를 가지고 임금을 섬기는 사람이다. 表臣百司의 表는 外의 뜻이니, 表는 裏와 대칭되는 말이다. 윗글의 百司는 바로 內百司니, 內府·內司服과 같은 등속으로 이른바 裏臣이라는 것이고, 여기의 百司는 外百司니, 外府·外司服과 같은 등속으로 이른바 表臣이라는 것이다. 太史는 바로 史官이다. 尹伯은 바로 有司의 長이니, 疱人·內饔·膳夫와 같은 것은 여러 尹의 伯이고, 鐘을 맡은 鐘師와 磬을 맡은 磬師와 樂을 맡은 太師는 곧 여러 尹의 伯이다.

---

86 表臣百司 : 《增修東萊書說》에는 이 뒤에 '者 在外之百司也' 7자가 있다.

87 諱惡(오) : 《禮記》〈王制〉의 "太史가 禮를 맡아 簡記를 가지고 諱와 惡를 올린다.〔大史典禮 執簡記 奉諱惡〕"에 대하여, 鄭玄은 "'諱'는 先王의 이름이고, '惡'는 忌日이다.〔諱先王之名 惡忌日〕"라고 注를 달았고, 孫希旦의 《禮記集解》에는 "'簡記'는 簡冊에 기록된 것이다. '惡'는 이를테면 日食과 月食, 四鎭과 五嶽의 무너진 것, 大札·大凶·大災, 大臣과 諸侯가 죽은 것, 나라의 큰 걱정거리 등이 모두 이것이다. 諱·惡에 관한 일이 簡記에 적혀있기 때문에 太史가 연말에 이 簡記를 가지고 1년 중의 諱·惡할 일을 天子에게 고하여 天子로 하여금 忌諱할 일에는 피하고, 憎惡할 일에는 戒懼修省하게 한다.〔簡記 簡冊所記也 惡若日月食 四鎭五嶽崩大札大凶大災大臣死諸侯薨國之大憂之類 皆是也 諱惡之事 書在簡記 故太史於歲終之時 執此簡記 奉一歲中諱惡之事 以告於天子 使天子於諱辟之 於所惡而戒懼修省〕"라고 풀이하였다.

88 無非常德吉士也 : 《增修東萊書說》에는 이 뒤에 "常久也 言終文武之世 無非吉士也(常은 久의 뜻이니, 文王과 武王의 세대가 끝날 때까지 吉士가 아님이 없었음을 말한 것이다.)" 14자가 더 있다.

무릇 이른바 官吏란 내외의 百司 가운데 들어 있지 않은 것이 없는데, 특별히 그 이름을 나타내기까지 한 것에 모두 뜻이 담겨져 있다. 虎賁·綴衣·趣馬·小尹·左右의 攜僕은 임금을 호위하고 친근히 하기 때문에 나타낸 것이고, 庶府는 잡되고 천해서 사람들이 소홀히 하기 쉽기 때문에 나타낸 것이고, 藝人은 혹 지나친 공교로움과 機詐를 일으켜 임금의 마음을 방탕하게 할까 염려해서 나타낸 것이고, 太史는 諱와 惡를 올려 천하 후세의 시비를 공정하게 하기 때문에 나타낸 것이고, 尹伯은 大小가 서로 유지하여 체통이 관계되기 때문에 나타낸 것이고, 大都의 伯과 小都의 伯의 경우는 郊와 畿를 나누어 다스리니, 百司의 숫자에 들지 않는 것이다. 이미 文王과 武王의 여러 직책을 조목별로 나열하여 숫자를 죽 적고 나서, 總結하기를 '庶常吉士'라고 하였으니, 庶는 衆의 뜻이다. 文王과 武王의 조정에 있는 관리들은 常德吉士가 아님이 없음을 말한 것이다."라고 하였다.

字義　表 : 바깥 표　裏 : 속 리　饔 : 아침밥 옹　膳 : 반찬 선　磬 : 경쇠 경　扈 : 호위할 호
冗 : 잡될 용　詐 : 거짓 사　諱 : 숨길 휘　惡 : 미워할 오

10. 司徒와 司馬와 司空[89]과 亞와 旅[90]와

司徒와 司馬와 司空과 亞와 旅와

此는 諸侯之官也라 司徒는 主邦敎하고 司馬는 主邦政하고 司空은 主邦土라 餘見(현)牧誓하니 言諸侯之官이 莫不得人也라 諸侯之官에 獨擧此者는 以其名位 通於天子歟아

이것은 諸侯의 관원이다. 司徒는 나라의 교육을 주관하고, 司馬는 나라의 정사를 주관하고, 司空은 나라의 토목을 주관한다. 나머지는 〈牧誓〉에 보이는데, 諸侯의 관원이 인재를 얻지 않음이 없음을 말한 것이다. 諸侯의 관원 중에서 유독 이것을 든 이유는 그 명칭과 지위가 천자국과 공통되기 때문일까.

89　司空 : 顧炎武《日知錄》는 "孔傳에서 司空은 '나라의 空土를 주관하여 백성들을 거주시키는 것이다.'라고 풀이하였는데, 꼭 그런 것은 아니다. 顏師古는 '空은 穴의 뜻이니, 옛날 사람은 土穴에서 살았기 때문에 흙을 파서 구멍을 만들어 인민을 거처시키는 일을 주관하는 것이다.'라고 하였다. -《漢書》〈百官公卿表〉의 注에 보이니, 이 말은 반드시 근거한 바가 있을 것이다. -〔孔傳謂主國空土以居民 未必然 顏師古曰 空穴也 古人穴居 主穿土爲穴以居人也 - 見漢書百官公卿表注 此語必有所本 -〕"라고 하였다.

90　亞旅 : 朱子는 "'亞'는 小司徒의 속관을 이르고, '旅'는 곧 下士니,《周禮》의 序官에 보인다."라고 하였다.

11. 夷와 微와 盧烝과 三毫과 阪(반)에 尹⁹¹이니이다(이러라)

夷와 微와 盧의 烝과 三毫과 阪의 尹이었습니다.

此는 王官之監於諸侯四夷者也라 微盧는 見經하고 毫은 見史하니라 三毫은 蒙爲北毫이요 穀熟爲南毫이요 偃師爲西毫이라 烝은 或以爲衆이라하고 或以爲夷名이라하니라 阪은 未詳이라 古者에 險危之地의 封疆之守를 或不以封하고 而使王官治之하여 參錯於五服之間하니 是之謂尹이라 地志에 載王官所治 非一이니 此特擧其重者耳라 自諸侯三卿以降으로 惟列官名而無他語는 承上庶常吉士之文하여 以內見(현)外也라 夫上自王朝로 內而都邑과 外而諸侯와 遠而夷狄이 莫不皆得人以爲官使하니 何其盛歟아

이것은 천자의 관원으로서 제후와 사방 오랑캐들을 감시하는 것이다. 微와 盧는 經傳에 보이고, 毫은 《史記》〈殷本紀〉에 보인다. 三毫은 蒙은 北毫의 땅이고, 穀熟은 南毫의 땅이고, 偃師는 西毫의 땅이다. 烝은 혹자는 衆(무리)의 뜻이라고 하고, 혹자는 오랑캐의 이름이라고 한다. 阪은 미상이다. 옛날에는 위험지역의 국경을 지키는 사람을 더러 봉해주지 않고 천자의 관원으로 하여금 다스리게 해서 五服의 사이에 끼어 섞이게 하였으니, 이것을 尹이라 이른다. 地志에 천자의 관원이 다스린 바를 기재한 것이 한둘이 아니니, 이는 다만 그중에서 중요한 것을 들었을 뿐이다. 諸侯의 三卿으로부터 이하로는 오직 벼슬 이름만 나열하고 다른 말이 없는 것은 위에 있는 '庶常吉士'라는 글을 이어서 안을 가지고 밖을 나타낸 것이다. 위로 王朝로부터 안으로는 도읍과 밖으로는 諸侯와 멀리 夷狄에 이르기까지 모두 인재를 얻어서 官使를 삼지 않음이 없었으니, 어찌 그리도 성대했던가.

三毫阪尹圖

---

91 三毫阪尹 : 孔傳은 '三毫'과 '阪尹' 둘로, 鄭玄은 하나로 보았다.

字義　疆: 국경 강　參: 낄 참　錯: 섞일 착

12. 文王이 惟克厥宅心[92]하사 乃克立玆常事司牧人하시되 以克俊有德[①]이러시다(으로하더시다)

> ① 書經 以克俊有德 : 능히 준수하여 德이 있는 사람으로써 하셨다.
> 一般 用能俊有德 : 능히 준수하여 德이 있는 사람을 등용하셨다.
> * 諺解에서 "능히 俊과 德이 있는 이로써 하더시다"라고 풀이했기 때문에 종래 우리나라 독자들은 모두 그를 따라 읽었는데, 諺解대로라면 《書經》의 문장이 "以克有俊德(능히 준수한 사람과 덕이 있는 사람으로써 하셨다.)"이라고 구사하였을 것이다.

文王께서 三宅의 마음을 잘 아셔서 이 常事와 司牧人을 세우시되 능히 준수하여 德이 있는 사람을 등용하셨다.

文王惟能其三宅之心이라 能者는 能之也니 知之至, 信之篤之謂라 故로 能立此常任常伯하되 用能俊有德也라 不言準人者는 因上章言文王用人하여 而申克知三有宅心之說이라 故로 略之也니라

文王이 三宅의 마음을 능란히(잘) 알았다. 能은 '능란하다(잘하다)'의 뜻이니, 곧 앎의 지극함과 믿음의 독실함을 이른다. 그러므로 능히 常任과 常伯을 세우되 능히 준수하여 덕이 있는 사람을 등용한 것이다. 準人을 말하지 않은 것은 윗장에서 文王이 인재를 등용함을 말하면서 "三宅의 마음을 잘 알았다."란 말을 거듭하였기 때문에 생략한 것이다.

13. 文王은 罔攸兼于庶言庶獄庶愼[93]하시고 惟有司之牧夫를 是訓用違[94]하시니라

---

92 克厥宅心 : 孔傳은 "능히 마음을 먹다.〔能居心〕"로, 蘇軾은 "능히 군자와 소인의 마음을 알다.〔能知君子小人之心〕"로, 林之奇는 "'容德'이 곧 '宅心'이다.〔容德 卽宅心〕"로, 呂祖謙은 "임금이 마음을 이미 편안하게 가졌다.……文王이 일찍이 지루하고 복잡하게 바깥에서 구했겠는가. 오직 능히 마음을 편안하게 가질 뿐이다.〔君心旣宅安厥攸居……文王曷嘗支離多端而求之於外哉 惟能宅心而已〕"로 풀이하였다. 朱子(《朱子語類》)는 "'文王惟克厥宅心'의 宅心에 대하여 사람들은 모두 '宅心'을 處心으로 여기는데, 그것은 잘못이다. 곧 전면에서 말한 '三有宅心'이다. 만일 '處心'이라면 '克宅厥心'이라고 하였을 것이다.〔文王惟克厥宅心 人皆以宅心爲處心非也 卽前面所說三有宅心耳 若處心則克宅厥心〕"라고 하였다. 蔡傳은 朱子를 따랐다.

93 文王 罔攸兼于庶言庶獄庶愼 : 孔傳에서 "文王은 여러 사람의 말이 헐뜯는 말인지 칭찬하는 말인지와 여러 刑獄의 득실과 여러 가지 신중해야 할 일들을 겸해서 알려 하지 않고〔文王無所兼知於

文王께서는 庶言·庶獄·庶愼을 겸임한 바가 없으셨고, 오직 有司인 牧夫에 대해서만 이에 명령을 따르는 자와 명령을 어기는 자를 권면하고 〈경계하셨을〉 뿐입니다.

庶言은 號令也요 庶獄은 獄訟[95]也요 庶愼은 國之禁戒儲備也라 有司는 有職主者요 牧夫는 牧人也라 文王은 不敢下侵庶職하고 惟於有司牧夫에 訓勅用命及違命者而已라 漢孔氏曰 勞於求才하고 逸於任賢이라하니라

庶言은 號令이고, 庶獄은 獄訟이고, 庶愼은 나라의 禁戒와 儲備(식량비축)이다. 有司는 주관함이 있는 자이고, 牧夫는 牧人이다. 文王은 감히 아래로 여러 직책을 침범하지 아니하고 오직 유사인 牧夫에 대해서만 명령을 따르는 자와 명령을 어기는 자를 권면하고 경계했을 뿐이다. 漢나라 孔氏(孔安國)는 말하기를 "인재를 구하는 과정은 수고롭고, 현자를 임용한 뒤에는 편안하다."라고 하였다.

字義 訓 : 권면할 훈, 권장할 훈   儲 : 비축할 저   勅 : 경계할 칙

14. 庶獄庶愼을 文王은 罔敢知于玆하시니이다(하시니라)

庶獄과 庶愼을 文王께서는 감히 이에 대하여 알려 하지 않으셨습니다.

毀譽衆言及衆刑獄衆當所愼之事"라고 풀이한 데 대하여, 俞樾《群經平議》은 "살펴보면, 經文에는 '罔攸兼'이라고만 말하고 '罔攸兼知'라고는 말하지 않았으니, 傳의 뜻이 잘못된 것이다. 《孟子》에서 칭한 '周公兼夷狄'은 곧 夷狄을 끊은 것이고, 이 經文의 '罔攸兼于庶言'은 文王이 여러 사람의 말에는 끊은(거절한) 바가 없었던 것이다. 아랫글에서 '庶獄庶愼 惟有司之牧夫'라 하고, 또 '庶獄庶愼 文王罔敢知于玆'라 하였으니, 대개 文王은 여러 사람의 말을 널리 채택하였고, 有司와 牧夫에 각각 그 적격자를 임용했기 때문에 庶獄과 庶愼에 대해서는 文王이 알려고 하지 않았다. 아랫글의 '庶獄庶愼'에서는 '文王罔敢知'라고 말하고, 이 글의 '庶言'에서는 '文王罔攸兼'이라고 말하였다. 그런데 枚傳에서는 잘못 '文王罔攸兼于庶言庶獄庶愼'을 1句로 읽고, 따라서 그 뜻을 잃은 것이다.〔謹按 經文止言罔攸兼 不言罔攸兼知 傳義非也 孟子稱周公兼夷狄 卽絶夷狄也 此經云 罔攸兼于庶言者 文王于庶言 無所絶也 下文曰 庶獄庶愼 惟有司之牧夫 又曰 庶獄庶愼 文王罔敢知于玆 蓋文王博探衆言 有司牧夫各得其人 故庶獄庶愼 文王不與知也 下文于庶獄庶愼曰 文王罔敢知 此文于庶言曰 文王罔攸兼 枚傳誤讀文王罔攸兼于庶言庶獄庶愼爲句 因失其義矣〕"라고 하였다.

94 惟有司之牧夫 是訓用違 : 孔傳은 '惟有司之牧夫'는 "오직 有司인 牧夫만을 신중히 선택하였을 뿐이다."로 풀이하고, '是訓用違'는 아랫句에 붙여서 "이들 만백성이 법에 순종하는지 거역하는지와(是萬民順法用違法)"로 풀이하였다.

95 獄訟 : 본래 작은 사건은 '訟', 큰 사건은 '獄'이라 하다가 뒤에 財에 관한 다툼은 '訟', 罪에 관한 다툼은 '獄'으로 분리하게 되었다.

上言罔攸兼은 則猶知之로되 特不兼其事耳요 至此罔敢知는 則若未嘗知有其事하니 蓋信任之益專也라 上言庶言이로되 此不及者는 號令은 出於君이니 有不容不知者故也라 呂氏曰 不曰罔知于玆하고 而曰罔敢知于玆者는 徒言罔知면 則是莊老之無爲[96]也라 惟言罔敢知然後에야 見文王敬畏[97]하여 思不出位之意니 毫釐之辨을 學者宜精察之라하니라

위에서 말한 罔攸兼은 외려 알고는 있으나 다만 그 일을 겸하지 않았을 뿐이고, 여기의 罔敢知는 일찍이 그 일이 있었는지조차 알지 못한 것처럼 한 것이니, 대개 신임이 더욱 전일하였던 것이다. 위에서는 庶言을 말했으나 여기에서는 언급하지 않은 것은, 호령은 임금에게서 나오는 것이니 알지 않을 수 없기 때문이다.

呂氏가 말하였다. "'罔知于玆'라고 말하지 않고, '罔敢知于玆'라고 말한 것은 한갓 罔知라고만 말하면 이는 바로 老莊의 無爲가 된다. 오직 罔敢知라고 말한 연후에야 文王이 敬畏하여 생각이 지위를 벗어나지 않은 뜻을 볼 수 있다. 毫釐의 구분을 배우는 이들은 마땅히 정밀하게 살펴야 할 것이다."

字義 釐 : 털끝 리

15. 亦越武王이 率惟敉功[98]하사 不敢替厥義德[98]하시며 率惟謀하사 從容德[99]하사 以竝[100]受此不不基[101]하시니다(하시니라)

또한 武王께서도 〈文王이 천하를 안정시킨 것은 모두 義德을 가진 신하들의 보필에 의한 것이니, 武王이 武功으로 禍亂을 평정한 것은〉 오직 文王이 천하를 안정시킨 공을 따르시어 감히 義德을 가진 사람들을 버리지 않으셨으며, 〈文王이 천하를 다스린 것은 容德을 가진 신하들의 보필을 힘입어 謀策을 한 것이니, 武王이

---

96 莊老之無爲 : 呂祖謙이 '罔知'와 '罔敢知'의 뜻을 분석한 것은 정밀하다고 할 수 있겠다. 그러나 莊老를 흔히 無爲思想의 대표적인 인물로 치기는 하지만 成周時代의 기록임을 감안하면 더 올라가서 成周 이전의 인물인 黃帝 軒轅氏 같은 이를 예로 드는 것이 적절한 비유가 아니었을까.

97 畏 : 《增修東萊書說》에는 '忌'로 되어 있다.

98 厥義德 : 孔傳은 文王의 義德으로 보았다.

99 率惟謀 從容德 : 孔傳은 '率惟謀'와 '從容德'을 1句로 묶어서 "武王이 따른 것은 오직 文王이 寬容을 베푼 德만을 따르기를 도모하였다.〔武王循 惟謀從文王寬容之德〕"로 풀이하였다.

100 竝 : 孔傳은 武王의 君臣으로 보았는데, 蔡傳은 文王과 武王 父子로 보았다.

101 亦越武王……以竝受此不不基 : 蔡傳은 夏僎의 풀이를 많이 따르고 있다.

文教로 태평성세를 이룬 것은〉오직 文王이 천하를 다스린 謀策을 따르시어 容德을 가진 사람들을 순종하여〈임용하여 백성들을 다스렸으니, 이러므로 武王은 文王을 이어서〉아울러 크고 더 큰 基業을 받으시게 된 것입니다.

率은 循也라 敉功은 安天下之功이라 義德은 義德之人이요 容德은 容德之人이라 蓋義德者는 有撥亂反正之才하고 容德者는 有休休樂善之量하니 皆成德之人也라 周公이〔承〕[102]上文言 武王이 率循文王之功하여 而不敢替其所用義德之人하고 率循文王之謀하여 而不敢違其容德之士라하니 意如虢叔, 閎夭, 散宜生, 泰顚, 南宮括之徒 所以輔成王業者를 文用之於前하고 武任之於後라 故로 周公이 於君奭에 言五臣이 克昭文王하여 受有殷命하고 武王은 惟玆四人이 尙迪有祿이라하니 正猶此 敍文武用人하고 而言並受此丕丕基也니라

率은 循의 뜻이다. 敉功은 천하를 편안하게 한 공이다. 義德은 義德을 가진 사람이고, 容德은 寬容한 德을 가진 사람이다. 義德은 난을 평정하여 질서를 회복시킬 재주가 있는 것이고, 容德은 아름다운 마음씨로 善을 좋아하는 도량이 있는 것이니, 모두 德을 이룬 사람이다. 周公이 윗글을 이어서 "武王이 文王의 공을 따르시어 감히 등용한 바의 義德을 가진 사람을 버리지 않으시고, 文王의 謀策을 따르시어 감히 容德을 가진 인사를 어기지 않고 순종했다."라고 말하였으니, 생각건대 虢叔·閎夭·散宜生·泰顚·南宮括과 같은 무리로서 보필하여 王業을 이룬 이들을 文王은 앞에서 등용하였고 武王은 뒤에서 임명하였다. 그러므로 周公이〈君奭〉에서 "다섯 신하가 능히 文王을 밝게 드러내어 殷나라의 천명을 받았고, 武王에 와서는 이 네 사람이 거의〈武王을〉啓導해서 天祿을 소유하게 하였다."라고 하였으니, 여기에서 文王과 武王의 인재 등용관계를 서술하고 "아울러 크고 더 큰 基業을 받았다."라고 한 말과 똑같다.

字義 越 : 및 월 率 : 따를 솔 敉 : 편안할 미 替 : 폐할 체 丕 : 클 비 循 : 따를 순
容 : 관용할 용 撥 : 다스릴 발 休 : 아름다울 휴 尙 : 거의 상 迪 : 계도할 적

16. 嗚呼라 孺子王矣시니 繼自今으로 我其立政에 立事[103]와 準人과 牧夫를 我其克

---

102 〔承〕: 저본에는 '承'이 없으나, 明代 王樵《尙書日記》가 "'公'자 아래에 한 '承'자가 빠졌다.〔公字下缺一承字〕"라고 한 것에 의거하여 보충하였다.

103 立政立事 : 孔傳은 '立政'은 大臣, '立事'는 小臣으로, 林之奇는 '立事'를 '立政'으로, 夏僎은 '立政하고 立事할 즈음'으로, 呂祖謙은 '立政'은 政事의 大綱, '立事'는 政事의 細目으로 보았다.

灼知厥若[104]하여 丕乃俾亂하여 相[105]我受民하시며 和我庶獄庶愼하시고 時則勿有間之[106]하소서

아. 孺子께서 王이 되셨으니, 지금부터 이후로 우리 왕께서 정치체제를 세우실 때에 〈총리에 해당하는 일을 맡은〉 公卿〔立事〕과 〈법을 지킬〉 準人과 〈백성을 기를〉 常伯을 〈선택하시되 그들의 쌓은 德을 살펴보아야 하니,〉 우리 왕께서 능히 그들 마음의 편안히 여기는(즐거워하는) 바를 밝게 아신 뒤에 크게 위임하여 그들로 하여금 다스려서 우리 왕께서 〈하늘로부터〉 받으신 백성들을 돕게 하시며, 우리의 庶獄과 庶愼을 화평하게 하도록 하시고, 이에 또한 小人으로 하여금 그 사이에 끼어들지 못하도록 하소서.

我者는 指王而言이라 若은 順也라 周公이 旣述文武基業之大하고 歎息而言曰 孺子今旣爲王矣시니 繼此以往으로 王其於立政에 立事, 準人, 牧夫之任을 當能明知其所順이라하니 順者는 其心之安也라 孔子曰 察其所安이면 人焉廋哉[107]리오하시니 察其所順者는 知人之要也라 夫旣明知其所順하여 果正而不他然後에 推心而大委任之하여 使展布四體以爲治하여 相助左右所受之民하고 和調均齊獄愼之事하며 而又戒其勿以小人間之하여 使得終始其治하니 此는 任人之要也라 民而謂之受者는 言民者는 乃受之於天이요 受之於祖宗이니 非成王之所自有也일새라

我는 王을 가리켜 말한 것이다. 若은 順의 뜻이다. 周公이 이미 文王과 武王의 基業이 지대한 점을 서술하고 나서 탄식하며 말씀하기를 "지금 孺子께서는 왕이 되셨

---

104 若 : 孔疏와 蔡傳은 다같이 '順'의 뜻으로 보았으나 孔疏는 '일에 순종하는 것〔順於事〕'으로 풀이하고, 蔡傳은 '마음의 편안한 것〔心之安〕'으로 풀이하였으며, 蘇軾은 "그 마음이 그 말과 같은 것을 '若'이라 이른다.〔其心如其言 是謂若〕"라고 하여 '如'의 뜻으로 풀이하였다.

105 相 : 孔傳이 相을 治의 뜻으로 보자, 孔疏는 "'相'은 助의 뜻으로 풀이하는데, 임금을 도와 백성의 일을 다스리기 때문에 '相'을 爲治의 뜻이라고 한 것이다.〔相訓助也 助君所以治民事 故相爲治〕"라고 부연 설명하였다.

106 時則勿有間之 : 孔傳은 "이와 같이 하려면 그 法을 代替(변경)하지 말라.〔如是則勿有以代之〕"로, 蘇軾은 "이미 썼거든 유언비어로 讒間하게 하지 말라.〔旣用則勿以流言讒間之〕"로, 夏僎은 "이렇게 되었으면 소인으로 하여금 그 사이에 이간질을 할 수 없게 하라.〔于是則不可使小人 離間于其間〕"로, 呂祖謙은 "어찌 다시 다른 뜻을 가진 자로 하여금 개입하게 할 수 있겠는가.〔豈容復使異意者間之哉〕"로 풀이하였다. 蔡傳은 呂祖謙을 따르되 다만 '異意者'를 '小人'으로 바꾸었을 뿐이다. 또한 陳雅言은 成湯의 '嚴惟丕式', 文王의 '罔攸兼'과 '罔敢知'를 모두 '時則勿有間之'의 뜻으로 보았다.

107 孔子曰……人焉廋哉 :《論語》〈爲政〉에 보인다.

으니, 지금부터는 왕께서 정치제도를 세우실 때에 立事와 準人과 牧夫의 임용에 대하여 우리 왕께서 그들 마음의 편안히 여기는 바를 응당 능히 밝게 알아야 합니다." 라고 하였으니, 順은 그 마음의 편안히 여기는 것이다. 孔子가 말씀하기를 "그 〈마음의〉 편안히 여기는 바를 살펴본다면 〈그 사람됨을 알 수 있는 법이니,〉 사람이 어떻게 숨길 수 있겠는가."라고 하였으니, 그 마음의 편안히 여기는 바를 살피는 것은 사람을 알아보는 요령이다. 이미 그들 마음의 편안히 여기는 바를 밝게 알아서 과연 그들이 정직하고 딴 마음이 없은 연후에야 진심으로 대하고 크게 위임하여 혼신의 힘을 기울여 나라를 다스려서 〈하늘로부터〉 받은 백성들을 서로 돕게 하고, 庶獄과 庶愼의 일을 화평하게 하며, 또 小人이 끼어들지 못하게 해서 그 다스림이 시종여일 지속될 수 있도록 경계하였으니, 이는 사람을 임용하는 요령이다. "백성을 받았다."라고 말한 것은 백성은 바로 하늘에게서 받고 祖宗에게서 받은 것이니, 成王이 스스로 소유한 것이 아님을 말한 것이다.

字義 灼 : 환할 작 若 : 순할 약 조 : 클 비 俾 : 하여금 비 亂 : 다스릴 란 相 : 도울 상
時 : 이 시 間 : 끼어들 간 順 : 편안할 순 廋 : 숨길 수 要 : 요령 요

17. 自一話一言으로 我則末惟成德之彥하사 以乂我受民[108]하소서

대화 한 마디, 말씀 한 마디 하시는 순간에도 우리 王께서는 끝내 德을 이룬 아름다운 인사를 생각하여 우리 왕께서 〈하늘로부터, 조종으로부터〉 받은 백성을 다스리게 하소서.

末은 終이요 惟는 思也라 自一話一言之間으로 我則終思成德之美士하여 以治我所受之民하여 而不敢斯須忘也라

末은 終의 뜻이요, 惟는 思의 뜻이다. 대화 한 마디, 말씀 한 마디 하는 순간에도 우리 왕은 끝내 德을 이룬 아름다운 인사를 생각하여 우리 왕이 받은 백성을 다스려서 감히 잠시도 잊지 않아야 한다는 것이다.

字義 話 : 대화할 화 言 : 말씀 언 彥 : 선비 언

---

108 自一話一言……以乂我受民 : 孔傳은 "정사는 응당 한 善을 써야 하니, 善은 한 마디 말에 달려 있을 뿐이다. 입에 가릴 말이 없게 하고자 한 것이니, 이와 같이 한다면 우리 왕은 끝내 德을 이룬 아름다운 인사를 소유하여 우리 왕이 〈하늘로부터〉 받은 백성을 잘 다스릴 것을 생각한다는 말이다.〔言政當用一善 善在一言而已 欲其口無擇言 如此 我則終惟有成德之美 以治我所受之民〕"라고 풀이하였다.

18. 嗚呼라 予旦은 已受人之徽言으로 咸告孺子王矣로니 繼自今으로 文子文孫은 其勿誤于庶獄庶愼하시고 惟正을 是乂之①¹⁰⁹하소서

　① 書經 惟正是乂之 : 오직 당직자만을 이에 다스리소서.
　　一般 惟治當職之人 : 오직 당직자만을 다스리소서.

　아. 나 旦은 이미 남으로부터 받은 아름다운 말들을 모두 孺子인 왕께 아뢰었사오니, 지금부터 이후로 文子, 文孫께서는 庶獄과 庶愼을 그르치지 마시고, 오직 당직자만을 다스리소서.

　前所言禹湯文武任人之事는 無非至美之言이니 我聞之於人者를 已皆告孺子王矣라 文子文孫者는 成王이 武王之文子요 文王之文孫也라 成王之時에 法度彰하고 禮樂著하여 守成尙文이라 故曰文이라하니라 誤는 失也니 有所兼하고 有所知하여 不付之有司하고 而以己誤之也라 正은 猶康誥所謂正人과 與官正酒正之正이니 指當職者爲言이라 不以己誤庶獄庶愼하고 惟當職之人을 是治之니 下文에 言其勿誤庶獄하고 惟有司之牧夫가 卽此意라

　앞에서 말한 禹임금·湯임금·文王·武王이 사람을 임용한 일들은 지극히 아름다운 말 아님이 없는데, 내가 남에게서 들은 것들을 이미 孺子인 왕에게 모두 아뢰었다는 것이다. 文子와 文孫은 곧 〈成王이니,〉 成王은 武王의 文子이고, 文王의 文孫이다. 成王 때에 법도가 창명하고 禮樂이 드러나서, 이루어놓은 공을 보호해 지키고 文을 숭상하기 때문에 文이라 한 것이다.

　誤는 失의 뜻이니, 모든 것을 겸임할 생각을 가지고 모든 것을 다 알려는 생각을 가져서, 有司(담당자)에게 맡기지 않고 자기의 사심을 가지고 그르치는 것이다. 正은 〈康誥〉에서 이른바 正人과 官正·酒正의 正과 같으니, 직책을 담당한 사람을 가리켜 말한 것이다. 자신의 〈사심을〉 가지고 庶獄과 庶愼을 그르치지 말고 오직 당직한 사람만을 다스려야 하니, 아랫글에서 말한 "庶獄을 그르치지 말고 오직 有司인 牧夫에게만 맡기소서."라는 것이 바로 이 뜻이다.

---

109 其勿誤于庶獄庶愼 惟正是乂之 : 孔傳은 "오직 옳게 바로잡는 도리만을 가지고 여러 刑獄과 여러 신중히 해야 할 일들을 다스려서 그르치지 말라는 것이다.(惟以正是之道 治衆獄衆愼 其勿誤)"로 풀이하였다.

字義 正 : 담당관 정 乂 : 다스릴 예 彰 : 창명할 창 著 : 드러날 저 尙 : 숭상할 상 付 : 맡길 부

19. 自古¹¹⁰와 商人과 亦越我周文王이 立政에 立事와 牧夫와 準人을 則克宅之하시며
克由繹之¹¹¹하시니 茲乃俾乂하시니이다

예로부터와 商나라 사람(湯임금)과 또한 우리 周나라 文王이 정치체제를 세우실 때에 立事와 牧夫와 準人을 능히 〈어진 사람을 선택해서〉 앉히시고, 능히 실을 뽑아내듯 재주를 뽑아내 다 쓰게 하셨으니, 이래서 천하가 잘 다스려지게 되었던 것입니다.

自古及商人及我周文王이 於立政에 所以用三宅之道니 則克宅之者는 能得賢者하여 以居其職也요 克由繹之者는 能紬繹用之하여 而盡其才也라 旣能宅其才하여 以安其職하고 又能繹其才하여 以盡其用하니 茲其所以能俾乂也歟인저

예로부터와 商나라 사람과 또한 우리 周나라 文王이 정치체제를 세울 적에 모두 三宅의 방법을 썼으니, 則克宅之는 능히 어진 사람을 얻어서 그 지위에 앉힌 것이고, 克由繹之는 능히 실마리를 찾아내어 그 재주를 다하게 한 것이다. 이미 능히 인재를 자리에 앉혀 직책을 편안히 수행하게 하고, 또 능히 그들의 재주를 뽑아내 쓰기를 다하게 하였으니, 이와 같이 했기 때문에 능히 천하가 다스려지게 할 수 있었던 것이다.

字義 越 : 및 월 宅 : 앉힐 택 由 : 따라서 유 繹 : 실뽑아낼 역 乂 : 다스릴 예 紬 : 실뽑을 추

20. 國則罔有立政에 用憸人^①이니 不訓于德이라 是罔顯在厥世¹¹²하리이다 繼自今으로
立政에 其勿以憸人하시고 其惟吉士하사 用勱相我國家하소서

> ① 書經 國則罔有立政用憸人 : 나라를 다스리는 이는 정치체제를 세울 적에 약삭빠른 사람을 쓰는 일이 없었으니

---

110 自古 : 孔傳은 '用古'로, 夏僎은 '自古以來'로 풀이하였다.

111 克宅之 克由繹之 : 孔傳은 "마음속으로 밝게 알아보아 職位에 앉혔으니[能居之於心 能用陳之]"라고 풀이하였다.

112 是罔顯在厥世 : 夏僎(《尙書詳解》)은 "약삭빠른 사람이 용사하면 천하에 현저하게 들리는 바가 없다는 것은 칭술할 만한 善政과 善譽가 없음을 이른 것이다.〔憸人用之 無所顯聞于天下 謂無善政善譽可稱述也〕"라고 풀이하였다.

一般 國則立政 罔有用憸人 : 나라를 다스리는 이는 정치체제를 세울 적에 약삭빠른 사
람을 쓰는 일이 없었으니

〈자고로〉 나라를 다스리는 이는 정치체제를 세울 적에 약삭빠른 사람을 쓰는 일이 없었으니, 〈약삭빠른 사람은〉德에 순종하지 않는지라 〈만일 그들을 임용하면 나라를 암흑지대로 떨어뜨려〉현저하게 칭할 만한 善政이 세상에 남아있지 못하게 만드는 것입니다. 지금부터 이후로 정치체제를 세울 적에 약삭빠른 사람을 쓰지 마시고 오직 吉士(善人)만을 써서 〈吉士로 하여금〉힘써 우리 국가를 돕게 하소서.

自古爲國은 無有立政에 用憸利小人者하니 小人而謂之憸者는 形容其沾沾便捷之狀也라 憸利小人은 不順于德하니 是無能光顯以在厥世라 王當繼今以往으로 立政에 勿用憸利小人하고 其惟用有常吉士하여 使勉力以輔相我國家也라 呂氏曰 君子는 陽類라 用則升其國於明昌하고 小人은 陰類라 用則降其國於晻昧하니 陰陽升降이 亦各從其類也라하니라

예로부터 나라를 다스리는 이는 정치체제를 세울 적에 약삭빠른 소인을 임용한 예가 없었으니, 小人을 굳이 憸이라고 이른 것은 으스대고 약삭빠른 모양을 형용한 것이다. 약삭빠른 소인은 덕에 순종하지 않으니, 이래서 〈그들을 임용하면〉현저하게 칭술할 만한 善政이 세상에 남아있지 못하게 만드는 것이다. 왕은 응당 지금부터는 정치체제를 세울 적에 약삭빠른 소인을 쓰지 말고 오직 吉士(善人)만을 써서 〈吉士로 하여금〉힘써 우리 국가를 돕게 해야 한다는 것이다.

呂氏가 말하였다. "君子는 陽의 類이기 때문에 군자를 임용하면 그 나라를 밝은 곳에 올려놓게 되고, 小人은 陰의 類이기 때문에 소인을 임용하면 그 나라를 어두운 곳에 내려놓게 되니, 陰과 陽의 오르내림(盛衰)이 또한 각각 그 類를 따르는 것이다."

字義 憸 : 약삭빠를 섬   勉 : 힘쓸 면   沾 : 경박할 첨   便 : 빠를 편   捷 : 빠를 첩   晻 : 어두울 암

21. 今文子文孫孺子王矣시니 其勿誤于庶獄하시고 惟有司之牧夫하소서

지금 文子文孫이신 孺子께서 왕이 되셨으니, 庶獄을 그르치지 마시고 오직 有司인 牧夫에게만 전적으로 일임하소서.

始言和我庶獄庶愼하고 時則勿有間之라하고 繼言其勿誤于庶獄庶愼하고 惟正是

乂之라하고 至是엔 獨曰其勿誤于庶獄하고 惟有司之牧夫라하니 蓋刑者는 天下之重
事라 挈其重而獨擧之하여 使成王으로 尤知刑獄之可畏하여 必專有司牧夫之任이요
而不可以己誤之也니라

처음에는 "우리의 庶獄과 庶愼을 화평하게 하도록 하시고, 이에 또한 小人으로
하여금 그 사이에 끼어들지 못하게 하소서."라고 하였고, 뒤이어 "庶獄과 庶愼을 그
르치지 마시고 오직 당직자만을 다스리소서."라고 하였고, 이에 이르러서는 단독으
로 "庶獄을 그르치지 마시고 오직 有司인 牧夫에게만 일임하소서."라고 하였으니,
형벌은 천하의 중대한 일이기 때문에 그 중대한 것을 이끌어 단독으로 거론해서 成
王으로 하여금 더욱 刑獄이 두려운 것임을 알아, 반드시 有司인 牧夫의 임무를 전
적으로 일임하게 하고 자신의 사심을 가지고 그르치지 않도록 한 것이다.

字義 挈 : 이끌 설   專 : 전적으로 전

22. 其克詰爾戎兵하여 以陟禹之迹[113]하여 方行天下하여 至于海表히 罔有不服케하사
以覲文王之耿光하시며 以揚武王之大烈하소서

〈庶獄은 참견하면 안 되지만 군사관계는 반드시 챙겨야 하니,〉 능히 당신의 戎服
과 兵器를 다스려서 夏禹의 옛 자취에 올라 사방으로 천하를 행하여 海外에 이르
기까지 복종하지 않는 자가 없게 하시어, 文王의 밝은 빛을 나타내시고 武王의 큰
功烈을 드날리소서.

詰은 治也니 治爾戎服兵器也라 陟은 升也라 禹迹은 禹服舊迹也라 方은 四方也요 海
表는 四裔也니 言德威所及에 無不服也라 覲은 見(현)也라 耿光은 德也요 大烈은 業
也니 於文王稱德하고 於武王稱業은 各於其盛者稱之라 呂氏曰 兵은 刑之大也라 故로
旣言庶獄하고 而繼以治兵之戒焉이라 或曰 周公之訓이 稽其所弊하면 得無啓後世
好大喜功之患乎아 曰 周公詰兵之訓이 繼勿誤庶獄之後하니 犴獄之間에도 尙恐
一刑之誤어든 況六師萬衆之命을 其敢不審而誤擧乎아 推勿誤庶獄之心하여 而奉
克詰戎兵之戒하면 必非得已不已而輕用民命者也리라하노라

詰은 治의 뜻이니, 당신의 戎服과 兵器를 다스리는 것이다. 陟은 升의 뜻이다. 禹
迹은 禹服의 옛 자취다. 方은 사방이고, 海表는 四裔이니, 덕과 위엄이 미치는 바

---

113 以陟禹之迹 : 孔傳은 "禹가 물을 다스린 옛 자취에 올라야 한다.〔以升禹治水之舊跡〕"로 풀이하였다.

에 복종하지 않는 자가 없음을 말한 것이다. 覯은 나타내는 것이다. 耿光은 德이고, 大烈은 功業이니, 文王에게는 德을 말하고 武王에게는 業을 말한 것은 각각 그 성대한 것을 가지고 말한 것이다. 呂氏가 말하기를 "兵은 형벌 중에 큰 것이므로 이미 庶獄을 말하고 나서 兵을 다스리라는 경계로써 그 뒤를 이은 것이다."라고 하였다.

혹자는 말하기를 "周公의 교훈은 그 병폐를 살펴보면 후세에 크게 확장하는 일을 좋아하고 공을 세우는 것을 기뻐하는 우환을 열어 놓지 않겠는가?"라고 하기에 "周公의 兵을 다스리라는 교훈이 庶獄을 그르치지 말라는 말 뒤에 이어졌으니, 犴獄(감옥)에 있어서도 외려 한 가지 형벌이라도 잘못될까 두려워하였거늘 六師(六軍)의 수많은 목숨을 어찌 감히 신중히 살피지 않고 잘못 동원하겠는가. '庶獄을 그르치지 말라.'는 마음을 미루어서 '능히 戎服과 兵器를 다스리라.'는 경계를 받든다면 반드시 그만둘 수 있는데도 그만두지 아니하여 백성의 목숨을 가볍게 쓰는 자가 아닐 것이다."라고 설명하였다.

字義 詰 : 다스릴 힐　爾 : 당신 이　戎 : 군복 융　兵 : 병기 병　陟 : 오를 척　服 : 복종할 복
　　　覯 : 나타낼 근　耿 : 밝을 경　揚 : 드날릴 양　裔 : 변방 예　稽 : 상고할 계　犴 : 감옥 한

23. 嗚呼라 繼自今으로 後王은 立政에 其惟克用常人[114]하소서

아. 지금부터 이후로 後王은 정치체제를 세울 적에 능히 常人을 임용하도록 하소서."

幷周家後王而戒之也라 常人은 常德之人也라 皐陶曰 彰厥有常이 吉哉라하니 常人與吉士는 同實而異名者也라

周家의 後王까지 아울러 경계한 것이다. 常人은 常德을 가진 사람이다. 皐陶가 말하기를 "이것들을 뚜렷이 드러내고 처음부터 끝까지 일정하게 소유하는 자가 吉

---

114 其惟克用常人 : 孔傳에서 "능히 어진 인재를 임용해서 常人을 삼아야 되지〔其惟能用賢才爲常人〕"라고 풀이한 데 대하여, 兪樾《群經平議》은 "傳에서 '賢才'자를 보태어 經文을 해석하였으니, 經의 본뜻이 아니다. 위에서는 '繼自今 立政 其勿以憸人 其惟吉士'라고 하고, 여기서는 '繼自今 後王 立政 其惟克用常人'이라고 하였는데, '常人'이 곧 吉士다. 〈皐陶謨〉편의 '彰厥有常吉哉'가 바로 이 뜻이다. 《儀禮》〈士虞禮〉에 기록된 '薦此常事'에 대한 鄭注에서 '古文에 「常」은 「祥」이 된다.'고 하였으니, 그렇다면 常과 祥은 소리〔聲〕가 가까워 뜻〔義〕이 통하기 때문에 윗글에서는 吉士라 말하고, 여기서는 常人이라 말한 것인데, 傳의 뜻은 이를 잃었다.〔傳增賢才字 以釋經 非經旨也 上云 繼自今 立政 其勿以憸人 其惟吉士 此云 繼自今 後王 立政 其惟克用常人 常人 卽吉士也 皐陶謨篇 彰厥有常吉哉 是其義也 儀禮士虞禮記 薦此常事 鄭注曰 古文常爲祥 然則常祥聲近義通 故上文言吉士 此言常人也 傳義失之〕"라고 하였다.

士입니다."라고 하였으니, 常人과 吉士는 실상은 같으나 이름은 다른 것이다.

24. 周公이 若曰 太史아 司寇蘇公이 式敬爾[115] 由獄하여 以長我王國[116]하니 茲式有愼하면 以列로 用中罰[117]하리라(하리이다)

周公이 이렇게 말씀하였다. "太史야. 〈刑獄은 중대한 것이라 법 집행은 반드시 蘇公과 같이 해야 한다. 옛날 武王 때에〉 司寇인 蘇公은 그의 손을 거쳐 가는 獄事마다 경건한 마음으로 판결하여 우리 王國을 장구하게 하였으니, 그를 본받아 신중히 하면 〈輕重에 따라 조목별로〉 나열하여 알맞은 형벌을 쓸 것이다."

此는 周公이 因言愼罰하여 而以蘇公敬獄之事로 告之太史하여 使其幷書하여 以爲後世司獄之式也라 蘇는 國名也니 左傳에 蘇忿生이 以溫爲司寇라하니라 周公이 告太史하되 以蘇忿生爲司寇러니 用能敬其所由之獄하여 培植基本하여 以長我王國하니 令於此取法而有謹焉이면 則能以輕重條列로 用其中罰하여 而無過差之患矣라하니라

이것은 周公이 따라서 형벌을 신중히 할 것을 말하면서 蘇公이 옥사를 경건하게 처결한 일을 太史에게 알려서 아울러 기록하여 후세에 獄을 맡은 이의 법식으로 삼게 한 것이다. 蘇는 나라 이름이니, 《春秋左氏傳》成公 11년 조에 "蘇忿生은 溫 땅을 封地로 받고 周나라의 司寇가 되었다."라고 하였다. 周公이 太史에게 알리되

---

115 爾:蘇忿生을 가리킨다.

116 長我王國:洪奭周《尙書補傳》는 "孔傳은 '長我王國'을 '우리 王國에 길이 시행하라.'는 것으로 보았으니, 아마 '長'을 제왕 노릇을 오래하는 뜻으로 여긴 것일 테다. 蔡傳은 '基本을 培植하여 우리 왕국을 장구하게 했으니'라고 하였으니, 아마 '長'을 장구하기를 기원하는 뜻으로 여긴 것이리라. 兩說이 또한 심히 서로 거리가 먼 것은 아니지만, 蔡說이 비교적 정밀하다.〔孔傳釋長我王國爲長施行於王國 蓋以長爲帝久之義也 蔡傳謂培植基本 以長我王國 蓋以長爲祈永之意也 兩說亦不甚相遠而蔡說較精矣〕"라고 하였다.

117 司寇蘇公……用中罰:孔傳은 두 '式'을 法의 뜻으로, '爾'를 汝(당신)의 뜻으로, '由'를 用의 뜻으로 보고 式, 獄, 國, 愼, 罰에 句를 끊어서 "蘇忿生은 武王 때 司寇가 되고 蘇國에 봉해졌으며 法을 잘 사용하였으니, 당신(太史)은 적용하는 獄事를 경건한 마음으로 다루어서 우리 王國에 길이 시행하도록 하라는 것이다. 곧 獄을 주관할 사람은 마땅히 蘇公에 비견될 자를 구해야 한다고 말한 것이다. 이 法에 신중히 행해야 할 바가 있으니, 반드시 輕重에 따라 조목별로 나열하여 알맞은 형벌을 써야 할 것이다. 가볍게 하지도 않고 무겁게 하지도 않는 것이 蘇公이 행한 바다. 太史는 六典을 관장하여 官人의 제도를 폐기하기도 하고 설치하기도 하는 권한을 가지고 있기 때문에 이렇게 고해준 것이다.〔忿生爲武王司寇 封蘇國 能用法 敬汝所用之獄 以長施行於我王國 言主獄當求蘇公之比 此法有所愼行 必以其列用中罰 不輕不重 蘇公所行 太史掌六典 有廢置官人之制 故告之〕"라고 풀이하였다.

"蘇忿生을 司寇로 삼았더니, 〈蘇公은〉 능히 그의 손을 거쳐 가는 獄事마다 경건한 마음으로 판결함으로써 基本을 培植하여 우리 왕국을 장구하게 하였으니, 여기에서 法을 취하여 신중히 하면 능히 輕重에 따라 조목별로 나열하여 알맞은 형벌을 써서 어긋날 걱정이 없을 것이다."라고 하였다.

周官

成王이 訓迪百官이어늘 史錄其言하여 以周官名之하니 亦訓體也라 今文無하고 古文有하니라

成王이 백관들을 訓導하자, 史官이 그 말씀을 기록하여 '周官'이라고 이름을 붙였으니, 또한 訓體이다. 〈周官〉은 《今文尙書》에는 들어 있지 않고 《古文尙書》에는 들어 있다.

○按此篇은 與今周禮不同하니 如三公과 三孤는 周禮皆不載라 或謂公孤는 兼官이요 無正職이라 故로 不載라하나 然三公은 論道經邦하고 三孤는 貳公弘化하니 非職乎아 職任之大가 無踰此矣니라 或又謂師氏는 卽太師요 保氏는 卽太保라하나 然以師保之尊으로 而反屬司徒之職은 亦無是理也니라 又此言六年에 五服一朝어늘 而周禮에 六服諸侯 有一歲一見者하고 二歲一見者하고 三歲一見者[118]하여 亦與此不合하니 是固可疑라 然이나 周禮는 非聖人이면 不能作也니 意周公이 方條治事之官하되 而未及師保之職이니 所謂未及者는 鄭重而未及言之也라 書未成而公亡하고 其間에 法制有未施用이라 故로 與此異요 而多官亦缺이라 要之컨대 周禮는 首末未備하니 周公未成之書也라 惜哉로다 讀書者 參互而考之면 則周公經制를 可得而論矣리라

○살펴보건대, 이 篇은 지금의 《周禮》와 같지 않으니, 三公과 三孤 같은 것은 《周

---

118 六服諸侯……三歲一見者 : 《周禮》〈秋官 大行人〉에 '侯服은 1년마다 한 번씩 〈天子를〉 알현하며, 그 공물은 제사에 쓰이는 물품이다. 甸服은 2년마다 한 번씩 알현하며, 그 공물은 부인들이 쓰는 絲(繭絲)와 枲(모시) 같은 물품이다. 男服은 3년마다 한 번씩 알현하며, 그 공물은 尊(술그릇)과 彝(제기) 같은 물품이다. 采服은 4년마다 한 번씩 알현하며, 그 공물은 玄纁과 絺纊과 같은 물품이다. 衛服은 5년마다 한 번씩 알현하며, 그 공물은 가공한 진주나 상아 같은 여덟 종류의 물품이다. 要服은 6년마다 한 번씩 알현하며, 그 공물은 龜(거북등딱지)와 貝(자개) 같은 물품이다. 九州의 밖의 '蕃國(夷服·鎮服·蕃服)'은 세대가 바뀔 때마다 한 번씩 알현하며, 그 공물은 각각 귀한 보물을 폐백으로 바친다.'라는 말이 보인다.

禮》에 모두 실려 있지 않다. 혹자는 말하기를 "公과 孤는 兼官(겸직)이고 正職이 아니기 때문에 기재하지 않은 것이다."라고 한다. 그러나 三公은 道를 논하고 나라를 경륜하며, 三孤는 위차가 公에 다음가고 德化를 넓혀 키우는 일을 하니, 이것이 직책이 아니겠는가. 職任의 큼이 이보다 더 클 수 없을 것이다. 혹자는 또 말하기를 "師氏는 바로 太師이고, 保氏는 바로 太保이다."라고 한다. 그러나 師·保의 높은 지위로 도리어 司徒의 職에 속한다는 것은 또한 그럴 이치가 없을 것이다. 또 여기에서는 "6년에 五服이 한 번 조회한다."라고 말하였는데, 《周禮》〈秋官〉에는 六服 諸侯가 1년에 한 번 朝見하는 제후가 있고, 2년에 한 번 조현하는 제후가 있고, 3년에 한 번 조현하는 제후가 있어 또한 이와 부합되지 않으니, 이는 진실로 의심을 가질 만하다.

그러나 《周禮》는 聖人이 아니면 지을 수 없는 것이니, 생각건대 周公이 바야흐로 일을 다스리는 관직을 조목별로 배열하면서 아직 師·保의 職에는 미치지 못한 듯하니, 이른바 '미치지 못했다.'는 것은 정중히 여겨 미처 말하지 않은 것이다. 책이 이루어지기 전에 公이 별세하였고, 그 사이 법제에 시행되지 못한 것이 있었기 때문에 이와 다른 것이고, 〈冬官〉 또한 빠져 있다. 요컨대 《周禮》는 처음과 끝이 갖추어지지 않았으니, 周公의 미완성의 책이다. 애석하도다. 독서하는 이가 상호 참고하면 周公이 나라를 다스린 제도를 논할 수 있을 것이다.

字義 迪 : 인도할 적 載 : 기재할 재 踰 : 넘을 유

1. 惟周王이 撫萬邦하시고(하사) 巡侯甸하시며(하사) 四征弗庭[119]하사 綏厥兆民하신대 六服群辟이 罔不承德이어늘 歸于宗周하사 董正治官하시다

周나라 王이 萬邦을 어루만져 〈통일시키고〉 侯服과 甸服을 순시하시며 정직하지 않은(왕명을 거역하는) 諸侯들을 사방으로 征討하여 兆民을 편안히 살게 하시자, 六服의 여러 諸侯들이 周나라의 德을 받들지 않는 이가 없거늘, 〈이에 成王이〉 宗周로 돌아와서 일을 다스리는 관원들을 감독하여 바로잡으셨다.

---

119 弗庭 : 孔傳, 林之奇, 蔡傳은 '不直'의 뜻으로, 宋代 葛興仁은 "王庭에 조회하러 오지 않는 자(弗來庭者)"로 풀이하였는데, 夏僎은 이에 대하여 "先儒(孔安國)는 '庭'을 直의 뜻으로 보아, '不直'을 王命을 거역하는 것이라 하였고, 그 밖의 諸儒들은 모두 '제후는 庭下에서 王에게 조회하기 때문에 조회하지 않는 자를 「不庭」이라 이른다.'고 하였으니, 두 說이 다 통한다."라고 하였다. 元代 朱祖義도 '王庭에 조회하지 않는 자'로 보았다.

此는 書之本序也라 庭은 直也라 葛氏曰 弗庭은 弗來庭者라하니라 六服은 侯, 甸, 男, 采, 衛에 幷畿內爲六服也라 禹貢五服은 通畿內요 周制五服은 在王畿外也라 周禮에 又有九服하니 侯, 甸, 男, 采, 衛, 蠻, 夷, 鎭, 蕃이니 與此不同이라 宗周는 鎬京也라 董은 督也라 治官은 凡治事之官也라 言成王이 撫臨萬國하고 巡狩侯甸하며 四方征討不庭之國하여 以安天下之民한대 六服諸侯之君이 無不奉承周德이니라 成王이 歸于鎬京하여 督正治事之官이라 外攘之功擧에 而益嚴內治之修也니라 唐孔氏曰 周制엔 無萬國하니 惟伐淮夷요 非四征也라 大言之爾라

이것은 〈周官〉의 本序이다. 庭은 정직한 것이다. 葛氏는 말하기를 "弗庭은 王庭에 조회하러 오지 않는 자이다."라고 하였다. 六服은 侯·甸·男·采·衛에 畿內를 아울러 六服이라 한 것이다. 〈禹貢〉의 五服은 畿內까지 통틀어 말한 것이고, 周나라 제도의 五服은 王畿의 밖에 있었다. 《周禮》〈夏官 職方氏〉에는 또 九服으로 侯·甸·男·采·衛·蠻·夷·鎭·蕃이 있으니, 여기와 같지 않다. 宗周는 바로 鎬京이다. 董은 감독하는 것이다. 治官은 일을 다스리는 관원이다. 成王이 萬邦을 어루만지고 다스려 侯服과 甸服을 巡狩하며 정직하지 않은(왕명을 거역하는) 나라들을 사방으로 征討하여 천하의 백성들을 편안히 살게 하니, 六服의 제후 임금들이 周나라 德을 받들지 않는 이가 없었음을 말한 것이다. 成王이 鎬京으로 돌아와 일을 다스리는 관원들을 감독하여 바로잡은 것은 곧 밖으로 순종하지 않는 諸侯를 征討한 공이 이루어짐에 안으로 일을 다스리는 수행규칙을 더욱 엄하게 제정한 것이다.

唐나라 孔氏(孔穎達)가 말하였다. "周나라 제도에는 萬國이 없으니, 오직 淮夷만 토벌한 것이지, 사방을 정토한 것이 아니다. 이것은 그냥 크게 부풀려서 말했을 뿐이다."

巡行侯甸圖

字義 撫 : 어루만질 무　庭 : 정직할 정, 거역할 정　征 : 정토할 정　綏 : 편안할 수(유)
辟 : 제후임금 벽　董 : 감독할 동　督 : 감독할 독　攘 : 물리칠 양　擧 : 이루어질 거

2. 王曰 若昔大猷¹²⁰에 制治于未亂하며 保邦于未危하시니라

王(成王)이 말씀하였다. "이를테면 옛날 大道政治가 〈행해진 세대를 살펴봄에〉 아직 혼란하기 전에 나라를 잘 다스렸고, 아직 위태롭기 전에 나라를 잘 보존하시었다."

若昔大道之世에 制治保邦于未亂未危之前하니 卽下文明王立政이 是也라

이를테면 옛날 大道政治가 〈행해진 세대를 살펴봄에〉 아직 혼란하거나 위태롭기 전에 나라를 잘 다스리고 보존하였으니, 아랫글에 '明王立政'이 바로 이것이다.

字義 猷 : 도 유

3. 曰 唐虞稽古하여 建官惟百하여(하시니) 內有百揆四岳하고 外有州牧侯伯하시니(하여) 庶政이 惟和하여 萬國이 咸寧하니라 夏商은 官倍하나(하여) 亦克用乂하니 明王立政은 不惟其官이라 惟其人이니라

王이 말씀하였다. "唐·虞가 옛날 제도를 상고하여 벼슬을 설립하되 〈그 당시는 백성이 순후하고 일이 간단했기 때문에〉 인원수를 百으로 한정하여, 안에는 百揆와 四岳을 두고 밖에는 州牧과 侯伯을 두시니, 모든 정사가 조화를 이루어 萬國이 다 편안하였다. 夏나라와 商나라에 〈와서는 세상이 변하고 일이 번다하므로〉 관원수를 〈唐·虞보다〉 배로 늘렸으나 또한 다스려졌으니, 명철한 왕의 정치체제를 세움은 오직 관원만을 많이 두기 위한 것이 아니고, 오직 훌륭한 인물만을 구득하기 위해서일 뿐이었다.

百揆는 無所不總者요 四岳은 總其方岳者요 州牧은 各總其州者요 侯伯은 次州牧 而總諸侯者也라 百揆와 四岳은 總治于內하고 州牧과 侯伯은 總治于外하여 內外相 承하여 體統不紊이라 故로 庶政惟和하여 而萬國咸安이라 夏商之時엔 世變事繁하니 觀其會通¹²¹하여 制其繁簡하여 官數加倍나 亦能用治하니 明王立政은 不惟其官之 多라 惟其得人而已라

百揆는 총괄하지 않는 바가 없는 관직이고, 四岳은 方岳을 총괄하는 관직이고,

---

120 若昔大猷 : 孔傳은 '若'을 順의 뜻으로 보아, "옛적의 大道를 따라서"로 풀이하였다.

121 觀其會通 : 《周易》〈繫辭傳〉에 보인다.

州牧은 각각 그 州를 총괄하는 관직이고, 侯伯은 州牧의 다음이 되어 諸侯를 총괄하는 관직이다. 百揆와 四岳은 안에서 치안을 총괄하고 州牧과 侯伯은 밖에서 치안을 총괄하여, 안팎이 서로 이어받아서 체통이 문란하지 않았다. 그러므로 모든 정사가 조화를 이루어 萬國이 다 편안해진 것이다. 夏나라·商나라의 때에는 세상이 변하고 일이 많아졌기 때문에 그 會合할 것과 變通할 것을 관찰하여 번다함과 간략함을 알맞게 하여 관원수를 배로 늘렸으나 또한 다스려졌으니, 명철한 왕의 정치체제를 세움은 오직 관원만을 많이 두기 위한 것이 아니고, 오직 훌륭한 인물만을 구득하기 위했을 뿐이었다는 것이다.

[字義] 稽 : 상고할 계　乂 : 다스릴 예　總 : 총괄할 총　紊 : 어지러울 문　繁 : 번거로울 번

4. 今予小子는 祗勤于德하여 夙夜에 不逮[122]하여 仰惟前代時若하여 訓迪厥官[123]하노라

〈인재관리는 德으로 해야 하니,〉 지금 나 小子는 경건한 마음으로 부지런히 德을 닦아 밤낮으로 혹여 미치지 못할새라 전전긍긍하여 前代(唐·虞·夏·商)의 〈盛治를〉 우러러 생각하고 〈안팎이 서로 이어받아서 체통이 문란하지 않은 것을〉 공손히 받들어 관원들을 訓敎하고 啓導하노라.

逮는 及이요 時는 是요 若은 順也라 成王이 祗勤于德하여 早夜에 若有所不及然하니 蓋修德者는 任官之本也라

逮는 及의 뜻이요, 時는 是의 뜻이요, 若은 順의 뜻이다. 成王이 경건한 마음으로 부지런히 德을 닦아 밤낮으로 혹여 미치지 못할새라 전전긍긍하였으니, 대개 德을 닦는 일은 관원을 임용하는 근본이다.

[字義] 祗 : 공경 지　逮 : 미칠 체　惟 : 생각 유　時 : 이 시　若 : 따를 약

5. 立太師太傅太保하노니 兹惟三公으로 論道經邦하며 燮理陰陽하나니 官不必備라 惟其人이니라

---

122 夙夜不逮 : 孔傳은 "밤낮으로 게으름을 부리지 않으나 옛사람에는 미칠 수 없다.〔雖夙夜匪懈 不能及古人〕"로 풀이하였다.

123 訓迪厥官 : 孔傳은 "그 관직을 세우는 制度를 순하게 밟아서 본받으려 하는데〔訓蹈其所建官而則之〕"로 풀이하였다.

太師·太傅·太保를 세우노니, 이것이 바로 '三公'으로서 道를 논하고 나라를 경륜하며 陰陽을 고르게 다스리는 책임을 가지니, 관원을 꼭 구비할 것이 아니라 오직 적합한 사람을 임명해야 한다.

立은 始辭也니 三公이 非始於此로되 立爲周家定制는 則始於此也라 賈誼曰 保者는 保其身體요 傅者는 傅之德義요 師는 道之敎訓이라하니 此所謂三公也라 陰陽은 以氣言이요 道者는 陰陽之理니 恒而不變者也라 易曰一陰一陽之謂道 是也라 論者는 講明之謂요 經者는 經綸之謂요 變理者는 和調之也니 非經綸天下之大經하고 參天地之化育者면 豈足以任此責이리오 故로 官不必備요 惟其人也니라

立은 시작한다는 말이다. 三公이 이때에 시작된 것은 아니나 설립하여 周나라의 定制를 만든 것은 이때에 시작된 것이다. 賈誼는 말하기를 "〈옛날 成王이 어려 襁褓(포대기) 속에 있을 때에 召公은 太保가 되고, 周公은 太傅가 되고, 太公은 太師가 되었는데,〉 保는 신체를 보호하는 역할을 하는 것이고, 傅는 德義로 가르치는 역할을 하는 것이고, 師는 교훈으로 인도하는 역할을 하는 것이니, 이것이 이른바 三公이다."라고 하였다. 陰陽은 氣를 가지고 말하는 것이고, 道는 陰陽의 이치이니, 항구히 변치 않는 것이다. 《周易》〈繫辭傳〉에 "한 번 그늘지고 한 번 볕드는 것을 道라 이른다."라는 것이 이것이다. 論은 講明을 이르고, 經은 경륜을 이르고, 變理는 調和하는 것이니, 천하의 大經을 經綸하고 천지의 化育을 參贊하는 사람이 아니면 어떻게 족히 이 책임을 맡겠는가. 그러므로 관원을 꼭 구비할 것이 아니라 오직 적합한 사람만을 임명해야 한다는 것이다.

字義 經 : 경륜할 경 變 : 고를 섭 理 : 다스릴 리 始 : 시작할 시 參 : 참찬할 참

6. 少師少傅少保를 曰三孤니 貳公弘化하여 寅亮天地하여 弼予一人하나니라

少師·少傅·少保를 三孤라 하니, 公의 다음이 되어 〈三公을 도와 나라를 경륜하는〉 德化를 넓혀 키워서 〈庶政과 庶績이 잘 이루어지도록 노력하고,〉 천지의 道를 공경해 밝혀서 나 한 사람을 보필하는 책임을 가진다.

孤는 特也라 三少는 雖三公之貳나 而非其屬官이라 故曰孤라하니라 天地는 以形言이요 化者는 天地之用이니 運而無迹者也라 易曰範圍天地之化가 是也라 弘者는 張而大之요 寅亮者는 敬而明之也라 公은 論道하고 孤는 弘化하며 公은 變理陰陽하고 孤는 寅亮天地하며 公은 論於前하고 孤는 弼於後하니 公孤之分이 如此니라

孤는 독특한 것이다. 三少는 비록 三公의 다음이나 屬官이 아니기 때문에 孤라고 한 것이다. 天地는 형체를 가지고 말한 것이고 化는 천지의 用이니, 운행하면서 흔적이 없는 것이다. 《周易》〈繫辭傳〉에 "천지의 조화를 範圍(모방)한다."라는 것이 이것이다. 弘은 넓혀서 키우는 것이고, 寅亮은 공경해 밝히는 것이다. 公은 道를 논하고 孤는 德化를 넓히며, 公은 음양을 섭리하고 孤는 천지를 공경해 밝히며, 公은 앞에서 논하는 일을 하고 孤는 뒤에서 보필하는 일을 하니, 公과 孤의 구분이 이와 같다.

字義 貳 : 다음 이   化 : 조화 화   寅 : 공경 인   亮 : 밝을 량   弼 : 보필할 필

7. 冢宰는 掌邦治하니 統百官하고 (하여) 均四海하나니라

冢宰는 나라의 정사를 관장하니, 百官을 통솔하고 四海를 고르게 다스리는 책임을 가진다.

冢은 大요 宰는 治也라 天官卿은 治官之長이니 是爲冢宰라 內統百官하고 外均四海하니 蓋天子之相也라 百官異職일새 管攝하여 使歸于一하니 是之謂統이요 四海異宜일새 調劑하여 使得其平이니 是之謂均이라

冢은 大의 뜻이요 宰는 治의 뜻이다. 天官의 卿은 治官의 우두머리이니, 이를 冢宰라 한다. 안으로 백관을 통솔하고 밖으로 사해를 고르게 하니, 천자의 정승이다. 백관의 직책이 다르기 때문에 管攝해서 하나로 귀착되게 하니 이를 統이라 이르고, 사해의 적의함이 다르기 때문에 調劑해서 균평해지게 하니 이를 均이라 이른다.

8. 司徒는 掌邦敎하니 敷五典하여 擾兆民하나니라

司徒는 나라의 敎化를 관장하니, 五典을 펴서 兆民을 길들이는 책임을 가진다.

擾는 馴也라 地官卿은 主國敎化하니 敷君臣父子夫婦長幼朋友五者之敎하여 以馴擾兆民之不順者하여 而使之順也라 唐虞司徒之官이 固已職掌如此니라

擾는 길들이는 것이다. 地官의 卿은 나라의 교화를 관장하니, 君臣·父子·夫婦·長幼·朋友 다섯 가지의 가르침을 펴서 兆民의 순하지 못한 자를 길들여 순하게 만드는 것이다. 唐虞時代 司徒의 관직이 본시 직무의 분장이 이와 같았다.

字義 敷 : 펼 부   擾 : 길들일 요   馴 : 길들일 순   固 : 본시 고

9. 宗伯은 掌邦禮하니 治神人하여 和上下하나니라

宗伯은 나라의 禮를 관장하니, 神과 사람을 다스려 위아래를 화합하게 하는 책임을 가진다.

春官卿은 主邦禮하니 治天神地祇(기)人鬼之事하여 和上下尊卑等列이라 春官은 於四時之序에 爲長이라 故로 其官을 謂之宗伯이라 成周는 合樂於禮官이니 謂之和者는 蓋以樂而言也라

春官의 卿은 나라의 禮를 주관하니, 天神과 地祇와 人鬼의 일을 다스려서 上下와 尊卑의 等列을 화합하게 한다. 春官은 四時의 순서에서 우두머리가 되므로 그 벼슬을 宗伯이라 한 것이다. 成周는 음악을 禮官에 합하였으니, 和라 이른 것은 음악을 가지고 말한 것이다.

10. 司馬는 掌邦政하니 統六師하여 平邦國하나니라

司馬는 나라의 정사를 관장하니, 六師를 통솔하여 邦國을 平治하는 책임을 가진다.

夏官卿은 主戎馬之事하여 掌國征伐하니 統御六軍하여 平治邦國이라 平은 謂强不得陵弱하고 衆不得暴寡하여 而人皆得其平也라 軍政은 莫急於馬라 故로 以司馬名官이라 何莫非政이리오마는 獨戎政을 謂之政者는 用以征伐하여 而正彼之不正이니 王政之大者也라

夏官의 卿은 戎馬의 일을 주관하여 나라의 정벌을 관장하니, 六軍을 통솔하여 邦國을 平治한다. 平은 강자가 약자를 능멸하지 못하고 다수가 소수를 업신여기지 못하여, 사람들이 모두 공평함을 얻는 것을 이른다. 軍政은 말(馬)보다 급한 것이 없기 때문에 '司馬'라고 官名을 한 것이다. 어느 것인들 정사가 아니겠는가마는, 유독 戎政(軍政)을 政이라 이른 것은 정벌하여 저쪽의 바르지 않은 것을 바로잡으니, 王政 가운데 큰 비중을 가지기 때문이다.

11. 司寇는 掌邦禁하니 詰姦慝[124]하며 刑暴(포)亂하나니라

司寇는 나라의 法禁을 관장하니, 간특한 자는 끝까지 캐묻고 포악하여 난을 일으키는 자는 형벌에 처하는 책임을 가진다.

---

124 詰姦慝 : 孔傳은 '詰'을 治의 뜻으로 보아 "姦惡을 다스린다.(治姦惡)"로 풀이하였다.

秋官卿은 主寇賊法禁이라 群行攻劫曰寇라 詰姦慝하고 刑彊暴作亂者라 掌刑을 不
曰刑而曰禁者는 禁於未然也라 呂氏曰 姦慝은 隱而難知라 故로 謂之詰이니 推鞫
窮詰而求其情也요 暴亂은 顯而易(이)見하니 直刑之而已라하니라

秋官의 卿은 寇賊과 法禁을 주관한다. 떼지어 다니면서 공격하고 겁탈하는 것을
寇라 한다. 간특한 자는 끝까지 캐묻고 彊暴하여 亂을 일으키는 자는 형벌에 처한
다. 刑을 관장하는 것을 刑이라 말하지 않고 禁이라 말한 것은 미연에 금하기 때문
이다.

呂氏가 말하였다. "姦慝은 숨겨져서 알기 어려운 것이기 때문에 詰이라 일렀으니
推鞫하고 끝까지 캐물어서 그 정상을 찾아내고, 暴亂은 드러나서 보기 쉬우니 곧바
로 형벌에 처할 뿐이다."

字義 詰 : 다스릴 힐   慝 : 간특할 특   劫 : 겁탈할 겁   彊 : 굳셀 강   鞫 : 국문할 국   易 : 쉬울 이

12. 司空[125]은 掌邦土하니 居四民[126]하며 時地利하나니라

司空은 나라의 토지를 관장하니, 四民을 알맞게 거처시키며, 〈天時에〉 순응하여
地利를 일으키는 책임을 가진다.

冬官卿은 主國空土하니 以居士農工商四民하고 順天時하여 以興地利라 按周禮冬
官은 則記考工之事하여 與此不同하니 蓋本闕冬官이어늘 漢儒以考工記當之也라

冬官의 卿은 나라의 비어 있는 땅을 주관하니, 士·農·工·商의 4民을 거처시키고
天時에 순응하여 地利를 일으킨다. 살펴보건대, 《周禮》〈冬官〉은 考工의 일을 기록
하여 이와 같지 않으니, 아마 본래 〈冬官〉이 빠져 있거늘, 漢나라 儒者가 〈考工記〉
를 가지고 대신 충당한 것이리라.

13. 六卿이 分職이니(하여) 各率其屬하고(하여) 以倡九牧하여 阜成兆民하나니라

六卿이 이미 職을 나누었으니, 각각 그 屬官을 거느리고 〈안에서 직책을 다함
으로써 밖에 있는〉 九州의 牧伯들 〈또한 屬官을 거느리고 밖에서 정치교화를 이

---

125 司空 : 비어 있는 땅과 아직 분배되기 전의 田地를 空이라 이르니, 司空은 바로 그 일을 주관하
는 관직이다.

126 居四民 : '四民'은 士·農·工·商이니, '居四民'은 士人은 學館에, 農人은 들에, 工人은 工房에,
商人은 시장에 있게 하는 것이다.

어받아 베풀도록〉 창도해서 〈정치로는〉 兆民을 阜厚하게 만들어 〈각각 안락한 생활을 누리게〉 하고, 〈교화로는〉 兆民을 化成하여 〈각각 그 본성을 회복하도록 해야〉 한다.

六卿이 分職이니 各率其屬官하고 以倡九州之牧하여 自內達之於外하면 政治明하고 敎化洽하여 兆民之衆이 莫不阜厚而化成也라 按周禮에 每卿이 六十屬이니 六卿은 三百六十屬也라 呂氏曰 冢宰는 相天子하고 統百官하니 則司徒以下 無非冢宰所統이어늘 乃均列一職하여 而倂數之爲六者는 綱在網中也일새라 乾坤之與六子로 竝列於八方[127]하고 冢宰之與五卿으로 竝列於六職也라하니라

六卿이 이미 職을 나누었으니, 각각 그 屬官을 거느리고 九州의 牧伯을 창도해서 안으로부터 밖에 이르게 하면 정치가 밝아지고 교화가 흡족해져서 兆民들이 阜厚하고 化成하지 않음이 없는 것이다. 《周禮》를 살펴보면 卿마다 60명의 屬官이 있으니, 六卿은 360명의 屬官이 있는 것이다.

呂氏가 말하였다. "冢宰는 천자를 도우며 백관을 통솔하니, 司徒 이하는 모두 冢宰가 통솔하는데, 똑같이 1職씩 나열하고 아울러 세어서 '六卿'이라 한 것은 벼릿줄이 그물 가운데 있는 격이기 때문이다. 부모격인 乾卦와 坤卦가 여섯 子女卦와 아울러 八方에 배열되고, 冢宰가 五卿과 아울러 六職에 배열된 것이다."

字義 洽 : 흡족할 흡 阜 : 많을 부, 클 부 倂 : 아우를 병

14. 六年에 五服이 一朝어든 又六年에 王乃時[128]巡[129]하여 考制度于四岳하되(이어시든) 諸侯各朝于方岳이어든(하거든) 大明黜陟하나니라

6년에 五服이 한 번 조회하거든 또 6년에 王(天子)이 〈四時의 仲月〉에 〈四岳을〉 순행하여 〈諸侯가 행하는〉 제도를 四岳에서 살피되, 제후들이 각각 方岳의 아래에 와서 조회하거든 〈그때에 준행했는지 여부를 살펴서〉 퇴출할 것과 승진할 것을 크게 밝히느니라."

---

127 乾坤之與六子 竝列於八方 : '六子'는 長男격인 震卦, 中男격인 坎卦, 少男격인 艮卦, 長女격인 巽卦, 中女격인 離卦, 少女격인 兌卦를 가리키니, 〈伏犧八卦方位之圖〉에 父격인 乾卦와 母격인 坤卦가 이들 여섯 子女卦와 더불어 八方에 배열된 것을 말한다.

128 時 : 孔傳은 四時로 보고, 蔡傳은 〈舜典〉의 '四仲'처럼 仲月의 시점으로 보았다.

129 巡 : 巡守 또는 巡狩를 가리키는데, 天子가 諸侯가 지키고 있는 나라를 순행하는 일이다.

五服은 侯甸男采衛也라 六年에 一朝會京師어든 十二年에 王一巡狩라 時巡者는 猶舜之四仲巡狩也요 考制度者는 猶舜之協時月正日同律度量衡等事也라 諸侯各朝方岳者는 猶舜之肆覲東后也요 大明黜陟者는 猶舜之黜陟幽明也라 疏數(삭)異時하고 繁簡異制하니 帝王之治 因時損益者를 可見矣니라

五服은 侯服·甸服·男服·采服·衛服이다. 6년에 五服이 한 번 京師에 와서 조회하면 12년에 왕이 한 번 四岳을 순행한다. 時巡이란 舜임금이 四時의 仲月에 巡狩한 것과 같은 것이며, 考制度란 舜임금이 時와 月을 맞추고 日을 바로잡으며, 律·度·量·衡을 통일시킨 따위의 일과 같은 것이다. 諸侯各朝方岳이란 舜임금이 드디어 동쪽 제후를 만나본 것과 같은 것이며, 大明黜陟이란 舜임금이 못한 사람은 퇴출시키고 잘한 사람은 승진시킨 것과 같은 것이다. 드물게 함과 잦게 함이 때가 다르고, 번다함과 간략함이 제도가 다르니, 帝王의 治法이 때에 따라 가감한 것을 볼 수 있다.

字義 黜 : 퇴출할 출 陟 : 승진할 척 肆 : 드디어 사 覲 : 볼 근 疏 : 드물 소 數 : 잦을 삭

15. 王曰 嗚呼라 凡我有官君子아 欽乃攸司하며 愼乃出令하라 令出은 惟行이라 弗惟反이니 以公으로 滅私하면 民其允懷하리라

王이 말씀하였다. "아, 모든 우리 관직을 소유한 훌륭한 군자들아. 너희들이 맡은 직책을 경건하게 시행하며 너희들이 내리는 명령을 신중하게 하라. 명령을 내리는 목적은 반드시 행하려는 것이고 막혀서 행하지 않으려는 것이 아니니, 〈신중히 하는 방법은〉 公理를 가지고 私情을 멸하면 백성들이 공경하고 믿으며 사모하고 복종할 것이다.

建官之體統은 前章에 旣訓迪之矣요 此則居守官職者咸在하니 曰凡有官君子者는 合尊卑小大而同訓之也라 反者는 令出에 不可行而壅逆之謂라 言敬汝所主之職하고 謹汝所出之令하라 令出은 欲其行이요 不欲其壅逆而不行也라 以天下之公理로 滅一己之私情이면 則令行而民莫不敬信懷服矣리라

벼슬을 세운 체통에 대해서는 앞장에서 이미 훈시 계도하였고, 여기서는 관직을 맡은 자들이 모두 있으므로 "모든 관직을 소유한 훌륭한 군자들아."라고 말하였으니 尊卑와 小大를 싸잡아서 함께 훈계한 것이다. 反은 명령이 나옴에 행할 수 없어 막히고 거슬림을 이른다. 너희들이 맡은 직책을 공경히 행하고 너희들이 내리

는 명령을 신중히 하라. 명령을 내리는 목적은 행하려는 것이고, 막히고 거슬려서 행하지 않으려는 것이 아니다. 천하의 公理를 가지고 일신의 私情을 멸하면 명령이 행해져서 백성들이 공경하고 믿으며 그리워하고 복종하지 않음이 없을 것이란 말이다.

[字義] 欽 : 공경 흠 允 : 믿을 윤 懷 : 사모할 회 壅 : 막을 옹

16. 學古入官하여 議事以制하여사 政乃不迷[130]하리라(하리니) 其爾는 典常으로 作之師하고 無以利口로 亂厥官하라 蓄疑하면 敗謀하며 怠忽하면 荒政하며 不學하면 牆面이라 莅事惟煩하리라

옛 법을 배운 다음 관직에 들어가서 국사를 의논하여 알맞게 헤아려서 결정하여야 정사가 〈준칙을 얻어서〉 迷亂하지 않을 것이다. 그리고 너희들은 〈당대의〉 떳떳한 법으로 스승을 삼고 말을 잘 하는 입으로 관직을 어지럽히지 말도록 하라. 의심을 쌓고 결단하지 않으면 모책을 무너뜨리게 되고, 태만하고 소홀히 하면 정사를 황폐시키게 되며, 학문을 하지 않으면 담장을 마주보고 있는 것과 같은지라 〈반드시 보는 바가 없어서〉 일에 임하면 반드시 擧錯(말이나 행동거지)가 煩亂할 것이다.

學古는 學前代之法也라 制는 裁度(탁)也요 迷는 錯繆(착류)也라 典常은 當代之法也라 周家典常은 皆文武周公之所講이라 至精至備하니 凡莅官者 謹師之而已요 不可 喋喋利口로 更(경)改而紛亂之也라 積疑不決하면 必敗其謀하고 怠惰忽略하면 必荒 其政하며 人而不學이면 其猶正牆面而立하니 必無所見而擧錯(조)煩擾也리라

學古는 전대의 法을 배우는 것이다. 制는 裁度(헤아려서 가부를 결정함)하는 것이고, 迷는 錯繆(뒤섞이고 어긋남)이다. 典常은 당대의 법이다. 周나라의 典常은 모두 文王, 武王, 周公이 강론하고 계획한 것이므로 지극히 정밀하고 지극히 구비하였으니, 모든 관직에 임한 자들은 삼가 이것을 본받을 뿐이요, 거침없이 말을 잘하는

---

130 學古入官……政乃不迷 : 孔傳은 "마땅히 먼저 옛적의 교훈을 배운 연후에 관직에 들어가 정사를 다스리되 무릇 일을 제정함에 있어 반드시 옛적 교훈의 뜻을 가지고 처음에서부터 끝까지 심의하고 헤아려야만 정사가 미혹되어 어지럽지 않을 것이란 말이다.〔言當先學古訓然後 入官治政 凡制事 必以古義 議度終始 政乃不迷錯〕"로 풀이하였고, 陳師凱(《書蔡氏傳旁通》)도 孔傳처럼 "옛적 제도를 배운 뒤에 관직에 들어가면 일을 도모할 때에 반드시 옛적 제도를 가지고 참작하게 되어 정사가 迷亂하지 않을 것이다.〔學古而後入官 則謀事 必能以古制裁酌之 而政不迷矣〕"로 풀이하였으니, 蔡傳보다 간단명료하다.

입으로 고쳐서 紛亂하게 해서는 안 된다. 의심을 쌓고 결단하지 않으면 반드시 계책을 무너뜨리고, 태만하고 소홀하면 반드시 정사를 황폐하게 하며, 사람이 배우지 않으면 바로 얼굴을 담장에 대고 선 것과 같으니, 반드시 보는 바가 없어서 擧錯가 煩擾할 것이란 말이다.

○蘇氏曰 鄭子産이 鑄刑書한대 晉叔向이 譏之曰 昔先王은 議事以制하고 不爲刑辟이라하니 其言이 蓋取諸此니라 先王은 人法竝任하되 而任人爲多라 故로 律은 設大法而已요 其輕重之詳은 則付之人하여 臨事而議하여 以制其出入이라 故로 刑簡而政淸이라 自唐以前엔 治罪科條 止於今律令而已라 人之所犯은 日變無窮하고 而律令은 有限이언만 以有限으로 治無窮이로되 不聞有所闕하니 豈非人法兼行하여 吏猶得臨事而議乎아 今엔 律令之外에 科條數萬이로되 而不足於用하여 有司請立新法者 日益不已하니 嗚呼라 任法之弊 一至於此哉인저하니라

○蘇氏가 말하였다. "鄭나라 子産이 刑書를 만들자, 晉나라 叔向이 기롱하기를 '옛날 先王은 일을 의논하여 알맞게 헤아려서 결정하였고 刑辟에 관한 조문을 만들지 않았다.'고 하였으니, 그 말은 여기에서 취한 것이다. 先王은 사람과 법에 아울러 맡기되 사람에게 맡기는 비중이 더 많았다. 이 때문에 律은 대체적인 법만 설치했을 뿐, 輕重의 자세한 것은 사람에게 맡겨 일에 임해 의논해서 그 출입(형벌을 정할 때 형량을 가볍게 하거나 무겁게 하는 것)을 알맞게 헤아려서 결정하였기 때문에 형벌이 간략하고 정사가 깨끗하였다. 唐나라 이전에는 죄를 다스리는 科條가 지금의 律令 정도일 뿐이었다. 그러나 사람들의 범죄는 날로 변하여 무궁하고 律令은 한계가 있었지만, 한계가 있는 율령으로 무궁한 죄를 다스리되 부족한 바가 있었다는 말을 듣지 못하였으니, 어찌 사람과 법이 함께 행해져서 관리가 외려 일에 임해 의논할 수 있었기 때문이 아니었겠는가. 지금은 律令 이외에 科條가 수만 가지인데도 쓰기에 부족해서 有司가 새 법을 만들 것을 청하는 일이 날로 늘어나 그치지 않고 있으니, 아! 법에 맡기는 폐단이 이 지경에까지 이르렀단 말인가."

字義 蓄 : 쌓을 축　牆 : 담 장　莅 : 임할 리　度 : 헤아릴 탁　錯 : 어그러질 착　繆 : 그릇될 류
鑄 : 쇠불릴 주　譏 : 기롱할 기　辟 : 법 벽

17. 戒爾卿士하노니 功崇은 惟志요 業廣은 惟勤이니 惟克果斷하야사 乃罔後艱하리라

너희 卿士들에게 경계하노니, 功이 높아지는 것은 의지 때문이고, 業이 넓혀지는 것은 근면함 때문이니, 능히 과감하게 결단하여야 後患이 없을 것이다.

此下는 申戒卿士也라 王氏曰 功以智崇이요 業以仁廣이요 斷以勇克이니 此三者는 天下之達道也라하고 呂氏曰 功者는 業之成也요 業者는 功之積也라 崇其功者는 存乎志요 廣其業者는 存乎勤이요 勤은 由志而生하고 志는 待勤而遂라 雖有二者라도 當幾而不能果斷이면 則志與勤虛用하여 而終蹈後艱矣리라하니라

이 이하는 卿士들을 거듭 경계한 것이다. 王氏는 말하기를 "功은 智로써 높아지고, 業은 仁으로써 넓어지고, 결단은 勇으로써 이루어지니, 이 세 가지는 천하의 達道이다."라고 하였고, 呂氏는 말하기를 "功은 業이 이루어진 것이고, 業은 功이 쌓여진 것이다. 功을 높이는 것은 의지에 달려 있고, 業을 넓히는 것은 근면함에 달려 있으며, 근면함은 의지로 말미암아 생기고, 의지는 근면함을 기다려 이루어진다. 그러나 비록 이 두 가지가 있더라도 기회를 만나서 과감하게 결단하지 못하면 의지와 근면함이 헛되이 쓰여져서 종당에는 後患을 겪을 것이다."라고 하였다.

字義 遂 : 이룰 수 蹈 : 밟을 도

18. 位不期驕며 祿不期侈니 恭儉惟德이요 無載[131]爾僞하라 作德하면 心逸하여 日休하고 作僞하면 心勞하여 日拙하나니라

位는 교만함과 미리 약속하지 않아도 교만해지고 祿은 사치와 미리 약속하지 않아도 사치해지니, 공손과 검약을 德으로 삼고 너의 거짓에 종사하지 말도록 하라. 德을 행하면 마음이 편안하여 날로 아름다워지고, 거짓을 행하면 마음이 고달파서 날로 졸렬해지느니라.

貴는 不與驕期로되 而驕自至하고 祿은 不與侈期로되 而侈自至라 故로 居是位하면 當知所以恭이요 饗是祿하면 當知所以儉이라 然이나 恭儉을 豈可以聲音笑貌爲哉리오 當有實得於己요 不可從事於僞라 作德하면 則中外惟一이라 故로 心逸而日休休焉하고 作僞하면 則掩護不暇라 故로 心勞而日著其拙矣라 或曰 期는 待也라 位는 所以崇德이요 非期於爲驕며 祿은 所以報功이요 非期於爲侈라하니 亦通하니라

귀함은 교만함과 미리 약속하지 않아도 교만함이 스스로 이르고, 祿은 사치와 미리 약속하지 않아도 사치가 스스로 이른다. 그러므로 이 位에 거하면 마땅히 공손할 줄을 알아야 하고, 이 祿을 누리면 마땅히 검약할 줄을 알아야 한다. 그러나 공

131 載 : 孔傳은 行의 뜻으로, 蔡傳은 作의 뜻으로 풀이하였으나 같은 語脈이다.

손함과 검약함을 어찌 음성과 웃음과 겉모습을 가지고 할 수 있겠는가. 마땅히 자신에게 실제로 얻음이 있어야 하고, 거짓에 종사하지 말아야 한다. 德을 행하면 중심과 외모가 하나가 되므로 마음이 편안하여 날로 아름다워지고, 거짓을 행하면 잘못을 가리고 비호하기에 겨를이 없으므로 마음이 고달파서 날로 졸렬함을 드러내는 것이다. 혹자는 말하기를 "期는 待(기대하다)의 뜻이다. 位는 德을 숭상하기 위한 것이고 교만하기를 기대한 것이 아니며, 祿은 功을 보답하기 위한 것이고 사치하기를 기대한 것이 아니다."라고 하니, 또한 통한다.

字義 期:기약할 기 驕:교만할 교 侈:사치할 치 載:지을 재 僞:거짓 위 逸:편안할 일
休:아름다울 휴 拙:졸렬할 졸 饗:누릴 향 掩:가릴 엄 護:비호할 호 暇:겨를 가
待:기대할 대

19. 居寵思危하여 罔不惟畏하라 弗畏면 入畏하리라

寵盛(은총과 利祿이 성대한 자리)에 거하면 危辱의 禍를 생각하여 항상 敬畏하지 않음이 없도록 하라. 〈敬畏하면 祿位를 오래 누릴 것이나〉 敬畏하지 않으면 반드시 두려움(危辱) 속으로 들어갈 것이다.

居寵盛하면 則思危辱하여 當無所不致其祗畏하라 苟不知祗畏하면 則入于可畏之中矣리라 後之患失者는 與思危相似나 然思危者는 以寵利爲憂하고 患失者는 以寵利爲樂하니 所存이 大不同也니라

은총과 利祿이 성대한 자리에 거하면 危辱의 禍를 생각하여 마땅히 敬畏함을 지극히 하지 않는 바가 없도록 하라. 만일 敬畏할 줄 모르면 반드시 두려움 속으로 들어갈 것이다. 후세에 寵利(은총과 利祿)를 잃을까 걱정하는 사람은 危辱의 禍를 생각하는 사람과 서로 유사하나, 危辱의 禍를 생각하는 사람은 寵利를 걱정거리로 삼고, 寵利를 잃을까 걱정하는 사람은 寵利를 낙으로 삼으니, 마음먹는 것이 크게 같지 않다.

字義 寵:영화로울 총, 은혜 총 祗:공경 지

20. 推賢讓能하면 庶官이 乃和하고 不和하면 政庬하리니 擧能其官이 惟爾之能이며 稱匪其人이 惟爾不任이니라

어진 이에게 미루고 유능한 이에게 양보하면 모든 관원들이 화합하게 될 것이고, 화합하지 않으면 정사가 雜亂하게 될 것이니, 천거된 사람이 그 관직을 잘 수행하

면 이는 너희들이 능란히 〈대신의 도리를 다한〉 것이며, 천거된 사람이 적격자가
아니면 이는 너희들이 책임을 감당하지 못한 것이다.”

賢은 有德者也요 能은 有才者也라 王氏曰 道는 二니 義利而已라 推賢讓能은 所以
爲義니 大臣이 出於義면 則莫不出於義라 此庶官所以不爭而和요 蔽賢害能은 所
以爲利니 大臣이 出於利면 則莫不出於利라 此庶官所以爭而不和니 庶官不和면
則政必雜亂而不理矣라 稱亦擧也니 所擧之人이 能修其官이면 是亦爾之所能이요
擧非其人이면 是亦爾不勝任이라 古者大臣이 以人事君에 其責如此라하니라

賢은 德이 있는 사람이고, 能은 재주가 있는 사람이다. 王氏가 말하기를 “道는 두
가지이니 바로 義와 利일 뿐이다. 어진 이에게 미루고 유능한 이에게 양보함은 義
를 하는 것이니, 大臣이 義에서 나오면 義에서 나오지 않는 관원이 없을 것이다.
이래서 여러 관원들이 다투지 않고 화합하게 되는 것이요, 어진 이를 가리고 유능
한 이를 해침은 利를 하는 것이니, 大臣이 利에서 나오면 利에서 나오지 않는 관원
이 없을 것이다. 이래서 여러 관원들이 다투어 화합하지 않게 되는 것이니, 여러 관
원들이 화합하지 않으면 정사가 반드시 잡란하여 다스려지지 못할 것이다. 稱 또한
擧의 뜻이니, ‘천거된 사람이 관직을 잘 수행하면 이 또한 너희들이 능란히 대신의
도리를 다한 것이며, 천거된 사람이 어진 이가 아니면 이 또한 너희들이 책임을 감
당하지 못한 것이다.’라고 하였으니, 옛날 大臣이 사람을 가지고 임금을 섬김에 그
책임이 이와 같았다.”고 하였다.

字義 厖 : 잡될 방 擧 : 천거할 거 稱 : 천거될 칭 蔽 : 가릴 폐 責 : 책임 책

21. 王曰 嗚呼라 三事曁大夫아 敬爾有官하며 亂爾有政[132]하여 以佑乃辟하여 永康
兆民하여 萬邦이 惟無斁케하라

王이 말씀하였다. “아, 三事(常任·準人·常伯) 및 大夫들아. 너희 관직을 경건히
수행하며 너희 정사를 잘 다스려서, 너희 임금을 도와 길이 兆民을 편안하게 하여
萬邦의 〈백성들이 우리 周나라에 대해〉 싫어하는 마음이 없게 하라.”

三事는 卽立政三事也라 亂은 治也라 篇終에 歎息하여 上自三事로 下至大夫히 而
申戒勅之也라 其不及公孤者는 公孤는 德尊位隆하여 非有待於戒勅也라

---

132 有官·有政 : 有는 조사다.

　　三事는 곧 〈立政〉의 三事이다. 亂은 治의 뜻이다. 篇의 끄트머리에서 탄식하여 위로 三事부터 아래로 大夫에 이르기까지 거듭 戒勅한 것이다. 公과 孤에 대해 언급하지 않은 것은 公과 孤는 덕이 높고 지위가 높아서 戒勅을 필요로 하는 사람들이 아니기 때문이다.

字義　曁 : 및 기　亂 : 다스릴 란　乃 : 너 내　辟 : 임금 벽　斁 : 싫어할 역

君陳

君陳은 臣名이라 唐孔氏曰 周公이 遷殷頑民於下都[133]하고 周公親自監之러니 周公旣歿에 成王이 命君陳하여 代周公하니 此其策命之詞라 史錄其書[134]하여 以君陳名篇이라하니라 今文無하고 古文有하니라

　　君陳은 신하의 이름이다. 唐나라 孔氏(孔穎達)는 말하기를 "周公이 殷나라의 완악한 백성들을 下都로 옮기고 周公이 친히 감시하였는데, 周公이 별세하자 成王이 君陳에게 명하여 周公을 대신하도록 하였으니, 이것이 그 策命의 말이다. 史官이 그 글을 기록하여 '君陳'으로 편명을 했다."라고 하였다. 〈君陳〉은 《今文尙書》에는 들어 있지 않고 《古文尙書》에는 들어 있다.

字義　監 : 감시할 감

1. 王若曰하사대 君陳아 惟爾令德은 孝恭[135]이니 惟孝[136]하며 友于兄弟라(하여) 克施有政할새 命汝하여 尹玆東郊[137]하노니 敬哉하라

　　王이 이렇게 말씀하였다. "君陳아. 너의 착한 德은 〈자식의 도리를 다하여〉 효도함과 〈아우의 도리를 다하여〉 공손함이니, 부모에게 효도하고 형제에게 우애하는지라, 능히 政令을 베풀 수 있기 때문에 너에게 명하여 이 東郊를 다스리게 하노

---

133 下都 : 孔疏에는 '成周'로 되어 있다.

134 史錄其書 : 孔疏에는 '史錄其事 作策書'로 되어 있다.

135 恭 : 孔傳은 "자신이 공손하게 행동하는 것(行己以恭)"으로 풀이하였다.

136 孝恭惟孝 : 《論語》〈爲政〉에 인용된 《書經》에는 '孝乎惟孝'로 되어 있다.

137 尹玆東郊 : 孔傳은 "'이 東郊를 다스리게 했다.'라고 함은 殷나라의 완악한 백성들을 감시하여 교훈하도록 한 것이다.(正此東郊 監殷頑民 敎訓之)"라고 풀이하였다.

니, 공경히 수행하도록 하라.

言君陳이 有令德하여 事親孝하고 事上恭하니 惟其孝友於家라 是以로 能施政於邦이라 孔子曰 居家理라 故로 治可移於官[138]이라하시니라 陳氏曰 天子之國은 五十里爲近郊니 自王城言之면 則下都는 乃東郊之地라 故로 君陳畢命에 皆指下都爲東郊하니라

尹玆東郊圖

君陳이 착한 德을 가져 어버이를 섬김이 효성스럽고 윗사람을 섬김이 공손하니, 그가 집에서 효도하고 우애하기 때문에 나라에 능히 정사를 베풀 수 있음을 말한 것이다. 孔子는 말씀하기를 "집에 있어서 잘 다스리기 때문에 그 다스림을 官에 옮겨서 〈역시 잘 다스릴〉 수 있다."라고 하셨다.

陳氏가 말하였다. "천자의 나라는 50리가 近郊이니, 王城으로부터 말하면 下都가 바로 東郊의 땅이다. 그러므로 〈君陳〉과 〈畢命〉에서 모두 下都를 가리켜 東郊라 했다."

2. 昔에 周公이 師保萬民하신대 民懷其德하나니 往愼乃司하여 玆率厥常하여 懋昭周公之訓하면 惟民其乂하리라

옛적에 周公이 〈東郊에서〉 만백성을 가르치고 보호하셨으므로 백성들이 그 德을 그리워하니, 〈너는 지금 東郊에〉 가서 맡은 바의 직책을 신중히 하여 〈앞서 다스리던〉 그 常法을 따라 周公의 가르침을 힘써 밝히면 백성들이 〈스스로〉 다스려질 것이다.

周公之在東郊에 有師之尊하고 有保之親하여 師敎之하고 保安之한대 民懷其德하나니

---

138 孔子曰……治可移於官 : 이 내용은 《孝經》廣揚名章에 보인다.

君陳之往에 但當謹其所司하여 率循其常하여 勉明周公之舊訓하면 則民其治矣라 蓋周公既歿에 民方思慕周公之訓하니 君陳이 能發明而光大之면 固宜其翕然聽順也라

周公이 東郊에 있을 적에 스승으로서의 존엄성이 있고 보육자로서의 친근감이 있어서 스승의 역할을 하여 가르치고 보육자의 역할을 하여 보호하였으므로 백성들이 그 德을 그리워하고 있으니, 君陳이 지금 가서 단지 맡은 바를 신중히 하여 〈앞서 다스리던〉 그 常法을 따라 周公의 옛 가르침을 힘써 밝히기만 하면 백성들이 〈스스로〉 다스려질 것이다. 周公이 별세하자, 백성들이 막 周公의 가르침을 사모하고 있으니, 君陳이 〈周公의 공적을〉 더 밝히고 더 확대시키면 백성들이 흔연히 순종할 것이란 말이다.

字義 乃 : 너 내   懋 : 힘쓸 무   乂 : 다스릴 예   翕 : 흔연할 흡, 합할 흡

3. 我聞하니 曰至治는 馨香하여 感于神明하나니 黍稷이 非馨이라 明德이 惟馨[139]이라하니 爾尙式時周公之猷訓하여 惟日孜孜하여 無敢逸豫하라

내 들으니 〈周公께서〉 이르기를 '至治는 향기로워서 神明을 감동시키니, 〈제사 지내는〉 黍稷이 향기로운 것이 아니라 밝은 덕이 향기로운 것이다.'라고 하셨다. 너는 부디 이와 같은 周公의 猷訓을 본받아서 날마다 부지런하고 부지런하여 감히 안일에 빠지지 말도록 하라.

呂氏曰 成王이 既勉君陳昭周公之訓하고 復擧周公精微之訓하여 以告之하니 至治馨香以下四語는 所謂周公之訓也라 既言此하고 而揭之以爾尙式時周公之猷訓하니 則是四言은 爲周公之訓이 明矣라 物之精華[140]는 固無二體나 然形質止而氣臭升이라 止者는 有方하고 升者는 無間하니 則馨香者는 精華之上達者也라 至治之極에 馨香發聞이 感格神明에 不疾而速하니 凡昭薦黍稷之苾芬이 是豈黍稷之馨哉아 所以苾芬者는 實明德之馨也라 至治는 擧其成이요 明德은 循其本이니 非有二馨香也라 周公之訓이 固爲精微어늘 而擧以告君陳하니 尤當其可라 自殷頑民言之면 欲其感格인댄 非可刑驅而勢迫이니 所謂洞達無間者를 蓋當深省也요 自周公

---

139 曰至治……明德惟馨 : 孔傳은 옛 성현의 말씀으로 보고, 蔡傳은 周公의 말씀으로 보았다.

140 精華 :《增修東萊書說》에 '精粗'로 되어 있다.

法度言之면 典章雖具나 苟無前人之德이면 則索(삭)然萎荼하여 徒爲陳迹也라 故로 勉之以用是猷訓하여 惟日孜孜하고 無敢逸豫焉이라 是訓也 至精至微하니 非日新不已하여 深致敬篤之功이면 孰能與於斯리오하니라

呂氏가 말하였다. "成王이 이미 君陳에게 周公의 교훈을 밝힐 것을 권면하고 다시 周公의 정미한 교훈을 들어서 고하였으니, '至治馨香' 이하의 네 마디 말씀이 이른바 '周公의 교훈'인 것이다. 이미 이것을 말씀하고 나서 '너는 부디 이와 같은 周公의 猷訓을 본받도록 하라.'고 게시하였으니, 이 네 마디 말씀은 周公의 교훈임이 분명하다. 物의 精華는 본디 두 體가 없지만, 形質은 정지해있고 氣臭는 올라가는 것이라 정지해있는 것에는 方所가 있고 올라가는 것에는 간격이 없으니, 馨香이란 것은 곧 精華가 위로 도달하는 것이다. 至治가 극에 달함에 馨香의 풍김이 神明을 감격시킴에 속도가 빠르지 않은 것 같으면서도 빠르니, 무릇 〈神明에게〉 밝게 올리는 黍稷이 향기로운 것이 어찌 단순히 黍稷의 향기 때문이겠는가. 향기로운 까닭은 실로 明德의 향기인 것이다. 至治는 그 성과를 든 것이고, 明德은 그 근본을 따른 것이니, 두 가지 향기로움이 있는 것이 아니다.

周公의 교훈은 진실로 정미한 것인데, 이것을 들어서 君陳에게 고하였으니, 더욱 온당한 것이다. 殷나라의 완악한 백성들을 가지고 말한다면 이들을 감격시키려고 할진댄 형벌로 몰고 세력으로 핍박할 것이 아니니, 이른바 '통달하여 간격이 없다.'는 것을 마땅히 깊이 살펴야 할 것이고, 周公의 법도를 가지고 말한다면 典章이 모두 갖춰졌으나 만일 前人의 덕이 없다면 맥없이 시들어서 한갓 묵은 자취만 될 뿐이다. 그러므로 '이와 같은 〈周公의〉 猷訓을 본받아서 날마다 부지런하고 부지런하여 감히 안일에 빠지지 말도록 하라.'고 권면한 것이다. 이 교훈은 지극히 정세하고 지극히 은미하니, 날마다 계속 새롭게 해서 공경하고 돈독히 하는 공부를 깊이 이루는 자가 아니라면 누가 능히 여기에 참여할 수 있겠는가."

字義 馨:향기 형 黍:기장 서 稷:피 직 尙:부디 상 式:본받을 식 時:이 시 猷:꾀 유
孜:부지런할 자 逸:안일 일 豫:즐길 예 揭:걸 게 格:감격할 격 疾:빠를 질
苾:향기 필 芬:향기 분 索:삭막할 삭 洞:통할 통 萎:시들 위 荼:파리할 날

4. 凡人이 未見聖하여는 若不克見하다가 旣見聖하여는 亦不克由聖하나니 爾其戒哉어다 爾는 惟風이요 下民은 惟草라

무릇 사람이 聖人을 보기 전에는 능히 보지 못할 듯이 여기다가 정작 聖人을 보고 나서는 또한 능히 聖人을 따르지 않나니, 너는 이것을 경계할지어다. 비유하자

면 너는 바람인 셈이고 下民은 풀인 셈이다.

未見聖하여는 如不能得見이라가 旣見聖하여는 亦不能由聖은 人情皆然이로되 君陳은 親見周公이라 故로 特申戒以此하니라 君子之德은 風也요 小人之德은 草也니 草上之風이면 必偃하나니라 君陳이 克由周公之訓이면 則商民이 亦由君陳之訓矣리라

聖人을 보기 전에는 능히 보지 못할듯이 여기다가 정작 聖人을 보고 나서는 또한 능히 聖人을 따르지 않음은 人之常情이 다 그러하나 君陳은 친히 周公을 보았기 때문에 특별히 이로써 거듭 훈계한 것이다. 君子의 德은 바람인 셈이고 小人의 德은 풀인 셈이니, 풀에 바람이 가해지면 반드시 쓰러지기 마련이다. 君陳이 능히 周公의 교훈을 따르면 商나라 백성들 또한 君陳의 교훈을 따를 것이란 말이다.

字義 由 : 따를 유, 말미암을 유   上 : 가해질 상   偃 : 쓰러질 언, 누울 언

5. 圖厥政하되 莫或不艱하여 有廢有興에 出入을 自爾師虞[141]하여 庶言同則繹[142]하라

정사를 도모하되 무슨 일이든 어렵게 여기지 않음이 없어서(대소사를 막론하고 신중히 생각해서) 폐지해야 할 것이 있고 일으켜야 할 것이 있을 적에 이랬다저랬다 반복하기를 너의 대중들과 함께 헤아려서 여러 사람들의 말이 같거든 자신이 다시 깊이 생각하도록 하라.

師는 衆이요 虞는 度(탁)也라 言圖謀其政하되 無小無大히 莫或不致其難하여 有所當廢하고 有所當興에 必出入反覆을 與衆共虞度之하여 衆論旣同이어든 則又紬繹而深思之而後行也라 蓋出入自爾師虞者는 所以合乎人之同이요 庶言同則繹者는 所以斷於己之獨이라 孟子曰 國人皆曰賢然後察之하고 國人皆曰可殺然後察之[143]라하시니 庶言同則繹之謂也니라

師는 衆(대중)의 뜻이요, 虞는 度(헤아리다)의 뜻이다. 정사를 도모하되 작은 일이든 큰일이든 막론하고 어렵게 여기지 않음이 없어서, 폐지해야 할 것이 있고 일으켜야 할 것이 있을 적에 반드시 이랬다저랬다 반복하기를 대중들과 함께 헤아려서

---

141 自爾師虞 : 孔傳은 '自'를 用의 뜻으로 보아 "마땅히 너의 대중의 말을 써서(들어서) 헤아려야 한다.(當用汝衆言度之)"라고 풀이하였다. 蔡傳은 '由'를 '與'의 뜻으로 보고 있다.

142 繹 : 孔傳은 "베풀어 시행하는 것(陳而布之)"으로 풀이하였다.

143 孟子曰……國人皆曰可殺然後察之 : 이 내용은 《孟子》〈梁惠王 下〉에 보인다.

중론이 이미 같거든 또 면밀히 살피고 깊이 생각한 뒤에 행하라고 말한 것이다. 대개 "이랬다저랬다 반복하기를 너의 대중들과 함께 헤아리라."고 한 것은 대중들의 생각에 합치하기 위해서고, "여러 사람들의 말이 같거든 자신이 다시 깊이 생각하도록 하라."는 것은 자기 단독으로 결단하기 위해서다. 孟子가 말씀한 "온 나라 사람들이 모두 어질다고 한 뒤에 다시 살펴보고, 온 나라 사람들이 모두 죽여야 한다고 한 뒤에 다시 살펴본다."는 것은 바로 "여러 사람들의 말이 같거든 자신이 다시 깊이 생각하도록 하라."는 것을 이른다.

字義 師 : 대중 사　虞 : 헤아릴 우　繹 : 깊이 생각할 역　衆 : 대중 중　度 : 헤아릴 탁

6. 爾有嘉謀嘉猷어든 則入告爾后于內①하고 爾乃順之于外하여 曰斯謀斯猷 惟我后之德이라하라 嗚呼라 臣人이 咸若時라사 惟良顯[144]哉인저

① 書經 入告爾后于內 : 들어와 안에서 네 임금에게 고하고
　一般 入內告于爾后 : 안으로 들어와서 네 임금에게 고하고

너는 아름다운 꾀와 아름다운 계책이 있거든 안으로 들어와서 네 임금에게 고하고, 너는 곧 밖에서 순조롭게 행하면서 '이 꾀와 이 계책은 우리 임금님의 덕이다.'라고 하라. 아, 신하가 모두 이와 같이 하여야 어질고 드러날 것이다."

言切於事를 謂之謀요 言合於道를 謂之猷니 道與事 非二也라 各擧其甚者言之니라 良은 以德言이요 顯은 以名言이라 或曰 成王이 擧君陳前日已陳之善하여 而歎息以美之也라하니라

말이 일에 절실한 것을 謀라 이르고, 말이 道에 합한 것을 猷라 이르니, 道와 일은 두 가지가 아니라 각각 그 심한 쪽을 들어 말한 것이다. 良은 德을 가지고 말하고, 顯은 이름을 가지고 말한 것이다. 혹자는 말하기를 "成王은 君陳이 전일에 이미 진언했던 善을 거론하여 탄식하고 찬미한 것이다."라고 한다.

○葛氏曰 成王이 殆失斯言矣라 欲其臣善則稱君은 人臣之細行也라 然이나 君旣

[144] 良顯 : 孔傳은 "바로 어진 신하일 것이니, 임금이 세상에 드러날 것이다.〔是惟良臣 則君顯明於世〕"로 풀이하였다.

有是心인댄 至於有過면 則將使誰執哉아 禹는 聞善言則拜하시고 湯은 改過不吝하시니 端不爲此言矣시리라 嗚呼라 此其所以爲成王歟인저하니라

○葛氏가 말하였다. "成王이 자못 실언한 것이다. 그 신하가 善은 임금의 것으로 칭하게 하려 한 것은 신하의 사소한 행실이다. 그러나 임금이 이미 이런 마음을 가졌다면 잘못이 있을 때에는 장차 누구로 하여금 가지게 하겠는가. 禹임금은 善言을 들으면 절을 하였고, 湯임금은 과실을 고치는 것을 인색하지 않았으니, 결단코 이러한 말씀을 하지 않았을 것이다. 아, 이것이 바로 成王다운 까닭이겠지."

字義 時 : 이 시

7. 王曰 君陳아 爾惟弘周公丕訓이니(하여) 無依勢作威하고(하며) 無倚法以削하며(하고) 寬而有制하고(하며) 從容以和하라

王이 말씀하였다. "君陳아. 너는 周公의 원대한 교훈을 넓힐 것이니, 〈넓히는 방법은 殷나라 백성들을 통솔하되〉 세력에 의지하여 위엄을 부리지 말고, 법에 의지하여 〈백성을〉 침해하지 말며, 관대히 대하면서도 제재를 가하고, 종용을 하면서도 부드럽게 대하도록 하라.

此篇에 言周公訓者三이니 曰懋昭라하고 曰式時라하고 至此則弘周公之丕訓이라하니 欲其益張而大之也라 君陳이 何至依勢以爲威하고 倚法以侵削者리오 然이나 勢는 我所有也요 法은 我所用也라 喜怒予奪을 毫髮不於人而於己면 是私意也요 非公理也니 安能不作威以削乎아 君陳之世는 當寬和之時也라 然이나 寬不可一於寬이니 必寬而有其制며 和不可一於和니 必從容以和之라 而後에 可以和厥中[145]也니라

이 편에서 周公의 교훈을 말한 대목이 셋인데, "힘써 밝히라." 하고, "본받으라." 하고, 여기에 와서는 "周公의 원대한 교훈을 넓히라." 하였으니, 더욱 넓혀서 확대하려고 한 것이다. 君陳이 어찌 세력에 의지하여 위엄을 부리고 법에 의지하여 〈백성을〉 침해하기까지 할 사람이겠는가. 그러나 세력을 자신이 소유하였고 법을 자신이 쓰고 있다. 기뻐하거나 노여워하거나 주거나 빼앗거나 하는 일을 털끝만큼이라도 상대방의 입장에서 고려하지 않고 자신의 입장에서 고려한다면 이것은 바로 私

---

145 和厥中 : 〈畢命〉에 "周公은 능히 그 처음 단계를 신중하게 다스렸고, 君陳은 그 중간 단계를 화합하게 하였으니, 公(畢公)은 능히 그 끝 단계를 이룰 것이다.〔惟周公 克愼厥始 惟君陳 克和厥中 惟公 克成厥終〕"라고 보인다.

意이고 公理가 아니니, 어찌 위엄을 부리고 침해하지 않겠는가. 君陳의 세대는 마땅히 너그럽고 부드럽게 대해야 할 때이다. 그러나 너그러움은 너그럽게 대하는 것만으로 일관해서는 안 되고, 반드시 너그럽게 대하면서도 제재를 가해야 하며, 부드러움은 부드럽게 대하는 것만으로 일관해서는 안 되고, 반드시 종용하면서도 부드럽게 대해야 한다. 그런 뒤에야 그 중간 단계를 화합하게 할 수 있었다는 말이다.

字義　削 : 침해할 삭

8. 殷民이 在辟이어든 予曰辟이라도 爾惟勿辟하며 予曰宥라도 爾惟勿宥하고 惟厥中하라

殷나라 백성들이 형법을 범한 일이 있거든 내가 형벌을 가하라 하더라도 너는 〈내 말에 따라〉 형벌을 가하지 말며, 내가 용서해주라 하더라도 너는 〈내 말에 따라〉 용서해주지 말고 오직 중정한 법리대로만 하도록 하라.

上章은 成王이 慮君陳之徇己하고 此則慮君陳之徇君也라 言殷民之在刑辟者를 不可徇君以爲生殺이요 惟當審其輕重之中也니라

윗장에서는 成王이 君陳이 자신의 私意를 따를까 염려하였고, 여기서는 君陳이 임금의 말을 따를까 염려한 것이다. 殷나라 백성 중에 형법을 범한 자를 임금의 말에 따라 살리거나 죽이지 말고, 오직 그 경중의 알맞음을 살펴야 함을 말한 것이다.

字義　辟 : 형벌 벽　宥 : 용서할 유　徇 : 따를 순

9. 有弗若于汝政하며 弗化于汝訓이어든 辟以止辟이라사(어사) 乃辟하라

너의 정사에 순종하지 않고 너의 교훈에 교화되지 않는 자가 있거든 형벌을 가해서 형벌을 그치게 할 수 있는 것이어야 이에 형벌을 가하도록 하라.

其有不順于汝之政하며 不化于汝之訓이어든 刑之可也라 然이나 刑期無刑이니 刑而可以止刑者라야 乃刑之라 此는 終上章之辭이라

너의 정사에 순종하지 않고 너의 교훈에 교화되지 않는 자가 있거든 형벌을 가하는 것이 옳다. 그러나 형벌은 어디까지나 〈죄인이 없어서〉 형벌을 쓸 일이 없기를 기해야 하니, 형벌을 가해서 형벌을 그치게 할 수 있는 것이어야 이에 형벌을 가하도록 하라는 것이다. 이는 윗장의 형벌문제를 마무리한 것이다.

字義　若 : 따를 약

10. 狃于姦宄㈜하며 敗常亂俗은 三細不宥[146]니라

〈반측하는 일과 같은 짓을 하여〉姦宄에 이골이 나고, 〈不孝·不友 같은 짓을 하여〉常典을 무너뜨리고, 〈음란과 사치 같은 것을 일삼아〉풍속을 어지럽히는 행위는, 이 세 가지는 작은 죄라 하더라도 용서하지 말아야 한다.

狃는 習也요 常은 典常也요 俗은 風俗也라 狃于姦宄와 與夫毀敗典常과 壞亂風俗은 人犯此三者면 雖小罪라도 亦不可宥니 以其所關者大也일새라 此는 終上章之宥니라

狃는 이골이 나는 것이고, 常은 바로 常典이며, 俗은 바로 풍속이다. 姦宄에 이골이 나고, 典常을 毀敗하고, 풍속을 壞亂시키는 행위는, 사람이 이 세 가지를 범하면 비록 작은 죄라 하더라도 또한 용서하지 말아야 하니, 관계되는 바가 크기 때문이다. 이는 윗장의 용서문제를 마무리한 것이다.

字義 狃 : 이골날 뉴   姦 : 밖에서 소란피울 간   宄 : 안에서 소란피울 궤

11. 爾無忿疾于頑하며 無求備于一夫하라

너는 〈다스리는 백성 중에〉완악하여 〈교화되지 못한 자에 대해서는 마땅히 부드럽게 가르쳐야 하지, 갑자기〉분노하거나 미워하는 마음을 내지 말며, 〈사람은 장점을 취하고 단점을 버려야 하니〉한 사람에게 완비하기를 구하지 말도록 하라.

無忿疾人之所未化하고 無求備人之所不能이라

사람이 교화되지 못한 것에 대하여 분노하거나 미워하지 말며, 사람이 능하지 못한 것에 대하여 완비하기를 구하지 말라는 것이다.

12. 必有忍이라사 其乃有濟하며 有容이라사 德乃大하리라

반드시 참을성이 있어야 이에 이루는 일이 있으며, 포용심이 있어야 德이 이에 커질 것이다.

孔子曰 小不忍則亂大謀[147]라하시니 必有所忍而後에 能有所濟라 然이나 此猶有堅

---

146 三細不宥 : 孔傳은 "죄가 작더라도 세 번 범하면 용서하지 말아야 한다.〔罪雖小 三犯不赦〕"로 풀이하였다.

147 小不忍則亂大謀 : 《論語》〈衛靈公〉에 나온 말이다.

制力蓄之意니 若洪裕寬綽하여 恢恢乎有餘地者[148]는 斯乃德之大也라 忍은 言事요
容은 言德이니 各以深淺言也니라

孔子가 말씀하기를 "작은 일을 참지 않으면 큰일을 어지럽힌다."라고 하셨으니,
반드시 참는 바가 있는 뒤에야 이루는 바가 있는 것이다. 그러나 이는 외려 마음을
견제하여 힘이 비축되게 하는 뜻이 있으니, 洪裕하고 寬綽하여 넉넉하게 餘地가 있
는 경우와 같은 것은 이것이 바로 덕의 큰 것이다. 忍은 일을 말하고 容은 德을 말
하였으니, 각각 淺深을 가지고 말한 것이다.

字義 蓄 : 비축할 축   裕 : 넉넉할 유   寬 : 너그러울 관   綽 : 넉넉할 작   恢 : 넓을 회

13. 簡厥修하고(하되) 亦簡其或不修하며 進厥良하여 以率其或不良[149]하라

〈'구비되기를 구하지 말라.'는 어떻게 할 것인가. 농업과 목축업 같은〉 직업을 잘
수행하는 사람을 선별하여 〈그를 드러내고〉 또한 혹 수행하지 못하는 사람을 선별
하여 〈따로 거처시킬 것이며,〉 어진 사람을 등용하여 혹 어질지 못한 자를 이끌도
록 하라.

王氏曰 修는 謂其職業이요 良은 謂其行義라 職業이 有修與不修하니 當簡而別之면
則人勸功이요 進行義之良者하여 以率其不良이면 則人勵行이라하니라

王氏가 말하였다. "修는 직업을 이르고, 良은 行義를 이른다. 직업에는 수행됨과
수행되지 않음이 있으니, 마땅히 선별하여 구별하면 사람들이 事功을 권면하고, 行
義가 어진 자를 등용하여 어질지 못한 자를 이끌게 하면 사람들이 행실을 힘쓰게
된다."

字義 簡 : 뽑을 간   修 : 수행할 수   率 : 이끌 솔

14. 惟民生厚하나 因物有遷이라 違上所命하고 從厥攸好하나니 爾克敬典在德하면

---

148 此猶有堅制力蓄……恢恢乎有餘地者 : '此猶有堅制力蓄之意'는 句踐이 吳에 대해서와 太王이
狄에 대해서와 같은 경우를 비유하고, '若洪裕寬綽 恢恢乎有餘地者'는 湯이 葛에 대해서와 文王
이 昆夷에 대해서와 같은 경우를 비유한 것이다.

149 簡厥修……以率其或不良 : 孔傳은 "德行이 닦인 사람을 선별하고, 또한 德行이 닦이지 않은 사
람을 선별해서, 착한 사람은 유능하도록 권면하고, 악한 사람은 못하도록 저지한다는 것이다.〔簡
別其德行修者 亦別其有不修者 善以勸能 惡以沮否〕"라고 풀이하였다.

時乃罔不變하여(이라) 允升于大猷하리니 惟予一人이 膺受多福하며 其爾之休도 終
有辭於永世하리라

〈殷나라〉 백성들이 태어날 때에는 〈그 성품이〉 淳厚하였으나 외물로 인하여 澆
薄(경박)한 성품으로 바뀌었다. 〈백성들이〉 윗사람의 명령하는 바를 다 따르지 않고
오직 윗사람의 좋아하는 바만을 따르니, 네가 능히 常道를 공경하되 德을 마음에
얻어 〈몸에 드러냄으로써 교화하면〉 이에 〈백성들의 澆薄한 성품이 淳厚한 성품으
로〉 변화되지 않는 자가 없어 진실로 大猷(大道)의 경지에 오를 것이니, 그렇게 되
면 나 한 사람은 많은 복을 받을 것이고, 너의 아름다움도 끝내 영원한 세상에 훌륭
한 이름을 남길 것이다."

言斯民之生이 其性本厚나 而所以澆薄者는 以誘於習俗하여 而爲物所遷耳라 然이나
厚者旣可遷而薄이면 則薄者豈不可反而厚乎아 反薄歸厚는 特非聲音笑貌之所
能爲爾라 民之於上에 固不從其令而從其好니 大學言 其所令이 反其所好면 則民
不從이라하니 亦此意也라 敬典者는 敬其君臣父子兄弟夫婦朋友之常道也요 在德
者는 得其典常之道하여 而著之於身也라 蓋知敬典而不知在德이면 則典與我猶二
也요 惟敬典而在德焉이면 則所敬之典이 無非實有諸己니 實之感人이 捷於桴鼓라
所以時乃罔不變하여 而信升于大猷也라 如是면 則君受其福하고 臣成其美하여 而
有令名於永世矣리라

이 백성들이 태어날 때에는 그 성품이 본래 순후하였으나 澆薄하게 된 것은 習俗
에 유인 당해 외물에 의해 바뀌었기 때문이다. 그러나 淳厚한 성품이 이미 澆薄한
성품으로 바뀌었다면 澆薄한 성품이 어찌 淳厚한 성품으로 돌아오지 않을 수 있겠
는가. 澆薄한 성품을 淳厚한 성품으로 돌아오게 하는 것은 단지 音聲이나 웃음·겉
모습만으로 능히 할 수 있는 것이 아니다. 백성들은 윗사람에 대하여 본디 그 명령
을 다 따르지 않고 오직 윗사람이 좋아하는 것만을 따르니, 《大學》에서 말한 "그 명
령하는 바가 〈임금이〉 좋아하는 바와 반대이면 백성이 따르지 않는다."라고 한 것
이 또한 이러한 뜻이다.

敬典이란 君臣·父子·兄弟·夫婦·朋友의 常道를 공경하는 것이고, 在德이란 그
常典의 道를 얻어 몸에 드러내는 것이다. 대개 常道를 공경할 줄만을 알고 常道를
얻어 몸에 드러낼 줄을 모른다면 典과 我가 외려 둘이 되고, 常道를 공경하면서 常
道를 몸에 드러낸다면 공경하는 常道가 실제로 자기 몸에 있지 않음이 없을 것이

니, 실제로 사람을 감동시킴이 북채로 북을 치는 것보다 빠를 것이다. 이런 때문에 이에 변화하지 않는 자가 없어 진실로 大猷(大道)의 경지에 오르는 것이다. 이와 같이 한다면 임금은 그 복을 받고, 신하는 그 아름다움을 이루어서 영원한 세상에 훌륭한 명성을 남기게 될 것이란 말이다.

字義 猷 : 길 유   膺 : 받을 응   休 : 아름다울 휴   澆 : 엷을 요   薄 : 엷을 박   誘 : 유인할 유
捷 : 빠를 첩   桴 : 북채 부   鼓 : 북 고

顧命[150]

顧는 還視也라 成王將崩에 命群臣하여 立康王이어늘 史序其事爲篇하니 謂之顧命者는 鄭玄云 回首曰顧니 臨死에 回顧而發命也라하니라 今文古文에 皆有하니라

顧는 돌아보는 것이다. 成王이 장차 승하하려 할 적에 신하들에게 명하여 康王을 세우게 하였는데, 史官이 그 일을 서술하여 篇을 만들었다. 이를 일러 顧命이라 말한 것은 鄭玄이 이르기를 "머리를 돌리는 것을 顧라 하니, 臨終할 때에 머리를 돌려 명령을 발표한 것이다."라고 하였다. 〈顧命〉은 《今文尙書》와 《古文尙書》에 모두 들어 있다.

○呂氏曰 成王이 經三監之變하여 王室幾搖라 故로 此는 正其終始에 特詳焉이라 顧命은 成王所以正其終이요 康王之誥는 康王所以正其始라하니라

○呂氏가 말하였다. "成王이 三監의 변란을 겪어 王室이 거의 흔들렸다. 그러므로 이는 그 종말과 시초를 바르게 한 일에 대해 특별히 자세하게 다룬 것이다. 〈顧命〉은 成王이 종말을 바르게 한 것이고, 〈康王之誥〉는 康王이 그 시초를 바르게 한 것이다."

字義 顧 : 돌아볼 고   搖 : 흔들 요

---

150 顧命 : 顧炎武는 "〈顧命〉편을 읽다가 成王의 초상 때에 康王이 그 신하들과 함께 모두 吉服을 입고 애통해하는 말이 없는 것을 보고서, 召公과 畢公의 어짊이 도리어 子産과 叔向만 못한 점이 참으로 의심스러웠는데, 두 번 내지 네 번을 읽고 나서야 중간에 脫簡이 있음을 알았다. - 殯禮를 말하지 않았으니, 이것이 闕文이란 걸 안 것이다. 새 임금은 이미 제후의 조회를 받았고, 成王은 아직 殯禮를 하지 못한 상태인데, 史官이 어찌 한 마디 언급이 없을 수 있겠는가. -〔讀顧命之篇 見成王初喪之際 康王與其群臣 皆吉服而無哀痛之辭 以召公畢公之賢 反不及子産叔向 誠爲可疑 再四讀之 知其中有脫簡 - 不言殯禮 知是闕文 豈有新君 已朝諸侯 而成王尙未殯 史官略無一言記及者乎 -〕"라고 하였다. (《日知錄》 顧命)

1. 惟四月哉[151]生魄에 王이 不懌(역)하시다

　4월 哉生魄에 王이 몸이 편찮으셨다.

　　始生魄은 十六日이라 王有疾이라 故로 不悅懌이라하니라

　　始生魄은 16일이다. 왕이 병이 났기 때문에 '몸이 편찮으셨다.'라고 한 것이다.

　　字義　懌 : 기쁠 역

2. 甲子에 王이 乃洮頮水어시늘 相이 被冕服한대 憑玉几하시다

　甲子日에 王이 물로 손을 씻고 얼굴을 씻었거늘, 부축하는 사람이 冕服을 입히니, 王이 玉几에 기대셨다.

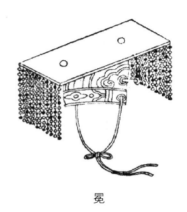

冕

　　王이 發大命, 臨群臣엔 必齊戒沐浴이로되 今疾病危殆라 故로 但洮盥頮面이어늘 扶相者被以袞冕하니 憑玉几以發命이라

　　왕이 大命을 발표할 때와 신하들을 대할 때에는 반드시 재계하고 목욕을 하는데, 지금은 질병이 위태하기 때문에 단지 손과 얼굴만을 씻었거늘, 부축하는 사람이 袞冕을 입히니, 王이 玉几에 기대어 명령을 발표한 것이다.

　　字義　洮 : 손씻을 조(도)　頮 : 세수할 회　相 : 부축할 상
　　　　　被 : 입을 피　冕 : 면류관 면　憑 : 기댈 빙
　　　　　几 : 안석 궤　袞 : 곤룡포 곤

玉几

3. 乃同召太保奭과 芮伯과 彤伯과 畢公과 衛侯와 毛公과 師氏와 虎臣과 百尹과 御事하시다

　이에 太保인 奭과 芮伯과 彤伯과 畢公과 衛侯와 毛公과 師氏와 虎臣과 百尹과

---

151 哉 : 始의 뜻이다.

御事들을 함께 부르셨다.

同召六卿하고 下至御治事者라 太保, 芮伯, 彤伯, 畢公, 衛侯, 毛公은 六卿也라
冢宰第一이니 召公領[152]之하고 司徒第二니 芮伯爲之하고 宗伯第三이니 彤伯爲
之하고 司馬第四니 畢公領之하고 司寇第五니 衛侯爲之하고 司空第六이니 毛公領
之라 太保, 畢, 毛는 三公兼也요 芮, 畢, 衛, 毛는 皆國名이니 入爲天子公卿이라 師
氏는 大夫官이요 虎臣은 虎賁氏요 百尹은 百官之長及諸御治事者라 平時則召六
卿하여 使帥(솔)其屬이나 此則將發顧命일새 自六卿至御事히 同以王命召也라

六卿과 아래로 일을 다스리는 자에 이르기까지 함께 부른 것이다. 太保와 芮伯과
彤伯과 畢公과 衛侯와 毛公은 六卿이다. 冢宰는 제1이니 召公이 거느리고, 司徒는
제2니 芮伯이 하고, 宗伯은 제3이니 彤伯이 하고, 司馬는 제4니 畢公이 거느리고,
司寇는 제5니 衛侯가 하고, 司空은 제6이니 毛公이 거느렸다. 太保와 畢公과 毛公
은 三公을 겸하였고, 芮·彤·畢·衛·毛는 모두 나라의 이름이니, 들어와서 천자의
公卿이 된 것이다. 師氏는 大夫의 벼슬이고, 虎臣은 虎賁氏이고, 百尹은 百官의 우
두머리와 여러 일을 다스리는 자들이다. 평상시에는 六卿을 불러 그 관속을 거느리
게 하는데, 이때에는 장차 顧命을 발표하려 하기 때문에 六卿으로부터 여러 일을
다스리는 자들에 이르기까지 함께 왕명으로 부른 것이다.

4. 王曰 嗚呼라 疾이 大漸惟幾하여 病日臻하여 旣彌留할새 恐不獲誓言嗣하여 兹予
審訓命汝[153]하노라

---

152 領 : 孔穎達은 "高官이 하급 관사의 일을 兼攝한 것을 漢世 이래로 領이라 일렀다. 그러므로 召
公·畢公·毛公에 대해서는 領을 말했다.〔高官兼攝下者 漢世以來謂之領 故召畢毛言領〕"라고 하였다.

153 病日臻……兹予審訓命汝 : 孔傳은 "〈행여 하루아침에 갑자기 죽음으로써〉信義를 맺어 말을 꺼
내서 나의 뜻을 제대로 이어지게 하지 못할까 두려웠기 때문에〔恐不得結信出言 嗣續我志〕"라고 풀
이하였는데, 이에 대하여 俞樾(《群經平議》)은 "傳의 뜻은 迂廻的이어서 經의 뜻이 아니다. '誓'와
'矢'는 옛날에 통용하였다. 《爾雅》〈釋詁〉에 「矢는 陳의 뜻이다.」라고 하였다. '嗣'는 응당 䛐로
적어야 하니, 바로 籀文의 '辭'자인 것이다. '병이 날로 더해가 이미 시일을 끌기 때문에 말을 진
달하지 못할까 싶어 이에 내가 자세히 살펴서 교훈하여 너희들에게 명하노라.'고 말한 것이다.
옛날 '辭'와 '嗣'는 聲音이 가까워 뜻이 통하였다. 〈大誥〉편에 '嗣其考我民'의 嗣는 응당 䛐로 읽
어야 하고, 여기에 '恐不獲誓言嗣'의 嗣는 응당 '辭'로 읽어야 하는데, 학자들은 대부분 本字로
읽어서 그 뜻을 잃었다.〔傳義迂廻 非經旨也 誓與矢 古通用 爾雅釋詁 矢陳也 嗣當作䛐 乃籀文辭字
言病日臻 旣彌留 恐不獲陳言辭 兹故審訓命汝也 古辭嗣字 聲近義通 大誥篇 嗣其考我民 嗣當讀爲
䛐 此云恐不獲誓言嗣 嗣當讀爲辭 學者多以本字讀之 失其旨矣〕"라고 하였다.

왕이 말씀하였다. "아. 질환이 크게 악화되어 위태로워져서 병만 나날이 찾아와 이미 더 심해지고 오래 시일을 끌기 때문에 맹세하는 말을 하여 〈내 뜻을〉 제대로 이어지게 하지 못할까 두려워서, 이에 내가 자세히 살펴서 교훈하여 너희들에게 명하노라.

此下는 成王之顧命也라 自嘆其疾이 大進惟危殆하여 病日至하여 旣彌甚而留連할새 恐遂死하여 不得誓言以嗣續我志하니 此我所以詳審發訓命汝라하니라 統言曰疾이요 甚言曰病이라

이 이하는 成王의 顧命이다. 스스로 탄식하기를 "질환이 크게 악화되어 위태로워져서, 병만 나날이 찾아와 이미 더 심해지고 시일을 끌기 때문에 마침내 죽어버려서, 맹세하는 말을 하여 나의 뜻을 제대로 이어지게 하지 못할까 두려우니, 이 때문에 내가 자세히 살펴서 교훈을 하여 너희들에게 명하노라."고 한 것이다. 통틀어 말하면 '疾'이라 하고, 심한 것으로 말하면 '病'이라 한다.

字義 漸 : 진전될 점 臻 : 이를 진 幾 : 위태로울 기 彌 : 더할 미 獲 : 얻을 획 嗣 : 이어질 사

5. 昔君文王武王이 宣重光하사 奠麗(리)陳敎하신대 則肄하고(하여) 肄不違하니(하여) 用克達殷일새(하여) 集大命[154]하시니라

옛날 임금님이신 文王과 武王께서 거듭 빛난 德을 베푸시어 〈백성들이〉 의지해 살 곳을 정해주고 교양의 정치를 펴시니, 백성들이 열심히 익혔고, 교훈을 열심히 익히어 어기지 아니하니 〈천하가 점점 교화해가〉 능히 殷나라에 도달해서 〈교양의 효과가 극도로 펼쳐지자〉 大命(天命)을 〈周나라에〉 집중시키는 결과를 가져왔다.

武猶文을 謂之重光은 猶舜如堯를 謂之重華也라 奠은 定이요 麗는 依也라 言文武 宣布重明之德하여 定民所依하고 陳列敎條한대 則民習服하여 習而不違하니 天下化 之하여 用能達於殷邦하여 而集大命於周也라

武王이 文王과 같음을 重光이라 이른 것은 舜임금이 堯임금과 같음을 重華라 이른 것과 같다. 奠은 定의 뜻이요, 麗는 依의 뜻이다. 文王과 武王이 거듭 밝은 덕을

---

154 奠麗陳敎……集大命 : 孔傳은 "〈文王과 武王께서〉 天命을 정하고 교훈을 베푸는 일에 勤勞하였고, 비록 수고로웠으나 道를 어기지 않았기 때문에 능히 그 大命을 이루었다는 것이다.〔定天命施陳敎 則勤勞 雖勞而不違道 故能通殷爲周 成其大命〕"라고 풀이하였다.

선포하여 백성들이 의지할 곳을 정해주고 教條를 진열하자, 백성들이 열심히 익혀 교양의 정치를 어기지 아니하니, 천하가 교화되어가 능히 殷나라에 도달해서 〈교양의 효과가 극도로 펼쳐지자〉大命을 周나라에 집중시켰다고 말한 것이다.

字義 奠 : 정할 전　麗 : 의지할 리　肄 : 익힐 예　達 : 도달할 달　服 : 복종할 복

6. 在後之侗하여 敬迓天威하여 嗣守文武大訓하여 無敢昏逾하노라(호라)

뒤에 태어난 어리석은 나에 있어서는 하늘의 위엄을 경건히 맞이하여 文王과 武王의 큰 교훈을 이어 지켜서 감히 혼매한 짓을 하거나 넘치는 행동을 한 적이 없었노라.

侗은 愚也니 成王自稱이라 言其敬迎上天威命하여 而不敢少忽하고 嗣守文武大訓하여 而無敢昏逾라 天威는 天命也요 大訓은 述天命者也라 於天에 言天威하고 於文武에 言大訓이나 非有二也니라

侗은 愚의 뜻이니, 成王이 스스로를 칭한 것이다. 上天의 威命을 경건히 맞이해서 감히 소홀히 하지 아니하고, 文王과 武王의 大訓을 이어 지켜서 감히 혼매한 짓을 하거나 넘치는 행동을 한 적이 없었음을 말한 것이다. 天威는 바로 天命이고, 大訓은 天命을 기술한 것이다. 하늘에 대해서는 天威를 말하고, 文王과 武王에 대해서는 大訓을 말했으나, 두 가지가 있는 것은 아니다.

字義 侗 : 어리석을 동　迓 : 맞을 아　逾 : 넘을 유　愚 : 어리석을 우　迎 : 맞을 영

7. 今天이 降疾하사 殆弗興弗悟로소니 爾尙明時朕言하여 用敬保元子釗(소)하여 弘濟于艱難¹⁵⁵하라

지금 하늘이 병을 내리시어 〈병세가 몹시〉 위태로워서 일어날 수도 없고 깨달을 수도 없게 되었으니, 너희들은 부디 이와 같은 나의 말을 밝게 준용해서 元子인 釗를 경건히 보호하여 크게 艱難을 구제하도록 하라.

釗는 康王名이라 成王言 今天이 降疾我身하여 殆將必死라 弗興弗悟로소니 爾庶幾明是我言하여 用敬保元子釗하여 大濟于艱難하라하니라 曰元子者는 正其統也라

釗는 康王의 이름이다. 成王이 "지금 하늘이 내 몸에 병을 내려서 〈병세가 몹시〉

---

155 弘濟于艱難 : 孔傳은 '德政을 열심히 펼치라는 것[勤德政]'으로 보았다.

위태로워 장차 반드시 죽을 판이라, 일어날 수도 없고 깨달을 수도 없게 되었으니, 너희들은 부디 이와 같은 나의 말을 밝게 준용해서 元子인 釗를 경건히 보호하여 크게 艱難을 구제하도록 하라."고 말씀한 것이다. 元子라고 말한 것은 그 王統을 바르게 하기 위한 것이다.

8. 柔遠能邇하며 安勸小大庶邦하라

멀리 있는 사람들을 회유하고 가까이 있는 사람들을 잘 길들이며, 작고 큰 여러 나라들을 안녕을 누리게 하고 권면하여 인도하도록 하라.

懷來馴擾하고 安寧勸導는 皆君道所當盡者라 合遠邇小大而言은 又以見(현)君德所施 公平周溥하여 而不可有所偏滯也니라

회유해 오게 하고 잘 길들이며, 안녕을 누리게 하고 권면하여 인도하는 것은 모두 임금의 도리에 마땅히 다해야 할 것들이다. 遠邇와 小大를 싸잡아서 말한 것은 또 임금의 덕을 베푸는 바가 公平하고 두루 고르게 미쳐서 편벽되고 막히는 바가 있어서는 안 됨을 나타내 보인 것이다.

字義 柔 : 회유할 유 邇 : 가까울 이 能 : 잘할 능 懷 : 회유할 회 馴 : 길들일 순 擾 : 길들일 요
溥 : 넓을 부 滯 : 막힐 체

9. 思[156]夫人[157]은 自亂于威儀니 爾無以釗로 冒貢于非幾[158]하라

생각하건대, 사람은 스스로 威儀를 다스려야 하니, 너희들은 釗가 不善의 기미 쪽으로 무턱대고 나아가는 일이 없도록 하라."

亂은 治也라 威者는 有威可畏요 儀者는 有儀可象이니 擧一身之則(칙)而言也라 蓋人이 受天地之中以生이라 是以로 有動作威儀之則이니 成王이 思夫人之所以爲人者는 自治於威儀耳라 自治云者는 正其身而不假於外求也라 貢은 進也라 成王이 又言 群臣은 其無以元子而冒進於不善之幾也라 蓋幾者는 動之微而善惡之所由分也니 非幾는 則發於不善而陷於惡矣라 威儀는 擧其著於外者而勉之也요 非幾는

---

156 思 : 孔傳은 '群臣이 생각해야 하는 것'으로, 蔡傳은 '成王이 생각하는 것'으로 보았다.

157 夫人 : 孔傳은 '사람마다'로, 林之奇는 康王으로 보고, 蔡傳은 夫를 虛字로 보았다.

158 非幾 : 孔傳은 '그릇된 일과 위험한 일[非危之事]'로 풀이하였다.

擧其發於中者而戒之也라 威儀之治 皆本於一念一慮之微하니 可不謹乎아 孔子
所謂知幾와 子思所謂謹獨과 周子所謂幾善惡¹⁵⁹者 皆致意於是也라 成王垂絶
之言에 而拳拳及此하니 其有得於周公者 亦深矣라

亂은 다스리는 것이다. 威는 두려워할 만한 위엄이 있는 것이고, 儀는 본받을 만
한 儀表가 있는 것이니, 한 몸의 법칙을 들어 말한 것이다. 대개 사람은 천지의 이
치를 받아 태어난다. 이 때문에 動作과 威儀의 법칙이 있는 것이니, 成王은 사람이
사람답게 되는 것은 스스로 위의를 다스리기 때문이라고 생각한 것이다. "스스로
다스린다."는 것은 자기 몸을 바르게 하는 것이지, 밖에서 빌려 구하지 않는 것이
다. 貢은 나아가는 것이다. 成王은 또 "여러 신하들은 元子가 不善의 기미 쪽으로
무턱대고 나아가는 일이 없도록 하라."고 말씀하였다. 대개 幾는 動의 기미로서 善
과 惡이 그로 말미암아 나누어지는 것이니, 非幾는 不善에서 발현해서 惡에 빠지는
것이다.

威儀는 밖에 드러나는 것을 들어 권면한 것이고, 非幾는 마음속에서 발현하는 것
을 들어 경계한 것이다. 威儀의 다스림이 모두 一念一慮의 미세한 것에 근본을 하
니, 삼가지 않을 수 있겠는가. 孔子의 이른바 "기미를 안다."는 것과, 子思의 이른바
"자기만 아는 곳을 삼간다."는 것과, 周子의 이른바 "幾는 善과 惡이 말미암아 나누
어지는 바다."라는 것이 모두 여기에 뜻을 다한 것이다. 成王이 임종 당시에 하신
말씀이 친절하게도 여기까지 미쳤으니, 周公에게서 영향을 받은 것이 또한 깊었다.

○蘇氏曰 死生之際는 聖賢之所甚重也라 成王將崩之一日에 被冕服하고 以見
百官하여 出經遠保世之言하니 其不死於燕安婦人之手也 明矣라 其致刑措 宜
哉인저하니라

○蘇氏가 말하였다. "死生의 갈림길은 聖賢이 매우 중하게 여기는 것이다. 成王
이 승하하기 하루 전에 冕服을 입고 백관을 만나보며 원대한 계략과 세상을 보존할
일에 대한 말씀을 하셨으니, 부녀자의 손에서 편안히 운명하지 않은 것이 분명하

---

159 孔子所謂知幾……周子所謂幾善惡 : '知幾'는 《周易》〈繫辭傳 下〉의 '知幾其神(기미를 앎이 그 신
묘할 것이다.)'을, '謹獨'은 《中庸》의 '君子愼其獨(군자는 자기만 아는 곳을 삼간다.)'을 가리킨다. '幾
善惡'은 周濂溪(周敦頤)의 《通書》에 보이는데, 이에 대하여 朱子는 "'幾'란 움직이는 기미로서 善
과 惡이 말미암아 나뉘는 바이다. 대개 人心의 미세한 것에서 움직이면 天理가 응당 發見되고
人欲 또한 벌써 그 사이에 싹튼 것이니, 이는 陰陽의 형상이다.〔幾者 動之微 善惡之所由分也 蓋動於
人心之微 則天理固當發見 而人欲亦已萌乎其間矣 此陰陽之象也〕"라고 풀이하였다.

다. 따라서 형벌을 쓰지 않는 태평성세를 이룬 것이 마땅하도다.”

[字義] 亂 : 다스릴 란   冒 : 무릅쓸 모   貢 : 나갈 공   幾 : 기미 기   假 : 빌릴 가   陷 : 빠질 함
拳 : 생각할 권   燕 : 편안할 연   措 : 버려둘 조

10. 茲旣受命還커늘 出綴(추)衣于庭하니 越翼日乙丑에 王이 崩하시다

〈太保 등이〉 이미 명을 받고 돌아가자, 綴衣를 路寢의 뜰에 내놓았는데, 다음날 乙丑日에 왕이 승하하셨다.

綴衣는 幄帳也니 群臣旣退에 徹出幄帳於庭이라 喪大記云 疾病이어든 君徹懸하고 東首160於北牖下 是也라 於其明日에 王崩이라

綴衣는 휘장이니, 신하들이 이미 물러가자, 휘장을 거두어 뜰에 내놓았다. 《禮記》〈喪大記〉에 “임금이 병이 위중해지면 매달아 놓은 악기를 철거하고 북쪽 창문 아래에 동쪽으로 머리를 두른다.”는 것이 이것이다. 그 다음날 성왕이 승하하신 것이다.

[字義] 綴 : 꿰맬 철   幄 : 장막 악   帳 : 휘장 장   徹 : 거둘 철   懸 : 달 현   牖 : 바라지 유

11. 太保命仲桓, 南宮毛하여 俾爰齊侯呂伋으로 以二干戈와 虎賁百人으로 逆子釗於南門之外161하여 延入翼室하여 恤宅宗①하시다

---

160 東首 : 陳澔의 주석에 “東首는 生氣의 방향으로 머리를 두르는 것은 생기가 다시 돌아와서 살아날 희망을 갖기 위한 것이다.”라고 하였고, 《論語》〈鄕黨〉의 “君視之東首”에 대한 朱子의 集註에도 “‘동쪽으로 머리를 두른다.’는 것은 生氣를 받기 위해서이다.”라고 하였다.

161 俾爰齊侯呂伋……逆子釗於南門之外 : 孔傳은 “각각 干戈를 齊侯인 呂伋의 〈처소에서〉 가지고 虎賁 100명을 찾아내서 다시 새로 문 밖에서 맞이하게 했다.〔各執干戈於齊侯呂伋 索虎賁百人 更新逆門外〕라고 풀이하였는데, 이에 대하여 兪樾《群經平議》은 《爾雅》〈釋詁〉에 「俾」는 「使」의 뜻이다.’라고 하고, 또 ‘「俾」는 「從」의 뜻이다.’라고 하였다. 이 經文의 ‘俾’자는 응당 ‘從’의 뜻으로 풀이해야 하니, ‘俾爰齊侯呂伋’은 齊侯인 呂伋을 따른 것이다. 아마 桓·毛 및 呂伋 세 사람은 모두 命을 받고 太子인 釗를 맞이한 모양이다. 桓·毛 두 신하를 먼저 적은 것은 王人인지라 外人을 內人보다 먼저 적을 수 없었기 때문이었을 것이다. 齊侯를 따른 것은 齊侯는 높은 신분인지라 낮은 신분으로 높은 신분에 임할 수 없었기 때문이었을 것이다. 그런데 枚傳은 ‘俾’자만 만나면 무조건 모두 ‘使’의 뜻으로 풀이하여 결국 齊侯인 呂伋의 〈처소에서〉 虎賁을 찾아낸 것으로 여기게 되었고, 따라서 억측으로 말하기를 ‘伋은 天子의 虎賁氏가 되었다.’고 하였으니, 虎賁氏는 下大夫인데, 齊侯가 달갑게 할 수 있는 직책이었던가. 또 윗글에서 이미 命을 말해놓고서 이 문단의 ‘俾’자를 또 ‘使’의 뜻으로 풀이한다면, 이는 ‘仲桓과 南宮毛에게 명하여 齊侯인 呂伋의 〈처소에서〉 하도록 한 것’이 되는데, 문장에 있어서 〈命〉자와 〈使〉자가 겹치지 않겠는가. 이것으로 經文의 뜻이 아니라는 점을 알 수 있다.〔爾雅釋詁 俾使也 又曰 俾從也 此經俾字 當訓爲從 俾爰齊侯

① 書經 恤宅宗 : 恤宅에 宗主가 되시게 하였다.(於恤宅宗)

一般 宗恤宅 : 恤宅에 宗主가 되시게 하였다.(宗於恤宅)

* 經文은 宗을 동사로 쓴 것인데, 孔傳은 '爲天下宗主'로 蔡傳은 '爲憂居宗主'로 다같이 爲를
붙여서 풀이하여 宗을 명사로 만들어놓았다.

太保가 仲桓과 南宮毛에게 명하여 齊侯인 呂伋으로 하여금 干戈 둘과 虎賁 백
명으로 太子 釗를 南門의 밖에서 맞이하여, 翼室로 인도해 들어와 恤宅(廬幕)의
종주가 되게 하였다.

桓, 毛는 二臣名이라 伋은 太公望子니 爲天子虎賁氏라 延은 引也라 翼室은 路寢旁
左右翼室也라 太保以冢宰攝政하여 命桓毛二臣하여 使齊侯呂伋으로 以二干戈虎
賁百人으로 逆太子釗于路寢門外하여 引入路寢翼室하여 爲憂居[162]宗主也라 呂氏
曰 發命者는 冢宰요 傳命者는 兩朝臣이요 承命者는 勳戚顯諸侯라 體統尊嚴하고 樞
機周密하니 防危慮患之意 深矣라 入自端門하여 萬姓咸覩는 與天下共之也요 延
入翼室하여 爲憂居之宗은 示天下不可一日無統也라 唐穆敬文武以降으로 閹寺(엄시)
執國命하여 易主於宮掖하되 而外廷猶不聞하니 然後에 知周家之制 曲盡備豫하여
雖一條一節이라도 亦不可廢也로라하니라

桓과 毛는 두 신하의 이름이다. 伋은 太公 望의 아들이니, 천자국의 虎賁氏가 되
었다. 延은 引의 뜻이다. 翼室은 路寢 곁에 있는 左右의 翼室이다. 太保가 冢宰로
서 攝政하여 桓·毛 두 신하에게 명해서 齊侯인 呂伋으로 하여금 干戈 둘과 虎賁
백 명으로 太子 釗를 路寢門 밖에서 맞이하여 路寢의 翼室로 인도해 들어와 憂居
의 종주가 되게 한 것이다.

呂氏가 말하였다. "명령을 낸 이는 冢宰요, 명령을 전달한 이는 두 朝臣이요, 명
령을 받든 이는 공로가 있는 외척으로 드러난 제후였다. 체통이 존엄하고 樞機가
周密하였으니, 위험을 막고 화를 염려한 뜻이 깊었다. 端門(궁전의 정문)으로부터 들
어와 만백성이 모두 보게 한 것은 온 천하와 함께 한 것이고, 翼室로 인도해 들어

呂伋者 從於齊侯呂伋也 蓋桓毛及呂伋三人 皆受命逆子釗 先書桓毛二臣者 王人也 不以外先內也 從於齊侯
者 齊侯尊也 不以卑臨尊也 枚傳遇倅字 皆訓爲使 遂謂使於齊侯呂伋 索虎賁 因臆爲之說曰 伋爲天子虎賁氏
夫虎賁氏 下大夫 豈齊侯所宜爲歟 且上文旣言命矣 此文倅字 又訓使 則是命仲桓南宮毛 使於齊侯呂伋 是命
仲桓南宮毛 使於齊侯呂伋 於文無乃複歟 可知其非經旨矣)"라고 하였다.

162 憂居 : 喪을 당하여 기거하는 廬幕과 같은 뜻이다.

와 憂居의 종주가 되게 한 것은 천하에 하루라도 통솔자가 없어서는 안 된다는 점을 보여준 것이다. 唐나라는 穆宗·敬宗·文宗·武宗 이후로 閹寺(환관)들이 나라의 정권을 잡아 宮掖(궁중)에서 임금을 바꿔도 밖의 조정에서는 외려 듣지 못하였으니, 이러한 뒤에야 周나라의 제도가 곡진하고 미리 대비한 것이므로, 비록 한 조목과 한 절목이라도 또한 폐기할 수 없는 것임을 알았다."

字義　俾：하여금 비　逆：맞을 역　延：인도할 연　樞：중추 추　機：기관 기　閹：내시 엄
　　　寺：내시 시　掖：대궐곁담 액

12. 丁卯에 命作冊度하니라(하시다)

丁卯日에 〈史官에게〉 명하여 冊書와 法度를 만들게 하였다.

命史爲冊書法度하여 傳顧命於康王이라
　史官에게 명하여 冊書와 法度를 만들게 해서 顧命을 康王에게 전하였다.

13. 越七日癸酉에 伯相이 命士須[163]材하니라

7일이 지난 癸酉日에 伯相(召公)이 士에게 명하여 材木을 취하도록 하였다.

伯相은 召公也니 召公이 以西伯爲相이라
須는 取也니 命士取材木하여 以供喪用이라
　伯相은 召公이니, 召公이 西伯으로 相(정승)이 되었다. 須는 取의 뜻이니, 士에게 명하여 材木을 취하여 喪用에 이바지하도록 한 것이다.

命作冊度圖

字義　越：및 월　須：취할 수　相：정승 상

14. 狄이 設黼扆綴(추)衣하니라

---

163 須：孔傳은 待(준비하다)의 뜻으로 보았다.

狄이 黼扆와 綴衣를 설치하였다.

狄은 下士라 祭統云 狄者는 樂吏之賤者也라하고 喪大記에 狄人이 設階라하니 蓋供
喪役而典設張之事者也라 黼扆는 屛風畫爲斧文者니 設黼扆幄帳하여 如成王生
存之日也라

　狄은 下士다.《禮記》〈祭統〉에 "狄은 樂吏
의 천한 자다."라고 하였고, 〈喪大記〉에 "狄
人이 계단을 설치한다."라고 하였으니, 아마
喪役에 이바지하여 장막 같은 것을 설치하는
일을 주관한 사람이었던 것 같다. 黼扆는 병
풍에 도끼 문양을 그린 것이니, 黼扆와 幄帳
을 설치하여 成王이 생존했던 날과 같게 꾸민
것이다.

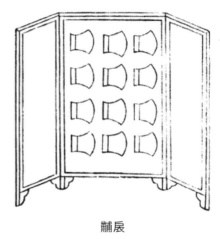

黼扆

字義　設 : 베풀 설　黼 : 보불 보　扆 : 병풍 의
　　　綴 : 꿰맬 추　畫 : 그림 화　斧 : 도끼 부

15. 牖間에 南嚮하여 敷重篾席黼純(준)하고(하니) 華玉仍几[①]러라

①書經 華玉仍几 : 화려한 玉으로 꾸민 几는 생시에 설치한 그대로 두었다.
一般 仍華玉几 : 화려한 玉으로 꾸민 几는 생시에 설치한 그대로 두었다.

　바라지 사이에 남쪽으로 향하여 포개어 깐 篾席은 흰색과 검은색이 섞인 비단으
로 선을 둘렀고, 화려한 玉으로 꾸민 几는 생시에 설치한 그대로 두었다.

此는 平時見群臣覲諸侯之坐也라 敷設重席은 所謂天子之席[164]三重者也라 篾席은
桃竹枝席[165]也라 黼는 白黑雜繒이요 純은 緣也라 華는 彩色也니 華玉以飾几라 仍은

──────────

164 天子之席 :《周禮》에는 三重,《禮記》에는 五重으로 되어 있는데, 三重은 莞筵을 땅에 깔고 莞筵
위에 繅席, 繅席 위에 次席을 깔았으며, 五重은 땅에 莞席을 깔고 그 위에 蒲席, 次席, 繅席, 熊
席을 차례로 덧깔았다.

165 桃竹枝席 :《蔡傳旁通》에 "'桃竹枝'는 응당 '桃枝竹'이 되어야 하니, '桃枝'는 대나무 이름으로 껍
질이 매끄러워서 자리를 만들기에 알맞다."라고 하였다. 孔安國은 '篾席'을 '桃枝席'으로 여기고,
鄭玄도 '次席'을 '桃枝席'으로 여겼다. 呂祖謙은 "'篾席'을 孔安國은 '桃枝竹'으로 여겼고, 鄭玄의

因也니 因生時所設也라 周禮에 吉事變几하고 凶事仍
几 是也라

여기는 평시에 신하들을 만나보고 제후들의 조회를
받는 자리다. 重席을 깐 것은 이른바 "천자의 자리는
삼중이었다."라는 것이다. 篾席은 桃枝의 대로 만든
자리다. 黼는 백색과 흑색이 섞여 있는 비단이고, 純은
선을 두른 것이다. 華는 채색이니, 화려한 玉으로 几를
꾸민 것이다. 仍은 因의 뜻이니, 생시에 설치한 그대로
따른 것이다. 《周禮》〈春官 司几筵〉에 "吉事(祭禮)에는
几를 변경하고 凶事(喪禮)에는 几를 그대로 둔다."는
것이 이것이다.

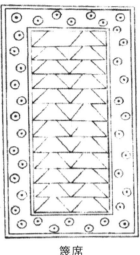

篾席

字義 牖 : 바라지 유 嚮 : 향할 향 敷 : 펼 부 重 : 포갤 중 篾 : 대껍질 멸 純 : 선두를 준
仍 : 인할 잉 几 : 안석 궤 覲 : 조회할 근 桃 : 복숭아 도 繒 : 비단 증 緣 : 선두를 연
彩 : 채색 채 飾 : 꾸밀 식 因 : 인할 인

16. 西序에 東嚮하여 敷重底席綴純(추준)하고(하니) 文貝仍几러라

西序에 동쪽으로 향하여 포개어 깐 底席은 여러 가지 채색으로 선을 둘렀고, 무
늬 있는 자개로 꾸민 几는 생시에 설치한 그대로 두었다.

此는 旦夕聽事之坐也라 東西廂을 謂之序라 底席은 蒲席也라 綴는 雜彩라 文貝는
有文之貝니 以飾几也라

여기는 아침저녁으로 정무를 보는 자리다. 東·西의 廂을 '序'라 이른다. 底席은
부들로 만든 자리다. 綴는 여러 가지 채색이다. 文貝는 무늬 있는 貝類니, 이것으로
几를 꾸민 것이다.

17. 東序에 西嚮하여 敷重豐席畫純하고(하니) 雕玉仍几러라

東序에 서쪽으로 향하여 포개어 깐 豐席은 채색으로 선을 둘렀고, 아로 새긴 玉

<hr>

때에는 孔傳이 아직 출현하지 않았는데, 그가 《周禮》를 해석할 때에도 역시 '次席'을 이 대(竹)로
여겼으니, 아마 한 물건일 것이다.〔篾席孔安國以爲桃枝竹 鄭玄之時 孔傳未出 其釋周禮 亦以次席爲此
竹 蓋一物也〕"라고 하였다.

으로 꾸민 几는 생시에 설치한 그대로 두었다.

> 此는 養國老, 饗群臣之坐也라 豐席은 筍席[166]也라 畫는 彩色이라 雕는 刻鏤也라
>
> 여기는 國老를 대접하고 신하들에게 연향을 베푸는 자리다. 豐席은 왕골자리다. 畫는 채색이다. 雕는 조각한 것이다.
>
> 字義 雕 : 조각할 조 饗 : 향연 향 筍 : 죽순 순 畫 : 그림 화 刻 : 새길 각 鏤 : 새길 루

18. 西夾에 南嚮하여 敷重筍席玄紛純하고(하니) 漆仍几러라

西夾에 남쪽으로 향하여 포개어 깐 筍席은 검은색을 섞어서 선을 둘렀고, 옻칠을 한 几는 생시에 설치한 그대로 두었다.

> 此는 親屬私燕之坐也니 西廂夾室之前이라 筍席은 竹席也라 紛은 雜也니 以玄黑之色으로 雜爲之緣이라 漆은 漆几也라 牖間兩序西夾에 其席有四하니 牖戶之間을 謂之扆라 天子는 負扆朝諸侯하니 則牖間南嚮之席은 坐之正也요 其三席은 各隨事以時設也라 將傳先王顧命에 知神之在此乎아 在彼乎아 故로 兼設平生之坐也니라
>
> 여기는 親屬에게 사적으로 잔치를 베푸는 자리니, 바로 西廂 夾室의 앞이다. 筍席은 대자리다. 紛은 雜의 뜻이니, 검은 색깔을 섞어서 선을 두른 것이다. 漆은 옻칠을 한 几다. 바라지의 사이와 두 序(西序와 東序)와 西夾에 합하여 자리가 넷이 있으니, 바라지의 사이를 扆라 이른다. 天子는 扆를 등지고 諸侯의 조회를 받으니, 바라지의 사이에 남쪽으로 향한 자리는 고정된 자리이고, 그 나머지 세 자리는 각각 일에 따라 수시로 설치하는 자리이다. 장차 先王의 顧命을 전하려 할 때에 神이 여기에 있는지 저기에 있는지 알 수 있겠는가. 그러므로 평소의 자리를 모두 겸하여 설치한 것이다.
>
> 字義 紛 : 섞을 분 漆 : 옻칠 燕 : 잔치 연 廂 : 줄행랑 상 夾 : 곁 협 負 : 질 부 朝 : 조회 조

19. 越玉五重하며 陳寶하니 赤刀와 大訓과 弘璧과 琬琰은 在西序하고 大玉과 夷玉과 天球와 河圖는 在東序하고 胤之舞衣와 大貝와 鼖鼓는 在西房하고 兌之戈와 和之弓과 垂之竹矢는 在東房하더라

---

166 筍席 : 陳師凱(《書蔡氏傳旁通》)는 '筍'은 莞(왕골)이어야 한다고 주장하였다.

그리고 玉을 5重으로 진열하고 보물을 진열하였으니, 赤刀와 大訓과 弘璧(璧玉)과 琬琰은 西序에 두고, 大玉(큰 옥)과 夷玉(보통 옥)과 天球와 河圖는 東序에 두고, 胤나라에서 만든 舞衣와 大貝(큰 貝類)와 鼖鼓(큰 북)는 西房에 두고, 兌가 만든 창과 和가 만든 활과 垂가 만든 대 화살은 東房에 두었다.

於東西序坐北에 列玉五重하고 及陳先王所寶器物이라 赤刀는 赤削也라 大訓은 三皇五帝之書니 訓誥亦在焉이요 文武之訓을 亦曰大訓이라 弘璧은 大璧也요 琬琰은 圭名이라 夷는 常也요 球는 鳴球也라 河圖는 伏羲時에 龍馬負圖하고 出於河하니 一六位北하고 二七位南하고 三八位東하고 四九位西하고 五十居中者니 易大傳所謂河出圖是也라 胤은 國名이니 胤國所制舞衣라 大貝는 如車渠[167]라 鼖鼓는 長八尺이라 兌和는 皆古之巧工이요 垂는 舜時共工이라 舞衣, 鼖鼓, 戈弓, 竹矢는 皆制作精巧하여 中法度라 故로 歷代傳寶之하니라 孔氏曰 弘璧, 琬琰, 大玉, 夷玉, 天球는 玉之五重也라하고 呂氏曰 西序所陳은 不惟赤刀弘璧이라 而大訓參之하고 東序所陳은 不惟大玉夷玉이라 而河圖參之하니 則其所寶者를 斷可識矣라하니라 愚謂寶玉器物之陳은 非徒以爲國容觀美라 意者컨대 成王平日之所觀閱로 手澤在焉하니 陳之는 以象其生存也라 楊氏中庸傳曰 宗器를 於祭陳之는 示能守也요 於顧命陳之는 示能傳也라하니라

東序와 西序의 자리 북쪽에 玉을 5重으로 진열하고 先王이 보물로 여긴 기물을 진열한 것이다. 赤刀는 붉은 削刀이다. 大訓은 三皇과 五帝의 글이니, 訓誥가 또한 여기에 들어 있으며, 文王과 武王의 교훈을 또한 '大訓'이라 한다. 弘璧은 큰 璧玉이다. 琬琰은 圭의 이름이다. 夷는 常(보통)의 뜻이요, 球는 鳴球(石磬)이다. 河圖는 伏羲氏 때에 龍馬가 그림을 등에 지고 河水에서 나오니, 1·6의 숫자는 북쪽에 위치하고 2·7의 숫자는 남쪽에 위치하고 3·8의 숫자는 동쪽에 위치하고 4·9의 숫자는 서쪽에 위치하고 5·10의 숫자는 중앙에 위치하였다. 이는 《周易》의 大傳에 이른바 "河에서 圖가 나왔다."는 것이 바로 이것이다. 胤은 나라의 이름이니, 胤나라에서 만

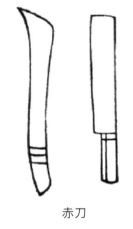

赤刀

---

167 車渠 : 큰 조개의 이름인데, 껍데기 표면에 수레바퀴 모양의 고랑이 있다. 孔疏에는 "車渠'는 바로 車輨(수레)라고 하였다.

든 춤출 때 입는 옷이다. 大貝는 車渠와 같은 것이다.
鼖鼓는 길이가 8척이다. 兌와 和는 모두 옛날의 교묘
한 솜씨를 가진 工人이며, 垂는 帝舜 때의 共工이다.
舞衣와 큰 북과 창과 활과 대 화살은 모두 제작이 정교
하여 법도에 맞으므로 역대로 전하여 보물로 여긴 것
이다.

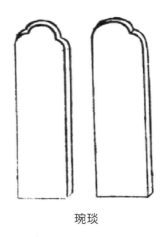
琬琰

孔氏는 말하기를 "弘璧과 琬琰과 大玉과 夷玉과 天
球는 5重의 玉이다."라고 하였고, 呂氏(呂祖謙)는 말하
기를 "西序에 진열된 것은 단지 赤刀와 弘璧만이 아니
라 大訓이 들어 있었으며, 東序에 진열된 것은 단지 大
玉과 夷玉만이 아니라 河圖가 들어 있었으니, 그렇다면 그 보물로 여긴 것을 결단
코 알 수 있다."라고 하였다.

나는 생각하건대, 寶玉과 器物을 진열한 것은 한갓 나라의 위용을 보기에 아름답
게 하려는 의도뿐만이 아니었고, 짐작컨대 成王이 평소에 보던 것으로 손때가 남아
있으니, 이것을 진열한 까닭은 그 생존함을 형상하기 위한 것일 게다. 楊氏(楊時)의
《中庸傳》에 "宗器를 제사 지낼 때에 진열한 까닭은 잘 지키고 있음을 보이는 것이
고, 顧命할 때에 진열하는 까닭은 잘 전하고 있음을 보이는 것이다."라고 하였다.

字義 越 : 및 월 璧 : 구슬 벽 琬 : 아름다운옥 원(완) 琰 : 아름다운옥 염 鼖 : 큰북 분

20. 大輅는 在賓階하여 面하고 綴(추)輅는 在阼階하여 面하고 先輅는 在左塾之前하고
次輅는 在右塾之前하더라

大輅는 賓階(서쪽 뜰)에 놓여 남쪽으로 향하고, 綴輅는 阼階(동쪽 뜰)에 놓여 남쪽
으로 향하고, 先輅는 左塾의 앞에 놓여있고, 次輅는 右塾의 앞에 놓여있었다.

大輅는 玉輅也요 綴輅는 金輅也요 先輅는 木輅也요 次輅는 象輅와 革輅也라 王之
五輅[168]에 玉輅는 以祀不以封하니 爲最貴요 金輅는 以封同姓하니 爲次之요 象輅는
以封異姓하니 爲又次之요 革輅는 以封四衛하니 爲又次之요 木輅는 以封蕃國하니
爲最賤이라 其行也는 貴者宜自近이요 賤者宜遠也라 王乘玉輅하니 綴之者는 金輅

---

168 五輅 : 玉輅·金輅·象輅·革輅·木輅를 이른다. 玉輅·金輅·象輅는 玉·金·象牙로 각각 수레의
끝을 장식한 것이고, 革輅는 가죽으로 위를 덮고 옻칠한 것이며, 木輅는 단지 옻칠만 한 것이다.

也라 故로 金輅를 謂之綴輅요 最遠者는 木輅也라 故로 木輅를 謂之先輅라 以木輅
爲先輅면 則革輅, 象輅 爲次輅矣라 賓階는 西階也요 阼階는 東階也라 面은 南嚮
也라 塾은 門側堂也라 五輅陳列은 亦象成王之生存也라 周禮典路云 若有大祭祀면
則出路하고 大喪, 大賓客에도 亦如之라하니 是大喪出輅는 爲常禮也라 又按 所陳
寶玉器物을 皆以西爲上者는 成王殯이 在西序故也라

大輅는 玉輅요, 綴輅는 金輅요, 先輅는 木輅요, 次輅는 象輅와 革輅다. 왕의 5輅
중에 玉輅는 제사에만 쓰고 封하는 데는 쓰지 않으니 가장 귀한 것이고, 金輅는 同
姓을 봉할 때에 쓰니 그 다음 귀한 것이고, 象輅는 異姓을 봉할 때에 쓰니 또 그 다
음 귀한 것이고, 革輅는 四衛를 봉할 때에 쓰니 또 그 다음 귀한 것이고, 木輅는 蕃
國을 봉할 때에 쓰니 가장 천한 것이다. 그 行列에는 귀한 것은 자연 가까이 있어야
하고 천한 것은 응당 멀리 있어야 한다.

왕은 玉輅를 타니 그 아래를 연계하는 것은 金輅였기 때문에 金輅를 '綴輅'라 하
였고, 가장 멀리 있는 것은 木輅였기 때문에 木輅를 '先輅'라 한 것이다. 木輅를 先
輅라 했으면 革輅와 象輅가 자연 次輅가 되는 것이다. 賓階는 서쪽 계단이고, 阼階
는 동쪽 계단이다. 面은 남쪽으로 향하는 것이다. 塾은 문 곁에 있는 堂이다. 5輅의
진열은 또한 成王이 생존함을 형상한 것이다.

《周禮》〈春官 典路〉에 "만일 큰 제사가 있을 경우에는 輅車를 내놓고, 큰 초상과
큰 빈객의 경우에도 이와 같이 한다."라고 하였으니, 이 大喪에서 輅車를 내놓는 것
은 常禮인 것이다. 또 살펴보건대, 진열한 寶玉과 器物을 모두 서쪽으로 윗자리를
삼은 것은 成王의 빈소가 西序에 있기 때문이었다.

字義 輅 : 천자가 타는 수레 로   塾 : 사랑채 숙   阼 : 동쪽섬돌 조   側 : 곁 측   殯 : 빈소 빈

21. 二人은 雀弁으로 執惠하여 立于畢門之內하고 四人은 綦弁으로 執戈上刃하여 夾
兩階戺하고 一人은 冕으로 執劉하여 立于東堂하고 一人은 冕으로 執鉞하여 立于西
堂하고 一人은 冕으로 執戣하여 立于東垂하고 一人은 冕으로 執瞿하여 立于西垂하고
一人은 冕으로 執(銳)〔鈗〕하여 立于側階하더라

두 사람은 雀弁 차림으로 惠(세모진 창)를 가지고 畢門의 안에 서 있고, 네 사람은
綦弁(얼룩무늬 두건) 차림으로 창을 가지되 칼날이 밖으로 향하게 하여 두 계단의 섬
돌에 좌우로 늘어서 있고, 한 사람은 冕服 차림으로 劉를 가지고 東堂에 서 있고,
한 사람은 면복 차림으로 도끼를 가지고 西堂에 서 있고, 한 사람은 면복 차림으로

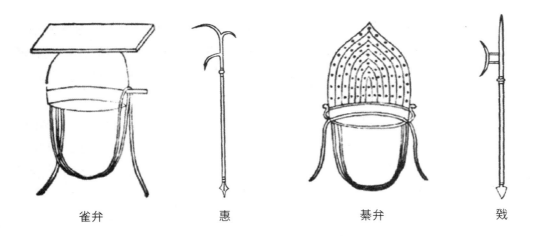

雀弁   惠   綦弁   戣

戣(양지창)를 가지고 동쪽 가장자리에 서 있고, 한 사람은 면복 차림으로 瞿(미늘창)를 가지고 서쪽 귀퉁이에 서 있고, 한 사람은 면복 차림으로 銳이란 창을 가지고 옆 계단에 서 있었다.

弁은 士服이라 雀弁은 赤色弁也요 綦弁은 以文鹿子皮爲之라 惠는 三隅矛라 路寢門을 一名畢門이라 上刃은 刃外嚮也라 堂廉曰阰라 冕은 大夫服이라 劉는 鉞屬이요 戣, 瞿는 皆戟屬이라 銳는 當作鈗이라 說文曰 鈗은 侍臣所執兵이니 從金允(윤)聲이요 周書曰 一人은 冕執鈗하니 讀若允[169]이라하니라 東西堂은 路寢東西廂之前堂也요 東西垂는 路寢東西序之階上也요 側階는 北陛之階上也라

弁은 士의 복장이다. 雀弁은 적색의 복장이고, 綦弁은 얼룩무늬의 사슴새끼 가죽으로 만든 것이다. 惠는 세모진 창이다. 路寢의 문을 일명 '畢門'이라 한다. 上刃은 칼날이 밖을 향하는 것이다. 堂의 모서리를 '阰'라 한다. 冕은 大夫의 복장이다. 劉는 鉞의 등속이고, 戣와 瞿는 모두 戟의 등속이다. 銳는 응당 '鈗'이어야 한다. 《說文解字》에 "鈗은 侍臣이 가지는 병기니, 쇠금〔金〕 변에 쓰고 允으로 발음한다. 〈周書〉에 '한 사람은 면복 차림으로 鈗을 가졌다.'고 하였으니, '允'과 같이 읽는다."라고 하였다. 東堂과 西堂은 路寢의 東廂과 西廂의 앞에 있는 堂이고, 東垂와 西垂는 路寢의 東序와 西序의 뜰 계단 위고, 側階는 북쪽 뜰의 계단 위다.

○呂氏曰 古者에 執戈戟하여 以宿衛王宮이 皆士大夫之職이라 無事而奉燕私면

---

169 銳當作鈗……讀若允 : 蘇軾《書傳》의 설을 원용한 것인데, 宋代 黃倫《尙書精義》은 "그 考證이 매우 상세하다."라고 높이 평가하였다.

則從容養德하여 而有膏澤之潤하고 有事而司禦侮면 則堅明守義하여 而無腹心之虞하니 下及秦漢에도 陛楯[170]執戟이 尙餘一二라 此制旣廢에 人主接士大夫者 僅有視朝數刻이요 而周廬[171]陛楯을 或環以椎埋罵悍之徒하니 有志於復古者는 當深繹也라하니라

○呂氏가 말하였다. "옛날 戈와 戟을 가지고 王宮을 宿衛하는 것은 모두 士와 大夫의 직책이었다. 국가가 무사할 때에 임금을 편안히 받들면 조용히 德을 길러 그 膏澤이 백성들에게 젖어들었고, 유사시에 禦侮의 일을 맡으면 굳건하고 밝게 義를 지켜서 腹心의 우환이 없었으니, 아래로 秦代와 漢代에 이르기까지 御前侍衛로 창을 가진 자가 외려 한두 명은 남아 있었다. 그런데 이 제도가 이미 폐기됨에 임금이 士와 大夫를 접견하는 기회는 겨우 조회 보는 몇 시각일 뿐이고, 宮中衛士와 御前侍衛는 혹 사람을 때려 죽여 파묻는 일을 일삼는 어리석고 사나운 무리들로 빙 둘러 세워놓았으니, 옛날의 제도를 회복하려는 데 뜻을 둔 자는 마땅히 깊이 생각하여야 할 것이다."

字義 雀:참새 작 弁:두건 변 惠:세모진창 혜 綦:얼룩무늬 기 夾:낄 협 階:섬돌 계
    阰:당모서리 사, 섬돌 사 冕:면복 면 劉:도끼 류 鉞:도끼 월 戣:창 규
    垂(倕):귀퉁이 수 瞿:창 구 銳:창 예, 날카로울 예 銃:창 윤 嚮:향할 향
    廉:당모서리 렴 陛:섬돌 폐 膏:기름 고 澤:윤택할 택 潤:윤택할 윤 廬:집 려
    楯:방패 순 環:고리 환 椎:칠 추 埋:묻을 매 罵:어리석을 은 悍:사나울 한

22. 王이 麻冕黼裳으로 由賓階하여 隮커시늘 卿士邦君은 麻冕蟻裳으로 入卽位하니라

왕이 麻冕과 黼裳 차림으로 賓階를 따라 오르시자, 卿士와 邦君(諸侯)들은 麻冕과 蟻裳 차림으로 들어가 각각 그들의 자리로 나아갔다.

麻冕은 三十升麻로 爲冕也라 隮는 升也라 康王이 吉服으로 自西階升堂하여 以受先王之命이라 故로 由賓階也라 蟻는 玄色이니 公卿大夫及諸侯 皆同服은 亦廟中之禮라 不言升階者는 從王賓階也라 入卽位者는 各就其位也라

麻冕

麻冕은 서른 새 삼베로 면복을 만든다. 隮는 오르는 것이다. 康王이 吉服 차림으로 서쪽 계단으로부터 堂에 올라 先王의 命을 받았기 때문에 賓階를 따라 올라갔다고 한 것이다. 蟻는 검정색이니, 公卿·大夫와 諸侯가 모두 동일한 옷을 입은 것은 또한 사당 가운데에서의 禮制이다. 계단을 오른 점을 말하지 않은 것은 王의 賓階를 따라 올라갔기 때문이다. 入卽位는 각각 그들의 자리로 나아간 것이다.

○呂氏曰 麻冕黼裳은 王祭服也라 卿士邦君祭服之裳이 皆纁이어늘 今蟻裳者는 蓋無事於奠祝이나 不欲純用吉服이요 有位於班列이나 不可純用凶服일새 酌吉凶之間하여 示禮之變也니라

○呂氏가 말하였다. "麻冕과 黼裳은 왕의 祭服이다. 卿士와 邦君이 입는 祭服의 치마는 모두 붉은색인데, 지금 검은 치마를 입은 것은 아마 전을 올리거나 祝을 읽을 일은 없지만 순전히 吉服을 쓰려고 하지 않고, 班列에 자리가 있지만 순전히 凶服을 쓸 수는 없기 때문에 吉·凶의 중간을 참작해서 變禮를 나타내 보인 것일 게다."

字義 麻:삼 마　由:따를 유　隮:오를 제　蟻:검을 의　卽:나아갈 즉　纁:붉은색 훈
酌:참작할 작

23. 太保와 太史와 太宗은 皆麻冕彤裳이러니 太保는 承介圭하고 上宗은 奉同瑁하여 由阼階隮하고 太史는 秉書하여 由賓階隮하여 御王冊命하나라

太保와 太史와 太宗은 모두 麻冕에 붉은 치마를 입었는데, 太保는 큰 서옥을 받들고, 上宗은 同이란 술잔과 서옥뚜껑을 받들어 阼階로부터 올라가고, 太史는 책을 가지고 賓階로부터 올라가서 왕에게 冊命을 올렸다.

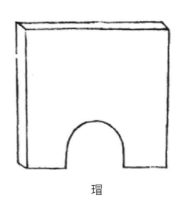

瑁

太宗은 宗伯也라 彤은 纁也라 太保는 受遺하고 太史는 奉冊하고 太宗은 相禮라 故로 皆祭服也라 介는 大也라 大圭는 天子之守니 長尺有二寸이라 同은 爵名이니 祭以酌酒者라 瑁는 方四寸이니 邪刻之하여 以冒諸侯之珪璧하여 以齊瑞信也라 太保와 宗

伯은 以先王之命으로 奉符寶[172]하여 以傳嗣君하니 有主道焉이라 故로 升自阼階요 太
史는 以冊命御王이라 故로 持書하여 由賓階以升이라 蘇氏曰 凡王所臨所服用을 皆
曰御라하다

太宗은 宗伯이고, 彤은 纁(분홍빛)이다. 太保는 遺命을 받고, 太史는 책을 받들고,
太宗은 禮를 돕는 까닭에 모두 祭服을 입은 것이다. 介는 큰 것이다. 大圭는 天子
가 지키는 것인데, 길이가 1척 2촌이다. 同은 술잔 이름이니, 제사 때 술을 따르는
것이다. 서옥뚜껑은 사방 4촌이니, 비스듬히 새겨서 제후의 珪璧에 덮어 씌워 瑞信
을 맞추는 것이다. 太保와 宗伯은 先王의 명으로 符寶를 받들어 嗣君에게 전하니,
主人의 도가 있기 때문에 阼階로부터 올라가고, 太史는 冊命을 왕에게 올리기 때문
에 책을 가지고 賓階를 따라 올라간 것이다.

蘇氏가 말하기를 "무릇 왕이 임어하는 바와 사용하는 것을 모두 '御'라고 칭한다."
라고 하였다.

字義 彤 : 붉을 동 介 : 클 개 圭 : 서옥 규, 홀 규 同 : 술그릇 동 瑁 : 서옥뚜껑 모
阼 : 동쪽섬돌 조 御 : 올릴 어 纁 : 붉을 훈 遺 : 끼칠 유 相 : 도울 상 邪 : 비스듬할 사
刻 : 새길 각 冒 : 덮어씌울 모 珪 : 서옥 규 璧 : 구슬 벽 臨 : 임어할 림

24. 曰皇后憑玉几하사 道揚末命[173]하사 命汝嗣訓하노니 臨君周邦하여 率循大卞하여
燮和天下하여 用答揚[174]文武之光訓하라하시다하니 (하라하시다)

〈太史가〉 말하기를 "皇后(위대한 임금)께서 玉几에 기대어 마지막 命을 말씀해 발
양하사 너에게 명하여 교훈을 계승하게 하노니, '周나라에 임금으로 임어하여 큰
법을 따라 천하를 燮和(조화)해서 文王과 武王의 빛나는 교훈을 선양하도록 하라.'
하셨다."라고 하니,

成王顧命之言은 書之冊矣이요 此는 太史口陳者也라 皇은 大요 后는 君也라 言大君
成王이 力疾하여 親憑玉几하사 道揚臨終之命하여 命汝嗣守文武大訓이라 曰汝者는
父前子名之義라 卞은 法也라 臨君周邦은 位之大也요 率循大卞은 法之大也요 燮和

---

172 奉符寶 : '符'는 瑁를, '寶'는 介圭를 가리킨다.

173 皇后憑玉几 道揚末命 : 孔傳은 '道'에 句를 끊어 "皇后(위대한 임금)께서 玉几에 기대어 하신 말
씀은 마지막 命을 發揚하신 것이다.〔憑几所道 稱揚終命〕"로 풀이하였다.

174 答揚 : 《禮記》〈祭統〉의 '稱揚其先祖之美'와 '顯揚先祖' 등을 감안하여 '宣揚'으로 풀이하였다.

天下는 和之大也니 居大位하고 由大法하여 致大和然後에 可以對揚文武之光訓也라

　成王의 顧命한 말씀은 책에 적었고, 이는 太史가 입으로 진술한 것이다. 皇은 大의 뜻이요, 后는 君의 뜻이다. 大君인 成王이 힘을 다해 병든 몸을 부축받아 친히 玉几에 기대어 임종의 명을 말씀하사 너에게 명하여 '文王과 武王의 큰 교훈을 계승해 잘 지키도록 하라.'고 하였음을 말한 것이다. '너'라고 말한 것은 아버지 앞에서는 자식의 이름을 부르는 뜻을 따른 것이다. 卞은 法의 뜻이다. "周나라에 임금으로 임하여"란 지위로서의 큰 것이고, "큰 법을 따라서"란 법으로서의 큰 것이고, "천하를 燮和하여"란 調和로서의 큰 것이니, 큰 지위에 거하고 큰 법을 따르고 큰 조화를 이룬 뒤에야 文王과 武王의 큰 교훈을 선양할 수 있는 것이다.

字義 憑 : 기댈 빙　道 : 말씀 도　揚 : 칭할 양, 선양할 양　末 : 마지막 말　率 : 따를 솔
循 : 따를 순　卞 : 법 변　答 : 선양할 답

25. 王이 再拜興하사 答曰 眇眇予末小子는 其[175]能而亂四方하여 以敬忌天威아

　왕이 재배하고 일어나서 답하시기를 "지지리 못난 나 微末의 小子가 능히 〈아버지나 할아버지와〉 같이 사방을 다스려 하늘의 위엄을 敬畏하고 忌憚할 수 있겠는가."라고 하였다.

眇는 小요 而는 如요 亂은 治也라 王拜受顧命하여 起答太史曰 眇眇然予微末小子가 其能如父祖治四方하여 以敬忌天威乎아하니 謙辭退托於不能也라 顧命에 有敬迓天威하여 嗣守文武大訓之語라 故로 太史所告와 康王所答이 皆於是에 致意焉하니라

　眇는 小(작다)의 뜻이요, 而는 如(같다)의 뜻이요, 亂은 治의 뜻이다. 王이 절하고 顧命을 받은 다음 일어나서 太史에게 답하기를 "지지리 못난 나 微末의 小子가 능히 아버지나 할아버지와 같이 사방을 다스려 하늘의 위엄을 敬畏하고 忌憚할 수 있겠는가."라고 하였으니, 겸양하여 '할 수 없다.'는 쪽으로 물러서서 핑계를 대는 것이다. 〈顧命〉에 "하늘의 위엄을 경건히 맞이하고 文王과 武王의 큰 교훈을 이어 지켜서"란 말이 있었기 때문에 太史가 고한 것과 康王이 답한 것이 모두 여기에 뜻을 다한 것이다.

字義 眇 : 못생길 묘　末 : 미미할 말　其 : 미정사 기　而 : 같을 이　亂 : 다스릴 란　退 : 물러설 퇴
托 : 핑계할 탁　迓 : 맞을 아

---

175 其 : 陳大猷는 '未定之辭'로 풀이하였다.

26. 乃受同瑁_{하사} 王_이 三宿三祭三咤¹⁷⁶¹⁷⁷_{하신대} 上宗曰 饗¹⁷⁸_{이라하니라(이라하시다)}

이에 〈上宗으로부터〉 同이란 술잔과 서옥뚜껑을 받아, 王이 세 번 술잔을 들고 神에게 나아가고, 세 번 술을 땅에 붓고, 세 번 다시 술잔을 神에게 올리시자, 上宗이 "흠향했노라."고 하였다.

王受瑁爲主_{하고} 受同以祭_라 宿_은 進爵也_요 祭_는 祭酒也_요 咤_는 奠爵也_니 禮成於三_{이라} 故_로 三宿, 三祭, 三咤_{니라} 葛氏曰 受上宗同瑁_면 則受太保介圭_를 可知_{라하니라} 宗伯曰饗者_는 傳神命_{하여} 以饗告也_라

왕이 서옥뚜껑을 받아 喪主가 되고 同이란 술잔을 받아 제사를 지낸 것이다. 宿은 술잔을 들고 神에게 나아가는 것이고, 祭는 술을 땅에 붓는 것이고, 咤는 술잔을 神에게 올리는 것이니, 禮가 세 번에 걸쳐 이루어지기 때문에 세 번 술잔을 들고 神에게 나아가고, 세 번 술을 땅에 붓고, 세 번 술잔을 神에게 올리는 것이다.

葛氏가 말하기를 "上宗의 同이란 술잔과 서옥뚜껑을 받았으면 太保의 介圭를 받았음도 알 수 있다."라고 하였다. 宗伯이 "흠향했다."라고 말한 것은 神의 명을 전달해서 "흠향했노라."고 고한 것이다.

字義 咤 : 술잔올릴 타　宿 : 술잔들고나아갈 숙　祭 : 술땅에부을 제　饗 : 흠향할 향

27. 太保受同_{하여} 降盥_{하고} 以異同_{으로} 秉璋以酢_(작)¹⁷⁹_{하고} 授宗人同_{하고} 拜_{한대} 王_이

---

176 咤 : 孔安國과 王肅이 '奠爵'으로 풀이하자, 呂祖謙이 "'宿'은 進爵이요, '祭'는 祭酒요, '咤'는 奠爵이다.〔宿進爵也 祭祭酒也 咤奠爵也〕"라고 하였다. 이처럼 諸儒들이 대부분 孔安國과 王肅의 '奠爵'의 풀이를 따랐으나, 蘇軾만은 유독 飮福禮에서 "치아부분에만 닿게 하고 마시지 않는 것이니, '咤'라 하고 '嚌'라 한 것은 마시는 시늉만 하고 실제로는 차마 마시지 않는 것이다.〔至齒而不飮 曰咤曰嚌 示飮而實不忍也〕"라고 풀이하였다.

177 三宿三祭三咤 : 洪奭周《尙書補傳》는 "'三宿三祭三咤'에 대한 諸說은 대부분 같지 않다. 鄭氏(鄭玄)는 '宿'을 肅의 뜻으로 여겨, 천천히 앞으로 가는 것을 '肅', 뒤로 물러가는 것을 '咤'라 일렀고, 蘇氏(蘇軾)는 '咤'를 '嚌'와 같은 뜻으로 보았으며, 孔傳은 '宿'을 進爵, '咤'를 奠爵으로 여겼는데, 蔡傳은 孔傳을 따랐다. 나의 생각에는 '三宿三祭三咤'는 아마 神에게 세 번 잔을 드리는 뜻인 듯하니, '宿'은 進爵, '祭'는 祭酒, '咤'는 제사를 마치고 奠爵을 돌려놓는 것으로 보면 어떨까 한다.〔三宿三祭三咤 諸說多不同 鄭氏以宿爲肅 而謂徐行前曰肅 却行曰咤 蘇氏以咤爲與嚌同 孔傳以宿爲進爵 咤爲奠爵 而蔡傳從之 竊疑三宿三祭三咤 蓋三獻于神之意 宿進爵也 祭祭酒也 咤祭畢而還奠也〕"라고 하였다.

178 饗 : 孔傳은 王이 福酒를 마시는 것으로 보았다.

179 宿·祭·咤·酢 : 王夫之《尙書稗疏》는 "살펴보건대, 여기에 대한 傳註들이 어지럽게 떠벌리기만

答拜하시다

太保가 〈왕으로부터〉 同이란 술잔을 받아가지고 내려와서 손을 씻고는 다른 '同'이란 술잔을 써서 璋瓚을 잡고 酢祭(報祭)를 하고 나서 宗人(小宗伯)에게 그 同이란 술잔을 준 다음 절을 하자, 왕이 답배를 하셨다.

太保受王所咤之同하여 而下堂洗盥하고 更用他同하여 秉璋以酢이라 酢은 報祭[180]也라 祭禮에 君執圭瓚祼尸어든 太宗이 執璋瓚亞祼이라하니 報祭는 亦亞祼之類라故로 亦秉璋也라 以同授宗人하고 而拜尸에 王答拜者는 代尸拜也라 宗人은 小宗伯之屬이니 相太保酢者也라 太宗供王이라 故로 宗人供太保라

太保는 왕이 奠爵한 同이란 술잔을 받아가지고 堂에서 내려와서 손을 씻고는 다시 다른 同이란 술잔을 써서 璋瓚을 잡고 술을 따른 것이다. 酢은 報祭다. 《禮記》〈祭統〉에 "임금이 圭瓚을 잡고 尸童에게 술을 따르거든 太宗이 璋瓚을 잡고 亞祼을 한다."라고 하였으니, 報祭는 또한 亞祼의 類이기 때문에 또한 璋瓚을 잡은 것이다. 同이란 술잔을 宗人에게 주고 尸童에게 절을 하자, 왕이 답배를 한 것은 尸童을 대신해서 절한 것이다. 宗人은 小宗伯의 관속이니, 太保를 도와 술을 따르는 자이다. 太宗이 왕을 위해 술을 따르기 때문에 宗人이 太保를 위해 술을 따른 것이다.

璋

字義 盥 : 손씻을 관　璋 : 옥잔 장　酢 : 술따를 작　授 : 줄 수　瓚 : 옥잔 찬　祼 : 강신할 관
　　　尸 : 시동 시　供 : 술따를 공

28. 太保受同하여 祭嚌하고 宅하여 授宗人同하고 拜한대 王이 答拜하시다

太保가 同이란 술잔을 받아 제사를 지내고 나서 飮福酒를 이[齒]에만 대고 물러

하고 결정된 것은 없으니, 자못 이해하기 어렵다. '咤'를 '嚌'로 여긴 것은 蘇氏(蘇軾)가 실수한 것이고, '祭'를 神座에 술을 붓는 것이라 이른 것은 鄭氏(鄭玄)가 살피지 못한 것이고, '酢'을 報祭로 삼고 왕이 답배한 것을 尸童을 대신해서 절한 것이라고 이른 것은 蔡氏(蔡沈)가 잘못한 것이다.……실상을 가지고 탐구해보면 이른바 '三宿·三祭·三咤'란 것은 대략을 들어서 문장을 이룬 것이니, 실은 三獻인 것이다.〔按此傳註紛紜不決 殊難分曉 以咤爲嚌者 蘇氏之失也 謂祭爲酹酒神座者 鄭氏之未諦也 謂酢爲報祭王答拜爲代尸拜者 蔡氏之謬也……以實求之 所云三宿三祭三咤者 約擧成文 實三獻也"라고 하였다.

180 報祭 : 孔疏는 '亞獻'으로, 陳師凱(《書蔡氏傳旁通》)도 蔡傳과 마찬가지로 "'報祭'는 '亞祼' 따위니, 지금의 亞獻이다.〔報祭者 亞祼之類 卽今之亞獻也〕"라고 풀이하였다.

가 자기 자리로 가서 宗人에게 同이란 술잔을 건네준 다음 절을 하자, 왕이 답배를
하셨다.

以酒至齒曰嚌니 太保復受同以祭하고 飮福至齒라 宅은 居也라 太保退居其所하여
以同授宗人하고 又拜한대 王復答拜라 太保飮福至齒者는 方在喪疚하여 歆神之
賜로되 而不甘其味也라 若王則喪之主니 非徒不甘味라 雖飮福이라도 亦廢也니라

술을 이〔齒〕에만 대는 것을 '嚌'라 하니, 太保가 다시 同이란 술잔을 받아 제사를
지내고 나서 飮福酒를 이에만 댄 것이다. 宅은 居의 뜻이다. 太保가 물러가 자기 자
리에 거하여 同이란 술잔을 宗人에게 건네주고 다시 절하자, 왕이 다시 답배한 것
이다. 太保가 음복주를 이에만 댄 것은 바야흐로 상중에 있어 神이 주신 것을 마시
되 그 맛을 달게 여기지 않은 것이다. 왕으로 말하면 喪主이니, 한갓 맛을 달게 여
기지 않을 뿐만 아니라, 비록 음복이라도 폐하는 것이다.

字義 疚 : 병들 구 歆 : 흠향할 흠

29. 太保降커늘 收하고(하더니) 諸侯出廟門하여 俟[181]하더라

太保가 〈堂을〉 내려오자 철상을 하였고, 諸侯들은 廟門을 나와서 기다렸다.

太保下堂이어늘 有司收撤器用이라 廟門은 路寢之門也니 成王之殯在焉이라 故로
曰廟라하니라 言諸侯則卿士以下를 可知라 俟者는 俟見新君也라

太保가 堂을 내려오자, 有司가 器用을 거둔 것이다. 廟門은 路寢의 문이니, 成王
의 빈소가 있기 때문에 '廟'라 한 것이다. 諸侯를 말했으면 卿士 이하를 알 수 있는
것이다. 俟는 새 임금을 뵙기를 기다리는 것이다.

字義 收 : 철상할 수 俟 : 기다릴 사 撤 : 거둘 철

康王之誥

今文古文皆有로되 但今文은 合于顧命하니라

〈康王之誥〉는 《今文尚書》와 《古文尚書》에 모두 들어 있으나 다만 《今文尚書》에

---

181 諸侯出廟門 俟 : 孔傳은 "王의 後命을 기다린 것이다.〔待王後命〕"라고 풀이하였다.

는 〈顧命〉에 합쳐져 있을 뿐이다.

1. 王이 出在應門之內어시늘 太保는 率西方諸侯하여 入應門左하고 畢公은 率東方
諸侯하여 入應門右하니 皆布乘黃朱러라 賓이 稱奉圭兼幣하여 曰一二臣衛는 敢執
壤奠이라하고 皆再拜稽首한대 王이 義嗣德이라 答拜[182]하시다

王이 나가서 應門의 안에 계시거늘, 太保는 西方의 諸侯들을 거느리고 應門으
로 들어와서 왼쪽에 서고, 畢公은 東方의 제후들을 거느리고 應門으로 들어와서
오른쪽에 서니, 모두 갈기가 붉은 네 필의 누런 말로서 진열하였다. 賓(諸侯)이 받
든 圭와 겸하여 폐백을 들어 올리며 아뢰기를 "한두 명의 臣衛는 감히 토지에서 나
오는 것을 가지고 와서 올립니다."라고 하고, 모두 재배하고 머리를 조아리자, 王이
〈前人의〉德을 계승하는 것이 마땅한 일이라 답배를 하셨다.

---

182 王義嗣德 答拜 : 兪樾은 '義嗣'를 嫡子로 보고, '德答拜'로 구두를 떼서 일일이 답배하는 것이라
고 주장하였다. 孔傳은 "康王이 義를 가지고 先人의 明德을 계승하여 그 절에 답하고 그 폐백을
받았다.〔康王以義繼先人明德 答其拜 受其幣〕"라고 풀이하였는데, 이에 대하여 兪樾《群經平議》은
"傳에서 '王義嗣德' 4字를 連文한 것은 그 句讀를 잘못 뗀 것이다. 《春秋左氏傳》襄公 14년 조에
실린 吳나라 季札의 말에 '君(季札의 兄인 諸樊)은 義嗣(의리상 당연히 대를 잇게 되어 있는 아들)입
니다. 누가 감히 君을 범하겠습니까.'라고 하였는데, 이에 대한 杜注에서 '諸樊이 適子이기 때문
에 「義嗣」라 한 것이다.'라고 하였으니, 아마 '適子'를 '義嗣'라 이른 것은 옛적에 이런 칭호가 있
었던 것 같다. 이 經文에서 곧장 '王'이라 하지 않고 '王義嗣'라 한 것은 아마 喪을 당해 아직 임
금이 되지 못한 것을 이르는 칭호일 것이다. 윗글에서 '王'으로 적은 것은 《公羊傳》에 이른바 '백
성과 신하들의 마음엔 하루도 임금이 없어서는 안 되기 때문이다.'란 것이고, 이 글에서 '王義嗣'
로 적은 것은 《公羊傳》에 이른바 '孝子의 마음엔 3년 안에 차마 아버지의 자리를 당할 수 없기
때문이다.'란 것이다. 《儀禮》〈覲禮〉의 '侯氏再拜稽首'란 데에 '王答拜'란 글이 없는 것에 의거하
면, 여기 康王이 答拜한 것은 아직 임금이 되지 못해서 降禮를 따른 것이다. 그러므로 이에 유독
'王義嗣'라 칭한 것이다. '德答拜' 3字는 연달아 읽고, '德'은 '特'으로 읽었다. 옛날엔 '德'자를 '悳'
으로 적었다. 《詩經》〈柏舟〉편에 '實惟我特'이라 한 것을 《韓詩》에는 '實惟我直'으로 적었으니,
'直'은 '特'과 통용하였다. 그러므로 '悳' 또한 '特'과 통용했던 것이다. 《周官(周禮)》〈夏官 司士
職〉의 '孤卿特揖'에 대한 鄭注에 '特揖'은 일일이 읍한 것이다.'라고 하였다. 그렇다면 '特答拜'
는 일일이 답배한 것이다. 그런데 傳은 그 구두를 잘못 떼었고 따라서 그 뜻까지 잃었다.〔傳以王
義嗣德四字連文 失其讀矣 襄十四年左傳 載吳季札之言曰 君義嗣也 誰敢奸君 杜注曰 諸樊適子 故曰義嗣
疑適子謂之義嗣 古有此稱 此經不直曰王而曰王義嗣者 蓋當喪未君之稱也 上文書王者 所謂緣民臣之心 不
可一日無君也 此文書王義嗣者 所謂緣孝子之心 則三年不忍當也 據覲禮侯氏再拜稽首 無王答拜之文 是康
王答拜 正以未成君而從降禮 故於此獨稱王義嗣也 德答拜三字連讀 德讀爲特 古德字作悳 詩柏舟篇 實惟我
特 韓詩作實惟我直 直通作特 故悳亦通作特也 周官司士職孤卿特揖 鄭注曰 特揖 一一揖之 然則特答拜者
一一答拜也 傳失其讀 因失其旨矣〕"라고 하였다.

漢孔氏曰 王出畢門하여 立應門內라하고 鄭氏曰 周禮五門은 一曰皐門이요 二曰雉
門이요 三曰庫門이요 四曰應門이요 五曰路門이니 路門은 一曰畢門이라하니라 外朝는 在
路門外하니 則應門之內는 蓋內朝[183]所在也라 周中分天下諸侯하여 主以二伯하여 自
陝(섬)以東은 周公主之하고 自陝以西는 召公主之하니 召公率西方諸侯는 蓋西伯舊
職이요 畢公率東方諸侯는 則繼周公하여 爲東伯矣라 諸侯入應門하여 列于左右하니라
布는 陳也요 乘은 四馬也니 諸侯皆陳四黃馬而朱其鬣하여 以爲廷(庭)實[184]이라 或
曰 黃朱는 若篚厥玄黃之類라 賓은 諸侯也라 稱은 擧也니 諸侯擧所奉圭兼幣라 曰
一二臣衛는 一二는 見(현)非一也요 爲王蕃衛라 故로 曰臣衛라하니라 敢執壤地所出
奠贄라하고 皆再拜, 首至地하여 以致敬이라 義는 宜也니 義嗣德云者는 史氏之辭也라
康王이 宜嗣前人之德이라 故로 答拜也라 吳氏曰 穆公이 使人弔公子重耳한대 重
耳稽顙而不拜하니 穆公曰 仁夫라 公子稽顙而不拜는 則未爲後也라하니 蓋爲後者는
拜어늘 不拜라 故로 未爲後也라 弔者, 含者, 襚者가 升堂致命이어든 主孤拜稽顙은
成爲後者也라 康王之見諸侯에 若以爲不當拜라하여 而不拜면 則疑未爲後也요 且
純乎吉也라 答拜는 旣正其爲後요 且知其以喪見也라하니라

漢나라 孔氏(孔安國)는 말하기를 "王이 畢門을 나가 應門의 안에 섰다."라고 하였
다. 鄭氏는 말하기를 《周禮》〈天官〉의 5門은 첫째는 皐門, 둘째는 雉門, 셋째는 庫
門, 넷째는 應門, 다섯째는 路門인데, 路門은 일명 畢門이라 한다."라고 하였다. 外
朝는 路門의 밖에 있었으니, 應門의 안은 아마 內朝가 있는 곳이었을 것이다.

周나라는 천하의 제후를 반으로 나누어 두 伯에게 주관하게 하여, 陝 땅 이동은
周公이 주관하고 陝 땅 이서는 召公이 주관하였으니, 召公이 서방의 제후들을 거느
린 것은 西伯의 옛 직책이고, 畢公이 동방의 제후들을 거느린 것은 周公을 이어 東
伯이 된 것이다. 제후들이 應門으로 들어와서 左右로 열을 지어 섰다.

布는 진열하는 것이다. 乘은 네 필의 말이니, 제후들이 모두 네 필의 누런 말로서
갈기가 붉은 것을 진열하여 庭實(뜰 가운데 진열하는 貢物)로 삼은 것이다. 혹자는 말
하기를 "黃朱는 〈武成〉에 나오는 篚厥玄黃(검은 비단과 누런 비단을 광주리에 담다.)

---

183 內朝 : 鄭衆의 注에는 "'外朝'는 路門 밖에 있고, '內朝'는 路門 안에 있다.(外朝在路門外 內朝在路
門內)"라고 하였으며, 陳師凱(《書蔡氏傳旁通》)는 "路門의 밖이 곧 應門의 안이니 실은 外朝가 있
는 곳이다. 傳에서 '內朝'라고 말한 것은 傳寫의 오류이다.(路門之外 卽應門內 實外朝所在也 傳言內
朝 傳寫誤耳)"라고 하였다.

184 廷(庭)實 : 뜰 가운데 진열하는 貢物로, 곧 제후들이 貢獻한 물품을 천자의 뜰에 진열하는 것을
이른다.

따위와 같은 것이다."라고 한다. 賓은 곧 제후이다. 稱은 擧의 뜻이니, 제후들이 받든 圭와 예물을 들어 올린 것이다.

"한두 명의 臣衛"라고 말한 것은, 한둘은 하나뿐이 아님을 나타낸 것이고, 王의 藩衛가 되었기 때문에 '臣衛'라고 한 것이다. "감히 토지에서 나오는 것을 가지고 와서 예물로 올립니다."라고 하고, 모두 재배하여 머리를 땅에 대어 공경을 다하였다. 義는 宜의 뜻이니, "德을 계승하는 것이 마땅하다."는 것은 史官의 말이다. 康王이 前人의 德을 계승하는 것이 마땅한 일이기 때문에 답배한 것이다.

吳氏가 말하였다. "秦 穆公이 사람으로 하여금 公子 重耳에게 조문토록 하자, 重耳가 머리만 조아리고 절을 하지

諸侯朝享圖

않으니, 穆公이 말하기를 '仁을 행하는 사람이다. 公子가 머리만 조아리고 절을 하지 않은 것은 아직 후계자가 되지 못했기 때문이다.'라고 하였으니, 대개 후계자가 된 자는 절을 하는 법이거늘, 절을 하지 않았기 때문에 아직 후계자가 되지 못한 것이다. 조문하는 사람과 飯含(시신의 입에 쌀을 넣음)하는 사람과 襚衣를 입히는 사람이 堂에 올라가 使命을 다하면 喪主인 孤子가 절을 하고 머리를 조아리는 것은 후계자가 되는 예를 이룬 것이다. 康王이 제후들을 만나볼 때에 만일 절을 하지 않아야 한다 하여 절을 하지 않는다면 후계자가 되지 못한가 의심을 사게 되고 또 순전한 吉禮로 대한 꼴이 된다. 그래서 답배를 한 것은 이미 후계자가 된 점을 정당화하고 또 喪禮로써 만나본 점을 알렸던 것이다."

字義 壤 : 토지 양   奠 : 올릴 전   陝 : 땅이름 섬   鬣 : 말갈기 렵   襚 : 수의 수

2. 太保曁芮伯으로 咸進相揖하고 皆再拜稽首하여 曰敢敬告天子하노이다 皇天이 改
大邦殷之命이어시늘 惟周文武誕受羑若하사 克恤西土[185]하시니이다

太保와 芮伯이 〈여러 신하들과〉 함께 나아가 서로 읍하고서 모두 재배하고 머리를 조아리며 말하였다. "감히 천자께 공경히 아뢰옵니다. 皇天이 大邦인 殷나라의 명을 고치시자, 周나라의 文王과 武王이 크게 羑若을 받으시어 능히 서쪽 지방을 구휼하셨습니다.

冢宰及司徒 與群臣으로 皆進相揖하여 定位하고 又皆再拜稽首하여 陳戒於王曰 敢敬告天子라하니 示不敢輕告요 且尊稱之는 所以重其聽也라 曰大邦殷者는 明有天下不足恃也라 羑若은 未詳이라 蘇氏曰 羑는 羑里也니 文王이 出羑里之囚에 天命自是始順이라하고 或曰 羑若은 卽下文之厥若也라하니 羑厥에 或字有訛謬라 西土는 文武所興之地니 言文武所以大受命者는 以其能恤西土之衆也라 進告에 不言諸侯는 以內見(현)外라

冢宰와 司徒가 여러 신하들과 함께 모두 나아가 서로 읍하여 자리를 정하고 또 모두 재배하고 머리를 조아려 王에게 경계 말씀을 올리기를 "감히 공경히 천자께 아뢰옵니다."라고 하였으니, 이는 감히 가볍게 아뢰지 아니함을 보인 것이며, 또 〈天子라고〉 존칭한 것은 정중하게 들어주기를 바라는 뜻에서이다. '大邦인 殷나라'라고 말한 것은 천하를 소유한 것은 족히 믿을 것이 못됨을 밝힌 것이다. 羑若은 상세히 알 수 없다. 蘇氏는 말하기를 "'羑'는 羑里이니, 文王이 갇혀 있던 羑里에서 나오자, 천명이 이로부터 비로소 순탄해졌다."라고 하였고, 혹자는 "羑若은 곧 아랫글의 厥若이다."라고 하니, 羑와 厥에 혹 글자의 오류가 있는 듯하다. 서쪽 지방은 文王과 武王이 일어난 곳이니, 文王과 武王이 크게 천명을 받은 까닭은 서쪽 지방의 민중을 구휼했기 때문임을 말한 것이다. 나아가 아뢸 적에 제후를 말하지 않은 것은 안으로써 밖을 나타낸 것이다.

字義 曁 : 및 기　羑 : 인도할 유　訛 : 그릇될 와　謬 : 그릇될 류

3. 惟新陟王[186]이 畢協賞罰하사 戡定厥功하사 用敷遺後人休[①]하시니 今王은 敬之哉하사 張皇六師[187]하사 無壞我高祖寡命[188]하소서

---

185 惟周文武誕受羑若 克恤西土 : 孔傳은 '羑'는 天道의 뜻으로, '若'은 順의 뜻으로 보아 "文王과 武王이 天道를 크게 받아 순종하여 능히 우리 서쪽 지방의 백성들을 걱정하였다는 것은 그 일어난 바를 소급해서 말한 것이다.〔言文武大受天道而順之 能憂我西土之民 本其所起〕"라고 풀이하였다.

186 新陟王 : 孔傳은 새로 왕위에 오른 康王으로 보았다.

① 書經 用敷遺後人休 : 後人에게까지 아름다움을 물려주었다.
一般 用敷遺休於後人 : 後人에게까지 아름다움을 물려주었다.

최근에 승하하신 王(成王)께서 賞과 罰을 모두 알맞게 실행하시어 그로 인한 공적을 능히 정하여 후인에게까지 아름다움을 물려주셨으니, 지금 王(康王)께서는 경건하게 힘쓰셔서 六師(六軍)를 확대 정비하여 우리 高祖께서 어렵사리 얻으신 천명을 무너뜨리지 마소서.”

陟은 升遐也라 成王初崩하여 未葬未諡라 故로 曰新陟王이라하니라 畢은 盡이요 協은 合也라 好惡(오)는 在理하고 不在我라 故로 能盡合其賞之所當賞하고 罰之所當罰하여 而克定其功하여 用施(이)及後人之休美하니 今王嗣位에 其敬勉之哉라 皇은 大也니 張皇六師하고 大戒戎備하여 無廢壞我文武艱難寡得之基命也라 按召公此言은 若導王以尙威武者라 然이나 守成之世엔 多溺宴安하여 而無立志하니 苟不詰爾戎兵하여 奮揚武烈이면 則廢弛怠惰하여 而陵遲之漸이 見(현)矣리라 成康之時에 病正在是라 故로 周公於立政에 亦懇懇言之하시니라 後世에 墜先王之業하고 忘祖父之讐하여 上下苟安하여 甚至於口不言兵하니 亦異於召公之見矣니라 可勝嘆哉아

陟은 昇遐하는 것이다. 成王이 갓 승하하여 아직 장례를 치르지 못하고 아직 시호도 정하지 못했기 때문에 ‘新陟王’이라고 한 것이다. 畢은 盡의 뜻이요, 協은 合의 뜻이다. 좋아함과 미워함은 이치에 맞게 해야 하는 것이지, 나의 기분대로 하는 것이 아니다. 그러므로 능히 賞은 마땅히 賞을 주어야 할 사람에게, 罰은 마땅히 罰을 주어야 할 사람에게 모두 알맞게 해서 그로 인한 공적을 능히 정해서 후인에게까지 아름다움이 뻗쳐가게 하였으니, 지금 王은 왕위를 계승하였음에 경건하게 힘을 써야 한다는 것이다. 皇은 大의 뜻이니, 六師를 확대 정리하고 國防을 크게 강화해서 우리 文王과 武王이 어렵사리 얻으신 基命을 廢壞하지 말도록 하라는 것이다.

살펴보건대, 召公의 이와 같은 말은 위엄과 무력을 숭상하는 것으로 王을 유도하는 것처럼 보인다. 그러나 守成의 세대에는 대부분 宴安에 빠져서 뜻을 제대로 세

---

187 張皇六師 : 朱子(《朱子語類》)는 “옛날에는 군인이 농민으로 조직되었기 때문에 六軍이 모두 농민에게 배정되었으니, ‘張皇六師’란 것은 바로 民衆을 정리하는 뜻이다.〔古者兵藏於農 故六軍皆寓於農 張皇六師 則是整理民衆底意思〕”라고 풀이하였다.

188 高祖寡命 : 孔傳은 “높은 덕을 가진 조상의 흔치 않은 敎命〔高德之祖寡有之敎命〕”으로 풀이하였다.

우는 사람이 없으니, 만일 〈立政〉에서 "당신의 戎服과 兵器를 잘 다스려서 武王의 큰 功烈을 드날리소서."라고 한 것처럼 하지 않는다면, 해이하고 나태하여 쇠퇴할 징조가 나타날 것이다. 成王과 康王의 시대에는 병통이 바로 여기에 있었다. 그러므로 周公이 〈立政〉에서 또한 간곡히 말씀한 것이다. 후세에는 先王의 基業을 실추하고 祖·父의 원수를 망각한 채 上下가 구차하게 편안함을 탐하여 심지어는 입으로도 병사문제를 말하지 않기까지 하였으니, 또한 召公의 견해와 크게 다르다. 그에 대한 탄식을 이루 말할 수 있겠는가.

字義 陟 : 승하할 척   協 : 알맞을 협   戡 : 확실할 감, 이길 감   敷 : 펼 부   遺 : 끼칠 유
壞 : 무너뜨릴 괴   寡 : 어렵사리 과   施 : 뻗어갈 이   溺 : 빠질 익   詰 : 다스릴 힐
弛 : 풀릴 이   陵 : 무너질 릉   漸 : 징조 점   見 : 나타날 현   懇 : 간곡할 간

4. 王若曰하사대 庶邦侯甸男衛아 惟予一人釗(소)는 報誥[189]하노라

王이 이렇게 말씀하였다. "여러 나라의 侯服과 甸服과 男服과 衛服들아. 〈너희들이 나를 경계하기 때문에〉 나 한 사람 釗는 誥로써 보답하노라.

報誥而不及群臣者는 以外見(현)內라 康王在喪이라 故로 稱名하니 春秋엔 嗣王在喪에도 亦書名也니라

誥로 보답하면서 여러 신하들을 언급하지 않은 것은 밖을 가지고 안을 나타낸 것이다. 康王이 喪中에 있기 때문에 이름을 칭한 것이니, 《春秋》에서는 嗣王이 상중에 있을 때에 역시 이름을 적었다.

5. 昔君文武 丕平富하고(하시며) 不務咎[190]하사 底(지)至齊信[191]하사 用昭明于天下어시늘

---

189 報誥 : 孔傳은 "그 경계를 보답한 것이다.〔報其戒〕"로 풀이하였고, 林之奇《尙書全解》는 "報誥는 諸侯가 나를 경계했기 때문에 나는 誥로써 보답한다는 것인데 報는 答의 뜻이다.〔報誥者 諸侯戒 我 故我以誥報之 報答也〕"라고 풀이하였다.

190 昔君文武……不務咎 : 孔傳은 '丕'를 위로 붙여서 "옛날 先君인 文王과 武王은 道가 지극히 커서 정치교화를 平美하게 하고 咎惡을 힘쓰지 않았다고 말한 것이다.〔言先君文武道大 政化平美 不務咎惡〕"라고 풀이하였는데, 이에 대하여 俞樾은 "《爾雅》〈釋詁〉에 「平」은 成의 뜻이다.'라고 하고, 《禮記》〈郊特牲〉편에 「富」라는 것은 福의 뜻이다.'라고 하였다. '丕平富'와 '不務咎'는 그 福善의 일을 크게 이루고 咎惡의 일을 힘쓰지 않는 것을 말한다. '福'과 '咎'는 정확한 상대이다. 〈洪範〉편에 '당신이 비록 祿을 준다 하더라도 그는 당신의 신하가 되어 반드시 惡道를 써서 당신의 善을 망가뜨릴 것이다.'란 것이 이것이다. 《周易》 謙卦 〈象傳〉에 '鬼神은 盈滿한 것은 재앙을 주고 謙遜한 것은 복을 준다.'고 하였다. 《經典釋文》에 「福」을 京房은 「富」로 적었다.'고 하였으니, 이

則亦有熊之士와 不二心之臣이 保乂王家하여 用端命于上帝¹⁹²하시니 皇天이 用訓
厥道하사 付界四方하시니라

옛날 임금이신 文王과 武王께서는 크게 균평하게 하고 富를 누리게 하시며, 처벌
을 힘쓰지 않으시어, 미루어 행해서 그 지극함에 이르고, 겸해 다해서 그 정성을 지
극히 하여 〈이러한 마음을〉 천하에 밝게 드러내시거늘, 또한 熊羆와 같은 勇士와
두 마음을 품지 않은 신하들이 〈보필하여〉 王家(王室)를 보호해 다스려서, 〈문왕과
무왕께서〉 上帝에게 바른 명을 받으시니, 皇天이 〈문왕과 무왕의〉 도리를 순응하
여 광대한 사방(천하)을 맡겨주셨다.

丕平富者는 溥博均平하고 薄斂富民이니 言文武德之廣也요 不務咎者는 不務咎
惡하여 輕省(생)刑罰이니 言文武罰之謹也라 底至者는 推行而底其至也요 齊信者는
兼盡而極其誠也라 文武務德不務罰之心을 推行而底其至하고 兼盡而極其誠하여
內外充實이라 故로 光輝發越하여 用昭明于天下하니 蓋誠之至者 不可揜也요 而又
有熊羆武勇之士와 不二心忠實之臣이 戮力同心하여 保乂王室하여 文武用受正命
於天하시니 上天이 用順文武之道하여 而付之以天下之大也라 康王言此者는 求助
群臣諸侯之意니라

丕平富는 널리 균평하게 하고 조세를 박하게 거두어 백성을 부유하게 한 것이니
文王과 武王의 덕의 광대함을 말한 것이고, 不務咎는 惡의 처벌을 힘쓰지 아니하여
형벌을 가볍게 줄인 것이니 文王과 武王의 형벌을 삼감을 말한 것이다. 底至는 미

로 보면 '福'과 '富'를 옛날엔 통용했던 것이다. 枚傳에서는 '富'가 '福'의 假借임을 알지 못했기 때
문에 그 해석을 제대로 하지 못한 것이다.〔爾雅釋詁 平成也 禮記郊特牲篇 富也者 福也 丕平富 不務咎
言大成其福善之事 不務爲咎惡之事也 福與咎 正相對 洪範篇 汝雖錫之福 其作汝用咎是也 周易謙象傳 鬼神
害盈而福謙 釋文曰 福京作富 是福與富 古通用 枚傳不知富爲福之假字 故不得其解耳〕라고 하였다.

191 底(지)至齊信 : 孔傳은 "지극히 아름다운 中正하고 誠信한 道를 행하는 것〔致行至中信之道〕"으로
풀이하였다.

192 用端命于上帝 : 孔傳은 "端直한 命을 하늘에서 받으니〔用受端直之命於上天〕"로 풀이하였는데, 이
에 대하여 俞樾은 "經文에는 본래 '受'자가 없을 뿐더러, 또 上帝의 命을 하필 直端이라 말했을
까. 傳의 뜻은 잘못된 것이다. 《孔子家語》〈禮運〉편의 '五行之端'에 대한 王肅의 注에 '「端」은 始
의 뜻이다.'라고 하였고, 《孟子》〈公孫丑〉편의 '仁之端'에 대한 趙岐의 注에 '「端」은 首의 뜻이
다.'라고 하였다. '首'는 곧 始의 뜻이다. '用端命于上帝'는 바로 '用始命于上帝'이니, 上帝에게 비
로소 命을 받아 천하의 군주가 되었음을 말한 것이다.〔經文本無受字 且上帝之命 又何必言直端乎 傳
義非也 家語禮運篇 五行之端 王肅注曰 端始也 孟子公孫丑篇 仁之端也 趙岐注曰 端首也 首卽始也 用端命
于上帝者 用始命于上帝也 言始命于上帝而爲天下主也〕"라고 하였다.

루어 행해서 그 지극함에 이르는 것이고, 齊信은 겸하여 다해서 그 정성을 지극히 하는 것이다.

　文王과 武王이 덕을 힘쓰고 형벌을 힘쓰지 않는 마음을 미루어 행해서 그 지극함에 이르고, 겸하여 다해서 그 정성을 지극히 하여 안과 밖이 충실하였다. 그러므로 光輝가 發越하여 천하에 밝혀졌으니, 대개 그 정성의 지극함은 가릴 수 없으며, 또한 熊羆와 같은 武勇을 갖춘 勇士와 두 마음을 품지 않은 忠實한 신하들이 힘을 합하고 마음을 함께하여 王室을 보호하고 다스려서 文王과 武王이 하늘에게 바른 명을 받으셨으니, 上天이 文王과 武王의 도리를 순응하여 천하의 광대한 땅을 맡겨주신 것이다. 康王이 이 일을 말한 것은 여러 신하들과 제후들에게 도움을 구하려는 뜻에서였다.

字義 조 : 클 비　咎 : 처벌할 구　乂 : 다스릴 예　底 : 이룰 지　至 : 지극할 지　付 : 붙일 부
畀 : 줄 비　溥 : 넓을 부　省 : 덜 생　掩 : 가릴 엄　羆 : 큰곰 비　戮 : 다할 륙　乂 : 다스릴 예

6. 乃命建侯樹屏은 在我後之人이니 今予一二伯父는 尚胥曁顧綏(수)爾先公之臣服于先王[193]하여 雖爾身은 在外하나 乃心은 罔不在王室하여 用奉恤厥若[194]하여 無遺鞠子羞하라

〈문왕과 무왕께서〉 명하여 제후국을 세워 藩屛을 植立하신 까닭은 〈그 뜻이 아마도〉 우리 後人에게 있으신 것이니, 지금 우리 한두 명의 伯父들은 부디 서로 더불어 당신들 先公이 先王께 臣服했던 도리를 돌아보고 편안하게 할 것을 생각하여, 비록 당신들의 몸은 밖에 있으나 당신들의 마음은 언제나 왕실에 두어서, 〈윗사람의〉 근심하는 마음을 받들어 순하게 이어받아서 나 鞠子에게 부끄러움을 끼치지 말도록 하라."

　天子稱同姓諸侯曰伯父라 康王言 文武所以命建侯邦하여 植立蕃屏者는 意蓋在我後之人也니 今我一二伯父는 庶幾相與顧綏爾祖考 所以臣服于我先王之道하여 雖身守國在外나 乃心은 當常在王室하여 用奉上之憂勤하여 其順承之하여 毋遺我

---

193 尚胥曁顧綏(수)爾先公之臣服于先王 : 孔傳은 '顧'에 句를 끊어서 "부디 서로 더불어 文王과 武王의 道를 顧念하고 너희 先公이 先王께 臣服했던 일을 편안하게 여겨 본받도록 하라고 말한 것이다.〔庶幾相與顧念文武之道 安汝先公之臣服於先王而法循之〕"라고 풀이하였다.

194 用奉恤厥若 : 孔傳은 "마땅히 각각 마음을 써서 행하는 順道를 조심스럽게 받들어 행하고〔當各用心 奉憂其所行順道〕"라고 풀이하였다.

稚子之恥也라하니라

天子가 同姓의 諸侯를 일컬어 '伯父'라고 한다. 康王이 말씀하기를 "文王과 武王이 명하여 제후국을 세워 藩屛을 植立하신 까닭은 그 뜻이 아마도 우리 後人에게 있으신 것이니, 지금 우리 한두 명의 伯父들은 부디 서로 더불어 당신들 祖·考가 우리 先王께 臣服했던 도리를 돌아보고 편안하게 할 것을 생각하여, 비록 당신들의 몸은 나라를 지키기 위해 밖에 있으나 당신들의 마음은 언제나 왕실에 두어서, 윗사람의 근심하는 마음을 받들어 순하게 이어받아서 나 稚子에게 부끄러움을 끼치지 말도록 하라."고 한 것이다.

字義 樹 : 심을 수 屛 : 번병 병 尙 : 부디 상 胥 : 서로 서 曁 : 더불어 기 顧 : 돌아볼 고
綏 : 편안할 유 恤 : 근심 휼 若 : 순할 약 遺 : 끼칠 유 鞠 : 어릴 국 羞 : 부끄러울 치
乃 : 너 내 毋 : 말 무 稚 : 어릴 치

7. 群公이 旣皆聽命하고 相揖趨出이어늘 王이 釋冕하시고 反喪服[195]하시다

여러 公들이 모두 명령을 듣고는 서로 읍하고 종종걸음으로 나가자, 王이 冕服을 벗고 다시 喪服을 입으셨다.

始相揖者는 揖而進也요 此相揖者는 揖而退也라 蘇氏曰 成王崩未葬에 君臣皆冕服이 禮歟아 曰非禮也라 謂之變禮 可乎아 曰不可하다 禮는 變於不得已니 嫂非溺이면 終不援也라 三年之喪에 旣成服이면 釋之而卽吉은 無時而可者니라 曰 成王顧命은 不可以不傳이니 旣傳이면 不可以喪服受也니라 曰 何爲其不可也오 孔子曰 將冠子라가 未及期日하여 而有齊衰(자최)大功之喪이면 則因喪服而冠이라하시니 冠은 吉禮也로되 猶可以喪服行之하니 受顧命하고 見諸侯에 獨不可以喪服乎아 太保使太史奉冊하여 授王于次하고 諸侯入哭於路寢而見王於次하면 王은 喪服으로 受敎戒諫하고 哭踊答拜하니 聖人復起라도 不易斯言矣시리라 春秋傳曰 鄭子皮如晉하여 葬晉平公할새 將以幣行한대 子産曰 喪에 安用幣리오하나 子皮固請以行이러니 旣葬에 諸侯之大夫 欲因見新君한대 叔向이 辭之曰 大夫之事畢矣라 而又命孤라도 孤는

---

195 王釋冕 反喪服 : 袁仁(《尙書砭蔡編》)은 "朱子가 '朝廷의 禮는 庶人과 다르다. 대개 天命 및 宗廟와 社稷을 소중하게 여기기 때문에 太甲은 그 조상을 뵐 때 반드시 喪服으로 갈아입고 뵈었으니, 그 유래가 오래된 것이다.'라고 하였으니, 註에서 인용한 蘇氏의 말 한 단락은 刪削하는 것이 옳다.〔朱子曰 朝廷之禮 與庶人不同 蓋以天命及宗廟社稷爲重 故太甲祗見厥祖 必易以喪服見 由來久矣 註引蘇氏一段可刪〕"라고 하였다.

斬焉在衰(최)絰之中하시니 其以嘉服見이면 則喪禮未畢이요 其以喪服見이면 是는 重受弔也라 大夫將若之何오하니 皆無辭以退하니라 今康王이 旣以嘉服見諸侯하고 而又受乘黃[196]玉帛之幣하니 使周公在면 必不爲此[197]하시리라 然則孔子何取此書也오 曰至矣라 其父子君臣之間의 敎戒深切著明은 足以爲後世法이니 孔子何爲不取哉시리오 然이나 其失禮則不可不辯이라하니라

처음에 서로 揖한 것은 읍하고 나아간 것이고, 여기서 서로 읍한 것은 읍하고 물러간 것이다.

蘇氏가 말하였다. "成王이 승하하여 아직 장례를 치르지 못하였는데, 임금과 신하가 모두 冕服을 입는 것이 禮인가? 禮가 아니다. 變禮라고 하는 것이 옳겠는가? 옳지 않다. 禮는 부득이한 경우에 변하는 것이니, 형수나 제수가 물에 빠지지 않았으면 끝내 손으로 구원할 수 없는 것이다. 삼년상에 이미 成服을 하였으면 喪服을 벗고 吉服을 입는 건 어느 때나 옳지 않은 것이다. 成王의 顧命은 전하지 않을 수 없으니, 이왕에 전한다면 상복차림으로는 받을 수 없다. 어찌하여 불가한 것인가. 孔子가 말씀하기를 '장차 아들을 冠禮시키려고 하다가 기일이 되기 전에 齊衰와 大功의 喪이 있으면 상복을 그대로 입고 관례를 행한다.'고 하였으니, 冠禮는 吉禮인데도 외려 상복을 입고 행하는데, 顧命을 받고 諸侯를 만나볼 때에만 유독 상복차림으로 할 수 없단 말인가. 太保가 太史를 시켜서 冊을 받들어 喪次에서 王에게 올리고, 제후들이 路寢에 들어가 哭을 하고 王을 喪次에서 뵈면 王은 상복차림으로 敎命과 戒諫을 받고서 哭踊을 하고 답배를 할 것이니, 聖人이 다시 나와도 이 말은 바꾸지 않을 것이다. 《春秋左氏傳》昭公 10년 조에서 鄭나라 子皮가 晉나라에 갈 때 晉 平公을 장례 치르려 할 적에 〈새 임금에게 드릴〉 폐백을 가지고 가려고 하자, 子産이 말하기를 '弔喪을 가는데 폐백을 어디에 쓰겠는가.'라고 하였으나 子皮는 굳이 청하여 가지고 갔다. 장례식이 끝나자, 제후의 大夫들이 이내 새 임금을 뵙고자 하니, 叔向이 사절하면서 '대부들의 소임은 끝났소. 또 우리 임금님께 용무가 있어도 우리 임금님께서는 斬衰의 服中이시라, 嘉服(吉服) 차림으로 만나보자니 喪禮

---

196 乘黃 : 4匹의 누런 색 말(馬)을 가리킨다.

197 使周公在 必不爲此 : 金長生은 "내 생각에는 成王이 즉위할 때에 周公이 필시 이 禮를 만들었기 때문에 召公이 이를 준수하여 행했을 뿐이라는 의심이 간다. 그러나 經傳에 나타나지 않으니, 또한 감히 꼭 그렇다고 여길 수는 없다.(愚意 竊疑成王卽位時 周公必爲此禮 故召公遵而行之而已 然不見於經傳 亦未敢以爲必然也)"라고 하였다.《經書辨疑》〈書傳〉)

가 아직 끝나지 않았고, 상복차림으로 만나보자니 이는 조문을 거듭 받는 꼴이니, 대부들께선 어떻게 하면 좋겠습니까?'라고 하니, 모두 할 말이 없어 스스로 물러갔다고 하였다. 지금 康王이 嘉服 차림으로 제후들을 만나보고 또 乘黃과 玉帛의 폐백을 받았으니, 가령 周公이 계셨다면 반드시 이렇게 하지 않았을 것이다. 그렇다면 孔子께서는 어찌하여 이 글을 취하셨는가? 지극하도다. 부자간과 군신간의 敎戒가 深切하고 著明한 것은 외려 후세의 법이 될 만하니, 孔子께서 어찌 취하지 않으시겠는가. 그러나 그 禮를 잃는 점은 변론하지 않을 수 없다."

字義 趨 : 종종걸음 추 釋 : 벗을 석 反 : 다시 반 嫂 : 형수 수, 제수 수 溺 : 물에 빠질 익
援 : 구원할 원 踊 : 뛸 용 衰 : 상복 최 絰 : 수질 질

書經集傳 卷十

畢命

康王이 以成周之衆으로 命畢公保釐하니 此其冊命也라 今文無하고 古文有하니라

康王이 成周의 민중으로써 畢公에게 명하여 편안하게 다스리게 하였으니, 이것이 그 冊命(策命)이다. 〈畢命〉은 《今文尙書》에는 들어 있지 않고 《古文尙書》에는 들어 있다.

○唐孔氏曰 漢律曆志云 康王畢命豐刑[1]曰 惟十有二年六月庚午朏에 王命作冊書豐刑이라하니 此僞作者[2] 傳聞舊語하여 得其年月하고 不得以下之辭하여 妄言作豐刑耳요 亦不知豐刑之言이 何所道也라하니라

○唐나라 孔氏(孔穎達)가 말하였다. "《漢書》〈律曆志〉에 '康王의 〈畢命豐刑〉에 「12년 6월 庚午日인 곧 초사흘에 王이 명하여 冊書인 〈豐刑〉을 짓게 했다.」 하였다.'고 하였는데, 이는 僞作한 사람이 옛말을 전해 들어 그 年月만 알고 그 이하의 말은 알지 못하고서 망령되이 〈豐刑〉을 지었다고 말했을 뿐이고, 또한 '豐刑'이란 말이 무엇을 이른 것인지조차도 알지 못하였던 것이다."

字義 釐 : 다스릴 리　朏 : 초사흘달 비　僞 : 거짓 위

1. **惟十有二年六月庚午朏越三日壬申에 王朝步自宗周[1]하사 至于豐하사 以成周之衆으로 命畢公하여 保釐東郊하시다**

① 書經 王朝步自宗周 : 왕이 아침에 걷기를 宗周로부터 하사
　一般 王朝自宗周步 : 왕이 아침에 宗周로부터 걸어서

1　豐刑 : 孟康이 "逸書의 篇名이다."라고 하였다.
2　此僞作者 : 林之奇(《尙書全解》)는 "아마 이 篇은 孔壁에서 나온 것이라 濟南 伏生의 傳授를 받은 사람들은 그 本을 얻지 못하였고, 孔壁의 책은 漢나라 때 세상에 행해지지 못했기 때문에 唐나라 孔氏가 〈豐刑〉을 僞作으로 본 모양이다.〔蓋此篇出於孔壁 濟南伏生之所傳授者 未得其本 而孔壁之書 當漢時未行於世 故唐孔氏 以豐刑爲僞作〕"라고 하였다.

12년 6월 庚午日인 곧 초사흘로부터 3일이 지난 壬申日에 王이 아침에 宗周로부터 걸어서 豊 땅에 이르러 成周의 민중으로써 畢公에게 명하여 東郊를 편안하게 다스리도록 하셨다.

王至于豊圖

康王之十二年也라 畢公이 嘗相文王이라 故로 康王이 就豊文王廟하여 命之라 成周는 下都也라 保는 安이요 釐는 理也라 保釐는 卽下文旌別淑慝之謂니 蓋一代之治體요 一篇之宗要也라

康王이 卽位한 지 12년이 되는 해다. 畢公이 일찍이 文王을 도왔기 때문에 康王이 豊 땅에 있는 文王의 사당에 가서 명한 것이다. 成周는 바로 下都(洛邑)이다. 保는 安의 뜻이요, 釐는 理(다스리다)의 뜻이다. 保釐는 곧 아랫글의 "善과 惡을 표창하고 구별하는 일"을 이르니, 一代의 治體요 一篇의 宗要(要旨)인 것이다.

字義 自 : 부터 자 衆 : 민중 중 嘗 : 일찍 상 相 : 도울 상 旌 : 정표 정 別 : 차별 별
淑 : 착할 숙 慝 : 악할 특

2. 王若曰하사대 嗚呼라 父師아 惟文王武王이 敷大德于天下하사 用克受殷命하시니라

王이 이렇게 말씀하였다. "아, 父師야. 文王과 武王이 큰 德을 천하에 펴시어 능히 殷나라의 命을 넘겨받으셨다.

畢公이 代周公爲太師也라 文王武王이 布大德于天下하사 用能受殷之命하니 言得之之難也라

畢公이 周公을 대신하여 太師가 되었다. 文王과 武王이 큰 德을 천하에 펴시어 능히 殷나라의 명을 넘겨받았다는 것이니, 얻기 어려운 점을 말한 것이다.

字義 敷 : 펼 부

3. 惟周公이 左右先王하여 綏定厥家하시고 毖殷頑民하여 遷于洛邑하여 密邇王室하시니
式化厥訓하여 旣歷三紀에<하여> 世變風移하여 四方無虞하니 予一人이 以寧하노라

　周公께서는 先王을 보좌하여 국가를 안정시키시고, 殷나라의 완악한 백성들을
신중하게 다루어 洛邑으로 옮겨서 王室과 가까이 있게 하시니, 그 교훈에 감화되
어 지금 이미 3紀(36년)를 지남에 世代가 이미 변하고 風俗이 바뀌어 사방에 근심
걱정이 없으니, 나 한 사람이 그래서 편안하노라.

　十二年曰紀요 父子曰世라 周公이 左右文武成王하여 安定國家하고 謹毖頑民하여
遷于洛邑하여 密近王室하니 用化其敎하여 旣歷三紀에 世已變而風始移하여 今四
方에 無可虞度(탁)之事하니 而予一人이 以寧이라하시니 言化之之難也니라

　　12년을 '紀'라 하고, 父子의 사이를 '世'라 한다. 周公이 文王, 武王, 成王을 〈내
리〉 도와서 국가를 안정시키고, 완악한 백성들을 신중히 다루어 洛邑으로 옮겨서
왕실과 가까이 있게 하니, 그 교훈에 감화되어 지금 이미 3紀를 지남에 세대가 이미
변하고 풍속이 비로소 바뀌어 지금 사방에 우려할 일이 없으니, 나 한 사람이 그래
서 편안하다고 하였으니, 교화하기 어려움을 말한 것이다.

字義 綏：편안할 수　毖：신중할 비　密：밀접할 밀　邇：가까울 이　式：써 식　虞：근심 우
　　　遷：옮길 천　謹：삼갈 근　度：헤아릴 탁

4. 道有升降[3]하니<하며> 政由俗革이니라<하니> 不臧厥臧하면 民罔攸勸하리라

　世道는 오르내릴 때가 있는 법이니, 위정자는 풍속에 따라 변혁해야 한다. 만일
善한 사람을 善하게 여기지 않는다면 백성들이 권면할 바가 없을 것이다.

　有升有降은 猶言有隆有汚也라 周公은 當世道方降之時하고 至君陳畢公之世하여는
則將升於大猷矣라 爲政者 因俗變革이라 故로 周公은 毖殷而謹厥始하고 君陳은
有容而和厥中하니 皆由俗爲政者라 當今之政은 旌別淑慝之時也니 苟不善其善하면
則民無所勸慕矣라

　　오름이 있고 내림이 있다는 것은 융성함이 있고 쇠퇴함이 있다는 말과 같다. 周
公은 世道가 막 내려가는 때를 당하였고, 君陳과 畢公의 세대에 와서는 장차 大道

3　道有升降：孔傳은 "天道에는 상하가 교접하는 의의가 있다.〔天道有上下交接之義〕"로 풀이하였다.

에 오르게 되었다. 위정자는 풍속에 따라 변혁해야 한다. 그러므로 周公은 殷나라 백성들을 경계해서 그 처음 단계를 엄하게 다스렸고, 君陳은 너그럽게 포용해서 그 중간 단계를 화합하게 하였으니, 모두 풍속에 따라 정사를 한 것이다. 당금의 정세는 善과 惡을 표창하고 구별하여야 할 때인데, 만약 善한 사람을 善하게 여기지 않는다면 백성들이 권면하고 사모할 바가 없을 것이란 말이다.

字義 升 : 오를 승 臧 : 착할 장 罔 : 없을 망 攸 : 바 유 勸 : 권면할 권 隆 : 융성할 융
猷 : 도 유 慕 : 사모할 모

5. 惟公이 懋德으로 克勤小物하여 弼亮四世하되(하여) 正色率(솔)下한대 罔不祗(지)師言하여 嘉績이 多于先王하니 予小子는 垂拱仰成하노라

公(畢公)은 성대한 德을 가졌으면서도 능히 〈一言一動의〉 작은 행실을 부지런히 행하여 4代를 輔導하되 〈元老로서의 의젓한 모습과〉 엄숙한 태도로 아랫사람들을 거느리자, 太師의 말을 공경하지 않는 이가 없어 아름다운 공적이 先王의 세대보다 많으니, 나 小子는 衣裳을 드리우고 손을 마주잡고서 그저 치적이 이루어지기만을 우러러볼 뿐이다."

懋는 盛大之義니 予懋乃德之懋라 小物은 猶言細行也라 言畢公이 旣有盛德하고 又能勤於細行하여 輔導四世하되 風采凝峻하고 表儀朝著하여 若大若小히 罔不祗服師訓하여 休嘉之績이 蓋多於先王之時矣라 今我小子는 復何爲哉리오 垂衣拱手하여 以仰其成而已라 康王이 將付畢公以保釐之寄라 故로 敍其德業之盛하여 而歸美之也라

懋는 성대한 뜻이니, 〈大禹謨〉의 "予懋乃德(나는 너의 덕을 성대하게 여긴다.)"의 懋이다. 小物은 細行(작은 행실)이란 말과 같다. "畢公이 이미 성대한 덕을 가졌으면서도 또 능히 작은 행실을 부지런히 행하여 4代를 輔導하되 풍채가 단정하고 준엄하여 조정에 儀表가 되므로 상하와 대소를 막론하고 太師의 교훈에 경건히 복종하지 않는 이가 없어 아름다운 功績이 先王의 시대보다 많다. 지금 나 小子가 다시 무엇을 하겠는가. 衣裳을 드리우고 손을 마주잡고서 그저 치적이 이루어지기만을 우러러 볼 뿐이다."라고 말한 것이다. 康王이 장차 畢公에게 '편안하게 다스리는 일〔保釐〕'을 맡기려 하기 때문에 그 德業의 성대함을 서술하여 그에게 아름다움을 돌린 것이다.

字義 懋 : 성대할 무   弼 : 도울 필   亮 : 밝을 량   祗 : 공경 지   嘉 : 아름다울 가   績 : 공적 적
　　　垂 : 드리울 수   拱 : 손모을 공   仰 : 우러를 앙   凝 : 엄숙할 응, 엉길 응   峻 : 높을 준
　　　朝 : 조정 조   著 : 조정 저   服 : 복종할 복   寄 : 맡길 기

6. 王曰 嗚呼라 父師아 今予祗命公以周公之事하노니 往哉어다

王이 말씀하였다. "아, 父師야. 지금 나는 公에게 周公이 하던 일을 경건히 명하노니, 임지로 갈지어다.

今我敬命公以周公化訓頑民之事하노니 公其往哉어다 言非周公所爲면 不敢屈公以行也라

"지금 나는 公에게 周公이 완악한 백성들을 교화하던 일을 경건히 명하노니, 公은 임지로 갈지어다."라고 하였으니, 이는 周公이 행하던 일이 아니면 감히 公을 굽혀서 가게 할 수 없음을 말한 것이다.

7. 旌別淑慝하여 表厥宅里하며 彰善癉(단)惡[4]하여 樹之風聲하며 弗率訓典[5]이어든 殊厥井疆하여 俾克畏慕하며 申畫郊圻하며 愼固封守하여 以康四海하라

善과 惡을 표창하고 구별하여 그들이 거주하는 마을을 각각 표시하며, 선한 사람에게는 표창을 하고 악한 사람에게는 불이익을 주어서 〈선한 사람의〉 風聲(명성)을 세워주며, 교훈한 典常을 따르지 않는 자들에 대해서는 井里와 疆界를 분리하여 능히 〈악을 하는 사람이 받는 禍를〉 두려워하고 〈선을 하는 사람이 받는 福을〉 흠모하게 하며, 거듭 郊圻를 구획하고 封疆의 지킴을 삼가고 튼튼히 하여 四海를 편안케 하라.

淑은 善이요 慝은 惡이요 癉은 病也라 旌善別惡은 成周今日 由俗革之政也라 表異善人之居里는 如後世旌表門閭之類라 顯其爲善者하고 而病其爲不善者하여 以樹立爲善者風聲하여 使顯於當時而傳於後世는 所謂旌淑也요 其不率訓典者는 則殊異其井里疆界하여 使不得與善者雜處는 禮記曰 不變이어든 移之郊하고 不變이어든 移之遂가 卽其法也라 使能畏爲惡之禍하고 而慕爲善之福은 所謂別慝也라 圻는 與

4　彰善癉惡 : 《禮記》〈緇衣〉에는 '章善癉惡'으로 되어 있다.
5　弗率訓典 : 元代 朱祖義《尙書句解》는 典常의 교훈을 따르지 않는 것으로 풀이하였다.

畿同이니 郊圻之制는 昔固規畫矣언만 曰申云者는 申明之也요 封域之險은 昔固有
守矣언만 曰謹云者는 戒嚴之也라 疆域障塞(새)는 歲久則易(이)湮하고 世平則易玩이니
時緝而屢省之는 乃所以尊嚴王畿니 王畿安이면 則四海安矣리라

淑은 善의 뜻이요, 慝은 惡의 뜻이요, 癉은 病의 뜻이다. 善을 표창하고 惡을 차
별하는 일은 成周가 당금에 풍속을 따라 변혁할 정치문제다. 善한 사람이 거주하
는 마을을 다르게 표시하는 것은 후세에 門閭를 旌表하는 類와 같은 것이다. 선을
하는 자는 드러내고 불선을 하는 자는 불이익을 주어서, 선을 하는 자의 風聲을 세
워서 당시에 드러나게 하고 후세에 전해지게 하는 것은 이른바 '선한 사람을 표창
한다.'는 것이고, 교훈한 典常을 따르지 않는 자는 그 井里와 疆界를 분리하여 선한
자와 섞여 살지 못하게 하는 것은 《禮記》〈王制〉에 "〈교훈을 따르지 않는 자는 右
鄕과 左鄕으로 이주시켜 변하기를 기대하고, 그래도〉 변하지 않거든 〈도성에서 떨
어진〉 郊로 이주시키고 그래도 변하지 않거든 〈더 거리가 먼〉 遂로 이주시킨다."라
는 것이 바로 이 법이다. 악을 하는 자가 받는 禍를 두려워하고 선을 하는 자가 받
는 福을 흠모하게 하는 것은 이른바 '악한 사람을 구별한다.'는 것이다. 圻는 畿와
같으니, 郊圻의 제도는 옛날에 이미 구획한 것이건만, '申(거듭)'이라 말한 것은 거듭
밝히는 것이다. 封域의 험한 지대에는 옛날에 이미 지킴이 있었건만, '謹(삼가다)'이
라 말한 것은 경계하고 엄하게 하는 것이다. 疆域과 障塞는 세월이 오래되면 무너
지기 쉽고, 세상이 태평하면 우습게 보기 쉬운 것인데, 수시로 보수하고 자주 살피
는 것이 바로 王畿를 존엄하게 하는 것이니, 王畿가 편안하면 四海가 편안할 것이
란 말이다.

字義 癉 : 병들 단   樹 : 심을 수   殊 : 다를 수   疆 : 지경 강   俾 : 하여금 비   申 : 거듭 신
畫 : 구획 획   郊 : 들 교   圻 : 경기 기   障 : 방어할 장   塞 : 변방 새   易 : 쉬울 이
湮 : 무너질 인, 빠질 인   玩 : 구경 완   緝 : 보수할 집   屢 : 자주 루   省 : 살필 성

8. 政貴有恒이요 辭尙體要라 不惟好異[6]언만(니) 商俗이 靡靡하여 利口를 惟賢이러니(하던)
餘風이 未殄하니 公其念哉어다

정사는 지속적으로 純一해야 귀하고, 辭令은 體要가 簡實함을 숭상한다. 〈이렇

---

6   政貴有恒……不惟好異 : 孔疏는 '辭'를 言辭로 보아 "정사를 함은 常道가 있음에 귀한 가치가 있
고 言辭는 그 體實과 要約을 숭상하니, 마땅히 그 奇異함을 좋아하지 않아야 한다.〔爲政貴在有常
言辭尙其體實要約 當不惟好其奇異〕"라고 풀이하였다.

게 하려면〉이상한 짓을 좋아하지 않아야 하건만, 商나라 풍속이 마치 풀이 바람에 쓰러지듯 하여 말 잘하는 이를 어질게 여기었더니, 남은 풍속이 아직도 끊어지지 않았으니, 公은 이것을 생각할지어다.

對暫之謂恒이요 對常之謂異라 趣完具而已之謂體요 衆體所會之謂要라 政事純一하고 辭令簡實이니 深戒作聰明, 趨浮末, 好異之事라 凡論治體者 皆然이로되 而在商俗하여는 則尤爲對病之藥也니라 蘇氏曰 張釋之諫漢文帝하되 秦任刀筆之吏하여 爭以亟疾苛察로 相高하니 其弊徒文具요 無惻隱之實이라 以故로 不聞其過하여 陵夷至於二世에 天下土崩이니이다 今以嗇夫口辯而超遷之[7]하시면 臣恐天下隨風靡하여 爭口辯無其實하노이다하니 凡釋之所論은 則康王以告畢公者也니라

暫과 대칭되는 것을 恒이라 하고, 常과 대칭되는 것을 異라 한다. 취지만이 완전히 갖추어졌을 뿐인 것을 體라 하고, 여러 體가 모인 것을 要라 한다. 정사는 純一해야 하고 辭令은 簡實해야 하니, 聰明을 작동하고 浮末로 달려서 이상한 짓을 좋아함을 깊이 경계해야 한다. 무릇 治體를 논할 경우 모두 그렇지만 商나라의 풍속에 있어서는 더욱 병에 대한 명약이 된다는 것이다.

蘇氏가 말하였다. "張釋之가 漢 文帝에게 간하기를 '秦나라는 刀筆吏를 임용했는데, 그들은 급히 서둘고 까다롭게 살피는 일을 앞다투어 서로 숭상하였으니, 그 병폐가 한갓 형식만 갖출 뿐, 측은해하는 정실이 없었습니다. 이 때문에 자신의 과오를 듣지 못하여 서서히 쇠퇴하여 二世에 이르러서는 天下가 마치 흙더미가 무너진 것처럼 망하였습니다. 지금 〈폐하께서〉嗇夫가 口辯이 있다 하여 그를 크게 승진시키신다면 신은 온 천하가 마치 바람을 따라 쓰러지듯 쏠려서 구변만을 다투고 그 실상은 없을까 두렵습니다.'라고 하였으니, 무릇 張釋之가 논한 것은 康王이 이미 畢公에게 고했던 바로 그것이다."

字義　靡 : 쓰러질 미　殄 : 끊을 진　趣 : 취지 취　亟 : 빠를 극　疾 : 빠를 질　苛 : 까다로울 가

7　今以嗇夫口辯而超遷之 : '嗇夫'는 하급 관리이고, '口辯'은 말을 잘하는 것이고, '超遷'은 등급을 뛰어넘어서 승진시키는 것이다. 漢 文帝가 어느 날 上林苑을 가서 上林尉에게 上林苑 안에 있는 동물의 숫자를 물었으나 제대로 답하지 못하였는데, 옆에 있던 嗇夫가 자세하게 설명하였더니, 文帝는 그를 승진시켜 상림원 원장격인 令으로 삼으려고 하기 때문에 張釋之가 간언을 하였다고 한다.

9. 我聞하니 曰世祿之家는 鮮克由禮하여 以蕩陵德하며 實悖天道하고(하여) 敝化⁸하여
奢麗 萬世同流라하니라

나는 들으니, '世祿의 집안들은 능히 禮를 잘 따르는 이가 적어서, 방탕한 마음으로 德 있는 선비를 능멸하며, 실로 天道를 어지럽히고 風化를 파괴하여 奢侈와 美麗의 풍조가 萬世에 동일하게 흐른다.'라고 하였다.

古人論 世祿之家는 逸樂豢養하여 其能由禮者鮮矣라 旣不由禮면 則心無所制라
肆其驕蕩하여 陵蔑有德하며 悖亂天道하고 敝壞風化하여 奢侈美麗 萬世同一流
也⁹라하니라 康王이 將言殷士怙侈滅義之惡이라 故로 先取古人論世族者하여 發
之하니라

옛사람이 논하기를 '世祿의 집안은 안락을 누리며 잘 먹고 살기 때문에 능히 禮를 잘 따르는 이가 적다. 이미 禮를 따르지 않으면 마음이 제재를 받는 바가 없는지라, 교만과 방탕을 마구 부려 德 있는 이를 능멸하며, 天道를 어지럽히고 風化를 파괴하여 奢侈와 美麗의 풍조가 萬世에 동일하게 흐른다.'라고 하였다. 康王이 장차 殷나라 인사들이 세력을 믿고 사치를 부려 義를 멸살시킨 惡行을 말하려고 하기 때문에 먼저 古人이 世族을 논한 점을 취해서 발설한 것이다.

字義 鮮 : 적을 선 由 : 따를 유, 말미암을 유 蕩 : 방탕할 탕 陵 : 능멸할 릉 悖 : 패란할 패
敝 : 폐괴할 폐 奢 : 사치할 사 麗 : 아름다울 려 豢 : 기를 환 制 : 제재할 제
肆 : 마구부릴 사 驕 : 교만할 교 蔑 : 능멸할 멸 壞 : 무너질 괴 怙 : 믿을 호

10. 茲殷庶士 席寵이 惟舊하여 怙侈滅義하며 服美于人¹⁰하여 驕淫矜侉하여 將由惡
終이러니 雖收放心하나 閑之惟艱하니라

이 殷나라의 여러 인사들은 恩寵을 의지한 지가 오래여서 세력을 믿고 사치를 부려 義를 멸살시키며, 의복의 아름다움이나 남에게 자랑하는 등 교만하고 음탕하고 뽐내고 과시하여 장차 惡으로 일관해서 끝마치려고 하더니, 지금은 비록 방종한 마음을 거두었으나 그 사악함을 막기란 매우 어려운 문제다.

8　敝化 : 孔傳은 '敝俗相化(폐속이 서로 물드는 것)'로 보았다.
9　古人論……萬世同一流也 : 呂祖謙의 해석을 따른 것이다.
10　服美于人 : 孔傳은 "服飾이 제도보다 지나쳐서 인민의 신분보다 아름다우므로, 곧 〈신분을 뛰어 넘어〉 윗사람의 복식을 침범했다고 말한 것이다.〔服飾過制 美於其民 言僭上〕"라고 풀이하였다.

呂氏曰 殷士憑藉光寵하여 助發其私欲者 有自來矣라 私欲公義 相爲消長이라 故로 怙侈면 必至滅義니 義滅이면 則無復羞惡之端하여 徒以服飾之美로 侉之於人하고 而身之不美는 則莫之恥也라 流而不反하고 驕淫矜侉하여 百邪竝見(현)하여 將以惡終矣러니 洛邑之遷에 式化厥訓하여 雖已收其放心이나 而其所以防閑其邪者는 猶甚難也라하니라

呂氏가 말하였다. "殷나라 인사들이 光寵을 빙자해서 그 私欲을 빚어내는 것은 유래가 있었다. 私欲과 公義는 서로 사라지게 하고 자라게 하는 관계이다. 그러므로 세력을 믿고 사치를 부리면 반드시 義를 멸살함에 이르니, 義가 멸살되면 다시는 羞惡할 마음이 없어져서 한갓 服飾의 아름다움이나 남에게 과시하고 몸의 아름답지 못함은 부끄러워하지 않는다. 〈영영 못된 곳으로〉 흘러가버려 되돌아오지 못하며 교만하고 음탕하고 뽐내고 과시하는 등 온갖 邪惡함이 아울러 나타나서 장차 惡으로 일관하여 끝나게 되었는데, 洛邑으로 옮김에 그 교훈에 교화되어 비록 이미 그 방종한 마음은 거두었으나 그 사악함을 막기란 외려 심히 어려운 것이다."

字義 侉 : 의지할 석   淫 : 음탕할 음   矜 : 뽐낼 긍   侉 : 과시할 과   閑 : 막을 한   艱 : 어려울 간
憑 : 빙자할 빙   藉 : 빙자할 자   消 : 사라질 소   長 : 길어날 장   羞 : 부끄러울 수
惡 : 미워할 오   飾 : 꾸밀 식   見 : 나타날 현   防 : 막을 방

11. 資富能訓[11]이 惟以永年이니 惟德惟義 時乃大訓이니라 不由古訓이면 于何其訓이리오

자산이 풍부한 상태에서 능히 교훈하는 것이 年數를 연장시킬 수 있는 것이니, 오직 德과 義만이 큰 교훈이다. 옛날을 따라 교훈하지 않으면 무엇으로 교훈을 하겠는가."

言殷士不可不訓之也라 資는 資財也라 資富而能訓이면 則心不遷於外物하여 而可全其性命之正也라 然이나 訓은 非外立教條也요 惟德惟義而已니 德者는 心之理요 義者는 理之宜也라 德義는 人所同有也니 惟德義以爲訓이 是乃天下之大訓이라 然이나 訓은 非可以己私言也니 當稽古以爲之說이라 蓋善無證이면 則民不從이니 不由古

---

11 資富能訓 : 孔傳은 '訓'을 順從의 뜻으로 보아 "資財가 풍부한 상태에서 능히 義를 순종하면(以富資而能順義)"으로 풀이하였다.

以爲訓이면 于何以爲訓乎아

　　殷나라 인사들을 교훈하지 않을 수 없음을 말한 것이다. 資는 資財다. 資財가 풍부한 상태에서 잘 교훈하면 마음이 外物에 옮겨가지 아니하여 性命의 바름을 온전히 할 수 있다. 그러나 교훈은 밖에서 敎條를 세우는 것이 아니고, 오직 德과 義일 뿐이니, 德은 마음의 이치이고 義는 이치의 알맞은 것이다. 德과 義는 사람이 다 같이 가지고 있는 것이니, 오직 德과 義로 교훈을 하는 것이 바로 천하의 큰 교훈이다. 그러나 교훈은 자기의 사사로운 생각으로 말할 수 있는 것이 아니니, 마땅히 옛날을 상고해서 말해야 한다. 대개 善은 증빙이 없으면 백성들이 따르지 않으니, 옛날을 따라 교훈하지 않으면 무엇으로 교훈을 하겠느냐는 것이다.

　字義　資 : 자재 자　富 : 풍부할 부　能 : 잘할 능　時 : 이 시　遷 : 옮겨갈 천　稽 : 상고할 계
　　　　　證 : 증빙할 증

12. 王曰 嗚呼라 父師아 邦之安危는 惟玆殷士니 不剛不柔라사 厥德이 允修하리라

　　王이 말씀하였다. "아, 父師야. 나라의 安危는 이 殷나라 인사들에게 달려 있으니, 〈교훈함에 있어서 剛하게 제재하면 원망할 것이고, 柔하게 대하면 농락할 것이므로〉 강하지도 않고 유하지도 않게 〈중도를 유지하여야〉 그 德이 진실로 닦여질 것이다.

　　是時에 四方無虞矣요 蕞爾殷民도 化訓三紀之餘니 亦何足慮리오마는 而康王 拳拳以邦之安危 惟繫於此라하여 其不苟於小成者如此하니 文武周公之澤이 其深長也宜哉인저 不剛은 所以保之요 不柔는 所以釐之니 不剛不柔라사 其德이 信乎其修矣리라

　　이때에는 사방에 근심할 일이 없고, 작고 보잘것없는 殷나라 백성들도 교훈에 교화된 지 3紀(36년) 남짓이었으니, 또한 어찌 우려할 것이 있겠는가마는, 康王은 나라의 安危가 여기에 달려 있다고 강조하면서 小成에 만족해하지 않음이 이와 같았으니, 文王·武王과 周公의 은택이 深長함은 마땅한 것이다. 剛하지 않음은 편안히 하는 것이고, 柔하지 않음은 다스리는 것이니, 강하지도 않고 유하지도 않아야 그 德이 진실로 닦여질 것이란 말이다.

　字義　允 : 진실로 윤　虞 : 근심할 우　蕞 : 초라할 최, 작을 최　拳 : 조심스러울 권　繫 : 매일 계
　　　　　釐 : 다스릴 리

13. 惟周公은(이) 克愼厥始하고 (하여늘) 惟君陳은(이) 克和厥中하니 (하여늘) 惟公은(이) 克

成厥終하리라(하여) 三后¹²協心하여 同底(지)于道하여 道洽政治하여 澤潤生民하고(하여) 四夷左衽이 罔不咸賴하면 予小子는 永膺多福이로다

周公은 능히 그 처음 단계를 신중하게 다스렸고, 君陳은 능히 그 중간 단계를 화합하게 하였으니, 公은 능히 그 끝 단계를 이룰 것이다. 세 임금이 협심하여 함께 道에 이르러, 道가 흡족하고 정사가 다스려져서 은택이 生民에게 스며들고, 옷섶을 왼쪽으로 여미는 사방의 오랑캐들이 모두 의뢰하지 않음이 없으면, 나 小子는 길이 많은 복을 누릴 것이다.

殊厥井疆은 非治之成也라 使商民皆善然後에 可謂之成이니 此曰成者는 預期之也라 三后所治者는 洛邑이로되 而施(이)及四夷는 王畿가 四方之本也일새라 吳氏曰 道者는 致治之道也라 始之, 中之, 終之 雖時有先後나 皆能卽其行事하여 觀其用心而有以濟之가 若出於一時하고 若成於一人하니 謂之協心이 如此니라

井里와 疆界를 분리함은 다스림이 이루어진 것이 아니다. 商나라 백성들을 모두 善하게 한 뒤에야 '이루었다'고 말할 수 있으니, 여기에서 '成'이라 말한 것은 미리 기약한 것이다. 세 임금이 다스린 곳은 洛邑이었으되 뻗어가 四夷에 미친 것은 王畿가 四方의 근본이기 때문이다.

吳氏가 말하였다. "道는 치적을 이루는 道이다. 처음 단계, 중간 단계, 끝 단계는 비록 때에는 선후가 있으나 모두 行事에 나아가 用心을 살펴보아 이룸이 있는 것이 마치 한 때에 나온 듯하고 한 사람에게서 이루어진 듯하니, '협심했다'고 이른 것이 이와 같다."

字義 衽 : 옷섶 임　賴 : 의뢰할 뢰　膺 : 누릴 응　殊 : 다를 수　預 : 미리 예　施 : 뻗쳐갈 이
濟 : 이루어질 제

14. 公其惟時成周에 建無窮之基하면 亦有無窮之聞하리니 子孫도(이) 訓其成式하여 惟乂하리라

公이 이 成周에 무궁한 基業을 세우면 또한 무궁한 명예가 있을 것이니, 자손들도 이루어놓은 법을 따라 다스릴 것이다.

___

12　三后 : 여기의 '임금'은 제후급 임금이다.

建은 立이요 訓은 順이요 式은 法也라 成周는 指下都[13]而言이라 呂氏曰 畢公은 四世元老니 豈區區立後世名者리오마는 而勳德之隆이 亦豈少리오 此는 康王이 所以望之者라 蓋相期以無窮事業이니 乃尊敬之至也니라

建은 立의 뜻이요, 訓은 順의 뜻이요, 式은 法의 뜻이다. 成周는 下都를 가리켜 말한 것이다.

呂氏가 말하였다. "畢公은 4代의 元老인데, 어찌 구구하게 후세에 이름을 남기려 할 분이겠는가. 그러나 勳功의 융성함 또한 어찌 적었겠는가. 이는 康王이 필공에게 바란 것이다. 대개 서로 무궁한 사업으로 기약하였으니, 존경함이 지극하다."

字義 式 : 법 식 乂 : 다스릴 예

15. 嗚呼라 罔曰弗克이라하여 惟旣厥心하며 罔曰民寡라하여 惟愼厥事하여 欽若先王成烈하여 以休于前政하라

아. 〈公은 지금 東郊에 가서 완악한 殷나라 백성들을〉 다루지 못하겠다고 말하지 말아 그 마음을 다하여 〈조금도 물러섬이 없으면 業을 이룰 수 있을 것이며, 작고 보잘것없는 殷나라〉 백성들이 〈그 형세가〉 寡弱하다고 말하지 말아 그 일을 신중하게 하면 〈공을 세울 수 있을 것이다. 殷나라 백성들을 洛邑으로 옮긴 것은 先王이 이룬 功烈이니,〉 선왕이 이룬 공렬을 경건히 따라서 前人의 政事를 더 아름답게 하라."

蘇氏曰 曰弗克者는 畏其難而不敢爲者也요 曰民寡者는 易(이)其事以爲不足爲者也요 前政은 〔謂〕[14]周公君陳也라

蘇氏가 말하였다. "弗克이란 그 어려움을 두려워하여 감히 하지 못하는 것이고, 民寡란 그 일을 쉽게 여겨 할 것이 없다고 여기는 것이고, 前政은 周公과 君陳을 이른다."

字義 克 : 다룰 극, 이길 극 休 : 아름다울 휴 易 : 쉬울 이

---

13 下都 : 제2의 수도를 가리킨다. 西周는 鎬京에 도읍하고 洛邑을 下都로 삼았다.

14 〔謂〕: 저본에는 없으나, 蘇軾의 《書傳》에 의거하여 보충하였다.

君牙

君牙는 臣名이라 穆王이 命君牙하여 爲大司徒하니 此其誥命也라 今文無하고 古文有하니라

君牙는 신하의 이름이다. 穆王이 君牙를 명하여 大司徒를 삼았으니, 이것이 그 誥命이다. 〈君牙〉는《今文尙書》에는 들어 있지 않고《古文尙書》에는 들어 있다.

1. 王若曰하사대 嗚呼라 君牙아 惟乃祖乃父 世篤忠貞하여 服勞王家하여 厥有成績이 紀于太常하니라

王이 이렇게 말씀하였다. "아, 君牙야. 네 할아버지와 네 아버지가 대대로 忠貞을 돈독히 하여 王家를 힘을 다해 섬겨서 그 이룩한 업적이 太常에 기록되어 있다.

王은 穆王也니 康王孫이요 昭王子라 周禮司勳云 凡有功者는 銘書於王之太常이라하고 司常云 日月爲常이니 畫日月於旌旗也라하니라

王은 바로 穆王이니, 康王의 손자이자 昭王의 아들이다.《周禮》〈夏官 司勳〉에는 "무릇 功이 있는 자는 王의 太常에 이름을 새긴다."라고 하였고,〈春官 司常〉에는 "해와 달을 常이라 하니,〈太常은〉해와 달을 旌旗에 그린 것이다."라고 하였다.

字義 乃 : 너 내   旌 : 깃발 정   旗 : 깃발 기

2. 惟予小子 嗣守文武成康遺緒는(혼든) 亦惟先王之臣이 克左右하여 亂四方하니 心之憂危 若蹈虎尾하며 涉于春冰하노라

나 小子가 文王, 武王, 成王, 康王이 남기신 전통을 이어 지킴은 또한 先王의 신하들이 능히 보좌하여 사방을 다스리기 때문이니, 마음에 근심하고 위태롭게 여김이 마치 범의 꼬리를 밟는 듯하며, 봄의 살얼음판을 건너는 듯한다.

緒는 統緒也라 若蹈虎尾는 畏其噬요 若涉春冰은 畏其陷이라 言憂危之至하여 以見(현) 求助之切也라

緒는 바로 統緒(계통, 전통)이다. "범의 꼬리를 밟는 듯하다."는 것은 행여 물릴까 두려워하는 것이고, "봄의 살얼음판을 건너는 듯하다."는 것은 행여 빠질까 두려워하는 것이다. 근심하고 위태롭게 여김이 지극함을 말하여 도움을 구함이 간절함을 나타낸 것이다.

字義 亂 : 다스릴 란   蹈 : 밟을 도   涉 : 건널 섭   冰 : 얼음 빙   噬 : 물 서   陷 : 빠질 함

3. 今에 命爾하노니 予翼①하여 作股肱心膂하여 纘乃舊服하여 無忝祖考하라

① 書經 予翼 : 나를 도와
  一般 翼予 : 나를 도와

  지금에 너를 명하노니, 너는 나를 도와 股肱과 心膂가 되어서 〈네 할아버지와 아버지가〉 옛날 〈忠貞으로 힘써 행하던〉 일을 이어서 할아버지와 아버지를 욕되게 하지 말도록 하라.

  膂는 脊也라 舊服은 忠貞服勞之事라 忝은 辱也라 欲君牙以其祖考事先王者로 而事我也라

  膂는 등골뼈다. 舊服은 忠貞으로 힘써 행한 일이다. 忝은 辱의 뜻이다. 君牙가 그 할아버지와 아버지가 先王을 섬기던 것으로 자기를 섬겨주기를 바란 것이다.

  字義 翼 : 도울 익   股 : 다리 고   肱 : 팔 굉   膂 : 힘 려, 등골뼈 려   纘 : 이을 찬   服 : 힘쓸 복
  忝 : 부끄러울 첨

4. 弘敷五典하여 式和¹⁵民則(칙)하라 爾身이 克正하면 罔敢弗正하리라(하리니) 民心은(이) 罔中¹⁶하니(이라) 惟爾之中¹⁷이니라

  〈너의 직책은 가르침에 있으니,〉 五典을 확대해 펴서 백성들의 법칙을 공경하여 융화시키도록 하라. 네 몸을 능히 바르게 가지면 감히 몸가짐을 바르게 하지 않을 자가 없을 것이다. 백성들의 마음은 〈스스로〉 中正하지 못하니, 너의 마음을 中正하게 해서 〈그 中正을 본받게 해야 한다.〉

---

15 式和 : 孔傳은 "융화시킨다.(用和)"로 풀이하였다.

16 中 : 성리학적 차원에서는 蔡沈이 〈蔡仲之命〉에 나오는 '率自中'의 中을 "마음의 이치로서 過와 不及의 차이가 없는 것이다.(心之理而無過不及之差者)"라고 풀이하였는데, 바로 그 뜻이다.

17 民心罔中 惟爾之中 : 孔傳은 "백성들의 마음은 中正이 없어 너로 좇아 中正을 취하니, 반드시 마땅히 몸을 바르게 해서 백성들에게 中正을 보여야 한다.(民心無中 從汝取中 必當正身示民以中正)"라고 풀이하였다.

弘敷者는 大而布之也요 式和者는 敬而和之也라 則은 有物有則之則이니 君臣之
義, 父子之仁, 夫婦之別, 長幼之序, 朋友之信이 是也라 典은 以設敎言이라 故로
曰弘敷요 則은 以民彛言이라 故로 曰式和라 此는 司徒之敎也나 然敎之本은 則在
君牙之身이라 正也中也는 民則(칙)之體니 而人之所同然也라 正은 以身言이니 欲其
所處無邪行也요 中은 以心言이니 欲其所存無邪思也라 孔子曰 子率以正이면 孰
敢不正이리오하시고 周公曰 率自中이라하시니 此는 告君牙以司徒之職也니라

弘敷는 확대해서 펴는 것이고, 式和는 공경하여 융화시키는 것이다. 則은 "有物
有則(사물이 있으면 법칙이 있다.)"의 則이니, 君臣의 義와 父子의 仁과 夫婦의 別과
長幼의 序와 朋友의 信이 이것이다. 典은 가르침을 베푸는 것을 가지고 말하였기
때문에 "확대해서 편다."라고 말하였고, 則은 백성의 떳떳한 천성을 가지고 말하였
기 때문에 "공경하여 융화시킨다."라고 말한 것이다. 이는 司徒의 가르침이나 가르
침의 근본은 君牙 자신에게 달려 있는 것이다. 正과 中은 백성의 법칙의 體이니, 사
람들이 다 함께 옳게 여기는 것이다. 正은 몸을 가지고 말하였으니 처신하는 바에
사악한 행실이 없게 하려는 것이고, 中은 마음을 가지고 말하였으니 마음에 간직
한 것에 사악한 생각이 없게 하려는 것이다. 孔子는 《論語》〈顔淵〉에서 말씀하기를
"당신이 만일 바른 길로 솔선수범한다면 누가 감히 바르지 않겠는가."라고 하였고,
周公은 《書經》〈蔡仲之命〉에서 말씀하기를 "따르는 것은 中으로부터 하라."고 하
였으니, 이는 君牙에게 司徒의 직책을 가지고 고한 것이다.

字義 敷 : 펼 부

5. 夏暑雨에 小民이 惟曰怨咨하며 冬祁寒에 小民이 亦惟曰怨咨하나니 厥惟艱哉[18]인저
思其艱하여 以圖其易(이)하면 民乃寧하리라

여름에 무덥고 비가 내리면 小民들이 〈먹을 것이 없어서〉 원망하고, 겨울에 몹시
추우면 小民들이 〈입을 것이 없어서〉 또한 원망하니, 〈飢寒에 허덕이는 小民들의
궁한 생활은 너무도〉 어려운 것이다. 그 어려운 점을 생각하여 〈小民들이 필요한

---

18 夏暑雨……厥惟艱哉 : 孔傳은 "여름에 무덥고 비가 내리는 것은 하늘의 常道이건만 小民들은
원망한다는 것이니, 곧 마음에 中正이 없음을 말한 것이다.……하늘은 원망할 것이 아닌데 백성
들은 외려 원망하니, 백성들을 다스리기가 어려운 것이다. 응당 그 어려운 점을 생각하여 그 쉬
운 점을 도모하여야 백성들이 이에 편안해질 것이다.〔夏月暑雨 天之常道 小人惟曰怨嘆咨嗟 言心無中
也……天不可怨 民猶怨嗟 治民其惟難哉 當思慮其難 以謀其易 民乃安〕"라고 풀이하였다.

衣食을〉 쉽게 공급해줄 것을 도모하면 백성들이 이에 편안해질 것이다.

祁는 大也라 暑雨祁寒에 小民怨咨는 自傷其生之艱難也라 厥惟艱哉者는 嘆小民
之誠爲艱難也라 思念其難하여 以圖其易하면 民乃安也라 艱者는 飢寒之艱이요 易
者는 衣食之易라 司徒는 敷五典하고 擾兆民하여 兼敎養之職하니 此는 又告君牙以
養民之難也라

祁는 大의 뜻이다. 무덥고 비가 내리거나 몹시 추울 때에 小民들이 원망하는 것은 스스로 그 생활이 어려움을 상심해하는 것이다. 厥惟艱哉란 小民들이 참으로 생활하기 어려워하는 점을 한탄한 것이다. 그 〈飢寒에 시달리는〉 어려운 점을 생각하여 〈小民의 衣食을〉 쉽게 공급해줄 것을 도모하면 백성들이 이에 편안해질 것이다. 艱은 飢寒에 시달리는 어려움이고, 易는 衣食을 쉽게 공급하는 것이다. 司徒는 五典을 펴고 兆民을 교도하기 때문에 교육하고 보양하는 직책을 겸하였으니, 이는 또한 君牙에게 백성들을 보양하는 어려움을 고해준 것이다.

字義 咨 : 원망할 자　祁 : 클 기　艱 : 어려울 간
易 : 쉬울 이

民怨祁寒圖

6. 嗚呼라 丕顯哉라 文王謨여 丕承[19]哉라 武王烈이여 啓佑我後人하시되 咸以正罔
缺하시니 爾惟敬明乃訓하여 用奉若于先王[20]하여 對揚文武之光命하며 追配于前
人[21]하라

아! 크게 드러났다, 文王의 謀策이여. 크게 계승하였다, 武王의 功烈이여. 우리

---

19 丕承 : 孔傳은 "크게 받들 만하다."로 풀이하였다.

20 先王 : 여기서는 成王과 康王을 가리킨다.

21 追配于前人 : 孔傳은 '前人'을 前世의 令名한 사람으로 보아 "임금과 신하가 각각 前世의 令名한 사람에게 필적하도록 해야 한다.〔君臣各追配於前令名之人〕"라고 풀이하였다.

후인들을 계도하고 도와주시되 〈한 가지 일도 正道에서 나오지 않은 것이 없고, 한 가지 일도 주밀하게 하지 않은 것이 없을 정도로〉 모두 正道를 가지고 하시고 결함 없이 완벽하게 하셨으니, 〈자손을 위한 생각이 지극하셨다. 지금 너 君牙는 司徒가 되었으니, 차지한 관직은 바로 전일 네 할아버지와 아버지가 맡았던 관직이고, 교훈하는 백성은 바로 옛날 임금인 문왕, 무왕, 성왕, 강왕이 다스리던 백성이다. 그러니〉 너는 네 교훈을 공경히 밝혀서 先王을 받들어 순종하여 文王과 武王의 밝게 드러난 命을 받들어 널리 알리며, 〈너는 또한 나를 보필하기를〉 前人에 필적하도록 하라."

조는 大요 謨는 謀요 烈은 功也라 文顯於前하고 武承於後하니 曰謨, 曰烈은 各指其實而言之라 咸以正者는 無一事不出於正이요 咸罔缺者는 無一事不致其周密이라 若은 順이요 對는 答이요 配는 匹也라 前人은 君牙祖父라

조는 大의 뜻이요, 謨는 謀의 뜻이요, 烈은 功의 뜻이다. 文王은 앞에서 드러냈고 武王은 뒤에서 계승하였으니, 謨와 烈은 각각 그 실상을 가리켜 말한 것이다. 咸以正이란 한 가지 일도 正道에서 나오지 않음이 없는 것이고, 咸罔缺이란 한 가지 일도 주밀하게 하지 않음이 없는 것이다. 若은 順의 뜻이요, 對는 答의 뜻이요, 配는 匹(필적하다)의 뜻이다. 前人은 君牙의 할아버지와 아버지다.

字義 조 : 클 비   承 : 이을 승

7. 王若曰하사대 君牙아 乃惟由先正舊典하여 時式하라 民之治亂이 在玆하니 率乃祖考之攸行하여 昭乃辟之有乂하라

王이 이렇게 말씀하였다. "君牙야. 너는 先正의 옛 법을 따라서 이에 법칙으로 삼도록 하라. 백성들의 다스려지고 어지러워짐이 이에 달려 있으니, 네 할아버지와 아버지가 행하던 바를 따라 네 임금의 다스림을 밝히도록 하라."

先正은 君牙祖父也라 君牙由祖父舊職하여 而是法之니라 民之治亂이 在此而已니 法則治하고 否則亂也라 循汝祖父之所行하여 而顯其君之有乂라하니 復申戒其守家法以終之라 按此篇은 專以君牙祖父爲言하여 曰纘舊服, 曰由舊典, 曰無忝, 曰追配, 曰由先正舊典, 曰率祖考攸行이라하니 然則君牙之祖父 嘗任司徒之職이요 而其賢을 可知矣로되 惜載籍之無傳也라 陳氏曰 康王時에 芮伯이 爲司徒하니 君牙豈其後耶아

先正은 君牙의 할아버지와 아버지이다. 君牙는 할아버지와 아버지의 옛 직책을 따라서 법칙으로 삼아야 한다. 백성들의 다스려지고 어지러워짐이 이에 달려 있을 뿐이니, 법칙으로 삼으면 다스려지고 그렇지 않으면 어지러워지는 것이다. 네 할아버지와 아버지가 행하던 바를 따라서 임금의 다스림을 드러내도록 하라고 하였으니, 다시 家法을 지켜 끝맺음을 잘하라고 거듭 경계한 것이다.

살펴보건대, 이 篇은 오로지 君牙의 할아버지와 아버지만을 가지고 말하기를 "옛일을 이으라."고 하고, "옛 법을 따르라."고 하고, "욕되게 하지 말라."고 하고, "필적하도록 하라."고 하고, "先正의 옛 법을 따르라."고 하고, "할아버지와 아버지가 행하던 바를 따르라."고 하였으니, 그렇다면 君牙의 할아버지와 아버지가 일찍이 司徒의 職을 맡았다는 사실과 함께 그들이 어질었음을 알 수 있는데, 載籍(문적)이 전하지 않는 것이 애석하도다. 陳氏가 말하기를 "康王 때에 芮伯이 司徒가 되었으니, 君牙는 그 후손인가 보다."라고 하였다.

字義 乃 : 너 내 由 : 따를 유 時 : 이 시 式 : 법식 식 乂 : 다스릴 예 否 : 아니 부 循 : 따를 순
申 : 거듭 신 惜 : 애석할 석 載 : 서적 재 籍 : 서적 적

冏命

穆王이 命伯하여 爲太僕正하니 此其誥命也라 今文無하고 古文有하니라

穆王이 伯冏을 명하여 太僕正으로 삼았으니, 이것이 그 誥命이다. 〈冏命〉은 《今文尙書》에는 들어 있지 않고 《古文尙書》에는 들어 있다.

○呂氏曰 陪僕蟄(설)御之臣을 後世에 視爲賤品하여 而不之擇者는 曾不知人主朝夕與居하여 氣體移養[22]이 常必由之하니 潛消默奪於冥冥之中하고 而明爭顯諫於昭昭之際는 抑末矣라 自周公作立政으로 而嘆綴(추)衣虎賁知恤者鮮하니 則君德之所繫를 前此知之者 亦罕矣러니 周公이 表而出之하여 其選始重이라 穆王之用太僕正에 特作命書하여 至與大司徒略等하니 其知本哉[23]인저하니라

---

22 氣體移養 : 《孟子》〈盡心 上〉에 "거처에 따라 기운이 바뀌고, 보양에 따라 몸이 바뀐다.〔居移氣養易體〕"라고 보인다.

23 其知本哉 : 《增修東萊書說》에는 '抑末矣' 아래에 '穆王之命 其知本哉'가 있고, '其知本哉'의 자리에는 '流風猶未遠也'가 있다.

○呂氏가 말하였다. "陪僕과 褻御 같은 〈하찮은 일을 하는〉 신하를 후세에서는 賤品으로 보아 선별하지 않으니, 이는 임금이 조석으로 그들과 함께 거처하므로 거처에 따라 기운이 바뀌고 봉양에 따라 몸이 바뀌는 것이 항상 반드시 이들에게서 비롯된다는 사실을 알지 못하는 것이다. 어두운 곳에서 〈임금의 안일한 마음 등을〉 몰래 소멸시키거나 묵묵히 빼앗는 일을 하는 것과 밝은 곳에서 〈임금의 비리 등을〉 공개적으로 간쟁하는 일을 하는 것은 말단의 일이다. 周公이 〈立政〉을 지음으로부터 '綴衣와 虎賁 같은 관직에 적합한 사람을 구하는 일에 대해 걱정할 줄 아는 이가 적다.'고 탄식하였으니, 임금의 德에 관계되는 것을 이보다 앞서 아는 자가 또한 흔치 않았었는데, 周公이 表出하여 그 選任을 비로소 중하게 한 것이다. 穆王은 太僕 正을 등용할 적에 특별히 명하는 글을 지어 大司徒와 대략 비등하게 하기까지 하였으니, 그 근본을 알았다고 해야 할 것이다."

字義 囧:빛날 경   陪:모실 배   僕:종복 복   褻:가까울 설   御:모실 어   潛:몰래 잠
      消:소멸할 소   默:묵묵할 묵   奪:빼앗을 탈   繫:맬 계   罕:드물 한

1. 王若曰하사대 伯冏아 惟予弗克于德하여 嗣先人宅丕后하니(하여) 怵惕惟厲하여 中夜以興하여 思免厥愆하노라

王이 이렇게 말씀하였다. "伯冏아. 나는 德이 부족하면서 先人을 이어 큰 임금의 자리에 앉으니, 두렵고 불안해서 한밤중에 일어나 허물을 면할 것을 생각하노라.

伯冏은 臣名이라 穆王言 我不能于德하여 繼前人居大君之位하니 恐懼危厲하여 中夜以興하여 思所以免其咎過라

伯冏은 신하의 이름이다. 穆王이 말하기를 "나는 德이 부족하면서 前人을 이어 큰 임금의 자리에 앉으니, 두렵고 불안하여 한밤중에 일어나 허물을 면할 것을 생각하노라."고 한 것이다.

字義 宅:앉을 택   怵:두려울 출   惕:두려울 척   厲:불안할 려   愆:허물 건   繼:이를 계
      咎:허물 구   過:허물 과

2. 昔在文武하사 聰明齊聖이어시늘 小大之臣은 咸懷忠良하며 其侍御僕從은(이) 罔匪正人이라 以旦夕에 承弼厥辟일새(혼들로) 出入起居에 罔有不欽하며 發號施令에(을) 罔有不臧한대 下民이 祗若하며 萬邦이 咸休하니라

옛날 文王과 武王에 있어서 총명하고 경건하며 성스러우셨는데, 대소신료들은

모두 忠良할 것을 생각하며, 侍御와 僕從은 올바른 사람이 아닌 이가 없었다. 이들이 아침저녁으로 그 임금을 받들어 보필하였기 때문에 出入하고 起居함에 공경하지 않음이 없고 호령을 냄에 不善함이 없으니, 下民이 공경하고 순종하며 萬邦이 모두 아름답게 여겼다.

侍는 給侍左右者요 御는 車御之官이라 僕從은 太僕群僕으로 凡從王者라 承은 承順之謂요 弼은 正救之謂라 雖文武之君이 聰明齊聖하고 小大之臣이 咸懷忠良하니 固無待於侍御僕從之承弼者나 然其左右奔走 皆得正人이면 則承順正救 亦豈小補哉아

侍는 좌우에서 심부름하고 모시는 사람이고, 御는 수레를 모는 관원이다. 僕從은 太僕과 群僕으로 왕을 따르는 사람이다. 承은 받들어 순종함을 이르고, 弼은 바로잡아 구제함을 이른다. 비록 文王과 武王처럼 임금이 총명하고 공경하며 성스러운 데다가 대소신료들이 모두 忠良할 것을 생각하였으므로, 본디 侍御와 僕從이 받들어 순종하고 보필하는 역할을 필요로 하지 않지만, 좌우에서 분주하게 움직이는 자들이 모두 올바른 사람이 얻어졌다면 받들어 순종하고 바로잡아 구제하는 것이 또한 어찌 작은 도움이겠는가.

字義 匪 : 아니 비 承 : 받들 승 弼 : 보필할 필 辟 : 임금 벽

3. 惟予一人이 無良하여 實賴左右前後有位之士의 匡其不及하며 繩愆糾謬하고(하여) 格其非心하여 克紹先烈하노라

나 한 사람이 어질지 못하여 실로 좌우와 전후에 官位를 가진 賢士들의 〈각각 마음을 다하여〉 나의 미치지 못하는 점을 돕고, 나의 허물을 바로잡고, 나의 틀린 점을 바로잡고, 나의 그릇된 마음을 바로잡아서, 부디 先烈을 잘 계승할 수 있도록 힘입고자 하노라.

無良은 言其質之不善也라 匡은 輔助也라 繩은 直이요 糾는 正也라 非心은 非僻之心也라 先烈은 文武也라

無良은 그 자질이 좋지 않음을 말한 것이다. 匡은 輔助하는 것이다. 繩은 直의 뜻이요, 糾는 正의 뜻이다. 非心은 非僻한 마음이다. 先烈은 文王과 武王이다.

字義 賴 : 힘입을 뢰 匡 : 바로잡을 광 繩 : 바로잡을 승 愆 : 허물 건 糾 : 바로잡을 규 謬 : 틀릴 류
格 : 바로잡을 격 非 : 그릇될 비 紹 : 밝을 소 烈 : 공적 렬 質 : 자질 질 僻 : 방탕할 벽

4. 今予命汝하여 作大正하노니 正于群僕侍御之臣하여 懋乃后德하되(하여) 交修不逮하라

지금 나는 너를 명하여 大正을 삼노니, 群僕과 侍御하는 신하들을 바로잡아서 각각 네 임금의 德을 힘써 돕되, 서로 나의 미치지 못하는 점을 修補하도록 하라.

大正은 太僕正也라 周禮에 太僕은 下大夫也라 群僕은 謂祭僕隷僕戎僕齊僕[24]之類라 穆王은 欲伯冏正其群僕侍御之臣하여 以勉進君德하되 而交修其所不及이라 或曰 周禮에 下大夫니 不得爲正이라하고 漢孔氏以爲太御[25]는 中大夫라하니 蓋周禮에 太御最長이요 下又有群僕하니 與此所謂正于群僕者合이요 且與君同車하여 最爲親近也라

大正은 太僕正이다. 《周禮》〈夏官 敍官〉에 "太僕은 下大夫이다."라고 하였다. 群僕은 祭僕·隷僕·戎僕·齊僕 따위를 이른다. 穆王은 伯冏이 群僕과 侍御하는 신하들을 바로잡아 임금의 德을 힘써 진취하게 하되 서로 미치지 못하는 점을 修補하게 하려고 한 것이다. 혹자는 말하기를 "《周禮》에 〈太僕은〉下大夫이다.'라고 하였으니 '正'이 될 수 없다."라고 하였고, 漢나라 孔氏(孔安國)는 "太御는 中大夫이다."라고 하였는데, 《周禮》에 太御가 가장 우두머리이고 아래에 또 群僕이 있으니, 여기의 이른바 '群僕을 바로잡는다.'는 말과 합치되고, 또 임금과 함께 수레를 타니 가장 친근한 관계가 된다.

5. 愼簡乃僚호되 無以巧言令色便辟側媚하고 其惟吉士하라

네 僚佐들을 신중히 선발하되, 말을 듣기 좋게 늘어놓는 사람, 얼굴빛을 보기 좋게 하는 사람, 남의 비위만 맞추는 사람, 남의 눈치만 보며 간사하고 아첨하는 사람을 쓰지 말고, 오직 吉士(君子)만을 쓰도록 하라.

巧는 好요 令은 善也니 好其言하고 善其色하여 外飾而無質實者也라 便者는 順人之

---

24 祭僕隷僕戎僕齊僕 : 이들은 모두 《周禮》〈夏官〉에 소속된 벼슬이름으로, 祭僕은 祭禮를 관장하고, 隷僕은 大射禮 때 활터의 청소를 맡고, 戎僕은 兵車를 모는 일을 맡고, 齊僕은 제왕의 수레를 몰며 빈객을 접대하는 일을 관장하였다.

25 太御 : 《尙書注疏考證》에 "상고하건대 孔傳에서 太僕을 太御로 풀이한 까닭은 太御는 바로 中大夫, 太僕은 바로 下大夫이기 때문이다. 그러나 이 두 벼슬은 각각 서로 統屬하지 못하니, 經文으로 증빙하면 바로 太僕이고 太御가 아니다.〔按孔傳所以訓太僕正爲太馭者 以太御是中大夫 太僕是下大夫耳 然此兩官 各不相統 以經文證之 是太僕非太御也〕"라고 하였다.

所欲이요 辟者는 避人之所惡(오)며 側者는 姦邪요 媚者는 諛悅이니 小人也라 吉士는 君子也라 言當謹擇汝之僚佐호되 無任小人이요 而惟用君子也니라 又按此言謹簡乃僚라하니 則成周之時에 凡爲官長者는 皆得自擧其屬이요 不特辟除府史胥徒而已니라

愼簡乃僚圖

巧는 好(아름답다)의 뜻이요, 令은 善(좋다)의 뜻이니, 말을 듣기 좋게 늘어놓고 얼굴빛을 보기 좋게 하여 겉만 꾸미고 實質이 없는 사람이다. 便은 남이 하고자 하는 일을 순종하는 것이고, 辟은 남이 싫어하는 일을 피하는 것이며, 側은 간사한 것이고, 媚는 아첨하는 것이니, 小人이다. 吉士는 君子이다. 응당 너의 僚佐들을 신중히 선택하되, 소인에게 맡기지 말고 오직 君子만을 임용하라고 말한 것이다. 또 여기에서 "네 僚佐들을 신중히 선발하라."고 한 것을 살펴볼 때, 成周時代에는 官長이 된 자는 모든 官屬을 스스로 들어(선발하여) 쓸 수 있었지, 단지 府·史·胥·徒〈같은 하급 관리만을〉불러 쓴 것이 아니었다.

字義 簡:선발할 간 乃:너 내 令:좋을 령 便:비위맞출 편 辟:피할 벽, 부를 벽
側:간사할 측 媚:아첨할 미 諛:아첨할 유 擇:가릴 택 特:다만 특 除:임명할 제

6. 僕臣正이면 厥后克正하고 僕臣諛면 厥后自聖하리니 后德도 惟臣이며 不德도 惟臣이니라

僕臣이 올바르면 임금이 능히 올바르게 되고, 僕臣이 아첨하면 임금이 스스로 성인인 체할 것이니, 임금이 유덕한 것도 신하 때문이고 부덕한 것도 신하 때문이다.

自聖은 自以爲聖也라 僕臣之賢否 係君德之輕重이 如此라 呂氏曰 自古小人之敗君德하여 爲昏, 爲虐, 爲侈, 爲縱이 曷其有極이리오마는 至於自聖하여는 猶若淺之爲害로되 穆王이 獨以是蔽之者는 蓋小人之蠱其君에 必使之虛美熏心하여 傲然自

聖하면 則謂人莫己若이라하여 而欲予言莫之違하나니 然後에 法家拂(弼)士日遠하여 而快意肆情之事 亦莫或齟齬其間이니 自聖之證이 旣見(현)에 而百疾從之라 昏虐侈縱은 皆其枝葉이니 而不足論也라하니라

自聖은 스스로 성인인 체하는 것이다. 僕臣의 어질고 어질지 못함이 임금의 德의 輕重에 관계됨이 이와 같다.

呂氏가 말하였다. "예부터 소인이 임금의 德을 무너뜨려 어둡게 만들고 사납게 만들고 사치하게 만들고 방종하게 만드는 것이 어찌 한정이 있었겠는가마는, 스스로 성인인 체하는 것으로 말하면 외려 얄팍하게 해가 되는 듯한데, 穆王이 유독 한마디 말로 요약한 것은 〈다음과 같은 문제 때문이었다.〉 대개 소인이 임금을 蠱惑시킬 적에는 반드시 헛된 칭찬으로 마음을 미혹시켜 거만스럽게 스스로 성인인 체하도록 만들면 임금은 사람들이 자기만 못하다고 여겨 자신의 말을 어기지 못하게 하려고 한다. 그런 뒤에 법도를 지키는 집안과 보필하는 신하들이 날로 멀어져서, 뜻을 쾌하게 하고 정욕을 마구 부리는 일 또한 그 사이에 조금도 망설임이 없게 되니, 스스로 성인인 체하는 증상이 이미 나타남에 백 가지 병통이 따르게 된다. 어둡고 사납고 사치하고 방종을 부리는 것은 모두 그 지엽적인 일이니, 족히 논할 것이 못된다."

字義 係 : 관계할 계   縱 : 방종할 종   蔽 : 요약할 폐   蠱 : 고혹할 고   熏 : 달굴 훈   傲 : 거만할 오
拂 : 도울 필   快 : 쾌족할 쾌   肆 : 마구부릴 사   齟 : 어긋날 저   齬 : 어긋날 어   證 : 증상 증
見 : 나타날 현

7. 爾無昵于憸人하여 充耳目之官하여 迪上以非先王之典하라

너는 간사한 사람을 가까이하여 耳目의 관원에 채워서 君上을 先王의 법도가 아닌 것으로 인도하지 말도록 하라.

汝無比近小人하여 充我耳目之官하여 導君上以非先王之典하라 蓋穆王이 自量其執德未固하여 恐左右以異端進而蕩其心也라

너는 소인을 가까이하여 나의 耳目의 관원에 채워서 君上을 先王의 법도가 아닌 것으로 인도하지 말도록 하라는 것이다. 아마 穆王은 스스로 헤아려볼 때 德을 가짐이 견고하지 못하여 좌우의 신하들이 異端을 바쳐 그 마음을 방탕하게 만들까 두려워한 것 같았다.

字義 昵 : 가까이할 닐   憸 : 간사할 섬   充 : 채울 충   迪 : 인도할 적   比 : 가까울 비

導 : 인도할 도   蕩 : 방탕할 탕

8. 非人其吉이요 惟貨其吉^①이면 若時瘝厥官²⁶이니⟨하리니⟩ 惟爾大弗克祗厥辟이라 惟予汝辜^②하리라

> ① 書經 非人其吉 惟貨其吉 : 사람 자체를 善으로 여기지 않고 貨財로 사람을 善하게 여기면
> 一般 非吉其人 惟吉其貨 : 사람 자체를 善으로 여기지 않고 貨財로 사람을 善하게 여기면
> ② 書經 惟予汝辜 : 나는 너를 죄줄 것이다.
> 一般 惟予辜汝 : 나는 너를 죄줄 것이다.

사람 자체를 善하게 여기지 않고 貨財로 사람을 善하게 여기면 이에 그 관직을 폐기할 것이니, 네가 크게 능히 네 임금을 공경하지 않는 것이다. ⟨이렇다면⟩ 나도 너를 죄줄 것이다."

戒其以貨賄任群僕也라 言不于其人之善이요 而惟以貨賄爲善이면 則是曠厥官이리니 汝大不能敬其君이라 而我亦汝罪矣리라

貨財의 뇌물로 群僕을 선임하는 일을 경계한 것이다. 사람의 善을 위주로 하지 않고 오직 화재의 뇌물로 사람을 善하게 여기면 이에 그 관직을 폐기할 것이니, 네가 크게 능히 네 임금을 공경하지 않는 것이다. 나 또한 너를 죄줄 것이라고 한 것이다.

字義 貨 : 재물 화   瘝 : 폐기할 환   時 : 이 시   祗 : 공경 지   厥 : 그 궐   辟 : 임금 벽
賄 : 뇌물 회   曠 : 폐기할 광, 빌 광

9. 王曰 嗚呼라 欽哉하여 永弼乃后于彛憲하라

王이 말씀하였다. "아, 공경하여 길이 네 임금을 常法으로 돕도록 하라."

彛憲은 常法也라 呂氏曰 穆王卒章之命에 望於伯冏者 深且長矣언만 此心不繼일새

造父(보)爲御하여 周遊天下하여 將必有車轍馬迹이니라 導其侈者 果出於僕御之間하니 抑不知伯冏猶在職乎否也로라 穆王이 豫知所戒하여 憂思深長이로되 猶不免躬自蹈之하니 人心操捨之無常은 可懼哉인저하니라

彛憲은 常法이다.

呂氏가 말하였다. "穆王은 마지막 章의 命에서 伯冏에게 바라는 뜻이 깊고 또 장원하였건만, 이 마음이 이어지지 못함으로 마침내 造父를 마부로 삼아 천하를 두루 유람하여 장차 반드시 수레바퀴 자국과 말 발자국을 남기려고 하였다. 사치함으로 인도한 자가 과연 僕御의 사이에서 나왔으니, 伯冏이 외려(여전히) 직책에 있었는지 여부를 알 수 없다. 穆王이 미리 경계할 바를 알아 걱정하는 생각이 깊고 장구하였는데도 외려 몸소 스스로 범함을 면치 못하였으니, 사람 마음을 잡아두고 놓아버림의 무상함이 가공할 만하다."

字義 乃 : 너 내   彛 : 떳떳할 이   轍 : 수레바퀴 철   迹 : 자취 적   豫 : 미리 예   蹈 : 밟을 도
操 : 가질 조   捨 : 놓을 사   懼 : 두려울 구

呂刑[27]

呂侯爲天子司寇어늘 穆王이 命訓刑하여 以詰四方[28]한대 史錄爲篇이라 今文古文에 皆有하니라

呂侯가 天子의 司寇가 되자, 穆王이 刑(贖刑)을 풀이해 밝혀서 四方을 다스리도록 명하였는데, 史官이 이를 기록하여 篇을 만들었다. 〈呂刑〉은 《今文尙書》와 《古文尙書》에 모두 들어 있다.

○按此篇은 專訓[29]贖刑이니 蓋本舜典金作贖刑之語나 今詳此書컨대 實則不然이라 蓋舜典所謂贖者는 官府學校之刑爾요 若五刑則固未嘗贖也라 五刑之寬은 惟處以流하고 鞭扑之寬이라야 方許其贖이어늘 今穆王贖法은 雖大辟이라도 亦與其贖免

---

27 呂刑 : 《禮記》의 〈表記〉·〈緇衣〉, 《孝經》의 天子章과 《尙書大傳》, 《史記》 등에서는 모두 이 篇을 〈甫刑〉이라고 칭하였다.

28 以詰四方 : 孔傳에서는 '詰'을 治의 뜻으로 보아 "천하 사방의 백성들을 다스리게 했다.(以治天下四方之民)"로 풀이하였다.

29 訓 : 孔傳은 '訓暢(풀어서 밝힘)'으로, 孔疏는 '訓釋申暢(풀어서 거듭 밝힘)'으로 풀이하였다.

矣라 漢張敞(창)이 以討羌에 兵食不繼라하여 建爲入穀贖罪之法하니 初亦未嘗及夫
殺人及盜之罪로되 而蕭望之等이 猶以爲如此면 則富者得生하고 貧者獨死라 恐開
利路하여 以傷治化라하니 曾謂唐虞之世에 而有是贖法哉아 穆王이 巡遊無度하여 財
匱民勞하고 至其末年엔 無以爲計일새 乃爲此一切權宜之術하여 以斂民財하니 夫
子錄之는 蓋亦示戒라 然이나 其一篇之書 哀矜惻怛하여 猶可以想見三代忠厚之
遺意云爾라 又按書傳[30]引此에 多稱甫刑이라하고 史記에 作甫侯言於王하여 作修刑
辟이라하니 呂後爲甫歟아

○살펴보건대, 이 篇은 오로지 贖刑(贖罪하는 형벌)만 풀어서 밝혔으니, 아마 〈舜典〉에 "황금(돈)으로 속죄하는 형벌을 만들었다."라는 말에 바탕을 둔 듯한데, 지금 이 글을 살펴보면 실제는 그렇지 않다. 〈舜典〉에 이른바 '贖刑'이란 것은 官府와 學校의 형벌일 뿐이고, 五刑 같은 경우는 본디 贖罪해 주지 않았다. 五刑으로서 관용을 베푼 것은 오직 流刑으로만 처리하였고, 채찍과 회초리로 관용을 베풀 수 있는 정도라야 비로소 贖罪를 허락하였는데, 지금 穆王의 贖罪法은 비록 大辟(사형)이라도 또한 贖免에 포함시켰다.

漢나라 때 張敞이 오랑캐를 토벌하는 데에 소요되는 군량을 계속 대지 못할 것을 염려한 나머지 곡식을 바치고 속죄받는 법을 만들 것을 건의하였는데, 당초에는 살인을 하거나 도둑질을 한 죄인에게는 贖罪法이 미치지 않아 〈곧 속죄대상에서 제외시켰건만,〉 蕭望之 등은 외려 말하기를 "이와 같이 하면 부유한 자들은 살아나고 가난한 자들만이 죽게 될 것이니, 이익을 추구하는 길을 열어 정치교화를 손상시킬까 두렵다."라고 하였으니, 일찍이 唐·虞 세대에 이러한 贖罪法이 있었다고 말하였던가.

穆王은 巡遊하기를 법도가 없이 하여 재물이 고갈되고 백성이 수고로웠으며, 말년에 이르러서는 재원을 마련할 계책이 없으므로 곧 이러한 일체 임시방편의 術策을 만들어 백성들의 재물을 거두었던 것인데, 夫子(孔子)께서 〈詩書를 정리할 때 이 〈呂刑〉을 빼지 않고〉 기록해놓은 것은 아마 또한 경계를 보이기 위해서였을 것이다. 그러나 이 한 편의 글은 내용이 哀矜하고 惻怛하므로 외려 三代의 忠厚한 遺意를 상상해볼 수 있다.

또 살펴보건대, 書傳에서 이 편을 인용한 경우에는 대부분 '甫刑'이라 칭하였고,

---

30 書傳 : 傳은 去聲이니, 옛 傳記로서 《禮記》의 〈表記〉와 〈緇衣〉 따위 같은 것이다.

《史記》〈周本紀〉에는 "甫侯가 王에게 말하여 刑辟을 지었다."라고 되어 있으니, 아마 '呂侯'가 뒤에 '甫侯'가 되어서인 듯하다.

字義 訓 : 풀어서 밝힐 훈　詰 : 다스릴 힐　贖 : 속죄할 속　寬 : 너그러울 관　流 : 유형 류
鞭 : 채찍 편　扑 : 회초리칠 복　辟 : 사형 벽　羌 : 오랑캐 강　度 : 법도 도　匱 : 다할 궤
惻 : 슬플 측　怛 : 슬플 달

1. 惟呂를 命①하시니 王이 享國百年에 耄荒[31]하여 度(탁)作刑하여 以詰四方[32]하시다

---

31 享國百年 耄荒 : 孔傳은 "呂侯가 命을 받아 卿이 되었는데, 이때에 穆王은 나라를 백년동안 누려서 耄亂하고 荒忽하였다. 穆王이 즉위할 때에 나이가 이미 40이 넘었는데, '백년'이라 말한 것은 크게 잡아 100살을 먹었다는 뜻이니, 그가 비록 그렇게 늙었으나 능히 어진 이를 써서 이름을 현양하였음을 말한 것이다.〔言呂侯見命爲卿 時穆王以享國百年 耄亂荒忽 穆王卽位 過四十矣 言百年大期 雖老而能用賢以揚名〕"라고 풀이하였다.

32 惟呂命……以詰四方 : 臨川吳氏《書傳大全》小註)는 "呂侯가 王의 司寇가 되어 다시 贖刑新制를 정하여 刑書에 갖추어 실었는데, 諸侯들이 조회하러 온 기회를 이용하여 王이 呂侯로 하여금 刑書의 내용을 諸侯들에게 告命하도록 하였다. 穆王이 왕위를 계승할 때 나이가 이미 50이었으니, '享國百年'은 아마 50년 재위한 뒤일 것이다.〔呂侯爲王司寇 更定贖刑新制 具載刑書 因諸侯來朝 王使呂侯 以書之意 告命諸侯也 穆王嗣位年已五十 享國百年 蓋在位五十年之後也〕"라고 한 것이 수긍이 간다. '享國百年'에 대하여 孔傳은 "穆王이 즉위할 때에 나이가 이미 40이 넘었다."로, 《史記》〈周本紀〉에는 "穆王이 즉위할 때에 春秋가 이미 50이었고, 재위한 지 55년 만에 승하했다."로 적고 있기 때문이다.

蘇軾은 耄, 刑에 句를 끊어서 "耄年에 크게 헤아려 刑書를 만들었으니, 禹가 '나는 水土를 다스리는 일을 크게 헤아려서'라고 한 말과 같다.〔以耄年而大度作刑 猶禹曰 予荒度土功〕"고 풀이하였다. 袁仁은 "《書緯》에서 '穆王이 呂侯를 相으로 삼았다.'고 하였다. '惟呂命'은 '惟呂侯之命'이니, '惟說命'이라고 말한 것과 같다. '穆王享國五十五年壽百歲'는 마땅히 蘇氏가 '耄'에 句를 끊고, '荒度'을 〈益稷〉에서 禹가 말한 '荒度土功'에 의거한 것처럼 한 모양으로 보아야 한다. 대개 穆王은 巡遊한 일을 후회하고 呂侯에게 명하여 贖刑을 풀이해 밝히게 하였으니, 改過의 뜻이 담겨 있다. 그러므로 孔子께서 그것을 기록하셨으니, 한 篇의 大意가 참으로 조리정연하다. '若古有訓'에서 '惟腥'까지는 苗民이 蚩尤의 亂을 이어 형벌을 남용함을 말한 것이고, '皇帝哀矜'에서 '惟明'까지는 舜임금이 苗의 포학을 징계하면서 德을 씀을 말한 것이다. '乃命三后' 2節은 신하들이 舜임금의 德을 도와 明德으로 감화시킨 뒤에 비로소 皐陶에게 명하여 형법을 제정하였으니, 형법의 부득이함을 보임을 말한 것이다. '四方司政'에서 '惟永'까지는 마땅히 苗를 가지고 경계하고 伯夷를 가지고 힘써야 함을 말한 것이니, 마땅히 힘써야 할 바는 오직 근면하고 경건함에 있을 뿐이다. '有邦有土' 이하는 먼저 인재를 선택함을 말하고, '敬刑度及'은 그 중요함을 든 것이다. '兩造具備'에서 '有要正'까지는 형벌을 쓰는 일을 말한 것이다. 그리고 '罰懲' 이하는 거듭 인재를 선택할 일을 강조하고, '察辭' 이하는 거듭 형벌을 경건히 사용할 일을 강조한 것이고, '獄成' 이하는 거듭 '度及'을 강조한 것이다. '百官族姓' 이하는 또 형벌을 쓰는 근본을 말한 것이니, '兩造具備' 이하와 상응한다. '嗣孫' 이하는 후세에 고한 것이다. 그 말에 조리가 있고, 그 이치가 매우 올바르니, 蔡傳에서 깊이 배척한 것은 상고하지 못하였기 때문이다.〔書緯稱穆王 以呂侯爲相 惟呂命者 惟呂侯之命 猶言惟說命也 穆王享國五十五年 壽百歲 當依蘇氏以耄爲句 荒度依荒度土功一樣看 蓋穆王悔其巡遊而命呂侯訓刑 有改過之意 故孔子錄之 一篇大意 儘自有條 若古有訓 至惟腥 言苗民承蚩尤

① 書經 惟呂命 : 呂侯를 명하여
　 一般 惟命呂 : 呂侯를 명하여

呂侯를 명하여 〈司寇로 삼았더니,〉 王이 나라를 누린 지 백년에 耄荒해서 헤아
려 刑書를 만들어 사방을 다스렸다.

惟呂命은 與惟說命[33]으로 語意同하니 先此하여 以見(현)訓刑이 爲呂侯之言也[34]라
耄는 老而昏亂之稱이요 荒은 忽也니 孟子曰 從獸無厭을 謂之荒[35]이라하니라 穆王이
享國百年에 車轍馬跡이 遍于天下라 故로 史氏以耄荒二字로 發之하니 亦以見贖
刑이 爲穆王耄荒所訓耳라 蘇氏曰 荒은 大也니 大度(탁)作刑은 猶禹曰予荒度土
功이니 荒當屬下句[36]라하니 亦通이라 然이나 耄는 亦貶之之辭也니라

惟呂命은 '惟說命'과 말뜻이 같으니, 이 말을 먼저 내세워서 贖刑을 풀어서 밝힌
것이 呂侯의 말이었음을 나타낸 것이다. 耄는 늙어 노망함을 일컬은 것이고, 荒은
忽의 뜻이니, 孟子가 말씀하기를 "짐승을 좇아 사냥하되 만족을 느끼지 못하는 것
을 '荒'이라 한다."라고 하였다. 穆王이 나라를 누린 지 백 년에 수레바퀴 자국과 말
발자국이 천하에 두루 미쳤다. 그러므로 史官이 '耄荒' 두 글자를 발설하였으니, 또
한 贖刑은 穆王이 늙어 노망해서 풀이하여 밝힌 점을 나타낸 것이다.

蘇氏가 말하기를 "'荒'은 大의 뜻이니, '크게 헤아려 형서를 만들었다.'는 것은 禹가
'내 水土를 다스리는 일을 크게 헤아렸다.'고 말씀한 것과 같으므로 荒자는 응당 아
래 句에 붙여야 한다."라고 하였으니, 또한 통한다. 그러나 耄는 역시 폄하한 말이다.

之亂而淫刑也 皇帝哀矜 至惟明 言舜懲苗之虐而用德也 乃命三后二節 言群臣輔舜之德 明德感而後 始命皐
陶制刑 見刑之不得已耳 四方司政 至惟永 則言當以苗爲戒 以伯夷爲勉 而其所當勉者 惟在勤敬也 有邦有土
以下 先言擇人 敬刑度及者 擧其要也 兩造具備 至有要正 言用刑之事 罰懲以下 申擇人也 察辭以下 申敬刑
也 獄成以下 申度及也 百官族姓以下 又言用刑之本 與兩造具備以下相應 嗣孫以下 則告後世耳 其言有條
其理甚正 蔡傳乃深非之 則不考之故也"라고 하였다.(《尙書砭蔡編》)

33 惟說命 : 〈說命 中〉에 "惟說命總百官"이라고 보인다.

34 以見(현)訓刑 爲呂侯之言也 : 《史記》〈周本紀〉에 "甫侯가 王에게 말해서 刑辟을 만들었다.〔甫侯
言於王 作修刑辟〕"라고 하였고, 夏僎《尙書詳解》도 "속형을 풀이해 밝힌 刑書는 비록 穆王이 풀이
해 밝힌 것이라 하지만, 실제로는 呂侯의 命이었다.〔訓刑之書 雖曰穆王訓之 而實呂侯之命也〕"라고
하였으니, 이것으로 볼 때 刑書를 만든 것은 모두 呂侯의 뜻이 반영된 것이다.

35 從獸無厭 謂之荒 : 《孟子》〈梁惠王 下〉에 보인다.

36 荒當屬下句 : '荒當屬下句'가 蘇軾의 《書傳》에는 없다. 朱子는 "蘇軾의 句讀가 매우 이치에 맞
다.〔蘇讀甚有理〕"라고 하였다.

字義 耄 : 늙을 모 荒 : 거칠 황 度 : 헤아릴 탁
詰 : 다스릴 힐 貶 : 낮출 폄

2. 王曰 若古에 有訓[37]하니 蚩尤惟始作亂한대 延及于平民하여 罔不寇賊[38]하여 鴟義姦宄하며 奪攘矯虔[39]하니라

蚩尤始亂圖

〈呂侯가 穆王의 命을 전하되〉 王이 말씀하기를 "상고시대에 남긴 訓典이 있어 〈전해오는데,〉 蚩尤가 처음으로 난을 일으키자 선량한 평민들에게까지 영향이 미쳐서 寇賊이 되지 않는 자가 없어, 날뛰고 포악함을 의리로 삼고 안팎에서 소란을 피우며, 빼앗고 훔치고 속이고 살인함을 일삼았느니라.

言鴻荒之世에 渾厚敦厖이러니 蚩尤始開

37　若古 有訓 : 林之奇(《尙書全解》)는 "'若古'는 '若昔'이라 말한 것과 같으니, 대개 말을 일으키는 助辭이지, 順의 뜻으로 풀이할 글자가 아니다.〔若古者 猶言若昔也 蓋起語之辭 非訓順也〕"라고 하였는데, 蔡傳은 '若'자에 대하여 풀이가 없으니, 아마 助辭로 본 것 같다. 孔傳은 '若'을 順(따름)의 뜻으로 보아 "상고시대에 남긴 訓典에 따르면"이라고 풀이하였다.

38　寇賊 : 孔疏는 "무리지어 다니며 공격하고 겁탈하는 것을 '寇', 살인하는 것을 '賊'이라 하니, 사람을 공격하고 살해하여 재물을 구하는 것을 말한다.〔群行攻劫曰寇 殺人曰賊 言攻殺人以求寇財也〕"라고 풀이하였다.

39　鴟義·矯虔 : 孔傳은 '鴟義'는 "鴟梟처럼 악한 짓을 하는 것"으로, '矯虔'은 虔을 固의 뜻으로 보아 "上命을 거짓으로 꾸며서 일컬으며 〈남의 물건을 취하기를〉 마치 자기의 고유한 물건처럼 한다.〔矯稱上命 若固有之〕"라고 풀이하였다. 洪奭周(《尙書補傳》)는 "孔傳은 '鴟義'를 '鴟梟'의 뜻으로 풀이하였고, 蔡傳은 鴟張하고 跋扈함을 義로 여기는 것으로 생각하였으니, 모두 文義에 순하지 못하다. 馬融은 '鴟'를 輕의 뜻으로 풀이하였으니, 아마 禮義를 경멸하는 뜻으로 본 것 같다. 그러나 '鴟'가 輕의 뜻인 것은 《字書》에 상고할 길이 없으니, 漢儒가 近古에 혹 근거한 바가 있었던 것 같다. 蔡傳은 또 '虔'을 '虔劉'로 여기기만 하고 글자의 뜻은 분명하게 풀이하지 않았다. 杜預는 '虔과 劉는 다 殺의 뜻이다.'라고 하고, 韋昭는 '강제로 취하는 것을 虔이라 한다.'고 하였으며, 《詩經》의 '方斲是虔'에 대한 毛傳에는 '虔은 截의 뜻이다.'라고 했다.〔孔傳釋鴟義爲鴟梟之義 蔡傳謂鴟張跋扈爲義 俱於文義未順 馬融訓鴟爲輕 蓋輕蔑禮義之意也 鴟之爲輕 於字書無攷 漢儒近古 豈或有所據歟 蔡傳又以虔爲虔劉而不明釋字義 杜預曰 虔劉皆殺也 韋昭曰 强取爲虔 詩云方斲是虔 毛傳曰 虔截也〕"라고 하였다.

暴亂之端하여 驅扇熏炙에 延及平民하여 無不爲寇爲賊이라 鴟義者는 以鴟張跋扈
爲義요 矯虔者는 矯詐虔劉也라

태고시대에는 〈풍속과 민심이〉 혼후하고 순박하였는데, 蚩尤가 처음으로 暴亂의
단서를 열어서 몰아가고 선동하는 등 기염을 토하자, 그 영향이 평민들에게까지 미
쳐가서 寇賊이 되지 않는 자가 없었음을 말한 것이다. 鴟義는 날뛰고 포악함을 의
리로 삼는 것이며, 矯虔은 속이고 살인하는 것이다.

字義 延 : 뻗칠 연 鴟 : 날칠 치 姦 : 밖에서 소란피울 간 宄 : 안에서 소란피울 궤 攘 : 훔칠 양
矯 : 속일 교 虔 : 죽일 건 鴻 : 클 홍 荒 : 거칠 황 敦 : 돈후할 돈 厖 : 클 방 驅 : 몰 구
扇 : 선동할 선 熏 : 지질 훈 炙 : 뜸질할 구 跋 : 뛸 발 扈 : 발호할 호

3. 苗民이 弗用靈하여 制以刑[40]이요 惟作五虐之刑[41]曰法이라하여 殺戮無辜하고(하니)

---

40 苗民弗用靈 制以刑 : 孔傳은 "三苗의 임금이 蚩尤의 惡을 익혀 善政으로 백성들을 교화하지 않
고 重刑을 가지고 제재하려 하였다.〔三苗之君 習蚩尤之惡 不用善化民而制以重刑〕"로 풀이하였는데,
蘇軾은 "苗民은 또 善을 쓰지 않았다.〔苗民又不用善〕"라고 하여 孔傳을 따랐고, 林之奇는 "'苗民'
은 三苗의 임금인데, '苗民'이라 한 것은 또한 '殷人', '周人'이라 말한 것과 같으니, 아마 一國을
통틀어서 말하였을 것이다. '靈'은 善의 뜻이니, '靈制'는 곧 이른바 '祥刑'이란 것이다. 苗民이 蚩
尤의 惡을 익혀 先王의 좋은 제도를 써서 형벌을 만들지 않았다.〔苗民 三苗之君 其曰苗民 亦猶言殷
人周人 蓋統一國而言之也 靈善也 靈制 卽所謂祥刑也 苗民習蚩尤之惡 不能用先王善制以刑〕"라고 하여
孔傳과 약간 다르게 풀이하였는데, 夏僎은 孔傳을 따르는 동시에 "一說은 '苗民弗用靈制以刑'을
모두 1句로 삼아서 '좋은 제도가 있는데도 苗民은 그를 써서 형을 포함하여 만들지 않고 곧 다섯
종류의 포악한 형벌을 만들어 스스로 법이라 일렀다.'고 하였으니, 이 說도 또한 통한다.〔一說 以
苗民弗用靈制以刑 總爲一句 謂有善制而苗民弗用以爲刑 乃作五虐 自謂之法 此說亦通〕"라 하여 林之奇
의 說도 인정하였다. 蔡傳은 전적으로 林之奇를 따르고 있다.

41 五虐之刑 : 殺戮(死刑)을 포함하여 劓刑·刵刑·椓刑·黥刑을 가리킨다. 五刑의 正刑인 墨·劓·
剕·宮·辟과 구분할 목적으로 林之奇는 "대개 다섯 종류의 포악한 형벌은 곧 劓·刵·椓·黥 등이
고, 先王의 靈制(좋은 제도) 역시 다섯 가지일 뿐이었다. 다만 苗民이 포악한 형벌을 만들었을 뿐
이다.……苗民 이전에는 포악한 형벌이 없었으니, 포악한 형벌은 苗民으로부터 시작되었다.〔蓋五
虐之刑 卽劓刵椓黥 先王之靈制 亦是五者而已 但苗民以虐作之……自苗民之前 未有是虐刑 虐刑自苗民始
也〕"라고 하였고, 또한 呂祖謙이 "형벌을 쓰기 시작한 것은 당초 성인에게서 시작된 것이 아니다.
다섯 종류의 포악한 형벌을 만들어 '法'이라 하고, 무고한 사람을 살육한 것은 劓刑·刵刑·椓刑·
黥刑을 과도하게 만든 데서 비롯된 것이다. 이는 형벌의 단서가 성인에게서 비롯된 것이 아닐 뿐
만 아니라, 형벌의 일마저도 또한 성인에게서 비롯된 것이 아니라는 점을 말한 것이다. 대개 苗
民이 먼저 다섯 종류의 포학한 형벌을 만들어서 스스로 '法'이라고 하면서 무고한 사람을 살육한
것은 劓刑·刵刑·椓刑·黥刑의 제도를 과도하게 만든 데서 비롯된 것이기 때문에 성인이 부득이
쓰게 된 것이다.〔用刑之端 初不始於聖人也 惟作五虐之刑曰法 殺戮無辜 爰始淫爲劓刵椓黥 此言非特刑之
端不始於聖人 至於刑之事 亦非始於聖人 蓋苗民先創爲五虐之刑 自號爲法 殺戮無辜 始過爲劓刵椓黥之制
故聖人不得已用〕"라고 주장한 데 대하여, 陳師凱《書蔡氏傳旁通》는 "〈舜典〉에서 '떳떳한 형벌로
보여주되 流刑으로 五刑을 용서했다.〔象以典刑 流宥五刑〕'고 일컬었으니……아마 五刑은 그 유래

爰始淫爲劓刵椓黥하여 越兹麗(리)刑⁴²하고(하여) 幷制하되(하여) 罔差有辭하니라

苗民(苗君)이 〈더욱 蚩尤의 영향을 받아〉 좋은 제도를 써서 刑法을 만들지 않고, 오직 다섯 종류의 포학한 형벌만을 만들어 그를 '法'이라 명명해서 무고한 사람들을 죽이고, 이에 비로소 코를 베고, 귀를 베고, 陰部를 제거하고, 얼굴을 刺字하는 형법을 과대하게 만들어서, 이 형법에 걸려든 사람을 〈반드시〉 처벌하고 죄 없는 사람까지 아울러 처벌하되 情辭의 曲直을 구분하지 않고 〈싸잡아서 형벌을 가하였느니라.〉

苗民이 承蚩尤之暴하여 不用善而制以刑하고 惟作五虐之刑하여 名之曰法이라하여 以殺戮無罪하고 於是에 始過爲劓鼻刵耳椓竅黥面之法하여 於麗(리)法者에 必刑之하고 幷制無罪하되 不復以曲直之辭로 爲差別하고 皆刑之也라

苗民(苗君)이 蚩尤의 포악을 이어받아 좋은 제도를 써서 형법을 만들지 않고, 오직 다섯 종류의 포학한 형법만을 만들어 '法'이라 명명해서, 무죄한 사람을 살육하였고, 이에 비로소 코를 베고, 귀를 베고, 남자의 경우는 거세를 하고 여자의 경우는 음부를 제거하고, 얼굴을 刺字하는 법을 과대하게 만들어 그 법에 걸린 자들에 대해서는 반드시 처벌하고, 아울러 무죄한 사람들까지 처벌하되, 다시 曲直의 情辭를 가지고 차별하지 않고 모두 형법으로 처벌한 것이다.

字義 辜: 죄 고 劓: 코벨 의 刵: 귀벨 이 椓: 찍을 탁 黥: 자자할 경 兹: 이 자 麗: 걸릴 리

가 오래되었을 것이다. 어찌 苗民이 비로소 五刑을 만들고 舜이 그것을 본받아 사용할 이치가 있었겠는가.〔舜典稱象以典刑 流宥五刑……蓋五刑其來久矣 豈有苗民始作五刑 舜乃效尤用之之理〕"라고 반박하였다.

元代 吳澄《書纂言》은 "다섯 종류의 포학한 형벌은 옛날의 다섯 가지 형벌에 비하여 더욱 잔혹하고 포학한 것이다. 소위 '法'이란 것은 법도 아닌 것을 '법'이라 이른 것이다. '殺戮'은 大辟이다. 劓刑과 刵刑이 다 劓辟(자르는 형벌)인데, 刵을 말하지 않은 것은 '劓'에 포함되었기 때문이다. 혹자는 '刖'을 잘못 '刵'로 만든 것이라 한다.……苗民은 蚩尤의 포악을 이어받아 좋은 제도를 써서 형벌을 만들지 않고 다섯 종류의 형벌로 개작해 법을 만들어서 '大辟'을 이미 죄없는 사람에게 실시하고 또 네 종류의 심각한 형벌을 과도하게 만든 것이다.〔五虐之刑 比舊五刑 更加酷虐也 曰法 非法而謂之法也 殺戮大辟也 劓刵皆劓辟 不言刵辟者 包於劓宮 或曰刖者 誤爲刵也……苗民承蚩尤之暴 不用善而制以刑 改作五虐之刑爲法 大辟既施於無罪 而又過爲四者深刻之刑〕"라고 하였다.

42 越兹麗(리)刑: 孔傳은 "이에 형벌을 실시한다.〔於此施刑〕"로, 蘇軾은 "만약 법에 걸린 경우는 반드시 형벌을 실시한다.〔苟麗於法者 必刑之〕"로, 林之奇는 "이에 죄에 걸린 자가 있거든 아울러 형벌을 가지고 다스렸다.〔於此有麗附於罪者 併以刑制之〕"로 풀이하였는데, 呂祖謙은 孔傳을 따르고, 蔡傳은 蘇軾을 따른다.

差 : 구분할 차 竅 : 구멍 규

4. 民興胥漸하여 泯泯棼棼하여 罔中于信이요 以覆詛盟[43]하니 虐威庶戮이 方[44]告無辜于上한대 上帝監民하시니 罔有馨香德이요 刑發聞은(이) 惟腥[45]이러라

〈苗나라가 이미 과대한 형법을 쓴지라, 이때의〉 백성들 또한 〈모두 풍문을 듣고〉 일어나 서로 물들어 혼미하고 문란해서 모든 행위가 마음속에 誠과 信은 없고, 오직 詛呪와 盟約만을 반복할 뿐이니, 虐政으로 위엄을 베푸는 가운데 형벌을 받은 여러 사람들이 〈원망을 품고〉 바야흐로 각각 무고함을 上天에 하소연하자 上帝께서 苗民(苗君)을 굽어보시니, 향기로운 德은 없고 刑戮이 풍기는 냄새는 비린내 나는 악취뿐이었다.

泯泯은 昏也요 棼棼은 亂也라 民相漸染하여 爲昏爲亂하여 無復誠信하고 相與反覆詛盟而已라 虐政作威하여 衆被戮者 方各告無罪於天한대 天視苗民하니 無有馨香德이요 而刑戮發聞은 莫非腥穢라 呂氏曰 形於聲嗟는 窮之反也요 動於氣臭는 惡之熟也[46]라하니라 馨香은 陽也요 腥穢는 陰也라 故로 德爲馨香이요 而刑發腥穢也라

泯泯은 昏의 뜻이고, 棼棼은 亂의 뜻이다. 백성들이 서로 점점 물들어 혼미하고 문란해서 마음속에 誠과 信은 없고, 서로 함께 詛呪와 盟約만을 반복할 뿐이었다. 虐政으로 위엄을 베푸는 가운데 형벌을 받은 여러 사람들이 바야흐로 각각 무고함

---

43 罔中于信 以覆詛盟 : 孔傳은 "모든 하는 행위가 信義에 맞지 않고 詛盟의 약속을 등졌다.〔皆無中於信義 以反背詛盟之約〕"라고 풀이하였는데, '皆無中於信義'에 대하여 兪樾은 "상고해보면, '于'는 '越'과 같고, '越'은 '與'와 같다. 〈康誥〉편의 '告汝德之說于罰之行'과 〈多方〉편의 '不克敬于和'는 '于'자를 아울러 써서 연달아 언급하는 말로 만들었으니, 그렇다면 '罔中于信'은 '中'과 '信'이 없는 것이다. '中'과 '忠'은 통한다. 《周官》〈春官 大司樂職〉의 '中和祗庸孝友'에 대한 鄭注에 「中」은 '忠'과 같다.'고 하였다. 이 經文의 '中'자 또한 응당 '忠'이 되어야 하니, '三苗의 백성들에게는 모두 忠과 信이 없다.'고 한 말이다. 傳의 뜻은 잘못된 것이다.〔謹按 于猶越也 越猶與也 康誥篇 告汝德之說于罰之行 多方篇 不克敬于和 竝用于字 爲連及之詞 然則罔中于信者 無中與信也 中與忠通 周官大司樂職 中和祗庸孝友 鄭注曰 中猶忠也 此經中字 亦當爲忠 言三苗之民 皆無忠信也 傳義失之〕"라고 하였다.

44 方 : 孔傳은 "방방곡곡"으로 풀이하였다.

45 罔有馨香德 刑發聞惟腥 : 孔傳은 香, 刑, 腥에 句를 끊어 "향기로운 행실은 없고, 그 德刑이란 것은 밖으로 발현하여 비린내만을 풍길 뿐이었다.〔無有馨香之行 其所以爲德刑 發聞惟乃腥臭〕"라고 풀이하였다.

46 惡之熟也 : 《增修東萊書說》에는 '惡之熟也' 뒤에 "民心之反 天意之還也 惡運之極 治原之開也"란 말이 있다.

을 上天에 하소연하자 上帝가 苗民(苗君)을 굽어보니, 향기로운 德은 없고 刑戮이 풍기는 냄새는 비린내 나는 더러운 악취 아님이 없었다는 것이다.

呂氏가 말하기를 "소리의 슬픔에 나타나는 것은 窮함의 반사 현상이고, 기운의 냄새에 움직이는 것은 惡함의 성숙한 현상이다."라고 하였다. 馨香은 陽에 속하고, 腥穢는 陰에 속한다. 그러므로 德은 향내를 풍기고, 형벌은 비린내 나는 더러운 악취를 풍기는 것이다.

字義 泯 : 어두울 민 棼 : 어지러울 분 覆 : 반복할 복 詛 : 저주할 저 呪 : 저주할 주
馨 : 향기 형 腥 : 비린내날 성 染 : 물들 염 穢 : 더러울 예 嗟 : 슬플 차 熟 : 익을 숙

5. 皇帝[47]哀矜庶戮之不辜하사 報虐以威[①]하사 遏絶苗民하여 無世在下하시니라

① 書經 報虐以威 : 포학을 갚되 위엄으로써 하여
一般 以威報虐 : 위엄으로써 포학을 갚아

皇帝(舜)께서 무고한 백성들이 殺戮 당한 것을 가엾게 여기시어, 위엄으로써 포학을 갚아 苗民(苗君)을 멸절하여 대를 이어 下國에 있을 수 없게 하셨느니라.

皇帝는 舜也라 以書攷之컨대 治苗民과 命伯夷, 禹, 稷, 皐陶(요)는 皆舜之事라 報苗之虐을 以我之威라 絶은 滅也라 謂竄與分北(배)之類[48]니 遏絶之하여 使無繼世在下國이라

皇帝는 바로 舜이다. 《書經》을 가지고 살펴보면, 苗民을 다스린 것과 伯夷와 禹와 稷과 皐陶에게 명한 것은 모두 舜의 일이다. 苗國의 포학을 갚기를 자신의 위엄

---

47 皇帝 : 孔安國과 蘇軾은 '帝堯'로 보고, 林之奇와 呂祖謙은 '帝舜'으로 보았는데, 蔡傳은 林之奇와 呂祖謙을 따르고 있다. 洪奭周《尙書補傳》는 '孔傳은 皇帝는 帝堯다.'라고 하고, 蔡傳은 '皇帝는 帝舜이다.'라고 하였는데, 孔傳은 아마 《國語》의 '堯가 다시 重氏와 黎氏의 후손을 육성했다.'라고 한 것에 의거하고, 蔡傳은 '舜이 三苗를 귀양 보냈다.'라고 한 것에 의거한 것 같으니, 두 설이 다 통할 수 있다. 皇帝의 號가 秦 始皇에서 시작되어 歷代로 그를 따라 지금에 이르기까지 典法으로 삼고 있다. 胡寅이 일찍이 그 잘못을 기롱한 바 있었으나 그것이 이미 堯舜으로부터 시작된 것임은 몰랐던 것이다.[孔傳曰 皇帝帝堯也 蔡傳曰 皇帝帝舜也 孔傳蓋據國語堯復育重黎之後 蔡傳則據舜竄三苗 二說皆可通也 皇帝之號 起於秦始 而歷代沿之 至于今爲典 胡寅嘗譏其非 然不知其已自堯舜始矣]"라고 하였다.

48 竄與分北之類 : 〈舜典〉에 "竄三苗于三危(삼묘를 삼위로 몰아내다.)"라고 한 것과 "分北三苗(三苗族을 갈라져 등지고 가게 하다.)"라고 한 것을 가리킨다.

으로써 하였다. 絶은 滅의 뜻이다. 竄과 分北 따위를 이르니, 멸절하여 대를 이어서
下國에 있을 수 없게 한 것이다.

6. 乃命重黎하사 絶地天通하사 罔有降格[49]케하신대 群后之逮在下^① 明明棐常하여
鰥寡無蓋하니라

> ① 書經 群后之逮在下 : 여러 諸侯와 아래에 있는 이들이
> 一般 群后及在下之群臣 : 여러 諸侯와 아래에 있는 여러 신하들이

〈苗民이 포학한 짓을 자행할 때에 백성들은 호소할 데가 없어 모두 푸닥거리를
하는 등 귀신을 섬기므로 무당들이 인심을 선동하니, 帝舜은 인심을 바로잡을 목적
으로〉 이에 〈하늘과 땅을 맡은〉 重氏와 黎氏에게 명하여 〈땅에 있는 사람은 요술
을 부려 하늘에 있는 神을〉 강림하지 못하게 하고, 〈하늘에 있는 神은 땅에 있는 사
람에게〉 내리지 못하게 해서 땅과 하늘이 통함을 끊으시니, 여러 제후와 아래에 있
는 여러 신하들이 모두 精白한 一心으로 常道를 도와 〈賞罰이 더욱 분명해지니,
비록〉 지극히 미약한 鰥寡라 하더라도 〈善을 하는 흔적이 나타나지 않고 도리어〉
가리워지는 일이 없었다.

> 重은 少昊之後요 黎는 高陽之後니 重은 卽羲요 黎는 卽和也라 呂氏曰 治世엔 公道
> 昭明하니 爲善得福하고 爲惡得禍니라 民曉然知其所由하니 則不求之渺茫冥昧之
> 間이니라 當三苗昏虐하여는 民之得罪者 莫知其端하고 無所控訴하여 相與聽於神하여
> 祭非其鬼하니라 天地人神之典이 雜糅瀆亂하니 此妖誕之所以興이요 人心之所以
> 不正也라 在舜에 當務之急이 莫先於正人心일새 首命重黎하여 修明祀典하사 天子
> 然後에 祭天地하고 諸侯然後에 祭山川하여 高卑上下各有分限하여 絶地天之通하고
> 嚴幽明之分하여 羣萌妖誕之說이 擧皆屛息한대 群后及在下之群臣이 皆精白一
> 心으로 輔助常道하니 民卒善而得福하고 惡而得禍하여 雖鰥寡之微라도 亦無有蓋蔽
> 而不得自伸者也라하니라

---

49 絶地天通 罔有降格 : 孔傳은 "사람과 神이 요란하지 않아 각각 질서를 얻게 하는 것, 이것을 '絶
地天通'이라 이른다. 하늘에 있는 神은 땅에 내려올 수 없고 땅에 있는 사람은 하늘에 올라갈 수
없게 함을 말하는 것으로 곧 서로 간섭하지 못하게 함을 밝힌 것이다.〔使人神不擾 各得其序 是謂絶
地天通 言天神無有降地 地民不至於天 明不相干〕"라고 풀이하였다.

重은 少昊의 후손이고 黎는 高陽(顓頊)의 후손이니, 重은 곧 義氏요, 黎는 곧 和氏이다.

呂氏가 말하였다. "治世에는 公道가 환하니, 善을 하면 福을 받고 惡을 하면 禍를 받는다. 백성들이 분명히 그런 이유를 아니, 까마득히 컴컴한 속에서 구하지 않았다. 그런데 三苗가 혼매하고 포학한 때에는 백성 중에 죄를 얻은 자가 그 죄를 얻게 된 까닭을 알 수 없고, 하소연할 곳도 없어서 서로들 神에게 알아볼 생각으로 조상의 神이 아닌 귀신에게 제사를 지냈다. 그리하여 하늘과 땅, 그리고 사람과 神에 대한 典禮가 뒤섞여 어지러웠으니, 이래서 妖誕이 일어나게 되고, 인심이 바르지 못하게 되었던 것이다. 帝舜에 있어서는 마땅히 힘써야 할 급선무가 인심을 바로잡는 일보다 더 급한 것이 없었다. 그러므로 맨 먼저 重과 黎에게 명하여 祀典을 닦아 밝혀서, 天子여야만 天地에 제사를 지내고, 諸侯여야만 山川에 제사를 지냄으로써 尊卑와 上下에 각각 分限이 있어, 땅과 하늘의 통합을 끊고 幽界와 明界의 구분을 엄격히 해서 향불을 피워서 神을 내리게 한다는 妖誕한 말이 모두 자취를 감추게 하였다. 그러자 여러 諸侯와 아래에 있는 여러 신하들이 모두 精白한 一心으로 常道를 도우니, 백성들이 마침내 善을 하면 福을 받고 惡을 하면 禍를 받게 되어, 비록 鰥寡의 미약한 자라 하더라도 또한 가려져서 스스로 펴지 못한 자가 없었다.

○按國語曰 少皞氏之衰에 九黎亂德하니 民神雜糅하여 家爲巫史하고 民瀆齊盟하여 禍災荐臻이러니 顓頊이 受之하여 乃命南正重司天하여 以屬神[50]하고 北正黎司地하여 以屬民하여 使無相侵瀆이러니 其後에 三苗復九黎之德[51]이어늘 堯復育重黎之後하여 不忘舊者로 使復典之[52]라하니라

---

50 乃命南正重司天 以屬神 : 陳師凱(《書蔡氏傳旁通》)는 "'南'은 陽의 자리요, '正'은 長(우두머리)의 뜻이요, '司'는 主(주관)의 뜻이요, '屬'은 會의 뜻이니, 여러 神을 모아 각각 分序를 두어 서로 어지럽히지 못하게 하는 것이다.[南陽位 正長也 司主也 屬會也 所以會群神 使各有分序 不相干亂也]"라고 주를 달았다.

51 其後 三苗復九黎之德 : "'其後'는 高辛氏의 만년이고, '三苗'는 九黎의 후손이다. 高辛氏가 쇠락하자, 三苗가 그 凶德을 어지럽게 행하기를 마치 九黎가 하듯이 하였다. 그래서 堯임금이 일어나서 그를 주벌하였다.[其後 高辛氏之季年也 三苗九黎之後也 高辛氏衰 三苗爲亂行其凶德 如九黎之爲也 堯興而誅之]"라고 하였다.

52 堯復育重黎之後……使復典之 : "'育'은 長의 뜻이다. 帝堯가 高辛氏를 계승하여 三苗의 亂을 평정하고 重氏와 黎氏의 후손을 계속 길러서 다시 天地의 벼슬을 맡게 하였으니, 義氏와 和氏가 이것이다.[育長也 堯繼高辛氏 平三苗之亂 繼育重黎之後 使復典天地之官 義氏和氏是也]"라고 하였다.

○살펴보건대《國語》〈楚語 下〉에 "少皥氏가 쇠락하자, 黎氏 아홉 명이 德을 어지럽히니, 백성과 神이 뒤섞여서 집집마다 무당이 되고, 백성들이 함께 盟約한 것을 파기하여 災禍가 거듭 이르렀는데, 顓頊이 왕위를 이어받아서 곧 南正인 重에게 명하여 하늘의 여러 神을 모아 제사 지내는 일을 주관하게 하고, 北正인 黎에게 명하여 땅의 民衆을 모아 그들을 주관하게 해서, 천신과 민중이 서로 침해하고 번독하게 함이 없게 하였다. 그런데 그 뒤에 三苗가 黎氏 아홉 명의 德을 회복하거늘, 帝堯가 다시 重과 黎의 후손을 육성하여 그 가운데서 그들 선인의 일을 잊지 않은 자로 다시 天地의 일을 주관하게 했다."라고 하였다.

字義 逮: 및 체 棐: 도울 비 蓋: 가려질 개 焄: 향내 훈 蒿: 김오르는모양 호 蔽: 가릴 폐 糅: 섞일 유, 어지러울 유 瀆: 번독할 독 荐: 거듭 천 臻: 이를 진

7. 皇帝淸問下民하시니 鰥寡有辭于苗어늘 德威하신대 惟畏하고 德明하신대 惟明하니라

皇帝께서 下民들에게 겸허히 물으시니, 鰥寡가 苗에 대해 원망하는 말이 있거늘, 〈황제께서〉 德으로 위엄을 보이시자 〈천하가〉 두려워하고, 德으로 밝히시자 〈천하가〉 밝아졌느니라.

淸問은 虛心而問也라 有辭는 聲苗之過也라 苗以虐爲威하고 以察爲明이어늘 帝反其道하사 以德威而天下無不畏하고 以德明而天下無不明也니라

淸問은 마음을 비우고 묻는 것이다. 有辭는 苗의 허물을 성토하는 것이다. 苗는 포학을 위엄으로 삼고 살핌을 밝음으로 삼았는데, 帝舜이 그 방법을 반대로 하여 덕으로 위엄을 보이자 천하가 두려워하지 않음이 없고, 덕으로 밝히자 천하가 밝지 않음이 없었다는 것이다.

8. 乃命三后하사 恤功于民[53]하시니 伯夷는 降典하여 折民惟刑하고 禹平水土하여 主

---

53 乃命三后 恤功于民: 孔傳은 "이른바 '帝堯가 세 임금에게 명했다.'는 것은 백성들에게 공을 베풀 일을 걱정한 것이었다.〔所謂堯命三君 憂功於民〕"라고 풀이하였는데, 이에 대하여 兪樾은 "'憂功於民'은 뜻이 통하지 않는다. 《說文解字》心部에 「恤」은 「憂」의 뜻과 「收」의 뜻도 가졌다.'고 하였으니, 이 '恤'에는 두 가지 뜻이 있다. 이 經文의 '恤'은 응당 '收'의 뜻으로 풀이해야 하니, '恤功于民'은 '收功于民'과 같은 것이다. 《周易》井卦 上六爻의 '井收勿幕'에 대한 王弼의 注에 '우물의 事功이 크게 이루어짐은 이 爻에 달려 있다. 그러므로 「井收」라 한 것이다.'라고 하였으니, 이 '收'에는 成의 뜻이 들어 있는 것이다. '恤'을 收의 뜻으로 풀이함은 정확히 아래 문단의 '三后成功'과 상응한다.〔憂功於民 義不可通 說文心部 恤憂也收也 是恤有二義 此經恤字 當訓爲收 恤功于民 猶

名山川하고 稷降播種하여 農殖嘉穀하니 三后成功하여 惟殷于民[54]하니라

〈그러나 천자 한 사람이 천하를 다스릴 수 없다. 그래서〉 이에 諸侯 격인 세 임금에게 명하여 백성을 구휼하는 공을 세우게 하시니, 伯夷는 〈秩宗으로서〉 典禮를 반포하여 〈백성들에게 禮를 가르침으로써〉 백성들의 邪妄한 마음을 끊어 형벌을 〈범하는 일이 없게 하였고〉 禹는 〈司空으로서〉 水土를 다스려 名山大川을 표시해 〈疆域을 정하는 일을〉 주관하였고, 稷은 〈田正으로서〉 파종하는 법을 반포하여 〈백성들로 하여금〉 농사를 지어 아름다운 곡식이 번식하게 하였으니, 세 임금이 공을 이루어 백성들을 부유하게 하였느니라.

恤功은 致憂民之功也라 典은 禮也라 伯夷는 降天地人之三禮하여 以折民之邪妄이라 蘇氏曰 失禮則入刑하니 禮刑이 一物也라 伯夷는 降典하여 以正民心하고 禹는 平水土하여 以定民居하고 稷은 降播種하여 以厚民生하니 三后成功하여 而致民之殷盛富庶也라하고 吳氏曰 二典에 不載有兩刑官하니 蓋傳聞之謬也라하니라 愚意皐陶未爲刑官之時에 豈伯夷實兼之歟아 下文에 又言伯夷播刑之迪이라하니 不應如此謬誤니라

恤功은 백성을 근심하는 공을 이루는 것이다. 典은 禮의 뜻이다. 伯夷는 天·地·人의 세 가지 禮를 반포하여 백성들의 邪妄한 마음을 끊었다.

蘇氏는 말하기를 "禮를 잃으면 형벌을 범하게 되니, 예와 형벌은 한 物事인 것이다. 伯夷가 典禮를 반포하여 민심을 바로잡고, 禹가 水土를 다스려 백성들의 거처를 안정시키고, 稷이 파종하는 법을 반포하여 백성들의 삶을 부유하게 하니, 세 임금이 공을 이루어 백성들의 번성함과 부유함을 가져오게 하였다."라고 하였다.

吳氏는 말하기를 "〈堯典〉과 〈舜典〉에 두 刑官(백이와 고요)이 실려 있지 않으니, 아마도 傳聞의 오류일 것이다."라고 하였는데, 내 생각에는 皐陶가 아직 刑官이 되기 전에 아마도 伯夷가 실제로 겸직한 듯하다. 아래 문단에서 또 "伯夷가 형벌을 베풀어 인도했다."라고 말하였으니, 응당 이와 같이 잘못되지 않았을 것이다.

字義 折 : 끊을 절 降 : 반포할 강 播 : 뿌릴 파 殖 : 번식할 식 殷 : 성할 은 迪 : 인도할 적

云收功于民 周易井上六井收勿幕 王注曰 井功大成 在此爻矣 故曰井收 是收有成義 訓恤爲收 正與下文三后成功相應)"라고 하였다.

54 惟殷于民 : 兪樾은 "이 經文의 '殷'자도 正의 뜻으로 풀이해야 하니, '殷于民'은 백성을 〈刑政 속에서〉 바로잡는 것이다.〔此經殷字 亦當訓正 殷于民者 正于民也〕"라고 하였다.

謬 : 틀릴 류   誤 : 잘못될 오

9. 士制百姓于刑之中하여 以敎祗德[55]하니라

士師(法官)가 백성들을 刑辟의 中正에 제어하여(중정한 형벽으로 제어해서) 德을 공경하도록 가르쳤느니라.

命皐陶爲士하여 制百姓于刑辟之中은 所以檢其心而敎以祗德也라

皐陶를 명하여 士師로 삼아 백성들을 刑辟의 中正으로 제어한 것은 그들의 마음을 검속하여 德을 공경하도록 가르치게 한 것이다.

○吳氏曰 皐陶不與三后之列하여 遂使後世로 以刑官爲輕이라 後漢楊賜 拜廷尉에 自以代非法家라하여 言曰 三后成功하여 惟殷于民이어늘 皐陶不與라하니 蓋吝[56]之也라 是는 後世非獨人臣이 以刑官爲輕이요 人君도 亦以爲輕矣라 觀舜之稱皐陶曰 刑期于無刑하여 民協于中이 時乃功이라하시고 又曰 俾予從欲以治하여 四方風動이 惟乃之休라하시니 其所繫 乃如此어늘 是可輕哉아 呂氏曰 呂刑一篇은 以刑爲主라 故로 歷敍本末하고 而歸之於皐陶之刑하니 勢不得與伯夷禹稷雜稱은 言固有賓主也니라

○吳氏는 말하기를 "皐陶가 세 임금의 반열에 참여되지 않아 결국 후세로 하여금 刑官을 경시하게 하였다. 〈상고하면〉 '後漢의 楊賜가 廷尉에 임명되자, 스스로 가문이 대대로 法家가 아니었다고 하며 말하기를 「세 임금은 공을 이루어 백성을 부유하게 하였는데, 皐陶는 참여되지 않았다.」고 하였으니, 아마 부끄럽게 여긴 것이리라.'고 하였다. 이는 후세에 신하들만 刑官을 경시한 것이 아니라 임금들 또한 경시하였던 것이다. 그러나 帝舜이 皐陶를 칭한 것을 보면 '형벌은 어디까지나 〈죄인이 없어서〉 형벌을 시행할 일이 없기를 기약해서 결국 백성들이 중용의 도리에 적

---

55 士制百姓于刑之中 以敎祗德 : 孔傳은 '百姓'을 百官으로 보아 "伯夷는 백성들을 典禮로 인도하되 法을 가지고 제어하였고, 皐陶는 법관이 되어 백관을 刑辟의 中正으로 제어해서 도덕으로 교화하는 일을 도와 이루고 백성들을 德을 공경하도록 가르쳤다고 말한 것이다.〔言伯夷 道民典禮 斷之以法 皐陶作士 制百官於刑之中助成道化 以敎民爲敬德〕"라고 풀이하였고, 孔疏는 "皐陶로 하여금 법관을 삼아 百官을 刑辟의 中正으로 제어하여 百官으로 하여금 형벌을 씀에 있어서 모두 법의 中正을 적용할 수 있게 하였다.〔使皐陶作士 制百官於刑之中 令百官用刑 皆得中正〕"라고 부연 설명하였다.

56 吝 :《後漢書》〈楊賜傳〉에 대한 李賢의 注에 '恥'의 뜻으로 풀이하였다.

중하는 행동을 하도록 해놓은 것은 너의 공이다.'라고 하셨고, 또 '나로 하여금 하고
자 하는 대로 다스려서 四方이 바람을 따라 움직이듯 쏠리게 하니, 이것은 바로 너
의 아름다운 공 때문이다.'라고 하셨으니, 그 관계되는 바가 이와 같거늘 가볍게 여
길 수 있겠는가."라고 하였다.

呂氏는 말하기를 "〈呂刑〉 한 편은 형벌을 위주로 하였기 때문에 本末을 내리 서
술하여 皐陶의 형벌에 귀결시켰으므로 文勢상 伯夷와 禹와 稷과 섞어서 칭할 수 없
으니, 語法에는 본디 賓·主가 있는 법이다."라고 하였다.

字義 祗 : 공경 지   吝 : 부끄러울 린

10. 穆穆在上하며 明明在下하니(하여) 灼于四方하여 罔不惟德之勤하니라(하니) 故乃
明于刑之中하여 率乂于民하여 棐彝하니라

〈이때에 帝舜은 德을 쌓아〉 화열하고 경건한 모습으로 위에 앉아 있고, 〈세 임금
은 공을 이루어〉 밝은 모습으로 아래에 앉아 있었으니, 〈덕과 공의 광채가〉 사방에
빛났으므로 〈君臣의 덕에 감화된 백성들은〉 덕을 부지런히 힘써 〈개과천선하지〉
않는 자가 없었지만, 〈그래도 덕을 힘쓰지 않는 자가 있었다.〉 그러므로 〈부득이
皐陶에게 명하여〉 형벌의 中正을 밝혀 모두 백성들을 다스려 常性을 도와 〈그 고
유한 양심을 온전하게 하였느니라.〉

穆穆者는 和敬之容也요 明明者는 精白之容也라 灼于四方者는 穆穆明明하여 輝
光發越而四達也라 君臣之德이 昭明如是라 故로 民皆觀感動盪하여 爲善而不能
自已也라 如是而猶有未化者라 故로 士師明于刑之中하여 使無過不及之差하여 率
乂于民하여 輔其常性하니 所謂刑罰之精華[57]也라

穆穆은 和敬한 모습이고, 明明은 精白한 모습이다. "사방에 빛났다."는 것은 穆
穆하고 明明하여 빛난 광채가 발휘되어 사방으로 퍼진 것이다. 임금과 신하의 德이
이처럼 밝았기 때문에 백성들이 모두 보고 느끼어 동탕하게 움직여서 善을 하여 스
스로 그만두지 않았다. 그러나 이와 같은데도 외려 감화되지 않는 자가 있었다. 그
러므로 士師가 형벌의 中正을 밝혀 과하거나 못미치는 잘못이 없게 해서 모두 백성
들을 다스려 그 常性을 도왔으니, 이른바 '형벌의 精華'라는 것이다.

---

57 刑罰之精華 : 荀悅의 《申鑑》에 "榮辱者 賞罰之精華"란 말도 보인다.

字義 穆 : 화경한모습 목   灼 : 밝을 작   率 : 모두 솔   乂 : 다스릴 예   棐 : 도울 비   盪 : 움직일 탕

11. 典獄이 非訖于威라 惟訖于富[58]니 敬忌하여 罔有擇言在身하고(하여) 惟克天德이라사 自作元命하여 配享[59]在下[60]이니라(하리라)

〈虞나라 조정에서는 본디 德을 우선으로 하고 형벌을 뒷전으로 하였지만 刑官 역시 적격자를 얻었기 때문에〉獄을 맡은 관리는 위엄을 부리는 권력가에게 가차없이 법을 다 써서 〈위력에 굴복하지 않았을〉뿐만 아니라, 뇌물을 쓰는 사람에게도 가차 없이 법을 다 적용해서 〈이익에 유혹되지〉않았으니, 〈이래서 그 마음이 항상〉경건하고 조심한 나머지 간택할 말이 자신에 있지 않고 〈입에 가릴 말이 없고〉능히 純一한 德이라야 〈大公至正하니 純一한 天德이 자신에게 있으면〉元命(大

---

58 典獄……惟訖于富 : 孔傳은 獄官의 청백을 부각시키고 蔡傳은 법의 공정성을 강조하였다. 孔傳은 '訖'을 絶의 뜻으로 보아 "唐堯時代에 獄을 맡은 관리는 위엄도 있고 덕도 있고 용서함도 있어서, 위엄을 행하는 일은 끊을 수 없었지만 부자가 될 생각은 끊었으니, 세상이 다스려져서 뇌물이 행해지지 않았음을 말한 것이다.〔言堯時主獄 有威有德有恕 非絶於威 惟絶於富 世治 貨賂不行〕"로 풀이하였는데, 孔疏에서 "唐堯時代에 獄을 맡은 관리는 위엄을 행하는 일은 끊을 수 없었으니, 범죄가 발생하면 반드시 위엄을 행해야 하므로 威刑은 중지할 수 없었던 것이다. 오직 부자가 될 생각만은 끊을 수 있었으니, 뇌물을 받은 연후에야 부자가 될 수 있는데 뇌물이 없으면 부자가 될 생각은 저절로 끊어진 것이다. 그러므로 獄官은 부자가 된 자가 없었던 것이다.〔堯時典獄之官 非能止絶於威 有犯必當行威 威刑不可止也 惟能止絶於富 受貨然後得富 無貨富自絶矣 故獄官無得富者〕"라고 부연 설명하였다.

59 配享 : 孔疏는 '享'을 當의 뜻으로 보았으니, '配享(配當)'은 匹敵과 같으므로 '동등'·'대등'·'동일' 등으로 풀면 된다.

60 典獄……配享在下 : 孔傳은 "帝堯時代에 獄을 맡은 관리는 모두 능히 직무를 경건히 수행하고 과오를 범할까 조심하였기 때문에 선택할 말을 자신의 구상에 두지 않았다는 것이다. 형벌의 中正에 밝아 선택할 말을 자신의 구상에 두지 않고, 반드시 능히 天德으로 大命을 삼고서 하늘의 뜻을 배당하여 하늘의 아래에 있었을 것이다.〔堯時典獄 皆能敬其職 忌其過 故無有可擇之言在其身 凡明於刑之中 無擇言在身 必是惟能天德 自爲大命 配享天意 在於天下〕"라고 풀이하였는데, 孔疏는 "'惟克天德'은 능히 하늘을 본받아 德을 삼음을 말하니, 응당 天德은 平均하므로 獄官은 하늘을 본받아 平均해야 함을 이른 것일 터다. 능히 형벌의 中正에 밝고 또 능히 선택할 말을 자신에 두지 않는 자면 이 사람은 필시 능히 하늘의 平均한 德을 하여 옥사를 단결함을 반드시 평균하게 할 것이다. '皇天은 일정하게 친애하는 사람이 없고 오직 德이 있는 사람만을 도와준다.'고 하였으니, 만일 능히 옥사의 단결을 평균하게 한다면 반드시 長久한 大命의 壽를 누릴 것이다. 大命이 자기로 말미암아 오니, 이것이 '스스로 大命을 삼는다.'는 것이다. 바로 이 사람이 능히 天命을 배당하여 하늘의 아래에 있었을 것이다.〔惟克天德 言能效天爲德 當謂天德平均 獄官效天爲平均 凡能明於刑之中正矣 又能使無可擇之言在身者 此人必是惟能爲天平均之德, 斷獄必平矣 皇天無親 惟德是輔 若能斷獄平均者 必壽長久 大命 大命由己而來 是自爲大命 是此人 能配當天命 在於天之下〕"라고 부연 설명하였는데, 孔傳의 생각을 벗어난 것 같다.

命으로 生殺權이다.)이 〈자신으로부터 행해져서〉 하늘과 동등한 자격을 가지고 하늘 아래에 있었느니라."

訖은 盡也라 威는 權勢也요 富는 賄賂也라 當時典獄之官은 非惟得盡法於權勢之家라 亦惟得盡法於賄賂之人이니 言不爲威屈하고 不爲利誘也라 敬忌之至에 無有擇言在身하고 大公至正하여 純乎天德이라야 無毫髮不可擧以示人者하리니 天德在我면 則大命自我作하여 而配享在下矣라 在下者는 對天之辭니 蓋推典獄用刑之極功하여 而至於與天爲一者 如此니라

訖은 盡의 뜻이다. 威는 권세를 뜻하고, 富는 뇌물을 뜻한다. 당시 獄을 맡은 관리는 오직 권세 있는 집안에게 가차 없이 법을 쓸 뿐만 아니라 또한 뇌물을 쓰는 사람에게도 가차 없이 법을 다 적용하였으니, 이는 위엄에 굴복하지 않고 이익에 유혹되지 않음을 말한 것이다. 경건하고 근신함이 지극함에 간택할 말이 자신에 있지 않아서 大公至正하여 순일한 天德이어야 털끝만큼이라도 들어서 남에게 보이지 못할 것이 없을 것이니, 天德이 자신에게 있으면 大命(생살권)이 자신으로부터 행해져서 하늘과 동등한 자격을 가지고 하늘 아래에 있을 것이란 말이다. '아래에 있다.'라는 것은 하늘과 상대한 말이니, 대개 옥사를 주관하는 관리가 형벌을 쓰는 지극한 공을 미루어서 하늘과 더불어 하나가 됨에 이름이 이와 같은 것이다.

字義 訖 : 다할 흘   賄 : 뇌물 회   賂 : 뇌물 뢰   誘 : 유혹 유

12. 王이 曰 嗟四方司政典獄아 非爾惟作天牧[61]가 今爾는 何監고 非時伯夷播刑之迪가 其今爾何懲고 惟時苗民이 匪察于獄之麗(리)[62]하며 罔擇吉人하여 觀于五刑之中이요 惟時庶威奪貨로 斷制五刑[63]하여 以亂無辜한대 上帝不蠲[64]하사 降咎于

---

61 司政典獄 非爾惟作天牧 : 孔傳은 "'정사를 맡고 옥사를 주관하는 자들〔主政典獄〕'이라고 한 것은 諸侯를 이른 말이다. '너희들은 하늘의 牧民者가 되지 않았는가.'란 것은 임무가 무거운 자는 바로 너희라고 말한 것이다.〔主政典獄 謂諸侯也 非汝惟爲天牧民乎 言任重是汝〕"라고 풀이하였다.

62 匪察于獄之麗(리) : 孔傳은 "獄官의 刑辟을 베푸는 일을 제대로 살피지 않아 멸망을 취하였다.〔非察於獄之施刑 以取滅亡〕"로, 蘇軾은 "獄事에 걸리면 즉시 형을 가하고 다시 살피지 않았다.〔麗于獄 輒刑之 不復察也〕"로, 林之奇는 "獄事에 걸리는 자가 있으면 苗民은 그것을 자세히 살피지 않고 망령되이 형을 가하였다.〔有麗于獄者 苗民不察之 而妄加以刑也〕"로, 呂祖謙은 "獄情의 輕重에 맞게 실시해야 할 것을 한만스럽게 살피지 않았다.〔獄情之輕重所當施者 旣漫不加省矣〕"로 각각 풀이하였다.

63 惟時庶威奪貨 斷制五刑 : 洪奭周(《尙書補傳》)는 "유약하면서 탐하는 경우는 외려 감히 취하지

苗_{하시니} 苗民_이 無辭于罰_{하여} 乃絶厥世_{하니라}

王이 말씀하였다. "아, 사방의 정사를 맡고 옥사를 주관하는 자들아. 너희들은 天牧이 되지 않았는가. 지금 너희들은 무엇을 살펴보아야 할 것인가. 이 伯夷가 형벌을 베풀어 계도한 그것이 아니겠는가. 지금 너희들은 무엇을 경계해야 할 것인가. 이 苗民이 獄事에 걸린 것에 대하여 〈그 정상은 전연〉 살펴보지 않으며, 또한 좋은 사람을 선택해서 五刑에 〈대한 輕重의〉 中正을 살펴보게 하지 않고서 오직 이 위엄을 부리고 貨賂를 갈취하는 자들만으로 五刑을 재단하여 무고한 사람을 어지러이 벌을 주게 하거늘, 上帝께서 그 행위를 불결하게 여기어 苗에 재앙을 내리시니, 苗民이 그 벌에 대해 변명할 바가 없어서 결국 그 세대를 멸절하게 되었느니라."

않는 바가 있지만, 위엄을 부리면서 탐하는 경우는 그 취함이 한이 없다. 사적으로 취하는 경우는 백성들이 외려 피할 바가 있지만, 법에 의하여 취하는 경우는 백성들이 수족을 둘 바가 없다. 이러므로 백성의 재물을 거두어들이는 것은 형벌을 무겁게 하는 것보다 심한 것이 없다. 孔傳에서 '庶威奪貨'를 '오직 여러 위엄과 포학을 부리는 자만을 임용해서 남의 財貨를 갈취하게 하였으니'라고 해석한 것은 아마 이를 말한 것일 터이다. 蔡傳은 '귀한 자는 위엄으로 정사를 어지럽히고, 부유한 자는 재물로 법을 빼앗아'라고 하였으니, 이는 '庶威奪貨'를 쪼개서 둘로 만든 것이고, 또 '奪貨'를 '貨奪'로 만들었으니, 文勢에 있어 이미 순조롭지 못하다. 또 '여러 위엄과 뇌물로 법을 빼앗은 자들로 하여금 五刑을 斷制하여'라고 하였으니, 여기 그 위엄을 부려 재화를 빼앗는 자는 곧 獄事를 주관하여 五刑을 斷制하는 사람인 것이다. 그런데 蔡傳에서 해석한 것처럼 한다면, 위엄과 빼앗는 것은 모두 다른 사람의 법을 어기는 것을 가지고 말해서 獄事를 주관하는 사람과 무관하니, 더욱 經文의 本旨가 아닌 듯하다.〔柔而貪者 猶有所不敢取 作威而貪 則其取也 無紀矣 私而取者 民猶有所避 倚法而取 則民無所措手足矣 是以 斂民之財 莫甚於重刑 孔傳釋庶威奪貨曰 衆爲威虐者任之 以奪取人貨 蓋謂是也 蔡傳曰 貴者以威亂政 富者以貨奪法 是析庶威奪貨爲二 而且以奪貨爲貨奪 於文勢已不順矣 且曰 庶威奪貨 斷制五刑 則是其作威而奪貨者 卽乃典獄斷刑之人也 如蔡傳所釋 則威與奪 皆以他人之撓法者言 而不屬於典獄之人 尤恐其非經旨也〕"라고 하였다.

64 上帝不蠲：孔傳은 '蠲'을 潔의 뜻으로 보아 "하늘이 그 소행을 불결하게 여겼다.〔天不潔其所爲〕"라고 풀이하였고, 蔡傳은 '蠲'을 貸(용서하다)의 뜻으로 풀이하였는데, 이에 대하여 洪奭周《尙書補傳》는 "〈酒誥〉에서 말한 '弗蠲乃事 時同于殺'에 대해서는 蔡傳에서 '蠲'을 潔의 뜻으로 풀이하여 '弗蠲'을 깨끗하지 않은 것으로 여겼다. 〈呂刑〉에서 말한 '上帝不蠲 降咎于苗'는 그 文勢가 〈酒誥〉의 것과 꼭 같으므로 孔傳은 또한 '하늘이 그 소행을 불결하게 여겼다.〔天不潔其所爲〕'고 풀이하였는데, 蔡傳은 '蠲'을 貸의 뜻으로 풀이하여 스스로 모순을 범하였으니, 이해하지 못하겠다. '향기로운 德은 없고 刑戮이 풍기는 냄새가 비린내 날 뿐이었다.'는 것이 곧 불결함을 이름이 아니겠는가.〔酒誥曰 弗蠲乃事 時同于殺 蔡傳釋蠲爲潔 弗蠲者 不以爲潔也 呂刑曰 上帝不蠲 降咎于苗 其文勢與酒誥正同 孔傳亦曰 天不潔其所爲 而蔡傳乃釋蠲爲貸 自相矛盾 未可曉也 罔有馨香德 刑發聞惟腥 非卽不潔之謂乎〕"라고 하였는데, 孔傳은 '蠲'에 대하여 〈酒誥〉에서나 〈呂刑〉에서나 다같이 潔의 뜻으로 풀이하였고, 蔡傳은 '蠲'에 대하여 〈酒誥〉에서는 潔의 뜻으로, 〈呂刑〉에서는 貸의 뜻으로 각각 다르게 풀이한 점을 지적한 것이다.

司政典獄은 漢孔氏曰 諸侯也라하니 爲諸侯主刑獄而言이라 非爾諸侯 爲天牧養
斯民乎아 爲天牧民이면 則今爾何所監懲고 所當監者 非伯夷乎아 所當懲者 非有
苗乎아 伯夷布刑하여 以啓迪斯民이라 捨臯陶而言伯夷者는 探本之論也라 麗(리)는
附也라 苗民이 不察於獄辭之所麗하고 又不擇吉人하여 俾觀于五刑之中이요 惟是
貴者 以威亂政하고 富者以貨奪法하여 斷制五刑하여 亂虐無罪한대 上帝不蠲貸而
降罰于苗하니 苗民이 無所辭其罰하여 而遂殄滅之也라

司政典獄은 漢나라 孔氏(孔安國)가 말하기를 '諸侯'라고 하였으니, 諸侯 중에 刑
獄을 주관하는 자를 대상으로 해서 말한 것이다. 너희 제후는 하늘을 위하여 이 백
성들을 牧養하는 것이 아니겠는가. 하늘을 위하여 백성들을 목양한다면 지금 너희
들은 무엇을 살펴보아야 하고 무엇을 경계하여야 할 것인가. 마땅히 살펴보아야 할
것은 伯夷가 아니겠는가. 마땅히 경계해야 할 것은 苗가 아니겠는가. 伯夷는 형벌
을 베풀어 이 백성들을 啓迪(啓導)하였으니 말이다. 그런데 臯陶를 놓아두고 伯夷
를 말한 것은 근본을 탐구하는 논법이다. 麗는 附의 뜻이다. 苗民은 옥사에 걸린 것
을 살펴보지 않으며, 또한 좋은 사람을 선택해서 五刑의 中正을 살펴보게 하지도
않고서, 오직 귀한 자는 위엄으로 정사를 어지럽히고, 부유한 자는 재물로 법을 빼
앗아 五刑을 재단하여 무죄한 사람을 어지럽히고 학대하거늘, 上帝가 용서하지 않
고 苗에 벌을 내리니, 苗民이 그 벌에 대해 변명할 바가 없어서 마침내 멸절하게 되
었다는 것이다.

字義 時 : 이 시   麗 : 걸릴 리   懲 : 징계할 징   辜 : 죄 고   蠲 : 깨끗할 견   咎 : 허물 구
辭 : 변명할 사   捨 : 놓을 사

13. 王曰 嗚呼라 念之哉[65]어다 伯父와 伯兄과 仲叔[66]과 季弟와 幼子와 童孫아 皆聽
朕言하라 庶有格命[67]하니라 今爾罔不由慰日勤[①]하나니 爾罔或戒不勤[68]하라 天齊于

---

65 念之哉 : 孔傳은 "伯夷를 법으로 삼고 苗民을 경계대상으로 삼을 것을 유념하라는 것이다.〔念以
伯夷爲法 苗民爲戒〕"라고 풀이하였다.

66 仲叔 : 官吐와 諺解에서는 다 같이 하나로 보았으나, 孔傳은 "伯·仲·叔·季"로 풀이하였으니,
仲과 叔 둘로 보는 것이 맞을 것 같다. 여기서는 우선 官吐와 諺解를 따라 번역해둔다.

67 皆聽朕言 庶有格命 : 孔傳은 "내말을 잘 듣고 따라서 부디 至命을 갖도록 하라.〔聽從我言 庶幾有
至命〕"고만 풀이하였는데, 孔疏는 "너희들이 내말을 잘 듣고 따라 그대로 행하여 부디 至善의 命
을 가지면 命이 반드시 長壽할 것이다.〔汝皆聽從我言 依行用之 庶幾有至善之命 命必長壽也〕"라고 부
연 설명하고, 이어서 "格'은 至(지극하다)의 뜻으로 풀이한다. '庶幾有至命'이라 말한 至命은 응당
'至善'의 命을 이를 터이나 이것이 무슨 命인지는 알지 못하겠다. 鄭玄이 「格'은 登의 뜻이니,

民하여(이라) 俾我一日이시니라(이시니) 非終惟終이 在人[69]하니 爾尙敬逆天命하여 以奉
我一人하여 雖畏(威)나 勿畏하며 雖休나 勿休[70]하여 惟敬五刑하여 以成三德하면 一
人有慶하며 兆民賴之하여 其寧惟永하리라

「登命」은 「壽考」를 이른 것이다.'라고 하였으니, 傳에서 말한 '至命'도 역시 '壽考'를 이른 것이리라.〔格訓至也 言庶幾有至命 至命 當謂至善之命 不知是何命也 鄭玄云 格登也 登命謂壽考者 傳云至命 亦謂壽考〕"라고 확대 해석하였다. 蘇軾과 林之奇는 '天命을 연장하는 것'으로, 夏僎은 '諸侯의 職을 오래 유지하는 것'으로, 呂祖謙은 '감격해서 명을 따르는 것'으로 각각 풀이하였으나 蔡傳은 단지 "'格'은 至의 뜻이다.〔格 至也〕"라고만 하였으니, 무슨 뜻으로 보았는지 자세히 알 수 없는데, 《三經備旨》에서는 마치 蔡傳이 "곧 지당한 말을 너희들에게 고함이 있을 것이다.〔庶有至當之言告爾〕"로 본 것처럼 적고 있다.

68 今爾罔不由慰日勤 爾罔或戒不勤 : 孔傳은 '由'를 用의 뜻으로, '慰'를 安의 뜻으로 보고 '日'자를 '日'자로 적어서 "지금 너희들은 편안할 방도를 이용하여 스스로 거하면서 '마땅히 근면해야 한다.'고 말하지 않는 자가 없지만, 너희들은 한갓 경계하는 말만 유념하고 근면하지 않음이 없도록 하라.〔今汝無不用安自居 曰當勤之 汝無有徒念戒而不勤〕"고 풀이하였다. 阮元의 校勘記에서는 "孔本에 본래 '日'자로 되어 있으니 지금 '日'자로 정한다. 《唐石經》에 '日'자로 된 것은 잘못이다.〔孔本本作日字 今定作日 唐石經作日非也〕"라고 하였다.

蘇軾은 "너희들은 獄吏를 〈임용함에 있어서〉 위안하면서 날로 근신하는 자를 임용해야 하고, 경계하면서 끝내 근신하지 않는 자를 임용해서는 안 된다.〔爾當用獄吏慰安之而日愈勤者 不當用戒勅之而終不勤者〕"로, 林之奇는 지금 너희들은 마땅히 朕의 말을 들어 서로 위로하고 힘쓰면서 날로 더욱 부지런해야 하지 서로 부지런하지 않을 것으로 경계해서는 안 된다고 말한 것이다.〔言今爾當無不由朕之言 相慰勉而日愈勤 不可相戒以不勤也〕"로, 夏僎은 "經文이 본시 '日'자로 되어 있으니, '日'자로 해석하는 것은 부당하다.……너희들은 오늘날 서로 安慰하며 말하기를 '각각 맡은 직책을 열심히 하자.'고 해야 되지, 내가 두세 번 경계해도 외려 부지런하지 않는 자가 있어서는 안 된다고 이른 것이다.〔經文本是日字 不當作日字解……謂汝等今日惟用相安慰而言曰 各勤乃職 無有待我再三戒之 而猶不勤者〕"로, 呂祖謙은 "'今爾罔不由慰日勤'은 편안히 행하여 스스로 위로할 일은 부지런하지 않는 날이 없는 데에 있을 뿐이란 것이다. '위로'란 것은 〈죄인의〉 정상을 얻어낸 점을 기뻐한 것이 아니라, 대개 맡은 직책을 게을리하지 않는 것을 가지고 자위한 것이다. '爾罔或戒不勤'은 반드시 일찍이 게으름을 부린 연후에야 경계하는 것이다.〔今爾罔不由慰日勤 所以安行而自慰 止在乎無日不勤也 慰者非得其情而喜 蓋以不弛其職自慰也 爾罔或戒不勤者 必嘗惰然後戒〕"로 각각 풀이하였다. 蔡傳도 독자적으로 풀이하고 있다. 夏僎만이 孔傳에 의거해 '日'자를 '日'자로 보았고, 다른 사람들은 모두 '日'자로 보았다.

俞樾《群經平議》은 "만일 枚傳의 뜻과 같다면 經文에서 응당 '日勤'으로 적었을 것이고, 《唐石經》에서 '日'로 적은 것은 잘못일 터이다. 枚傳의 뜻은 견강부회하여 經의 本旨를 얻지 못하였다. 穆王의 생각은 아마 '지금 너희들은 스스로 위안하면서 「우리는 이미 근로하고 있다.」고 하지 않는 자가 없지만, 너희들은 근로하지 않음을 스스로 경계하는 자가 없다.'고 여긴 것이리라. 위안함과 경계함은 정반대이니, 근로함을 가지고 스스로 위안하기 때문에 근로하지 않음을 스스로 경계할 줄 모른 것이다. 經文의 뜻이 본래 너무도 簡明한데, 傳의 뜻은 도리어 말을 많이 허비한 것이 혐의쩍다.〔如枚傳義 則經文當作日勤 唐石經作日誤也 惟枚義迂曲 未得經旨 穆王之意 蓋謂今汝等 無不用以自安曰 我已勤矣 汝等無有自戒其不勤者 慰與戒正相反 惟其以勤自慰 故不知以不勤自戒也 經義本極簡明 傳義反嫌詞費矣〕"라고 하였다.

① 書經 今爾罔不由慰日勤 : 지금 너희는 自慰할 바가 날로 勤愼하지 아니함이 없는 것
　　　　이니
　　一般 今爾等 須無日不勤愼 使刑當其罪 以自慰其心 : 지금 너희는 모름지기 날로 勤愼
　　　　하지 아니함이 없어서 형벌이 그 죄에 꼭 맞게 적용하여 그 마음을 자위해야 한다.

　＊여기서는 부득이 서경문법으로 번역하고 일반문법은 축약해서 각주에 포함시켰다.

王이 말씀하였다. "아, 유념할지어다. 伯父와 伯兄과 仲叔과 季弟와 幼子와 童
孫들아! 모두 朕의 말을 경청하도록 하라. 거의(곧) 지당한 명령이 있을 것이다. 지
금 너희는 自慰할 바가 날로 勤愼하지 아니함이 없는 것이니, 너희는 혹시라도 근
신하지 아니하여 〈失刑하고 나서〉 경계하는 일이 없도록 하라.[71] "

---

69 天齊于民……非終惟終在人 : 孔傳은 民, 我, 日, 人에 句를 끊어서 "하늘이 下民을 정제하는 일
을 나로 하여금 하게 한다. 〈나의〉 하루 행하는 바가 〈그 도리를 잃는 것은〉 하늘을 위하여 잘 마
무리하는 바가 아니고, 〈하루 행하는 바가 그 이치를 얻는 것은〉 하늘을 위하여 잘 마무리하는
것이니, 이 일은 모두 사람이 행하는 바에 달려 있는 것이다.〔天整齊於下民 使我爲之 一日所行 非爲
天所終 惟爲天所終 在人所行〕"로, 蘇軾은 "刑獄은 믿는 바가 있어 다스리는 것이 아니다. 하늘이
이것을 가지고 亂民을 정제할 뿐이다. 대개 나로 하여금 단 하루만 형벌을 사용하게 하는 것은
궁극적인 要道가 아니다. 믿을 만하여 잘 마무리할 수 있는 것은 오직 올바른 사람을 얻는 데에
달려 있을 뿐이다.〔刑獄非所恃以爲治也 天以是整齊亂民而已 蓋使我爲一日之用 非究竟要道也 可恃以終
者 其惟得人乎〕"로, 林之奇는 "하늘이 형벌로써 下民을 정제하는 일을 나로 하여금 미루어 행하게
한다. 하루 행하는 바가 혹 하늘을 위하여 잘 마무리되지 않기도 하고 혹 하늘을 위하여 잘 마무
리되기도 하는 것은 사람이 어떻게 하느냐에 달려 있을 뿐이다.〔天以刑而整齊下民 使我推而行之 一
日所行 或非爲天所終 或爲天所終 在人如何耳〕"로, 夏僎은 "하늘이 이것으로 亂民을 정제하되 우리
임금으로 하여금 주관하게 하니, 만일 獄을 맡은 사람이 하루 사이에 능히 근신하기도 하고 능히
근신하지 않기도 한다면 獄을 단정하는 일에 능히 그 마무리를 잘하는 경우도 있고 능히 그 마무
리를 잘하지 못하는 경우도 있을 것이니, 이 일은 모두 사람이 능히 근신하고 능히 근신하지 아
니하는 데에 달려 있을 뿐이다.〔天以是整齊亂民 俾我人君主之 苟典獄之人 于一日之間 能勤與不能勤
則于斷獄之事 有能善其終者 有不能善其終者 此事全在人之能勤與不能勤耳〕"로, 呂祖謙은 "'天齊于民俾
我一日非終惟終在人'이란 것은 날마다 근신하지 않아서는 안 된다는 점을 거듭 고한 것이다. '형
벌'이란 하늘이 이 세상 백성들을 정제하기 위한 것이니, 獄을 맡은 자가 특별히 하늘의 뜻을 이
어받아 그 일을 잘 마무리하는 것이다. 가사 우리가 하루라도 직무를 유기하여 하늘의 일을 잘
마무리하지 않는다면 국권이 장차 바뀌어 다른 사람에게 넘어갈 것이란 것이다.〔天齊于民 俾我一日
非終惟終在人者 申告之以不可不勤也 刑者天之所以整齊斯民 而典獄者 特承天意 以終其事者也 使我一
日曠職 不能終天之事 則是柄將改而在他人矣〕"로 풀이하였는데, 蔡傳은 '俾我一日'에 대한 해석은 蘇
軾을 따르고 '非終惟終在人'에 대한 해석은 독창적인 것이다.

70 雖畏……勿休 : 孔傳은 "비록 위협을 당하더라도 자신에게 떨리는 마음이 있다고 말하지 말고, 비
록 칭찬을 듣더라도 자신에게 실제로 아름다운 덕이 있다고 여기지 말라는 것이다.〔雖見畏 勿自謂
可敬畏 雖見美 勿自謂有德美〕"로 풀이하였다.

71 自慰할……하라 : 너희는 모름지기 勤愼하지 않는 날이 없어서 형벌이 그 죄에 꼭 맞게 적용하는

하늘이 어지러운 백성들을 정제하기 위하여 우리로 하여금 단 하루만 형벌을 사용하게 하신 것이다. 〈그러므로 사람의 범죄에는〉 고의로 범한 죄가 아니어서 마땅히 용서해야 할 것과 고의로 범한 죄여서 마땅히 殺戮해야 할 것이 모두 백성이 범한 죄의 경중에 달려 있으니, 〈나의 생각으로 판단하지 말고 오직 지공무사한 天道에 맞게 해야 한다. 그러니〉 너희들은 부디 天命을 공경히 맞아서 나 한 사람을 받들도록 하라. 〈절대로 나의 비위를 맞추지 말아서〉 내가 비록 살육을 하라 하더라도 살육하지 말고 내가 비록 용서하라 하더라도 용서하지 말아, 오직 五刑의 中正을 敬謹히 살펴 〈輕重이 각각 맞게 해서 나의 剛·柔·正直의〉 三德을 도와 이루면 나 한 사람은 국가태평의 경사를 누릴 것이며, 만백성은 〈君上의 은혜를〉 힘입어 상하가 안녕의 복을 영원히 향유할 것이다."

此는 告同姓諸侯也라 格은 至也라 參錯訊鞫하여 極天下之勞者 莫若獄이니 苟有毫髮怠心이면 則民有不得其死者矣라 罔不由慰日勤者는 爾所用以自慰者 無不以日勤이라 故로 職擧而刑當也라 爾罔或戒不勤者는 刑罰之用은 一成而不可變者也니 苟頃刻之不勤이면 則刑罰失中하여 雖深戒之나 而已施者亦無及矣라 戒固善心也나 而用刑을 豈可以或戒也哉아 且刑獄은 非所恃以爲治也니 天以是整齊亂民하되 使我爲一日之用而已라 非終은 卽康誥大罪非終之謂니 言過之當宥者요 惟終은 卽康誥小罪惟終之謂니 言故之當辟者라 非終惟終은 皆非我得輕重이요 惟在夫人所犯耳니 爾當敬逆天命하여 以承我一人이라 畏威는 古通用이니 威는 辟之也요 休는 宥之也라 我雖以爲辟이라도 爾惟勿辟하며 我雖以爲宥라도 爾惟勿宥하고 惟敬乎五刑之用하여 以成剛柔正直之德이면 則君慶於上하고 民賴於下하여 而安寧之福이 其永久而不替矣리라

이것은 同姓인 諸侯에게 고한 것이다. 格은 지극함이다. 교차적으로 비교 분석도 하고 심문도 하고 추국도 하는 등 천하에 없는 노력을 다해야 할 것은 獄事보다 더한 것이 없으니, 만일 털끝만치라도 태만한 마음을 가지면 백성들이 올바른 죽음을 얻지 못하는 자가 있을 것이다.

罔不由慰日勤은, 너희가 自慰할 바는 날로 勤愼하지 아니함이 없기 때문에 직무가 거행되고 형벌이 꼭 맞게 적용된다는 것이다. 爾罔或戒不勤은, 형벌의 씀은 한

것으로 마음을 자위해야 하니, 혹시라도 근신하지 아니하여 失刑한 것을 가지고 경계하는 일이 없도록 해야 한다는 것이다.

번 이루어지면 다시는 변경할 수 없는 것이니, 만일 잠시라도 勤愼하지 않으면 형벌이 中正을 잃어서 비록 깊이 경계하더라도 이미 형벌을 시행한 경우에는 또한 되돌릴 수 없다. 경계한다는 것은 참으로 좋은 마음이나 형벌을 써버린 것을 어찌 혹시라도 경계할 수 있겠느냐는 것이다.

또한 刑獄은 그를 믿고서 나라를 다스릴 수 있는 바가 아니니, 이 때문에 하늘이 어지러운 백성을 정제하되 우리로 하여금 단 하루만 쓰게 할 뿐이다. 非終은 곧 〈康誥〉에서 말한 "큰 죄를 지었더라도 끝까지 저지를 죄가 아니다."란 것이니, 우연히 저지른 과실로서 마땅히 용서받을 자를 말한 것이며, 惟終은 곧 〈康誥〉에서 말한 "작은 죄를 지었더라도 모르고 지은 죄가 아니거든 바로 끝까지 저지를 것이다."라는 것이니, 고의적인 범죄로서 마땅히 형벌을 가해야 할 자를 말한 것이다.

非終과 惟終은 모두 내가 가볍게 또는 무겁게 다스릴 수 있는 것이 아니고, 오직 그 사람이 범한 죄의 경중에 달려 있을 뿐이니, 너희는 마땅히 天命을 공경히 맞이해서 나 한 사람을 받들라는 것이다. 畏와 威는 옛날에 통용되었으니, 威는 형벌을 가하는 것이고, 休는 죄를 용서하는 것이다. 내가 비록 살육하라 하더라도 너희는 살육하지 말고, 내가 비록 용서하라 하더라도 너희는 용서하지 말고서 오직 五刑의 씀을 경건히 하여 剛·柔와 正直의 德을 이루면 임금은 위에서 경사를 누리고 백성은 아래에서 임금의 은혜를 힘입어 〈상하 모두가〉 안녕의 복을 중단 없이 영구히 향유할 것이란 말이다.

字義 錯 : 교차할 착   訊 : 물을 신   鞫 : 국문할 국   辟 : 형벌 벽   宥 : 용서할 유   替 : 멈출 체

14. 王曰 吁라 來하라 有邦有土아 告爾祥刑[72]하노라 在今爾安百姓인댄 何擇고 非人가 何敬고 非刑가 何度(탁)고 非及[73][74]가

---

72 告爾祥刑 : 孔傳에서 "너희에게 형벌을 잘 쓰는 방법을 고하겠노라는 것이다.[告汝以善用刑之道]"라고 풀이하였는데, 이에 대하여 俞樾(《群經平議》)은 "'祥'은 예전에는 '常'과 통용하였다. 그에 대한 설명이 〈立政〉편에 보인다. '告爾祥刑'은 바로 '告爾常刑'이다. 《春秋左氏傳》 莊公 14년 조에 '周有常刑'이 바로 이를 이른다. 傳에서는 '祥'을 善의 뜻으로 풀이하여 형벌을 쓰는 방법을 가지고 족히 그 뜻을 이루었으니, 자못 잘못된 것이다.[祥古通作常 說見立政篇 告爾祥刑者 告爾常刑也 莊十四年左傳曰 周有常刑 正謂此矣 傳訓祥爲善而以用刑之道 足成其義 殆非也]"라고 하였다.

73 何度 非及 : 孔傳에서 "무엇을 헤아려야 하는가. 세상 경중의 알맞은 바에 미치는 것이 아니겠는가.[當何所度 非惟及世輕重所宜乎]"라고 풀이하였는데, 이에 대하여 俞樾은 "枚氏는 《史記》에 '何居非其宜'로 되어 있는 것을 가지고 이런 말을 했지만 실은 經文의 本旨가 아니다. '及'은 바로 '服'자의 잘못이다. 《春秋左氏傳》 僖公 24년 조에 '子臧之服不稱也'라 하였는데, 《經典釋文》에는

王이 말씀하였다. "아, 이리 오라. 나라를 소유하고 토지를 소유한 자(諸侯)들아. 너희들에게 상서로운 형벌을 고유하겠노라. 지금에 있어서 너희들이 백성들을 편안히 하려 할진댄 무엇을 가려야 하는가. 사람이 아니겠는가. 무엇을 공경해야 하는가. 형벌이 아니겠는가. 무엇을 헤아려야 하는가. 옥사에 미치는 것이 아니겠는가.

有民社者 皆在所告也라 夫刑은 凶器也어늘 而謂之祥者는 刑期無刑하여 民協于中이면 其祥莫大焉이라 及은 逮也라 漢世에 詔獄[75]所逮 有至數萬人者하니 審度(탁) 其所當逮者而後에 可逮之也라 曰何曰非는 問答以發其意하여 以明三者之決不可不盡心也라

백성과 社稷을 소유한 자들이 모두 고할 대상에 들어 있는 것이다. 형벌은 凶器이거늘 '상서'라고 말한 것은, 형벌은 어디까지나 〈죄인이 없어서〉 형벌을 시행할 일이 없기를 기약해서 결국 백성들이 중용의 도리에 적중하는 행동을 하도록 한다면 그 상서가 이보다 더 큰 것은 없다. 及은 逮의 뜻이다. 漢나라 세대에 詔獄에 갇힌 죄수가 수만 명에 이른 적이 있었으니, 마땅히 가두어야 할 죄인을 살펴 헤아린 뒤에 가두었던 것이다. '何'라고 하고 '非'라고 한 것은 문답식으로 그 뜻을 나타내서 세 가지에 결코 마음을 다하지 않을 수 없음을 밝힌 것이다.

15. 兩[76]造요 具備어든 師聽五辭하리니 五辭가(에) 簡孚어든 正[77]于五刑하며 五刑에 不簡이어든 正于五罰하며 五罰에 不服이어든 正于五過하라

「子臧之及」이 어떤 本에는 「之服」으로 되어 있다.'고 하였다. '刑'을 '服'으로 말한 것은 아마 古語일 것이다. '何敬非刑 何度非服'은 '너희는 무엇을 공경해야 하는가. 五刑이 아니겠는가. 너희는 무엇을 헤아려야 하는가. 五服이 아니겠는가.'라고 말한 것이다. '服'과 '宜'는 동일하게 풀이하기 때문에 經文에는 '服'으로 적고, 《史記》에는 '宜'로 적었다. '服'을 잘못 '及'으로 적고, 《史記》에서 '宜'로 적었기 때문에 결국 이해할 수 없게 되었고, 枚傳은 그 말을 억지로 끌어 합쳐서 뜻이 더욱 파괴되었다.〔枚因史記作何居非其宜 故爲此說 實非經旨也 及乃服字之誤 僖二十四年左傳 子臧之服不稱也 夫釋文作子臧之及曰 一本作之服 刑以服言 蓋古語也 何敬非刑 何度非服 言汝何所敬 非五刑乎 汝何所度 非五服乎 服與宜同訓 故經文作服 史記作宜 自服誤作及 而史記作宜之故 遂不可曉 枚傳牽合其說 而義益乖矣〕라고 하였다.

74 非刑……非及 : 《史記》〈周本紀〉에는 "何敬非其刑 何居非其宜與"로 되어 있다.

75 詔獄 : 漢 明帝 14년경에 있었던 楚王 英의 역모사건에 연루된 옥사를 가리킨다.(《資治通鑑》참조.)

76 兩 : 孔傳은 '죄수와 證左'로 보았다.

77 正 : 孔傳과 孔疏는 入(넣다), 蔡傳은 質(견주다)의 뜻으로 보았으니, '어느 罪科에 넣다.'와 '어느 罪科에 견주다.'가 되는 셈이다.

원고와 피고가 다 法庭에 나오고 〈供辭와 證左가〉 모두 구비되었거든 여러 獄官들이 五刑에 걸린 供辭를 들을 것이니, 五刑에 걸린 供辭가 실정을 조사함에 확실하여 믿을 수 있거든 五刑에 견줄 것이며, 五刑에 견주기는 아무래도 확실하지 못하거든 五罰(다섯 가지 벌금형)에 견줄 것이며, 五罰에 상응하지 못하거든 五過(다섯 가지 과실)에 견주도록 하라.

兩造者는 兩爭者皆至也라 周官에 以兩造聽民訟하니라 具備者는 詞證皆在也라 師는 衆也라 五辭는 麗(리)於五刑之辭也요 簡은 核其實也요 孚는 無可疑也라 正은 質也니 五辭簡核而可信커든 乃質于五刑也라 不簡者는 辭與刑이 參差(참치)不應이니 刑之疑者也라 罰은 贖也니 疑於刑이면 則質于罰也라 不服者는 辭與罰이 又不應也니 罰之疑者也라 過는 誤也니 疑於罰이면 則質于過而宥免之也라

兩造는 원고와 피고가 다 법정에 나온 것이다. 《周官》〈秋官 大司寇〉에 원고와 피고가 다 법정에 나오면 백성의 송사를 청취하는 것으로 되어 있다. 具備는 供詞와 證佐가 모두 구비되어 있는 것이다. 師는 衆의 뜻이다. 五辭는 五刑에 걸린 供辭이다. 簡은 그 실정을 조사하는 것이고, 孚는 의심할 점이 없는 것이다. 正은 質(견주다)의 뜻이니, 五刑에 걸린 供辭의 내용이 확실하여 믿을 수 있거든 五刑에 견주어 〈죄를 논한다.〉 不簡이란 것은 供辭와 五刑이 어긋나 상응하지 않는 것이니 오형에 견주기는 아무래도 의심스러운 점이 있는 것이다. 罰은 贖(벌금형)이니, 五刑에 견주기는 아무래도 의심스러운 점이 있거든 五罰에 견주는 것이다. 不服이란 것은 供辭와 五罰이 또 상응하지 않는 것이니, 五罰에 견주기는 아무래도 의심스러운 점이 있는 것이다. 過는 과오이니, 五罰에 견주기는 아무래도 의심스러우면 過誤에 견주어서 사면하는 것이다.

字義 造 : 나올 조, 이를 조 具 : 모두 구 師 : 여러 사 簡 : 확실할 간 孚 : 믿을 부 正 : 견줄 정
服 : 상응할 복 麗 : 걸릴 리 核 : 조사할 핵 質 : 견줄 질

16. 五過之疵는 惟官과 惟反과 惟內와 惟貨와 惟來[78]니 其罪惟均하니 其審克之하라

---

78 惟官……惟來 : 孔傳은 "獄吏가 죄수와 예전에 함께 벼슬자리에 있었던 문제, 죄수의 供辭를 뒤집어 情實을 속이는 문제, 內親이 용사하는 문제, 獄吏에게 뇌물을 주어 법을 왜곡하는 문제, 죄수와 獄吏가 예전에 서로 왕래한 문제로, 모두 병폐가 존재한 것이다.〔或嘗同官位 或詐反囚辭 或內親用事 或行貨枉法 或舊相往來 皆病所在〕"라고 풀이하였다.

五過의 병폐는 官權, 사사로운 은덕과 원한을 갚는 것, 궁녀를 통해 청탁하는 것, 뇌물,〈법관의 私邸에 가서〉간청하는 것이 개입하는 문제로 그 죄가 균일하니, 자세히 살펴서 능력을 다하도록 하라.

疵는 病也라 官은 威勢也요 反은 報德怨也요 內는 女謁也요 貨는 賄賂也요 來는 干請也라 惟此五者之病으로 以出入人罪면 則以人之所犯으로 坐之也라 審克者는 察之詳而盡其能也니 下文에 屢言하여 以見(현)其丁寧忠厚之志라 疵於刑罰에 亦然이로되 但言於五過者는 擧輕以見重也니라

疵는 병폐이다. 官은 威勢요, 反은 은덕과 원한을 갚는 것이고, 內는 임금의 총애를 받는 궁녀를 통해 청탁하는 것이고, 貨는 뇌물이고, 來는 간청이다. 이 다섯 가지의 병폐로써 사람의 죄를 가볍게 하거나 무겁게 하면 그 사람이 범한 죄로써 連坐되는 것이다. 審克은 자세히 살펴서 능력을 다하는 것이니, 아래에서 누차 말하여 丁寧하고 忠厚한 뜻을 나타내었다. 병폐는 刑과 罰에 있어서도 또한 그러하나 단지 다섯 가지 과오에서만 말한 것은 가벼운 것을 들어 무거운 것을 나타낸 것이다.

字義 疵 : 병폐 자

17. 五刑之疑 有赦하고 五罰之疑 有赦하니 其審克之[79]하라 簡孚有衆이라도(이어든) 惟貌有稽요(니) 無簡이어든 不聽하여 具嚴天威[80]하라

五刑에 견주는 것이 아무래도 의심스러운 점이 있으면 사면이 있어야 하고, 五罰에 견주는 것이 아무래도 의심스러운 점이 있으면 사면이 있어야 하니, 자세히 살펴서 능력을 다하도록 하라. 실정을 조사하여 믿을 만한 것이 많더라도 죄인의 용모를 살펴야 할 것이니,〈용모를 살펴서〉뚜렷한 확증이 없거든 들어주지 말고 내버려 두어서 모두 하늘의 위엄을 두려워 하라.

---

79 克之 : 孔傳은 "능히 그 이치를 얻도록 하라.〔能得其理〕"로 풀이하였다.

80 簡孚有衆……具嚴天威 : 孔傳은 衆을 '衆人'의 衆으로 보고 衆, 稽, 簡, 具에 句를 끊어서 "확실하여 믿을 점이 여러 사람의 마음에 합하더라도 또한 죄인의 용모를 살펴서 그 살핌이 여러 사람의 마음에 합하는 바가 있어야〈결단을 하고,〉정실을 조사하여 뚜렷한 사실이 없으면 옥사를 처결하여 성사시키지 말아야 할 것이니, 모두 마땅히 하늘의 위엄을 嚴敬하여 형벌을 가벼이 쓰지 말아야 한다는 것이다.〔簡核誠信 有合衆心 惟察其貌 有所考合 無簡核誠信 不聽理具獄 皆當嚴敬天威 無輕用刑〕"라고 풀이하였다.

刑疑有赦니 正于五罰也요 罰疑有赦니 正于五過也라 簡核情實하여 可信者衆이라도
亦惟考察其容貌니 周禮所謂色聽[81]이 是也라 然이나 聽獄은 以簡核爲本이니 苟無
情實이면 在所不聽이라 上帝臨汝하시니 不敢有毫髮之不盡也니라

　五刑에 견주는 것이 아무래도 의심스러우면 사면함이 있어야 하니, 五罰에 견
주도록 한다. 五罰에 견주는 것이 아무래도 의심스러우면 사면함이 있어야 하니,
五過에 견주도록 한다. 정실을 조사하여 믿을 만한 것이 많더라도 또한 죄인의
용모를 살펴야 할 것이니, 《周禮》에 이른바 "죄인의 안색을 살펴보고 〈供辭의 眞
僞를 판단한다.〉"라는 것이 이것이다. 그러나 옥사를 판단하는 데는 정확하게 조
사하는 것을 근본으로 삼으니, 만일 정실이 없으면 들어주지 말고 내버려 두어야
한다. 上帝가 너희를 굽어보고 계시니, 털끝만큼이라도 미진함이 있어서는 안 된
다는 것이다.

字義 克 : 능할 극　簡 : 확실 간　稽 : 살필 계　具 : 모두 구　嚴 : 두려워할 엄

18. 墨辟疑赦는 其罰이 百鍰(환)이니 閱實其罪하라 劓辟疑赦는 其罰이 惟倍니 閱
實其罪하라 剕辟疑赦는 其罰이 倍差니 閱實其罪하라 宮辟疑赦는 其罰이 六百
鍰이니 閱實其罪하라 大辟疑赦는 其罰이 千鍰이니 閱實其罪하라 墨罰之屬이
千이요 劓罰之屬이 千이요 剕罰之屬이 五百이요 宮罰之屬이 三百이요 大辟之罰이
其屬이 二百이니 五刑之屬이 三千이니라(이니) 上下比罪[82]에는(하여) 無僭亂辭하며
勿用不行[83]이요 惟察惟法하여 其審克之하라

---

81 色聽 : 獄訟을 다스릴 때에 죄인의 태도를 살피는 방법의 한 가지이다. 첫째는 '辭聽'으로 말하는
태도를 살피는 것이고, 둘째는 '色聽'으로 얼굴빛을 살피는 것이고, 셋째는 '氣聽'으로 숨 쉬는 태
도를 살피는 것이고, 넷째는 '耳聽'으로 말소리를 어떻게 듣는가를 살피는 것이고, 다섯째는 '目
聽'으로 눈동자나 시선을 살피는 것이다.(《周禮》〈秋官 小司寇〉)

82 上下比罪 : 孔傳은 "刑을 올리거나 내려서 그 죄를 견주는 것이다.〔上下比方其罪〕"로, 蘇軾은 "'比'
는 例의 뜻이니, 上罪와 下罪를 가지고 참고하여 조사해서 例를 세우는 것이다.〔比例也 以上下罪
參驗而立例也〕"로, 林之奇는 "옥사를 처결하는 법은 반드시 올리거나 내려서 그 죄의 경중을 견주
어서 참고하여 조사해야 한다는 것이다.〔聽獄之法 必當上下 比方其罪之輕重 而參驗之也〕"로, 呂祖謙
은 "가벼운 것을 들어 무거운 것을 밝히고, 무거운 것을 들어 가벼운 것을 밝힌 것이다.〔擧輕以明
重 擧重以明輕〕"로, 蔡傳은 "刑을 올리거나 내려서 그 죄를 비례해 붙이는 것이다.〔以上下刑 而比附
其罪也〕"로 풀이하였다.

83 無僭亂辭 勿用不行 : 孔傳은 "의심스러운 僭亂한 供辭를 듣지 말고, 행할 수 없는 참란한 공사
를 가지고 옥사를 처결하지 말라는 것이다.〔無聽僭亂之辭以自疑 勿用折獄不可行〕"로, 蘇軾은 "'僭'
은 差의 뜻이요, '亂辭'는 供辭가 情實과 어긋난 것이다. 立法은 반드시 여러 사람들이 능란히

墨刑을 적용하기가 아무래도 의심스러워 사면할 경우는 그 벌금이 100鍰이니, 그 죄에 대한 情實을 자세히 조사하도록 하라. 劓刑을 적용하기가 아무래도 의심스러워 사면할 경우는 그 벌금이 곱절이니, 그 죄에 대한 정실을 자세히 조사하도록 하라. 剕刑을 적용하기가 아무래도 의심스러워 사면할 경우는 그 벌금이 곱절하고도 차이가 있으니, 그 죄에 대한 정실을 자세히 조사하도록 하라. 宮刑을 적용하기가 아무래도 의심스러워 사면할 경우는 그 벌금이 600환이니, 그 죄에 대한 정실을 자세히 조사하도록 하라. 大辟(사형)을 적용하기가 아무래도 의심스러워 사면할 경우는 그 벌금이 1,000환이니, 그 죄에 대한 정실을 자세히 조사하도록 하라.

墨罰의 종류가 1,000가지요, 劓罰의 종류가 1,000가지요, 剕罰의 종류가 500가지요, 宮罰의 종류가 300가지요, 大辟의 罰이 종류가 200가지이니, 五刑의 종류를 〈합산하면〉 3,000가지이다. 刑을 올리거나 내려서 죄를 붙일 때에는 〈반드시 가부를 헤아려〉 僭亂한 말을 듣지 말며, 〈時宜를 참작해서〉 지금 시행하지 않는 법을 쓰지 말고 오직 法의 뜻만을 밝게 고찰하여 자세히 살펴서 능력을 다하도록 하라.

墨은 刻顙而涅之也요 劓는 割鼻也요 剕는 刖足也라 宮은 淫刑也니 男子는 割勢하고 婦人은 幽閉[84]라 大辟은 死刑也라 六兩曰鍰이라 閱은 視也라 倍는 二百鍰也라 倍差는 倍而又差니 五百鍰也라 屬은 類也라 三千은 總計之也라 周禮에 司刑所掌은 五刑之屬이 二千五百[85]이니 刑雖增舊나 然輕罪는 比舊爲多요 而重罪는 比舊爲減也라 比는 附也니 罪無正律이면 則以上下刑하여 而比附其罪也라 無僭亂辭勿用不行은 未詳이라 或曰 亂辭는 辭之不可聽者요 不行은 舊有是法而今不行者니 戒其無差

할 수 있는 것을 쓴 연후에야 법이 행해지는데, 만일 사람들에게 능란히 할 수 없는 것을 가지고 책망한다면 이는 행할 수 없는 것을 가지고 법을 만드는 것이다.〔僭差也 亂辭 辭與情違者也 立法必用衆人所能者 然後法行 若責人以所不能 則是以不可行者 爲法也〕"로, 呂祖謙은 "僭差하여 그 供辭를 어지럽게 한다면 이미 정해진 법도 없고 다시 정해진 供辭도 없는데, 장차 어디에 의거하겠는가. 이런 例가 예전에는 있었으나 지금은 행하지 않는다. 그러므로 경계하여 행하지 않는 것을 쓰지 말도록 한 것이다.〔僭差而亂其辭 旣無定法 復無定辭 將何所依據乎 此例固有昔嘗有之 而今不行者矣 故戒之以勿用不行也〕"로 풀이하였고, 蔡傳은 미상으로 처리하였기 때문에, 본 번역에서는 呂祖謙 등의 풀이를 참작하였다.

84 幽閉 : 여자에게 시행하는 궁형을 이른다.

85 周禮……二千五百 :《周禮》〈秋官 司寇〉에 "司刑掌五刑之灋 以麗萬民之罪 墨罪五百 劓罪五百 宮罪五百 剕罪五百 殺罪五百"이라고 보이는데, 宋代 朱申의《周禮句解》에 "'以麗萬民之罪'는 그 법을 가지고 만백성의 죄를 붙들어 맨 것이다.〔以麗萬民之罪 以其法而附麗萬民之罪〕"라고 풀이하였다.

誤於僭亂之辭하고 勿用今所不行之法이요 惟詳明法意而審克之也라하니라

墨은 이마에 새겨 먹물을 들이는 것이고, 劓는 코를 베는 것이고, 剕는 발꿈치를 베는 것이다. 宮은 淫刑이니, 남자는 去勢하고 부인은 幽閉하는 것이다. 大辟은 死刑이다. 6兩을 '鍰'이라 한다. 閱은 視의 뜻이다. 倍는 200鍰이다. 倍差는 갑절하고도 또 차이가 있는 것이니, 500鍰이다. 屬은 類(종류)의 뜻이다. 三千은 모두 합쳐서 계산한 숫자이다. 《周禮》〈秋官〉에 司刑이 관장한 五刑의 종류가 2,500가지이니, 형벌은 비록 옛날보다 증가하였으나 가벼운 죄는 옛날에 비하여 많아지고, 무거운 죄는 옛날에 비하여 줄어들었다.

比는 附(붙이다)의 뜻이니, 죄에 正律이 없으면 刑을 올리거나 내려서 그 죄를 비례해 붙이는 것이다. 無僭亂辭勿用不行은 자세히 알 수 없다. 어떤 이는 말하기를 "亂辭는 말 중에 〈패란하여〉 들을 수가 없는 말이고, 不行은 옛날에는 이러한 법이 있었으나 지금은 시행하지 않는 것이니, 참란한 말에 착오를 일으키지도 말고 지금 시행하지 않는 법을 쓰지도 말고서, 오직 법의 뜻만을 자세히 밝혀서 깊이 살펴 능력을 다하도록 경계한 것이다."라고 한다.

○今按皐陶所謂罪疑惟輕者는 降一等而罪之耳어늘 今五刑疑赦而直罰之以金하니 是는 大辟宮剕劓墨이 皆不復降等用矣라 蘇氏謂 五刑疑는 (各)〔則〕[86]入罰하고 不降(當)〔相〕[87]因이 古制[88]는 非也라 舜之贖刑은 官府學校鞭之刑耳라 夫刑莫輕於鞭扑이니 入於鞭扑之刑하고 而又情法이 猶有可議者면 則是無法以治之라 故로 使之贖이니 特不欲遽釋之也어늘 而穆王之所謂贖은 雖大辟이라도 亦贖也라 舜豈有是制哉아 詳見(현)篇題하니라

○지금 살펴보건대, 皐陶가 이른바 "죄가 의심스런 것은 가벼운 쪽으로 처벌한다."라는 것은 한 등급을 낮추어서 죄주었을 뿐인데, 지금 五刑의 의심스러운 것을 사면하되 곧장 벌금형을 가지고 처벌하였으니, 이는 大辟·宮·剕·劓·墨의 형벌이 모두 다시는 강등되어 쓰이지 않은 것이다. 蘇氏가 "五刑의 의심스러운 것은 벌금형에 집어넣고 강등하지 않은 채 서로 그대로 따르는 것은 옛날의 제도(舜임금의 제

---

86 (各)〔則〕: 저본에는 '各'으로 되어 있으나, 蘇軾의 《書傳》에 의거하여 '則'으로 바로잡았다.

87 (當)〔相〕: 저본에는 '當'으로 되어 있으나, 蘇軾의 《書傳》에 의거하여 '相'으로 바로잡았다.

88 五刑疑……古制: 蘇軾은 "五刑疑則入罰 不降相因 古之制也 謂疑者 其罪旣閱實矣 而於用法疑耳"라고 하였는데, '五刑疑則入罰 不降相因 古之制'가 실은 經文의 "大辟疑赦其罰千鍰閱實其罪"에 대한 孔傳의 풀이다.

도)였기 때문이다."라고 한 것은 잘못이다. 舜임금의 贖刑은 官府와 學校에서 채찍과 회초리를 가하는 형벌일 뿐이다. 형벌은 채찍과 회초리보다 가벼운 것이 없으니 채찍과 회초리를 가하는 형벌에 집어넣은 것이고, 또 정상을 참작할 수도 있고 법규를 적용할 수도 있는 애매모호한 것은 마땅히 다스릴 법이 없기 때문에 贖錢을 내게 한 것이니, 다만 대번에 석방시키려고 하지 않았을 뿐이었거늘, 穆王의 이른바 '贖'이란 것은 비록 大辟이라 하더라도 또한 贖錢으로 사면시켰다. 帝舜이 어찌 이러한 제도를 두었겠는가. 本篇의 편머리에 자세히 보인다.

字義 墨:자자할 묵 辟:형벌 벽 鍰:화폐무게 환 劓:코벨 의 剕:발벨 비 宮:음형 궁
僭:참월할 참 刻:새길 각 顙:이마 상 涅:검은물들일 날 割:벨 할 鼻:코 비
刖:발벨 월 鞭:채찍 편 扑:회초리 복

19. 上刑이라도 適輕이어든 下服하며 下刑이라도 適重이어든 上服하라 輕重諸罰이 有權하며 刑罰이 世輕世重하나니 惟齊非齊[89]나 有倫有要하니라

〈그러나 형벌을 적용할 때에는 융통성 있게 해야 하니〉罪目이 상등 重刑에 놓였더라도 그 情狀이 가벼운 쪽에 해당하거든 하등 輕刑으로 적용하며, 죄목이 하등 輕刑에 놓였더라도 정상이 무거운 쪽에 해당하거든 상등 중형으로 적용하라. 모든 형벌은 가볍게 적용하고 무겁게 적용함에 〈중심을 잡아주는 저울추와 같은 역할을 하는〉權道가 있으며, 형벌은 세상에 따라 가볍게 적용되기도 하고 세상에 따라 무겁게 적용되기도 하니, 일정하지 않은 것을 일정하게 정제하나 倫序가 있어 〈어지럽지 않고〉體要가 있어 〈바뀌지 않는 것이다.〉

事在上刑이라도 而情適輕이면 則服下刑이니 舜之宥過無大와 康誥所謂大罪非終

---

89 惟齊非齊 : 孔傳은 "무릇 형벌은 일정하지 않은 것을 일정하게 정제하기 위한 것[凡刑 所以齊非齊]"으로, 蔡傳은 "형벌은 세상에 따라 가볍게 적용되기도 하고 무겁게 적용되기도 하니, 일정하지 않은 것을 일정하게 정제하나[雖惟權變是適 而齊之以不齊焉]"로 풀이하였는데, 이에 대하여 丁若鏞《尙書知遠錄》은 "蔡說이 틀렸다. 治世를 통솔할 경우, 형벌이 가벼운 것은 백성들의 일정하지 않은 것이 적기 때문이고, 그 혹시 일정하지 않은 것은 그 실정 또한 가볍기 때문이다. 亂世를 다스릴 경우, 형벌이 무거운 것은 백성들의 일정하지 않은 것이 많기 때문이고, 또 그 일정하지 않은 것은 그 실정 또한 무겁기 때문이다. 형벌의 사용은 오직 일정하지 않은 것을 일정하게 할 뿐인데, 만일 蔡說과 같다면 그 폐단이 임의로 올리거나 내려서 法例가 모두 어지럽게 될 것이다.[蔡說非也 馭治世則刑輕 以民之不齊者少 其或不齊者 其情亦輕也 承亂世則刑重 以民之不齊者多 又厥不齊者 其情亦重也 刑之爲用 惟不齊者 齊之而已 若如蔡說 其弊也 任意低昂 法例俱亂矣]"라고 하였다.

者 是也라 事在下刑이라도 而情適重이면 則服上刑이니 舜之刑故無小와 康誥所謂 小罪非眚者 是也라 若(謂)〔諸〕[90]罰之輕重에 亦皆有權焉하니 權者는 進退推移하여 以求其輕重之宜也라 刑罰世輕世重者는 周官에 刑新國엔 用輕典하고 刑亂國엔 用重典하고 刑平國엔 用中典이라하니 隨世而爲輕重者也라 輕重諸罰有權者는 權 一人之輕重也요 刑罰世輕世重者는 權一世之輕重也라 惟齊非齊者는 法之權也요 有倫有要者는 法之經也라 言刑罰이 雖惟權變是適하여 而齊之以不齊焉이나 至其 倫要所在하여는 蓋有截然而不可紊者矣니 此兩句는 總結上意니라

사건이 상등 重刑에 놓였더라도 정상이 가벼운 쪽에 해당하면 하등 輕刑을 적용하여야 하니, 帝舜의 "과오로 지은 죄는 아무리 큰 죄라도 용서한다."는 것과 〈康誥〉의 이른바 "큰 죄를 지었더라도 끝까지 저지를 죄가 아니다."라는 바로 그것이다. 사건이 하등 경형에 놓였더라도 정상이 무거운 쪽에 해당하면 상등 중형을 적용하여야 하니, 帝舜의 "고의로 지은 죄는 아무리 작은 죄라도 처벌한다."는 것과 〈康誥〉의 이른바 "작은 죄를 지었더라도 모르고 지은 죄가 아니다."라는 바로 그것이다. 여러 형벌을 가볍게 하고 무겁게 함에는 또한 모두 〈저울추와 같은 역할을 하는〉 權道가 있으니, '저울추'는 앞으로 밀기도 하고 뒤로 물리기도 하는 등 이리저리 움직여서 輕重의 알맞음을 구하는 것이다.

"형벌은 세상에 따라 가볍게 적용되기도 하고 무겁게 적용되기도 한다."는 것은 《周官》〈秋官 司寇〉에 "새로 세운 나라에 대해서는 가벼운 법을 적용하고, 어지러운 나라에 대해서는 무거운 법을 적용하고, 이어받아 지키는 평탄한 나라에 대해서는 일상적으로 쓰는 법을 적용한다."라고 하였으니, 세상에 따라 가볍게 적용하기도 하고 무겁게 적용하기도 하는 것이다.

"모든 형벌을 가볍게 적용하고 무겁게 적용함에 〈중심을 잡아주는 저울추와 같은 역할을 하는〉 權道가 있다."는 것은 한 사람의 가벼움과 무거움을 저울질하는 것이고, "형벌은 세상에 따라 가볍게 적용되기도 하고 무겁게 적용되기도 한다."는 것은 한 세상의 가벼움과 무거움을 저울질하는 것이다. "일정하지 않은 형벌로 일정하게 정제한다."는 것은 法의 저울추이며, "倫序가 있고 體要가 있다."는 것은 法의 날줄(원칙)이다. 형벌이 비록 權變을 맞추어 정제하지 않음을 정제하나 그 倫序와 體要가 있는 곳에 이르러는 엄격하여 문란할 수 없음을 말한 것이니, 이 두 句는 윗글의

---

90 (謂)〔諸〕: 저본에는 '謂'로 되어 있으나, 漢文大系本에 의거하여 '諸'로 바로잡았다.

뜻을 총괄적으로 맺은 것이다.

字義 眚 : 모르고지은죄 생   截 : 끊을 절   紊 : 문란할 문

20. 罰懲이 非死나 人極于病[91]하나니라(하나니) 非佞이 折獄이라 惟良이 折獄이라사 罔非在中하리라 察辭于差하여 非從惟從[92]하며 哀敬折獄하고(하여) 明啓刑書하여 胥占이라사 咸庶中正하리니 其刑其罰을 其審克之하여사 獄成而孚하며 輸而孚[93]하리니 其刑을 上備하되 有幷兩刑하라

〈贖刑도 가볍게 볼 것이 아니다.〉 벌금으로 징계하는 것이 죽게 만드는 것은 아니지만 사람들이 매우 고통스러워한다. 말 잘하는 사람이 옥사를 결단할 것이 아니

---

91 罰懲非死 人極于病 : 孔傳은 "刑罰은 과오를 징계하기 위한 것이지 사람을 죽이는 것이 아니고, 악한 사람으로 하여금 매우 고통스러워서 감히 범법을 하지 못하게 하려는 것이다.〔刑罰 所以懲過 非殺人 欲使惡人 極於病苦 莫敢犯者〕"라고 풀이하였다.

92 察辭于差非從惟從 : 孔傳은 "죄수의 供辭를 살피는 일은 그 어려움이 어긋나는 데 있으니, 거짓으로 꾸민 供辭를 따르지 말고 오직 그 本情만을 따르도록 하라는 것이다.〔察囚辭 其難 在於差錯 非從其僞辭 惟從其本情〕"로, 蘇軾은 "죄수의 말은 오직 獄吏의 주문대로 따른 것이라, 모두 그 情實이 아니니 참작할 수 없는 것이다.〔囚之言 惟是是從者 皆非其實 不可用也〕"로, 林之奇는 "'非從惟從'이란 것은 회초리 아래에서는 무엇을 구한들 얻지 못하겠는가. 사람이 아픔을 견디지 못하면 거짓 자복하는 경우가 많은 법이다. 그러므로 죄수는 오직 옥리의 주문대로 거짓 자복한 것이라, 모두 따라서는 안 되는 것이다.〔非從惟從者 棰楚之下 何求而不得 人不勝痛 則誣服者多矣 故囚惟吏之從 而自誣者 皆非所當從〕"로, 夏僎은 "반드시 그 말을 따라 가벼이 용서해서는 안 될 것이 있으니 이것을 '非從'이라 이르고, 또한 불가불 그 말을 따라 가벼이 용서해야 할 것이 있으니 이것을 '惟從'이라 이른다.〔必有不可從其言而輕恕者 是之謂非從 亦有不可不從其言而輕恕者 是之謂惟從〕"로 풀이하였고, 呂祖謙과 胡士行《尙書詳解》은 孔傳을 따랐으며, 또한 眞德秀《政經》는 "나의 뜻을 따르지 말고 오직 이치만을 따를 뿐이다.〔非從我意 惟從于理〕"로, 陳經《尙書詳解》은 "'非從惟從'이란 것은 바로 그 입을 따르지 않고 그 마음을 따르는 것이다.〔非從惟從者 是不從其口而從其心也〕"로, 陳大猷는 "'從'은 '服'과 같은 뜻이다. 그 어긋난 말을 따라 살핀다면 眞情이 모두 드러나니, 비록 巧辯을 잘해 복종하지 않는 자라 하더라도 또한 복종할 것이다.〔從猶服也 因其差而察之 則眞情畢見 雖巧辯不服從者 亦服從矣〕"로 풀이하였으며, 蔡傳은 "非從惟從"을 "不然而然"의 뜻으로 보는 독창적인 풀이를 하였다. 그리고 元代 吳澄《書纂言》은 "이미 獄의 供辭를 살펴보면 들쭉날쭉 일정하지 아니하여 순하게 따르지 못할 것도 있고 순하게 따를 것도 있는데, '從'은 그 情理를 얻은 것을 이른다.〔已察獄之辭 參差不齊 有不從順者 有從順者 從謂得其情理也〕"로 풀이하는 등 다양한 견해를 보였기 때문에 元代 胡一桂는 심지어 "'非從惟從'은 諸說이 모두 매우 통하지 못하니, 闕略하는 것만 못하다.〔非從惟從 諸說皆不甚通 不如闕之〕"란 말을 하기까지 하였다.

93 獄成而孚 輸而孚 : 孔傳은 "輸而孚"의 '而'를 '汝'의 뜻으로 보아 "獄事를 처결하고 文辭를 작성함에 信實을 얻었거든 마땅히 너희들의 信實을 王에게 적어 올려야 한다는 것이니, 곧 그 鞫劾文辭를 올리는 것을 이른다.〔斷獄成辭而信 當輸汝信於王 謂上其鞫劾文辭〕"라고 풀이하였다.

라 선량한 사람이 옥사를 결단하여야 형벌이 中正에 놓이지 않음이 없을 것이다. 〈거짓말은 결국 어긋남이 있기 마련이니 죄인의 변명하는〉 말을 어긋나는 데서 살 피면 〈眞情이 스스로 드러날 것이다. 변명하는 말을 들을 때에는 또한 치우친 주견 을 가져서는 안 되니, 처음에는〉 따르려고 하지 않았다가도 〈나중에는 혹 따를 만 한 이유가 있어서〉 따를 수도 있는 것이며, 애긍한 마음과 경건한 뜻을 가지고 〈죄 인의 진정을 구하여〉 옥사를 결정하고 나서 그 刑書를 밝게 공개하여 여러 사람들 과 함께 살펴보아야 모두가 거의 中正하게 될 것이다. 〈그렇게 한 뒤에 刑에 해당 된 사람은 刑으로 다스리고 罰에 해당된 사람은 罰로 용서를 하되〉 刑과 罰을 적용 하는 일을 세심하게 살펴서 능력을 다하여야 옥사가 아래에서 이루어짐에 백성들 이 믿고 위로 상주함에 임금이 믿을 것이니, 〈이렇게 하면 실착이 만무할 것이다. 그러나 혹시라도 소루한 점이 있을까 싶으니〉 형벌을 결정한 내용을 갖추어 올리되 〈이를테면 한 사람이 두 가지 죄를 범했을 경우 죄는 무거운 쪽을 따르지만, 가벼운 쪽까지〉 아울러 두 가지 刑書를 올리도록 하라.”

罰以懲過는 雖非致人於死나 然民重出贖하니 亦甚病矣라 佞은 口才也라 非口才 辯給之人이 可以折獄이요 惟溫良長者로 視民如傷者 能折獄이라야 而無不在中也라 此는 言聽獄者當擇其人也니라 察辭于差者는 辭非情實이면 終必有差니 聽獄之 要는 必於其差而察之니라 非從惟從者는 察辭는 不可偏主니 猶曰不然而然이니 所 以審輕重而取中也라 哀敬折獄者는 惻怛敬畏하여 以求其情也요 明啓刑書胥占 者는 言詳明法律하여 而與衆占度(탁)也요 咸庶中正者는 皆庶幾其無過忒也니 於 是에 刑之罰之하되 又當審克之也니라 此는 言聽獄者 當盡其心也니 若是면 則獄 成於下에 而民信之하고 獄輸於上에 而君信之니라 其刑上備하되 有幷兩刑者는 言 上其斷獄之書에 當備情節이니 一人而犯兩事면 罪雖從重이나 亦幷兩刑而上之也니 此는 言讞(얼)獄者 當備其辭也라

　벌금으로 과오를 징계하는 것이 비록 사람을 죽게 만드는 것은 아니지만, 백성들 이 무겁게 贖錢을 내게 되니, 또한 매우 고통스러워한다. 佞은 말재주다. 말재주가 달변인 사람이 옥사를 결단할 것이 아니고, 오직 溫良한 長者로서 백성 보기를 마 치 상처가 있는 듯이 불쌍히 여기는 자가 옥사를 결단하여야 中正에 놓이지 않음이 없을 것이니, 이는 옥사를 결단하는 자는 마땅히 훌륭한 사람을 가려야 함을 말한 것이다.

'말을 어긋난 데서 살핀다.'는 것은 말이 情實이 아니면 끝내는 반드시 어긋남이 있기 마련이니, 옥사를 다스리는 요점은 반드시 그 어긋남에서 살펴야 한다. '따르려고 하지 않다가 따랐다.'는 것은 말을 살피는 일은 치우친 주견을 가져서는 안 되니, "〈처음에는〉 그렇게 하려고 하지 않다가 〈나중에는〉 그렇게 되었다."라는 말과 같은 것인데, 가볍고 무거움을 살펴서 中正을 취하기 위한 것이다. '애긍한 마음과 경건한 뜻을 가지고 옥사를 결정한다.'는 것은 惻怛하고 敬畏하여 그 정실을 구하는 것이며, '刑書를 밝게 공개하여 여러 사람들과 함께 살펴보아야 한다.'는 것은 법률을 자세히 밝혀 여러 사람과 함께 점치고 헤아리는 것이며, '모두 거의 中正하게 될 것이다.'라는 것은 모두가 거의 잘못됨이 없는 것이니, 이에 형벌을 적용하되 또한 마땅히 세심하게 살펴서 능력을 다해야 한다.

이는 옥사를 다스리는 사람이 마땅히 그 마음을 다해야 함을 말한 것이니, 이와 같이 하면 옥사가 아래에서 이루어짐에 백성들이 믿고, 옥사를 위로 상주함에 임금이 믿는다. '형벌을 결정한 내용을 갖추어 올리되 두 가지 刑書를 겸하여 올린다.'는 것은 옥사를 결정해서 글을 올릴 적에 마땅히 情節을 구비하여야 하니, 한 사람이 두 가지 일을 범했을 경우, 죄는 비록 무거운 쪽을 따르지만 또한 가벼운 쪽까지 아울러 두 가지 刑書를 올리는 것이다. 이는 옥사를 결정하는 사람이 마땅히 그 말을 갖춰야 함을 말한 것이다.

[字義] 懲 : 징계할 징   病 : 고통스러울 병   佞 : 말잘할 녕   折 : 결단할 절   孚 : 믿을 부
輸 : 올릴 수   偏 : 치우칠 편   惻 : 슬플 측   怛 : 슬플 달   度 : 헤아릴 탁   讞 : 죄논의할 얼

21. 王曰 嗚呼라 敬之哉어다 官伯[94]族姓아 朕言多懼하노라 朕敬于刑하노니 有德이라사 惟刑이니라 今天이 相民이시니 作配在下어다 明淸于單辭[95]하라 民之亂은 罔不中聽獄之兩辭니 無或私家于獄之兩辭하라 獄貨는 非寶라 惟府辜功하여 報以庶尤[96]하나니 永畏는 惟罰이니라 非天이 不中이라 惟人이 在命[97]하니 天罰이 不極이면 庶民이 罔有

---

94 官伯 : 孔傳은 伯을 長의 뜻으로 보아서 官長을 諸侯로 여겼다.

95 單辭 : 孔疏에서는 한 사람이 혼자 하는 말이라고 하였다.

96 庶尤 : 孔傳은 '여러 사람이 죄를 받는 것〔衆人見罪〕'으로 풀이하였다.

97 永畏惟罰……惟人在命 : 孔傳은 "길이 두려워할 것은 천벌이다. 天道가 중정하지 않은 것이 아니라 사람이 敎命에 있어서 중정하지 못하게 하는 것이니, 중정하지 못하면 하늘이 벌을 내린다는 것이다.〔非天道不中 惟人在敎命使不中 不中則天罰之〕"라고 풀이하였다.

令政이 在于天下[98]하리라

王이 말씀하였다. "아, 공경할지어다. 옥사를 맡은 관원과 伯(諸侯)과 同族과 異姓들아. 朕은 말만 해도 많이 두려워 떨리노라. 朕은 형벌을 공경(두려워)하노니, 德이 있어야 형벌을 처리할 수 있는 것이다. 지금 하늘이 백성을 도우시니, 〈하늘과〉 짝이 되어 아래에 있을지어다. 〈證佐 없는〉 한쪽의 말에 〈대해서는 반드시 허심탄회하게 들어〉 밝아서 가려지지 않고 맑아서 흐리지 않게 하라. 〈그래야 옳고 그름이 판단될 것이다.〉 백성들의 다스려짐은 〈원고와 피고가 각각 주장하는〉 양쪽의 말을 中正한 마음으로 판결하지 않음이 없는 데서 이루어지는 것이니, 혹시라도 獄事의 양쪽 말로 私家를 치부하지 말도록 하라. 옥사를 팔아서 얻은 재화는 보배가 아니고, 바로 죄상을 모아 〈하늘로부터〉 온갖 허물로 보답을 받는 일이니, 길이 두려워할 것은 천벌이다. 하늘이 中道로 〈사람을〉 대하지 않는 것이 아니라 사람이 잘못을 저질러 재앙의 명을 취하는 것이니, 천벌이 지극하지 않으면 〈典獄官이 징계하는 바가 없어서〉 서민들이 〈다시는〉 善政의 〈혜택을 입으며〉 천하에 있지 못할 것이다."

此는 總告之也라 官은 典獄之官也요 伯은 諸侯也요 族은 同族이요 姓은 異姓也라 朕之於刑에 言且多懼어늘 況用之乎아 朕敬于刑者는 畏之至也요 有德惟刑은 厚之至也라 今天이 以刑으로 相治斯民하시니 汝實任責하여 作配在下 可也라 明淸以下는 敬刑之事也라 獄辭에 有單有兩하니 單辭者는 無證之辭也라 聽之爲尤難이라 明者는 無一毫之蔽요 淸者는 無一點之汚라 曰明曰淸은 誠敬篤至하고 表裏洞徹하여 無少私曲이니 然後에 能察其情也라 亂은 治也라 獄貨는 鬻(육)獄而得貨也라 府는 聚也라 辜功은 猶云罪狀也라 報以庶尤者는 降之百殃也라 非天不中이라 惟人在命者는 非天이 不以中道待人이라 惟人이 自取其殃禍之命爾라 此章은 文有未詳者하니 姑缺之하노라

이는 총괄해서 고한 것이다. 官은 옥사를 주관하는 관원이고, 伯은 諸侯이며, 族

---

98 天罰不極……在于天下 : 蔡傳에 풀이가 없으므로 呂祖謙의 풀이에 따라 번역하였다. 孔傳은 '天'을 天道의 뜻으로, '極'을 中의 뜻으로 보고, 極, 下에 句를 끊어서 "天道가 중정하지 못한 자에게 벌을 내리는 법이거늘, 백성들로 하여금 善政의 혜택을 입으며 천하에 있지 못하게 하는 것은 임금이 중정하지 못하기 때문이니, 장차 또한 벌을 내릴 게란 것이다.〔天道罰不中 令衆民無有善政在於天下 由人主不中 將亦罰之〕"라고 풀이하였다.

은 同族이고, 姓은 異姓이다. 朕은 형벌에 대하여 말만 해도 많이 두렵거늘, 하물며 형벌을 씀이야 말할 것 있겠는가. '짐은 형벌을 공경한다.'라는 것은 두려움이 지극함이요, '덕이 있어야 형벌을 처리할 수 있다.'라는 것은 厚함이 지극한 것이다. 지금 하늘이 형벌로써 이 백성들을 도와 다스리시니, 너희들은 진실로 책임을 맡아 〈하늘의〉 짝이 되어 아래에 있어야 할 것이다. '明淸' 이하는 형벌을 두려워하는 일이다. 獄辭에는 單辭와 兩辭가 있으니, 單辭라는 것은 證佐 없이 한 말이라 결단하기가 더욱 어렵다. 明은 한 터럭만한 가리움도 없는 것이고, 淸은 한 점의 더러움도 없는 것이다. 明과 淸은 정성과 공경이 돈독하고 지극하며, 表裏가 洞徹해서 조금도 私曲이 없는 것이니, 이렇게 한 뒤에야 그 情實을 살필 수 있는 것이다.

亂은 治의 뜻이다. 獄貨는 獄事를 팔아 얻은 재물이다. 府는 聚의 뜻이다. 辜功은 '罪狀'이라는 말과 같다. '온갖 허물로 보답한다.'라는 것은 온갖 재앙을 내리는 것이다. '非天不中 惟人在命'은 하늘이 中道로 사람을 대하지 않는 것이 아니라 사람이 스스로 殃禍의 命을 취하는 것이란 말이다. 이 章은 글에 자세하지 않은 것이 많으니, 우선 빼놓겠다.

字義 相 : 도울 상　府 : 모을 부　辜 : 죄 고　尤 : 허물 우　蔽 : 가릴 폐　洞 : 통할 통
徹 : 밝을 철　鬻 : 팔 육

22. 王曰 嗚呼라 嗣孫아 今往은 何監고 非德于民之中가 尙明聽之哉[99]어다 哲人이 惟刑하여 無疆之辭는 屬于五極하여 咸中이라 有慶[100]이니 受王嘉師는 監于玆祥刑이어다

---

99 今往何監……尙明聽之哉 : 孔傳에서 "지금부터는 무엇을 살펴보아야 할 것인가. 응당 백성에게 德을 세워 中正을 삼아야 할 것이 아니겠는가. 부디 나의 말을 밝게 들어 행하도록 하라는 것이다.〔自今已往 當何監視 非當立德於民 爲之中正乎 庶幾明聽我言而行之哉〕"라고 풀이하였는데, 이에 대하여 兪樾(《群經平議》)은 "이는 응당 '德'자에 句를 끊어서 '지금부터는 무엇을 살펴보아야 하는가. 어찌 德이 아니겠는가.'라고 말한 것이다. '何監非德'은 윗 문단의 '何擇非人', '何敬非刑', '何度非服'과 文法이 동일한 것이다. 枚氏가 '監'자에 句를 끊어 읽은 것은 잘못이다. '中'은 獄訟이 이루어진 것이다. 《周官》〈鄕士職〉의 '士師受中'에 대한 鄭注에 「'受中'은 獄訟이 이루어짐을 받는 것이다.'라고 하였다. 예전에 獄訟이 이루어짐을 '中'이라 했기 때문에 백성의 '中'을 밝게 듣도록 한 것이다. 枚傳에서는 위의 '非德'까지 연해 句를 만들고 따라서 그 뜻을 잃었다.〔此當於德字絶句 言自今以往 當何所監視 豈非德乎 何監非德 與上文何擇非人 何敬非刑 何度非服 文法一律 枚讀監字爲句非也 中者 獄訟之成也 周官鄕士職 士師受中 鄭注曰 受中 謂受獄訟之成也 是古謂獄訟之成爲中 故于民之中 尙明聽之哉 枚傳連上非德爲句 因失其義〕"라고 하였다.

100 屬于五極 咸中有慶 : 孔傳은 '屬'은 著(착)의 뜻으로, '五極'은 五常의 뜻으로, '慶'은 善의 뜻으로 보아 "그 옥사를 처결하는 것을 五常의 中正에 붙여 모두 그 이치에 맞아 法에 善政이 있었기 때문에 그렇게 된 것이다.〔以其折獄 屬五常之中正 皆中有善 所以然也〕"라고 풀이하였다.

王이 말씀하였다. "아, 嗣孫들아. 지금 이후로는 무엇을 살펴보아야 할 것인가. 〈형벌을 써서 剛·柔·正直의〉德을 이루어 백성이 〈하늘로부터 받은〉中正의 본성을 온전하게 하는 일이 아니겠는가. 부디 분명하게 들을지어다. 명철한 사람이 형벌을 써서 무궁한 칭찬을 듣는 것은 五極(五刑)으로 말미암아 모두 그 中正을 얻은지라 이 때문에 경사가 있는 것이니, 왕의 良民을 받은 자(諸侯)들은 이 상서로운 형벌을 살펴보아야 할 것이다."

此는 詔來世也라 嗣孫은 嗣世子孫也라 言今往은 何所監視오 非用刑成德하여 而能全民所受之中者乎아 下文哲人이 卽所當監者라 五極은 五刑也라 明哲之人이 用刑而有無窮之譽는 蓋由五刑이 咸得其中이니 所以有慶也라 嘉는 善이요 師는 衆也라 諸侯受天子良民善衆은 當監視于此祥刑이라 申言以結之也라

이것은 후세에 대해 고유한 것이다. 嗣孫은 대를 이은 자손들이다. 지금 이후로는 무엇을 살펴보아야 할 것인가. 형벌을 써서 덕을 이루어 백성들이 받은 중정의 본성을 온전하게 하는 일이 아니겠는가. 아랫글의 哲人이 바로 살펴보아야 할 대상이다. 五極은 五刑이다. 명철한 사람이 형벌을 써서 무궁한 명예가 있는 것은 대개 五刑이 모두 그 중정을 얻어서이니, 이 때문에 경사가 있는 것이다. 嘉는 善의 뜻이고, 師는 衆의 뜻이다. 천자의 어진 백성과 착한 민중을 받은 제후들은 응당 이 상서로운 형벌을 살펴보아야 할 것이다. 〈이 말을〉거듭 말하여 告諭를 맺은 것이다.

字義 屬 : 말미암을 속   極 : 형벌 극   師 : 민중 사

文侯之命

幽王이 爲犬戎所殺한대 晉文侯與鄭武公으로 迎太子宜臼하여 立之하니 是爲平王이라 遷於東都하다 平王이 以文侯爲方伯하고 賜以秬鬯弓矢할새 作策書하여 命之하니 史錄爲篇이라 今文古文에 皆有하니라

幽王이 犬戎에게 살해되자 晉 文侯가 鄭 武公과 함께 太子 宜臼를 맞이하여 왕으로 세우니, 이가 바로 平王이다. 東都(洛陽)로 도읍을 옮겼다. 平王은 文侯를 方伯으로 삼고 검은 기장으로 빚은 울창주와 활과 화살을 내려줄 적에 策書를 작성해서 임명하였으니, 史官이 이것을 기록하여 편을 만들었다. 〈文侯之命〉은 《今文尙書》와 《古文尙書》에 모두 들어 있다.

字義 秬 : 검은기장 거   鬯 : 울창초 창

1. 王若曰하사대 父義和아 丕顯文武 克愼
明德[101]하사 昭升于上하며 敷聞在下하신대 惟
時上帝 集厥命于文王이어시늘 亦惟先正이
克左右하여 昭事厥辟하여 越小大謀猷에
罔不率從이라 肆先祖 懷在位하시니라

王이 이렇게 말씀하였다. "父인 義和야.
크게 드러나신 文王과 武王께서는 능히
밝은 德을 닦으시어 밝게 위에 올라가고
펴져 아래에 알려지자, 이에 上帝께서 그
命을 文王에게 모아주시거늘, 또한 先正
들이 능히 보필하여 그 임금을 밝게 섬기
어 크고 작은 謀猷에 따르지 않음이 없었
다. 그러므로 先祖께서 왕위에 편안히 계
실 수 있었느니라.

王命文侯圖

同姓故로 稱父라 文侯는 名仇요 義和는 其字니 不名者는 尊之也라 丕顯者는 言其
德之所成이요 克謹者는 言其德之所修요 昭升과 敷聞은 言其德之所至也라 文武
之德如此라 故로 上帝集厥命於文王이요 亦惟爾祖父 能左右하여 昭事其君하여 於
小大謀猷에 無敢背違라 故로 先王得安在位니라

同姓이기 때문에 '父'라 칭한 것이다. 文侯는 이름이 仇요, 義和는 그 字이니, 이
름을 부르지 않은 것은 높이는 뜻에서다. 丕顯은 그 德의 이룬 바를 말한 것이고,
克謹은 그 덕의 닦은 바를 말한 것이고, 昭升과 敷聞은 그 德의 이른 바를 말한 것
이다. 文王과 武王의 덕이 이와 같았으므로 上帝가 그 명을 文王에게 모아주었고,
또한 너의 할아버지와 아버지가 능히 보필하여 그 임금을 밝게 섬겨 작고 큰 謀猷
에 감히 위배함이 없었다. 그러므로 先王이 왕위에 편안히 계실 수 있었다고 한 것

---

101 丕顯文武 克愼明德 : 孔傳은 "크게 밝은 文王과 武王의 道는 능히 자상하고 신중하게 살펴서 德
을 가진 자를 드러나게 임용했다는 것이다.〔大明乎 文王武王之道 能詳愼 顯用有德〕"라고 풀이하였다.

이다.

字義 조 : 클 비 敷 : 펼 부 時 : 이 시 辟 : 임금 벽 越 : 전치사 월 猷 : 꾀 유 率 : 따를 솔
肆 : 그러므로 사

2. 嗚呼라 閔予小子는 嗣[102]造天丕愆하여 殄資澤于下民이라 侵戎我國家純커늘
即我御事 罔或耆壽俊이 在厥服하며 予則罔克이노라(호라) 曰惟祖惟父 其伊恤朕
躬[103]고 嗚呼라 有績予一人이면 永綏在位[104]하리라

아. 불쌍한 나 小子는 왕위를 계승한 초기에 하늘의 큰 재앙을 당하여 〈내려주
던〉 資用과 恩澤을 下民들에게 끊었다. 그래서 오랑캐가 침략하여 우리 국가를 상
해함이 매우 컸거늘, 나의 일을 맡아 다스리는 이들은 혹시 노성하고 장수한 이와
준걸한 이가 그 복무하는 관직에 있지 않은 모양이며, 나 또한 능력이 없노라.”

또 말씀하였다. “할아버지와 아버지의 항렬에 있는 분들 중에 그 누가 朕의 몸을
구휼할 것인가. 아, 나 한 사람에게 功을 이루는 이가 있으면 길이 편안하게 왕위에
있을 것이다.

歎而自痛傷也라 閔은 憐也라 嗣造天丕愆者는 嗣位之初에 爲天所大譴하여 父死
國敗也라 殄은 絕이요 純은 大也라 絕其資用惠澤於下民하여 本既先撥이라 故로 戎
狄이 侵陵하여 爲我國家之害甚大어늘 今我御事之臣이 無有老成俊傑在厥官者요
而我小子도 又才劣無能하니 其何以濟難고 又言 諸侯在我祖父之列者 其誰能恤
我乎아 又歎息言 有能致功予一人하면 則可永安厥位矣리라 蓋悲國之無人하여 無
有如上文先正之昭事而先王得安在位也니라

탄식하여 스스로 비통해하고 상심한 것이다. 閔은 憐(불쌍하다)의 뜻이다. 嗣造
天丕愆은 왕위를 계승한 초기에 하늘에게 큰 견책을 당하여 아버지가 죽고 나라가
패망한 것이다. 殄은 絕의 뜻이고, 純은 大의 뜻이다. 資用과 惠澤을 下民에게 끊
어 이미 근본이 먼저 뽑혔기 때문에 戎狄이 侵陵하여 우리 국가의 피해가 매우 컸

---

102 嗣 : 孔傳은 해석이 없고, 孔疏에서 “선왕의 자리를 계승한 것”으로 풀이하였다.

103 其伊恤朕躬 : 孔傳은 ‘伊’를 惟의 뜻으로 보아 “오직 마땅히 나의 몸을 걱정해주어야 할 것이니
〔其惟當憂念我身〕”로 풀이하였다.

104 有績予一人 永綏在位 : 孔傳은 績, 人, 位에 句를 끊어서 “능히 공을 이룸이 있다면 나 한 사람
이 길이 편안하게 왕위에 있을 것이다.〔能有成功 則我一人 長安在王位〕”라고 풀이하였다.

거늘, 지금 나의 일을 다스리는 신하들은 노성한 이와 준걸한 이가 그 관직에 있지 않은 모양이며, 나 小子도 재주가 용렬하여 능력이 없으니, 어떻게 어려움을 타개하겠는가라고 한 것이다.

또 말씀하기를 "제후로서 나의 할아버지와 아버지의 항렬에 있는 이들 중에 그 누가 나를 구휼할 것인가."라고 하고, 또 탄식하며 말하기를 "능히 나 한 사람에게 공을 이루는 이가 있으면 길이 그 지위를 편안하게 할 것이다."라고 하였다. 이는 나라에 훌륭한 사람이 없어서 윗글에 보인 "先正들이 밝게 섬겨 先王이 편안히 왕위에 계셨던 것처럼 하는 이"가 없음을 슬퍼한 것이다.

字義 閔 : 불쌍할 민 造 : 당할 조 丕 : 클 비 愆 : 재앙 건 殄 : 끊을 진 純 : 클 순
服 : 복무할 복 譴 : 견책할 견 撥 : 뽑힐 발 劣 : 용렬할 렬

3. 父義和아 汝克昭乃顯祖하여 汝肇刑文武하여 用會紹乃辟하여 追孝于前文人하라
汝多修扞我于艱하니 若汝는 予嘉니라

父인 義和야. 너는 능히 너의 훌륭하신 선조를 밝혀, 네가 비로소 文王과 武王을 본받아 너의 임금을 회합시키고 계승시켜서 이전 文人을 따라 효도하도록 하라. 너는 닦은 일이 많아 나를 艱難에서 호위하였으니, 너와 같은 이는 내가 아름답게 여기노라."

顯祖와 文人은 皆謂唐叔이니 卽上文先正昭事厥辟者也라 後罔或耉壽俊在厥
服이면 則刑文武之道 絶矣니 今刑文武 自文侯始라 故曰肇刑文武라하니라 會者는
合之而使不離요 紹者는 繼之而使不絶이라 前文人은 猶云前寧人이라 汝多所修完
扞衛我于艱難하니 若汝之功은 我所嘉美也라

顯祖와 文人은 모두 唐叔을 이르니, 곧 윗글에 "先正이 그 임금을 밝게 섬겼다."라는 것이다. 뒤에 혹시라도 노성한 이와 준걸한 이가 신하의 자리에 없다면 文王과 武王의 道를 본받는 일이 끊길 것인데, 지금 文王과 武王을 본받는 일이 文侯로부터 비롯된다. 이 때문에 "비로소 文王과 武王을 본받으라."라고 한 것이다. 會는 회합해서 떠나지 않게 하는 것이고, 紹는 계승해서 끊어지지 않게 하는 것이다. 前文人은 '前寧人'이란 말과 같다. 네가 닦고 완비한 바가 많아 나를 艱難에서 호위하였으니, 너의 功과 같은 것은 내가 아름답게 여기는 바라고 한 것이다.

字義 肇 : 비로소 조 紹 : 이을 소 乃 : 너 내 辟 : 임금 벽 扞 : 막을 한 衛 : 호위할 위

4. 王曰 父義和아 其歸視爾師하여 寧爾邦하라 用賚爾秬鬯一卣와 彤弓一과 彤矢百과 盧弓一과 盧矢百과 馬四匹하노니 父往哉하여 柔遠能邇하며 惠康小民하며(하여) 無荒寧[105]하며(하여) 簡恤爾都하여 用成爾顯德[106]하라

王은 말씀하였다. "父인 義和야. 돌아가서 너의 민중을 보살펴 너의 나라를 편안하게 하라. 너에게 검은 기장으로 빚은 鬱鬯酒 한 동이와 붉은 활 하나와 붉은 화살 백 개와 검은 활 하나와 검은 화살 백 개와 말 네 필을 하사하노니, 父는 가서 멀리 있는 사람들을 회유하고 가까이 있는 사람들을 길들이며, 小民들에게 은혜를 입혀 편안하게 해주며, 人事를 버려두고 스스로 안일하지 말 것이며, 네 都鄙의 관리들을 다스리고 그 백성들을 은혜로 구휼하여 너의 顯明한 德을 이루도록 하라."

師는 衆也라 黑黍曰秬니 釀以鬯草라 卣는 中尊(樽)也라 諸侯受錫命이면 當告其始祖라 故로 賜鬯也라 彤은 赤이요 盧는 黑也라 諸侯有大功이면 賜弓矢하나니 然後에 得專征伐이라 馬는 供武用이요 四匹曰乘이라 侯伯之賜는 無常하여 以功大小爲度也라 簡者는 簡閱其士요 恤者는 惠恤其民이라 都者는 國之都鄙也라

師는 衆의 뜻이다. 검은 기장을 '秬'라 하니, 鬱鬯草(鬱金草)로 빚는다. 卣는 中樽(중간 크기의 술동이)이다. 諸侯가 錫命(천자가 내리는 詔命)을 받으면 응당 始祖에게 고유하여야 하므로 鬱鬯酒를 하사한 것이다. 彤은 赤의 뜻이고, 盧는 黑의 뜻이다. 제후에게 큰 공이 있으면 弓矢를 하사하니, 그런 뒤에야 정벌을 자유로이 할 수 있는 것이다. 馬는 軍用에 이바지한다. 네 필을 '乘'이라 한다. 侯伯의 하사는 일정함이 없어 공의 크고 작음으로 한도를 삼는다. 簡은 군사들을 簡閱(선발하고 점열)하는 것이고, 恤은 백성들을 은혜로 구휼하는 것이다. 都는 나라의 都와 鄙(鄕村)이다.

○蘇氏曰 予讀文侯篇하고 知東周之不復興也로라 宗周傾覆은 禍敗極矣니 平王이

---

105 無荒寧 : 孔傳은 "人事를 버려두고 스스로 편안하지 말도록 하라.〔無荒廢人事而自寧〕"로, 林之奇는 "강녕하여 스스로 방일한 행동을 하는 일이 없도록 하라.〔無爲康寧自逸之行〕"로, 夏僎《尙書詳解》은 "이 일을 버려두고 한갓 스스로 안녕을 취하지 말도록 하라.〔無荒廢此事而徒自取安寧〕"로 풀이하였는데, 蔡傳은 이에 대한 해석이 없고, 諺解에서 다만 "荒寧치 말아〔無荒寧〕"라고 풀이했을 뿐이다. 그래서 번역본에서는 孔傳과 林之奇의 풀이를 참고하였다.

106 用成爾顯德 : 孔傳은 "당신이 德을 가진 이를 重用한 공이 이루어질 것이다.〔汝顯用有德之功成矣〕"로, 孔疏는 孔傳과 다르게 "당신의 顯明한 德을 이루도록 하라.〔用成汝顯德之德〕"로, 林之奇와 夏僎도 孔疏처럼 풀이하였는데, 蔡傳은 풀이하지 않았다. 그래서 본 번역에서는 孔疏와 林之奇·夏僎의 풀이를 참고하였다.

宜若衛文公과 越句踐¹⁰⁷然이어늘 今其書乃旋旋焉하여 與平康之世로 無異라 春秋傳曰 厲王之禍에 諸侯釋位하여 以間王政이러니 宣王이 有志而後에 效官이라하니 讀文侯之命하고 知平王之無志也로라하니라 愚按史記에 幽王이 娶於申하여 而生太子宜臼러니 後에 幽王이 嬖褒姒하여 廢申后하고 去太子한대 申侯怒하여 與繪西夷犬戎으로 攻王而殺之어늘 諸侯卽申侯而立故太子宜臼하니 是爲平王이라 平王은 以申侯立己爲有德하여 而忘其弑父爲當誅하고 方將以復讐討賊之衆으로 而爲戍申戍許之擧하니 其忘親背義하여 得罪於天이 已甚矣니 何怪其委靡頹墮而不自振也哉아 然則是命也는 孔子以其猶能言文武之舊而存之歟아 抑亦以示戒於天下後世而存之歟아

○蘇氏가 말하기를 "나는 〈文侯之命〉편을 읽고 東周가 復興하지 못할 줄을 알았노라. 宗周의 傾覆은 禍敗가 극에 달한 것이니, 平王은 응당 衛 文公이나 越王 句踐처럼 했어야 할 터인데, 지금 그 글의 내용이 곧 느슨하여 平康한 세상과 다름이 없다. 《春秋左氏傳》昭公 26년 조에 '〈厲王의 禍에〉제후들은 자신의 직위를 떠나서 王의 정치를 간섭하였다가, 宣王이 의지가 있음을 보인 뒤에 그 官政을 〈宣王에게〉 내주었다.'고 하였으니, 〈文侯之命〉편을 읽고서 平王은 의지가 없었음을 알았노라."라고 하였다.

내가 《史記》〈周本紀〉를 살펴보면, 幽王이 申나라에 장가들어 太子 宜臼를 낳았는데, 뒤에 幽王이 褒姒를 총애하여 申后를 폐하고 太子를 버리자, 申나라 임금이 노하여 繪나라와 西夷인 犬戎과 함께 幽王을 쳐서 살해하였다. 제후들이 申나라 임금에게 가서 옛 太子인 宜臼를 세우니, 이가 平王이었다. 平王은 申나라 임금이 자기를 세워줌을 은덕이 있다고 여겨, 아버지를 시해한 원수는 응당 주벌해야 하는 의리를 잊고, 장차 복수하기 위해 역적을 토벌하여야 할 군대로써 申나라에 수자리를 서서 〈申나라를 지키게 하고,〉 許나라에 수자리를 서서 〈許나라를 지키게 하는〉 일을 하였으니, 어버이를 잊고 義를 저버려 하늘에 죄를 얻음이 너무 심하였다. 기

---

107 衛文公 越句踐 : 文公은 춘추시대 衛나라 임금이다. 狄에게 멸망된 衛나라를 齊 桓公이 되찾아서 公을 임금으로 세워주자, 公은 베옷을 입는 등 검소한 생활을 하면서 農·商·工業의 발전에 주력하고 교육정책을 강화하여 나라를 富强하게 만들었다. 句踐은 춘추시대 越나라 임금이다. 句踐의 아버지 允常이 吳王 闔閭(합려)와 견원지간으로 일찍이 전쟁을 일삼아오다가 죽자, 그 뒤를 이은 句踐은 吳나라 군사를 檇李(취리)에서 대패시켰으나 뒤에 다시 闔閭의 아들 夫差에게 패전하여 會稽山에 갇혀서 온갖 수모를 받다가 간신히 빠져나왔다. 그는 다년간 臥薪嘗膽으로 부국강병을 이룬 뒤에 다시 군사를 일으켜 吳나라를 멸하여 회계산의 수모를 씻었다.

가 꺾이고 무너져서 스스로 떨치지 못한 것을 어찌 괴상히 여기겠는가. 그렇다면 이 命(文侯之命)은 孔子께서 외려 文王과 武王의 옛일을 말했다 해서 존치한 것인가. 아니면 또한 천하 후세에 경계함을 보이기 위해서 존치한 것인가.

字義 𧯾 : 줄 뢰   卣 : 술그릇 유   彤 : 붉을 동   盧 : 검을 로   釀 : 빚을 양   尊(樽) : 술동이 준
覆 : 엎을 복   嬖 : 총애할 폐   繒 : 나라이름 증, 비단 증   戍 : 수자리 수, 지킬 수   背 : 등질 배
委 : 시들 위   靡 : 쓰러질 미   頹 : 무너질 퇴   墮 : 떨어질 타   振 : 떨친 진

費誓

費는 地名이라 淮夷徐戎이 竝起爲寇어늘 魯侯征之할새 於費誓衆이라 故로 以費誓名篇이라 今文古文에 皆有하니라

費는 지명이다. 淮夷와 徐戎이 함께 일어나 침략하거늘, 魯나라 임금이 그들을 정벌할 적에 費 땅에서 군사들에게 맹세하였기 때문에 '費誓'로 편명을 하였다. 〈費誓〉는 《今文尙書》와 《古文尙書》에 모두 들어 있다.

○呂氏曰 伯禽이 撫封於魯하니 夷戎이 妄意其未更(경)事하고 且乘其新造之隙이어늘 而伯禽應之者는 甚整暇有序하여 先治戎備하고 次之以除道路하고 又次之以嚴部伍하고 又次之以立期會하여 先後之序 皆不可紊이라하니라 又按 費誓秦誓는 皆侯國之事로되 而繫於帝王書末者는 猶詩之錄商頌魯頌也라

○呂氏가 말하기를 "伯禽이 魯나라에 봉해져 封地의 인민을 처음 다스리게 되자, 淮夷와 徐戎은 일을 경험하지 못한 백금을 만만하게 생각하였고, 또한 새로 나라를 세운 틈을 타서 〈침략하거늘,〉 伯禽이 그를 대응함에 매우 정돈되어 차서가 있어서, 먼저 군사상의 설비를 다스리고 그 다음 道路를 정비하며, 또 그 다음 部伍를 엄격히 단속하고, 또 그 다음 期會(기일을 정해 모임) 규정을 세워서 선후의 순서가 모두 문란할 수 없었다."라고 하였다. 또 살펴보건대 〈費誓〉와 〈秦誓〉는 모두 제후국의 일인데, 제왕의 글 끝에 붙인 것은 《詩經》에 〈商頌〉과 〈魯頌〉을 기록한 것과 같은 예다.

字義 撫 : 어루만질 무   更 : 경험할 경   隙 : 틈 극   除 : 정비할 제   繫 : 맬 계

1. 公曰 嗟人아 無譁하여 聽命하라 徂茲淮夷徐戎이 竝興이로다

公이 말씀하였다. "아, 사람들아. 떠들지 말고 조용히 해서 나의 명령을 듣도록

하라. 지난번에 淮夷와 徐戎이 함께 일어났느니라.

漢孔氏曰 徐戎淮夷 竝起寇魯어늘 伯禽이 爲方伯하여 帥(솔)諸侯之師以征할새 歎
而勅之하되 使無諠譁하여 欲其靜聽誓命이라하고 蘇氏曰 淮夷叛已久矣러니 及伯禽就
國에 又脅徐戎竝起라 故로 曰徂茲淮夷徐戎竝興이라하니 徂茲者는 猶曰往者云이라

漢나라 孔氏(孔安國)는 말하기를 "淮夷와 徐戎이 함께 일어나 魯나라를 침략하거
늘, 伯禽이 方伯이 되어 제후의 군사들을 거느리고 정벌할 적에 탄식하고 신칙하되
떠들지 못하게 해서 그 맹세하는 명령을 조용히 듣도록 하려 하였다."라고 하고, 蘇
氏는 말하기를 "淮夷가 배반한 지 이미 오래였는데, 伯禽이 나라에 부임하자, 또 徐
戎을 위협해서 함께 일어났기 때문에 '지난번에 淮夷와 徐戎이 함께 일어났느니라.'
고 말한 것이니, 徂茲는 '往者'라는 것과 같다."라고 하였다.

字義 譁 : 떠들 화 徂 : 지난번 조, 갈 조 諠 : 시끄러울 훤 脅 : 위협할 협

2. 善敹(료)乃甲冑하며 敿(교)乃干하되 無敢不弔(적)하며 備乃弓矢하며 鍛乃戈矛하며
礪乃鋒刃하되 無敢不善하라

너희 갑옷과 투구를 잘 수선하고 너희 방패를 동여매되 감히 정밀하지 않음이 없
게 하며, 너희 활과 화살을 갖추고 너희 창날을 단련하고 너희 칼날을 갈되 감히 좋
지 않음이 없도록 하라.

敹는 縫完也니 縫完其甲冑하여 勿使斷毁라 敿는 鄭氏云 猶繫也라하고 王肅云 敿는
楯이니 當有紛繫持之라하니라 弔은 精至也라 鍛은 淬요 礪는 磨也라 甲冑는 所以衛身이요
弓矢戈矛는 所以克敵이니 先自衛而後攻人은 亦其序也라

敹는 꿰매어 완전하게 만드는 것이니, 갑옷과 투구를 꿰매어 완전하게 해서 끊어
지거나 훼손되지 않게 하는 것이다. 敿는, 鄭氏는 "繫의 뜻과 같다."라고 하였고,
王肅은 "敿는 楯(방패)의 뜻이니, 느슨하게 끈을 동여매서 잡는 것이다."라고 하였
다. 弔은 지극히 정밀한 것이다. 鍛은 淬(담금질)의 뜻이요, 礪는 磨의 뜻이다. 갑옷
과 투구는 몸을 호위하는 것이고, 弓矢와 戈矛는 적을 공격하는 것이니, 자기를 호
위하는 일을 먼저하고 남을 공격하는 일을 뒤에 하는 것은 또한 그 순서인 것이다.

字義 敹 : 수선할 료, 꿰맬 료 乃 : 너 내 甲 : 갑옷 갑 冑 : 투구 주 敿 : 동여맬 교
弔 : 정밀할 적 鍛 : 단련할 단 礪 : 갈 려 鋒 : 칼끝 봉 刃 : 칼날 인 斷 : 끊어질 단
楯 : 방패 순 紛 : 끈 분 淬 : 담금질 쉬 磨 : 갈 마 衛 : 호위할 위 攻 : 공격할 공

3. 今惟淫舍牿牛馬[108]하리니 杜乃擭하며 斂(녑)乃穽하여 無敢傷牿하라 牿之傷하면 汝則有常刑하리라

지금 마소가 머물 우리를 크게 만들 것이니, 너희가 놓은 덫을 덮고 너희가 파놓은 함정을 메워서 감히 방목된 마소를 상하지 말도록 하라. 방목된 마소가 상하면 너희들에게 일정한 형벌이 가해질 것이다.

閑牧牛馬圖

淫은 大也요 牿은 閑牧也라 擭은 機檻也요 斂은 塞(색)也라 師旣出이면 牛馬所舍之閑牧이 大布於野하니 當窒塞其擭穽이라 一或不謹하여 而傷閑牧之牛馬하면 則有常刑하니 此令軍在所之居民也라 擧此例之컨대 凡川梁藪澤險阻屛翳에 有害於師屯者 皆在矣니 此는 除道路之事라

淫은 大의 뜻이요, 牿은 막아서 기르는 우리다. 擭은 機檻(덫)이요, 斂은 塞(메우다)의 뜻이다. 군대가 이미 출동하면 마소가 머물 우리가 들판에 크게 펼쳐질 것이니, 마땅히 덫과 함정을 메워야 할 것이다. 한 가지라도 혹시 삼가지 않아서 우리의 마소를 상하게 하면 일정한 형벌이 가해질 게라는 것이니, 이는 군인이 머물고 있는 곳의 거주하는 백성들에게 명령한 것이다. 이를 들어서 例示하면 무릇 川梁과 藪澤의 험하고 막혀 가려진 곳으로서 군대의 주둔에 장해가 되는 것은 모두 이 안에 들어 있으니, 이것은 도로를 정비하는 일이다.

字義 淫:클 음 舍:머무를 사 牿:외양간 곡 杜:막을 두 乃:너 내 擭:덫 확 斂:막을 녑
穽:함정 정 機:덫 기 檻:덫 함 塞:막을 색 窒:막을 질 梁:돌다리 량 藪:숲 수
澤:못 택 險:험할 험 阻:막을 조 屛:가릴 병 翳:가릴 예 屯:주둔할 둔

---

108 今惟淫舍牿牛馬：孔傳은 '舍'를 放의 뜻으로 보아 "지금 군인이 우리에 있는 마소를 크게 놓아 먹이려고 한다는 것이니, 곧 군인이 있는 곳에는 반드시 방목한다는 걸 말한 것이다.〔今軍人 惟大放舍牿牢之牛馬 言軍所在 必放牧也〕"라고 풀이하였다.

4. **馬牛其風**하며 **臣妾逋逃**어든 **勿敢越逐**하며 **祗復之**하라 **我商賚汝**하리라 **乃越逐**하며 **不復**하면 **汝則有常刑**하리라 **無敢寇攘**하며 **踰垣墻**하여 **竊馬牛**하며 **誘臣妾**하라 **汝則有常刑**하리라

마소가 바람나서 도망가거나 臣妾이 도망하거든 감히 軍壘를 넘어 쫓아가지 말며, 이것을 습득하거든 경건히 돌려주도록 하라. 내가 헤아려 너희들에게 상을 줄 것이다. 이에 軍壘를 넘어 쫓아가며, 주인에게 돌려주지 않으면 너희들은 일정한 형벌을 받을 것이다. 감히 도둑질을 하거나 담을 넘어 마소를 훔치고 臣妾을 유인하지 말도록 하라. 너희들은 일정한 형벌을 받을 것이다.

役人賤者를 男曰臣이요 女曰妾이라 馬牛風逸하고 臣妾逋亡이어든 不得越軍壘而逐之라 失主雖不得逐이나 而人得風馬牛逃臣妾者는 又當敬還之니 我商度(탁)多寡하여 以賞汝하리라 如或越逐而失伍하고 不復而攘取면 皆有常刑이요 有故竊奪하며 踰垣墻하여 竊人牛馬하고 誘人臣妾者도 亦有常刑이니 此는 嚴部伍之事라

천한 일을 하는 자를 남자의 경우는 '臣'이라 하고, 여자의 경우는 '妾'이라 한다. 마소가 바람나서 도망가고 臣妾이 도망가거든 軍壘를 넘어 쫓아가지 말라. 이것을 잃은 주인은 비록 쫓아가지는 못하나 사람 중에 바람난 마소와 도망간 臣妾을 습득한 자는 또한 마땅히 경건히 돌려주어야 하니, 내가 〈그 공로의〉 많고 적음을 헤아려서 너희들에게 상을 줄 것이다. 만일 혹시라도 軍壘를 넘어 쫓아가다가 대오를 잃거나 돌려주지 않고 탈취하면 모두 일정한 형벌을 받을 것이고, 고의로 훔치고 빼앗으며 담을 넘어가 남의 마소를 훔치고 남의 臣妾을 유인하는 자가 있을 경우도 역시 일정한 형벌을 받을 게란 것이니, 이것은 部伍를 엄하게 단속하는 일이다.

字義 風:바람날 풍 逋:도망갈 포 逃:도망갈 도 越:넘을 월 逐:쫓을 축 祗:공경 지
復:돌려줄 복 商:헤아릴 상 賚:줄 뢰 寇:도적 구 攘:훔칠 양 踰:넘을 유
垣:담 원 墻:담 장 竊:훔칠 절 誘:유인할 유 壘:진 루 逸:도망갈 일
度:헤아릴 탁 伍:항오 오 奪:빼앗을 탈

5. **甲戌**에 **我惟征徐戎**하리니 **峙乃糗糧**하되 **無敢不逮**[109]하라 **汝則有大刑**하리라 **魯人**

---

109 無敢不逮 : '不逮'는 不及, 未達의 뜻이니, 곧 모자라다는 말이다. 孔傳은 "감히 부족함이 없도록 하라. 〈만일 부족할 경우〉 너희들은 軍興을 모자라게 한 죄로 사형을 받을 것이다.〔無敢不相逮及 汝則有乏軍興之死刑〕"라고 풀이하였는데, 孔疏는 "'無敢不相逮及'은 저축한 양식이 적어서 여러 사람에게 미치지 못하면 너희들은 軍興을 모자라게 한 죄로 死刑을 받을 게란 것이다. 군사를

三郊三遂아 峙乃楨榦하라 甲戌에 我惟築하리니 無敢不供하라 汝則有無餘刑이나 非殺[110]이니라 魯人三郊三遂아 峙乃芻茭하되 無敢不多하라 汝則有大刑하리라

甲戌日에 나는 徐戎을 정벌할 것이니, 너희 糗糧을 준비하되 감히 모자람이 없도록 하라. 〈후량이 모자라면〉 너희들은 큰 형벌을 받을 것이다. 魯나라 백성들의 3郊와 3遂야. 너희 楨·榦을 준비하도록 하라. 甲戌日에 내가 성을 쌓을 것이니, 감히 〈물자를〉 공급하지 못하는 일이 없도록 하라. 〈물자를 공급하지 못하면〉 너희들은 남김없는 〈모든〉 형벌을 받을 것이나 죽이지는 않을 것이다. 魯나라 사람들의 3郊와 3遂야. 너희 꼴과 마초를 준비하되 감히 부족함이 없도록 하라. 〈꼴과 마초가 부족하면〉 너희들은 큰 형벌을 받을 것이다.

甲戌은 用兵之期也라 峙는 儲備也라 糗糧은 食也라 不逮는 若今之乏軍興[111]이라

일으켜 정벌하되 모자람이 있는 것을 '乏軍興'이라 하니, 지금의 律令에 '軍興을 모자라게 하는 자는 斬한다.'라고 한다.〔無敢不相逮及 謂儲糧少 不及衆人 汝則有乏軍興之死刑 興軍征伐而有乏少 謂之乏軍興 今律乏軍興者斬〕라고 부연 설명하였다. 그러나 孔疏는 '軍興'을 '興軍'으로 바꾸어서 '興軍征伐'이라고 하였으니, 군수품인지 군사를 일으킨 것인지 분명치 않게 해놓았다.

110 汝則有無餘刑 非殺 : 孔傳은 "너희들은 남김없이 〈모든〉 형벌을 받을 것이다. 형벌은 하나뿐이 아니나 또한 너희들을 죽이지는 않을 것이다.〔汝則有無餘之刑 刑者非一也 然亦非殺汝〕라고 풀이하였는데, 이에 대하여 俞樾(《群經平議》)은 "'無餘之刑'은 무엇을 말하는지 알 수 없다. 正義에서 王肅의 '父母妻子를 모두 연좌시킨다.'는 말과 鄭玄의 '그 妻子를 모두 노예로 삼는다.'는 말을 인용하였는데, 이 또한 왜곡된 말이다. 지금 상고해보니, '無餘刑'은 곧 《史記》〈李斯傳〉에 이른 바 '五刑을 구비한다.'는 것이다. 이 經文의 '無餘刑 非殺'이란 모든 刑은 다 구비하고 大辟(死刑)만 겸하지 않는 것이다. 대개 軍法은 지극히 엄하기 때문에 예전에는 五刑을 구비한 경우가 있었지만, 여기서는 그 죄가 죽일 죄는 못되기 때문에 죽이지는 않는 것이다. 經文의 '非殺' 2字는 아마 당시 律令에 그런 제도가 있었던 모양이다. 만일 舊說대로라면 '非殺' 2字는 군더더기다.〔無餘之刑 不知何謂 正義引王肅云 父母妻子皆坐之 鄭玄云 盡奴其妻子 此亦曲說矣 今按無餘刑者 卽李斯傳所謂具五刑也 此經曰 無餘刑 非殺則諸刑皆具 獨不兼大辟也 蓋軍法至重 故古有具五刑者 此因其罪未至死 故不殺之也 經文非殺二字 蓋當時律令有然 若如舊說 則非殺二字贅矣〕라고 하였다.
　蘇軾(《書傳》)은 "너희들에게 남김없이 형벌을 가할 것이나 다만 죽이지는 않을 것이다.〔刑汝不遺餘力 但不殺耳〕로, 林之奇(《尙書全解》)는 "형벌이 이러한 지경에 이르렀으니 죽임에 그치지 않을 것이다.〔刑至此極 非止于殺也〕로, 史浩(《尙書講義》)는 "'有無餘刑'의 無餘는 전 가족을 囚繫하고 반드시 〈물자를〉 공급하기를 기다린 뒤에 풀어주기 때문에 '非殺'이라 한 것이다.〔有無餘刑 無餘者 全家囚繫 必待其供而後釋之 故曰非殺也〕로, 呂祖謙(《增修東萊書說》)은 "'無餘刑非殺'은 형벌을 가함을 남김없이 할 것이나 다만 너희들을 죽이지는 않고 사형에서 한 등급의 형벌을 내릴 게란 것이다.〔無餘刑非殺者 所以刑之者無餘 但非殺爾 降死一等之刑也〕로 풀이하였다. 蔡傳은 孔傳을 따르고 있다.

111 軍興 : 漢代에 縣官이 재물을 모아서 軍用에 공급하는 것을 '軍興'이라 일렀으니, 곧 군수물자인 듯하다. 蔡傳의 '若今之乏軍興'은 孔疏의 '今律乏軍興者斬'을 참고한 것인지, 唐代의 律令이 宋代로 전해온 것인지 자세히 알 수 없다.

淮夷徐戎이 竝起어늘 今所攻이 獨徐戎者는 蓋量敵之堅瑕緩急而攻之也라 國外
曰郊요 郊外曰遂라 天子는 六軍이니 則六鄕六遂요 大國은 三軍이라 故로 魯三郊三
遂也라 楨榦은 板築之木이라 題曰楨이니 牆端之木也요 旁曰榦이니 牆兩邊障土木
也라 以是日征하고 是日築者는 彼方禦我之攻이라 勢不得擾我之築也일새라 無餘
刑非殺者는 刑之非一이로되 但不至于殺爾라 芻茭는 供軍牛馬之用이라 軍은 以
期會芻糧으로 爲急이라 故로 皆服大刑이라 楨榦芻茭에 獨言魯人者는 地近而致
便也일새라

甲戌日은 용병할 기일이다. 峙는 비축해서 대비하는 것이다. 糗糧은 식량이다.
不逮는 오늘날의 '군용물자가 모자라다.'는 말과 같다. 淮夷와 徐戎이 함께 일어났
거늘, 지금 유독 徐戎만 정벌한 것은 敵의 虛實(견고함과 허술함)과 緩急(시급함과 시
급하지 않음)을 헤아려서 공격한 것이다. 國都의 밖을 '郊'라 하고, 郊의 밖을 '遂'라
한다. 天子는 6軍이니 6鄕·6遂이고, 大國은 3軍이기 때문에 魯나라는 3郊·3遂인
것이다. 楨·榦은 板築에 사용되는 나무이다. 〈담을 쌓을 때〉 양 끝에 세우는 것을
'楨'이라 하니 담 끝에 세워서 기둥 역할을 하게 하는 나무이고, 담의 양 곁에 대는
담틀을 '榦'이라 하니 담 양쪽 가에 대서 흙을 막게 하는 나무이다.

이 날(甲戌日)을 이용해서 정벌을 하고 이 날(甲戌日)을 이용해서 축성을 하는 것
은 저들이 우리의 공격을 방어하느라 형편상 우리의 축성하는 일을 방해할 수 없기
때문이다. "남김없는 〈모든〉 형벌을 받을 것이나 죽이지는 않을 것이다."란 말은 형
벌을 가함은 수없이 할 것이나 다만 죽임에는 이르지 않게 하겠다는 것이다. 芻茭
는 軍中의 마소의 용도로 공급하는 것이다. 군대는 期會와 馬草와 군량을 시급한
것으로 삼기 때문에 모두 큰 형벌을 받게 되는 것이다. 楨榦과 芻茭에 유독 魯나라
사람을 말한 것은 지역이 가까워 가져오기가 편리하기 때문이다.

字義 峙:비축할 치　乃:너 내　糗:미숫가루 구　糧:양식 량　逮:미칠 체　楨:담치는나무 정
榦:담틀 간　築:쌓을 축　芻:꼴 추　茭:마른꼴 교　儲:비축할 저　堅:굳을 견
瑕:흠 하　板:널빤지 판　牆:담 장　障:가릴 장　禦:막을 어　擾:방해할 요, 교란할 요

秦誓

左傳에 杞子自鄭으로 使告于秦曰 鄭人이 使我掌其北門之管하니 若潛師以來면
國可得也라하여늘 穆公이 訪諸蹇(건)叔한대 蹇叔曰 不可라한대 公辭焉하고 使孟明西
乞白乙로 伐鄭이러니 晉襄公이 帥(솔)師하여 敗秦師于殽하고 囚其三帥(수)하니라 穆公이

悔過하여 誓告群臣이어늘 史錄爲篇이라 今文古文에 皆有하니라

《春秋左氏傳》僖公 33년 조에 "杞子가 鄭나라에서 사람을 시켜 秦나라에 알리기를 '鄭나라 사람이 우리에게 北門의 열쇠를 관장하게 하였으니, 만일 군대를 은밀히 출동하여 오면 鄭나라를 쉽게 얻을 수 있다.'고 하였다. 穆公이 蹇叔을 찾아가서 이 일을 물으니, 蹇叔은 '불가하다.' 하였으나, 穆公은 그를 거절하고 孟明·西乞·白乙로 하여금 鄭나라를 치게 하였는데, 晉 襄公이 군대를 거느려 秦나라 군사를 殽山에서 패배시키고 세 장수를 가두었다. 이에 穆公이 자신의 과오를 뉘우치고 여러 신하들에게 맹세하여 고하였는데, 史官이 이것을 기록하여 편을 만들었다."고 하였다. 〈秦誓〉는《今文尙書》와《古文尙書》에 모두 들어 있다.

字義 管 : 자물쇠 관   潛 : 숨길 잠, 은밀히 잠   帥 : 거느릴 수

1. 公曰 嗟我士아 聽無譁하라 予誓告汝群言之首하노라

公이 말씀하였다. "아, 우리 인사들아. 나의 말을 조용히 듣고 떠들지 말도록 하라. 내 맹세하여 너희들에게 여러 말 중에 가장 근본적인 요점을 고유하노라.

首之爲言은 第一義也라 將舉古人之言이라 故로 先發此라

首란 말은 제1이라는 뜻이다. 장차 옛사람의 말을 거론하려고 하기 때문에 먼저 이를 꺼낸 것이다.

字義 譁 : 떠들 화

2. 古人有言曰하되 民訖自若是多盤[112]이라하니(하나니) 責人이 斯無難이라 惟受責俾如流 是惟艱哉인저

옛사람이 말하기를 '백성은 모두 스스로 이와 같이 대부분 〈자기의 뜻을 따름에〉 편안함을 느낀다.'고 하였으니, 남을 책망하는 것이 어려운 일이 아니라, 오직 〈남의〉 책망을 받아들이기를 〈아래로〉 흐르는 물처럼 하기가 어려운 것이다.

---

[112] 民訖自若是多盤 : 孔傳은 '若'을 順의 뜻으로 보고 若, 盤에 句를 끊어서 "백성이 처신함에 모두 도리를 따르기 때문에 바로 즐거움이 많다.〔民之行己 盡用順道 是多樂〕"라고 풀이하고, 朱子(《朱子語類》)는 "아마 사람들의 마음이 대부분 편안하기를 요망한다는 뜻을 말한 것이리라.〔想只是說人情多要安逸之意〕"라고 풀이하였다.

訖은 盡이요 盤은 安也라 凡人은 盡自若是多安於徇己하니 其責人이 無難이라 惟受
責於人을 俾如流水하여 略無扞格이 是惟難哉인저 穆公이 悔前日安於自徇하여 而
不聽蹇叔之言하고 深有味乎古人之語라 故로 擧爲誓言之首也라

訖은 盡(모두)의 뜻이고, 盤은 安의 뜻이다. 평범한 사람은 모두 스스로 이와 같
이 대부분 자기의 뜻을 따름에 편안함을 느끼니, 남을 책망하는 것이 어려운 일이
아니라, 오직 남에게 책망을 받아들이기를 흐르는 물처럼 하여 조금도 막힘이 없는
것이 어려운 일이다. 穆公이 전일에 자신의 뜻을 따름에 편안함을 느껴 蹇叔의 말
을 듣지 않았던 것을 후회하고, 옛사람의 말을 깊이 음미해본 적이 있으므로 이것
을 들어서 맹세하는 말 중에 가장 근본적인 요점으로 삼은 것이다.

字義 訖 : 다할 흘   盤 : 안일할 반

3. 我心之憂는 日月이 逾邁하여 若弗云來[113]니라

내 마음의 걱정은 세월이 흘러가서 다시는 오지 않을 것만 같은 것이다.

已然之過는 不可追어니와 未遷之善은 猶可及이언만 憂歲月之逝하여 若無復有來日
也라

이미 지나간 잘못은 따라잡을(어쩔) 수 없거니와, 옮겨가지 못한 善은 외려 미칠
수 있건만 세월이 흘러가서 다시는 내일이 없을 것만 같음을 걱정한다는 것이다.

字義 逾 : 넘을 유   邁 : 갈 매   追 : 따라잡을 추   逝 : 갈 서

4. 惟古之謀人은(으란) 則曰未就予라하여 忌하고 惟今之謀人[114]은(으란) 姑將以爲
親이라(하니) 雖則云然이나 尙猷詢玆黃髮하면 則罔所愆하리라

옛날의 모사하는 사람은 나를 성취시키지 않는다 하여 싫어하였고, 지금의 모사
하는 사람은 우선 順便함을 즐거워하여 친근하고 믿음이 갔다. 비록 그렇게 되었
지만 외려 이와 같은 백발의 노인에게 모사하여 자문을 받으면 잘못되는 바가 없을

---

113 若弗云來 : 夏僎(《尙書詳解》)은 "'若弗云來'는 허물을 고칠 날이 없음을 걱정한 것이니, '일월은
자꾸만 흘러가서 세월이 나를 기다려주지 않는다.'는 것과 같다.(若弗云來 憂改過之無日也 如日月之
逝矣 歲不我與)"라고 풀이하였다.

114 古之謀人·今之謀人 : '古之謀人'은 蹇叔 등을, '今之謀人'은 杞子 등을 가리킨다고 한다.

것이다.

忌는 疾이요 姑는 且也라 古之謀人은 老成之士也요 今之謀人은 新進之士也라 非
不知其爲老成이나 以其不就己而忌疾之하고 非不知其新進이나 姑樂其順便而親
信之라 前日之過 雖已云然이나 然尙謀詢玆黃髮之人이면 則庶罔有所愆이니 蓋悔
其旣往之失하고 而冀其將來之善也라

忌는 疾(싫어하다)의 뜻이고, 姑는 且(우선, 아직)의 뜻이다. 옛날의 모사하는 사람
은 노성한 선비였고, 지금의 모사하는 사람은 신진의 선비이다. 노성함을 모른 것
은 아니나 자신을 따르지 않는 이유로 싫어하고 미워하였으며, 신진임을 모른 것은
아니나 아직 그 順便함을 즐거워하여 친근하고 믿음이 갔다. 전일의 잘못은 비록
이미 그렇게 되었으나 외려 이 백발의 노인에게 모사하여 자문을 받으면 거의 잘못
되는 바가 없을 것이라 하였으니, 아마 기왕의 잘못을 뉘우치고 장래의 善을 바란
것일 터다.

字義 忌 : 싫어할 질   猷 : 꾀 유   詢 : 물을 순   姑 : 우선 고   將 : 순종할 장   愆 : 허물 건
且 : 우선 차   冀 : 바랄 기

5. 番番(파파)[115]良士 旅力[116]旣愆은(으란) 我尙有之하고 仡仡勇夫 射御不違는(란)
我尙不欲하니 惟截截善諞言하여 俾君子로 易辭를 我皇多有之[117]아

백발이 성성한 어진 선비로서 기력이 이미 쇠한 이는 내 부디 소유하고자 하고,
날랜 勇夫로서 활쏘기와 말타기를 법대로 잘한 자는 내 부디 등용하고 싶지 않으
니, 달변으로 말을 교묘하게 잘하여 君子로 하여금 말을 바꾸게 하는 자를 내 어느
겨를에 많이 소유하겠는가.

番番는 老貌요 仡仡은 勇貌요 截截은 辯給貌라 諞은 巧也라 皇은 遑으로 通이라 旅力
旣愆之良士는 前日所詆墓木旣拱者니 我猶庶幾得而有之요 射御不違之勇夫는

---

115 番番(파파) : 孔傳은 용감한 모습으로 보았다.

116 旅力 : 孔傳은 '衆力'으로 풀이하였는데, '衆力'은 目力·耳力·手力·足力 등을 가리킨다.

117 我皇多有之 : 孔傳은 아래에 있는 "昧昧我思之"까지 한 문단으로 하여 '我皇多有之'의 皇을 마
치 前의 뜻으로 본 것처럼 "내 전에 많이 소유했던 것은(我前多有之)"으로 풀이하고, 孔疏에서는
皇은 大의 뜻으로 보아 "내가 전에 大多하게 소유했던(我前大多所有之)"으로 풀이하였다. 이어서
'昧昧我思之'는 "내 생각이 밝지 못했기 때문이었다."로 풀이하였다.

前日所誇過門超乘者[118]니 我庶幾不欲用之라 勇夫도 我尙不欲이어든 則辯給善巧言하여 能使君子로 變易其辭說者를 我遑暇多有之哉아 良士는 謂蹇叔이요 勇夫는 謂三帥요 諞言은 謂杞子라 先儒皆謂穆公悔用孟明이라하나 詳其誓意면 蓋深悔用杞子之言也라

番番는 늙은 모양이요, 仡仡은 용맹스런 모양이요, 截截은 말을 잘하는 모양이다. 諞은 巧의 뜻이다. 皇은 遑과 통한다. "旅力이 이미 쇠한 어진 선비"는 전일에 "무덤가에 심은 나무가 이미 한 아름이 되었을 것이다."라고 꾸짖었던 자이니, 내가 외려 부디 얻어 소유할 것이요, 활쏘기와 말타기를 법대로 잘한 勇夫는 전일에 북문을 지나며 수레에 뛰어오름을 과시한 자이니, 내 부디 등용하려 하지 않는다. 勇夫도 내가 외려 등용하고 싶지 않은데, 달변으로 말을 공교롭게 잘하여 君子로 하여금 말을 바꾸게 하는 자를 내 어느 겨를에 많이 소유하겠는가라고 한 것이다. 良士는 蹇叔을 이르고 勇夫는 세 장수를 이르고 諞言은 杞子를 이른다. 先儒는 모두 "穆公이 孟明을 등용한 것을 뉘우쳤다."라고 말하였으나, 맹세한 말을 자세히 살펴보면 杞子의 말을 따른 점을 깊이 뉘우친 것이다.

字義 番(蟠): 흰 파 旅: 여러 려 仡: 굳셀 흘 諞: 말잘할 편 易: 바꿀 역 皇(遑): 겨를 황 詆: 꾸짖을 저 拱: 아름 공 誇: 과시할 과 超: 뛸 초 乘: 탈 승

6. 昧昧我思之하니 如有一介臣이 斷斷猗無他技나 其心이 休休焉한지 其如有容이라 人之有技를 若己有之하며 人之彦聖을 其心好之하되 不啻如自其口出하면 是能容之라 以保我子孫黎民이리니(이며) 亦職有利哉인저

---

118 前日所所詆墓木旣拱者……前日所誇過門超乘者 :《春秋左氏傳》僖公 32년 조에 "〈蹇叔이 鄭나라를 치지 못하게 말렸으나 穆公이 그를 거절하고〉孟明·西乞·白乙을 불러 東門 밖에서 군사를 출발하게 하자, 蹇叔이 통곡하며 말하기를 '孟子(孟明)야! 나는 군사가 나가는 것은 보지만, 들어오는 것은 보지 못할 것이다.'라고 하니, 穆公이 사람을 보내어 蹇叔을 꾸짖기를 '네가 무엇을 아느냐. 네가 中壽(上壽는 120세, 中壽는 100세, 下壽는 80세)만 살고 죽었더라도 네 무덤가에 심은 나무가 이미 한 아름은 되었을 것이다.'라고 했다.〔召孟明西乞白乙 使出師於東門之外 蹇叔哭之曰 孟子吾見師之出而不見其入也 公使謂之曰 爾何知 中壽 爾墓之木拱矣〕"라는 말이 보이고, 僖公 33년 조에 "秦나라 군사가 周나라 北門을 지날 적에 〈天子께 경의를 표하기 위하여〉左右가 투구를 벗고 수레에서 내렸다가 다시 수레로 뛰어 올라타는 수레의 수가 300乘이었다. 이때 아직 어린 王孫滿이 그 광경을 보고 王에게 말하기를 '秦나라 군사가 경솔하고 무례하니 반드시 패전할 것입니다.'라고 했다.〔秦師過周北門 左右免冑而下 超乘者三百乘 王孫滿尙幼 觀之 言於王曰 秦師輕而無禮必敗〕"라는 말이 보인다.

내가 곰곰이 생각해보니, 만일에 어떤 한 신하가 성실하고 전일하기만 하고 다른 재주는 없으나 그 마음이 곱고 고와 포용력이 있는 듯하여, 남이 가지고 있는 재주를 자신이 가지고 있는 것처럼 여기며, 남의 훌륭하고 성스러움을 마음으로 좋아하되 입에서 나오는 추앙하는 말보다도 더 좋아한다면 이는 참으로 남을 포용할 수 있어서, 우리 자손과 백성을 잘 보호할 것이니, 또한 이로움이 있는 일을 주관할 수 있을 것이다.

昧昧而思者는 深潛而靜思也라 介는 獨也니 大學에 作箇하니라 斷斷은 誠一之貌라 猗는 語辭니 大學에 作兮하니라 休休는 易(이)直好善之意라 容은 有所受也라 彦은 美士也요 聖은 通明也라 技는 才요 聖은 德也라 心之所好가 甚於口之所言也라 職은 主也라

'곰곰이 생각한다.'는 것은 깊이 沈潛하여 조용히 생각하는 것이다. 介는 獨의 뜻이니, 《大學》에는 箇로 되어 있다. 斷斷은 정성스럽고 전일한 모양이다. 猗는 어조사인데, 《大學》에는 兮로 되어 있다. 休休는 평이하고 정직하여 善을 좋아하는 뜻이다. 容은 받아들이는 바가 있는 것이다. 彦은 아름다운 선비요, 聖은 통명함이다. 技는 才의 뜻이요, 聖은 德의 뜻이다. 마음에 좋아하는 바가 입으로 말하는 것보다 심한 것이다. 職은 主(주관하다)의 뜻이다.

字義 猗 : 어조사 의　容 : 용납할 용　箇 : 뿐 시　職 : 주관할 직

7. 人之有技를 冒疾以惡(오)之하며 人之彦聖을 而違之하여 俾不達[119]하면 是不能

---

119 達 : 孔傳은 '通'의 뜻으로 보고, 蔡傳은 '窮達'의 達로 보았는데, 蔡傳의 풀이에 대하여 洪奭周《尚書補傳》는 "위에 있는 임금들은 현인을 얻어서 쓰고 싶어 하지 않는 이가 없고, 아래에 있는 현인들은 어진 임금을 만나서 그 道를 행하고 싶어 하지 않는 이가 없다. 서로 구함이 이처럼 간절한데, 현인을 얻은 임금은 세상에 어쩌다 있고, 어진 임금을 만난 현인은 백에 하나도 없으니, 그것은 어찌 그 사이에 蔽壅한 일이 있기 때문이 아니겠는가. 남의 훌륭하고 성스러움을 위배하여 통하지 못하게 한다면 이것을 '蔽壅'이라 이른다. 현인이 통하면 만백성이 그 복을 받고 어질지 못한 자는 포용될 바가 없으며, 현인이 蔽壅하면 어질지 못한 자가 그 지위를 독차지하여 만백성이 모두 그 해를 받는다. 만백성이 그 해를 받게 하고서 일신의 이익을 독차지 할 수 있는 경우는 없는 것이다. 古書에 이런 말이 있다. '어진 이를 해친 자는 재앙이 3대에 미치고, 어진 이를 蔽壅하는 자는 자신이 그 해를 받는다.'라고. 높은 자리에 있어 진퇴시키는 권한을 가진 이는 이것을 또한 두려워해야 할 일이다. 蔡傳에서 達을 '窮達'의 達로 해석하였는데, '達'이란 것은 蔽壅한 바가 없이 스스로 위에 통함을 이른 것이고, 그 일신의 顯榮을 이른 것이 아니다.〔在上之君 未有不欲得賢而用之者也 在下之賢 未有不欲得君而行其道者也 其相求如此之切也 得賢之君 不世出 得

容이라 以不能保我子孫黎民이리니(이며) 亦曰殆哉인저

남이 가지고 있는 재주를 시기하고 미워하며, 남의 훌륭하고 성스러움을 위배하여 달통하지 못하게 한다면 이것은 포용하지 못하는 것이다. 우리 자손과 백성을 잘 보호하지 못할 것이니, 또한 위태로울 것이다.

冒는 大學에 作媢하니 忌也라 違는 背違之也라 達은 窮達之達이라 殆는 危也라 蘇氏曰 至哉라 穆公之論此二人也여 前一人은 似房玄齡이요 後一人은 似李林甫니 後之人主 監此면 足矣라라하니라

冒는《大學》에는 媢로 되어 있으니, 忌(시기하다)의 뜻이다. 違는 등지고 어기는 것이다. 達은 窮達(곤궁과 영달)의 達이다. 殆는 危의 뜻이다.

蘇氏가 말하였다. "지극하도다. 穆公이 두 사람을 논함이여. 앞에서 말한 한 사람은 房玄齡과 같고, 뒤에 말한 한 사람은 李林甫와 같으니, 후세의 임금은 이것을 거울로 삼으면 족할 것이다."

字義 冒(媢) : 시기할 모　殆 : 위태할 태

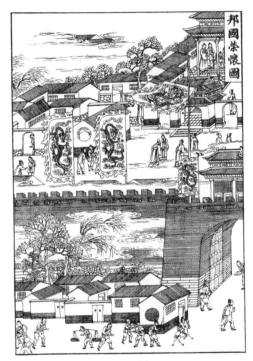

邦國榮懷圖

8. 邦之杌陧(올날)은 曰由一人이며 邦之榮懷는 亦尙[120]一人之慶[121]이니라

나라가 위태롭게 되는 것은 말하자면, 〈임용된〉 한 사람의 〈그릇됨〉 때문이며,

君之賢 百不能有一 豈非有蔽壅于其間者哉 人之彦聖而違之 俾不達 蔽壅之謂也 賢人達 則萬民受其福 而不賢者 無所容 賢人蔽則不賢者 得專其位而萬民俱受其害 使萬民俱受其害 而能專其一身之利者 未之有也 古書有之曰 傷賢者 殃及三世 蔽賢者 身受其害 居高位而操進退之柄者 其亦可以懼矣 蔡傳釋達爲窮達之達 達也者 無所蔽壅而自通于上之謂也 非謂其一身之顯榮也"라고 하였다.

120 尙 : 희망의 뜻이니, 전일의 잘못을 고쳐서 장차 어진 사람을 쓸 것에 대한 희망을 내포하고 있는 것이다.

121 慶 : 孔傳은 善의 뜻으로 보았다.

나라가 번영하고 편안하게 되는 것 또한 거의 한 사람의 옳음 때문이니라."

杌陧은 不安也라 懷는 安也라 言國之危殆가 繫於所任一人之非하고 國之榮安이 繫於所任一人之是하니 申繳上二章意라

杌陧은 편안하지 않은 것이다. 懷는 安의 뜻이다. 나라의 위태로움은 임용된 한 사람의 그릇된 점에 매어 있고, 나라의 번영하고 편안함은 임용된 한 사람의 옳은 점에 매어 있음을 말한 것이니, 위에 있는 두 章의 뜻을 거듭 맺은 것이다.

字義 杌 : 위태로울 올 陧 : 위태로울 날 尙 : 거의 상 慶 : 착할 경 繫 : 매일 계 繳 : 맺을 교

附
錄

書序(孔安國序)

漢孔安國曰 古者 伏犧氏之王天下也에 始畫八卦하고 造書契하여 以代結繩之
政[1]하니 由是文籍이 生焉이니라

　漢나라 孔安國(孔子의 12世孫)은 다음과 같이 말하였다.

　옛날 伏犧氏가 천하에 王 노릇을 할 때에 처음으로 八卦를 그리고 書契를 만들
어서 結繩의 정치를 대신하니, 이로부터 文籍이 생겨났다.

　　陸氏曰 “伏羲, 風姓, 以木德王, 卽太皥也. 書契, 刻木而書其側, 以約事[2]也.
　　易繫辭云 ‘上古結繩而治, 後世聖人, 易之以書契.’ 文, 文字也. 籍, 書籍也.”

　　　陸氏(陸德明)가 말하였다. “伏羲는 風姓이고 木德으로 왕 노릇을 하였으니, 곧 太
　　皥이다. 書契는 나무를 깎아 그 측면에 글을 적어서 일을 약속하였다. 《周易》〈繫
　　辭傳〉에 ‘상고시대에는 노끈을 매듭지어서 정치를 하였는데, 후세에 와서 聖人이
　　書契를 가지고 바꾸었다.’라고 하였다. 文은 文字요, 籍은 書籍이다.”

伏犧神農黃帝之書를 謂之三墳이니 言大道也요 少昊顓頊高辛唐虞之書를 謂之
五典이니 言常道也니라 至于夏商周之書하여는 雖設敎不倫이나 雅誥奧義는 其歸
一揆니라 是故로 歷代寶之하여 以爲大訓이니라

1　結繩之政 : 上古時代의 정치라는 뜻이다. 상고시대에는 문자가 없었기 때문에 노끈을 매듭지어
　　서 일을 기록하였는데, 큰일의 경우는 노끈의 매듭을 크게 짓고 작은 일의 경우는 노끈의 매듭을
　　작게 지었다고 한다.

2　約事 : 《五經大全》의 〈書序〉와 《六藝綱目》의 附錄에는 ‘約事’로 되어 있는가 하면 《尙書正義》의
　　〈尙書序〉에는 “일설에 ‘書契를 가지고 그 일을 약속했다.〔一云 以書契約其事也〕’ 한다.”라고 하였으
　　며, 《書經大全》의 原序에는 ‘紀事’로 되어 있다.

伏犧·神農·黃帝의 글을 《三墳》이라 이르니 大道를 말한 것이고, 少皥·顓頊·高辛·唐·虞의 글을 《五典》이라 이르니 常道를 말한 것이다. 夏·商·周의 글에 이르러서는 비록 베푼 가르침은 《삼분》·《오전》과〉 같지 않지만, 雅正한 훈계와 深奧한 뜻은 그 歸趣가 《삼분》·《오전》과〉 동일한 법도이다. 이 때문에 역대에 이것을 보배로 여겨 大訓으로 삼은 것이다.

陸氏曰 "神農, 炎帝也. 姜姓, 以火德王. 黃帝, 軒轅也. 姬姓, 以土德王. 一號, 有熊氏. 墳, 大也. 少昊, 金天氏, 名摯, 己姓, 黃帝之子, 以金德王. 顓頊, 高陽氏, 姬姓, 黃帝之孫, 以水德王. 高辛, 帝嚳也. 黃帝之曾孫, 姬姓, 以木德王. 唐, 帝堯也. 姓伊耆氏, 帝嚳之子, 初爲唐侯, 後爲天子, 都陶, 故號陶唐氏, 以火德王. 虞, 帝舜也. 姓姚氏, 國號有虞, 顓頊六世孫, 以土德王. 夏, 禹有天下之號也. 以金德王. 商, 湯有天下之號也. 亦號殷, 以水德王. 周, 文王武王有天下之號也. 以木德王. 揆, 度(탁)也."

陸氏가 말하였다. "神農은 炎帝이다. 姜姓이고 火德으로 왕 노릇을 하였다. 黃帝는 軒轅이다. 姬姓이고 土德으로 왕 노릇을 하였다. 다른 호칭은 有熊氏이다. 墳은 大의 뜻이다. 少昊는 金天氏로 이름은 摯에 己姓이고 黃帝의 아들인데, 金德으로 왕 노릇을 하였다. 顓頊은 高陽氏로 姬姓이고 黃帝의 손자인데, 水德으로 왕 노릇을 하였다. 高辛은 帝嚳이다. 黃帝의 증손으로 姬姓이고, 木德으로 왕 노릇을 하였다. 唐은 帝堯이다. 姓은 伊耆氏로 帝嚳의 아들인데, 처음에 唐侯가 되었다가 뒤에 天子가 되어 陶 땅에 도읍을 세웠기 때문에 陶唐氏라 호칭하니, 火德으로 왕 노릇을 하였다. 虞는 帝舜이다. 姓은 姚氏이고, 國號는 有虞이며, 顓頊의 6세손인데, 土德으로 왕 노릇을 하였다. 夏는 禹가 天下를 소유한 호칭이다. 金德으로 왕 노릇을 하였다. 商은 湯이 천하를 소유한 호칭이다. 또한 殷으로도 호칭하니, 水德으로 왕 노릇을 하였다. 周는 文王과 武王이 천하를 소유한 호칭이다. 木德으로 왕 노릇을 하였다. 揆는 度(헤아리다)의 뜻이다."

八卦之說을 謂之八索이니 求其義也요 九州之志를 謂之九丘니 丘는 聚也라 言九州所有와 土地所生과 風氣所宜를 皆聚此書也니라 春秋左氏傳曰 楚左史倚相이 能讀三墳五典八索九丘는 卽謂上世帝王遺書也니라

八卦의 說을 《八索》이라 이르니, 그 뜻을 구한 것이요, 九州의 기록을 《九丘》라 이르니, 丘는 모은다는 뜻이다. 九州에 있는 것, 土地에서 생산되는 것, 風氣의 알

맞은 것을 모두 이 책에 모아놓았음을 말한다. 《春秋左氏傳》에 이르기를 '楚나라 左史 倚相은 《三墳》·《五典》·《八索》·《九丘》를 읽을 수 있었다.'라고 한 것은 바로 上世 帝王이 남긴 著作을 이른다.

陸氏曰 "索, 求也. 倚相, 楚靈王時史官也."

陸氏가 말하였다. "索은 求의 뜻이다. 倚相은 楚 靈王 때의 史官이다."

先君孔子 生於周末하사 覩史籍之煩文하고 懼覽之者不一이시니라 遂乃定禮樂하여 明舊章하시고 刪詩爲三百篇하시고 約史記而修春秋하시고 贊易道하여 以黜八索하시고 述職方하여 以除九丘하시다 討論墳典하되 斷自唐虞以下 訖于周히 芟(삼)夷煩亂하고 翦截浮辭하여 擧其宏綱하고 撮其機要하니 足以垂世立敎니라 典謨訓誥誓命之文이 凡百篇이니 所以恢弘至道하여 示人主以軌範也시니라 帝王之制 坦然明白하여 可擧而行이니 三千之徒 竝受其義니라

先君 孔子께서 周나라 말기에 태어나 史籍의 번잡한 글을 살펴보고 읽는 사람들이 동일하게 이해하지 못할까 두려워하셨다. 그래서 결국 禮·樂을 정하여 舊章(옛 제도와 문물)을 밝히고, 詩를 刪削하여 300篇으로 만들고, 史記를 요약하여 《春秋》를 수찬하고, 易道를 贊佐하여 《八索》을 내치고, 職方을 述明하여 《九丘》를 제거하셨다. 《三墳》과 《五典》을 討論(연구)하되 唐虞時代에서부터 시작하여 아래로 周나라에 이르기까지 煩亂을 삭제하고 불필요한 말을 잘라버려 그 大綱을 들고 그 機要를 취하였으니, 후세에 전하여 立敎하기에 충분하다. 典·謨·訓·誥·誓·命의 글이 모두 100篇이니, 지극한 道를 크게 넓혀서 人主에게 軌範을 보이기 위한 것이다. 帝王의 제도가 너무도 명백하여 들어서 행할 만하니, 3,000명의 문도들이 모두 그 뜻을 받들었다.

程子曰 "所謂大道, 若性與天道之說, 聖人豈得而去之哉. 若言陰陽·四時·七政·五行之道, 亦必至要之理, 非如後世之繁衍末術也. 固亦常道, 聖人所以不去也. 或者所謂羲·農之書, 乃後人稱述當時之事, 失其義理, 如許行爲神農之言, 及陰陽·權變·醫方稱黃帝之說耳. 此聖人所以去之也. 五典, 旣皆常道, 又去其三, 蓋上古雖已有文字, 而制立法度, 爲治有迹, 得以紀載, 有史官以識(지)其事, 自堯始耳."

程子가 말하였다. "소위 '大道'란 것은 바로 性과 天道의 說 같은 것인데, 聖人이 어찌 그와 같은 것을 버릴 수 있겠는가. 말하자면 陰陽·四時·七政·五行의 道法 또한 반드시 지극히 요긴한 이치이니, 後世의 繁衍한 末術과 같은 것은 아니었을 것이다. 진실로 또한 常道였다면 聖人이 결코 버리지 않았을 것이다. 혹자가 이른바 '伏羲·神農의 서책'이란 것은 바로 後人이 당시의 일을 칭술함에 그 의리를 잃은 것이니, 이를테면 許行이 神農氏의 학설을 주장한 것이나 陰陽家·權變家·醫方家들이 黃帝의 학설을 칭술한 것과 같은 것이다. 이래서 聖人이 제거하게 된 것이다. 《五典》은 이미 모두가 常道이건만, 또 《五典》 중에서 〈堯典〉·〈舜典〉을 제외한〉 세 가지를 제거하였으니, 아마 상고시대에는 비록 이미 문자가 있었으나, 법도를 제정해 확립하고 정치를 하여 자취를 남겨 기재할 수 있어서, 史官이 그 일을 기록한 것은 堯임금 시대로부터 시작했을 뿐인가 보다."

○今按周禮, 外史掌三皇·五帝之書, 周公所錄, 必非僞妄, 而春秋時, 三墳·五典·八索·九丘之書, 猶有存者, 若果全備, 孔子亦不應悉刪去之, 或其簡編脫落, 不可通曉, 或是孔子所見, 止自唐虞以下, 不可知耳. 今亦不必深究其說也.

○지금 《周禮》를 상고해보면, 外史는 三皇·五帝의 서적을 관리하였으니, 周公이 기록한 것은 반드시 거짓이 아니었을 터이고, 춘추시대에는 《三墳》·《五典》·《八索》·《九丘》의 서적이 오히려 존재하였으니, 만일에 과연 전체가 구비되어 있었다면 孔子 또한 응당 모두 깎아버리지 않았을 것인데, 혹시 簡編이 탈락해서 이해할 수 없는 상태였던가, 아니면 혹시 孔子의 본 바가 唐虞로부터 이하에만 국한되어 알 수 없었을 뿐이었던가. 지금 또한 그 說을 깊이 구명할 필요는 없다.

及秦始皇에 滅先代典籍하여 焚書坑儒하니 天下學士逃難解散하고 我先人이 用藏其家書于屋壁이시니라

秦 始皇에 와서 先代의 典籍을 없애려고 서책을 불태우고 유생을 묻어 죽이니, 천하의 學士들은 난을 피하여 흩어졌고, 우리 선인께서는 그 家書를 집의 벽속에 감춰두셨다.

秦, 國名. 始皇, 名政, 幷六國[3]爲天子, 自號始皇帝. 焚詩書, 在三十四年, 坑儒, 在三十五年. 顏師古曰 "家語云 '孔騰, 字子襄, 畏秦法峻急, 藏尙書·孝經·論語於夫子舊堂壁中', 而漢紀尹敏傳云 '孔鮒所藏', 二說不同, 未知孰是."

秦은 나라 이름이다. 始皇은 이름이 政인데, 6國을 병탄하여 天子가 되고 스스로 始皇帝라 호칭하였다. 《詩》·《書》를 불태운 일은 시황제 34년에 있었고, 선비를 묻어 죽인 일은 35년에 있었다.

顔師古가 말하였다. "《孔子家語》에는 '孔騰은 字가 子襄인데, 秦나라의 法이 준엄함을 두려워하여 《尙書》·《孝經》·《論語》를 夫子(孔子)의 옛집 壁 속에 감춰두었다.'고 하고, 《漢紀》〈尹敏傳〉에는 '孔鮒가 감춰두었다.'고 하여 두 說이 같지 않으니, 어떤 말이 옳은지 알지 못하겠다."

漢室龍興하여 開設學校하고 旁求儒雅하여 以闡大猷니라 濟南伏生이 年過九十에 失其本經[4]하고 口以傳授하니 裁二十餘篇이라 以其上古之書로 謂之尙書니라 百篇之義는 世莫得聞이니라

漢나라 王室이 일어나 學校를 개설하고 유생들을 널리 구하여 大猷(大道)를 천명하였다. 濟南에 사는 伏生이 나이 90세가 넘어서 그 本經(原本 《書經》)은 잃어버리고 말로 傳授하였으니, 겨우 20여 편이었다. 그것이 上古時代의 글이기 때문에 《尙書》라고 칭하였다. 100篇의 뜻은 세상에서 들을 수가 없었다.

漢藝文志云 "尙書經, 二十九卷." 注云 "伏生所授者." 儒林傳云 "伏生, 名勝, 爲秦博士. 以秦時禁書, 伏生壁藏之, 其後大兵起, 流亡. 漢定, 伏生, 求其書, 亡數十篇, 獨得二十九篇, 卽以敎於齊·魯之間. 孝文時, 求能治尙書者, 天下無有. 聞伏生治之, 欲召. 時伏生年九十餘, 老不能行. 於是詔太常, 使掌故[5] 晁錯(조조)往受之" 顔師古曰 "衛宏定古文尙書序云 '伏生老, 不能正言, 言不可曉, 使其女傳言敎錯. 齊人語多與穎川異, 錯所不知者, 凡十二三, 略以其意屬讀而已[6]'" 陸氏曰 "二十餘篇, 卽馬鄭所注二十九篇是也" 孔穎達曰 "泰誓本非伏生所傳, 武帝之世, 始出而得行, 史[7]因以入於伏生所傳之內, 故云二十九

---

3   6國 : 齊·楚·燕·趙·韓·魏이다.

4   失其本經 : 秦 始皇의 焚書로 인하여 100편의 本經을 잃은 것을 말한다.

5   掌故 : 太常의 屬官으로 禮樂과 制度 등의 故實을 관장하였다.

6   齊人語多與穎川異……略以其意屬讀而已 : 伏生은 齊 지역 사람이고, 晁錯는 穎川 지역 사람이기 때문이다.

篇也"

《漢書》〈藝文志〉에 "《尙書》의 經은 29卷이다."라고 하고, 〈顔師古의〉注에 "伏生이 전수한 것이다."라고 하였다. 〈儒林傳〉에 "伏生은 이름이 勝으로 秦나라의 博士가 되었다. 秦나라 때에 책의 유통을 금지했기 때문에 伏生은 〈《尙書》를 포함한 여러〉 서책들을 壁 속에 감춰두었고, 그 뒤에 전란이 일어나서 〈집을 떠나〉 떠돌아 다녔다. 漢나라가 전란을 평정하자, 伏生이 그 〈벽 속에 감춰두었던 서책들을 수색하여〉《尙書》를 찾은 결과 수십 篇은 망실하고 29篇만을 얻어 곧 齊·魯의 사이에서 가르쳤다. 漢 孝文帝 때에 《尙書》에 능통한 사람을 찾았으나 천하에 그런 사람이 없었다. 伏生이 능통하다는 말을 듣고 부르려고 하였다. 그러나 이때에 伏生은 나이가 90여 세라, 늙어서 행보할 수가 없었다. 그래서 太常에 명하여 掌故인 晁錯로 하여금 〈伏生에게〉 가서 수학하게 하였다."라고 하였다.

顔師古가 말하였다. "衛宏의 〈定古文尙書序〉에 '伏生이 늙어서 말을 제대로 못하여 그 말을 알아들을 수 없으므로 그 딸을 시켜서 말을 전하여 晁錯를 가르치게 하였다. 齊나라 지역 사람은 말이 대부분 潁川 사람과 달라 晁錯가 알아듣지 못한 것이 무릇 10분의 2, 3이나 되었기 때문에 대략 그 뜻을 가지고 이어서 읽었을 뿐이다.'"

陸氏가 말하였다. "20여 篇은 곧 馬融과 鄭玄이 注를 단 29篇이 이것이다."

孔穎達이 말하였다. "〈泰誓〉는 본래 伏生이 전한 것이 아니고, 武帝의 세대에 비로소 나와서 행하게 된 것인데, 史遷이 이내 伏生이 전한 《尙書》 속에 집어넣었기 때문에 '29篇이다.'라고 한 것이다."

○今按此序言伏生失其本經, 口以傳授. 漢書乃言初亦壁藏而後亡數十篇, 其說與此序不同, 蓋傳聞異辭爾. 至於篇數, 亦復不同者. 伏生本, 但有堯典·皐陶謨·禹貢·甘誓·湯誓·盤庚·高宗肜日·西伯戡黎·微子·牧誓·洪範·金縢·大誥·康誥·酒誥·梓材·召誥·洛誥·多方·多士·立政·無逸·君奭·顧命·呂刑·文侯之命·費誓·秦誓凡二十八篇, 今加泰誓一篇, 故爲二十九篇耳. 其泰誓眞僞之說, 詳見本篇, 此未暇論也.

○지금 상고하건대, 이 서문에서는 伏生이 그 本經을 잃어버리고 말로 전수한 것이라 말하였는데, 《漢書》에서는 처음에 이 역시 벽 속에 감춰두었다가 뒤에 수

---

7   史 : 《尙書考異》에서는 史遷으로 보았다.

십 篇을 망실한 것이라고 말하였다. 그 말이 이 서문과 같지 않은 것은 아마 전해 들은 말이 달라서일 뿐이리라. 篇數에 있어서도 또한 다시 동일하지 않다. 伏生本 에는 다만 〈堯典〉·〈皐陶謨〉·〈禹貢〉·〈甘誓〉·〈湯誓〉·〈盤庚〉·〈高宗肜日〉·〈西伯戡黎〉·〈微子〉·〈牧誓〉·〈洪範〉·〈金縢〉·〈大誥〉·〈康誥〉·〈酒誥〉·〈梓材〉·〈召誥〉·〈洛誥〉·〈多方〉·〈多士〉·〈立政〉·〈無逸〉·〈君奭〉·〈顧命〉·〈呂刑〉·〈文侯之命〉·〈費誓〉·〈秦誓〉 등 모두 28篇이 있을 뿐인데, 지금 〈泰誓〉1篇을 보탰기 때문에 29篇이 된 것이다. 〈泰誓〉의 眞僞에 대한 說은 本篇에 자세히 보이니, 여기서는 논할 겨를이 없다.

至魯共王하여 好治宮室이러니 壞孔子舊宅하여 以廣其居라가 於壁中得先人所藏古文虞夏商周之書及傳[8]論語孝經하니 皆科斗文字[9]니라 王又升孔子堂하여 聞金石絲竹之音하고 乃不壞宅하고 悉以書還孔氏니라 科斗書廢已久니 時人無能知者니라 以所聞伏生之書로 考論文義하여 定其可知者하되 爲隷古定하고 更以竹簡寫之하니 增多伏生二十五篇[10]이니라 伏生又以舜典合於堯典하고 益稷合於皐陶謨하고 盤庚(三)〔二〕[11]篇合爲一하고 康王之誥는 合於顧命[12]이러니 復出此篇하고 幷序하면 凡五十九篇에 爲四十六卷이니라 其餘는 錯亂摩滅하여 弗可復知니라 悉上送官하여 藏之書府하여 以待能者하노라

---

8 傳 : 이 大文 아래 圈點(○)으로 표시한 注에 “傳謂春秋也 一云周易十翼”이라 하고, 孔疏에서는 “漢世通謂論語孝經爲傳也”라 하여 ‘傳’을 각각 《春秋》와 《周易》의 十翼, 《論語》와 《孝經》으로 보았기 때문에 번역에서도 그 견해에 따라 책명을 표시한 ‘《傳》’이나 공자가 전했다는 ‘傳’으로 번역하였다. 元代 朱祖義의 《尙書句解》에서는 ‘傳論語孝經’을 ‘공자가 전한 《論語》와 《孝經》’으로 풀이하였으니, 그 말이 맞는 것 같다.

9 科斗文字 : ‘科斗’는 ‘蝌蚪’의 약자이다. ‘科斗文字’는 중국 옛날 글자의 한 가지로 글자의 모양이 올챙이처럼 머리 쪽은 굵고 끝은 가늘다. 黃帝 때에 史官인 蒼頡이 최초로 새 발자국에서 암시를 얻어 지었다고 하여, ‘蝌蚪鳥篆’이라고도 한다. ‘科斗’를 孔疏에서는 ‘蝦蟆子’로 적었다.

10 增多伏生二十五篇 : 《尙書句解》에 “이에 이르러 다시 屋壁古文을 校定하여 이에 〈大禹謨〉·〈五子之歌〉·〈胤征〉·〈仲虺之誥〉·〈湯誥〉·〈伊訓〉·〈太甲〉3篇·〈咸有一德〉·〈說命〉3篇·〈泰誓〉3篇·〈武成〉·〈旅獒〉·〈微子之命〉·〈蔡仲之命〉·〈周官〉·〈君陳〉·〈畢命〉·〈君牙〉·〈冏命〉 등 모두 25편을 얻었다. 伏生이 처음에 28편을 얻었고, 지금 또 25편이 불어났으니, 이미 53편을 얻은 셈이다.”라고 하였다.

11 (三)〔二〕 : 저본에는 ‘三’으로 되어 있으나, 《晦庵集》 권65 〈雜著 尙書〉에 의거하여 ‘二’로 바로잡았다. 아래도 같다.

12 伏生又以舜典合於堯典……合於顧命 : 伏生이 이 편들을 합친 것이다.

魯共王에 이르러 宮室을 꾸미기를 좋아하더니, 孔子의 舊宅을 헐어 그 거처를 넓히다가 벽 속에서 先人이 감추어둔 古文의 〈虞書〉·〈夏書〉·〈商書〉·〈周書〉 및 傳인 《春秋》나 《周易》의 十翼·《論語》·《孝經》을 얻었는데, 모두 科斗文字로 쓰여 있었다. 共王은 또 孔子의 廟堂에 올라가 金·石·絲·竹의 음악 소리를 듣고 〈나서야 그 神異함에 두려움을 느껴〉 이에 구택을 헐지 않고, 모조리 책을 孔氏에게 돌려주었다. 科斗文이 폐지된 지 이미 오래라, 당시 사람들 중에는 알아볼 수 있는 이가 없었다. 그래서 伏生에게 들은 《書》를 가지고 古文(蝌蚪文)의 뜻을 論考하여 그중에서 알 만한 것을 골라 정하되 隸書로 古文을 정리하고, 다시 竹簡에 옮겨 썼으니, 伏生의 것보다 25편이 더 많아졌다. 伏生이 또 〈舜典〉을 〈堯典〉에 합치고, 〈益稷〉을 〈皐陶謨〉에 합치고, 〈盤庚〉 2편을 합하여 1편으로 만들고, 〈康王之誥〉는 〈顧命〉에 합쳤었는데, 다시 이 편들을 분리해내고, 序를 아우르면 모두 59편에 46권이 된다. 그 나머지는 錯亂하고 摩滅되어 다시 알 수 없으므로 모두 官으로 올려 보내 書庫에 간직하여 잘 알아볼 수 있는 이를 기다리게 하였다.

陸氏曰 "共王, 漢景帝子, 名餘." 傳, 謂春秋也. 一云周易十翼, 非經謂之傳. 科斗, 蟲名, 蝦蟇子, 書形似之. 爲隸古定, 謂用隸書, 以易古文. 吳氏曰 "伏生傳於旣耄之時, 而安國爲隸古, 又特定其所可知者, 而一篇之中一簡之內, 其不可知者, 蓋不無矣, 乃欲以是盡求作書之本意與夫本末先後之義, 其亦可謂難矣. 而安國所增多之書, 今篇目具在, 皆文從字順, 非若伏生之書, 詰曲聱牙, 至有不可讀者, 夫四代之書, 作者不一, 乃至二人之手, 而遂定爲二體乎. 其亦難言矣."

陸氏가 말하였다. "共王은 漢 景帝의 아들로 이름은 餘이다. 傳은 《春秋》를 이른다. 일설에 '《周易》의 十翼은 經이 아니니 이를 傳이라 이른다.'라고 하였다. 科斗는 벌레 이름으로 올챙이인데, 글자 모양이 그와 같다는 것이다. '爲隸古定'은 隸書를 사용해서 古文을 정리한 것이다."

吳氏(宋代 吳棫)가 말하였다. "伏生은 이미 늙었을 때에 《尙書》를〉 전수하였고, 孔安國은 隸書로 古文을 정리하는 일을 하면서 또한 그중에서 알 만한 것을 특별히 정하였으니, 1篇과 1簡 중에 알 수 없는 것이 아마 없지 않았을 것인데, 곧 이것으로 글을 지은 본의 및 本末과 先後의 뜻을 모두 추구하려고 한다면 그 또한 어려운 일이라 할 수 있을 것이다. 그런데 공안국이 많이 보탠 《상서》의〉 글은 지금 篇目

이 구비되어 모두 문맥이 매끄럽고 글자가 적절하여, 伏生의 《상서》의 글이 까다롭고 어려워 읽을 수 없는 부분이 있기까지 한 것과는 같지 않으니, 무릇 四代(虞·夏·殷·周)의 《상서》 글을 지은 자가 한 사람이 아니고 두 사람의 손을 거쳤기에 결국 두 문체가 된 것인가. 그것 또한 말하기 어려운 문제다."

二十五篇者, 謂大禹謨·五子之歌·胤征·仲虺之誥·湯誥·伊訓·太甲三篇·咸有一德·說命三篇·泰誓三篇·武成·旅獒·微子之命·蔡仲之命·周官·君陳·畢命·君牙·冏命也. 復出者, 舜典·益稷·盤庚(三)〔二〕篇·康王之誥凡五篇, 又百篇之序, 自爲一篇. 凡五十九篇, 卽今所行五十八篇, 而以序冠篇首者也. 爲四十六卷者, 孔疏以爲同序者同卷, 異序者異卷, 同序者, 大甲·盤庚·說命·泰誓, 皆三篇, 共序, 凡十二篇, 只四卷. 又大禹·皋陶謨·益稷·康誥·酒誥·梓材, 亦各三篇, 共序, 凡六篇, 只二卷. 外四十篇, 篇各有序, 凡四十卷. 通共序者六卷, 故爲四十六卷也. 其餘錯亂摩滅者, 汩作·九共[13]九篇·槀飫·帝嚳·釐沃·湯征·汝鳩·汝方·夏社·疑至·臣扈·典寶·明居·肆命·徂后·沃丁·咸乂四篇·伊陟·原命·仲丁·河亶甲·祖乙·高宗之訓·分器·旅巢命·歸禾·嘉禾·成王政·將蒲姑·賄肅愼之命·毫姑凡四十二篇, 今亡.

'25篇'이란 것은 〈大禹謨〉·〈五子之歌〉·〈胤征〉·〈仲虺之誥〉·〈湯誥〉·〈伊訓〉·〈太甲〉 3篇·〈咸有一德〉·〈說命〉 3篇·〈泰誓〉 3篇·〈武成〉·〈旅獒〉·〈微子之命〉·〈蔡仲之命〉·〈周官〉·〈君陳〉·〈畢命〉·〈君牙〉·〈冏命〉을 이른다.

다시 분리해낸 것은 〈舜典〉·〈益稷〉·〈盤庚〉 2篇·〈康王之誥〉 등 모두 5篇이고, 또 100篇의 序가 따로 1篇이 된 것이다.

'모두 59篇'이란 것은 곧 지금 행해진 것은 58篇인데, 序를 篇首에 실었기 때문이다.

'46卷이 된다.'는 것은, 孔疏에 "序를 함께 한 것은 卷을 함께 하고, 序를 달리한 것은 卷을 달리하기 때문이다."라고 하였으니, 序를 함께 한 것은 〈太甲〉·〈盤庚〉·〈說命〉·〈泰誓〉가 모두 3篇인데 序를 함께 하였으니, 모두 12篇으로 단지 4卷이다. 또한 〈大禹謨〉·〈皋陶謨〉·〈益稷〉·〈康誥〉·〈酒誥〉·〈梓材〉도 역시 각각 3篇인데 序를 함께 하였으니, 모두 6篇으로 단지 2卷이다. 이 밖의 40篇은 篇마다 각각

---

13 九共 : 宋代 劉敞은 古文에서 丘와 共이 서로 가까워 丘가 共으로 잘못된 것으로 보고 九共을 九丘라고 말하였다. 아래도 같다.

序가 있으니, 모두 40卷이다. 序를 함께 한 6卷을 통틀어 계산하기 때문에 46卷이 된 것이다.

그 나머지 錯亂하고 摩滅된 것은 〈汩作〉·〈九共〉 9篇·〈槀飫〉·〈帝嚳〉·〈釐沃〉·〈湯征〉·〈汝鳩〉·〈汝方〉·〈夏社〉·〈疑至〉·〈臣扈〉·〈典寶〉·〈明居〉·〈肆命〉·〈徂后〉·〈沃丁〉·〈咸乂〉 4篇·〈伊陟〉·〈原命〉·〈仲丁〉·〈河亶甲〉·〈祖乙〉·〈高宗之訓〉·〈分器〉·〈旅巢命〉·〈歸禾〉·〈嘉禾〉·〈成王政〉·〈將蒲姑〉·〈賄肅愼之命〉·〈亳姑〉 등 모두 42篇이었는데, 지금은 망실되었다.

承詔爲五十九篇作傳하니 **於是**에 **遂研精覃思**하여 **博考經籍**하고 **採摭群言**하여 **以立訓傳**하니라 **約文申義**하여 **敷暢厥旨**하니 **庶幾有補於將來**니라 **書序**는 **序所以爲作者之意**니라 **昭然義見**하니 **宜相附近**이니라 **故引之**하여 **各冠其篇首**하여 **定五十八篇**하니라

詔命을 받들어 59편에 대한 傳을 짓게 되었으므로 이에 정밀하게 연구하고 깊이 생각하여 널리 經籍을 상고하고 群言을 채취하여 訓傳을 정립하였다. 글을 간략하게 다듬고 뜻을 깊이 밝혀 《尙書》의 뜻을 통창하게 하였으니, 후생에게 도움이 있기를 바란다. 書序는 作者의 의도를 밝히기 위해 서술한 것이다. 뜻이 밝게 드러나 있으니, 本篇과 가까이 붙여두는 것이 마땅하다. 그러므로 그것을 뽑아서 각각 그 篇首에 실어 58편을 정하였다.

詳此章, 雖說書序, 序所以爲作者之意, 而未嘗以爲孔子所作, 至劉歆·班固, 始以爲孔子所作.

이 章을 자세히 상고해보면 비록 書序는 作者의 의도를 밝히기 위해 서술한 것이라 하였지만, 일찍이 孔子가 지은 것이라 말하지 않았고, 劉歆과 班固에 이르러서 비로소 孔子가 지은 것이라 말하였다.

旣畢에 **會國有巫蠱事**하여 **經籍道息**이라 **用不復以聞**하니 **傳之子孫**하여 **以貽後代**니라 **若好古博雅君子**가 **與我同志**면 **亦所不隱也**리라

그 작업을 이미 마치고 나자, 마침 나라에 巫蠱 사건이 있어서 經籍의 道가 사라졌는지라, 다시 천자에게 아뢸 기회가 없으니, 子孫에게 전하여 後代에 남겨준다. 만일 옛것을 좋아하는 博雅한 君子가 나와 뜻을 같이한다면 또한 〈傳이〉 隱蔽되지

않을 것이다.”

陸氏曰 “漢武帝末征和中, 江充造蠱敗戾太子.”

陸氏가 말하였다. “漢 武帝 말기인 征和年間(B.C.92~B.C.89)에 江充이 巫蠱를 조작하여 戾太子를 해쳤다.”

○今按安國此序, 不類西京文字, 疑或後人所託. 然無據, 未敢必也. 以其本末頗詳, 故備載之, 讀者宜考焉.

○지금 상고해보면 孔安國의 이 序文은 西漢(前漢) 시대의 文字와 같지 않으니, 혹시 後人이 가탁한 것이 아닌지 의심이 간다. 그러나 확실한 근거가 없으니, 감히 꼭 그런 것이라고 확정짓지는 못하겠다. 그 本末에 대한 것이 꽤 자세하기 때문에 갖추어 기재하노니, 讀者는 마땅히 상고해야 할 것이다.

漢書藝文志云 書者는 古之號令이니 號令於衆에 其言不立具면 則聽受施行者弗曉니라 古文讀應爾雅라 故解古今語而可知也라

《漢書》〈藝文志〉에서 말하였다. “《書》란 것은 옛날의 號令이니, 여러 사람에게 호령할 때에 그 말이 즉석에서 구비되지 않으면 듣고 시행하는 자가 이해하지 못한다. 古文은 《爾雅》에 맞추어서 읽기 때문에 古今의 말을 풀어서 알 수가 있다.”

括蒼葉夢得曰 “尙書文, 皆奇澁, 非作文者故欲如此, 蓋當時語自爾也.” 今按此說是也. 大抵書文, 訓誥多艱澁, 而誓命多平易(이). 蓋訓誥, 皆是記錄當時號令於衆之本語, 故其間多有方言及古語, 在當時則人所共曉, 而於今世, 反爲所難知, 誓命則是當時史官所撰, 驪括潤色, 粗有體製, 故在今日, 亦不難曉耳.

括蒼 葉夢得이 “《尙書》의 글이 모두 기이하고 난삽한 것은 글을 지은 자가 일부러 이와 같이 하려고 한 것이 아니라, 아마 당시의 말이 본래 그랬을 것이다.”라고 하였으니, 지금 상고해보면 이 말이 맞다. 대개 《書》의 글이 訓·誥는 대부분 어려워서 이해하기 힘들고 誓·命은 대부분 平易하다. 아마 訓·誥는 모두가 바로 당시 대중에게 호령한 本語를 그대로 기록한 것이기 때문에 그 사이에 方言과 古語가 많이 들어 있어서, 당시에는 사람들이 다 같이 이해할 수 있었지만, 지금 세상에 있어서는 도리어 알기 어려운 바가 된 것이며, 誓·命은 바로 당시 史官이 찬술한 것이어서 다듬고 윤색하여 약간 체재가 서있기 때문에 오늘날에 있어서 또한 이해하기가 어렵지 않은 것일 뿐이리라.

孔穎達曰 孔君作傳이나 値巫蠱不行以終이라하니라 前漢諸儒는 知孔本五十八篇이나 不見孔傳이니라 遂有張霸之徒 僞作舜典, 汨作, 九共九篇, 大禹謨, 益稷, 五子之歌, 胤征, 湯誥, 咸有一德, 典寶, 伊訓, 肆命, 原命, 武成, 旅獒, 冏命二十四篇이라 除九共九篇이면 共卷爲十六卷이라 蓋亦略見百篇之序라 故以伏生二十八篇者 復出舜典, 益稷, 盤庚二篇, 康王之誥, 及泰誓共爲三十四篇하고 而僞作此二十四篇十六卷하여 附以求合於孔氏之五十八篇四十六卷之數也라 劉向, 班固, 劉歆, 賈逵, 馬融, 鄭玄之徒는 皆不見眞古文하고 而誤以此爲古文之書하고 服虔, 杜預도 亦不之見하며 至晉王肅하여 始似竊見이라 而晉書又云 鄭沖以古文授蘇愉하고 愉授梁柳하고 柳之內兄皇甫謐은 又從柳得之하며 而柳又以授臧曹하고 曹始授梅賾하고 賾乃於前晉에 奏上其書而施行焉이라

　孔穎達이 말하기를 "孔君(공안국)이 傳을 지었으나 巫蠱 사건을 만나서 세상에 유행되지 못하고 끝나버렸다."라고 하였다. 前漢時代의 諸儒들은 孔本이 58篇인 것은 알았지만, 孔傳은 보지 못하였다. 그래서 결국 張霸란 무리가 있어 〈舜典〉·〈汨作〉·〈九共〉9篇·〈大禹謨〉·〈益稷〉·〈五子之歌〉·〈胤征〉·〈湯誥〉·〈咸有一德〉·〈典寶〉·〈伊訓〉·〈肆命〉·〈原命〉·〈武成〉·〈旅獒〉·〈冏命〉 등 24편을 위작하였다. 〈九共〉9편을 제외하면 卷을 함께 한 것이 16권이 된다. 아마 또한 100편의 서문을 대략 보았기 때문에 伏生의 28편에서 〈합쳤던 것을〉 다시 분래해 낸 〈舜典〉·〈益稷〉·〈盤庚〉2편·〈康王之誥〉 및 〈泰誓〉를 합쳐서 34편으로 만들고 이 24편 16권을 위작해서 孔氏의 58편 46권이란 숫자에 짜 맞춘 것이리라. 劉向·班固·劉歆·賈逵·馬融·鄭玄의 무리는 모두 진짜 古文을 보지 못하고 이것을 古文의 《書》라고 잘못 여겼다. 服虔·杜預도 역시 보지 못하였으며, 晉나라 王肅에 이르러서 비로소 슬쩍 본 것 같다. 《晉書》에 또 "鄭沖은 古文을 蘇愉에게 전수하고 蘇愉는 梁柳에게 전수하고 梁柳의 內兄인 皇甫謐은 또 梁柳로부터 얻었으며, 梁柳는 또 臧曹에게 전수하고 臧曹는 비로소 梅賾에게 전수하고 梅賾은 곧 前晉 때에 그 《書》를 나라에 올려서 시행하였다."라고 하였다.

　漢書所引泰誓云 "誣神者, 殃及三世."[14] 又云 "立功立事, 惟以永年."[15] 疑卽武

14　誣神者 殃及三世 : 《漢書》〈郊祀志〉에는 《易大傳》에 있는 것으로 되어 있다.

15　誣神者……惟以永年 : 毛奇齡은 《古文尙書寃詞》에서 〈泰誓〉에 없는 말이라고 하였다.

帝之世所得者, 律曆志所引伊訓·畢命字畫, 有與古文略同者, 疑伏生口傳, 而
晁錯所屬讀者, 其引武成, 則伏生無此篇, 必張霸所僞作者也.

《漢書》에서 인용한 〈泰誓〉에 "神을 속이는 자는 재앙이 3世에 미친다."라고 하고,
또 "공을 세우고 일을 세우면 年數를 길게 한다."라는 것은 아마 武帝의 세대에 얻
은 것인 듯하고, 〈律曆志〉에서 인용한 〈伊訓〉과 〈畢命〉의 字畫이 古文과 약간 닮
은 점이 있는 것은 아마 伏生이 말로 전해서 晁錯가 뜻으로 이어서 읽은 것인 듯하
고, 거기에 인용한 〈武成〉은 伏生의 《書》에는 이 篇이 없으니, 필시 張霸가 위작한
것일 터다.

今按漢儒 以伏生之書爲今文하고 而謂安國之書爲古文이나 以今考之면 則今文
多艱澁하고 而古文反平易니라 或者以爲 今文은 自伏生女子口授晁錯時失之하니
則先秦古書所引之文이 皆已如此라하나 恐其未必然也니라 或者以爲 記錄之實
語難工이요 而潤色之雅詞易好라 故訓誥誓命이 有難易之不同이라하니 此爲近之라
然이나 伏生背文暗誦은 乃偏得其所難이요 而安國考定于科斗古書는 錯亂磨滅
之餘에 反專得其所易하니 則又有不可曉者라 至於諸序之文하여는 或頗與經不
合하고 而安國之序는 又絶不類西京文字하니 亦皆可疑라 獨諸序之本不先經이면
則賴安國之序而見이라 故今定此本하여 壹以諸篇本文爲經하고 而復合序篇於
後하여 使覽者得見聖經之舊하고 而又集傳其所可知하고 姑闕其所不可知者云이라

지금 상고하건대, 漢儒들이 伏生의 《書》를 今文으로 삼고 孔安國의 《書》를 古
文으로 삼았지만, 지금 상고해보면 今文에는 이해하기 어려운 대목이 많고 古文은
도리어 平易하다. 그래서 혹자는 "今文은 伏生의 딸이 晁錯에게 말로 전해줄 때부
터 잘못되었으니, 先秦 古書에 인용한 글이 모두 이미 이와 같다."라고 하나, 그것
은 꼭 그런 것만이 아닌 듯싶다. 혹자는 "기록한 실제의 말은 까다로워서 알아보기
어렵고, 윤색한 우아한 말은 쉬워서 친근감을 느낀다. 그러므로 訓·誥와 誓·命에
는 어려움과 쉬움이 같지 않은 점이 있다."라고 하니, 이 말이 근리한 말이다. 그러
나 伏生이 책을 덮어놓고 암송한 것은 곧 어려운 글만을 치우치게 얻었고, 孔安國
이 科斗文字로 된 古書를 考定한 것은 錯亂하고 磨滅될 대로 된 것들에서 도리어
그 쉬운 것만을 전적으로 얻었으니 또한 이해할 수 없는 점이 있다.

여러 서문의 글에 있어서는 더러 꽤나 經과 합하지 않는 점이 있고, 공안국의 서

문은 또 워낙 西漢時代의 文字와 같지 않으니, 또한 모두 의심스러운 점이다. 특히 모든 서문이 본래 經에 앞서지 못하는 것이고 보면, 공안국의 서문에 의지하여 보아야 하기 때문에 지금 이 本을 정하여 하나같이 여러 편의 본문을 經으로 삼고 다시 序篇을 뒤에 합해서 보는 자로 하여금 聖經의 옛 모습을 볼 수 있게 하고서, 또 그중 알 수 있는 것은 集傳을 하고, 그 알 수 없는 것은 우선 빼놓는다.

書 序(書百篇序)

漢劉歆曰 "孔子修易序書." 班固曰 "孔子纂書凡百篇, 而爲之序, 言其作意."
今考序文, 於見存之篇, 雖頗依文立義, 而識見淺陋, 無所發明, 其間至有與經
相戾者. 於已亡之篇, 則依阿簡略, 尤無所補, 其非孔子所作明甚. 顧世代久
遠, 不可復知. 然孔安國雖云得之壁中, 而亦未嘗以爲孔子所作, 但謂書序, 序
所以爲作者之意, 與討論墳典等語, 隔越不屬意, 亦可見. 今姑依安國壁中之
舊, 復合序爲一篇, 以附卷末, 而疏其可疑者於下云.

　　漢代의 劉歆은 "孔子가 《易》을 조리 있게 수찬하고 《書》를 차례로 정리했다."라
고 하고, 班固는 "孔子가 《書》를 편찬한 것이 모두 100篇인데, 서문을 지어서 저작
한 의도를 말했다."라고 하였지만, 지금 서문을 상고해보면, 현존한 篇에 대해서는
비록 자못 글에 의하여 뜻을 세웠으나 識見이 淺陋하여 발명한 바가 없고, 그중에
는 심지어 經文과 서로 어긋난 것도 있다. 이미 없어진 篇에 대해서는 무심하게 하
고 간략하게 해서 더욱 도움 되는 바가 없으니, 그는 孔子가 지은 바 아닌 것이 너
무도 분명하다. 世代가 워낙 久遠함을 고려하면 다시 알 수 없는 일이기는 하다. 그
러나 孔安國은 비록 壁 속에서 얻었다고는 하였지만 또한 일찍이 孔子가 지은 것이
라 하지는 않았고, 단지 "《書序》는 作者의 의도를 밝히기 위해 서술한 것이다."라고
만 말했을 뿐이니, "《三墳》과 《五典》을 토론(연구)한다."란 등의 말과는 너무도 동떨
어져서 뜻이 이어지지 않음을 볼 수가 있다.

　　지금 우선 孔安國이 얻은 孔子의 집 벽 속에서 나온 《書》의 옛 모습대로 다시 서문을
합쳐 1篇으로 만들어서 卷末에 붙이고, 그 의심스러운 것은 아래에 주석을 달아놓았다.

○[1]昔在帝堯 聰明文思하여 光宅天下하니라 將遜于位하여 讓于虞舜하니라 作堯
典[2]하다

○옛날 帝堯 시절에 귀가 밝고 지혜가 명석하고 문채가 찬란하고 사려가 깊어 덕이 천하에 충만하였다. 장차 자리에서 물러나려고 虞舜에게 禪讓하셨다. 〈堯典〉을 지었다.

聰明文思, 欽明文思也, 光宅天下, 光被四表也. 將遜于位, 讓于虞舜, 以虞書也. 作者, 追言作書之意如此也.

聰明文思는 바로 〈堯典〉의 欽明文思요, 光宅天下는 바로 〈堯典〉의 光被四表이다. "장차 자리에서 물러나려고 虞舜에게 禪讓하셨다."라고 한 것은 虞書이기 때문이다. 作이란 것은 《書》를 지은 뜻이 이와 같음을 되짚어 말한 것이다.

○虞舜側微언만 堯聞之聰明하고 將使嗣位하여 歷試諸難하니라 作舜典하다

○虞舜이 신분이 비천하였지만, 堯임금이 그의 聰明함을 듣고 장차 帝位를 계승시키기 위하여 여러 가지 어려운 일을 시험하였다. 〈舜典〉을 지었다.

側微, 微賤也. 歷試, 徧試之也. 諸難, 五典·百揆·四門·大麓之事[3]也. 今案舜典一篇, 備載一代政治之終始, 而序止謂歷試諸難作舜典, 豈足以盡一篇之義.

側微는 微賤이고, 歷試는 두루 시험한 것이다. 諸難은 五典·百揆·四門·大麓의 일이다. 지금 〈舜典〉 1편을 상고해보면, 한 세대 政治의 終始를 갖추어 기재하였는데도 序에는 "여러 가지 어려운 일을 시험하였다. 〈舜典〉을 지었다."라고만 말하였으니, 어찌 족히 1편의 뜻을 다한 것이겠는가.

○帝釐(리)下土하여 方設居方하시고 別生分類하시니라 作汨(골)作과 九共[4]九篇과 槁

---

1 ○：原注가 없는 경우 別行을 하지 않고 圈點(○)을 사용하여 구별하였다. 본 譯書에서는 별도의 표시 없이 일괄 권점을 사용하여 각각의 小序를 구분하였다.

2 昔在帝堯……作堯典：이 부분은 書序(小序)에 해당한다. 書序는 大序와 小序로 나뉘는데, 大序는 앞의 〈尙書序〉이고, 小序는 《尙書》 百篇 각각의 서문으로 보통 書序로 불린다. 書序는 원래 한 편의 글이었는데, 후대에 편집하여 각 편의 앞에 붙였다. 書序는 전통적으로 孔子의 저작으로 보았으나, 蔡沈 등 宋代 학자들은 공자 저작설을 의심하였다.

3 五典百揆四門大麓之事：堯가 舜을 시험해본 일들로 모두 〈舜典〉에 보인다.

4 九共：宋代 劉敞은 古文에서 丘와 共이 서로 가까워 丘가 共으로 잘못된 것으로 보고 九共을 九丘라고 말하였다. 아래도 같다.

飫(고어)니라

○帝舜이 下土를 다스리는 차원에서 바야흐로 관직을 설치하여 그 자리에 거처시키고, 족속을 구별하고 종류를 분별하셨다. 〈汩作〉과 〈九共〉 9篇과 〈槁飫〉를 지었다.

漢孔氏曰 "言舜理四方諸侯, 各設其官居其方." 生, 姓也. 別其姓族, 分其類, 使相從也. 汩, 治, 作, 興也, 言治民之功興也. 槁, 勞, 飫, 賜也. 凡十一篇, 亡. 今案十一篇, 共只一序, 如此, 亦不可曉.

漢나라 孔氏(孔安國)가 "舜임금이 四方의 諸侯를 다스리는 차원에서 각각 그 관직을 설치하여 그 자리에 거처시킴을 말한 것이다."라고 하였다. 生은 姓의 뜻이다. 그 姓族을 구별하고 그 종류를 분별하여 서로 따르게 하였다. 汩은 治의 뜻이고, 作은 興의 뜻이니, 백성을 다스리는 공이 일어남을 말한 것이다. 槁는 勞의 뜻이고, 飫는 賜의 뜻이다. 모두 11편인데, 망실되었다. 지금 상고하건대 11편이 단지 1序를 함께 하였으니, 이와 같은 것도 역시 이해할 수 없다.

○皐陶矢厥謨하고 禹成厥功하니 帝舜申之라 作大禹皐陶謨와 益稷하다

○皐陶는 그 謀慮를 진달하고, 禹는 그 功을 이룬 것을 〈진달하니,〉 帝舜이 거듭 아름답게 여겼다. 〈大禹謨〉와 〈皐陶謨〉와 〈益稷〉을 지었다.

矢, 陳, 申, 重也. 序書者, 徒知皐陶以謨名, 禹以功稱, 而篇中有來禹汝亦昌言與時乃功懋哉之語, 遂以爲舜申禹使有言, 申皐陶使有功, 其淺近如此, 而不知禹曷嘗無言, 皐陶曷嘗無功, 是豈足以知禹皐陶之精微者哉.

矢는 陳의 뜻이고, 申은 重의 뜻이다. 《書》에 서문을 쓴 자는 한갓 皐陶는 謀慮로 이름을 내고 禹는 功으로 칭해진 것만을 알고서, 篇 가운데에 "가까이 오라. 禹야. 너도 온당한 말을 해보라."는 말과 "〈백성들이 중용의 도리에 합하게 만든 것은〉 너의 공이니, 〈맡은 직무에〉 힘쓸지어다."라는 말이 있으니, 〈이것을 보고는〉 결국 "舜임금은 거듭 〈아름답게 여겨〉 禹에게는 〈온당한〉 말을 해보게 하고, 거듭 〈아름답게 여겨〉 皐陶에게는 공을 세우도록 하였으니, 그 천근함이 이와 같았다."라고 여기고, 禹는 어찌 일찍이 〈온당한〉 말이 없었겠으며, 皐陶는 어찌 일찍이 〈일컬어질 만한〉 공이 없었겠는가를 알지 못하였으니, 이는 어찌 족히 禹와 皐陶를 알아봄이 정미한 것이겠는가.

○禹別九州하여 隨山濬川하고 任土作貢이라

○禹는 九州를 분별하여 산을 돌아다니면서 나무를 베고 하천을 깊이 팠으며, 토지의 알맞음에 따라 貢賦를 제정하였다. 〈史官이 그 일을 기록하여〉〈禹貢〉을 지었다.

> 別, 分也, 分九州疆界是也. 隨山者, 隨山之勢, 濬川者, 濬川之流, 任土者, 任土地所宜而制貢也.
>
> 別은 分의 뜻이니, 九州의 疆界를 나누는 것이 이것이다. 隨山이란 것은 山의 형세를 따르는 것이고, 濬川이란 것은 냇물의 흐르는 바닥을 파는 것이고, 任土란 것은 토지의 알맞음에 따라 〈차등 있게〉 貢賦를 제정하는 것이다.

○啓與有扈로 戰於甘之野하다 作甘誓라

○啓가 有扈와 더불어 甘의 들에서 싸웠다. 〈史官이 그 일을 서술하여〉〈甘誓〉를 지었다.

> 經曰 大戰于甘者, 甚有扈之辭也. 序書者, 宜若春秋筆然. 春秋桓王失政, 與鄭戰于繻葛, 夫子猶書王伐鄭. 不曰與, 不曰戰者, 以存天下之防也. 以啓之賢, 征有扈之無道, 正禮樂征伐, 自天子出也. 序書者, 曰與曰戰, 若敵國者, 何哉. 孰謂書序爲夫子作乎.
>
> 經에 "甘 땅에서 크게 싸웠다."라고 한 것은 有扈를 책망하는 말이다. 《書》에 서문을 쓰는 자는 의당 春秋筆法처럼 써야 할 것이다. 《春秋》에서는 桓王이 정치를 잘못하여 鄭나라와 더불어 繻葛에서 싸웠는데, 夫子(孔子)가 외려 "王이 鄭나라를 쳤다."라고 썼다. '더불어'라고 말하지 않고 '싸웠다'고 말하지 않은 것은 천하의 법도를 보존하기 위한 것이었다. 啓의 어짊으로써 有扈의 無道함을 정벌하였고 禮樂과 征伐을 바로잡는 제도는 天子로부터 나오는데, 《書》에 서문을 쓴 자가 '더불어'라고 하고 '싸웠다'라고 하여 마치 대등한 나라처럼 쓴 것은 무엇 때문인가. 누가 〈書序〉를 夫子께서 지었다고 말하겠는가.

○太康失邦이라 昆弟五人이 須於洛汭라가 作五子之歌라

○太康이 나라를 잃었다. 太康의 昆弟 다섯 사람이 洛水의 북쪽에서 〈太康이 돌아오기를〉 기다리다가 〈五子之歌〉를 지었다.

經文已明, 此但疣贅耳. 下文不注者, 放此.

經文이 이미 분명하니, 이는 다만 군더더기일 뿐이다. 이하의 글에서 주를 달지 않은 것은 이와 같다.

○羲和湎淫하여 廢時亂日이어늘 胤往征之러니 作胤征이라

○羲氏와 和氏가 지나치게 술에 빠져서 天時를 폐기하고 日數를 어지럽히거늘 胤나라 諸侯가 〈王命을 받고〉 가서 정벌하였더니, 〈史官이 그 일을 서술하여〉〈胤征〉을 지었다.

以經考之, 羲和蓋黨羿惡, 仲康畏羿之强, 不敢正其罪而誅之, 止責其廢厥職荒厥邑爾. 序書者, 不明此意, 亦曰湎淫, 廢時亂日, 亦有所畏而不敢正其罪耶.

經文을 가지고 상고하면 羲氏와 和氏가 아마 羿의 惡을 편들었지만, 仲康은 羿의 강한 힘이 무서워서 감히 그들 죄를 바로잡아 주벌하지 못하고, 단지 그 職을 폐기하고 그 邑을 황폐시킨다고만 나무랐을 뿐이다. 《書》에 서문을 쓴 자가 이 뜻은 밝히지 않고 또한 "지나치게 술에 빠져서 天時를 폐기하고 日數를 어지럽혔다."라고 하였으니, 역시 무서운 바가 있어서 감히 그 죄를 바로잡지 못한 것인가.

○自契(설)至於成湯히 八遷이라 湯始居亳이니 從先王居라 作帝告釐沃이라

○契에서부터 成湯에 이르기까지 여덟 번 〈國都를〉 옮겼다. 湯임금이 비로소 亳에 살았으니, 先王의 거주지를 따른 것이다. 〈史官이 그 일을 서술하여〉〈帝告〉와 〈釐沃〉을 지었다.

○湯征諸侯하시다 葛伯不祀한대 湯始征之하시다 作湯征이라

○湯임금이 諸侯를 정벌하셨다. 葛나라 임금이 제사를 지내지 않자, 湯임금이 비로소 〈葛나라를〉 정벌하셨다. 〈史官이 그 일을 서술하여〉〈湯征〉을 지었다.

○伊尹이 去亳適夏라 旣醜有夏라 復歸於亳이라 入自北門하여 乃遇汝鳩汝方이라 作汝鳩汝方이라

○伊尹이 亳을 떠나 夏나라로 갔다. 〈桀이〉 이미 夏나라의 정사를 추악하게 한

지라 〈伊尹이〉 다시 亳으로 돌아왔다. 北門으로 들어와서 汝鳩와 汝方을 만났다. 〈史官이 그 일을 서술하여〉 〈汝鳩〉와 〈汝方〉을 지었다.

漢孔氏曰 "先王, 帝嚳也. 醜, 惡也. 不期而會曰遇. 鳩·方, 二臣名. 五篇, 亡."

漢나라 孔氏가 말하였다. "先王은 帝嚳이다. 醜는 惡의 뜻이다. 기약하지 않고 만나는 것을 '遇'라고 한다. 鳩와 方은 두 신하 이름이다. 5편은 망실되었다."

○伊尹이 相湯伐桀에 升自陑(이)하여 遂與桀戰於鳴條之野하니라 作湯誓라

○伊尹이 湯임금을 도와 桀을 칠 때에 陑 땅으로부터 길에 올라 드디어 桀과 더불어 鳴條의 들에서 싸웠다. 〈史官이 그 일을 서술하여〉 〈湯誓〉를 지었다.

以伊尹爲首稱者得之. 咸有一德, 亦曰 惟尹, 躬暨湯咸有一德. 陑在河曲之陽, 鳴條在安邑之西. 升自陑, 義未詳. 漢孔氏 遂以爲出其不意, 亦序意有以啓其陋與.

伊尹을 첫째로 칭할 꼬투리를 얻었다. 〈咸有一德〉에서도 역시 "저는 몸소 湯임금과 함께 모두 순일한 德을 가졌다."라고 하였다. 陑는 河曲의 양지쪽에 있고, 鳴條는 安邑의 서쪽에 있다. 升自陑는 뜻이 미상이다. 漢나라 孔氏는 결국 "상대방이 예측 못할 곳으로 나가기 위해서였다."라고 하였으니, 또한 서문의 뜻에 비루함을 계도한 것이 있는가.

○湯既勝夏하고 欲遷其社라가 不可하니라 作夏社疑至臣扈라

○湯임금이 이미 夏나라를 토벌하여 승리하고 나서 그 社를 옮기려고 하다가 불가한 일이라 해서 중지하였다. 〈史官이 그 일을 서술하여〉 〈夏社〉·〈疑至〉·〈臣扈〉를 지었다.

程子曰 "聖人不容有妄舉, 湯始欲遷社, 衆議以爲不可而不遷, 是湯有妄舉也." 蓋不可者, 湯不可之也. 唐孔氏 以於時有議論其事者, 詳序文以爲欲遷者, 湯欲之也, 恐未必如程子所言. 要之, 序非聖人之徒, 自不足以知聖人也. 三篇亡.

程子(程頤)는 "〈湯임금은 성인이었으니,〉 성인은 함부로 행동하지 않는다. 湯임금이 당초에 社를 옮기려고 하다가 중론이 불가하다고 해서 옮기지 않았다면 이는 湯

임금에게 함부로 행동한 책임이 있는 것이다."라고 하였다. 그러나 불가하다는 것은 아마 湯임금이 불가하다고 한 것이었으리라. 唐나라 孔氏는 그 일을 의논하는 자가 있었기 때문이라고 하였는데, 序文을 자세히 상고해보면 옮기려고 한 것은 湯임금이 옮기려고 한 것이니, 꼭 정자가 말씀한 바와 같지는 않은 듯싶다. 요컨대, 서문은 성인의 문도가 지은 것이 아니니, 스스로 족히 성인을 알지는 못했을 것이다. 3편은 망실되었다.

○夏師敗績하니 湯遂從之라 遂伐三朡(종)하고 俘厥寶玉이라 誼伯과 仲伯이 作典寶라

○夏나라 군사가 敗績하자, 湯임금이 드디어 쫓아가서 토벌하였다. 드디어 三朡을 치고 그 寶玉을 취하였다. 誼伯과 仲伯이 〈典寶〉를 지었다.

三朡, 國名, 今定陶也. 俘, 取也. 俘厥寶玉, 恐亦非聖人所急. 篇亡.

三朡은 나라 이름인데, 지금의 定陶이다. 俘는 取의 뜻이다. 그 寶玉을 취한 것은 또한 성인의 급히 서두를 일이 아닌 듯싶다. 이 篇은 망실되었다.

○湯歸自夏하사 至於大坰하시다 仲虺作誥라

○湯임금이 夏나라로부터 돌아와 大坰에 이르셨다. 仲虺가 誥를 지었다.

大坰, 地名.

大坰은 땅 이름이다.

○湯旣黜夏命하고 復歸於亳하시니 作湯誥라

○湯임금이 이미 夏나라의 天命을 퇴출시키고 다시 亳으로 돌아오시니, 〈史官이 그 일을 기록하여〉 〈湯誥〉를 지었다.

○咎單(선)이 作明居라

○咎單이 〈明居〉를 지었다.

一篇, 亡.

1篇은 망실되었다.

○成湯旣沒하고 太甲元年이라 伊尹이 作伊訓肆命徂后라

○成湯이 이미 작고하고 太甲의 元年이 시작되었다. 伊尹이 〈伊訓〉·〈肆命〉·〈徂后〉를 지었다.

孟子曰 "湯崩, 太丁未立, 外丙二年, 仲壬四年, 太甲顚覆湯之典刑." 史記太子太丁未立而死, 立太丁之弟外丙, 二年崩. 又立外丙之弟仲壬, 四年崩. 伊尹乃立太丁之子太甲. 序書者, 以經文首言"奉嗣王祇見厥祖." 遂云 "成湯旣沒, 太甲元年." 後世儒者, 以序爲孔子所作, 不敢非之, 反疑孟子所言與本紀所載, 是可歎也. 肆命·徂后二篇, 亡.

孟子는 "湯임금이 승하하신 뒤에 太丁은 즉위하지 못한 채 죽었고, 外丙은 재위한 지 2년 만에 죽었고, 仲壬은 재위한 지 4년 만에 죽었다. 太甲이 즉위하여서는 湯임금의 典刑을 전복시켰다."라고 하였고, 《史記》에 의하면 太子인 太丁은 즉위하지 못한 채 죽었고, 太丁의 아우인 外丙을 세웠으나 2년 만에 승하하고, 또 外丙의 아우인 仲壬을 세웠으나 4년 만에 승하하였다. 그러자 伊尹이 곧 太丁의 아들인 太甲을 세웠다고 한다.

《書》에 서문을 쓴 자는 經文의 첫머리에서 "嗣王(太甲)을 받들어 그 할아버지를 경건히 뵙도록 했는데"라고 말한 것 때문에 드디어 "成湯이 이미 작고하고 太甲의 元年이 시작되었다."라고 한 것인데, 後世의 儒者는 서문을 孔子가 지은 것이라고 여겨 감히 비난하지 못하고 도리어 孟子가 말씀한 것과 《史記》〈本紀〉에 실린 것을 의심하니, 이것이 가탄할 일이다. 〈肆命〉·〈徂后〉 2篇은 망실되었다.

○吳氏曰 "太甲諒陰, 爲服仲壬之喪, 以是時湯葬已久, 仲壬在殯. 太甲太丁之子, 視仲壬爲叔父, 爲之後者, 爲之子也. 祇見厥祖, 謂至湯之廟. 蓋太甲旣立, 伊尹訓于湯廟, 故稱祇見厥祖, 若止是殯前, 旣不當稱奉, 亦不當稱祇見也."

○吳氏가 말하였다. "太甲이 침묵 속에 仲壬의 상복을 입었으니, 이때에 湯임금은 장례가 치러진 지 이미 오래였고, 仲壬이 殯殿에 있었기 때문이다. 太甲은 太丁의 아들이므로 仲壬이 太甲의 叔父인데, 그의 후계자가 되었으니 그의 아들이 된 셈이다. '祇見厥祖'는 湯임금의 사당에 이르렀음을 이른 것이다. 아마 太甲이 이미 즉위한 뒤에 伊尹이 湯임금의 사당에서 교훈을 했기 때문에 '그 할아버지를 경건히 뵙도록 했다.'라고 한 것인데, 만약 이 殯前에만 이르렀다면 이미 응당 '받들어'라고

칭하지 않아야 했고, 또한 응당 '경건히 뵙도록 했다.'라고 칭하지도 않았어야 했을 것이다."

○太甲既立에 不明이어늘 伊尹이 放諸桐이라 三年復歸於亳이니 思庸일새라 伊尹이 作太甲三篇이라

○太甲이 이미 즉위한 뒤에 밝지 못하거늘 伊尹이 〈太甲을〉 桐宮으로 추방하였다. 3년 만에 亳都로 복귀하게 하였으니, 〈太甲이 이전의 허물을 고치고〉 常道를 생각하였기 때문이다. 伊尹이 〈太甲〉 3篇을 지었다.

案孔氏云 桐, 湯葬地也. 若未葬之辭. 蓋上文祗見厥祖, 言湯在殯. 故此不敢爲已葬. 使湯果在殯, 則太甲固已密邇其殯側矣. 捨殯而欲密邇湯於將葬之地, 固無是理也. 孔氏之失, 起於伊訓序文之繆遺[5]. 外丙·仲壬二帝, 故書指不通.

상고하건대 孔氏가 "桐宮은 湯임금의 葬地이다."라고 한 것은 아직 장사 지내지 못한 듯한 말이다. 대개 윗글에서 "그 할아버지를 경건히 뵙도록 했다."는 것은 湯임금이 殯殿에 있음을 말한 것이기 때문에 여기서 감히 이미 장사 지냈다고 하지 않은 것이다. 가사 湯임금이 과연 殯殿에 있었다면 太甲이 진실로 이미 그 殯殿 곁에 가까이 있었을 것이다. 殯殿을 놓아두고 湯임금을 장차 장사 지낼 곳에 가까이 있게 하고자 하는 것은 진실로 그럴 이치가 없다. 孔氏의 실수는 〈伊訓〉 서문의 잘못에서 기인된 것이다. 外丙과 仲壬은 두 임금이기 때문에 《書》의 가리킨 것은 통하지 않는다.

○伊尹作咸有一德이라

○伊尹이 〈咸有一德〉을 지었다.

○沃丁이 既葬伊尹於亳하니 咎單이 遂訓伊尹事하다 作沃丁[6]하다

○沃丁이 伊尹을 亳에 이미 장사 지내고 나니, 咎單이 드디어 伊尹의 일을 訓暢

---

5 伊訓序文之繆遺 : 〈伊訓〉의 序文에 "成湯이 이미 작고하고 太甲의 元年이 시작되었다.〔成湯既沒太甲元年〕"라고 한 말을 가리킨다.

6 沃丁 : 孔傳에서는 咎單이 지은 것으로, 孔疏에서는 史官이 지은 것으로 보았다.

(드러냄)하였다. 〈沃丁〉을 지었다.

○伊陟이 相大(태)戊하니 亳有祥하여 桑穀共生於朝어늘 伊陟이 贊於巫咸하여 作咸乂四篇이라

○伊陟이 太戊를 도우니, 亳에 요상한 일이 있어 뽕나무와 닥나무가 하나로 붙은 채 조정에서 자라거늘, 伊陟이 巫咸에게 고하니 〈史官이 그 일을 기록하여〉 〈咸乂〉 4편을 지었다.

○太戊贊於伊陟하니 作伊陟原命이라

○太戊가 伊陟에게 고하니, 〈史官이 그 일을 기록하여〉 〈伊陟〉과 〈原命〉을 지었다.

○仲丁이 遷于囂[7]하니 作仲丁이라

○仲丁이 囂로 도읍을 옮기니, 〈史官이 그 일을 서술하여〉 〈仲丁〉을 지었다.

○河亶甲이 居相이라 作河亶甲하다

○河亶甲이 相에 거주하였다. 〈史官이 그 일을 서술하여〉 〈河亶甲〉을 지었다.

○祖乙圮于耿하니 作祖乙이라

○祖乙이 相 땅이 무너져서 도읍을 耿 땅으로 옮기니, 〈史官이 그 일을 서술하여〉 〈祖乙〉을 지었다.

沃丁, 太甲之子. 咎單, 臣名. 伊陟, 伊尹之子, 太戊, 沃丁弟之子. 桑·穀二木, 合生于朝, 七日而拱, 妖也. 巫咸, 臣名. 囂·相·耿, 皆地名, 囂·相在河北, 耿在河東耿鄉. 河水所毀曰圮. 凡十篇, 亡.

沃丁은 太甲의 아들이다. 咎單은 신하의 이름이다. 伊陟은 伊尹의 아들이고, 太戊는 沃丁 아우의 아들이다. 뽕나무와 닥나무 두 나무가 한데 붙은 채 조정에서 나서 7일 만에 아름이 되었으니, 요상한 일이었다. 巫咸은 신하의 이름이다. 囂·相·

耿은 모두 地名이다. 囂·相은 河北에 있고, 耿은 河東의 耿鄕에 있다. 河水가 무너뜨린 것을 '圮'라 한다. 도합 10편은 망실되었다.

○盤庚五遷하니 將治亳殷이라 民咨胥怨이라 作盤庚三篇이라

○盤庚이 다섯 번째 도읍을 옮겼는데, 장차 〈거주지를 옮기려고〉 亳殷 〈땅을〉 닦았다. 백성들이 슬퍼하며 서로 윗사람을 원망하였다. 〈史官이 그 일을 서술하여〉 〈盤庚〉 3편을 지었다.

以篇中, 有不常厥邑, 于今五邦, 序遂曰 盤庚五遷. 然今詳于今五邦之下, 繼以今不承于古, 罔知天之斷命, 則是盤庚之前, 已自有五遷, 而作序者, 考之不詳, 繆云爾也. 又五邦云者, 五國都也. 經言亳囂相耿惟四邦耳. 盤庚從湯居亳, 不可又謂之一邦也. 序與經文, 旣已差繆, 史記遂謂盤庚自有五遷, 誤人甚矣.

篇 가운데 "일정한 도읍을 갖지 못하고 옮긴 곳이 지금까지 다섯 군데나 되니"란 말이 있기 때문에 序에서 결국 "盤庚이 다섯 번째 도읍을 옮겼다."라고 한 것이다. 그러나 이제 "지금까지 다섯 군데나 되니"의 아래에 "지금 옛날을 계승하지 않는다면 하늘이 命을 끊을지도 모르는데"란 말을 가지고 이은 것을 자세히 살펴보면 이는 盤庚의 앞에 이미 본래 다섯 번 옮긴 일이 있었는데, 서문을 지은 자가 자세히 살피지 않고 잘못 말했을 뿐이다.

또한 '五邦'이란 것은 다섯 國都이다. 經文에서는 亳·囂·相·耿 4邦만 말했을 뿐이다. 盤庚이 湯임금을 따라서 亳에 거주하였으니, 또 이것을 1邦이라 일러서는 안 된다. 序가 經文과 이미 차이가 나는데,《史記》에서 결국 "盤庚이 다섯 번 옮긴 일이 있었다."라고 이른 것은 사람을 그르침이 너무 심한 것이다.

○高宗이 夢得說(열)하시다 使百工으로 營求諸野하여 得諸傅巖하다 作說命三篇하다

○高宗이 꿈속에서 傅說을 얻으셨다. 百官으로 하여금 야외에서 찾게 하여 傅巖에서 찾아냈다. 〈史官이 그 일을 서술하여〉 〈說命〉 3편을 지었다.

案經文 "乃審厥象, 俾以形, 旁求于天下." 是高宗夢得良弼形象, 乃審其狀貌, 而廣求于四方, 說築傅巖之野, 與形象肯似, 如序所云, 似若高宗夢得. 傅說, 姓氏. 又因經文有群臣百官等語, 遂謂 "使百官, 營求諸野, 得諸傅巖." 非惟無補經文, 而反支離晦昧, 豈聖人之筆哉.

經文에서 "이에 그 형상을 자세히 살펴 그의 모습을 그려서 천하에 널리 그를 찾게 하였다."라고 한 말을 상고해보면, 이는 바로 高宗이 꿈속에서 어진 보필의 형상을 얻고 이에 그 狀貌를 살펴 그의 모습을 그려서 사방에 널리 찾게 하였더니, 傳說이 傅巖의 들에서 땅을 다지는 일을 하고 있었는데, 형상과 닮은 것이 서문에서 말한 대로 高宗이 꿈속에서 얻은 것과 같은 듯하였다. 傳說은 姓氏이다. 또한 經文에 群臣과 百官 등의 말이 있음으로 인하여 결국 "百官으로 하여금 야외에서 찾게 하여 傅巖에서 찾아냈다."라고 말하였으니, 經文에 도움이 없을 뿐만 아니라 도리어 지루하고 애매하니, 이것이 어찌 聖人의 筆舌이겠는가.

○高宗이 祭成湯에 有飛雉升鼎耳而雊라 祖己訓諸王이라 作高宗肜日高宗之訓이라

○高宗이 成湯에게 제사 지낼 때에 날아가던 꿩이 〈와서〉 솥귀로 올라가서 울었다. 祖己가 王을 訓諫하였다. 〈史官이 그 일을 서술하여〉〈高宗肜日〉과 〈高宗之訓〉을 지었다.

經言肜日, 而序以爲祭成湯, 經言有雊雉, 而序以爲飛雉升鼎耳而雊, 載籍有所傳歟. 然經言典祀無豐于昵, 則爲近廟, 未必成湯也. 宗廟都宮堂室, 深遠幽邃, 而飛雉升立鼎耳而鳴, 亦已異矣. 高宗之訓篇, 亡.

經에서는 "肜祭를 지내는 날에"라고 말하였는데, 序에서는 "成湯에게 제사 지낼 때에"라고 하였고, 經에서는 "꿩이 우는 이변이 있었다."라고 말하였는데, 序에서는 "날아가던 꿩이 〈와서〉 솥귀로 올라가서 울었다."라고 하였으니, 載籍에 전한 바가 있었던가. 그러나 經에서 "제사를 주관함에 아버지의 사당에만 풍성하게 지내지 마십시오."라고 하였으니, 가까운 사당이었지 꼭 成湯은 아니었을 것이다. 宗廟·都宮·堂室은 심원하고 깊숙한데, 날아가던 꿩이 와서 솥귀로 올라서서 울었다는 것 역시 벌써 이상한 일일 테다. 〈高宗之訓〉은 망실되었다.

○殷始咎周라 周人乘黎하니 祖伊恐하여 奔告于受하니라 作西伯戡黎라

○殷나라가 비로소 周나라를 미워하였다. 周나라 사람이 黎나라를 쳐서 승리하니, 祖伊가 두려워하여 달려가 受에게 고하였다. 〈史官이 그 일을 서술하여〉〈西

伯戡黎〉를 지었다.

> 咎, 惡(오), 乘, 勝也. 詳祖伊所告, 無一言及西伯者. 蓋祖伊雖知周不利於商,
> 而又知周實無所利於商, 序言殷始咎周, 似亦未明祖伊奔告之意.

> 咎는 惡(미워하다)의 뜻이고, 乘은 勝의 뜻이다. 祖伊가 고한 바를 자세히 살펴보
> 면 한 마디도 西伯에 대해 언급한 것이 없다. 대개 祖伊는 周나라가 商나라에 불리
> 한 존재임을 비록 알았지만, 또 周나라가 실로 商나라에 이로울 바가 없음도 알았
> 을 터인데, 序에서 "殷나라가 비로소 周나라를 미워하였다."라고 말한 것은 또한 祖
> 伊가 달려가서 고한 뜻을 분명히 알지 못했던 것 같다.

○殷旣錯天命하니 微子作誥父師少師라

○殷나라 〈紂가〉 이미 天命을 어지럽히니, 微子가 誥를 지어서 父師와 少師에
게 〈고하였다.〉

○惟十有一年에 武王이 伐殷하시다 一月戊午에 師渡孟津하다 作泰誓三篇이라

○11년에 武王이 殷나라를 치셨다. 1月 戊午日에 군사가 孟津을 건넜다. 〈史官
이 그 일을 서술하여〉〈泰誓〉3편을 지었다.

> 十一年者, 十三年之誤也. 序本依放經文, 無所發明, 偶三誤而爲一. 漢孔氏
> 遂以爲十一年觀兵, 十三年伐紂, 武王觀兵, 是以臣脅君也. 張子曰 "此事間
> 不容髮, 一日而命未絶, 則是君臣, 當日而命絶, 則爲獨夫." 豈有觀兵二年而
> 後始伐之哉. 蓋泰誓序文, 旣有十一年之誤, 而篇中又有觀政于商之語, 僞泰
> 誓得之傳聞, 故上篇言觀兵之事, 次篇言伐紂之事. 司馬遷作周本紀, 因亦謂
> "十一年觀兵, 十三年伐紂." 訛繆相承, 展轉左驗. 後世儒者, 遂謂實然, 而不
> 知武王蓋未始有十一年觀兵之事也. 且序言 "惟十有一年, 武王伐殷." 繼以
> "一月戊午, 師渡孟津." 卽記其年其月其日之事也. 夫一月戊午, 旣爲十三年
> 之事, 則上文十一年之誤審矣. 孔氏乃離而二之, 於十有一年, 武王伐殷, 則釋
> 爲觀兵之時, 於一月戊午, 師渡孟津, 則釋爲伐紂之時, 上文則年無所繫之月,
> 下文則月無所繫之年. 又序言 "十一年伐殷." 而孔氏乃謂 "十一年觀兵, 十三年
> 伐殷." 是蓋繆中之繆. 遂使武王蒙數千百年脅君之惡, 一字之誤, 其流害乃至
> 於此哉.

11년은 13년의 착오이다. 序는 본디 經文에만 의지하고 발명한 바는 없었는데, 우연히 3이 틀려서 1이 되었다. 漢나라 孔氏는 결국 "11년에 군대를 사열하고, 13년에 紂를 쳤다."고 하였으니, 武王이 군대를 사열한 것은 바로 신하의 신분으로 임금을 협박한 꼴이 된다.

張子는 말하기를 "이 일은 터럭 하나 들어갈 틈도 없어서, 하루라도 천명이 끊어지지 않았으면 이는 군신관계가 유지되는 것이고, 당일이라도 천명이 끊어지면 獨夫가 되는 것이다."라고 하였으니, 어찌 군대를 사열함이 있은 지 2년 후에 비로소 〈紂를〉 쳤겠는가.

대개 〈泰誓〉의 序文에 이미 11년에 〈무왕이 은나라를 쳤다고 하여〉 틀린 점이 있고, 篇 속에 또 "商나라에서 정치 상태를 살펴보았다."란 말이 있으니, 위작한 〈泰誓〉는 전해들은 말에서 얻은 것이기 때문에 윗편에서는 군대를 사열한 일을 말하고, 다음 편에서는 紂를 친 일을 말하였다. 司馬遷이 《史記》〈周本紀〉를 지을 때에도 따라서 또한 "11년에 군대를 사열하고, 13년에 紂를 쳤다."라고 하였다. 오류가 서로 이어져 이리저리 증거를 대니, 後世 儒者들은 결국 실제로 그런 것이라 생각하고 武王이 당초 11년에 군대를 사열한 일이 없었다는 것을 알지 못하였다.

또 序에서 "11년에 武王이 殷나라를 쳤다."라고 하고, "1月 戊午日에 군사가 孟津을 건넜다."는 것을 가지고 이어받았으니, 곧 그 해 그 달 그 날의 일을 기록한 것이다. 무릇 1月 戊午日은 이미 13년의 일이 되는 것이니, 윗글의 11년이 틀린 점은 너무도 분명한 것이다. 그런데 孔氏는 이에 갈라서 둘로 만들어 "11년에 武王이 殷나라를 쳤다."란 데에서는 군대를 사열한 때라고 해석하고, "1月 戊午日에 군사가 孟津을 건넜다."라는 데에서는 紂를 친 때라고 해석하였는데, 윗글의 경우는 해에 달을 연계한 바가 없고, 아랫글의 경우는 달에 해를 연계한 바가 없다.

또 序에서는 "11년에 殷나라를 쳤다."라고 말하였는데, 孔氏는 이에 "11년에 군대를 사열하고, 13년에 殷나라를 쳤다."라고 하였으니, 이는 대개 틀린 것 중에 더 틀린 것이다. 결국 武王으로 하여금 수천 년 동안 임금을 협박한 惡을 뒤집어쓰게 하였으니, 한 글자의 착오가 그 流害가 곧 이 지경에 이렀다.

○武王의 戎車 三百兩이요 虎賁이 三百人이어늘 與受戰于牧野라 作牧誓라

○武王의 戎車(兵車)가 300輛이었고, 虎賁이 300명이었는데, 受(紂)와 더불어 牧野에서 싸웠다. 〈史官이 그 일을 서술하여〉〈牧誓〉를 지었다.

戎車, 馳車也. 古者馳車一乘, 則革車一乘. 馳車, 戰車, 革車, 輜車, 載器械·
財貨·衣裝者也. 司馬法曰 一車甲士三人, 步卒七十二人. 炊家子十人, 固守
衣裝五人, 廐養五人, 樵汲五人, 馳車七十五人, 革車二十五人, 凡百人. 二車,
故謂之兩, 三百兩, 三萬人也. 虎賁, 若虎賁獸之勇士, 百人之長也.

戎車는 馳車이다. 옛날에는 馳車 한 대면 革車 한 대였다. 馳車는 戰車요, 革車
는 輜車이니, 器械·財貨·衣裝을 싣는 것이었다. 《司馬法》에 이르기를 "수레 한 대
에는 甲士가 3명, 步卒이 72명, 밥 짓는 사람이 10명, 衣裝을 지키는 사람이 5명, 우
마 기르는 사람이 5명, 나무하고 물 긷는 사람이 5명이 딸리고, 馳車에는 75명, 革
車에는 25명 등 모두 100명이 딸린다. 수레가 두 대이기 때문에 이를 兩이라 이른
다. 300兩에는 3만 명이 딸린다. 虎賁은 虎賁獸와 같은 勇士이니, 100명의 長이다.

○武王이 伐殷에 往伐하고 歸獸하시다 識(지)其政事하여 作武成이라

○武王이 殷나라를 정벌함에 있어 가서 정벌하고 나서는 마소를 돌려보냈다. 그
〈은나라의〉政敎와 좋은 일들을 기록하였는데, 〈史官이 그 일을 기록하여〉〈武成〉
을 지었다.

歸獸, 歸馬放牛也. 武成所識, 其事之大者亦多矣, 何獨先取於歸馬放牛哉.

歸獸는 말을 돌려보내고 소를 풀어놓는 것이다. 〈武成〉에 기록한 것은 그 일의 큰
것도 많은데, 어찌 유독 먼저 말을 돌려보내고 소를 풀어놓는 것을 취했을까.

○武王이 勝殷하여 殺受하고 立武庚하시다 以箕子歸로 作洪範하다

○武王이 殷나라를 쳐서 승리하신 다음, 受를 죽이고 〈그 아들〉武庚을 세우셨
다. 箕子가 〈鎬京으로〉돌아와서 〈洪範〉을 지었다.

唐孔氏曰 "言殺受立武庚者, 序自相顧爲文." 未見意也.

唐나라 孔氏가 말하기를 "受를 죽이고 武庚을 세운 일을 말한 것은, 序는 위아래
를 서로 고려해서 글을 만들기 때문이다."라고 하였지만, 그런 뜻을 보지 못하겠다.

○武王旣勝殷에 邦諸侯하고 班宗彝[8]하니라 作分器라

---

8   班宗彝:《史記》〈周本紀〉에는 '班賜宗彝'로 되어 있다. 孔傳에서는 '班'을 '賜'의 의미로 풀이하

○武王이 이미 殷나라를 쳐서 승리한 뒤에 邦國을 세워 諸侯들을 봉하고 〈殷나라〉宗廟의 彝器를 〈거둬〉나누어주었다. 〈史官이 그 일을 서술하여〉〈分器〉를 지었다.

　宗彝, 宗廟彝尊(준)也, 以爲諸侯分器. 篇亡.
　　宗彝는 宗廟의 彝尊인데, 諸侯의 分器를 삼았다. 이 篇은 망실되었다.

○西旅獻獒하니 太保作旅獒하다

○西旅가 큰 개를 바치니, 太保가 〈旅獒〉를 지었다.

　獻, 貢也.
　　獻은 貢(바치다)의 뜻이다.

○巢伯來朝하다 芮伯作旅巢命하다

○巢나라 임금이 와서 조회하였다. 芮伯이 〈왕의 위엄과 德을 베풀어서 巢나라 임금에게 명하였는데, 史官이 그 일을 서술하여〉〈旅巢命〉을 지었다.

　篇亡.
　　이 篇은 망실되었다.

○武王有疾하시니 周公이 作金縢하시다

○武王이 위중한 병을 앓으시자, 周公이 〈請命의식을 하고 그 축문을 쇠사슬로 묶은 궤 속에 넣어두었는데, 뒤에 成王이 그 궤를 열어보게 되자 史官이 그 일을 서술하여〉〈金縢〉을 지었다.

○武王崩에 三監及淮夷叛하니라 周公이 相成王하여 將黜殷에 作大誥라

　였으나, 孔疏에서는 공전의 '賦宗廟彝器酒罇'의 '賦'가 '班'을 풀이한 것으로 오해하였다. 그러므로 '班'을 '賦'와 '分'으로 혼용하여 풀이하였다. 그러나 공전에서 말한 '賦'는 斂(거두다)의 뜻이고, '宗廟彝器酒罇'은 '은나라를 이기고 얻은 器物'(孫星衍,《尙書今古文注疏》)로서 '賦宗廟彝器酒罇'은 〈은나라〉종묘의 彝器와 酒罇을 거두다', 다시 말하면 '전리품을 수습하다' 정도의 뜻으로 보아야 한다.

○武王이 崩御하심에 三監과 淮夷가 반역하였다. 周公이 成王을 도와 장차 殷나라 〈임금 武庚의〉命을 끊으려고〔黜〕할 때에 〈반역자를 주살할 뜻으로 크게 천하에 고하였는데, 史官이 그 일을 서술하여〉〈大誥〉를 지었다.

三監, 管叔·蔡叔·霍叔也. 以其監殷, 故謂之三監.

三監은 管叔·蔡叔·霍叔이다. 殷나라를 감독하였기 때문에 이를 三監이라 일렀다.

○成王이 旣黜殷命하고 殺武庚하시다 命微子啓代殷後한대 作微子之命이라

○成王이 이미 殷나라의 命을 끊고 武庚을 죽이셨다. 微子 啓를 명하여 殷나라의 후계를 대신하게 하였더니, 〈史官이 그 일을 서술하여〉〈微子之命〉을 지었다.

微子封於宋, 爲湯後.

微子가 宋나라에 봉해져 湯임금의 후계자가 되었다.

○唐叔得禾하니 異畝同穎이라 獻諸天子라 王命唐叔하여 歸周公于東이라 作歸禾하니라

○唐叔이 〈이상한〉 벼를 얻었는데, 이랑은 달리하면서 이삭은 같이 한 것이었다. 이것을 천자에게 바쳤다. 王이 唐叔에게 命하여 周公을 동쪽에서 돌아오게 하셨다. 〈史官이 그 일을 서술하여〉〈歸禾〉를 지었다.

○周公이 旣得命禾하고 旅天子之命하여 作嘉禾[9]하니라

○周公이 이미 命禾(王이 하사한 벼)를 얻고 天子의 命을 진술하여 〈嘉禾〉를 지었다.

唐叔, 成王母弟. 畝, 壟也, 穎, 穗也. 禾各一壟, 合爲一穗. 葛氏曰 唐叔雖幼, 因禾必有獻替之言. 成王旣悟風雷之變[10], 因命唐叔, 以禾歸周公于東. 旅, 陳

---

9 作嘉禾 : 孔傳은 〈嘉禾〉를 周公이 지은 것으로 풀이하였으나, 孔疏는 成王이 벼의 일로 주공을 돌아오게 한 일과 주공이 이로 인해 文辭를 지은 일 등을 史官이 서술하여 〈嘉禾〉를 지은 것으로 풀이하였다.

10 風雷之變 : 하늘이 바람과 우레로 경고를 보여주는 災異의 현상을 이르는 말이다.

也. 二篇亡.

唐叔은 成王의 同母弟이다. 馘는 藋의 뜻이고, 穎은 穗의 뜻이다. 벼가 각각 한 이랑이었는데, 서로 합하여 하나의 이삭이 되었다. 葛氏가 말하기를 "唐叔이 비록 어렸으나 벼의 일로 인하여 반드시 좋은 일은 하도록 권하고 나쁜 일은 못하도록 경계하는 말을 하였다. 成王이 이미 風雷의 재변을 깨닫고는 이내 唐叔에게 명하여 벼의 일을 가지고 周公을 동쪽에서 돌아오게 하였다."라고 하였다. 旅는 陳의 뜻이다. 2篇(〈歸禾〉·〈嘉禾〉)은 망실되었다.

○成王이 旣伐管叔蔡叔하시고 以殷餘民으로 封康叔하시다 作康誥, 酒誥, 梓材라

○成王이 이미 管叔과 蔡叔을 토벌하시고 殷나라의 남아있는 백성들로써 康叔을 봉해주셨다. 〈康誥〉·〈酒誥〉·〈梓材〉를 지었다.

案胡氏曰 康叔, 成王叔父也, 經文不應曰 朕其弟, 成王, 康叔猶子也, 經文不應曰 乃寡兄. 其曰兄曰弟者, 武王命康叔之辭也. 序之繆誤, 蓋無可疑. 詳見篇題, 又案書序, 似因康誥篇首錯簡, 遂誤以爲成王之書, 而孔安國, 又以爲序篇亦出壁中, 豈孔鮒藏書之時, 已有錯簡邪. 不可考矣. 然書序之作, 雖不可必爲何人而可, 必其非孔子作也.

살펴보건대 胡氏가 말하기를 "康叔은 成王의 叔父이니 經文에서 응당 '朕의 아우'라고 말하지 않았을 것이고, 成王은 康叔의 猶子(조카)이니 經文에서 응당 '네 寡兄'이라고 말하지 않았을 것이다. 그 '형'이라고 말하고 '아우'라고 말한 것은 武王이 康叔에게 명한 말이다."라고 하였으니, 序의 오류는 의심할 것이 없다. 篇題에 자세히 보인다. 또 書序를 상고하면 〈康誥〉 첫머리의 錯簡으로 인하여 드디어 成王의 글로 오인한 것 같은데, 孔安國은 또 序篇 역시 壁 속에서 나온 것이라 하였으니, 아마 孔鮒가 책을 감출 때에 이미 錯簡이 있었던가. 상고할 길이 없다. 그러나 書序의 저작은 비록 어떤 사람이 꼭 했다고 말할 수는 없지만 반드시 孔子의 저작이 아닌 것만은 틀림이 없다.

○成王在豐에 欲宅洛邑하여 使召公先相宅하니라 作召誥라

○成王이 豐에 계실 때에 〈옮겨가〉 洛邑에 거주하려고 하시어 召公으로 하여금 먼저 거주할 곳을 살펴보게 하셨다. 〈召誥〉를 지었다.

○召公旣相宅하니 周公往營成周하고 使來告卜하니라 作洛誥라

○召公이 이미 거주할 곳을 살펴보고 나자 周公이 가서 成周를 경영하고 使者를 보내와 점괘를 고하였다. 〈史官이 그 일을 서술하여〉 〈洛誥〉를 지었다.

○成周旣成에 遷殷頑民하고 周公이 以王命으로 誥라 作多士라

○成周가 이미 이루어짐에 殷나라 頑民을 이주시키고, 周公이 王命으로 誥하였다. 〈史官이 그 일을 서술하여〉 〈多士〉를 지었다.

遷殷頑民, 在作洛之前. 序書者, 考之不詳, 以爲 "成周旣成, 遷殷頑民." 謬矣. 詳見本篇題.

殷나라의 頑民을 옮긴 일은 洛邑을 만들기 전에 있었는데, 《書》에 서문을 쓴 자가 자세히 상고하지 않고 "成周가 이미 이루어지자, 殷나라의 頑民을 옮겼다."라고 하였으니, 잘못된 것이다. 본 篇題에 자세히 보인다.

○周公作無逸이라

○周公이 〈無逸〉을 지었다.

○召公爲保하고 周公爲師하여 相成王爲左右라 召公不說(열)하니 周公作君奭이라

召公은 保가 되고 周公은 師가 되었으니, 成王을 보필하는 左右大臣이 된 것이다. 召公이 좋아하지 않자, 周公이 〈君奭〉을 지었다.

蘇氏曰 "舊說或謂'召公疑周公', 陋哉斯言也." 愚謂序文意義含糊, 舊說之陋, 有以啓之也.

蘇氏(蘇軾)가 말하기를 "舊說에 더러 '召公이 周公을 의심했다.'고 하였으니, 비루하다 이 말이여."라고 하였다. 나는 序文의 뜻이 모호한 것은 舊說의 비루한 것이 계도함이 있기 때문이라 생각한다.

○蔡叔旣沒에 王命蔡仲하여 踐諸侯位하니 作蔡仲之命이라

○蔡叔이 이미 죽은 뒤에 王이 蔡仲에게 명하여 諸侯의 자리에 오르게 하였으니, 〈蔡仲之命〉을 지었다.

○成王東伐淮夷하고 遂踐奄하시다 作成王政이라

○成王이 동쪽으로 淮夷를 정벌하고 드디어 奄나라를 멸하여 〈그 백성들을 옮기셨다.〉〈成王政〉을 지었다.

踐, 滅也. 篇亡.

踐은 滅의 뜻이다. 이 篇은 망실되었다.

○成王이 旣踐奄하시고 將遷其君於蒲姑러시니 周公告召公하여 作將蒲姑라

○成王이 이미 奄나라를 멸하고 장차 그 임금을 蒲姑로 옮기려고 하셨는데, 周公이 召公에게 고하여 〈將蒲姑〉를 지었다.

史記作薄姑. 篇亡.

《史記》에 〈薄姑〉로 되어 있다. 이 篇은 망실되었다.

○成王이 歸自奄하시다 在宗周하여 誥庶邦하시다 作多方이라

○成王이 奄나라에서 돌아오셨다. 宗周에 계시어 여러 나라에게 고유하셨다. 〈多方〉을 지었다.

○周公이 作立政하다

○周公이 〈立政〉을 지었다.

○成王이 旣黜殷命하고 滅淮夷라 還歸在豐에 作周官이라

○成王이 이미 殷나라의 命을 끊고 淮夷를 멸망시켰다. 豐邑으로 되돌아와 계실 때에 〈周官〉을 지었다.

成王黜殷久矣, 而於此復言, 何耶.

成王이 殷나라의 명을 끊은 지 이미 오래인데, 여기에서 다시 말한 것은 무엇 때문인가.

○成王旣伐東夷하니 肅愼來賀라 王俾榮伯으로 作賄肅愼之命이라

○成王이 이미 東夷를 정벌하니, 肅愼이 와서 축하하였다. 王이 榮伯으로 하여

금 〈賄肅愼之命〉을 짓게 하였다.

> 賄, 賂也. 義未詳. 篇亡.
>
> 賄는 賂의 뜻이다. 의미는 자세히 알 수 없다. 이 篇은 망실되었다.

○周公在豐에 將沒하면 欲葬成周라 公이 薨하니 成王이 葬於畢이라 告周公하고 作亳姑라

○周公이 豐邑에 있을 때에 장차 죽으면 成周에 묻히고 싶어 하였다. 周公이 작고하니, 成王이 畢 땅에 장사 지냈다. 周公에게 고하고 〈亳姑〉를 지었다.

> 此言周公在豐, 漢孔氏謂致政歸老之時, 而下文君陳之序, 乃曰 "周公旣沒, 命君陳分正東郊成周." 方未命君陳時, 成周, 蓋周公治之, 以公沒, 故命君陳. 然則公蓋未嘗去洛矣, 而此又以爲"在豐將沒", 則其致政歸老, 果在何時耶. 篇亡.
>
> 여기서 "周公이 豐邑에 있었다."라고 말한 것은, 漢나라 孔氏는 벼슬을 그만두고 고향으로 돌아가서 노후를 보낼 때라고 말하였으며, 아랫글의 〈君陳〉의 序에는 "周公이 이미 작고하자, 君陳에게 명하여 〈殷나라 頑民의〉 거처를 분별하고, 東郊인 成周의 〈邑里와 官司를〉 바로잡아 다스리게 했다."라고 하였는데, 아직 君陳을 명하지 않았을 때에는 成周를 아마 周公이 다스렸을 것이니, 周公이 작고했기 때문에 君陳에게 명한 것일 터이다. 그렇다면 周公은 아마 洛邑을 떠난 적이 없었을 것인데, 여기서 또 "〈周公이〉 豐邑에 있을 때에 장차 죽으면"이라고 하였으니, 그 벼슬을 그만두고 고향으로 돌아가서 노후를 보낸 시기는 과연 어느 때에 있었던 것인가. 이 篇은 망실되었다.

○周公旣沒에 命君陳分하고 正東郊成周하니라 作君陳이라

○周公이 이미 작고한 뒤에 君陳에게 명하여 〈殷나라 頑民의 거처를〉 분별하고, 東郊인 成周를 바로잡아 다스리게 하였다. 〈君陳〉을 지었다.

○成王將崩에 命召公畢公하여 率諸侯相康王이니 作顧命이라

○成王이 장차 승하하려고 할 때에 召公과 畢公에게 명하여 諸侯를 거느리고 康王을 돕게 하였으므로 〈顧命〉을 지은 것이다.

○康王이 旣尸天子하여 遂誥諸侯하니 作康王之誥라

○康王이 이미 天子의 자리를 차지하고 마침내 諸侯에게 고유하니, 〈史官이 그 일을 서술하여〉〈康王之誥〉를 지었다.

尸天子, 亦無義理. 太康尸位, 義和尸官, 皆言居其位而廢棄其事之稱, 序書亦用其例, 謬矣.

"天子의 자리를 차지했다."는 것은 또한 의리가 없는 것이다. "太康이 자리를 차지했다."는 것과 "羲氏와 和氏가 관직을 차지했다."는 것은 모두 그 지위에 있으면서 그 직사를 폐기한 것을 일컬음을 말한 것이니, 《書》에 서문을 쓰면서 또한 그 例를 쓴 것은 틀린 일이다.

○康王命作冊畢이라 分居里하니 成周郊러라 作畢命이라

○康王이 명하여 畢公을 임명할 冊書를 짓도록 하였다. 거주하는 마을을 분별하였으니, 바로 成周의 郊境에서였다. 〈畢命〉을 지었다.

分居里者, 表厥宅里, 殊厥井疆也.

"거주하는 마을을 분별하였다."는 것은 그 宅里를 표시하고, 그 井疆을 달리한 것이다.

○穆王이 命君牙爲周大司徒하니 作君牙라

○穆王이 君牙를 명하여 周나라 大司徒로 삼았으니, 〈君牙〉를 지었다.

序無所發明. 曰周云者, 殊無意義. 或曰 此春秋王正月例也. 曰春秋, 魯史, 故孔子繫之以王, 此豈其例耶. 下篇亦然.

序에 발명한 바가 없다. '周'라 말한 것에는 별다른 의미가 없다. 혹자는 "이는 《春秋》에서 '王正月'이라고 한 例이다."라고 하는데, 《春秋》라고 한 것은 魯나라 역사이기 때문에 孔子가 '王'자를 연계한 것이니, 이것이 어찌 그 例이겠는가. 아래의 篇도 역시 그런 것이다.

○穆王命伯冏하여 爲周太僕正하니 作冏命이라

○穆王이 伯冏을 명하여 周나라 太僕正을 삼으니, 〈冏命〉을 지었다.

○呂命_{하고} 穆王訓夏贖刑_{이라} 作呂刑_{이라}

○呂侯가 命을 받아서 〈天子의 司寇가 되었고,〉 穆王이 夏나라의 贖刑을 訓釋 (풀이)하였다. 〈呂刑〉을 지었다.

此序, 亦無所發明, 但增一夏字. 自古刑辟之制, 豈專爲夷狄, 不爲中夏耶. 或 曰 "訓夏贖刑, 謂訓夏后氏之贖刑也." 曰 夏承虞治, 不聞變法. 周禮亦無五刑 之贖, 其非古制明甚. 穆王耄荒, 車轍馬跡, 無所不至. 呂侯竊舜典贖刑二字, 作爲此刑, 以聚民財, 資其荒用. 夫子以其書猶有哀矜之意而錄之. 至其篇首, 特以耄荒二字發之, 其意微矣. 詳見本篇.

이 序도 역시 발명한 바는 없고, 단지 한 '夏'자만 보탰을 뿐이다. 자고로 刑辟의 제도는 어찌 夷狄에만 전용하고 中夏에는 쓰지 않았겠는가. 혹자는 "'訓夏贖刑'은 夏后氏의 贖刑을 訓釋함을 이른다."라고 하지만, 夏나라는 虞나라를 이어받아 다 스렸지, 法을 변경했다는 말은 듣지 못하였다. 《周禮》에도 역시 五刑의 贖錢이 없 으니, 그것이 옛 제도가 아닌 것만은 매우 분명하다. 穆王은 노망하고 거칠어서 수 레바퀴와 말 발자국이 닿지 않은 곳이 없었다. 呂侯는 〈舜典〉의 '贖刑' 두 글자를 훔쳐서 이 형벌을 만들어 백성들의 재물을 긁어모아서 천하를 안 간데 없이 다니는 데에 들어가는 비용을 댔다. 夫子(孔子)는 그 글에 외려 哀矜의 뜻이 담겨있다고 해 서 기록한 것이다. 篇 첫머리에 이르러서는 특별히 '耄荒' 두 글자로써 발설하였으 니, 그 뜻이 은미하다. 本篇에 자세히 보인다.

○平王_이 錫晉文侯秬鬯圭瓚_{하시다} 作文侯之命_{하다}

○平王이 晉 文侯에게 秬鬯과 圭瓚을 하사하였다. 〈文侯之命〉을 지었다.

經文止言秬鬯, 而此益以圭瓚, 有所傳歟. 抑錫秬鬯者, 必以圭瓚, 故經不言歟.

經文에는 秬鬯만을 말했을 뿐인데 여기서는 圭瓚을 보탰으니, 전수받은 바가 있 는 것일까. 아니면 秬鬯을 하사하는 경우에는 반드시 圭瓚을 사용하기 때문에 經에 서 말하지 않은 것일까.

○魯侯伯禽_이 宅曲阜_라 徐夷竝興_{하니} 東郊不開_라 作費誓_라

○魯侯 伯禽이 曲阜에 거주하였다. 徐戎과 淮夷가 아울러 일어나니, 東郊가 열 리지 못하였다. 〈費誓〉를 지었다.

徐, 徐戎也. 夷, 淮夷也.

徐는 徐戎이고, 夷는 淮夷이다.

○秦穆公이 伐鄭하다 晉襄公이 帥(솔)師敗諸崤라 還歸하니 作秦誓라

○秦 穆公이 鄭나라를 쳤다. 晉 襄公이 군대를 거느리고 晉나라의 요새인 崤山에서 〈秦나라의 군대를 맞아〉 패배시켰다. 〈세 장수가〉 돌아오니 〈秦誓〉를 지었다.

以經文意考之, 穆公之悔, 蓋悔用杞子之諜, 不聽蹇叔之言, 序文亦不明此意.

經文의 뜻을 가지고 상고해보면, 穆公의 후회는 대개 杞子의 諜報를 쓰고 蹇叔의 말을 듣지 않은 것인데, 序文에 역시 이 뜻을 밝히지 않았다.

書說綱領

程子曰 "看書, 須要見二帝三王之道, 如二典, 卽求堯所以治民, 舜所以事君."

程子가 말씀하였다. "《書》를 읽을 적에는 모름지기 二帝·三王의 도리를 꿰뚫어보기를 요해야 하니, 이를테면 二典(〈堯典〉·〈舜典〉)과 같은 경우, 곧 堯임금이 백성을 다스리던 방법과 舜임금이 임금을 섬기던 방법을 추구해야 한다."

橫渠張氏曰 "尙書難看, 蓋難得胸臆如此之大, 只欲解義, 則無難也. 書稱天應如影響, 其禍福果然否. 大抵天道, 不可得而見, 惟占之於民, 人所悅則天必悅之, 所惡則天必惡(오)之, 只爲人心至公也, 至衆也. 民雖至愚無知, 惟於私己, 然後昏而不明. 至於事不干礙處, 則自是公明. 大抵衆所向者, 必是理也. 理則天道存焉, 故欲知天者, 占之於人, 可也."

橫渠 張氏(張載)가 말하였다. "《尙書》를 읽기 어려움은 아마 가슴속의 생각이 그처럼 큰 사람을 얻기 어렵기 때문이니, 단지 뜻만 풀려고 하면 어려울 것이 없다. 《尙書》에서 '하늘의 應驗이 그림자와 메아리 같다.'고 하였으니, 그 禍·福이 과연 그러한가. 대개 天道는 얻어 볼 수 없고, 오직 백성에게 점을 쳐서 사람이 기뻐한 것이면 하늘이 반드시 기뻐하고, 사람이 미워한 것이면 하늘이 반드시 미워하는 것일 뿐이니, 다만 人心은 지극히 공정하고 지극히 대중적이기 때문이다. 백성이 비록 지극히 어리석고 무지하나 오직 자기를 사적으로 챙기는 마음을 가진 연후에야 혼암하여 밝지 못한 것이다. 일이 간섭을 받거나 막히지 않는 곳에 이르면 스스로 공명해진다. 대개 대중이 지향해가는 것이 반드시 이 이치인 것이다. 이치이면 天道가 존재하는 것이기 때문에 하늘을 알려고 하는 자는 사람에게서 점쳐보아야 되는 것이다."

朱子曰 "古史之體可見者, 書春秋而已. 春秋, 編年通紀, 以見事之先後, 書則每事別記, 以具事之首尾. 意者, 當時史官, 旣以編年紀事, 至於事之大者, 則又探合而別記之. 若二典所記, 上下百有餘年, 而武成·金縢諸篇, 其所紀理[1], 或更歲[2]月, 或歷數年, 其間豈無異事. 蓋必已具於編年之史, 而今不復見矣."

朱子가 말씀하였다. "옛날의 역사 기술의 체재를 볼 수 있는 것은 《書》와 《春秋》일 뿐이다. 《春秋》는 연대의 순서를 따라 통시대적으로 기록해서 사건의 전말을 일관성 있게 보였고, 《書》의 경우는 매 사건마다 별도로 기록하여 사건의 전말을 구비하였다. 생각하건대 당시 史官이 이미 연대의 순서를 따라 사건을 기록하고, 사건의 큰 것에 대해서는 또 채취하여 합해가지고 별도로 기록하였을 것이다. 이를테면 二典(〈堯典〉·〈舜典〉)에 기록된 바는 위아래를 통틀어서 100여 년이 되고, 〈武成〉·〈金縢〉 등 諸篇은 그 기록된 바가 혹은 몇 달을 거치기도 하고 혹은 몇 년을 거치기도 하니, 그 사이에 어찌 다른 일이 없었겠는가. 아마 필시 編年史에 이미 구비했을 터이나, 지금은 다시 볼 수가 없다."

"聖人千言萬語, 只是說箇當然之理, 恐人不曉, 又筆之於書. 自書契以來, 二典·三謨·伊尹·武王·箕子·周公·孔孟, 都只如此, 可謂盡矣. 只就文字間求之, 句句皆是. 做得一分, 便是一分工夫, 非茫然不可測也. 但恐人自不子細求索之爾. 須是量[3]聖人之言, 是說箇什[4]麼, 要將何用, 若只讀過便休, 何必讀."

"聖人의 천 마디 말과 만 마디 말은 다만 당연한 이치를 말씀한 것일 뿐인데, 사람들이 깨닫지 못할까 싶어서 또 책에 적은 것이다. 書契가 있은 이후로 二典·三謨(〈大禹謨〉·〈皐陶謨〉·〈益稷〉) 그리고 伊尹·武王·箕子·周公과 孔子·孟子가 모두 이와 같을 뿐이니, 남김없이 다했다고 말할 만하다. 다만 文字 사이에 입각해서 추구할 뿐이니, 글귀마다 모두 그렇게 할 것이다. 1分을 힘써 하면 바로 1分의 공부가 되니, 아득하여 헤아릴 수 없는 것은 아니다. 다만 사람들이 스스로 자세하게 求索하지 않을까 그것이 걱정될 뿐이다. 모름지기 성인의 말씀이 무엇을 말씀한 것인지 요컨대 장차 어떻게 쓸 것인지 생각해야 하니, 만일 다만 읽어치우고 곧 그만둘 뿐이라면 어찌 읽을 필요가 있겠는가."

"尙書初讀甚難, 似見於己不相干, 後來熟讀, 見堯·舜·禹·湯·文·武之事, 皆切

---

1 理:《朱子全書》에는 '載'로 되어 있다.
2 歲:《朱子全書》에는 '數'로 되어 있다.
3 須是量:《朱子語類》에는 '須要思量'으로 되어 있다.
4 什:《朱子語類》에는 '甚'으로 되어 있다.

於己."

《尙書》가 처음에는 읽기가 너무 어려워서 자기에게 아무런 상관이 없다고 볼 듯하지만, 이후로 익숙히 읽으면 堯·舜·禹·湯·文·武의 일이 모두 자기에게 절실한 것임을 볼 것이다."

"某嘗患尙書難讀, 後來先將文義分曉者讀之, 聱牙者且未讀. 如二典·三謨等篇, 義理明白, 句句是實理. 堯之所以爲君, 舜之所以爲臣, 皐陶·稷·契·伊·傅輩所言所行, 最好, 綢繆[5]玩味, 體貼向自家身上來, 其味自別."

"나는 일찍이 《尙書》가 읽기 어려운 것을 걱정하였었는데, 이후로 먼저 글 뜻이 분명한 것을 읽었고, 글이 까다로워 읽기 어려운 것은 읽지 않았다. 이를테면 二典·三謨 등의 篇과 같은 것은 義理가 明白하고, 글귀마다 바로 실제 이치이다. 堯가 임금이 된 까닭과 舜이 신하가 된 까닭, 그리고 皐陶·稷·契·伊尹·傅說 등이 말한 바와 행동한 바가 가장 좋으니, 연역하고 완미하여 자신의 身上에 갖다 붙이면 그 맛이 자별할 것이다."

先生問鄭可學"尙書如何看." 曰"須要考歷代之變." 曰"世變難看. 唐虞三代事, 浩大闊遠, 何處測度. 不若求聖人之心. 如堯則考其所以治民, 舜則考其所以事君. 且如湯誓, 湯曰'予畏上帝, 不敢不正.'熟讀, 豈不見湯之心. 大抵尙書, 有不必解者, 有須著意解者, 有略須解者, 有不可解者, 如仲虺之誥·太甲諸篇, 只是熟讀, 義理分明, 何俟於解. 如洪範, 則須著意解, 如典謨諸篇, 稍雅奧, 亦須略解, 若如盤誥[6]諸篇, 已難解, 而康誥之屬, 則已不可解矣."

先生(朱子)이 鄭可學에게 "《尙書》는 어떻게 읽어야 하는가?"라고 물으시니, 鄭可學이 "모름지기 歷代의 변천을 살펴보고자 해야 합니다."라고 하자, 선생은 "세대의 변천은 살펴보기 어려운 것이다. 唐虞·三代의 일은 매우 크고 매우 넓은데, 어떤 곳에서 헤아리겠는가. 聖人의 마음을 구하는 것만 못하다. 堯의 경우는 그 백성을 다스리던 바를 상고하고, 舜의 경우는 그 임금을 섬기던 바를 상고해야 할 것이다. 또한 〈湯誓〉의 경우 湯임금이 '나는 上帝를 두려워하는지라, 감히 〈그의 죄를〉 바로잡지 않을 수 없다.'라고 한 말씀을 익숙히 읽으면 湯임금의 마음을 어찌 보지 못하겠는가. 대개 《尙

---

5   綢繆:《朱子語類》에는 '紬繹'으로 되어 있다.
6   盤誥: 周誥殷盤의 준말로, 商書의 〈盤庚〉 3편과 周書의 〈大誥〉·〈康誥〉·〈酒誥〉·〈召誥〉·〈洛誥〉를 합칭한 말이다.

書》에는 꼭 이해되기를 기다릴 필요가 없는 것도 있고, 마음을 쏟아야 이해할 수 있는 것도 있고, 약간 이해할 수 있는 것도 있고, 반드시 이해할 수 없는 것도 있으니, 〈仲虺之誥〉·〈太甲〉등 諸篇과 같은 것은 익숙하게 읽기만 하면 義理가 분명하니, 어찌 이해되기를 기다릴 필요가 있겠는가. 〈洪範〉같은 경우는 마음을 쏟아야 이해할 수 있는 것이고, 典·謨 같은 諸篇은 말이 조금 고상하면서 뜻이 깊으니, 또한 모름지기 약간 이해할 수 있는 것이며, 盤誥 같은 諸篇은 이해하기 어려운 것이고, 〈康誥〉의 등속은 이해할 수 없는 것이다."

問 "'尙書難讀, 蓋無許大心胸.' 他書亦須大心胸, 方讀得, 如何程子只說尙書." 曰 "他書却有次第. 且如大學, 自格物致知, 以至平天下, 有多少節次, 尙書只合下便大. 如堯典, 自克明俊德以親九族, 至黎民於變時雍, 展開是大小大, 分命四時成歲, 便見心中包得一箇三百六十五度四分度之一底天, 方見得恁地, 若不得一箇大底心胸, 如何了得."

〈葉賀孫이〉"'《尙書》가 읽기 어려운 것은 큰마음이 없기 때문이다.'라고 하였으니, 다른 책 역시 큰마음이 있어야만 비로소 읽을 수 있을 것인데, 어째서 程子는 단지 《尙書》만을 말했답니까?"라고 묻자, 선생은 "다른 책은 차제가 있느니라. 또한 《大學》같은 경우는 '格物致知'로부터 '平天下'에 이르기까지 다소의 절차가 있지만, 《尙書》는 〈그 규모가〉원래 크기만 할 뿐이다. 이를테면 〈堯典〉같은 경우, '克明俊德以親九族'으로부터 '黎民於變時雍'에 이르기까지는 전개한 것이 매우 크다. 分命·四時·成歲에서는 문득 일개 365度와 4분의 1度인 하늘을 마음속에 포괄할 수 있어야 바야흐로 이와 같은 것을 볼 수 있다. 만일 일개 큰마음을 얻지 못한다면 어떻게 이해할 수 있겠는가."

"學者, 須是有業次. 且如讀堯舜典曆象·日月·星辰·律度·量衡·五樂·五禮之類, 禹貢山川·洪範九疇, 須一一理會令透. 今人只做得西漢以下工夫, 無人就堯舜三代原頭處理會來." 又曰 "且如做擧業, 亦須苦心理會文字, 方可決科. 讀書若不苦心去求, 不成業次, 終不濟事."

"學者는 모름지기 業次(매일 하는 일의 순서)가 있어야 한다. 또한 〈堯典〉·〈舜典〉의 曆象·日月·星辰·律度·量衡·五樂·五禮의 따위와 〈禹貢〉의 山川과 〈洪範〉의 九疇 같은 것도 읽어서 모름지기 일일이 이해하여 통달하도록 하여야 한다. 그런데 지금 사람은 단지 西漢 이후만을 공부하고, 堯舜·三代의 근원이 되는 곳에 나가서 이해하는 사람이 없다."

또 말씀하였다. "예컨대 과거에 응시하는 일도 모름지기 고심해서 文字를 이해하여
야만 비로소 과거에 합격할 수 있는데, 讀書할 때 만일 고심하면서 탐구하지 않는다면
業次를 이루지 못해서 끝내 성사하지 못할 것이다."

"尙書前五篇, 大槪易曉, 後如甘誓·胤征·伊訓·太甲·咸有一德·說命, 此皆易
曉, 亦好. 此是孔氏壁中所藏之書." 又曰 "看尙書, 漸漸覺得曉不得, 便是有長
進, 若從頭尾解得, 便是亂道. 高宗肜日, 是最不可曉者, 西伯戡黎, 是稍稍不可
曉者. 太甲大故亂道, 故伊尹之言緊切, 高宗稍稍聰明, 故說命之言細膩." 又曰
"讀尙書有一箇法, 半截曉得, 半截曉不得, 曉得底看, 曉不得底且闕之, 不可强
通, 强通則穿鑿."

《尙書》가 앞의 5篇은 대개 쉽게 이해할 수 있고, 뒤의 〈甘誓〉·〈胤征〉·〈伊訓〉·〈太
甲〉·〈咸有一德〉·〈說命〉 같은 것도 모두 쉽게 이해할 수 있고, 또한 글이 좋은데, 이
것은 바로 孔氏의 벽 속에 감춰뒀었던 책이다."

또 말씀하였다. "《尙書》를 볼 적에는 이해할 수 없는 것을 점진적으로 깨달아야 크게
진보되는 점이 있을 것이니, 만일 頭尾를 따라 해득하려 한다면 이는 바르지 못한 도
이다. 〈高宗肜日〉이 바로 가장 이해할 수 없는 편이고, 〈西伯戡黎〉가 바로 조금 이해
할 수 없는 편이다. 太甲은 크게 나쁜 짓을 하여 도리를 어지럽혔기 때문에 伊尹의 말
이 긴절하였던 것이고, 高宗은 약간 총명하였기 때문에 〈說命〉의 말이 섬세하고 부드
러웠던 것이다."

또 말씀하였다. "《尙書》를 읽는 데에는 한 가지 방법이 있으니, 반절은 이해가 되고
반절은 이해가 안 되거든 이해가 된 것만 보고 이해가 안 되는 것은 우선 빼놓고 억지
로 통하게 해서는 안 된다. 억지로 통하게 하려고 하면 천착하는 것이다."

語德粹云 "尙書亦有難看者, 昨日嘗語子上." 滕請問, 先生復言大略如昨日之說.
又云 "如微子·洛誥等篇, 讀至此, 且認微子與父師少師哀商之淪喪, 已將如何,
其他皆然. 若其文義, 知他當時言語如何, 自有不能曉矣."

德粹(주자의 문인인 滕璘의 字)에게 말씀하였다. "《尙書》에도 역시 보기 어려운 대목이
있기에 어제 鄭子上에게 말해주었다." 滕璘이 묻자 先生은 다시 대략을 어제 하신 말
씀처럼 말씀해 주셨다. 또 말씀하였다. "〈微子〉·〈洛誥〉 등의 篇과 같은 것은 여기까지
읽으면 또한 微子가 父師·少師와 함께 商나라의 상망을 슬퍼했던 것이 어떠했는지를

알 수 있다. 기타의 것들도 다 그러하다. 그 文義와 같은 것은 당시 言語가 어떠하였는
지를 알아야 할 것이니, 스스로 이해할 수 없는 대목이 있을 것이다."

問 "書當如何看." 先生曰 "且看易曉處, 其他不可曉者, 不要强說. 縱說得出, 恐
未必是當時本意. 近時解書者甚衆, 往往皆是穿鑿. 如呂伯恭, 亦未免此也."

　《書》는 어떻게 보아야 합니까?"라고 묻자, 선생은 말씀하였다. "쉽게 이해할 수 있
는 것을 보고, 기타 이해할 수 없는 것은 억지로 설명하지 말아야 한다. 비록 설명한
다 하더라도 필시 당시의 본뜻이 아닐 듯싶다. 근자에 《書》를 풀이하는 자들이 매우
많은데, 왕왕 천착들을 하고 있다. 呂伯恭(呂祖謙) 같은 이도 이러한 잘못을 면하지
못하였다."

"尙書中盤庚 · 五誥之類, 實是難曉, 若要添減字硬說將去儘得. 然只是穿鑿, 恐
終無益耳."

　《尙書》 중에 〈盤庚〉과 五誥(〈大誥〉·〈康誥〉·〈酒誥〉·〈召誥〉·〈洛誥〉)의 따위는 실제로
이해하기 어려운 것이다. 만일 글자를 보태고 빼고 하면서 억지로 밀고나간다면 이해
할 수는 있으나 단지 천착하는 것일 뿐, 끝내 이익이 없을까 두렵다."

"書中易曉處, 直易曉, 其不可曉處, 且闕之. 如盤庚之類, 非特不可曉, 便曉得,
亦要何用. 如周誥等篇, 周公不過說周所以合代商之意, 是他當時說話, 其間多
有不可解者, 亦且觀其大意所在而已."

　《書》 중에 쉽게 이해할 수 있는 부분은 곧 쉽게 이해하고, 그 이해할 수 없는 부분
은 우선 빼놓아야 할 것이다. 〈盤庚〉과 같은 따위는 이해할 수 없을 뿐만 아니라, 이
해하더라도 또한 어떻게 쓰는지도 요해야 한다. 周誥 등의 篇과 같은 것은 周公이 周
나라가 마땅히 商나라를 대신해야 하는 뜻을 말한 것에 불과한데, 이는 바로 당시의
말이므로 그 사이에 이해할 수 없는 것이 많이 있으니, 또한 대의가 있는 곳만을 볼
뿐이다."

"書中不可曉處, 先儒旣如此解, 且只得從他說. 但此一段, 如此訓詁說得通, 至
別一段, 如此訓詁便說不通, 不知如何."

　《書》 중에 이해할 수 없는 부분은 先儒가 이미 이와 같이 해석해놓았으니, 그 말을
따를 뿐이다. 다만 이 한 단락에서는 이와 같이 訓詁하는 것이 말이 통하지만, 다른 한
단락에 가서 이와 같이 訓詁하면 말이 통하지 않으니, 어째서인지 모르겠다."

"周公不知其人如何, 其言聱牙難曉. 如書中周公之言, 便難讀, 立政·君奭之篇
是也. 最好者, 惟無逸一書, 中間用字, 亦有'譸張爲幻'之語. 至若周官·蔡仲等
篇, 却是官樣文字, 必出於當時有司潤色之文, 非純周公語也."

　"周公은 그 사람됨이 어떠한지는 모르겠지만 그의 말은 까다로워 이해하기 어렵다.
《書》 중에 周公의 말은 읽기가 어려우니, 〈立政〉·〈君奭〉의 篇이 바로 이것이다. 가장
좋은 글은 오직 〈無逸〉뿐인데 중간 글자를 쓴 것에 또한 '속이거나 과장하여 현혹한
다.〔譸張爲幻〕'라는 말이 있다. 〈周官〉·〈蔡仲之命〉 등의 篇과 같은 것에 이르러서는 바
로 틀에 박힌 상투적인 문장으로, 필시 당시 유사가 윤색한 글에서 나온 것이고, 순전
히 周公의 말은 아닐 터이다."

"尙書, 只是虛心平氣, 闕其所疑, 隨力量看, 敎浹洽, 便自有得力處, 不須預爲計
較, 必求赫赫之功也."

　"《尙書》는 다만 허심탄회하게 그 의심나는 것을 빼버리고 힘에 맞게 보아나가 골수
에 스며들게 하면 저절로 힘을 얻는 곳이 있을 것이니, 모름지기 미리 計較해서 반드
시 혁혁한 공을 구하지 말아야 할 것이다."

道夫請先生點尙書以幸後學, 先生曰 "某今無工夫." 道夫曰 "先生於書, 旣無解,
若更不點, 則句讀不分, 後人承舛聽訛, 卒不足以見帝王之淵懿." 曰 "公豈可如
此說, 安知後來無人." 道夫再三請之, 先生曰 "書亦難點. 如大誥語句甚長, 今
人却都碎讀了, 所以曉不得. 某嘗欲作書說, 竟不曾成. 如制度之屬, 秖以疏文爲
本, 若其他未穩處, 更與挑剔, 令分明, 便得."

　楊道夫가 先生에게 "《尙書》에 구두점을 찍어서 후학들을 다행스럽게 해주십시오."
라고 청하자, 先生이 말씀하기를 "나는 지금 공부를 한 것이 없다."라고 하였다. 楊道
夫가 "선생께서 《書》에는 이미 해석을 해놓지 않으셨으니, 만일 다시 구두점을 찍어놓
지 않으신다면 구두가 분명치 않기 때문에 후인이 잘못된 것을 이어받아 와전시킴으로
써 끝내는 帝王의 깊은 뜻을 보지 못할 것입니다."라고 하니, 선생은 "公은 어찌 이와
같이 말하는가. 후일에 훌륭한 사람이 없을 것을 어떻게 아오."라고 하였다. 楊道夫가
재삼 청하자, 선생은 "《書》는 또한 구두점을 찍기가 어렵다. 〈大誥〉 같은 경우는 語句
가 매우 긴데, 지금 사람은 그것을 잘게 쪼개서 읽기 때문에 이해하지 못하는 것이다.
나는 일찍이 書說을 지으려고 하였으나 끝내 이루지 못하였다. 다만 制度의 등속과 같
은 것은 疏文(孔疏의 글)을 근본으로 삼고 기타 온당치 못한 부분 같은 것만 다시 손을

대서 분명해지게 한다면 이해할 수 있을 것이다.”라고 하였다.

“尙書頃嘗讀之, 苦其難而不能竟也. 注疏, 程張[7]之外, 蘇氏說亦有可觀, 但終是 不純粹, 林少穎說, 召誥以前亦詳備. 聞新安有吳才老裨傳, 頗有發明, 却未曾 見, 試幷考之, 諸家雖或淺近, 要亦不無小補, 但在詳擇之耳. 不可以篇帙浩汗而 遽憚其煩也.”

 “《尙書》를 전번에 읽어보았는데, 그 어려움에 시달려서 끝마칠 수 없었다. 注疏는 程 氏·張氏 외에 蘇氏(蘇軾)의 說이 또한 볼만한 점이 있었으나 다만 순수하지 못하였고, 林少穎(林之奇)의 說은 〈召誥〉 이전은 또한 자상하게 구비되었다. 듣건대 新安에 있는 吳才老(吳棫)가 만든 《裨傳》이 꽤 발명한 점이 있다고 하던데, 아직 보지는 못하였다. 시험 삼아 모두 상고해보았더니, 諸家의 說이 비록 淺近하더라도 요컨대 또한 조금의 도움이 없지는 않으니, 다만 자상하게 선택함에 있을 뿐이다. 篇帙이 광대하다고 해서 그 번거로움을 꺼려서는 안 된다.”

“荊公不解洛誥, 但云 ‘其間煞有不可强通處, 今姑擇其可曉者釋之.’ 今人多說荊 公穿鑿. 他却有此處[8], 若後來人解書, 則又却須要盡解.”

 “荊公(王安石)은 〈洛誥〉를 풀이하지 않고 다만 ‘그 사이에 억지로 통하게 할 수 없는 곳이 있으니, 지금 우선 이해할 수 있는 것만 골라서 해석했다.’라고 하였을 뿐이다. 지 금 사람들은 荊公이 천착했다고 많이들 말하지만 그는 오히려 이와 같은 점이 있었으 니, 만일 훗날 사람들이 《書》를 해석한다면 모름지기 또한 모두 다 해설하기를 요할 것 이다.”

“元祐說命無逸講義及晁以道·葛子平·程泰之·吳仁傑數書, 先附去, 可便參訂, 序次, 當以注疏爲先, 疏節其要者, 以後, 只以時世爲先後可也. 西山, 間有發明 經旨處, 固當附本文之下, 其統論, 卽附篇末也. 記得其數條理會點句及正多方· 多士兩篇, 可幷攷之.”

 “元祐(宋 哲宗 연호. 1086~1094) 연간 〈說命〉과 〈無逸〉을 강의한 것과 晁以道·葛子 平·程泰之·吳仁傑 등의 글을 먼저 부쳐 보내니, 참고해서 정정하도록 하고, 序次는 응당 注疏를 선두로 삼고 그 요점을 간추린 것은 이후에 단지 時世를 선후로 정하는

---

7 程張 : 程頤와 張載를 가리킨 듯하다.

8 此處 : 《朱子語類》에는 ‘如此處’로 되어 있다.

것이 좋겠다. 西山(蔡元定)이 그 동안 경문의 뜻을 발명한 곳이 있으니 本文의 아래에 붙이고, 統論은 곧 篇 끝에 붙여야 할 것이다. 그리고 그 몇 조문의 뜻을 알아내점을 찍은 구두와 바로잡은 〈多方〉·〈多士〉 두 편을 기록해서 아울러 상고하는 것이좋겠다."

或問 "諸家書解誰者最好, 莫是東坡書爲上否." 曰 "然. 東坡書解, 看得文勢好, 又筆力過人, 發明得分外精神." 問 "但似失之簡." 曰 "也有, 只消如此解者."

　어떤 이가 "諸家의 書解(서경 해석)는 누구의 것이 가장 좋습니까? 東坡(蘇軾)의 書解가 최상인 것 아니겠습니까?"라고 하니, 선생은 "맞다. 東坡의 書解는 살펴보면 文勢가 좋고, 또 筆力이 남보다 월등해서 발명한 것이 의외로 정신이 바짝 나게 한다."라고하였다. "다만 너무 간결한 흠이 있는 것 같은데요?"라고 하자, 선생은 "그런 흠은 있지. 다만 이와 같이 해석한 자가 없을 뿐이네."라고 하였다.

向在鵝湖, 見伯恭, 欲解書云 "且自後面解起." 今解至洛誥, 有印本是也. 其文甚鬧熱. 某嘗問伯恭 "書有難通處否." 伯恭初云 "亦無甚難通處." 數日間, 却云 "果有難通處, 今只是強解將去耳."

　전번 鵝湖에 있을 때에 伯恭(呂祖謙)을 만나보았더니, 그는 《書》를 해석하고 싶어하면서 "후면부터 해석하려고 한다."라고 하였는데, 지금 해석이 〈洛誥〉에 이르렀으니, 여기 있는 印本이 바로 이것이다. 그 글이 몹시 혼잡하였다. 내가 일찍이 伯恭에게 "《書》에 통하기 어려운 부분이 있던가?"라고 물었더니, 伯恭이 처음에는 "몹시 통하기어려운 부분은 없네."라고 하였다가 수일 뒤에 물으니, 도리어 "과연 통하기 어려운 부분이 있기에 지금 억지로 해석해나갈 뿐이네."라고 하였다.

"書說未有分付處, 因思向日諭及尙書, '文義貫通, 猶是第二義, 直須見得二帝·三王之心, 而通其所可通, 毋強通其所難通.' 卽此數語, 便已參到七八分. 千萬便撥置此來, 議定綱領, 早與下手爲佳. 諸說此間亦有之, 但蘇氏傷於簡, 林氏傷於繁, 王氏傷於鑿, 呂氏傷於巧. 然其間儘有好處. 如制度之屬, 祇以疏文爲本, 若其間有未穩處, 更與挑剔, 令分明耳."

　"書說을 당부할 데가 없으므로, 이내 지난 날 타이르는 말이 《尙書》에 미쳤을 때에 '文義의 貫通은 외려 부차적인 문제이고, 다만 모름지기 二帝·三王의 마음을 꿰뚫어보아 그 통할 수 있는 것은 통하고 그 통하기 어려운 것은 억지로 통하게 하지 말아야한다.'라고 한 말이 떠오르는데, 곧 이 몇 마디 말은 문득 이미 10분의 7, 8분은 통한 셈이다.⁹ 그러니 부디 득달같이 이곳으로 달려와서 綱領을 의논해 결정하여 일찌감치 더불어 착수하는 것이 좋겠다. 여러 사람의 書說이 여기에도 또한 있는데, 다만 蘇氏(蘇軾)는 간단한 것이 흠이고, 林氏(林之奇)는 번다한 것이 흠이고, 王氏(王安石)는 천착한 것이 흠이고, 呂氏(呂祖謙)는 교묘한 것이 흠이다. 그러나 그 사이에는 참으로 좋은 부분이 있다. 制度의 등속과 같은 것은 疏文을 근본으로 삼고 그 사이에 있는 온당치 못한 부분 같은 것만 다시 손을 써서 분명해지도록 해야 할 뿐이다.'라고 하였다."

婺源滕氏【和叔】曰 "書之大意, 一中字而已. 允執厥中, 書所以始, 咸中有慶, 書所以終. 以此一字, 讀此一書, 迎刃而解矣."

　婺源 滕氏(和叔)는 말하였다. 《書》의 大意는 '中' 한 자일 뿐이다. '允執厥中(진실로 그 中正의 도리를 가질 수 있을 것이다.)'은 《書》의 시작이고, '咸中有慶(모두 그 中正을 얻은지라 이 때문에 경사를 가진 것이다.)'은 《書》의 끝이다. 이 한 글자를 가지고 이 한 책을 읽으면 마치 칼날을 대는 대로 쪼개지듯 글이 술술 잘 풀릴 것이다."

程氏【去華】曰 "前輩謂讀書, 要識聖賢氣象. 某謂讀尙書, 亦當識唐虞三代氣象. 唐虞君臣, 交相儆戒, 夏商以後, 則多臣戒君耳. 禹·皐陶戒君, 儆於未然, 辭亦不費. 夏商以後, 則事形而後正救之, 如太甲·高宗肜日·旅獒等篇, 且反覆詳至, 不憚辭費矣. 觀啓與有扈戰于甘野, 以天子之尊, 統六師, 與一强諸侯對敵, 前此未聞也. 湯之伐夏, 自湯誓湯誥外, 未嘗數桀之惡, 且有慙德, 武王伐紂, 則有泰誓·牧誓·武成凡五篇, 歷歷陳布, 惟恐紂惡不白, 己心不明, 略無回護意矣. 伊尹諫太甲不從而放之, 前此無是也. 使無尹之志, 則去鬻拳¹⁰無幾, 然太甲, 天資力

9 　그 통할……셈이다 : 洪奭周는 "朱夫子는 이미 四書 및 《詩》와 《易》을 두루 註解하고 오직 《尙書》만 이루지 못하여 門弟子에게 부탁하려고 하였으나 적당한 사람을 찾지 못하였다. 하루는 諸生들과 《尙書》를 언급하게 되었는데, 蔡仲默이 말하기를 '응당 통할 수 있는 것은 통하고 통하기 어려운 것은 억지로 통하지 말아야 한다.'고 하자, 朱子는 크게 기뻐하며 '8, 9분은 이미 통한 셈이다.' 하고서 드디어 그에게 부탁하였다. 지금 보면 盤誥 諸篇이 가장 통하기 어려운 것인데, 蔡傳은 모두 訓釋을 하였으니, 朱子께서 이것을 보시면 응당 어떻게 생각하실지 모르겠다.〔朱夫子旣徧註四書及詩易 唯尙書未成 欲以托門弟子 而未得其人 一日與諸生語及尙書 蔡仲默言 當通其所可通 而毋强通其所難通 朱子大喜曰 已參透八九分矣 遂以屬之 今盤誥諸篇 最難通者 蔡傳皆曲有訓釋 未知朱子見之 當以爲如何也〕"라고 하였다.《尙書補傳》

10 　鬻拳 : 춘추시대 楚나라 大夫이다. 《春秋左氏傳》莊公 19년 조에 "楚 文王이 巴나라 군대에게 대패하고 돌아왔을 때에 鬻拳은 계속 싸울 것을 문왕에게 강하게 간하였으나 문왕이 듣지 않으므로 무기를 들이대자 문왕은 두려워서 그의 의견을 따랐다. 육권은 말하기를 '나는 무기를 들이대어 임금을 두렵게 만들었으니, 죄가 이보다 더 큰 것이 없다.'라 하고 스스로 발꿈치를 베어 자

量, 遠過成王, 太甲悔悟, 尹遂可以告歸. 周公則讒疑交起, 雖風雷彰德之餘, 宅中圖大之後, 不敢去國, 且切切挽召公, 以同心輔佐, 用力何其艱也. 堯以大物授舜, 舜以大物授禹, 此豈細事, 而天下帖然無異辭. 盤庚以圮于耿, 而遷國, 本欲安利萬民, 而臣民譸譸, 至勤三篇訓諭而僅濟. 然盤庚猶可也. 周之區處商民, 自大誥以後, 畢命以前, 藥石之, 飮食之, 一以爲龍蛇, 一以爲赤子, 更三紀之久, 君臣共以爲國家至大至重之事, 幸而訖於無虞. 視堯舜區處苗頑, 又何甚暇而甚勞也. 精一執中, 無俟皇極之煩言, 欽恤明刑, 何至呂刑之騰口. 降是而魯[11]·秦二誓, 見取於經, 而王迹熄, 霸圖兆矣. 世變有隆汙, 風俗有厚薄, 固應如此, 引而伸之, 觸類而長之. 讀書者, 其毋苟乎哉."

程氏(去華)는 말하였다. "선배가 '책을 읽을 적에는 성현의 기상을 알기를 요해야 한다.'라고 하였는데, 나는 '《尙書》를 읽을 때에도 역시 마땅히 唐虞와 三代의 기상을 파악해야 한다.'고 생각한다. 唐虞時代의 임금과 신하는 서로들 경계를 하였고, 夏·商 이후에는 대부분 신하가 임금을 경계하였다. 禹와 皋陶가 임금을 경계할 때에는 일이 발생하기 전에 경계하였으니, 말을 많이 할 필요가 없었다. 夏·商 이후에는 사건이 발생한 뒤에 바로잡아 구하였으니, 이를테면 〈太甲〉·〈高宗肜日〉·〈旅獒〉 등과 같은 篇은 반복해가면서까지 자상하게 하여 말을 허비하는 것을 꺼리지 않았다.

啓가 有扈와 함께 甘野에서 싸울 적을 살펴보면 天子의 지존으로써 六師를 거느리고 일개 강한 諸侯와 대적한 것이니, 이전에는 들어보지 못한 일이요, 湯임금이 夏나라를 친 것은 〈湯誓〉와 〈湯誥〉 이외엔 일찍이 桀의 惡을 들추어 열거한 일이 없었으므로 부끄러워하는 마음을 가졌다. 武王이 紂를 친 것은 〈泰誓〉·〈牧誓〉·〈武成〉 등 5篇이 있어 역력히 나열하여 오직 紂의 惡이 밝혀지지 못할까만을 염려하였고, 자기 마음이 밝지 못하여 조금도 덮어줄 생각이 없었다.

伊尹은 太甲이 자기를 따르지 않자 太甲을 방치하였으니, 이전에는 이런 일이 없었다. 가사 伊尹의 뜻이 없었다면 鬻拳과의 거리가 멀지 않을 것이다. 그러나 太甲은 자질과 역량이 成王보다 월등히 뛰어나 太甲이 뉘우쳐 깨달았기 때문에 伊尹은 결국 그를 돌아올 수 있게 하였다. 周公의 경우는 참소와 불신이 교대로 일어났는데, 비록 바람과 우뢰가 주공의 덕을 드러내준 나머지였으나 중앙지에 자리 잡고 큰 계획을 도모

살했다."란 말이 보인다.

11 魯 : 費의 잘못인 듯하다.

한 뒤에 감히 나라를 떠나지 않고 또한 적극적으로 召公을 만류하여 한 마음으로 성왕을 보좌하였으니, 힘을 씀이 그 얼마나 어려웠겠는가.

堯임금은 大物(大權)을 舜임금에게 넘겨주고, 舜임금은 大物을 禹임금에게 넘겨주었으니, 이것이 어찌 세세한 일이었겠는가. 그러나 천하는 편안하여 다른 말이 없었다. 盤庚이 耿 땅이 무너지자 국도를 옮긴 것은 본래 만백성을 안전하게 하려는 것이었으나 신하와 백성들이 들고 일어났기 때문에 〈盤庚〉 3편 분량의 訓諭를 열심히 한 뒤에야 겨우 황하를 건너 도읍을 옮길 수 있었다. 그러나 盤庚은 외려 잘된 편이었다. 周나라가 商나라 백성들을 거처시키는 일은 〈大誥〉 이후 〈畢命〉 이전까지, 약 처방을 동원하고 음식물을 제공하는 온갖 방법으로 백성들을 어루만졌으나 한편으로는 龍蛇처럼 권세로 협박하고 다른 한편으로는 赤子처럼 은혜로 대우하면서 三紀(36년)라는 오랜 세월이 지나서야 임금과 신하가 함께 國家의 지극히 중대한 일을 하여 다행히 무사하게 마쳤으나 堯·舜이 苗나라의 頑民을 거처시킨 것에 비하면 또한 그 얼마나 바쁘고 얼마나 노력하였는가.

'精一執中(정밀하게 하고 전일하게 하여야만 진실로 그 中正의 도리를 가질 수 있을 것이다.)'은 皇極의 번다한 말이 필요 없고, '欽恤明刑(조심하고 조심하여 형벌을 밝게 적용한다.)'은 어찌 呂刑이 입에 오르는 것에 이르겠는가. 여기서 내려와서 〈費誓〉와 〈秦誓〉는 經文에 취택되기는 하였으나 王者의 자취가 지식되고, 霸者의 계략이 싹튼 것이다. 世變에 성쇠가 있고, 風俗에 厚薄이 있으므로 본디 응당 이와 같은지라, 이를 이끌어서 확대하여 같은 범주의 일에 적용한 것이다. 《書》를 읽는 자는 구차하게 말지어다."

《書經集傳 下》도판 목록

參考文獻

底本 및 주요 참고도서

• 《書傳大全》, 蔡沈(宋) 集傳, 胡廣(明) 等編, 朝鮮 內閣本, 影印本, 學民文化社, 1998.

• 《書經集傳》, 蔡沈(宋) 撰, 欽定四庫全書, 迪志文化出版, 2006.

• 《書傳集註》, 原本備旨本, 朝鮮圖書株式會社 編纂, 1982.

• 《書集傳大全》, 明內府刊本, 日本國立國會圖書館 所藏本.

• 《朱文公訂正門人蔡九峰書集傳》, 古逸叢書三編, 中華書局, 1987.

• 《書集傳研究與校注》, 王春林, 人民出版社, 2012.

尚書類

• 《尚書正義》, 阮元(清) 校刻, 十三經注疏(清 嘉慶刊本), 中華書局, 1998.

• 《尚書正義》, 十三經注疏整理委員會 整理, 北京大學出版社, 2000.

• 《尚書正義》, 黃懷信 整理, 上海古籍出版社, 2007.

• 《尚書正義》, 尚書注疏, 欽定四庫全書, 迪志文化出版, 2006.

• 《古文尚書考》, 惠棟(清) 著, 皇清經解, 鳳凰出版社, 2008.

• 《古文尚書冤詞》, 毛奇齡(清) 撰, 欽定四庫全書, 迪志文化出版, 2006.

• 《古文尚書撰異》, 段玉裁(清) 撰, 皇清經解, 鳳凰出版社, 2008.

• 《今文尚書經說考》, 陳喬樅(清) 撰, 皇清經解續編, 鳳凰出版社, 2008.

• 《讀書管見》, 王充耘(元) 撰, 欽定四庫全書, 迪志文化出版, 2006.

• 《尚書講義》, 史浩(宋) 撰, 欽定四庫全書, 迪志文化出版, 2006.

- 《尚書古文疏證》, 閻若璩(清) 撰, 欽定四庫全書, 迪志文化出版, 2006.
- 《尚書考異》, 梅鷟(明) 撰, 欽定四庫全書, 迪志文化出版, 2006.
- 《尚書廣聽錄》, 毛奇齡(清) 撰, 欽定四庫全書, 迪志文化出版, 2006.
- 《尚書舊疏考證》, 劉毓崧(清) 撰, 皇清經解續編, 鳳凰出版社, 2008.
- 《尚書歐陽夏侯遺說考》, 陳喬樅(清) 撰, 皇清經解續編, 鳳凰出版社, 2008.
- 《尚書句解》, 朱祖義(元) 撰, 欽定四庫全書, 迪志文化出版, 2006.
- 《尚書今古文注疏》, 孫星衍(清) 撰, 續修四庫全書, 上海古籍出版社, 1995.
- 《尚書今古文集解》, 劉逢祿(清) 著, 皇清經解續編, 鳳凰出版社, 2008.
- 《尚書大傳》, 伏勝(漢) 撰, 文淵閣四庫全書, 臺灣商務印書館, 1986.
- 《尚書大傳補遺》, 孫之騄(清) 輯, 欽定四庫全書, 迪志文化出版, 2006.
- 《尚書大傳輯校》, 陳壽祺(清) 撰, 皇清經解續編, 鳳凰出版社, 2008.
- 《尚書譜》, 宋翔鳳(清) 撰, 皇清經解續編, 鳳凰出版社, 2008.
- 《尚書補疏》, 焦循(清) 著, 皇清經解, 鳳凰出版社, 2008.
- 《尚書埤傳》, 朱鶴齡(清) 撰, 欽定四庫全書, 迪志文化出版, 2006.
- 《尚書說》, 黃度(宋) 撰, 欽定四庫全書, 迪志文化出版, 2006.
- 《尚書疏衍》, 陳第(明) 撰, 欽定四庫全書, 迪志文化出版, 2006.
- 《尚書略說》, 宋翔鳳(清) 撰, 皇清經解續編, 鳳凰出版社, 2008.
- 《尚書餘論》, 丁晏(清) 著, 皇清經解續編, 鳳凰出版社, 2008.
- 《尚書要義》, 魏了翁(宋) 撰, 欽定四庫全書, 迪志文化出版, 2006.
- 《尚書義考》, 戴震(清) 撰, 續修四庫全書編纂委員會 編, 上海古籍出版社, 1995.
- 《尚書疑義》, 馬明衡(明) 撰, 欽定四庫全書, 迪志文化出版, 2006.
- 《尚書全解》, 林之奇(宋) 撰, 欽定四庫全書, 迪志文化出版, 2006.
- 《尚書精義》, 黃倫(宋) 撰, 中華書局, 1985.
- 《尚書注考》, 陳泰交(明) 撰, 欽定四庫全書, 迪志文化出版, 2006.
- 《尚書地理今釋》, 蔣廷錫(清) 撰, 欽定四庫全書, 迪志文化出版, 2006.
- 《尚書集注音疏》, 江聲(清) 撰, 續修四庫全書, 上海古籍出版社, 1995.

• 《尙書纂傳》, 王天與(元) 撰, 欽定四庫全書, 迪志文化出版, 2006.

• 《尙書通考》, 黃鎭成(元) 撰, 欽定四庫全書, 迪志文化出版, 2006.

• 《尙書稗疏》, 王夫之(明) 撰, 船山全書編纂委員會 編校, 嶽麓書社出版, 1988.

• 《尙書砭蔡編》, 袁仁(明) 撰, 欽定四庫全書, 迪志文化出版, 2006.

• 《尙書表注》, 金履祥(宋) 撰, 欽定四庫全書, 迪志文化出版, 2006.

• 《尙書後案》, 王鳴盛(淸) 撰, 皇淸經解, 鳳凰出版社, 2008.

• 《書經衷論》, 張英(淸) 撰, 欽定四庫全書, 迪志文化出版, 2006.

• 《書古微》, 魏源(淸) 著, 皇淸經解續編, 鳳凰出版社, 2008.

• 《書序述聞》, 劉逢祿(淸) 著, 皇淸經解續編, 鳳凰出版社, 2008.

• 《書傳》, 蘇軾(宋) 撰, 欽定四庫全書, 迪志文化出版, 2006.

• 《書傳輯錄纂註》, 董鼎(元) 撰, 欽定四庫全書, 迪志文化出版, 2006.

• 《書傳會選》, 劉三吾(明) 撰, 欽定四庫全書, 迪志文化出版, 2006.

• 《書集傳纂疏》, 陳櫟(元) 撰, 欽定四庫全書, 迪志文化出版, 2006.

• 《書集傳或問》, 陳大猷(宋) 撰, 欽定四庫全書, 迪志文化出版, 2006.

• 《書纂言》, 吳澄(元) 撰, 影印本, 臺灣商務印書館, 1983.

• 《書蔡氏傳旁通》, 陳師凱(元) 撰, 欽定四庫全書, 迪志文化出版, 2006.

• 《五誥解》, 楊簡(宋) 撰, 欽定四庫全書, 迪志文化出版, 2006.

• 《禹貢論》, 程大昌(宋) 撰, 欽定四庫全書, 迪志文化出版, 2006.

• 《禹貢鄭注釋》, 焦循(淸) 撰, 續修四庫全書, 上海古籍出版社, 1995.

• 《禹貢指南》, 毛晃(宋) 撰, 欽定四庫全書, 迪志文化出版, 2006.

• 《禹貢錐指》, 胡渭(淸) 著, 鄒逸麟 整理, 上海古籍出版社, 1996.

• 《禹貢錐指正誤》, 丁晏(淸) 著, 皇淸經解續編, 鳳凰出版社, 2008.

• 《禹貢會箋》, 徐文靖(淸) 撰, 欽定四庫全書, 迪志文化出版, 2006.

• 《融堂書解》, 錢時(宋) 撰, 欽定四庫全書, 迪志文化出版, 2006.

• 《增修東萊書說》, 時瀾(宋) 撰, 欽定四庫全書, 迪志文化出版, 2006.

• 《增修東萊書說》, 呂祖謙(宋) 撰, 文淵閣四庫全書, 臺灣商務印書館, 1983.

• 《陳氏尙書詳解》, 陳經(宋) 撰, 欽定四庫全書, 迪志文化出版, 2006.

• 《夏氏尙書詳解》, 夏僎(宋) 撰, 欽定四庫全書, 迪志文化出版, 2006.

• 《絜齋家塾書鈔》, 袁燮(宋) 撰, 欽定四庫全書, 迪志文化出版, 2006.

• 《胡氏尙書詳解》, 胡士行(宋) 撰, 欽定四庫全書, 迪志文化出版, 2006.

• 《洪範口義》, 胡瑗(宋) 撰, 欽定四庫全書, 迪志文化出版, 2006.

• 《洪範名義》, 黃道周(明) 撰, 欽定四庫全書, 迪志文化出版, 2006.

• 《洪範正論》, 胡渭(淸) 撰, 欽定四庫全書, 迪志文化出版, 2006.

• 《欽定書經圖說》, 孫家鼐(淸) 等 編, 1905.

• 《欽定書經傳說彙纂》, 欽定四庫全書, 迪志文化出版, 2006.

• 《尙書古注》, 申綽(朝鮮) 撰, 大東文化研究院, 《韓國經學資料集成》61, 1997.

• 《尙書古訓》, 丁若鏞(朝鮮) 撰, 大東文化研究院, 《韓國經學資料集成》63, 1997.

• 《尙書補傳》, 洪奭周(朝鮮) 撰, 大東文化研究院, 《韓國經學資料集成》65, 1997.

• 《尙書疑義》, 宋文欽(朝鮮) 撰, 大東文化研究院, 《韓國經學資料集成》58, 1997.

• 《尙書知遠錄》, 丁若鏞(朝鮮) 撰, 大東文化研究院, 《韓國經學資料集成》64, 1997.

• 《書經疾書》, 李瀷(朝鮮) 撰, 大東文化研究院, 《韓國經學資料集成》49, 1997.

• 《書釋義》, 李滉(朝鮮) 撰, 大東文化研究院, 《韓國經學資料集成》1, 1997.

• 《書傳說》, 李顯益(朝鮮) 撰, 大東文化研究院, 《韓國經學資料集成》49, 1997.

• 《書集傳詳說》, 朴文鎬(朝鮮) 撰, 大東文化研究院, 《韓國經學資料集成》68, 1997.

• 《書淺見錄》, 權近(朝鮮) 撰, 大東文化研究院, 《韓國經學資料集成》49, 1997.

• 《洪範傳》, 黃景源(朝鮮) 撰, 大東文化研究院, 《韓國經學資料集成》58, 1997.

• 《洪範直指》, 徐瀅修(朝鮮) 撰, 大東文化研究院, 《韓國經學資料集成》59, 1997.

十三經注疏

• 《論語注疏》, 阮元(淸) 校刻, 十三經注疏(淸 嘉慶刊本), 中華書局, 1980.

• 《孟子注疏》, 阮元(淸) 校刻, 十三經注疏(淸 嘉慶刊本), 中華書局, 1980.

• 《毛詩正義》, 阮元(淸) 校刻, 十三經注疏(淸 嘉慶刊本), 中華書局, 1980.

- 《禮記正義》, 阮元(淸) 校刻, 十三經注疏(淸 嘉慶刊本), 中華書局, 1980.
- 《儀禮注疏》, 阮元(淸) 校刻, 十三經注疏(淸 嘉慶刊本), 中華書局, 1980.
- 《爾雅注疏》, 阮元(淸) 校刻, 十三經注疏(淸 嘉慶刊本), 中華書局, 1980.
- 《周禮注疏》, 阮元(淸) 校刻, 十三經注疏(淸 嘉慶刊本), 中華書局, 1980.
- 《周易注疏》, 阮元(淸) 校刻, 十三經注疏(淸 嘉慶刊本), 中華書局, 1980.
- 《春秋穀梁傳注疏》, 阮元(淸) 校刻, 十三經注疏(淸 嘉慶刊本), 中華書局, 1980.
- 《春秋公羊傳注疏》, 阮元(淸) 校刻, 十三經注疏(淸 嘉慶刊本), 中華書局, 1980.
- 《春秋左傳正義》, 阮元(淸) 校刻, 十三經注疏(淸 嘉慶刊本), 中華書局, 1980.
- 《孝經注疏》, 阮元(淸) 校刻, 十三經注疏(淸 嘉慶刊本), 中華書局, 1980.

經 部

- 《經問》, 毛奇齡(淸) 著, 皇淸經解續編, 鳳凰出版社, 2008.
- 《經義述聞》, 王引之(淸) 著, 皇淸經解, 鳳凰出版社, 2008.
- 《經典釋文》, 陸德明(唐) 撰, 上海古籍出版社, 1985.
- 《經傳釋詞》, 王引之(淸) 撰, 文淵閣四庫全書, 臺灣商務印書館, 1986.
- 《古微書》, 孫瑴(明) 編, 影印本, 山東友誼書社, 1990.
- 《九經古義》, 惠棟(淸) 著, 皇淸經解, 鳳凰出版社, 2008.
- 《九經誤字》, 顧炎武(淸) 著, 皇淸經解續編, 鳳凰出版社, 2008.
- 《群經平議》, 俞越(淸) 撰, 續修四庫全書, 上海古籍出版社, 2001.
- 《孟子集註大全》, 朱熹(宋) 集註, 胡廣(明) 等編, 大東文化研究院, 2004.
- 《說文解字注》, 許愼(漢) 撰, 段玉裁(淸) 注, 上海古籍出版社, 1993.
- 《詩書古訓》, 阮元(淸) 著, 皇淸經解續編, 鳳凰出版社, 2008.
- 《周易啓蒙翼傳》, 胡一桂(元) 撰, 欽定四庫全書, 迪志文化出版, 2006.
- 《周易義海撮要》, 李衡(宋) 撰, 欽定四庫全書, 迪志文化出版, 2006.

史 部

- 《舊唐書》, 劉昫(後晉) 等撰, 中華書局, 1997.

• 《國語》, 左丘明(周) 撰, 學民文化社, 1990.

• 《白虎通義》, 班固(漢) 撰, 文淵閣四庫全書, 臺灣商務印書館, 1986.

• 《史記》, 司馬遷(漢) 撰, 裴駰(宋) 集解, 司馬貞(唐) 索隱, 張守節(唐) 正義, 中華書局, 1959.

• 《水經注》, 酈道元(北魏) 撰, 文淵閣四庫全書, 臺灣商務印書館, 1986.

• 《隋書》, 魏徵·長孫無忌(唐) 等撰, 中華書局, 1997.

• 《新唐書》, 歐陽修·宋祁(宋) 撰, 中華書局, 1997.

• 《竹書統箋》, 徐文靖(淸) 撰, 文淵閣四庫全書, 臺灣商務印書館, 1986.

• 《漢書》, 班固(漢) 撰, 顏師古(唐) 注, 中華書局, 1997.

• 《後漢書》, 范曄(南朝 宋) 撰, 中華書局, 1997.

子部

• 《孔子家語》, 王肅(魏) 編, 學民文化社, 2001.

• 《孔子家語疏證》, 陳士珂(淸) 輯, 中華書局, 1985.

• 《管子校正》, 管仲(周) 撰, 尹知章(唐) 注, 戴望(淸) 撰, 世界書局, 1955.

• 《群書考索》, 章如愚(宋) 編, 商務印書館, 1983.

• 《道德經》, 老聃(周) 著, 王弼(魏) 注, 文淵閣四庫全書, 臺灣商務印書館, 1986.

• 《圖書編》, 章潢(明) 撰, 文淵閣四庫全書, 臺灣商務印書館, 1986.

• 《山海經》, 郭璞(晉) 注, 欽定四庫全書, 迪志文化出版, 2006.

• 《山海經廣注》, 吳任臣(淸) 撰, 欽定四庫全書, 迪志文化出版, 2006.

• 《新序》, 劉向(漢) 撰, 文淵閣四庫全書, 臺灣商務印書館, 1986.

• 《莊子集釋》, 莊周(周) 撰, 郭象(西晉) 注, 陸德明(唐) 釋文, 成玄英(唐) 疏, 郭慶藩(淸) 輯, 王孝魚 點校, 中華書局, 1995.

• 《鄭氏佚書》, 袁鈞 編, 袁堯年 校補, 국립중앙도서관 소장본.

集部

• 《經書辨疑》, 金長生(朝鮮) 撰, 大東文化硏究院, 《韓國經學資料集成》49, 1997.

• 《經書集說》, 著者未詳(朝鮮), 大東文化研究院, 《韓國經學資料集成》70, 1997.

• 《鹿門集》, 任聖周(朝鮮) 撰, 《瓶窩講義》, 李衡祥(朝鮮) 撰, 大東文化研究院, 《韓國經學資料集成》58, 1997.

• 《茶田經義答問》, 郭鍾錫(朝鮮) 撰, 大東文化研究院, 《韓國經學資料集成》67, 1997.

• 《讀書記》, 尹鑴(朝鮮) 撰, 大東文化研究院, 《韓國經學資料集成》1, 1997.

• 《讀書箚錄》, 林泳(朝鮮) 撰, 大東文化研究院, 《韓國經學資料集成》49, 1997.

• 《无極集》〈尙書講義〉, 梁周翊(朝鮮) 撰, 大東文化研究院, 《韓國經學資料集成》58, 1997.

• 《瓶窩講義》, 李衡祥(朝鮮) 撰, 大東文化研究院, 《韓國經學資料集成》56, 1997.

• 《本庵集》〈箚錄〉, 金鍾厚(朝鮮) 撰, 大東文化研究院, 《韓國經學資料集成》58, 1997.

• 《思辨錄》, 朴世堂(朝鮮) 撰, 大東文化研究院, 《韓國經學資料集成》56, 1997.

• 《研經齋全集》, 成應海(朝鮮) 撰, 大東文化研究院, 《韓國經學資料集成》59, 1997.

• 《寧齋遺稿》, 吳允常(朝鮮) 撰, 大東文化研究院, 《韓國經學資料集成》59, 1997.

• 《雲溪漫稿》, 金鍾正(朝鮮) 撰, 大東文化研究院, 《韓國經學資料集成》58, 1997.

번역서 및 기타

• 《書經集傳》, 成百曉, 傳統文化研究會, 1998.

• 《書經》, 金學主, 明文堂, 1985.

• 《漢文大系》, 服部宇之(日本) 校訂, 富山房, 1979.

데이터베이스(DB) 자료

• 동양고전종합DB (http://db.cyberseodang.or.kr)

• 상우천고 (http://www.s-sangwoo.kr)

• 電子版 文淵閣四庫全書, 上海古籍出版社.

• 한국고전종합DB (http://db.itkc.or.kr)

|역자 소개|

金東柱

1942년 전북 임실 삼계 출생
剛齋 李起完 선생과 秋淵 權龍鉉 선생에게 修學

국사편찬위원회 교서실 근무
민족문화추진회 국역연수원 수료
민족문화추진회 전문위원·국역위원
한국정신문화연구원 전문위원
전통문화연구회 국역위원(現)

論文 및 譯書
〈磻溪遺集의 復元에 대하여〉
《설화문학총서》《금강산유람기》《달마대사의 건강비법》
《高麗名臣傳》《城南金石文大觀》《益齋集》《象村集》《退溪集》
《栗谷全書》《宋子大全》《順菴集》《星湖僿說》《燕行錄選集》
《海行摠載》《大東野乘》《藏書閣圖書韓國本解題輯(軍事類)》
《龜峯集(太極問答)》《牧民心書(吏典·戶典)》《東國李相國集(白雲小說)》
《青莊館全書(士小節)》《林下筆記(7·8)》《唐宋八大家文抄 蘇轍》
《尙書正義》등 多數

오서오경독본

懸吐完譯 書經集傳 下

2019년 11월 10일 초판 인쇄
2019년 11월 20일 초판 발행

집전　　　채침
역주　　　김동주

자문　　　오규근
윤문교정　박승주 전병수

출판　　　곽성용 김주현
관리　　　함명숙
보급　　　서원영

발행인　　이계황
발행처　　(사)전통문화연구회
　　　　　서울시 종로구 삼일대로 428 낙원빌딩 411호
　　　　　전화 : (02)762-8401　전송 : (02)747-0083
　　　　　홈페이지 : juntong.or.kr
등록　　　1989. 7. 3. 제1-936호

인쇄처　　한국법령정보주식회사(02-462-3860)
총판　　　한국출판협동조합(070-7119-1750)

ISBN　　　979-11-5794-234-3 (04140)
　　　　　979-11-5794-202-2 (세트)

정가　　　30,000원

전통문화연구회 도서목록

漢文讀解捷徑시리즈

漢文독해기본패턴	고전교육연구실 著	15,000원
四書독해첩경	고전교육연구실 著	20,000원

基礎漢文敎材

四字小學 / 習字敎本	成百曉 譯	8,000원/4,000원
推句·啓蒙篇 / 習字敎本	成百曉 譯	7,000원/4,000원
明心寶鑑	成百曉 譯	11,000원
童蒙先習·擊蒙要訣	成百曉 譯	15,000원
註解千字文	成百曉 譯	13,000원

〈新編〉

四字小學·推句	고전교육연구실 編譯	11,000원
啓蒙篇·童蒙先習	고전교육연구실 編譯	11,000원
原文으로 읽는 故事成語	元周用 編譯	15,000원

東洋古典國譯叢書

大學·中庸集註 – 개정증보판	成百曉 譯註	10,000원
論語集註 – 개정증보판	成百曉 譯註	25,000원
孟子集註 – 개정증보판	成百曉 譯註	28,000원
詩經集傳 上·下	成百曉 譯註	33,000원
書經集傳 上·下	成百曉 譯註	33,000원
周易傳義 上·下	成百曉 譯註	38,000원
小學集註	成百曉 譯註	30,000원
古文眞寶 後集	成百曉 譯註	28,000원

〈五書五經讀本〉

大學·中庸集註	李光虎·田炳秀 譯註	15,000원
論語集註 上·下	鄭太鉉 譯註	22,000원
詩經集傳 上·中·下	朴小東 譯註	30,000원

東洋古典譯註叢書

〈經部〉

十三經注疏

周易正義 1~3	成百曉·申相厚 譯註	30,000원~35,000원
尙書正義 1~5	金東柱 譯註	25,000원~35,000원
毛詩正義 1~2	朴小東 譯註	32,000원/35,000원
禮記正義 中庸·大學	李光虎·田炳秀 譯註	20,000원
論語注疏 1~3	鄭太鉉·李聖敏 譯註	25,000원~40,000원
孝經注疏	鄭太鉉·姜珉廷 譯註	35,000원
春秋左氏傳 1~8	鄭太鉉 譯註	18,000원~35,000원
禮記集說大全 1	辛承云 譯註	25,000원
東萊博議 1~3	鄭太鉉·金炳愛 譯註	25,000원/35,000원

〈史部〉

思政殿訓義 資治通鑑綱目 1~13, 17, 18

	辛承云 外 譯註	18,000원~35,000원
唐陸宣公奏議 1	沈慶昊·金愚政 譯註	35,000원
通鑑節要 1~9	成百曉 譯註	18,000원~40,000원
貞觀政要集論 1~4	李忠九 外 譯註	25,000원~32,000원

〈子部〉

近思錄集解 1~3	成百曉 譯註	25,000원/35,000원
孔子家語 1~2	許敬震 外 譯註	35,000원/36,000원
老子道德經注	金是天 譯註	30,000원
大學衍義 1~5	辛承云 外 譯註	26,000원~30,000원
墨子閒詁 1~2	李相夏 外 譯註	32,000원/36,000원
說苑 1~2	許鎬九	25,000원
荀子集解 1~6	宋基采 譯註	25,000원~34,000원
心經附註	成百曉 譯註	35,000원

顔氏家訓 1~2	鄭在書·盧瞑熙 譯註	22,000원/25,000원
揚子法言 1	朴勝珠 譯註	24,000원
二程全書 1	崔錫起·姜導顯 譯註	36,000원
莊子 1~4	安炳周·田好根 共譯	25,000원~29,000원
政經·牧民心鑑	洪起殷·全百燦 譯註	27,000원
韓非子集解 1~3	許鎬九 外 譯註	32,000~38,000원

武經七書直解

孫武子直解·吳子直解	成百曉·李蘭洙 譯註	35,000원
六韜直解·三略直解	成百曉·李鍾德 譯註	26,000원
尉繚子直解·李衛公問對直解	成百曉·李蘭洙 譯註	26,000원
司馬法直解	成百曉·李蘭洙 譯註	26,000원

〈集部〉

古文眞寶 前集	成百曉 譯註	30,000원
唐詩三百首 1~3	宋載卲 外 譯註	25,000원~30,000원
唐宋八大家文鈔 韓愈 1~3	鄭太鉉 譯註	22,000원/28,000원
〃 歐陽脩 1~5	李相夏 譯註	25,000원~35,000원
〃 王安石 1~2 申用浩·許鎬九 共譯	20,000원/25,000원
〃 蘇洵	李章佑 外 譯註	25,000원
〃 蘇軾 1~5	成百曉 譯註	22,000원
〃 蘇轍 1~3	金東柱 譯註	20,000원/22,000원
〃 曾鞏	宋基采 譯註	25,000원
〃 柳宗元 1~2	宋基采 譯註	22,000원

東洋古典新譯

당시선	송재소·최경렬·김영죽 편역	22,000원
손자병법	성백효 역주	14,000원
장자	안병주·전호근·김형석 역주	13,000원
고문진보 후집	신용호 번역	28,000원

동양문화총서

동양사상 해설과 원전	정규훈 外 저	22,000원
화합의 길 –《중용》읽기	금장태 저	20,000원

문화문고

경전으로 본 세계종교 그리스도교	이정배 편저	10,000원
〃 도교	이강수 편역	10,000원
〃 천도교	윤석산·홍성엽 편저	10,000원
〃 힌두교	길희성 편역	10,000원
〃 유교	이기동 편저	10,000원
〃 불교	김용표 편저	10,000원
〃 이슬람	김영경 편역	10,000원
논어·대학·중용 / 맹자	조수익·박승주 공역	10,000원
소학	박승주·조수익 공역	10,000원
십구사략 1~2	정광호 저	12,000원
무경칠서 손자병법·오자병법	성백효 역	10,000원
〃 육도·삼략	성백효 역	10,000원
〃 사마법·울료자·이위공문대	성백효 역	10,000원
당시선	송재소·최경렬·김영죽 편역	10,000원
한문문법	이상진 저	10,000원
한자한문전통교재	조수익·이성민 공역	10,000원
士小節 선비 집안의 작은 예절	이동희 편역	12,000원
儒學이란 무엇인가	이동희 저	10,000원
동아시아의 유교와 전통문화	이동희 저	13,000원
현대인, 동양고전에서 길을 찾다	이동희 저	10,000원
100자에 담긴 한자문화 이야기	김경수 저	12,000원
대한민국 국무총리	이재원 저	10,000원
우리 설화 1~2	김동주 편역	10,000원